"十三五"国家重点出版物出版规划项目

诺贝尔经济学奖获得者丛书
Library of Nobel Laureates in Economic Sciences

经济动态的递归方法

Recursive Methods in Economic Dynamics

南希 · L. 斯托基（Nancy L. Stokey）
小罗伯特 · E. 卢卡斯（Robert E. Lucas, Jr.） 著
爱德华 · C. 普雷斯科特（Edward C. Prescott） 协助
王明舰 译
王永宏 校
秦宛顺 主审

中国人民大学出版社
· 北京 ·

前　言

我们深信，递归方法应该是每一个经济学家的分析工具箱的组成部分，这种信念是我们写作本书的动机。几乎在经济学的所有主要领域中都可以找到这些方法的应用——投资理论、消费者理论、寻租理论、公共财政、增长理论等等——但不论这些方法还是其应用，都无人总结并系统地介绍，我们的目的就是要做这件事情。我们曾试图用系统的、严密的方法来展开递归分析的基本工具，同时强调递归方法的广泛应用性并提出这些方法可能得到有效利用的新领域。

本书的第一个大纲中包括几章专门的数学预备知识，随后的许多章节都是用来论述经济学中各个已经应用递归方法的主要领域。通过简单列举包含了多数所要求的数学结果的已有文献，我们希望保留最少技术性内容，并集中于实质性的问题。这个计划很快就失败了，因为不久就清楚地表明，读者必须盲目地记住多数重要结果，或者在手边常备许多数学书并不停地翻阅它们，这两者似乎都不合理，从而导致我们对本书的总体结构做了较大的变动。

我们采用了多种方法组织内容，并逐渐集中于提供一种相当易懂、严密和独立的方法来处理递归分析中所用工具和技术。我们发现，按所用技术性工具的性质而不是其经济本质对各种应用进行分组是合乎规律的。这样，本书的第二部分至第四部分分别论述的是确定性模型、随机模型和均衡理论。在所有这三部分中出现了大量的应用。实际上，许多应用出现不止一次，同一问题的不同方面在相应工具提出后是分别加以论述的。

一旦我们决定了写一本集中于分析工具而非经济实质的书后，对技术性水平的选择就变得比以往更加重要。我们想使本书对研究人员有用且足够严密，同时又能被尽可能广泛的读者所理解。为了达到双重目标，我们着眼于对分析工具严密而又相当一般化的处理方式，同时也需要相对较少的数学背景。读者应该学过高级微积分或者实分析的课程，同时应该熟悉 delta-epsilon 论证法。读者如果有一点概率论知识也是有用的，虽然不是必需的。书中出现的种类繁多的其他数学主题都用一种相当自给的方式处理。

我们所面对的最困难的决定是如何选择一个适当的水平来处理概率论。一开始我们倾向于把注意力限制于离散概率和连续密度，不过后来我们发现，这种方式带来的麻烦多于带来的好处。我们高兴地发现，在测度论上相当少的投入可产生巨大的收益。我们在第 7 章中提供了关于测度和积分抽象理论的适量定义和基本结果，然后将其多次运用于我们对随机模型的处理。读者将会发现，这些在测度论上的投资也会在其他地方产生收益：测度论正在迅速地成为不确定性经济学的标准语言。

术语“递归方法”涵盖的范围宽泛，足于包含各种本可以但并未收录在本书中的有趣主题。在动态问题的线性—二次公式方面存在大量的文献，除了在第 4 章和第 9 章中简要讨论的例子外，我们都没有论及。关于递归方法的数值求解也存在正不断增加的专业内容，这些内容我们也没有试图在本书中收录。虽然有各种各样的动态活动可以用递归方法来分析，但我们的均衡实例几乎都是有关独占竞争的。我们收录了一大批应用，但我们没有全部列举正在使用递归方法的应用文献。然而，我们感觉并不需要因为这些忽略而道歉，因为本书篇幅已经足够长。如果本书介绍的某种方法激发了读者对一些密切相关领域的更加严肃的研究，我们当然会感到满意。

我们试图以一种让不同类型读者都觉得本书有用的方式来写作本书，对于那些熟悉动态经济学模型且头脑中有具体问题的读者，请简单地翻阅目录并直接前往感兴趣的特定主题，我们试图使各章节内容足够自给以便本书能以这种方式被使用。不过，本书主要还是定位于那些具有很少或者完全没有动态模型背景的读者。本书不同阶段的手稿曾经在芝加哥大学、明尼苏达大学、西北大学和其他大学用于研究生层次的课程，来自学生们的反应使我们感到满意。本书的长度和深度刚好适合于大学二年级学生的一学年课程，但也很容易改编以适应更短的课程。在第 1 章和第 2 章的介绍性内容后，详细地学习第 3 章是非常可取的，略过 4.1 节，详细学习 4.2 节，然后选择学习第 5 章中的一些应用。对于一个季度的课程，则存在几种可选方法，你可以跳到第 15 章和第 16 章，若时间允许，可以继续学习第 17 章和第 18 章；或者，以测度论为前提，你可以学习 8.1 节，再学习 9.2 节，然后到第 10 章的应用。学习 7.1 节～7.5 节中必要的测度理论将占用大约三周的时间，这可以在一个学期的课程中完成。

我们决定使本书在技术上完备的一个后果是，对新结果的说明在全书中所占比例超出了我们原来的预期。普雷斯科特（Ed Prescott）发现他不希望在尖端研究之外花费如此多的时间。因此，他提议采用短语"利用……结果"使之较低程度地涉及。[①] 本书的各部分无不受益于他的想法和贡献。

我们感谢许多朋友和同事的评论与批评，特别地，我们感谢 Andrew Caplin，V. V. Chari，Lars Hansen，Hugo Hopenhayn，Larry Jones，Lars Ljungquist，Rodolfo Manuelli，Masao Ogaki，José Victor Rios-Rull 和 José Scheinkman，感谢他们富有成效的讨论。Arthur Kupferman 阅读了大部分早期手稿，他的详尽评论使本书终稿的内容和风格都增色不少。我们同样感谢 Ricard Torres，他对全部手稿的评论使手稿得到许多改进，而且本书几个部分就是按他的建议做了重要修改。

我们向 Michael Aronson 致以特别的感谢，他从一开始就耐心和热情地支持本项目，这可以追溯到我们都不大记得起的许多年之前。我们同样对 Jodi Simpson 表示感谢，她的编辑使本书在风格和逻辑上得到许多改进，她熟练的工作非常有价值。June Nason 开始在一台 IBM Selectric 上录入我们的早期草稿，直到最后在一台激光打印机上打印出来，我们很欣赏她的令人愉快的帮助及她所显露的才干，六年来她从未让人提醒完成某项工作。最后，我们想要感谢 Mary Ellen Geer，她帮助我们直至本书完成。

① 即采用短语"利用……结果"来省略许多更加深入但对本书不重要的论述。——译者注

目　录

第一部分　递归方法

第二部分　确定性模型

第三部分 随机模型

第四部分 竞争性均衡

第一部分

递归方法

第1章 引 言

经济动态的研究在近几十年中经历了一个显著的转变，三十年前，实证研究人员的典型做法是从静态、确定性经济模型中导出有关行为的预测。然后，加入动态和随机因素作为事后的考虑。今天，在每个应用领域，我们都有明确处理始终在随机环境下运营的理性经济力量的各种理论。经济均衡的概念也经历了一个类似的演变：它再也不带有静止系统的含义。现在已有了强有力的方法来分析均衡产出的理论模型，这些均衡产出是由我们用以描述与观测经济行为的同样复杂的随机过程表达的。

这些理论的发展基于经济学、数学和统计学的大量结果：阿罗（Arrow，1953）和德布鲁（Debreu，1959）所介绍的经济均衡的相机需要（contingent-claim）观点，很久以前由拉姆齐（Ramsey，1928）和霍特林（Hotelling，1931）所倡导的变分法的经济应用，贝尔曼（Bellman，1957）和布莱克韦尔（Blackwell，1965）的动态规划理论。本书的目的就是提供对这些形成当今经济动态基础的理论概念的独立论述。我们所用方法的显著特点是系统地使用递归方法，而这些递归方法可以从一个相当一致的角度去分析大量的动态经济学问题——不论是确定性的还是随机的。

为了说明所谓的经济动态递归方法的含义，我们从一系列具体的例子开始，它们来自后面各章将详细论述的更长的应用清单，这些例子也表明能用本书中的分析方法去研究的大量经济问题的类型。

首先，考虑一个生产单一商品的经济，这种商品既可用于消费又可用于投资，消费数量产生对单一决策者即“社会计划者”的即时效用。

投资数量增加了资本存量，因此使未来的生产可能增加。那么，在一个无限计划范围内最大化总效用的消费—投资决策是什么？

然后，考虑一个存在随机冲击的经济，它在其他方面都类似于刚描述的经济。这些随机冲击影响给定了资本存量下的产出数量。若目标是最大化总效用的期望，应该如何制定消费—投资决策？

假设一个工人希望最大化其收入的现值，在每一时期他都被提供一种工资标准，在此标准下他可以工作 1 单位时间或不工作。若他工作，他得到收入并在下一时期保留同一工作；若他不工作，他将搜寻，这搜寻将为他提供一个按已知概率分布产生的新的工资标准。若他的目的是最大化其一生收入贴现值的期望，他应该采纳什么样的决策规则？

一个商店经理有给定数量的某种物品的存货，对这种物品的需求是随机的，所以在任一时期，他可能卖光存货并放弃在持有更多存货时本可实现的销售额。他也可能承受贮存未售出物品所带来的成本。在每一期的开始，他可以发出更多物品的订单，订货的成本包括一个固定的发货费用再加上每一物品的费用。订单必须在经理知道本期需求之前发出。若其目的是最大化利润贴现值的期望，那么，他应该在什么时候发出订单？订单量应该多大？

一个经济被赋予固定数量的生产性资产，这些资产外生性地生产出用一个随机过程描述的产出。这些资产是私人所有的，且全部所有权可在一个竞争性市场中交易。在这个市场上，与消费者对商品消费的偏好和生产过程现状有关的竞争性均衡价格是什么样的？若资产可以生产，这个问题的答案如何变化？

一个垄断者面临一条随机变动的需求曲线，他现在的生产能力由其过去的投资所决定，但他可以增加额外的投资，这些额外投资可用于未来的生产。那么，什么样的投资策略可以使预期利润的贴现值最大化？另外，假定在这一行业中存在许多公司，在竞争性均衡中所有这些公司的投资策略是什么？这些策略对该行业的生产和价格行为意味着什么？

显然，这些问题具有许多共同点，在每种情况下，决策者——社会计划者、工人、经理、完全市场、公司或一组公司——都必须随时间的推移选择一个行动序列。在第一个例子中不存在不确定性，所以整个序列可以在一开始就选定。在其他例子中，环境受不可预测的外部冲击的影响，而且很清楚，最佳的未来行动要依赖于这些冲击的大小。下面我们考虑如何数学化表达出这些问题，以及递归方法对每一问题可能意味着什么。

第一个例子是拉姆齐在1928年系统阐述并解决的最优储蓄问题，拉姆齐将其看作由无数变量（每一时点上的消费和资本存量）构成的一个函数（总效用）在技术性约束下的最大化问题，他在连续时间上提出了问题并应用变分法得到效用最大化动态的一个非常清晰的特征：资本存量在不变条件下应该收敛于最大化每单位时间消费的水平。

在拉姆齐的问题中，随时间变化的生产可能性集合的特征是现期资本存量。这表明，描述最优政策的另一可选方法是，用一个给出社会最优现期投资的函数来描述，它是现期资本存量的一个函数，实际上拉姆齐解就可以用这种方法来表达。这样，一个可选的数学策略就是，直接寻找最优储蓄函数。然后，利用这个函数计算从任意初始存量开始的最优投资序列。这种考虑问题的方法——决定即时行动并作为现期状态的函数——称为递归公式。因为它利用了这样一个事实：在每一期都要对具有相同的一般结构的问题进行决策。

由于拉姆齐运用变分法完全解决了他的问题，这个例子更适于定义而不是激发递归方法。接下来考虑这个问题的随机变化。很明显，在这种情形中对所有未来时期选择一个确定性投资计划是无意义的：最佳的未来选择将依赖于那时存在多少可用的产出，而这又将依赖于到那时还未实现的对资本生产能力的冲击。为了实现类似拉姆齐的策略，你必须遵循阿罗（Arrow，1953）和德布鲁（Debreu，1959）介绍的相机需要公式，并将投资计划看作一个投资序列，其中每一项投资都依赖冲击的历史而定，这些冲击到决策实际执行时都已实现。

这种相机需要公式对于许多目的来说，都是极其有用的着眼点。（实际上，它对本书各部分的分析都是必不可少的。）但在这个问题中，它导致了一个和拉姆齐所用序列空间相比更难以处理的空间中的最大化问题。然而，随机拉姆齐问题的递归公式并不比确定性条件下的更复杂。有了随机冲击后，系统的当前状态可用两个变量来描述：资本和当期冲击。在这种情形下，我们搜寻一个储蓄函数，它把最优投资策略仅仅表达成这两个变量的函数。

最优工作搜寻问题也可以作为一个选择随机行动序列问题提出，但这样做是很笨拙的。在这个问题中，决策者所观察到的冲击依赖于他的行动：若他接受一个工作，他不会知道他继续搜寻后可得到的工资水平。若用递归表述，这个问题就变成选择单个数字——保留工资。工人应该接受工资超过这个水平的任何工作而拒绝低于保留工资的工作。接下来讨论的存货问题具有类似的结构，虽然此时必须选择两个数字：产生订货的存货水平和订货规模。

资产定价例子中不存在前 4 个例子中那样的单个决策者，这里的问题是市场均衡价格的决定。在这种经济中，我们可以计算对商品有定期需求数时的阿罗-德布鲁价格，这要依据直到交换发生时为止的冲击历史相机而定。另一种（且你可以证明是等价的）方法是，我们可以想象价格是在一系列现货股票市场（spot equity markets）上确立的。从第二种递归的角度，我们寻找一种均衡价格表达式，把它表示为系统状态的函数，这一点类似于将经济主体的决策表达为状态的函数。

最后的例子是一个微观经济学问题，它涉及在给定消费者需求行为的单一行业中的投资。当此行业为垄断行业时，这个问题只有单一的决策者，这样，它在结构上就和在一个随机经济中选择最优储蓄的社会计划者问题类似；若此行业是竞争性的，我们希望同时求解均衡价格和投资水平，它们都是行业状态的函数。正如哈罗德·霍特林（Harold Hotelling）于 1931 年在其关于耗尽资源的论文中所猜测的。在这种情况下，行业作为整体求解消费者剩余最大化问题，这就和垄断问题具有完全一样的数学结构。

正如我们希望这些例子所表明的一样，众多的经济学问题和其他决策问题非常自然地归于递归结构中。于是，本书的第一个目的就是以统一的方法介绍递归决策的理论——动态规划［用贝尔曼（Richard Bellman）的术语］，同时说明这个理论在各种各样的经济学问题中的广泛应用。

本书的第二个目的是要表明动态规划方法可以如何和那些现代均衡理论相结合以得到动态经济系统的易操作模型。当系统作为整体求解最大化问题时，这个可能性最容易出现，且我们的某些应用就采用了这种形式。我们也将考虑这样的系统：它的行为不能用任何单个决策问题模拟，但递归方法仍可以富有成效地得到应用。

这些例子给出了一些启示：我们将研究哪些类型的问题及我们打算研究它们的哪些方面。由于在这个非正规水平上不可能讨论它们引起的技术性问题，因此我们在此时还不能对本书剩余部分提出一个有用的总的概括。而相应地，在下一章我们将研究一个具体的经济例子，它表明了我们将论述的分析方法的范围，在那时，我们将对本书的余下部分做出概括性的介绍。

第2章　概　论

本章我们预览后面各章将详尽展开的递归分析方法，这部分内容分为三个主要部分，且本书其余部分将按此组织。本书第二部分论及求解确定性问题的各种方法，第三部分涉及这些方法在处理含有随机冲击的问题时的扩展，第四部分论述在一个竞争性均衡结构中运用上述方法。

为了使预览尽可能具体，我们以一个具体的例子来考虑这三部分内容，这个例子就是一个单部门经济增长模型。我们的目的不是提供关于增长理论的大量论述，而是要说明各种论述的类型和结果（它们在本书后几章中得到阐述）——这些论述可以广泛地应用于各种问题的论证，其中某些问题已在第 1 章中提及，还有更多问题将在第 5、10、13、16、17 和 18 章中详尽讨论，所有这些全部用于大量的应用。在本章中我们将完全集中于经济增长的例子。

在接下来的三节中，我们考虑一个由许多完全相同、无限生存的家庭所构成的经济中的资源分配问题，在每一时期 t，只存在一种商品 y_t，它用两种投入品生产：每期开始时存在的资本 k_t 和劳动 n_t。一个生产函数 $y_t=F(k_t, n_t)$ 联结着投入和产出。在每一期，当期产出必须在当期消费 c_t 和总投资 i_t 间分配：

$$c_t + i_t \leqslant y_t = F(k_t, n_t) \tag{1}$$

这个消费—储蓄决策是这个经济必须做出的唯一分配决策。假定资本以不变速度 $0<\delta<1$ 折旧，于是资本按以下方式和总投资相联系：

$$k_{t+1} = (1-\delta)k_t + i_t \tag{2}$$

假定劳动是无弹性供应，所以对所有 t 有 $n_t=1$。最后，假定所有家庭对消费的偏好是一样的，都具有如下形式：

$$\sum_{t=0}^{\infty}\beta^t U(c_t) \tag{3}$$

其中 $0<\beta<1$ 是贴现因子。

在 2.1 节和 2.2 节我们研究最优增长问题，具体地，在 2.1 节，我们考察对于给定的资本存量 k_0，在式（1）和式（2）的约束下最大化式（3）的问题。在 2.2 节，我们将这个计划问题修改为在式（1）中的技术包含有外生性随机冲击，在这种情况下，家庭对随机消费序列的偏好取决于式（3）中函数的期望值。在 2.3 节，我们返回确定性模型，我们先刻画消费及资本积累的路径，这个问题将出现在由许多具有式（3）中偏好的家庭和许多具有式（1）和式（2）中技术的公司所构成的竞争性市场经济中，接下来我们考虑竞争性均衡分配和前面求出的计划问题的解之间的关系。在 2.4 节，我们用对本书其余部分更详细的概述来结束本章，并简单讨论后面各章的内容。

2.1 确定性最优增长模型

在本节，我们研究不存在不确定性的最优增长问题。假定生产函数是 $y_t=F(k_t, n_t)$，其中 F：$\mathbf{R}_+^2\to\mathbf{R}_+$ 是连续可微、严格递增、一次齐次和严格拟凹的，且对所有 k，$n>0$ 有：

$$F(0, n)=0,\ F_k(k, n)>0,\ F_n(k, n)>0$$

$$\lim_{k\to 0}F_k(k, 1)=\infty,\ \lim_{k\to\infty}F_k(k, 1)=0$$

假定人口规模始终不变并将可用劳动力规模标准化为 1，则实际劳动供给对所有 t 必须满足：

$$0\leqslant n_t\leqslant 1 \tag{1a}$$

假定资本按固定比率 $0<\delta\leqslant 1$ 折旧，则消费 c_t、总投资 $i_t=k_{t+1}-(1-\delta)k_t$ 和产出 $y_t=F(k_t, n_t)$ 对所有 t 必须满足可行性约束：

$$c_t+k_{t+1}-(1-\delta)k_t\leqslant F(k_t, n_t) \tag{1b}$$

假定在这个经济中的所有家庭对各个时期的消费序列都有完全相同的偏好。这些共同偏好采取加性可分形式：

$$u(c_0, c_1, \cdots)=\sum_{t=0}^{\infty}\beta^t U(c_t) \tag{2}$$

其中 $0<\beta<1$ 是贴现因子，当期效用函数 U：$\mathbf{R}_+\to\mathbf{R}$ 是有界、连续可微、严格递增和严格凹的，且有 $\lim\limits_{c\to 0}U'(c)=\infty$，家庭不计闲暇价值。

现在考虑一个仁慈的社会计划者所面临的问题，他的目标是对给定的 $k_0>0$，在可行性约束式（1）下，选择序列 $\{(c_t,k_{t+1},n_t)\}_{t=0}^{\infty}$ 以最大化式（2）。显而易见，任何最优解都有两个特征：第一，显然产出未被浪费，即式（1b）对所有 t 都保持等式，这样我们可用它从式（2）中消去 c_t；第二，由于闲暇不计价值，且劳动边际产出永远为正，显然最优解要求对所有 t 有 $n_t=1$。今后，k_t 和 y_t 既代表每个工人的资本和产出，也代表总资本和总产出，所以，当期初资本为 k 时，可方便地定义 $f(k)=F(k,1)+(1-\delta)k$ 为包含未折旧资本在内的每个工人有效的商品总供给。

练习 2.1 证明上述对 F 的假定暗含着 f：$\mathbf{R}_+\to\mathbf{R}_+$ 是连续可微、严格递增和严格凹的，且有：

$$f(0)=0,\ f'(k)>0,\ \lim_{k\to 0}f'(k)=\infty,\ \lim_{k\to 0}f'(k)=1-\delta$$

于是该计划问题可以写作，给定 $k_0>0$：

$$\max_{\{k_{t+1}\}_{t=0}^{\infty}}\sum_{t=0}^{\infty}\beta^t U[f(k_t)-k_{t+1}] \tag{3}$$

$$\text{s. t.}\quad 0\leqslant k_{t+1}\leqslant f(k_t),\ t=0,\ \cdots \tag{4}$$

虽然最终我们的兴趣在于计划期为无限的情形，但从一个有限问题（简单得多!）开始却是富有启发的。若式（3）中的水平是一个有限值 T 而非无限，则式（3）～式（4）将是一个完全标准的凹规划问题。在有限期内，满足式（4）的序列集 $\{k_{t+1}\}_{t=0}^{T}$ 是 $\mathbf{R}^{T+1}$ 的一个闭的有界凸子集，而目标函数（3）是连续的和严格凹的，因此仅存在一个解，且这个解可由库恩-塔克（Kuhn-Tucker）条件完全刻画。

为了得到这些条件，注意到由于 $f(0)=0$ 和 $U'(0)=\infty$，显然式（4）中的不等式约束除了对 k_{T+1} 外不具有约束力，且显然 $k_{T+1}=0$。因此解满足一阶条件和边界条件：

$$\beta f'(k_t)U'[f(k_t)-k_{t+1}]=U'[f(k_{t-1})-k_t],\quad t=1,\ 2,\ \cdots,\ T \tag{5}$$

$$k_{T+1}=0,\ k_0>0 \tag{6}$$

式（5）是 k_t 的二阶差分方程，因而它有双参数解族，我们所关心的最大化问题的唯一最优策略是这个解族中满足式（6）中两个附加边界条件的那个解。接下来的练习表明如何用式（5）～式（6）来求一个特殊例子的最优解。

练习 2.2 令 $f(k)=k^{\alpha}$，$0<\alpha<1$，且令 $U(c)=\ln(c)$。（虽然这并不满足我们上面对 f 和 U 所做的全部假定。但不管如何，还是先做下去

再说。）

a. 写出这种情况下的式（5），并利用替换变量 $z_t = k_t / k_{t-1}^{\alpha}$ 将结果转换成 z_t 的一阶差分方程，做 z_{t+1} 对 z_t 的图形并在其中绘出 45°线。

b. 式（6）中的边界条件暗含 $z_{T+1}=0$，利用这个条件，证明唯一解是：

$$z_t = \alpha\beta \frac{1-(\alpha\beta)^{T-t+1}}{1-(\alpha\beta)^{T-t+2}},\ t=1,\ 2,\ \cdots,\ T+1$$

c. 验证对给定的 k_0，资本路径

$$k_{t+1} = \alpha\beta \frac{1-(\alpha\beta)^{T-t}}{1-(\alpha\beta)^{T-t+1}} k_t^{\alpha},\ t=0,\ 1,\ \cdots,\ T \tag{7}$$

满足式（5）～式（6）。

现在考虑练习 2.2 中计划问题的无限期情形。注意若 T 很大，则式（7）中 k_t^{α} 的系数在很长一段时间里基本上是常数 $\alpha\beta$。对于无限期问题的解，我们能否简单地取为当 T 趋于无穷时式（7）中解的极限呢？毕竟，我们正在讨论以几何速度贴现未来的家庭！在式（7）中取极限，我们得到：

$$k_{t+1} = \alpha\beta k_t^{\alpha},\ t=0,\ 1,\ \cdots \tag{8}$$

事实上，这个猜测是正确的：有限期问题解的极限是无限期问题的唯一解。对练习 2.2 中的特殊例子和更一般的问题这都是真的，但证明它将涉及证实算子“max”和“$\lim_{T\to\infty}$”交换次序的合法性，其挑战性超出我们所能做出的猜测。

我们将寻求另外一个不同的方法。式（8）暗示着另一个猜测：对于式（3）～式（4）的无限期问题，对任何 U 和 f，解都取如下形式：

$$k_{t+1} = g(k_t),\ t=0,\ 1,\ \cdots \tag{9}$$

其中 g：$\mathbf{R}_+ \to \mathbf{R}_+$ 是一个确定的储蓄函数。我们的直觉认为它一定如此：由于计划问题在每期具有同样的形式，只是期初的资本存量在各期发生了变化，除了 k_t 还有什么会影响 k_{t+1} 和 c_t 的选择呢？不幸的是，练习 2.2 对继续这个猜测并没有提供任何帮助。在那里，对于假定的特殊函数形式采用的变量替换显然是特有的，并且粗略地看一看式（5）就可以证实没有普遍可行的类似方法。

我们继续实现这个想法的策略是忽视式（5）和式（6），并且重新开始。虽然我们将这个问题叙述为对消费和资本无限序列 $\{(c_t, k_{t+1})\}_{t=0}^{\infty}$ 的一个选择，但实际上，在 $t=0$ 时，计划者面临的问题是选择今天的消费 c_0 和明天的期初资本 k_1，而不需做其他任何事情，其他事

情可以等到明天。若我们知道了计划者对这两种物品的偏好，就可以简单地对给定的 k_0，在式（1b）定义的机会集合中将（c_0，k_1）的适当函数最大化。但计划者对当期消费和下期资本的偏好是什么？

假定式（3）～式（4）对 k_0 的所有可能值都已求解，那么根据对每一 $k_0 \geqslant 0$，取 $v(k_0)$ 为目标函数（3）的最大化值，则可以定义一个函数 v：$\mathbf{R}_+ \to \mathbf{R}$，这类函数称为**价值函数**（value function）。根据 v 的这种定义，$v(k_1)$ 将给出从第 1 期的期初资本存量 k_1 开始所得到的效用值，而 $\beta v(k_1)$ 将是贴现到第 0 期的效用值。那么，根据这个价值函数 v，在第 0 期计划者的问题将是：

$$\begin{aligned} &\max_{c_0, k_1} [U(c_0) + \beta v(k_1)] \\ \text{s.t.}\quad & c_0 + k_1 \leqslant f(k_0) \\ & c_0,\ k_1 \geqslant 0,\ k_0 > 0 \end{aligned} \tag{10}$$

若函数 v 是已知的，我们就可以利用式（10）定义一个函数 g：$\mathbf{R}_+ \to \mathbf{R}_+$，即对每一个 $k_0 \geqslant 0$，令 $k_1 = g(k_0)$ 和 $c_0 = f(k_0) - g(k_0)$，使得 k_1 和 c_0 能使式（10）达到最大值。在 g 的如此定义下，差分方程（9）将完全描述从任何给定初始存量 k_0 开始的资本积累动态。

此时，我们并不"知道" v，但我们已将其定义为式（3）～式（4）中问题的最大化目标函数。这样，若求解式（10）能得出该问题的解，则 $v(k_0)$ 也必定是式（10）的最大化目标函数，即 v 必须满足：

$$v(k_0) = \max_{0 \leqslant k_1 \leqslant f(k_0)} \{U[f(k_0) - k_1] + \beta v(k_1)\}$$

其中，和前面一样，我们利用了物品不被浪费的事实。

注意，用这种递归方式看问题时，时间下标成为无用之物：我们并不关心时期是什么。我们可以把计划者在当期资本存量为 k 时面临的问题重写为：

$$v(k) = \max_{0 \leqslant y \leqslant f(k)} \{U[f(k) - y] + \beta v(y)\} \tag{11}$$

这个关于未知函数 v 的方程称为**函数方程**（functional equation），稍后我们将会看到它是一个极易处理的数学对象。通过对这种函数方程的分析来研究动态最优化问题的方法称为**动态规划**（dynamic programming）。

若我们已知函数 v 是可微的，且最大化值点 y——称为 $g(k)$——是内点，则函数方程（11）的一阶条件和包络条件将分别是：

$$U'[f(k) - g(k)] = \beta v'[g(k)]$$

$$v'(k) = f'(k) U'[f(k) - g(k)]$$

其中，第一个条件使消费当期产出的边际效用等于将当前产出分配成资本而享受下期所增加的消费的边际效用；第二个条件说的是，按总贴现效用来说，当期资本的边际值是由将当期生产所用资本的收益分配成当期消费的边际效用给出。

练习 2.3 对于练习 2.2 的函数形式，我们猜测由式（8）给出的资本路径对无限期计划问题是最优的。

a. 利用这个猜测，沿着与式（8）给出的资本路径相关的消费路径，用式（2）的值来计算 v。

b. 证明函数 v 满足式（11）。

假定不论是通过分析条件（5）～式（6）还是分析函数方程（11），我们已证实了最优储蓄策略的存在性。利用这个信息我们能做什么呢？对于练习 2.2 和练习 2.3 中特殊的参数例子，利用简单的纸上运算就可以求出 g，然后我们可以利用所产生的差分方程（8）来计算最优资本存量序列 $\{k_t\}$。这个例子是经过仔细挑选的例外情形：对多数其他的参数问题，得到储蓄函数 g 的显示解是不可能的。对于这些情形可用数值方法来计算显示解，当设定了所有参数数值时，利用基于式（11）的算法得到 g 的近似是可能的，然后对给定的任何初始值 k_0，可以利用式（9）来计算 $\{k_t\}$。

此外，在对 f 和 U 的很广泛的假定范围内，储蓄函数 g 以及由式（9）生成的资本路径所具有的定性特征常常是存在的。特别地，我们利用式（5）～式（6）或式（11）的一阶条件和包络条件，再加上对 U 和 f 的假定就可以刻画最优储蓄函数 g 的特性，然后我们又可以用如此确立的 g 的特性去刻画式（9）的解 $\{k_t\}$ 的特性，下面的练习说明了这些步骤中的第二步。

练习 2.4 a. 令 f 如练习 2.1 中的设定，并假定最优储蓄函数 g 具有不变储蓄率的特征，即对所有 k 有 $g(k)=sf(k)$，其中 $s>0$。绘出 g 的图形，并在其中画出 45°线。满足 $g(k)=k$ 的点称作 g 的**平稳点**（stationary solutions）、**稳态点**（steady states）、**休止点**（rest points）或**不动点**（fixed points）。证明确实存在一个正的平稳点 k^*。

b. 利用图形证明，若 $k_0>0$，则由式（9）给出的序列 $\{k_t\}$ 当 $t\to\infty$时收敛于 k^*，即对给定的某一 $k_0\geq0$，令 $\{k_t\}_{t=0}^{\infty}$是满足式（9）的序列。证明对任何 $k_0\geq0$，有$\lim\limits_{t\to\infty}k_t=k^*$，证明这个收敛是单调的。在有限期中它可能发生吗？

这个练习包含了从确定性动态模型产生的序列中所能得到的定性行为的大部分信息。平稳点已被定位且其特征也已被刻画，它们的稳定特性已被证实，且对所有可能的初始位置，系统的运动已被定性描述了。我们采用这个例子作为建立更复杂模型的一种范例，或作为合理猜测的一个来源。(关于在 k^* 附近的 k_t 向稳态 k^* 收敛速度的信息，可以通过在 k^* 的邻域取 g 的线性近似得到。或者，可用数值模拟来研究在任何感兴趣范围内的收敛速度。)

从上面的讨论中我们可以得出结论，分析像式（3）～式（4）这样平稳的无限期最优化问题，一个有效的方法是考察如本例中相应的函数方程（11）和包含了相应策略函数的差分方程（9）。实施这种分析包含几个步骤。

首先，我们需要肯定的是以无限序列方式提出的问题的解同样是相应函数方程的解，即需要证明采用函数方程并没有改变原问题。其次，必须发展出研究如函数方程（11）的工具，我们必须证实满足函数方程的价值函数 v 的存在性和唯一性，并且在可能时还需确定 v 的定性特征。我们还需要确立相应的策略函数 g 的特征。最后，我们必须说明 g 的定性特征如何转化成 g 所生成的序列的性质。

由于来自经济学中非常不同的基本领域的变化繁多的问题都具有这个相同的数学结构，所以我们希望以一个可广泛应用的方法来展开这些结果。这就是本书第二部分的任务。

2.2 随机最优增长模型

对于不确定性的不同假定，上面讨论的确定性最优增长模型相应地有各种类似的随机模型。在本节我们考察一个模型，在该模型中，不确定性仅仅以一种特别的方式来影响技术。

假定产出由 $y_t = z_t f(k_t)$ 给出，其中 $\{z_t\}$ 是一个独立同分布随机变量序列，且 f 和上一节一样定义。冲击可认为由谷物歉收、技术突破等引起，则经济的可行性约束是，对所有 t 和所有 $\{z_t\}$ 有：

$$k_{t+1} + c_t \leqslant z_t f(k_t), \quad c_t, \ k_{t+1} \geqslant 0 \tag{1}$$

假定这个经济中的家庭按照其提供的期望效用对随机消费序列评级，它们基本（共同）的效用函数采用和以前一样的加性可分形式：

$$\mathrm{E}[u(c_0, c_1, \cdots)] = \mathrm{E}[\sum_{t=0}^{\infty}\beta^t U(c_t)] \tag{2}$$

其中，E(·)表示关于随机变量 $\{c_t\}_{t=0}^{\infty}$ 的概率分布的期望值。

现在考察在这个随机环境中一个仁慈的社会计划者所面临的问题。和前面一样，他的目标是在式（1）的约束下最大化目标函数（2）。在着手前，我们需要弄清信息、行动、决策的定时和计划者的选择对象，以及随机变量 $\{c_t\}_{t=0}^{\infty}$ 的分布。

假定每期信息和行动的定时如前所述。在时期 t 开始时，外生冲击的当期值 z_t 已经实现，这样当消费 c_t 发生和期末资本 k_{t+1} 累积时，数对（k_t，z_t）及由此产生的总产出 $z_t f(k_t)$ 是已知的。数对（k_t，z_t）可称为时点 t 处经济的**状态**（state）。

如同在确定性情形下所做的，我们可以认为第 0 期的计划者除了选择一数对（c_0，k_1）外，还要选择表示所有未来消费和资本数对的一个无限序列 $\{(c_t, k_{t+1})\}_{t=1}^{\infty}$。然而，在随机情形下，这并不是一个数值序列，而是一个**相机计划**（contingency plans）序列，每期一个相机计划。特别地，对 $t=1, 2, \cdots$，每期的消费 c_t 和期末资本 k_{t+1} 都依冲击 z_1，z_2，…，z_t 的实现而定，这个实现序列是一个信息，它在决策实施时是可得到的，但在制定决策的第 0 期是未知的。用专业术语来说，计划者要在函数序列间进行选择，其中序列中的第 t 个函数都以制订计划时刻到决策执行时刻间的冲击所实现的历史（z_1，…，z_t）作为其自变量。对计划者来说，可行集是数对（c_0，k_1）和函数序列 $\{[c_t(\cdot), k_{t+1}(\cdot)]\}_{t=1}^{\infty}$ 的集合，对所有时期和所有冲击的实现，它均满足可行性约束（1）。

对这个可行相机计划集的任何元素，外生性给定的冲击的概率分布决定着未来消费的分布，于是目标函数（2）中的期望就有明确的含义。下一个练习表明，当将此问题直接看作对相机计划序列的一个选择时就会涉及该问题。

练习 2.5 考虑目标函数为（2）、约束条件为（1）、时间长度为 T 的有限期计划问题，假定冲击 $\{Z_t\}_{t=0}^{T}$ 只取有限的一列值 a_1，…，a_n；并假定每期产出的概率分别是 π_1，…，π_n。叙述该问题的一阶条件。(这主要是一个簿记问题，但列出各个细节是有启发的。由列出所有决策变量表开始。计划者的可行集落在欧几里得空间中的何处?)

这是提出不确定性下最优增长问题的一种途径，此外还存在另一种途径，即类似于确定性情形下的递归公式。这里，我们令 $v(k, z)$ 是初始状态为（k，z）时目标函数（2）的最大值，则当期消费 c 和期末资本 y 的选择（c，y）导致了当期效用 $U(c)$，并暗含系统在下期将处于状态（y，z'），其中 z' 将按照支配外生冲击的固定分配“自然”地选择，从这个位置可获得的最大期望效用是 $v(y, z')$，所以对未知的 z'，从现期看它的贴现值是 $\beta E[v(y, z')]$。这些考虑形成了如下的函数方程：

$$v(k, z) = \max_{0 \leqslant y \leqslant f(k)} \{U[zf(k) - y] + \beta E[v(y, z')]\} \tag{3}$$

对式（3）的研究可求出最优资本选择 $y^* = g(k, z)$，它是决策期状态（k，z）的函数。以递归观点看，随机最优增长问题在形式上非常类似于一个确定性问题。

用于刻画随机情形下最优策略特征的方法完全类似于确定性情形，若我们假定可微性及内部最优，则式（3）的一阶条件是：

$$U'[zf(k) - g(k, z)] = \beta E\{v_1[g(k, z), z']\}$$

这个条件暗含地定义了一个策略函数 g，它的自变量是两个状态变量 k 和 z，则最优资本路径由如下随机差分方程给出：

$$k_{t+1} = g(k_t, z_t) \tag{4}$$

其中 $\{z_t\}$ 是一个独立同分布随机冲击序列。下面的练习是针对在上节所研究的对数效用和柯布-道格拉斯技术这种特殊情况下的式（3）和式（4）。

练习 2.6 令

$$U(c) = \ln(c) \text{ 和 } f(k) = k^\alpha, \ 0 < \alpha < 1$$

如我们在练习 2.2～练习 2.4 中所做的那样，猜测最优策略和以前一样，即对于所有 t 和所有 $\{z_t\}$ 有：

$$k_{t+1} = \alpha\beta z_t k_t^\alpha \tag{5}$$

计算在给定 $k_0 = k$ 和 $z_0 = z$ 时，此策略下目标函数（2）的值，并将其称为 $v(k, z)$。证明如此定义的函数 v 满足式（3）。

在随机情形中，计算出由策略函数 g 所隐含的状态变量 k_t 的动态是非常不同的。式（4）及其特殊形式式（5）称为（一阶）**随机差分方程**（stochastic difference equations），由这种方程所产生的随机变量 $\{k_t\}$ 称为（一阶）**马尔可夫过程**（Markov process）。回忆练习 2.4 中得到的确定性差分方程的结果并考虑随机情形下可能的类似结果，这是很有帮助的。很明显，在存在反复发生的冲击 z_t 的情况下，式（5）所描述的序列 $\{k_t\}$ 将不收敛于任何单一值，对它的行为我们能说什么吗？

对式（5）取对数，我们得到

$$\ln(k_{t+1}) = \ln(\alpha\beta) + \alpha\ln(k_t) + \ln(z_t)$$

由于冲击 $\{z_t\}$ 是独立同分布随机变量，所以其对数 $\{\ln(z_t)\}$ 也是独立同分布。现在，假定后者服从正态分布，且具有均值 μ 和方差 σ^2。

练习 2.7 给定 k_0，$\{\ln(k_t)\}_{t=1}^{\infty}$ 是一正态分布随机变量序列，其均值为 $\{\mu_t\}_{t=1}^{\infty}$，方差为 $\{\sigma_t^2\}_{t=1}^{\infty}$，求均值和方差并计算它们在 $t\to\infty$ 时的极限。

在这个例子中，随着 t 的无限增加，随机变量 $\{k_t\}$ 的概率分布序列收敛，此外线性和正态性使所有 k_t 的分布都可以使用笔和纸明确地计算出来。在一般情形中，这种计算是不可能的，但在更加宽松的假定下，k_t 的分布函数序列对一极限分布的收敛是能够证明的，基本思路如下。

令 $\{k_t\}$ 由式（5）描述，但去掉了 z_t 是对数正态分布序列的假定，令 G 是 z_t 的（共同）累积分布函数，则给定初始资本存量 $k_0>0$ 后，下一期的存量 k_1 是一个随机变量。它的累积分布函数——称为 ψ_1——由 G 决定，特别地，对任意 $a>0$，有：

$$\begin{aligned}\psi_1(a) &= \Pr\{k_1 \leqslant a\} = \Pr\{\alpha\beta z_0 k_0^{\alpha} \leqslant a\}\\ &= \Pr\{z_0 \leqslant a/\alpha\beta k_0^{\alpha}\} = G(a/\alpha\beta k_0^{\alpha})\end{aligned}$$

这样，k_0 和 G 决定 k_1 的分布函数 ψ_1。

由于在任何两个相继时期中这个结论都成立，所以我们可以定义如下函数：

$$H(a,\ b) = \Pr\{k_{t+1} \leqslant a \mid k_t = b\} = G(a/\alpha\beta b^{\alpha}),\ a,\ b > 0 \tag{6}$$

H 称作**转移函数**（transition function）。在 H 的定义下，k_t 的分布函数序列可由下式归纳给出：

$$\psi_{t+1}(a) = \Pr\{k_{t+1} \leqslant a\} = \int H(a,\ b)\mathrm{d}\psi_t(b),\ t = 0,\ 1,\ \cdots \tag{7}$$

其中分布 ψ_0 简单地就是在给定初始值 k_0 时的质点。

更一般地，在给定形如式（4）的一个随机差分方程和外生冲击的一个分布函数 G 后，我们可以定义一个如式（6）的转移函数。于是对任意初始值 $k_0>0$，k_t 的分布函数序列由式（7）给出。练习 2.7 暗示，若 g 和 G 在某些适当的族中，则 H 收敛于（在一定意义上）满足下式的一个极限分布函数 ψ：

$$\psi(k')=\int H(k',\ k)\mathrm{d}\psi(k) \tag{8}$$

满足式（8）的分布函数 ψ 称作转移函数 H 的**不变分布**（invariant distribution）。其含义是，若分布 ψ 给出资本存量 k_t 在任意时期 t 的概率描述，则 ψ 同样描述资本存量在时期 $t+1$，$t+2$，…的分布。这样不变分布就是确定性系统中平稳点的随机类似物。

现在假定 g 和 G 都已知，且相应的转移函数 H 具有唯一的平稳分布 ψ，进一步假定对任意 $k_0>0$，由式（7）定义的序列 $\{\psi_t\}$ 收敛于 ψ。令 ϕ 是一个连续函数，并考虑这个函数的样本均值 $(1/T)\sum_{t=1}^{T}\phi(k_t)$。你可能会期望，在较长的时间跨度上，这个样本均值近似等于 ϕ 关于极限分布 ψ 所取的数学期望，即你可能期望：

$$\lim_{T\to\infty}\frac{1}{T}\sum_{t=1}^{T}\phi(k_t)=\int\phi(k)\mathrm{d}\psi(k) \tag{9}$$

至少沿大多数样本路径确实如此。这被称作**大数定律**（law of large numbers）。后面我们将精确设定“大多数样本路径”意味着什么，并将导出使式（9）成立的条件。

当式（9）确实成立时，我们也可以在式（9）的左边根据观察到的时间序列计算样本平均值，也可以在式（9）的右边从理论上来计算积分，并可以用两边比较作为理论的一个检验。第一个计算很容易，本书大部分是关于第二个计算的各种方法。

如上面讨论所示，要说稍有区别的话，就是动态规划技术用于分析随机模型比考虑确定性问题更有用。练习 2.5 说明了从序列角度来考虑随机动态问题的复杂性，即使在有限期内。另外，稍后我们将会看到类似于式（3）的函数方程并不比其确定性对等方程更难处理。主要的差别在于一个描述随机冲击分布的便利语言和关于类似于式（3）中期望算子的一些基本结果。

类似于式（3）的函数方程的解导出一个类似于式（4）的最优策略函数，因而我们有兴趣去研究类似于式（4）的系统产生的时间序列的特性。这种研究比分析确定性差分方程的解要明显困难，但也并非不可克服。显然，一个随机系统的稳定性理论要求：首先，我们必须精确定义一个分布函数序列的收敛意味着什么；其次，我们需要导出像上面函数 H 一样的转移函数的充分条件以保证 H 具有唯一的不变分布，并且保证由式（7）给出的分布函数序列在所要求的意义下收敛于那个不变分布；最后，为了将理论和观察到的行为联系起来，我们必须导出使大数定律成立的条件。

执行这个计划要求某些预备性基础，读者不应对此感到惊奇。一些定义、符号和现代概率论的基本结果是必需的，同时也需要关于马尔可夫过程的一些基本信息。这些预备性知识以及对随机递归模型的分析是本书第三部分的内容。

2.3 竞争性均衡增长

在前两节，我们只关心一个假设的社会计划者所面临的分配问题，在本节我们证明，在适当的条件下，这种计划问题的解可以解释成对市场经济行为的预测。当然，对此的论证是基于竞争性均衡和帕累托最优之间的古典联系。这些联系在相当宽松的假定下都成立，而且在后面几章我们将在一个非常一般的环境下证实它们。我们还要证明，在竞争性均衡和帕累托最优之间的联系被破坏了的情形下，如存在税收或其他扭曲时，可以通过直接分析适当的一阶条件来研究竞争性均衡。

在前面讨论过的模型中，存在许多相同的家庭，我们取这些家庭（共同）的偏好作为社会计划者的偏好。此外，存在许多相同的公司，所有公司都有相同的规模报酬不变技术，所以整个经济可用的技术和每个公司可用的技术是一样的，这样，2.1 节和 2.2 节所考虑的计划问题是具有许多经济主体的经济的帕累托问题。即可以把它们看成在一特殊情况下家庭效用函数加权平均的最大化问题，这个特殊情况就是所有家庭都有相同的偏好并被赋予相同的权重，因而也就得到相同的分配。这样，我们考虑的这种计划的解就是帕累托最优分配，在本节我们将证明，这些分配恰恰对应于竞争性均衡。为了简化，我们在这里将注意力限制在确定性和有限时间跨度的问题上。

假定我们已求解了 2.1 节中的有限时间最优增长问题，且 $\{(c_t^*, k_{t+1}^*)\}_{t=0}^{T}$ 是我们得到的解，我们的目的是找出使其成为一组竞争性均衡的价格。然而，我们必须首先设定家庭和公司的所有权权利以及市场结构。明确这些问题是必要的。

假定家庭拥有所有生产要素及公司的所有股份，且这些禀赋相等地分布在各个家庭。每个时期，家庭向公司出卖要素并购买公司生产的产品，它们消费掉一些产品并累积余下的作为资本。假定公司不拥有任何东西，它们在每个时期简单地按租借标准租用资本和雇用劳动力来生产产品，将生产出的产品卖给家庭并将产生的利润分配给股东。最后，假定所有交易都在第0期的单一的一次性出清的市场上发生。所有交易都在那时发生，因此所有的价格和数量被同时决定，此后不再进行进一步的交易。这个市场关闭后，在$t=0$，1，…，T期，各经济主体简单地交付它们签约卖出的要素和产品并收回那些它们签约买进的要素和产品。

假定这个大市场上的价格惯例如下：令p_t是第t期中交付的以抽象会计单位表示的单位产出的价格，$t=0$，1，…，T；令w_t是在第t期中交付的以时期t中产品单位表示的单位劳动的价格，即w_t是实际工资；类似地，令r_t是第t期中资本的实际租用价格。

对于给定的价格$\{(p_t, r_t, w_t)\}_{t=0}^{T}$，代表性公司所面临的问题是选择投入需求和产出供给$\{(k_t, n_t, y_t)\}_{t=0}^{T}$以最大化其贴现后的净利润，这样，它的决策问题是：

$$\max \pi = \sum_{t=0}^{T} p_t[y_t - r_t k_t - w_t n_t] \tag{1}$$

$$\text{s.t.} \quad y_t \leqslant F(k_t, n_t), \ t = 0, 1, \cdots, T \tag{2}$$

给定同样的价格序列，典型的家庭必须在给定的初始资本持有x_0下决定消费需求和投资需求以及当期资本供给和劳动供给$\{(c_t, i_t, x_{t+1}, k_t, n_t)\}_{t=0}^{T}$，在做出这些选择时，家庭面临几个约束：第一，购买产品的总值不能超过其收到的工资、租金收入和利润的总值；第二，家庭在第$t+1$期所持有的实际资本等于其在第t期持有资本折旧后的净值加上新的投资；第三，家庭每期提供的每种要素的数量必须非负，并且不能超过那个时期的可用数量；第四，消费和资本持有不能为负。这样，决策问题是：

$$\max \sum_{t=0}^{T} \beta^t U(c_t) \tag{3}$$

$$\text{s.t.} \quad \sum_{t=0}^{T} p_t[c_t + i_t] \leqslant \sum_{t=0}^{T} p_t[r_t k_t + w_t n_t] + \pi \tag{4}$$

$$x_{t+1} = (1-\delta)x_t + i_t, \ t = 0, 1, \cdots, T, \text{对于给定的} x_0 \tag{5}$$

$$0 \leqslant n_t \leqslant 1, \ 0 \leqslant k_t \leqslant x_t, \ t = 0, 1, \cdots, T \tag{6}$$

$$c_t \geqslant 0, \ x_{t+1} \geqslant 0, \ t = 0, 1, \cdots, T \tag{7}$$

注意，拥有的资本存量x_{t+1}和对公司的资本供给k_{t+1}是非负的，但总投资i_t可以是负的。这个假定是在2.1节中暗含的。

一个竞争性均衡是对典型公司的一组价格$\{(p_t, i_t, w_t)\}_{t=0}^{T}$和一

个分配 $\{(k_t^d, n_t^d, y_t)\}_{t=0}^T$，以及对典型家庭的一个分配 $\{(c_t, i_t, x_{t+1}, k_t^s, n_t^s)\}_{t=0}^T$。它们要满足：

a. $\{(k_t^d, n_t^d, y_t)\}$ 在设定价格下是式（1）～式（2）的解；

b. $\{(c_t, i_t, x_{t+1}, k_t^s, n_t^s)\}$ 在设定价格下是式（3）～式（7）的解；

c. 所有市场都出清，对所有 t 有，$k_t^d=k_t^s$，$n_t^d=n_t^s$，$c_t+i_t=y_t$。

为了寻求一个竞争性均衡，我们从猜测它具有某些特性开始，然后证明这些猜测是正确的。首先，由于代表性家庭的偏好是严格单调的，我们猜测每一时期产品的价格严格为正：对所有 t，$p_t>0$。其次，由于两种要素都有严格正的边际产出，故对所有 t，有 $w_t>0$ 及 $r_t>0$；最后，由于均衡时市场都出清，所以对所有 t，我们令 $k_t=k_t^s=k_t^d$ 和 $n_t=n_t^s=n_t^d$ 表示交易的资本和劳动数量。

现在考虑典型的公司，若在每期产品价格都严格为正，则公司在每期都向市场提供它所生产的所有产出，即对所有 t，式（2）中的等号都成立。再有，注意到由于公司每期都简单地租用资本和雇用劳动力，它的问题等价于一系列单期最大化问题。因此，它的投入需求满足：

$$\max_{k_t, n_t} p_t[F(k_t, n_t)-r_t k_t-w_t n_t],\ t=0, 1, \cdots, T \tag{8}$$

接下来，（实际）要素价格必须等于边际产出：

$$r_t=F_k(k_t, n_t),\ t=0, 1, \cdots, T \tag{9}$$

$$w_t=F_n(k_t, n_t),\ t=0, 1, \cdots, T \tag{10}$$

由于 F 是一次齐次的，当我们将式（9）和式（10）代入式（8）时，我们得到 $\pi=0$，同样注意 $k_{T+1}=0$。

下边考虑典型家庭，由于供给可用要素不会引起家庭的负效用，所以在每一期家庭都提供所有可用的要素，即对所有 t，有 $n_t=1$ 和 $k_t=x_t$。利用这些事实并代入式（5）以消去 i_t，我们将家庭的问题写作：

$$\max \sum_{t=0}^{T} \beta^t U(c_t) \tag{11}$$

$$\text{s.t.}\ \sum_{t=0}^{T} p_t[c_t+k_{t+1}-(r_t+1-\delta)k_t-w_t] \leqslant 0 \tag{12}$$

$$c_t \geqslant 0,\ k_{t+1} \geqslant 0,\ t=0, 1, \cdots, T,$$

$$\text{给定}\ k_0=x_0 \tag{13}$$

由于 $\lim_{c\to 0}U'(c)=\infty$，式（13）中对 c_t 的非负性限制永远不会产生约束力，因而对家庭的一阶条件是：

$$\beta^t U'(c_t)-\lambda p_t=0 \tag{14}$$

$$\lambda[(r_{t+1}+1-\delta)p_{t+1}-p_t]\leqslant 0, \tag{15}$$

若 $k_{t+1}>0$，等式成立，$t=0, 1, \cdots, T$

其中 λ 是与预算约束（12）相关的乘数。

所以，一个竞争性均衡的特征可由数量及价格 $\{(c_t^e, k_{t+1}^e, p_t^e, r_t^e, w_t^e)\}_{t=0}^{T}$ 所刻画，且所有产品和要素的价格为正，并满足：在给定价格下，$\{(k_t^e, n_t=1)\}_{t=0}^{T}$ 是式（8）的解；在给定价格下，且给定 $k_0=x_0$ 和 $k_{T+1}=0$ 时，$\{(c_t^e, k_{t+1}^e)\}_{t=0}^{T}$ 是式（11）～式（13）的解。另外，对所有 t，还有：

$$F(k_t^e, 1)=c_t^e+k_{t+1}^e-(1-\delta)k_t^e \tag{16}$$

既然我们已定义并部分刻画了 2.1 节中经济的竞争性均衡，那么我们就可以对前边提到的均衡及最优分配之间的联系进行更详细地分析了。首先，注意若 $\{(c_t^e, k_{t+1}^e, p_t^e, w_t^e, r_t^e)\}_{t=0}^{T}$ 是一个均衡，则 $\{(c_t^e, k_{t+1}^e)\}_{t=0}^{T}$ 是 2.1 节中讨论过的计划问题的一个解，为了证明这一点，我们只需证明 $\{(c_t^e, k_{t+1}^e)\}$ 是帕累托最优。相反地，假定 $\{(c_t', k_{t+1}')\}$ 是一个可行分配且 $\{c_t'\}$ 导致目标函数（11）实现更高的总效用，则这个分配一定违反约束条件（12），否则家庭将会选择它。若式（12）被违反，则式（16）暗含着：

$$\pi'=\sum_{t=0}^{T}p_t^e[F(k_t', 1)-r_t^e k_t'-w_t^e]>0=\pi^e$$

这与 $\{(k_t^e, n_t=1)\}_{t=0}^{T}$ 是一个投入的利润最大选择假设相矛盾。这个结果是福利经济学第一基本定理的一个变体。

反过来，假定 $\{(c_t^*, k_{t+1}^*)\}_{t=0}^{T}$ 是 2.1 节计划问题的一个解，则 $\{k_{t+1}^*\}_{t=0}^{T}$ 是唯一满足如下一阶条件和边界条件的序列：

$$\beta f'(k_t^*)U'[f(k_t^*)-k_{t+1}^*]=U'[f(k_{t-1}^*)-k_t^*],$$
$$t=1, 2, \cdots, T \tag{17}$$

$$k_{T+1}^*=0,\ k_0^*=x_0 \tag{18}$$

且 $\{c_t^*\}$ 由下式给出，即：

$$c_t^*=f(k_t^*)-k_{t+1}^*,\ t=0, 1, \cdots, T \tag{19}$$

其中函数 $f(k)=F(k, 1)+(1-\delta)k$ 如 2.1 节中定义。

为了用这些数量构造一个竞争性均衡，我们必须寻找相应的价格。

为了做到这一点，注意式（9）和式（15）共同暗示产品价格必须满足：

$$p_t^*=p_{t-1}^*/f'(k_t^*),\ t=1, 2, \cdots, T \tag{20}$$

其中 $p_0>0$ 是任意的，且式（9）和式（10）隐含实际工资和租金率必须满足：

$$r_t^* = f'(k_t^*) - (1-\delta),\ t = 1,\ 2,\ \cdots,\ T \tag{21}$$

$$w_t^* = f(k_t^*) - k_t^* f'(k_t^*),\ t = 1,\ 2,\ \cdots,\ T \tag{22}$$

很容易证明这些价格和式（17）～式（19）中的数量共同组成一个竞争性均衡，我们把这个证明留作练习。这个结果是福利经济学第二基本定理的一个变体。

练习 2.8 证明在式（20）～式（22）给定的价格下，式（17）～式（19）中定义的分配 $\{(c_t^*,\ k_{t+1}^*)\}_{t=0}^T$ 是家庭的效用最大化分配［是式（11）～式（13）的解］；分配 $\{(k_t^*,\ n_t^* = 1)\}_{t=0}^T$ 是公司的利润最大化分配［是式（8）的解］；$\{(c_t^*,\ k_{t+1}^*)\}_{t=0}^T$ 满足式（16）。

若公司而不是家庭为资本的所有者，则同样的数量和价格也构成一个竞争性均衡，我们把它的证明也留作一个练习。

练习 2.9 假定禁止家庭直接拥有资本，而由公司拥有全部初始资本存量 k_0 及做出未来所有的资本投资。家庭拥有公司的所有股份，且后者的各种收益中包含资本收益。修改对公司和家庭问题的描述以适应这些变化，并证明式（17）～式（19）中的数量和式（20）～式（22）中的价格仍然构成一个竞争性均衡。

在前面，我们将这些均衡价格和数量解释成在单一市场的一次出清运转过程中决定，但存在另一种方法来考虑一个经济要达到的上面计算出的数量和价格。假定各经济主体在每期期初而不仅是第 0 期的一个市场上碰面。在第 t 期举行的市场中，各经济主体交易当期劳动、所存资本的租借服务和最终产出，此外还交易一种债券：对一单位下期最终产出的债权。在每一时期，要素和债券的价格都用当期产品来表示。

注意，由于有一系列市场，家庭必须对未来价格形成预期以做出其在第 t 期市场中的决策，特别地，它对未来消费品价格和未来资本租金率的预期影响它的当期消费—储蓄决策。这样，就需要一些关于如何形成这些预期的假定。例如，假设家庭对未来所有价格具有完全的预见。（这个假定是理性预期的更一般概念在一个确定性特殊情况下的应用。）虽然我们在这里并不进行证明，但不难证明：在完全预见的假定下，两种环境中的竞争性均衡分配相同，且在价格密切相关的意义上，这一系列市场等价于上面的单一市场。

练习 2.10 假定市场结构如上所述，修改对公司和家庭问题的描述以适应这些变化。证明在完全预见下，式（17）～式（19）中的数量、式（21）～式（22）中的要素价格及如下债券价格：

$$q_t = \beta U'(c_{t+1}^*)/U'(c_t^*) = 1/f'(k_{t+1}^*),\ t=0,\ 1,\ \cdots,\ T-1$$

构成一个竞争性均衡。

实际上，对这里的代表性家庭经济，系列市场的结构甚至可以通过去掉债券市场而进一步简化。由于这种债券的净供给为零，在均衡时，每个家庭对每种债券的净需求都是零。因此，若这些市场被简单地关闭，则其余的价格和实际分配都不发生变化。然而，在由不同家庭组成的经济中，这个结论并不成立。

于是，我们有了两个市场经济的例子：一个具有阿罗-德布鲁意义上的完全市场，另一个在生产要素、产品和一期债券的现货交易上具有限制的市场。假定经济中的经济主体对未来价格有完全的预见，那么两个经济都再生了 2.1 节中讨论过的资本积累的最佳路径。

另外，还存在第三种方式可将 2.1 节中最优增长模型的解解释成一个竞争性均衡，它与 2.1 节中的动态规划方法和上面均衡的系列市场解释密切相关，其一般思路是将均衡价格刻画成整个经济资本存量这个单一状态变量 k 的函数，并将各个家庭看成动态规划者。

为了拓展这个思路，首先注意到，由于连续经济中的公司求解式 (8) 中单期问题的序列，要素价格可以表示为状态的函数：

$$\text{对所有 } k>0\text{，有 } R(k)=F_k(k,\ 1) \text{ 和 } \omega(k)=F_n(k,\ 1) \tag{23}$$

这些价格在每期都被公司取作固定数字，在这些价格下，数量 $(k,\ 1)$ 使利润最大化且导致零利润。

接下来，我们必须提出一个动态规划来代表典型家庭所面临的决策问题，这样，我们需要一个符号来区分家庭无法控制的整个经济的资本存量 k 和其可完全控制的自己的资本存量 K。作为前瞻，我们知道在均衡时一定有 $K=k$，但牢记下面这一点是很重要的，即代表性家庭的举动并不是出于社会责任感：一定是价格导致它这样做。

令个别家庭的状态变量是数对 $(K,\ k)$，令 $V(K,\ k)$ 表示它的最优价值函数，且假定它预期下期整个经济的资本存量是 $k'=h(k)$，则家庭的决策问题可用如下函数方程表示：

$$V(K,\ k)=\max_{C,Y}\{U(C)+\beta V[Y,\ h(k)]\} \tag{24}$$

$$\text{s. t.}\quad C+[Y-(1-\delta)K]\leqslant KR(k)+\omega(k)$$

令 $H(K,\ k)$ 是这个问题的最优策略函数。

在完全预见的假定下，所有家庭都相同的事实暗示着在均衡时一定有 $h(k)=H(k,\ k)$。这样，我们可以定义代表性家庭的一个递归竞争

性均衡为价值函数 V：$\mathbf{R}_+^2 \to \mathbf{R}_+$；策略函数 H：$\mathbf{R}_+^2 \to \mathbf{R}_+$；整个经济的资本运动规律 h：$\mathbf{R}_+ \to \mathbf{R}_+$；要素价格函数 R：$\mathbf{R}_+ \to \mathbf{R}_+$ 和 ω：$\mathbf{R}_+ \to \mathbf{R}_+$。其中 V 要在给定 h 下满足式（24），H 是式（24）的最优策略函数，对所有 k，应有 $H(k, k)=h(k)$，且 R 和 ω 满足式（23）。

以这个递归观点看，竞争性均衡分配是帕累托最优意味着，若 (V, H, h, R, ω) 是一个均衡，则函数 $v(k)=V(k, k)$ 是计划者问题的价值函数，且 $g=h$ 是计划者的最优策略函数。相反地，帕累托最优分配可以被证实为竞争性均衡的事实意味着，若 v 是计划者问题的价值函数，且 g 是计划者的最优策略函数，则个别家庭的价值和策略函数，即满足式（24）的数对 (V, H)，具有对所有 k，$V(k, k)=v(k)$ 和 $H(k, k)=g(k)$ 都成立的特征。

这些陈述在经济上是合理猜测，可以通过对两个动态规划一阶条件及包络条件的比较讲清楚。对于计划者问题，这些条件是：

$$U'[f(k)-g(k)]=\beta v'[g(k)] \tag{25}$$

$$v'(k)=U'[f(k)-g(k)]f'(k) \tag{26}$$

对于家庭问题，类似的条件是：

$$U'[f(k)+f'(k)(K-k)-H(K, k)]=\beta V_1[H(K, k), h(k)]$$

$$V_1(K, k)=U'[f(k)+f'(k)(K-k)-H(K, k)]f'(k)$$

在均衡时，$K=k$。由于 $H(k, k)=h(k)$，则这些条件可以写作：

$$U'[f(k)-h(k)]=\beta V_1[h(k), h(k)] \tag{27}$$

$$V_1(k, k)=U'[f(k)-h(k)]f'(k) \tag{28}$$

这样，若 $v'(k)=V_1(k, k)$，则均衡条件（27）～（28）与计划者问题的条件（25）～（26）一致。

我们将不时地利用竞争性均衡和帕累托最优之间的这些典型联系作为工具来证明市场经济中均衡的存在及刻画其特征，即我们将求解计划问题，不是出于描述产出的规范目的，而是出于从给定的偏好和技术组合来预测市场产出这一实证目的。

这个工具在福利经济学两个基本定理适用的环境中是有用的，但这两个定理在存在规模报酬递增、外部性、扭曲税收等情况下不能成立。假定我们想在一个，比如说，存在对劳动收入征收统一税率的税的经济中考虑竞争性均衡。我们知道，当存在这样一种税时，一般来说竞争性分配不是帕累托最优的，即一般来说，我们不能通过描述一个相关的社会计划者问题来描述这样一个经济的竞争性均衡。

在这种情形下，证实一个竞争性均衡的存在性和定性特征要求直接考虑均衡条件。在上面的递归过程中，这个方法意味着我们必须证实函数（V，H，h）的存在性。其中，给定整个经济运动规律（关于状态变量的函数 h）的情况下，V 和 H 是家庭动态规划的价值函数和策略函数，而且要证实对所有 k 都有 $H(k, k)=h(k)$。这些考虑导致我们直接考察式（27）～式（28）的类似式。证实竞争性均衡的存在性涉及直接证明满足前述方程的函数 $\phi(k)=V_1(k, k)$ 和 $h(k)$ 的存在性，给定 h 后，函数 V 和 H 可以通过求解式（24）得到。

在本节，我们说明了本书第二部分和第三部分导出的研究递归最优问题的方法可以以两种方式用于竞争性均衡的分析。在竞争性均衡和帕累托最优之间的联系成立的情况下，可通过分析相应的帕累托问题来研究均衡，在它们的联系不成立的情况下，动态规划方法仍可用于研究经济中个别经济主体所面临的问题。不过，需要增加新的论证以证实均衡的存在，这两种研究竞争性均衡的方法是本书第四部分的主题。

2.4 结论和计划

我们以一个确定性最优增长模型开始本章，然后考察了它的许多变化。在讨论过程中。我们提出了大量本质性和技术性问题。对于这种类型中的许多问题，我们在前面一带而过，并承诺在后面将深入讨论它们，而现在到了更清楚详细地说明这些承诺的时候。我们将通过简明地描述本书其余章节的计划来达到这一目的。

像 2.1 节中所讨论过的那些确定性系统是本书第二部分（第 3～6 章）的主题，第 3 章包含的一些研究类似于前边讨论过的函数方程所需的预备性数学知识，这些背景知识使我们可以导出确定性模型的所需结果，同时也为研究随机问题打下基础。

接下来，第 4 章论述确定性内容的动态规划，2.1 节中的最优增长模型是一个典型例子，并说明了这种处理的必需部分。我们必须表明，对于一个类似于社会计划问题的平稳无限期最优问题，把它描述为选择一个最优决策序列的问题等价于（在某种意义上）将其描述为函数方程形式的问题。证明了这个结论之后，我们可以针对有界、规模报酬不变和无界问题研究函数方程。

在第 5 章，我们转到适合利用这些工具来分析的真实经济模型，这些应用来自经济学的各个实际领域，它们大致说明了这些方法的广泛可用性。

第 6 章论及刻画确定性递归系统在整个时间上的行为的方法：自控差分方程的稳定性理论。我们首先回顾整体稳定性的结果，然后论述局部稳定性。我们以这些方法的几个应用和用以说明在不稳定系统中可能的行为类型的几个例子来结束本书第二部分。

本书第三部分（第 7～14 章）论述类似于在 2.2 节中见过的随机系统，在将第 4～6 章中的分析推广至包含随机冲击的过程中，可能存在各种途径。我们采用了一种现代处理方法，它使我们在考虑动态规划问题时可以处理非常全面的随机冲击种类，而且当我们以后研究稳定性理论的随机对等理论时，它可以产生额外的好处。为了采用这种方法，我们首先必须导出一些关于测度和积分理论的基本工具。

这个背景在第 7 章和第 8 章中提供，第 7 章是对后面各章所需测度理论的定义和结果的一个独立论述。第 8 章包含对马尔可夫过程的介绍，它是前面讨论的随机差分方程的一个自然的推广。

有了这些适当的数学预备知识后，第 9 章论述了随机动态规划，且尽可能紧密地与第 4 章保持类似，在那里来自第 7 章和第 8 章的回报是明显的（我们希望!）。有了适当的符号和结果之后，第 9 章中用以研究随机模型的论证只是对第 4 章论述的相当简单的扩展。

第 10 章提出了各种各样的经济学应用，它们来自许多不同的实际领域。其中有些是第 5 章所讨论模型的随机类似，而其他的经济学应用则是全新的。

第 11 章和第 12 章概括了马尔可夫过程在各种意义下的收敛结果：2.2 节中所勾画的概念在更广泛的问题上的扩展。这个内容是适用于刻画由随机动态规划最优策略函数所产生的状态变量的理论主体。我们在第 13 章中讨论这些方法在经济学领域的大量应用，其中有些应用是第 10 章中讨论过的那些应用的继续，其余的则是新的。第 14 章提供了对马尔可夫过程的一个大数定律。

正如 2.3 节所列举的，递归系统在一个一般均衡结构中的应用是本书第四部分（第 15～18 章）的主题。第 15 章返回到一个对于帕累托最优和竞争性均衡分配之间联系的更抽象水平上，特别地，在那里我们将以适用于动态应用中出现的各种无限商品空间的方式来重新考察福利经济学的两个基本定理，我们也论及在包含无限时间跨度和/或不确定性情况下如何构造价格的主题。接下来，第 16 章包含许多应用，以说明各种计划问题怎样被解释成市场均衡。

当一个市场均衡也是仁慈社会计划者问题的解时，这个事实极大地简化了分析，然而，有许多非常有趣的市场情况不能用这种方法分析，在这些情况下市场受制于由税收、外部影响和各种市场不完善所引起的扭曲。在许多这种情形中，利用 2.3 节中简单讨论过的论证方式仍然可以直接构造递归均衡。第 17 章提出了几个数学结果——不动点定理，它们已被证明在这种情形下是有用的，同时还说明了它们的应用。在第 18 章，我们以这些方法的进一步应用来结束本书第四部分。

2.5 文献注释

现代增长理论始于 Ramsey（1928）的经典论文，而此后 30 年中这方面几乎处于休眠状态。（虽然在 20 世纪 30 年代和 40 年代有很多关于增长的文献，但不论从动机上还是从所用的具体模型来看，这项工作和新古典增长理论相当不同，它的目的是证明高的持续的失业率是长期增长的一个必要特征，而且所用的模型一般都具有固定比例技术的特征。）这个领域由于 Solow（1956）和 Swan（1956）的工作而复苏，且自那时起一直很活跃。索洛（Solow）、斯旺（Swan）的工作以及随后的许多工作都依赖于家庭储蓄与其收入的固定比例这一假定。这些模型是描述性的而非指导性的，而且没有试图将家庭的偏好及预期引入模型中。

当经济学家们从规模角度考虑增长问题时，家庭的偏好最终再次被讨论，最优增长的确定性理论被 Cass（1965）和 Koopmans（1965）同时独立地提出，2.1 节中讨论的单部门模型是最简单的情况。像 2.2 节所讨论过的将冲击引入生产的随机模型由 Brock and Mirman（1972）及 Mirman and Zilcha（1975）首次研究。

对帕累托最优和竞争性均衡之间联系的首次现代论述由 Arrow（1951）提出，他研究了商品空间为一个有限维欧几里得空间的情况，他的论述适用于 2.3 节中的有限期最优增长问题。Debreu（1954）证明，在一定的无限维空间中，同样的处理方式仍然成立，并且他的方法就是后面我们论述无限期模型时所需的处理方法。

就一系列市场而言，对竞争性均衡的解释也可以发展为随机模型，为了做出这种解释，必须假定经济主体具有 Muth（1961）意义上的**理性预期**（rational expectations）。这种思想的开创性一般均衡应用见 Radner（1972）。

第二部分

确定性模型

第3章　数学预备知识

在第 2 章我们已经见到，给定 k_0，最优增长问题为：

$$\max_{\{(c_t,k_{t+1})\}_{t=0}^{\infty}} \sum_{t=0}^{\infty}\beta^t U(c_t)$$

$$\text{s. t.}\quad c_t + k_{t+1} \leqslant f(k_t)$$

$$c_t,\ k_{t+1} \geqslant 0,\ t=0,\ 1,\ \cdots$$

导出的函数方程为：

$$v(k) = \max_{c,y}[U(c)+\beta v(y)] \tag{1}$$

$$\text{s. t.}\quad c+y \leqslant f(k)$$

$$c,\ y \geqslant 0$$

本章和下一章的目的是要精确地证明这两个问题以及类似于它们的其他问题之间的关系，还要导出已被证明对后边的研究有用的各种数学方法。在 2.1 节，我们曾用不正规的方式证明了这两个问题的解应具有密切的联系，后面我们将严格做出这个证明。在这个引言的余下部分，我们考虑其他寻找式（1）的解的方法，概括提出将要实行的一种方法并描述它所带来的数学问题。在本章的其他各节我们将依次论述这些问题。在第 4 章我们将广泛地使用这种方法，分析类似于式（1）的函数方程。

在式（1）中，函数 U 和 f 是给定的，它们取我们知道的具体形式，价值函数 v 是未知的。我们的任务是证明满足式（1）的函数 v 的存在性和唯一性，并在给定函数 U 和 f 的性质时导出函数 v 的特性。这个问题的古典（19 世纪）方法是**连续逼近方法**（method of successive approximations），并且它按如下非常符合常识的方法进行：首先，取一个满足式（1）的具体函数作为初始猜测并称其为 v_0，然后，定义一个新函数 v_1 如下：

$$v_1(k)=\max_{0\leqslant y\leqslant f(k)}\{U[f(k)-y]+\beta v_0(y)\} \tag{2}$$

若对所有 $k\geqslant 0$，都非常巧合地有 $v_1(k)=v_0(k)$，则明显地 v_0 就是式（1）的解。幸运的猜测（参见练习 2.3）是证明满足式（1）的函数存在性的一种方法，但这是极其不切实际的。而连续逼近方法以一种更系统化的方式进行。

如通常情况，假定 $v_1\neq v_0$，则用 v_1 作为一个新的猜测并按下式反复定义函数序列 $\{v_n\}$：

$$v_{n+1}(k)=\max_{0\leqslant y\leqslant f(k)}\{U[f(k)-y]+\beta v_n(y)\}$$
$$n=0,\ 1,\ 2,\ \cdots \tag{3}$$

这个迭代过程背后的逻辑是希望随着 n 增加，v_n 逐渐逼近实际满足式（1）的函数 v，即希望序列 $\{v_n\}$ 的极限是一个解 v。此外，若能证明对任何初始猜测 v_0，$\lim_{n\to\infty}v_n$ 都相同，则这个极限就是满足式（1）的唯一的函数。(为什么?)

有什么理由指望这种解分策略成功呢? 回顾可见，我们对式（1）感兴趣的原因是可以用它找出单部门经济的最优资本积累策略。假定从选择任意一个可行的资本积累策略开始，即选择了对所有 $k\geqslant 0$，都满足$0\leqslant g_0(k)\leqslant f(k)$的任意函数 g_0。[一个例子是储蓄与收入的固定比例的策略：$g_0(k)=\theta f(k)$，其中 $0<\theta<1$。] 由这个策略产生的作为初始资本存量 k_0 函数的终生效用为：

$$w_0(k_0)=\sum_{t=0}^{\infty}\beta^t U[f(k_t)-g_0(k_t)]$$
$$k_{t+1}=g_0(k_t),\ t=0,\ 1,\ 2,\ \cdots$$

下面的练习导出了一个后面要用到的关于（g_0，w_0）的结果。

练习 3.1 证明对所有 $k>0$，有：

$$w_0(k)=U[f(k)-g_0(k)]+\beta w_0[g_0(k)]$$

若将来自策略 g_0 的效用作为一个价值函数的初始猜测，即若 $v_0=w_0$，则式（2）是这样一个计划者所面临的问题，他可以在一期最优地选择资本积累，但必须在随后所有各期中都遵循策略 g_0，这样，$v_1(k)$ 是所达到的终生效用水平，且 y 的最大值是期末资本的最佳水平，记作 $g_1(k)$。v_1 和 g_1 都是期初资本 k 的函数。

注意，由于 $g_0(k)$ 是第一期中的一个可行选择，计划者不会比他自始至终一直遵循策略 g_0 做得更差，且一般来说，他将做得更好。也就是说，对任何可行策略 g_0 及相应的初始价值函数 v_0，有：

$$\begin{aligned} v_1(k) &= \max_{0\leqslant y\leqslant f(k)}\{U[f(k)-y]+\beta v_0(y)\} \\ &\geqslant \{U[f(k)-g_0(k)]+\beta v_0[g_0(k)]\} \\ &= v_0(k) \end{aligned} \tag{4}$$

其中最后一行来自练习 3.1。

现在假定计划者可以选择两期最优资本积累策略，但是一经选择以后必须遵循策略 g_0，若 y 是他在第一期中对期末资本的选择，则从第二期开始他的最佳选择就是以 $g_1(y)$ 作为期末资本并享有总效用 $v_1(y)$，这样，他在第一期的问题就是在式（1）的约束下最大化 $[U(c)+\beta v_1(y)]$。在式（2）中，这个目标函数的最大值在式（3）中被定义为 $v_2(k)$。因此，由式（4）有：

$$\begin{aligned} v_2(k) &= \max_{0\leqslant y\leqslant f(k)}\{U[f(k)-y]+\beta v_1(y)\} \\ &\geqslant \max_{0\leqslant y\leqslant f(k)}\{U[f(k)-y]+\beta v_0(y)\} \\ &= v_1(k) \end{aligned}$$

按这种方式继续下去，则由归纳法可证明对所有 k 都有 $v_{n+1}(k)\geqslant v_n(k)$，$n=0$，1，2，…。式（3）中所定义的连续逼近是逐步改进的，它反映了这样一个事实：在越来越长的有限期中，计划的灵活性提供了新的选择权而没有取消任何其他选择权，所以式（3）中定义的函数序列 $\{v_n\}$ 可以收敛于式（1）的一个解的假定似乎是合理的，即连续逼近方法似乎是寻找并刻画解的一个合理方法。

这个方法可以用一种稍微不同但更方便的语言描述。如我们在上面讨论中所表明的，对任何函数 $w:\mathbf{R}_+\to\mathbf{R}$，我们可以定义一个新函数——称作 Tw：$\mathbf{R}_+\to\mathbf{R}$——如下：

$$(Tw)(k)=\max_{0\leqslant y\leqslant f(k)}\{U[f(k)-y]+\beta w(y)\} \tag{5}$$

当我们用这种记号时，连续逼近方法就相当于选择一个函数 v_0 并研究由 $v_{n+1}=Tv_n$，$n=0$，1，2，…所定义的序列 $\{v_n\}$，于是目标就是证明这个序列收敛且极限函数 v 满足式（1）。或者，我们可以简单地把算子 T 看作从某个函数集 C 到它自身的一个映射，即 T：$C\to C$，在这种记号下，求解式（1）等价于寻找映射 T 的一个不动点，即满足 $v=Tv$ 的一个函数 $v\in C$，且连续逼近方法可看作构造这种不动点的一种方式。

为了研究类似于式（5）中定义的算子 T，我们需要利用几个基本的数学结果。为了证明算子 T 将一个适当的函数空间 C 映射到它本身，我们必须决定哪些函数空间适于进行我们的分析。一般地，我们想将注意力限于连续函数，这种选择产生了以下问题：给定一个连续函数 w，由式（5）定义的函数 Tw 是否还是连续的。最后，我们需要一个适于我们选定的空间 C 上类似于 T 的算子的不动点定理。本章其余部分就论述这些问题。

在 3.1 节，我们复习关于度量空间和赋范向量空间的基本事实并定义后面反复用到的空间 C。在 3.2 节，我们将证明一个极其有用的不动点定理——压缩映射定理。在 3.3 节，我们将复习一些我们所需的由最大化问题定义的关于函数（类似于上面的 Tw）的主要事实。

3.1 度量空间和赋范向量空间

在上一节我们引发了这样一种研究，即用某种函数方程作为一种手段来寻找以无穷序列形式提出的问题的解。为了继续进行对这些问题的研究，如在第 4 章中将要做的，我们需要谈一谈状态的无穷序列 $\{x_t\}_{t=0}^{\infty}$、价值函数 v 的备择以及各种序列的收敛。为了进行这些工作，我们发现把无穷序列和特定种类的函数这两者都看作无限维赋范向量空间的元素将是很方便的。因此，我们在这里就从向量空间、度量空间和赋范向量空间开始，接下来我们讨论收敛及柯西收敛的概念，并定义测度空间完备性，然后定理 3.1 证明了集合 $X\subseteq\mathbf{R}^l$ 上的有界、连续、实值函数是完备的。

我们从一个向量空间的定义开始。

定义 一个（实）**向量空间**[(real) vector space] X 是一组元素（向量）的集合并且有加法和标量乘法这两种运算。对任意两个向量 x，$y\in X$，加法得出一个向量 $x+y\in X$；对任何向量 $x\in X$ 和任何实数 $\alpha\in\mathbf{R}$，标量乘法得出一个向量 $\alpha x\in X$。这些运算遵从一般运算律，即：对所有 x，y，$z\in X$ 和 α，$\beta\in\mathbf{R}$，有：

a. $x+y=y+x$；

b. $(x+y)+z=x+(y+z)$；

c. $\alpha(x+y)=\alpha x+\alpha y$；

d. $(\alpha+\beta)x=\alpha x+\beta x$；

e. $(\alpha\beta)x=\alpha(\beta x)$；

此外，存在一个零向量 $\theta\in X$ 具有如下特性：

f. $x+\theta=x$;

g. $0x=\theta$;

最后有：

h. $1x=x$。

形容词“实”仅仅表明标量乘法被定义为取实数，而不是复数平面的元素或什么其他的集合如标量，本书所用的所有向量空间都是实的，且这个形容词将不再重复。一个向量空间的重要特征是它具有一个“零”元素以及在加法和标量乘法下是封闭的。向量空间也称作**线性空间**（linear spaces）。

练习 3.2　证明下面这些都是向量空间：

a. 任意有限维欧几里得空间 $\mathbf{R}^l$；

b. 集合 $X=\{x\in\mathbf{R}^2: x=\alpha z$，对于 $\alpha\in\mathbf{R}\}$，其中 $z\in\mathbf{R}^2$；

c. 由所有无限序列（x_0，x_1，x_2，…）构成的集合 X，其中对所有 i，有 $x_i\in\mathbf{R}$；

d. 区间 $[a, b]$ 上所有连续函数的集合。

证明下面这些都不是向量空间：

e. $\mathbf{R}^2$ 中的单位圆；

f. 所有整数的集合 $I=\{\cdots, -1, 0, +1, \cdots\}$；

g. $[a, b]$ 上所有非负函数的集合。

为了在一个向量空间或任何其他空间中讨论收敛，我们需要距离的概念。欧几里得空间中的距离概念被推广到度量的抽象概念，即定义在一个集合中的任何两个元素之上的一个函数的值可解释成它们之间的距离。

定义　一个**度量空间**（metric space）是一个集合 S，并有度量（距离函数）ρ: $S\times S\rightarrow\mathbf{R}$，使得对所有 x，y，$z\in S$ 满足：

a. $\rho(x, y)\geqslant 0$，当且仅当 $x=y$ 时取等号；

b. $\rho(x, y)=\rho(y, x)$；

c. $\rho(x, z)\leqslant\rho(x, y)+\rho(y, z)$。

这样，度量的定义提取了欧几里得距离的 4 个特性：两点间的距离严格为正；一点到其自身的距离为 0；距离是对称的；三角不等式成立。

练习 3.3　证明如下全是度量空间：

a. 令 S 是整数集合，$\rho(x, y)=|x-y|$；

b. 令 S 是整数集合，若 $x=y$，则 $\rho(x, y)=0$，若 $x\neq y$，则 $\rho(x,$

$y)=1$；

c. 令 S 是 $[a, b]$ 上所有连续、严格递增函数的集合，$\rho(x, y)=\max_{a\leqslant t\leqslant b}|x(t)-y(t)|$；

d. 令 S 是 $[a, b]$ 上所有连续、严格递增函数的集合，$\rho(x,y)=\int_a^b|x(t)-y(t)|\mathrm{d}t$；

e. 令 S 是所有有理数的集合，$\rho(x, y)=|x-y|$；

f. 令 $S=\mathbf{R}$，$\rho(x, y)=f(|x-y|)$，其中 f：$\mathbf{R}_+\rightarrow\mathbf{R}_+$ 是连续、严格递增和严格凹函数，且 $f(0)=0$。

对于向量空间，度量通常以如下这种方式定义：两点间的距离等于从零点到它们的差之间的距离。即由于对一向量空间 S 中任意点 x 和 y，点 $x-y$ 也在 S 中，一向量空间上的度量通常以 $\rho(x, y)=\rho(x-y, \theta)$ 这种方式来定义。为了定义这样一种度量，我们需要范数的概念。

定义 一个**赋范向量空间**（normed vector space）是一个向量空间 S，并且有一个范数 $\|\cdot\|$：$S\rightarrow\mathbf{R}$，使得对任意的 x，$y\in S$ 和 $\alpha\in\mathbf{R}$，满足：

a. $\|x\|\geqslant0$，当且仅当 $x=\theta$ 时取等号；

b. $\|\alpha x\|=|\alpha|\cdot\|x\|$；

c. $\|x+y\|\leqslant\|x\|+\|y\|$（三角不等式）。

练习 3.4 证明如下都是赋范向量空间：

a. 令 $S=\mathbf{R}^l$，$\|x\|=\left[\sum_{i=1}^{l}x_i^2\right]^{1/2}$（欧几里得空间）；

b. 令 $S=\mathbf{R}^l$，$\|x\|=\max_i|x_i|$；

c. 令 $S=\mathbf{R}^l$，$\|x\|=\sum_{i=1}^{l}|x_i|$；

d. 令 S 是所有有界无穷序列 $(x_1, x_2, \cdots)$ 的集合，其中对所有 k，有 $x_k\in\mathbf{R}$，$\|x\|=\sup_k|x_k|$（这个空间称作 l_∞）；

e. 令 S 是 $[a, b]$ 上所有连续函数的集合，$\|x\|=\sup_{a\leqslant t\leqslant b}|x(t)|$（这个空间称作 $C[a, 6]$）；

f. 令 S 是 $[a, b]$ 上所有连续函数的集合，$\|x\|=\int_a^b|x(t)|\mathrm{d}t$。

一般地，可以将任何赋范向量空间 $(S, \|\cdot\|)$ 看作一个度量空间，其中度量取作：对所有 x，$y\in S$，$\rho(x, y)=\|x-y\|$。

实数序列收敛的概念对任何度量空间都不加改变地保持。

定义 对于 S 中序列 $\{x_n\}_{n=0}^{\infty}$ 和 $x\in S$，若对任一 $\varepsilon>0$，存在 N_ε 使

对所有 $n \geqslant N_\varepsilon$ 都有：

$$\rho(x_n, x) < \varepsilon \tag{1}$$

则称序列 $\{x_n\}_{n=0}^{\infty}$ **收敛**（converge）于 x。

这样，在度量空间（S，ρ）中，序列 $\{x_n\}$ 收敛于 $x \in S$ 的充分必要条件是，距离序列 $\{\rho(x_n, x)\}$ ——$\mathbf{R}_+$ 中的一个序列——收敛于零。我们把这种情形记作 $x_n \to x$。

直接证明收敛要有关于极限点 x 的一个"候选点"，以便能检验不等式（1）。当不直接存在一个候选点时，下面的另一可选准则通常是有用的。

定义　对每一 $\varepsilon > 0$，若存在 N_ε，使对所有 n，$m \geqslant N_\varepsilon$ 都满足：

$$\rho(x_n, x_m) < \varepsilon \tag{2}$$

则称 S 中序列 $\{x_n\}_{n=0}^{\infty}$ 是**柯西序列**（Cauchy sequence）[满足**柯西准则**（Cauchy criterion）]。

这样，若一个序列的点彼此间越来越近，则这个序列是柯西序列。下面的练习表明关于收敛和柯西准则的一些基本事实。

练习 3.5　a. 证明若有 $x_n \to x$ 和 $x_n \to y$，则 $x = y$。即若 $\{x_n\}$ 有一个极限，则极限是唯一的。

b. 证明若序列 $\{x_n\}$ 是收敛的，则它满足柯西准则。

c. 证明若序列 $\{x_n\}$ 满足柯西准则，则它是有界的。

d. 证明 $x_n \to x$ 的充分必要条件是 $\{x_n\}$ 的每个子序列都收敛于 x。

和式（1）相比，柯西准则的优点在于式（2）可以在仅知 $\{x_n\}$ 的条件下进行检验。然而，为使柯西准则有用，我们必须在隐含极限点存在的空间中操作。

定义　若 S 中每个柯西序列都收敛于 S 中的一个元素，则称度量空间（S，ρ）是**完备**（complete）的。

于是，在完备的度量空间中，证明一个序列满足柯西准则是证明 S 中极限点存在的一种方法。

证明特定空间的完备性可能要花费一些精力，我们把如下结果当作已知的。

事实　具有度量 $\rho(x, y) = |x - y|$ 的实数集合 $\mathbf{R}$ 是一个完备的度量空间。

练习 3.6　a. 证明练习 3.3 的 a 和 b 与练习 3.4 的 a～e 中的度量空间是完备的，而在练习 3.3 的 c～e 和练习 3.4f 中的那些度量空间不是完备的。证明若将练习 3.3c 中的"严格递增"换成"非减"，则它是完备的。

b. 证明若（S，ρ）是一个完备度量空间，而 S' 是 S 的一个闭子集，则（S'，ρ）是一个完备度量空间。

一个完备赋范向量空间称作一个**巴拿赫空间**（Banach space）。

下个例子并不比练习 3.6 中的那些更困难，但由于它对于接下来的内容很重要而且它清楚地表明了证明完备性所涉及的每一个步骤，我们在这里给出它的证明。

定理 3.1 令 $X \subseteq \mathbf{R}^l$，且令 $C(X)$ 是具有上确界范数 $\|f\| = \sup_{x \in X} |f(x)|$ 的有界连续函数 f：$X \to \mathbf{R}$ 的集合，则 $C(X)$ 是一个完备赋范向量空间。(注意，若 X 是紧的，则每一个连续函数都是有界的，否则必须加上函数有界的限制。)

证明 $C(X)$ 是一个赋范向量空间已在练习 3.4e 中证明，因此，证明如下结论就足够了，即 $\{f_n\}$ 是一个柯西序列，存在 $f \in C(X)$ 满足：对任意 $\varepsilon > 0$，存在 N_ε 使对所有 $n \geqslant N_\varepsilon$ 都有 $\|f_n - f\| \leqslant \varepsilon$。这包含三个步骤：寻找一个“候选”函数 f；证明 $\{f_n\}$ 在上确界范数中收敛于 f；证明 $f \in C(X)$（证明 f 是有界和连续的）。每个步骤包含自己完全特有的逻辑。

固定 $x \in X$，则实数序列 $\{f_n(x)\}$ 满足：

$$
\begin{aligned}
|f_n(x) - f_m(x)| &\leqslant \sup_{y \in X} |f_n(y) - f_m(y)| \\
&= \|f_n - f_m\|
\end{aligned}
$$

因此，它满足柯西准则，且由实数的完备性，它收敛于一个极限点——称作 $f(x)$。极限值定义了一个函数 f：$X \to \mathbf{R}$，我们取它作我们的候选函数。

接下来我们必须证明当 $n \to \infty$ 时 $\|f_n - f\| \to 0$。给定 $\varepsilon > 0$，选择 N_ε 满足只要 n，$m \geqslant N_\varepsilon$ 就有 $\|f_n - f_m\| \leqslant \varepsilon/2$。由于 $\{f_n\}$ 满足柯西准则，我们能够做到这一点。现在，对于任意固定的 $x \in X$ 和所有 $m \geqslant n \geqslant N_\varepsilon$，则有：

$$
\begin{aligned}
|f_n(x) - f(x)| &\leqslant |f_n(x) - f_m(x)| + |f_m(x) - f(x)| \\
&\leqslant \|f_n - f_m\| + |f_m(x) - f(x)| \\
&\leqslant \varepsilon/2 + |f_m(x) - f(x)|
\end{aligned}
$$

由于 $\{f_m(x)\}$ 收敛于 $f(x)$，我们可以对每一固定的 $x \in X$ 单独选择 m 满足 $|f_m(x) - f(x)| \leqslant \varepsilon/2$。由于 x 的选择是任意的，因此对所有 $n \geqslant N_\varepsilon$，有 $\|f_n - f\| \leqslant \varepsilon$。由于 $\varepsilon > 0$ 是任意的，因此就得到所要求的结果。

最后，我们必须证明 f 是有界的和连续的。有界性是明显的。为了证明 f 是连续的，我们必须证明对每一 $\varepsilon>0$ 和每一 $x\in X$，存在 $\delta>0$ 使：

$$若\ \|x-y\|_E<\delta, 则有\ |f(x)-f(y)|<\varepsilon$$

其中 $\|\cdot\|_E$ 是 $\mathbf{R}^l$ 的欧几里得范数。令 ε 和 x 是给定的，选择 k 满足 $\|f-f_k\|\leqslant\varepsilon/3$，由于 $f_n\to f$（上确界范数），这种选择是可能的。接下来选择 δ 使：

$$\|x-y\|_E<\delta\ 隐含\ |f_k(x)-f_k(y)|<\varepsilon/3$$

由于 f_k 是连续的，这种选择也是可能的。于是

$$\begin{aligned}|f(x)-f(y)| &\leqslant |f(x)-f_k(x)|+|f_k(x)-f_k(y)|\\ &\quad+|f_k(y)-f(y)|\\ &\leqslant 2\|f-f_k\|+|f_k(x)-f_k(y)|\\ &<\varepsilon\ \blacksquare\end{aligned}$$

虽然我们已将这些论证组织进了一个关于函数空间的定理中，但是对于学过微积分的学生来说，这些论述应该都是熟悉的。依上确界范数的收敛其实就是一致收敛，上面的证明不过是两个标准证明的结合：一致满足柯西准则的函数序列是一致收敛的；一致收敛“保持连续性”。

练习 3.7　a. 令 $C^1[a, b]$ 是 $[a, b]=X\subset\mathbf{R}$ 上具有范数 $\|f\|=\sup_{x\in X}\{|f(x)+|f'(x)|\}$ 的所有连续可微函数的集合，证明 $C^1[a, b]$ 是一个巴拿赫空间。[提示：注意 $\sup_{x\in X}|f(x)|+\sup_{x\in X}|f'(x)|\geqslant\|f\|\geqslant\max\{\sup_{x\in X}|f(x)|, \sup_{x\in X}|f'(x)|\}$。]

b. 证明具有范数 $\|f\|=\sup_{x\in X}|f(x)|$ 的这个集合不是完备的，即给出一个函数序列的实例，它依给定范数是柯西序列，但它并不收敛于这个集合中的一个函数。这个序列在问题 a 中的范数是柯西序列吗？

c. 令 $C^k[a, b]$ 是 $[a, b]=X\subset\mathbf{R}$ 上具有范数 $\|f\|=\sum_{i=0}^{k}\alpha_i\max_{x\in X}|f^i(x)|$ 的所有 k 次连续可微函数的集合，其中 $f^i=\mathrm{d}^if(x)/\mathrm{d}x^i$。证明这个空间完备的充分必要条件是 $\alpha_i>0$，$i=0, 1, \cdots, k$。

3.2　压缩映射定理

在本节，我们证明两个主要结果：第一个是压缩映射定理，这是一个极其简单而强有力的不动点定理；第二个是归功于布莱克韦尔（Blackwell）的一系列用于证明某种算子是压缩映射的充分条件。后者

在广泛的经济学应用中都是有用的，且在下一章中被大量引用。

我们从如下的定义开始。

定义 令 (S, ρ) 是一个度量空间，$T: S \to S$ 是一个将 S 映射到它自身的函数，若对某一 $\beta \in (0, 1)$ 和所有 $x, y \in S$ 都有 $\rho(Tx, Ty) \leqslant \beta\rho(x, y)$，则称 T 是一个以 β 为模的压缩映射。

最熟悉的压缩映射例子也许就是：在闭区间 $S = [a, b]$ 上定义的 $\rho(x, y) = |x - y|$。对某一 $\beta \in (0,1)$，如果对所有 $x, y \in S$ 且$x \neq y$，都有

$$\frac{|Tx - Ty|}{|x - y|} \leqslant \beta < 1$$

则 $T: S \to S$ 是一个压缩映射。即若 T 是一个斜率绝对值一致小于 1 的函数，则它是一个压缩映射。

练习 3.8 证明若 T 是 S 上的一个压缩映射，则 T 在 S 上是一致连续的。

T 的不动点，即 S 中满足 $Tx = x$ 的元素，是如图 3.1 所示的 Tx 与 45°线的交点，因此很清楚，这个空间上的任何压缩都具有唯一的不动点。这个结论具有一般性。

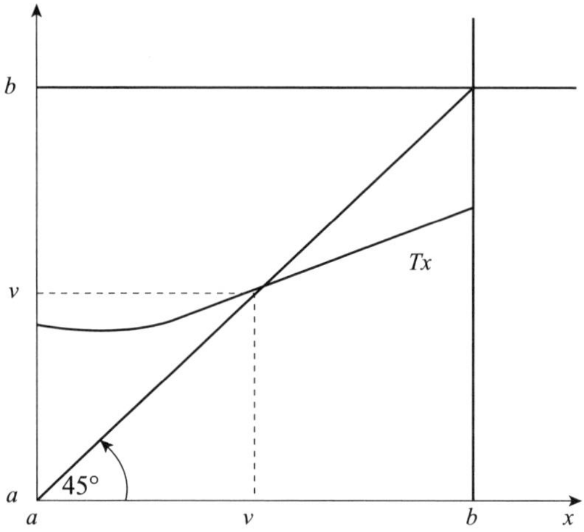

图 3.1

定理 3.2（压缩映射定理） 若 (S, ρ) 是一个完备度量空间，且 $T: S \to S$ 是一个以 β 为模的压缩映射，则有：

a. T 在 S 中确切地具有一个不动点 v；

b. 对任何 $v_0 \in S$，$\rho(T^n v_0, v) \leqslant \beta^n \rho(v_0, v)$，$n = 0, 1, 2, \cdots$。

证明　为了证明定理 3.2a，我们必须找到候选的 v，证明它满足 $Tv=v$，并证明没有任何其他元素 $\hat{v}\in S$ 也满足这种性质。

用 $T^0x=x$ 和 $T^nx=T(T^{n-1}x)$，$n=1, 2, \cdots$定义 T 的迭代，即映射序列 $\{T^n\}$。选择 $v_0\in S$，且由 $v_{n+1}=Tv_n$ 定义 $\{v_n\}_{n=0}^{\infty}$ 以便 $v_n=T^nv_0$。由 T 的压缩性质，有：

$$\rho(v_2, v_1)=\rho(Tv_1, Tv_0)\leqslant\beta\rho(v_1, v_0)$$

继续使用归纳法，我们得到：

$$\rho(v_{n+1}, v_n)\leqslant\beta^n\rho(v_1, v_0), \quad n=1, 2, \cdots \tag{1}$$

因此，对任何 $m>n$，有：

$$\begin{aligned}\rho(v_m, v_n)&\leqslant\rho(v_m, v_{m-1})+\cdots+\rho(v_{n+2}, v_{n+1})+\rho(v_{n+1}, v_n)\\&\leqslant[\beta^{m-1}+\cdots+\beta^{n+1}+\beta^n]\rho(v_1, v_0)\\&=\beta^n[\beta^{m-n-1}+\cdots+\beta+1]\rho(v_1, v_0)\\&\leqslant\frac{\beta^n}{1-\beta}\rho(v_1, v_0)\end{aligned} \tag{2}$$

其中第一行使用了三角不等式，第二行由式（1）得到。由式（2）可知 $\{v_n\}$ 是一个柯西序列，由于 S 是完备的，因此有 $v_n\rightarrow v\in S$。

为了证明 $Tv=v$，注意，对所有 n 和所有 $v_0\in S$，有：

$$\begin{aligned}\rho(Tv, v)&\leqslant\rho(Tv, T^nv_0)+P(T^nv_0, v)\\&\leqslant\beta\rho(v, T^{n-1}v_0)+\rho(T^nv_0, v)\end{aligned}$$

我们已表明，当 $n\rightarrow\infty$时最后一个表达式中的两项都收敛于零，因此 $\rho(Tv, v)=0$或 $Tv=v$。

最后，我们必须证明没有其他函数 $\hat{v}\in S$ 满足 $T\hat{v}=\hat{v}$。相反，假定 $\hat{v}\neq v$ 是另一个解，则有：

$$0<a=\rho(\hat{v}, v)=\rho(T\hat{v}, Tv)\leqslant\beta\rho(\hat{v}, v)=\beta a$$

由于 $\beta<1$，上式不成立。这就证明了定理 3.2a 部分。

为了证明定理 3.2b，考虑对任意 $n\geqslant1$，有：

$$\rho(T^nv_0, v)=\rho[T(T^{n-1}v_0), Tv]\leqslant\beta\rho(T^{n-1}v_0, v)$$

所以定理 3.2b 由归纳法可证。■

回顾练习 3.6b。若（S，ρ）是一个完备度量空间且 S'是 S 的一个闭子集，则（S'，ρ）也是一个完备度量空间。现在假定 T：$S\rightarrow S$ 是一个压缩映射，并进一步假定 T 将 S'映射到它自身，即 $T(S')\subseteq S'$［其中$T(S')$表示 S'在 T 下的映像］，则 T 也是 S'上的一个压缩映射。因此，T 在 S 上的唯一不动点落在 S'内。这个现象对于证明一个不动点的特性通常是有用的。具体而言，在某些情况下我们想两次应用压缩映射定理：一次用在一个较大空间中以证明其唯一性，然后在一个较小的空间中再次使用以精确地刻画那个不动点的特征。

下面的推论使这个论点正式化。

推论 1 令 (S, ρ) 是一个完备度量空间，并令 $T: S \to S$ 是具有不动点 $v \in S$ 的一个压缩映射，若 S' 是 S 的一个闭子集且 $T(S') \subseteq S'$，则 $v \in S'$。此外，若有 $T(S') \subseteq S'' \subset S'$，则 $v \in S''$。

证明 选择 $v_0 \in S'$，且注意 $\{T^n v_0\}$ 是 S' 中收敛于 v 的一个序列，由于 S' 是闭的，因此有 $v \in S'$。此外，若有 $T(S') \subseteq S''$，则有 $v = Tv \in S''$。■

压缩映射定理的 b 部分用初始近似和不动点间的距离 $\rho(v_0, v)$ 限定了第 n 个近似和不动点之间的距离 $\rho(T^n v_0, v)$。然而，若 v 是未知的（如正在计算 v 时的情形），则两者都与界限无关。练习 3.9 给出了一个计算时有用的不等式。

练习 3.9 令 (S, ρ)、T 和 v 如上面的设定，令 β 是 T 的模，且令 $v_0 \in S$。证明：

$$\rho(T^n v_0, v) \leqslant \frac{1}{1-\beta} \rho(T^n v_0, T^{n+1} v_0)$$

下面的结果是压缩映射定理的一个有用的推广。

推论 2（N 阶段压缩定理）令 (S, ρ) 是一个完备度量空间，令 $T: S \to S$，并假定对某一整数 N，$T^N: S \to S$ 是一个模为 β 的压缩映射，则

a. T 在 S 中恰好有一个不动点；

b. 对任何 $v_0 \in S$，有 $\rho(T^{kN} v_0, v) \leqslant \beta^k \rho(v_0, v)$，$k=0, 1, 2, \cdots$。

证明 我们证明 T^N 的唯一不动点也是 T 的唯一不动点。我们有：

$$\begin{aligned} \rho(Tv, v) &= \rho[T(T^N v), T^N v] = \rho[T^N(Tv), T^N v] \\ &\leqslant \beta \rho(Tv, v) \end{aligned}$$

由于 $\beta \in (0, 1)$，这暗含 $\rho(Tv, v) = 0$，所以 v 是 T 的一个不动点。为了证明唯一性，注意，T 的任何不动点也是 T^N 的一个不动点。推论 2 的 b 部分可用证明定理 3.2 的方法来证明。■

下一个练习将表明如何用压缩映射定理来证明一个微分方程解的存在性和唯一性。

练习 3.10 考虑微分方程 $dx(s)/ds = f[x(s)]$，所有 $s \geqslant 0$，以及边界条件 $x(0) = c \in \mathbf{R}$。假定 $f: \mathbf{R} \to \mathbf{R}$ 是连续的，且对某个 $B > 0$ 满足利普希茨（Lipschitz）条件，即对所有 $a, b \in \mathbf{R}$，$|f(a) - f(b)| \leqslant B|a-b|$ 都成立。对任何 $t > 0$，考虑在 $[0, t]$ 具有上确界范数的有界连续函数空间 $C[0, t]$，由定理 3.1 知这个空间是完备的。

a. 证明由

$$(Tv)(s)=c+\int_0^s f[v(z)]\mathrm{d}z,\ 0\leqslant s\leqslant t$$

定义的算子 T 将 $C\ [0,\ t]$ 映射到它自身。即证明若 v 在 $[0,\ t]$ 上是有界连续的，则 Tv 亦然。

b. 证明对某一 $\tau>0$，T 是 $C\ [0,\ \tau]$ 上的一个压缩算子。

c. 证明 T 在 $C\ [0,\ t]$ 上的唯一不动点是一个可微函数，因而它就是给定微分方程在 $[0,\ t]$ 上的唯一解。

另一种证明某些算子是压缩算子的有用途径归功于布莱克韦尔。

定理 3.3（压缩的布莱克韦尔充分条件）　令 $X\subseteq\mathbf{R}^l$，令 $B(X)$ 是具有上确界范数的有界函数 f：$X\rightarrow\mathbf{R}$ 的空间，令 $T:B(X)\rightarrow B(X)$是满足下述条件的一个算子：

a. （单调性）f，$g\in B(X)$，$f(x)\leqslant g(x)$ 对所有 $x\in X$ 成立暗含着 $(Tf)(x)\leqslant(Tg)(x)$ 对所有 $x\in X$ 成立。

b. （贴现）存在某一 $\beta\in(0,\ 1)$ 使得对所有 $f\in B(X)$，$a\geqslant 0$，$x\in X$ 都有：

$$[T(f+a)](x)\leqslant(Tf)(x)+\beta a$$

[这里 $(f+a)(x)$ 是由 $(f+a)(x)=f(x)+a$ 定义的一个函数。] 则 T 是一个模为 β 的压缩。

证明　若对所有 $x\in X$，都有 $f(x)\leqslant g(x)$，则我们记作 $f\leqslant g$。由于对任何 f，$g\in B(X)$ 有 $f\leqslant g+\|f-g\|$，则性质 a 和 b 暗含：

$$Tf\leqslant T(g+\|f-g\|)\leqslant Tg+\beta\|f-g\|$$

反转 f 和 g 的角色，由同样逻辑得：

$$Tg\leqslant Tf+\beta\|f-g\|$$

将这两个不等式合并，我们得到 $\|Tf-Tg\|\leqslant\beta\|f-g\|$，这正是要证明的。■

在许多经济学应用中，布莱克韦尔定理的两个假设一眼就可以证实。例如，在单部门最优增长问题中，算子 T 定义为：

$$(Tv)(k)=\max_{0\leqslant y\leqslant f(k)}\{U[f(k)-y]+\beta v(y)\}$$

若对 y 的所有值有 $v(y)\leqslant w(y)$，则以 Tw 为最大值的目标函数一致高于以 Tv 为最大值的目标函数，所以单调性假定是明显的。贴现假定 b 也同样容易证实，这是因为：

$$
\begin{aligned}
T(v+a)(k) &= \max_{0 \leqslant y \leqslant f(k)} \{U[f(k)-y]+\beta[v(y)+a]\} \\
&= \max_{0 \leqslant y \leqslant f(k)} \{U[f(k)-y]+\beta v(y)\}+\beta a \\
&= (Tv)(k)+\beta a
\end{aligned}
$$

布莱克韦尔的结果在我们的动态规划分析中将起关键作用。

3.3 最大化定理

我们将要应用压缩映射定理来分析比已讨论过的例子更为一般的动态规划问题。若 x 是期初状态变量，即是 $X \subseteq \mathbf{R}^l$ 中的一个元素，而 $y \in X$ 是将被选取的期末变量，我们愿意将当期收益 $F(x, y)$ 和在给定 x 时 y 的可行值集合的设定尽可能一般化。另外，我们想使由

$$
(Tv)(x) = \sup_y [F(x,y) + \beta v(y)]
$$

s. t. 给定 x 时 y 可行

定义的算子 T 把状态的有界连续空间 $C(X)$ 映射到其自身。我们也希望能够刻画在给定 x 时 y 的最大化值集合的特征。

为了描述可行集合，我们用一个从集合 X 到集合 Y 的**对应**（correspondence）的概念：对每一 $x \in X$ 指定一集合 $\Gamma(x) \subseteq Y$。这里令人感兴趣的情况是$Y=X$，此后我们寻找关于描述可行性约束的对应 Γ：$X \rightarrow X$ 的限制以及关于收益函数F 的限制，它们共同保证：若 $v \in C(X)$ 及 $(Tv)(x)=\sup_{y \in \Gamma(x)}[F(x, y)+\beta v(y)]$，则 $Tv \in C(X)$。此外，我们希望确定对于每一 x 包含 y 的最大值的对应$G(x)$ 的暗含性质。本节的主要结果是最大化定理，它完成了这两项任务。

令 $x \subseteq \mathbf{R}^l$；令 $Y \subseteq \mathbf{R}^m$；令 $f: X \times Y \rightarrow \mathbf{R}$ 是一个（单值）函数；令 Γ：$X \rightarrow Y$ 是一个（非空且可能多值的）对应。我们的兴趣在于形如 $\sup_{y \in \Gamma(x)} f(x, y)$ 的问题，若对每一个 x，$f(x, \cdot)$ 在 y 中连续且集合 $\Gamma(x)$ 是非空的和紧的，则对每一 x 可得到最大值。在这种情形下，函数

$$
h(x) = \max_{y \in \Gamma(x)} f(x, y) \tag{1}
$$

是恰当定义的，达到最大值的 y 值的非空集合

$$
G(x) = \{y \in \Gamma(x): f(x, y) = h(x)\} \tag{2}
$$

也是恰当定义的。在本节，我们将加入对 f 和 Γ 的进一步限制以保证函数 h 和集合G 随着 x 以连续方式变化。

关于对应的连续性，存在几个定义，且每一个都可用各种方式来描述。对我们的目的来说，用序列方式来描述的定义是很方便的。

定义　对于一个对应 Γ：$X \to Y$，若 $\Gamma(x)$ 非空，且对每一 $y \in \Gamma(x)$和每一序列 $x_n \to x$，存在 $N \geqslant 1$ 和序列 $\{y_n\}_{n=N}^{\infty}$使得对所有$n \geqslant N$都有 $y_n \to y$ 且 $y_n \in \Gamma(x_n)$，则称 Γ 在 x 点是**下半连续的**（lower hemi-continuous）。[若对所有 $x' \in X$，$\Gamma(x')$ 非空，则取 $N=1$ 总是可能的。]

定义　对于一个紧值对应 Γ：$X \to Y$，若 $\Gamma(x)$ 非空，且对每一序列 $x_n \to x$ 和每一满足 $y \in \Gamma(x_n)$（所有 n）的序列 $\{y_n\}$，都存在一个其极限点 y 在 $\Gamma(x)$ 中的收敛的子序列 $\{y_n\}$，则称 Γ 在 x 点是**上半连续的**（upper hemi-continuous）。

图 3.2 显示了一个在 x_1 点是下半连续但不是上半连续，在 x_2 点是上半连续但不是下半连续，在所有其他点既是上半连续又是下半连续的对应。注意，我们对上半连续的定义仅适用于紧值对应。由于我们将要处理的所有对应都满足这个要求，这个限制将不具约束力。（对所有对应的上半连续定义是存在的，但它用开集映像的方式进行叙述，对于我们的目标来说这个定义更不方便，且它的广泛适用性从不会被用到。）

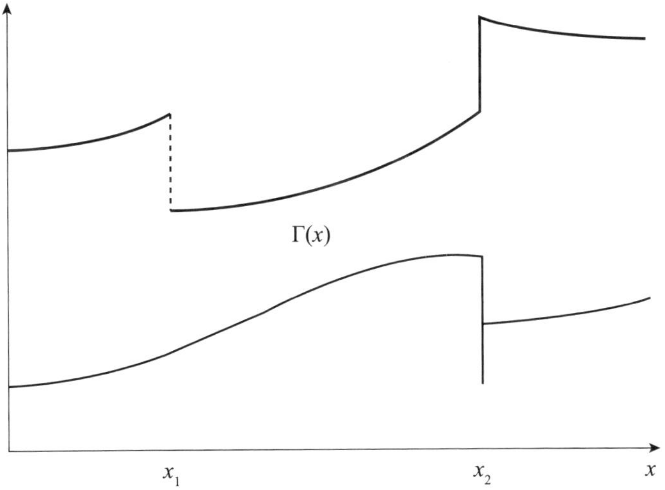

图 3.2

定义　若对应 Γ：$X \to Y$ 在 x 点既是上半连续又是下半连续，则称 Γ 在 x 点是连续的。

若一个对应 Γ：$X \to Y$ 在每一点 $x \in X$ 都具有下半连续、上半连续或连续的特性，则称 Γ 是下半连续、上半连续或连续的。下面的练习突出了上半连续和下半连续的一些重要事实。注意，若 Γ：$X \to Y$，则对任何集合 $\hat{X} \subset X$，我们定义：

$$\Gamma(\hat{X}) = \{y \in Y\text{：}y \in \Gamma(x)\text{，对某一 } X \in \hat{X}\}$$

练习 3.11 a. 证明若 Γ 是单值的和上半连续，则它是连续的。

b. 令 Γ：$\mathbf{R}^k \to \mathbf{R}^{l+m}$，且定义 ϕ：$\mathbf{R}^k \to \mathbf{R}^l$ 为：

$$\phi(x) = \{y_1 \in \mathbf{R}^l\text{：}(y_1, y_2) \in \Gamma(x)\text{，对某一 } y_2 \in \mathbf{R}^m\}$$

证明若 Γ 是紧值的和上半连续，则 ϕ 也是。

c. 令 ϕ：$X \to Y$ 和 ψ：$X \to Y$ 是紧值的和上半连续，并定义 $\Gamma = \phi \cup \psi$ 为：

$$\Gamma(x) = \{y \in Y\text{：}y \in \phi(x) \cup \psi(x)\}\text{，对所有 } x \in X$$

证明 Γ 是紧值的和上半连续。

d. 令 ϕ：$X \to Y$ 和 ψ：$X \to Y$ 是紧值的和上半连续，假定：

$$\Gamma(x) = \{y \in Y\text{：}y \in \phi(x) \cap \psi(x)\} \neq \varnothing\text{，对所有 } x \in X$$

证明 Γ 是紧值的和上半连续。

e. 证明若 ϕ：$X \to Y$ 和 ψ：$Y \to Z$ 都是紧值的和上半连续，则由

$$\Gamma(x) = \{z \in Z\text{：}z \in \psi(y)\text{，对某一 } y \in \phi(x)\}$$

定义的对应 $\psi \circ \phi = \Gamma$：$X \to Z$ 也是紧值的和上半连续。

f. 令 Γ_i：$X \to Y_i$，$i=1, \cdots, k$，是紧值的和上半连续，证明由

$$\Gamma(x) = \{y \in Y\text{：}y = (y_1, \cdots, y_k)\text{，其中 } y_i \in \Gamma_i(x),\ i = 1, \cdots, k\}$$

定义的 Γ：$X \to Y = Y_1 \times \cdots \times Y_k$ 也是紧值的和上半连续。

g. 证明若 Γ：$X \to Y$ 是紧值的和上半连续，则对任何紧集 $K \subseteq X$，集合 $\Gamma(K) \subseteq Y$ 也是紧的。[提示：为了证明 $\Gamma(K)$ 是有界的，先假定相反的情形。令 $\{y_n\}$ 是 $\Gamma(K)$ 中的一发散序列，选择 $\{x_n\}$ 对所有 n 满足 $y_n \in \Gamma(x_n)$。]

练习 3.12 a. 证明若 Γ 是单值的和下半连续，则它是连续的。

b. 令 Γ：$\mathbf{R}^k \to \mathbf{R}^{l+m}$，并定义 ϕ：$\mathbf{R}^k \to \mathbf{R}^l$ 为：

$$\phi(x) = \{y_1 \in \mathbf{R}^l\text{：}(y_1, y_2) \in \Gamma(x)\text{，对某一 } y_2 \in \mathbf{R}^m\}$$

证明若 Γ 是下半连续，则 ϕ 亦然。

c. 令 ϕ：$X \to Y$ 和 ψ：$X \to Y$ 是下半连续，且定义 $\Gamma = \phi \cup \psi$ 为

$$\Gamma(x) = \{y \in Y\text{：}y \in \phi(x) \cup \psi(x)\}\text{，对所有 } x \in X$$

证明 Γ 是下半连续。

d. 令 ϕ：$X \to Y$ 和 ψ：$X \to Y$ 是下半连续，且假设对所有 $x \in X$，有：

$$\Gamma(x)=\{y\in Y:\ y\in\phi(x)\cap\psi(x)\}\neq\varnothing$$

用例子表明 Γ 不必是下半连续。证明 ϕ 和 ψ 都是凸值的，且若 $\text{int}\ \phi(x)\cap\text{int}\ \psi(x)\neq\varnothing$，则 Γ 在 x 是下半连续。

e. 证明若 ϕ：$X\to Y$ 和 ψ：$Y\to Z$ 都是下半连续，则由

$$\Gamma(x)=\{z\in Z:\ z\in\psi(y),\ \text{对某一}\ y\in\phi(x)\}$$

定义的对应 $\psi\circ\phi=\Gamma$：$X\to Z$ 也是下半连续。

f. 令 Γ_i：$X\to Y_i$，$i=1$，…，k，是下半连续，证明由

$$\Gamma(x)=\{y\in Y:\ y=(y_1,\ \cdots,\ y_k),\ \text{其中}\ y_i\in\Gamma_i(x),\ i=1,\ \cdots,\ k\}$$

定义的 Γ：$X\to Y=Y_1\times\cdots\times Y_k$ 是下半连续。

接下来的两个练习表明了用涉及连续函数的不等式方式表达的约束和用连续对应方式表达的约束之间的关系，这些关系对经济学中的许多问题都极其重要，在这些问题中约束时常以生产函数、预算约束等方式陈述。

练习 3.13　a. 令 Γ：$\mathbf{R}_+\to\mathbf{R}_+$ 由 $\Gamma(x)=[0,\ x]$ 定义，证明 Γ 是连续的。

b. 令 f：$\mathbf{R}_+^l\to\mathbf{R}_+$ 是一个连续函数，并由 $\Gamma(x)=[0,\ f(x)]$ 定义对应 Γ：$\mathbf{R}_+^l\to\mathbf{R}_+$。证明 Γ 是连续的。

c. 令 f_i：$\mathbf{R}_+^l\times\mathbf{R}^m\to\mathbf{R}_+$，$i=1$，…，$l$，是连续函数，定义 Γ：$\mathbf{R}_+^l\times\mathbf{R}^m\to\mathbf{R}_+^l$ 为

$$\Gamma(x,\ z)=\{y\in\mathbf{R}_+^l:\ 0\leqslant y_i\leqslant f_i(x^i,\ z),\ i=1,\ \cdots,\ l,\ \text{且}\ \sum_{i=1}^{l}x^i\leqslant x\}$$

证明 Γ 是连续的。

练习 3.14　a. 令 $H(x,\ y)$：$\mathbf{R}_+^l\times\mathbf{R}_+^m\to\mathbf{R}$ 是连续的，对其前面 l 个自变量是严格递增的，对其后面 m 个自变量是严格递减的，且 $H(0,\ 0)=0$。定义 Γ：$\mathbf{R}^l\to\mathbf{R}^m$ 为 $\Gamma(x)=\{y\in\mathbf{R}^m:\ H(x,\ y)\geqslant 0\}$，证明：若 $\Gamma(x)$ 是紧值的，则 Γ 在 x 连续。

b. 令 $H(x,\ y)$：$\mathbf{R}^l\times\mathbf{R}^m\to\mathbf{R}$ 是连续的和凹的，且如 a 中那样定义 Γ。证明若 $\Gamma(x)$ 是紧值的且存在某个 $\hat{y}\in\Gamma(x)$ 使得 $H(x,\ \hat{y})>0$，则 Γ 在 x 连续。

c. 定义 H：$\mathbf{R}\times\mathbf{R}\to\mathbf{R}$ 为 $H(x,\ y)=1-\max\{|x|,\ |y|\}$，且如 a 中那样定义 $\Gamma(x)$，Γ 在哪一点不是下半连续？

当试着证明对应 Γ：$X\to Y$ 的性质时，处理其**图形**（graph），即

集合

$$A=\{(x, y)\in X\times Y: y\in\Gamma(x)\}$$

有时是有用的。下面两个结果提供了关于 A 的两个条件，它们对于分别保证 Γ 的上半连续性和下半连续性是充分的。

定理 3.4 令 Γ：$X\rightarrow Y$ 是一个非空值对应，且令 A 是 Γ 的图形，假定 A 是闭的，且对任何有界集合 $\hat{X}\subseteq X$，集合 $\Gamma(\hat{X})$ 是有界的，则 Γ 是紧值的和上半连续。

证明 对每个 $x\in X$，$\Gamma(X)$ 是闭的（由于 A 是闭的）和有界的(由假定)，因此 Γ 是紧值的。

令 $\hat{x}\in X$，并令 $\{x_n\}\subseteq X$ 且 $x_n\rightarrow\hat{x}$。由于 Γ 是非空值的，所以对于所有 n，我们可以选择 $y_n\in\Gamma(x_n)$。又由于 $x_n\rightarrow\hat{x}$，故存在一有界集 $\hat{X}\subset X$ 包含 $\{x_n\}$ 和 $\hat{x}$。由假设知 $\Gamma(\hat{x})$ 是有界的。因此 $\{y_n\}\subset\Gamma(\hat{X})$ 有一个收敛子序列，称其为 $\{y_{n_k}\}$。令 $\hat{y}$ 是这个子序列的极限点，则 $\{(x_{n_k}, y_{n_k})\}$ 是 A 中收敛于 $(\hat{x}, \hat{y})$ 的一个序列。由于 A 是闭的，所以有 $(\hat{x}, \hat{y})\in A$，因此 $\hat{y}\in\Gamma(\hat{x})$，所以 Γ 在 $\hat{x}$ 点是上半连续。由于 $\hat{x}$ 是任意的，故定理得证。■

为了理解为什么在定理 3.4 中有界性的假设是必要的，考虑由

$$\Gamma(0)=0 \text{ 和 } \Gamma(x)=\{0, 1/x\}, \text{ 对所有 } x>0$$

定义的对应 Γ：$\mathbf{R}_+\rightarrow\mathbf{R}_+$。$\Gamma$ 的图形是闭的，但 Γ 在 $x=0$ 时不是上半连续。

下一个练习是定理 3.4 的逆。

练习 3.15 令 Γ：$X\rightarrow Y$ 是以 A 为图形的一个紧值上半连续对应，证明若 X 是紧的则 A 也是紧的。

下一个定理论述下半连续性，对任何 $x\in\mathbf{R}^l$ 和任何 $\varepsilon>0$，令 $B(x, \varepsilon)$ 表示围绕 x 半径为 ε 的闭球。

定理 3.5 令 Γ：$X\rightarrow Y$ 是一个非空值对应，且令 A 是 Γ 的图形，假设 A 是凸的，且对任何有界集合 $\hat{X}\subseteq X$，存在一个有界集合 $\hat{Y}\subseteq Y$ 使得对所有 $x\in\hat{X}$ 满足 $\Gamma(x)\cap\hat{Y}\neq\varnothing$，那么在 X 的每一内点 Γ 是下半连续。

证明 选择 $\hat{x}\in X$，$\hat{y}\in\Gamma(\hat{x})$ 以及 $\{x_n\}\subset X$ 满足 $x_n\rightarrow\hat{x}$。选择 $\varepsilon>0$ 使得集合 $\hat{X}=B(\hat{x}, \varepsilon)\subseteq X$。注意到对某个 $N\geqslant 1$，所有 $n\geqslant N$ 都有 $x_n\in\hat{X}$。不失一般性地，我们取 $N=1$。

令 D 表示集合 $\hat{X}$ 的边界，每个点 x_n 至少可以表示成一种 $\hat{x}$ 的凸组合及 D 内的一点。对每一个 n，选择 $\alpha_n\in[0, 1]$ 和 $d_n\in D$ 满足

$$x_n=\alpha_n d_n+(1-\alpha_n)\hat{x}$$

由于 D 是集合 $\hat{X}$ 的边界，且 $x_n \to \hat{x}$，因此有 $\alpha_n \to 0$。选择 $\hat{Y}$ 使得对所有 $x \in \hat{X}$ 都有 $\Gamma(x) \cap \hat{Y} \neq \varnothing$。然后对每个 n，选择 $\hat{y}_n \in \Gamma(d_n) \cap \hat{Y}$，并对所有 n 定义

$$y_n = \alpha_n \hat{y}_n + (1-\alpha_n)\hat{y}$$

由于对所有 n 有 $(d_n, \hat{y}_n) \in A$，$(\hat{x}, \hat{y}) \in A$ 且 A 是凸的，因此对所有 n 有 $(x_n, y_n) \in A$。此外，由于 $\alpha_n \to 0$ 且所有的 $\hat{y}_n$ 都落在边界集 $\hat{Y}$ 之内，所以有 $y_n \to \hat{y}$。因此 $\{(x_n, y_n)\}$ 落在 A 内且收敛于 $(\hat{x}, \hat{y})$，定理得证。■

现在我们已准备好回答在本节开始提出的问题：在什么条件下，由式（1）中最大化问题定义的函数 $h(x)$ 和式（2）中定义的相应的最大化 y 值的集合 $G(x)$ 随 x 连续变化？下面的定理提供了一个答案，它在后面将反复应用。

定理 3.6（最大化定理）　令 $X \subseteq \mathbf{R}^l$，$Y \subseteq \mathbf{R}^m$，令 f：$X \times Y \to \mathbf{R}$ 是一个连续函数，且令 Γ：$X \to Y$ 是一个紧值的连续对应，则式（1）中定义的函数 h：$X \to \mathbf{R}$ 是连续的，且式（2）中定义的对应 G：$X \to Y$ 是非空的、紧值的和上半连续。

证明　固定 $x \in X$，集合 $\Gamma(x)$ 是非空的和紧的，且 $f(x, \cdot)$ 是连续的。因此能得到式（1）中的最大值，且最大值集合 $G(x)$ 非空。此外，由于 $G(X) \subseteq \Gamma(x)$，且 $\Gamma(x)$ 是紧的，因此 $G(x)$ 是有界的。假定对所有 n 有 $y_n \to y$ 且 $y_n \in G(x)$，由于 $\Gamma(x)$ 是闭的，所以 $y \in \Gamma(x)$。同样，由于对所有 n，有 $h(x) = f(x, y_n)$，且 f 是连续的，所以有 $f(x, y) = h(x)$。因此 $y \in G(x)$，$G(x)$ 是闭的。这样，对每一个 x，$G(x)$ 是非空和紧的。

接下来我们将证明 $G(x)$ 是上半连续。固定 x，且令 $\{x_n\}$ 是收敛于 x 的任一序列，对所有 n，选择 $y_n \in G(x_n)$。由于 Γ 是上半连续的，所以存在收敛于 $y \in \Gamma(x)$ 的子序列 $\{y_{n_k}\}$。令 $z \in \Gamma(x)$。由于 Γ 是下半连续，所以存在一序列 $z_{n_k} \to z$，且对所有 k 有 $z_{n_k} \in \Gamma(x_{n_k})$。由于对所有 k，有 $f(x_{n_k}, y_{n_k}) \geqslant f(x_{n_k}, z_{n_k})$ 且 f 是连续的，因此 $f(x, y) \geqslant f(x, z)$。由于这对任何 $z \in \Gamma(x)$ 都成立，所以 $y \in G(z)$，因此 G 是上半连续。

最后，我们将证明 h 是连续的。固定 x，且令 $\{x_n\}$ 是收敛于 x 的任何序列。对所有 n 选择 $y_n \in G(x_n)$，令 $\bar{h} = \lim\sup h(x_n)$ 和 $\underline{h} = \lim\inf h(x_n)$，则存在一子序列 $\{x_{n_k}\}$ 满足 $\bar{h} = \lim f(x_{n_k}, y_{n_k})$。但由于 G

是上半连续，所以存在 $\{y_{n_k}\}$ 的一子序列收敛于 $y\in G(x)$，将其称作 $\{y'_j\}$。因此 $\overline{h}=\lim f(x_j,y'_j)=f(x,y)=h(x)$ 。类似地，可证明 $h(x)=\underline{h}$，因此 $\{h(x_n)\}$ 收敛，且其极限是 $h(x)$。■

下边的练习通过离散的例子表明，最大化定理可以说明什么、不能说明什么。

练习 3.16 a. 令 $X=\mathbf{R}$，且对所有 $x\in X$，令 $\Gamma(x)=Y=[-1, +1]$。定义 f：$X\times Y\to\mathbf{R}$ 为 $f(x, y)=xy^2$，画出 $G(x)$ 的图形，证明 $G(x)$ 在 $x=0$ 是上半连续，但不是下半连续。

b. 令 $x=\mathbf{R}$，且对所有 $x\in X$，令 $\Gamma(x)=[0, 4]$，定义

$$f(x,y)=\max\{2-(y-1)^2, x+1-(y-2)^2\}$$

画出 $G(x)$ 的图形并证明它是上半连续，确切地，它在什么地方不是下半连续?

c. 令 $X=\mathbf{R}_+$，$\Gamma(x)=\{y\in\mathbf{R}: -x\leqslant y\leqslant x\}$，$f(x,y)=\cos(y)$，画出 $G(x)$ 的图形并证明它是上半连续，确切地，它在什么地方不是下半连续?

除了最大化定理的假设外，假定对应 Γ 是凸值的且函数 f 对 y 是严格凹的，则 G 是单值的，且由练习 3.11a 知它是一个连续函数，我们称其为 g。下面两个结果证明了 g 的特性。引理 3.7 表明，若 $f(x, y)$ 接近于最大值 $f[x, g(x)]$，则 y 接近于 $g(x)$。定理 3.8 利用这个结果表明，若 $\{f_n\}$ 是一个连续函数序列，其中每一个函数对 y 都严格凹，且序列一致收敛于 f，则最大化函数序列 $\{g_n\}$ 逐点收敛于 g，若 X 是紧的，则收敛是一致的。

引理 3.7 令 $X\subseteq\mathbf{R}^l$ 和 $Y\subseteq\mathbf{R}^m$，假定对应 Γ：$X\to Y$ 是非空、紧值、凸值和连续的，并令 A 是 Γ 的图形，假定函数 f：$A\to\mathbf{R}$ 是连续的，且 $f(x, \cdot)$ 对每一 $x\in X$ 是严格凹的。定义函数 g：$X\to Y$ 为

$$g(x)=\underset{y\in\Gamma(x)}{\operatorname{argmax}} f(x,y)$$

则对每一 $\varepsilon>0$ 及 $x\in X$，存在 $\delta_x>0$ 使得

$$y\in\Gamma(x) \text{ 和 } |f[x, g(x)]-f(x, y)|<\delta_x \text{ 暗含 } \|g(x)-y\|<\varepsilon$$

若 X 是紧的，则 $\delta>0$ 可以不依赖于 x 进行选择。

证明 注意在所述假定下，g 是一个定义良好的连续（单值）函数，我们首先证明在 X 是紧的情形下的断言。注意，由练习 3.15 知此时的 A 是一个紧集。对每一 $\varepsilon>0$，定义

$$A_\varepsilon=\{(x, y)\in A: \|g(x)-y\|\geqslant\varepsilon\}$$

若对所有 $\varepsilon>0$，有 $A_\varepsilon=\varnothing$，则 Γ 是单值的，且结果是无足轻重的，否则存在充分小的 $\hat{\varepsilon}>0$，使得对所有 $0<\varepsilon<\hat{\varepsilon}$，集合 A_ε 是非空的和紧的。对任何这样的 ε，令

$$\delta=\min_{(x,y)\in A_\varepsilon}|f[x,g(x)]|-f(x,y)|$$

由于最小化的目标函数是连续的且 A_ε 是紧的，所以最小值将可得到。此外，由于对所有 $x\in X$，$[x,g(x)]\notin A_\varepsilon$，所以 $\delta>0$。那么

$$y\in\Gamma(x)\text{ 及 }\|g(x)-y\|\geqslant\varepsilon\text{ 暗含 }|f[x,g(x)]-f(x,y)|\geqslant\delta$$

若 X 不是紧的，上面的论证可以分别应用到每一固定的 $x\in X$。■

定理 3.8　令 X，Y，Γ 和 A 如引理 3.7 中的定义，令 $\{f_n\}$ 是 A 上的一个连续（实值）函数序列，假定对每一 n 和每一 $x\in X$，$f_n(x,\cdot)$ 对其第二个自变量是严格凹的。假定 f 具有相同的特性，且 f_n 一致地收敛于 f（在上确界范数中），定义函数 g_n 和 g 分别为

$$g_n(x)=\underset{y\in\Gamma(x)}{\operatorname{argmax}}f_n(x,y),\ n=1,2,\cdots$$

$$g(x)=\underset{y\in\Gamma(x)}{\operatorname{argmax}}f(x,y)$$

则 g_n 逐点收敛于 g。若 X 是紧的，则 g_n 一致地收敛于 g。

证明　首先，注意到由于 $g_n(x)$是 $f_n(x,\cdot)$在 $\Gamma(x)$ 上的唯一最大值，而 $g(x)$ 是 $f(x,\cdot)$ 在 $\Gamma(x)$ 上的唯一最大值，所以对所有 $x\in X$，有：

$$\begin{aligned}0&\leqslant f[x,g(x)]-f[x,g_n(x)]\\&\leqslant f[x,g(x)]-f_n[x,g(x)]+f_n[x,g_n(x)]-f[x,g_n(x)]\\&\leqslant 2\|f-f_n\|\end{aligned}$$

由 f_n 一致地收敛于 f 立即可得，对任何 $\delta>0$，存在 $M_\delta\geqslant1$ 使得对所有 $x\in X$ 和所有 $n\geqslant M_\delta$ 满足：

$$0\leqslant f[x,g(x)]-f[x,g_n(x)]\leqslant 2\|f-f_n\|\leqslant\delta\tag{3}$$

为了证明 g_n 逐点收敛于 g，我们必须证明对每一 $\varepsilon>0$ 和 $x\in X$ 存在$N_x\geqslant1$，对所有 $n\geqslant N_x$ 满足：

$$\|g(x)-g_n(x)\|<\varepsilon\tag{4}$$

由引理 3.7，只要证明如下结论就足够了，即对任何 $\delta_x>0$ 和 $x\in X$，存在 $N_x\geqslant1$ 对所有 $n\geqslant N_x$ 满足：

$$|f[x,g(x)]-f[x,g_n(x)]|<\delta_x\tag{5}$$

从式（3）可得，任何 $N_x\geqslant M_{\delta_x}$ 都具有所要求的特性。

假定 X 是紧的，为了证明 g_n 一致收敛于 g，我们必须证明对每一 $\varepsilon>0$，存在 $N\geqslant1$ 使得式（4）对所有 $x\in X$ 都成立。由引理 3.7，只要

证明如下结论就足够了，即对任何 $\delta>0$，存在 $N\geqslant 1$ 使得式（5）对所有 $x\in X$ 成立。从式（3）可得，任何 $N\geqslant M_\delta$ 都具有所要求的特性。■

3.4 文献注释

对度量空间的更为详细的讨论可见 Kolmogorov and Fomin（1970，chap. 2）或 Royden（1968，chap. 7）。对赋范向量空间的较好讨论可在 Kolmogorov and Fomin（1970，chap. 4）及 Luenberger（1969，chap. 2）中找到，这两本书也都论述了压缩映射定理。布莱克韦尔的充分条件是 Blackwell（1965）中的定理 5，最大化定理始于 Berge（1963，chap. 6），它也可以在 Hildenbrand（1974，pt. I. B）中找到，这两者都包含了对上半连续性和下半连续性的优秀论述。

第4章　确定性动态规划

用无限序列形式提出，我们感兴趣的问题具有如下形式：

$$\text{(SP)}\quad \sup_{\{x_{t+1}\}_{t=0}^{\infty}} \sum_{t=0}^{\infty} \beta^t F(x_t,\ x_{t+1})$$

$$\text{s. t.}\quad x_{t+1} \in \Gamma(x_t),\ t=0,\ 1,\ 2,\ \cdots$$

$$x_0 \in X$$

对于任何这种问题，我们都有如下形式的一个函数方程：

$$\text{(FE)}\quad v(x) = \sup_{y \in \Gamma(x)} [F(x,\ y) + \beta v(y)],\ \text{对所有}\ x \in X$$

在本章中，我们建立这两个问题的解之间的关系并导出分析后者的各种方法。

练习 4.1　a. 证明第 3 章开头讨论的单部门增长模型可以如（SP）中那样表达。

b. 对多部门增长模型

$$\sup_{\{(c_t, k_{t+1})\}_{t=0}^{\infty}} \sum_{t=0}^{\infty} \beta^t U(c_t)$$

$$\text{s. t}\quad (k_{t+1} + c_t,\ k_t) \in Y,\ t=0,\ 1,\ 2,\ \cdots$$

$$k_0 \in \mathbf{R}_+^l$$

其中，$Y \subseteq \mathbf{R}_+^{2l}$ 是一个固定生产集合，证明此模型也可以用（SP）这种方式写出来。

正如在上章中所暗示及本章中将证明的，一些非常有效且相当简单的数学工具可用来研究函数方程（FE）。然而，为了利用这些工具，我们必须证明（FE）的解和序列问题（SP）的解是一致的，在 4.1 节，我们严格证明这两个问题的解之间的联系，即贝尔曼（Bellman）称作

"最优性原理"（principle of optimality）的联系。接下来，4.2 节导出本节的主要结果：在收益函数 F 有界的假定下，（FE）解的存在性、唯一性及特征定理。收益函数 F 显示规模报酬不变的情形将在 4.3 节中论及，而 F 是任意无界收益函数的情形将在 4.4 节中论述。4.5 节论述整个时期最优化的动态规划方法和古典（变分）法之间的关系，4.6 节包含对一些数学及经济学观点进一步讨论的参考文献。在第 5 章，我们将表明 4.2～4.4 节中导出的方法能如何应用于广泛的各种经济学问题。

4.1　最优性原理

在本节，我们研究（SP）和（FE）问题的解之间的关系。（注意，在两个问题都用"sup"代替"max"，以便可以暂时忽略最优能否达到的问题。）当然，一般的思路是，当初始状态是 x_0 时，以 x_0 表示的（FE）的解 v 给出（SP）中的上确界值，反过来，序列 $\{x_{t+1}\}_{t=0}^{\infty}$ 达到（SP）的上确界的充分必要条件是它满足

$$v(x_t) = F(x_t, x_{t+1}) + \beta v(x_{t+1}),\ t = 0,\ 1,\ 2,\ \cdots \tag{1}$$

贝尔曼将这个思路称作最优性原理。虽然它很直观，但最优性原理仍需要证明。精确地讲清它在什么条件下成立是我们在本节中的任务。

主要的结果是定理 4.2 和定理 4.3。定理 4.2 证明序列问题（SP）的上确界函数 v^* 满足函数方程（FE），定理 4.3 证明一个不完全逆。逆的"不完全性"来自必须加上有界性条件的事实。接下来，定理 4.4 和定理 4.5 论述最优政策的特征。定理 4.4 证明若 $\{x_{t+1}\}_{t=0}^{\infty}$ 是在（SP）中达到上确界的序列，则它对 $v=v^*$ 满足式（1）；反过来，定理 4.5 证明任何对 $v=v^*$ 满足式（1）且满足有界性条件的序列 $\{x_{t+1}\}_{t=0}^{\infty}$ 在（SP）中达到上确界。这四个定理一起建立了使下面两者成立的条件：（SP）和（FE）的解完全相符以及最优策略就是满足式（1）的策略。

在开始之前，我们必须建立某种概念。令 X 是状态变量 x 的可能值的集合，在本节我们将不需要在 X 上附加任何限制。它可以是一个欧几里得空间的子集、一个函数集合、一个概率分布集合，或任何其他集合。令 Γ：$X \rightarrow X$ 是描述可行性约束的对应，即对每一 $x \in X$，$\Gamma(x)$ 是当期状态为 x 时状态变量下一期的可行值集合。令 A 是 Γ 的图形：

$$A = \{(x,\ y) \in X \times X:\ y \in \Gamma(x)\}$$

令实值函数 F：$A \rightarrow \mathbf{R}$ 是单期收益函数，且令 $\beta \geqslant 0$ 是（平稳）贴现因

子。这样，问题中“已知”的是 X、Γ、F 和 β。

我们必须建立使问题（SP）定义恰当的合适条件，即我们必须找到使可行集非空且使目标函数对可行集中任何点都定义恰当的合适条件。

将 X 中的任何序列 $\{x_t\}_{t=0}^{\infty}$ 称作一个**计划**（plan）。给定 $x_0 \in X$，令

$$\Pi(x_0) = \{\{x_t\}_{t=0}^{\infty}: x_{t+1} \in \Gamma(x_t), t = 0, 1, \cdots\}$$

是从 x_0 可行的计划集合，即 $\Pi(x_0)$ 是满足（SP）中约束的所有序列 $\{x_t\}$ 的集合。令 $\underset{\sim}{x} = (x_0, x_1, \cdots)$ 表示 $\Pi(x_0)$ 的一个典型元素，下面的假定保证对所有 $x_0 \in X$，$\Pi(x_0)$ 是非空的。

假定 4.1　对所有 $x \in X$，$\Gamma(x)$ 是非空的。

本节我们需要的对 X，Γ，F 和 β 的唯一额外限制是要求所有可行计划能用目标函数 F 和贴现因子 β 来评价。

假定 4.2　对所有 $x_0 \in X$ 和 $\underset{\sim}{x} \in \Pi(x_0)$。$\lim_{n\to\infty} \sum_{t=0}^{n} \beta^t F(x_t, x_{t+1})$ 存在（虽然它可能是正或负无穷）。

有各种各样的方法保证假定 4.2 成立，很清楚，若函数 F 是有界的且 $0<\beta<1$，则它是满足的。另外，对任何 $(x, y) \in A$，令

$$F^+(x, y) = \max\{0, F(x, y)\}$$

$$F^-(x, y) = \max\{0, -F(x, y)\}$$

若对每一 $x_0 \in X$ 和 $\underset{\sim}{x} \in \Pi(x_0)$，有

$$\lim_{n\to\infty} \sum_{t=0}^{n} \beta^t F^+(x_t, x_{+1}) < +\infty$$

或

$$\lim_{n\to\infty} \sum_{t=0}^{n} \beta^t F^-(x_t, x_{+1}) < +\infty$$

或两者都成立，则假定 4.2 成立。这样，对于假定 4.1～假定 4.2，一个充分条件是 F 有上界，或有下界且 $0<\beta<1$。另一个充分条件是对每一 $x_0 \in X$ 和 $\underset{\sim}{x} \in \Pi(x_0)$，存在 $\theta \in (0, \beta^{-1})$ 和 $0<c<\infty$，对所有 t 满足

$$F(x_t, x_{t+1}) \leqslant c\theta^t$$

下面的练习提供了证明后者成立的方法。

练习 4.2　a. 证明若以下条件成立，则假定 4.2 满足：$X = \mathbf{R}_+^l$；$0<\beta<1$；存在 $0<\theta<1/\beta$ 使得 $y \in \Gamma(x)$ 暗含 $\| y \| \leqslant \theta \| x \|$；$F(0, 0)=0$；$F$ 对其前 l 个自变量是递增的，而对后 l 个自变量是递减的；F 对其前 l 个自变量是凹的；对所有 x，有 $0 \in \Gamma(x)$。

b. 证明若以下条件成立，则假定 4.2 满足：$X=\mathbf{R}_{+}^{l}$；$0<\beta<1$；存在 $0<\theta<1/\beta$ 使得 $y\in\Gamma(x)$ 暗含 $F(y,0)\leqslant\theta F(x,0)$；$F$ 对其前 l 个自变量递增而对其后 l 个自变量递减；对所有 x，有 $0\in\Gamma(x)$。

对每一 $n=0, 1, \cdots$，定义 u_n：$\Pi(x_0)\to\mathbf{R}$ 为

$$u_n(\underset{\sim}{x}) = \sum_{t=0}^{n}\beta^t F(x_t, x_{t+1})$$

则 $u_n(\underset{\sim}{x})$ 是可行计划 $\underset{\sim}{x}$ 的第 0 期到第 n 期（贴现）收益的部分和，在假定 4.2 下，我们也可以定义 u：$\Pi(x_0)\to\overline{\mathbf{R}}$ 为

$$u(\underset{\sim}{x}) = \lim_{n\to\infty}u_n(\underset{\sim}{x})$$

其中 $\overline{\mathbf{R}}=\mathbf{R}\cup\{+\infty, -\infty\}$ 是广义实数集合。这样，$u(\underset{\sim}{x})$ 是可行序列 $\underset{\sim}{x}$ 的贴现收益的（无穷）和。

若假定 4.1 和假定 4.2 都成立，则可行计划集 $\Pi(x_0)$ 对每一 $x_0\in X$ 都是非空的，且（SP）中的目标函数对每个计划 $\underset{\sim}{x}\in\Pi(x_0)$ 都定义恰当。我们接下来可以定义上确界函数 v^*：$X\to\overline{\mathbf{R}}$ 为

$$v^*(x_0) = \sup_{\underset{\sim}{x}\in\Pi(x_0)} u(\underset{\sim}{x})$$

这样，$v^*(x_0)$ 是（SP）中的上确界。注意，由定义可知，v^* 是满足下列三个条件的唯一函数：

a. 若 $|v^*(x_0)|<\infty$，则对所有 $\underset{\sim}{x}\in\Pi(x_0)$，有

$$v^*(x_0)\geqslant u(\underset{\sim}{x}) \tag{2}$$

且对任何 $\varepsilon>0$ 存在某一 $\underset{\sim}{x}\in\Pi(x_0)$，使得

$$v^*(x_0)\leqslant u(\underset{\sim}{x})+\varepsilon \tag{3}$$

b. 若 $v^*(x_n)=+\infty$，则在 $\Pi(x_0)$ 中存在一序列 $\{\underset{\sim}{x}^k\}$ 满足 $\lim_{k\to\infty}u(\underset{\sim}{x}^k)=+\infty$。

c. 若 $v^*(x_0)=-\infty$，则对所有 $\underset{\sim}{x}\in\Pi(x_0)$，$u(\underset{\sim}{x})=-\infty$。

我们的兴趣在于上确界函数 v^* 和函数方程（FE）的解 v 之间的联系，在对下一个结果的解释中，重要的是要记住 v^* 总是唯一定义的（若假定 4.1～假定 4.2 成立），而（FE）——就我们迄今所知的——可以有零个、一个或多个解。

若如下三个条件成立，我们说 v^* 满足函数方程：

a. 若 $|v^*(x_0)|<\infty$，则对所有 $y\in\Gamma(x_0)$ 有：

$$v^*(x_0)\geqslant F(x_0, y)+\beta v^*(y) \tag{4}$$

且对任何 $\varepsilon>0$ 及某一 $y\in\Gamma(x_0)$ 有：

$$v^*(x_0)\leqslant F(x_0, y)+\beta v^*(y)+\varepsilon \tag{5}$$

b. 若 $v^*(x_0)=+\infty$，则在 $\Gamma(x_0)$ 中存在一序列 $\{y^k\}$ 满足：

$$\lim_{k\to\infty}[F(x_0, y^k)+\beta v^*(y^k)]=+\infty \tag{6}$$

c. 若 $v^*(x_0)=-\infty$，则对所有 $y\in\Gamma(x_0)$，有：

$$F(x_0, y)+\beta v^*(y)=-\infty \tag{7}$$

在我们证明上确界函数 v^* 满足函数方程之前，证明一个预备性结果是有用的。

引理 4.1　令 X，Γ，F 和 β 满足假定 4.2，则对任何 $x_0\in X$ 及任何 $(x_0, x_1, \cdots)=\underset{\sim}{x}\in\Pi(x_0)$，有：

$$u(\underset{\sim}{x})=F(x_0, x_1)+\beta u(\underset{\sim}{x}')$$

其中 $\underset{\sim}{x}'=(x_1, x_2, \cdots)$。

证明　在假定 4.2 下，对任何 $x_0\in X$ 及任何 $\underset{\sim}{x}\in\Pi(x_0)$，有：

$$\begin{aligned}u(\underset{\sim}{x})&=\lim_{n\to\infty}\sum_{t=0}^{n}\beta^tF(x_t, x_{t+1})\\&=F(x_0, x_1)+\beta\lim_{n\to\infty}\sum_{t=0}^{n}\beta^tF(x_{t+1}, x_{t+2})\\&=F(x_0, x_1)+\beta u(\underset{\sim}{x}')\ \blacksquare\end{aligned}$$

定理 4.2　令 X，Γ，F 和 β 满足假定 4.1～假定 4.2，则函数 v^* 满足（FE）。

证明　若 $\beta=0$，结果显而易见。假设 $\beta>0$，并选择 $x_0\in X$。假设 $v^*(x_0)$ 是有限的，则式（2）和式（3）成立，且证明这暗含式（4）和式（5）成立就足够了。为了证明式（4），令 $x_1\in\Gamma(x_0)$ 和 $\varepsilon>0$ 给定。由式（3），存在 $\underset{\sim}{x}'=(x_1, x_2, \cdots)\in\Pi(x_1)$ 满足 $u(\underset{\sim}{x}')\geqslant v^*(x_1)-\varepsilon$。同时注意 $\underset{\sim}{x}(x_0, x_1, x_2, \cdots)\in\Pi(x_0)$，因此，由式（2）和引理 4.1 知：

$$\begin{aligned}v^*(x_0)\geqslant u(\underset{\sim}{x})&=F(x_0, x_1)+\beta u(\underset{\sim}{x}')\\&\geqslant F(x_0, x_1)+\beta v^*(x_1)-\beta\varepsilon\end{aligned}$$

由于 $\varepsilon>0$ 是任意的，因此可推得式（4）。

为了证明式（5），选择 $x_0\in X$ 和 $\varepsilon>0$，由式（3）和引理 4.1 可知，可以选择 $\underset{\sim}{x}=(x_0, x_1, \cdots)\in\Pi(x_0)$ 使：

$$v^*(x_0)\leqslant u(\underset{\sim}{x})+\varepsilon=F(x_0, x_1)+\beta u(\underset{\sim}{x}')+\varepsilon$$

其中 $\underset{\sim}{x}'=(x_1, x_2, \cdots)$。则从式（2）可得：

$$v^*(x_0) \leqslant F(x_0, x_1)+\beta v^*(x_1)+\varepsilon$$

由于 $x_1 \in \Gamma(x_0)$，这证明了式（5）。

若 $v^*(x_0)=+\infty$，则在 $\Pi(x_0)$ 中存在一序列 $\{\underset{\sim}{x}^k\}$ 使 $\lim_{k\to\infty} u(\underset{\sim}{x}^k)=+\infty$。由于对所有 k，有 $x_1^k \in \Gamma(x_0)$ 和

$$u(\underset{\sim}{x}^k) = F(x_0, x_1^k)+\beta u(\underset{\sim}{x}'^k) \leqslant F(x_0, x_1^k)+\beta v^*(x_1^k)$$

可知对 $\Gamma(x_0)$ 中的序列 $\{y^k=x_1^k\}$，式（6）成立。

若 $v^*(x_0)=-\infty$，则对所有 $(x_0, x_1, x_2, \cdots)=\underset{\sim}{x} \in \Pi(x_0)$，有：

$$u(\underset{\sim}{x}) = F(x_0, x_1)+\beta u(\underset{\sim}{x}') =-\infty$$

其中 $\underset{\sim}{x}'=(x_1, x_2, \cdots)$。由于 F 是实值的（它确实不取 $-\infty$ 或 $+\infty$），可推得对所有 $x_1 \in \Gamma(x_0)$ 和所有 $\underset{\sim}{x}' \in \Pi(x_1)$，有：

$$u(\underset{\sim}{x}') =-\infty$$

因此，对所有 $x_1 \in \Gamma(x_0)$ 有 $v^*(x_1)=-\infty$。由于 F 是实值的且 $\beta>0$，因此，立即可得式（7）。■

下一个定理提出了定理 4.2 的一个不完全逆，它表明 v^* 是满足一特定有界性条件的函数方程的唯一解。

定理 4.3 令 X，Γ，F 和 β 满足假定 4.1～假定 4.2。若 v 是（FE）的一个解且对所有 $x_0 \in X$，所有 $(x_0, x_1, \cdots) \in \Pi(x_0)$ 满足：

$$\lim_{n\to\infty} \beta^n v(x_n) = 0 \tag{8}$$

则 $v=v^*$。

证明 若 $v(x_0)$ 是有限的，则式（4）和式（5）成立，证明这隐含式（2）和式（3）成立即可。式（4）隐含对所有 $\underset{\sim}{x} \in \Pi(x_0)$，有：

$$\begin{aligned}
v(x_0) &\geqslant F(x_0, x_1)+\beta v(x_1) \\
&\geqslant F(x_0, x_1)+\beta F(x_1, x_2)+\beta^2 v(x_2) \\
&\ \vdots \\
&\geqslant u_n(\underset{\sim}{x})+\beta^{n+1} v(x_{n+1}),\ n=1, 2, \cdots
\end{aligned}$$

取 $n\to\infty$ 时的极限，并利用式（8），我们发现式（2）成立。

接下来，固定 $\varepsilon>0$ 并在 $\mathbf{R}_+$ 中选取 $\{\delta_t\}_{t=1}^{\infty}$ 使得 $\sum_{t=1}^{\infty} \beta^{t-1}\delta_t \leqslant \varepsilon/2$。由于式（5）成立，我们可以选取 $x_1 \in \Gamma(x_0), x_2 \in \Gamma(x_1), \cdots$，满足：

$$v(x_t) \leqslant F(x_t, x_{t+1})+\beta v(x_{t+1})+\delta_{t+1},\ t=0, 1, \cdots$$

那么 $\underset{\sim}{x}=(x_0, x_1, \cdots) \in \Pi(x_0)$，并且有：

$$v(x_0)\leqslant\sum_{t=0}^{n}\beta^tF(x_t,\ x_{t+1})+\beta^{n+1}v(x_{n+1})+(\delta_1+\cdots+\beta^n\delta_{n+1})$$
$$\leqslant u_n(\underset{\sim}{x})+\beta^{n+1}v(x_{n+1})+\varepsilon/2,\ n=1,\ 2,\ \cdots$$

从而式（8）隐含对所有足够大的 n，$v(x_0)\leqslant u_n(\underset{\sim}{x})+\varepsilon$。由于 $\varepsilon>0$ 是任意的，所以式（3）成立。

如果式（8）成立，那么式（7）隐含 v 不能取 $-\infty$。如果 $v(x_0)=+\infty$，选取 $n\geqslant 0$ 和 $(x_0,\ x_1,\ \cdots,\ x_n)$ 使得 $x_t\in\Gamma(x_{t-1})$，并且对于 $t=0,\ 1,\ \cdots,\ n$，$v(x_t)=+\infty$，而对所有 $x_{n+1}\in\Gamma(x_n)$，$v(x_{n+1})<+\infty$，显然式（8）隐含 n 是有限的。固定任何 $A>0$，由于 $v(x_n)=+\infty$，所以式（6）隐含我们可以选取 $x_{n+1}^A\in\Gamma(x_n)$ 以使：

$$F(x_n,\ x_{n+1}^A)+\beta v(x_{n+1}^A)\geqslant\beta^{-n}\left[A+1-\sum_{t=0}^{n-1}\beta^tF(x_t,\ x_{t+1})\right]$$

再选取 $\underset{\sim}{x}_{n+1}^A\in\Pi(x_{n+1}^A)$，使得 $u(\underset{\sim}{x}_{n+1}^A)\geqslant v(x_{n+1}^A)-\beta^{-(n+1)}$。由于 $v(x_{n+1}^A)$ 是有限的，上述论述表明这样做是可能的。那么，$\underset{\sim}{x}^A=(x_0,\ x_1,\ \cdots,\ x_n,\ \underset{\sim}{x}_{n+1}^A)\in\Pi(x_0)$，且有：

$$u(\underset{\sim}{x}^A)=\sum_{t=0}^{n-1}\beta^tF(x_t,\ x_{t+1})+\beta^nF(x_n,\ x_{n+1}^A)+\beta^{n+1}u(\underset{\sim}{x}_{n+1}^A)\geqslant A$$

由于 $A>0$ 是任意的，所以 $v^*(x_0)=+\infty$。■

定理 4.3 的一个直接结果是函数方程（FE）至少有一个满足式（8）的解。

概括地说，我们已证明了关于（FE）解的两个主要结果。定理 4.2 表明 v^* 满足（FE）。函数方程也可能还有其他的解，但定理 4.3 表明这些“额外”解总是违反式（8），因此满足式（8）的一个（FE）的解是 v^*。下面的例子是（FE）除 v^* 外还有一个“额外”解的情形。

考虑一个消费者，其目标函数简单地表示为贴现消费。这个消费者有初始财富 $x_0\in X=\mathbf{R}$，且他可以按利率 $\beta^{-1}-1$ 贷出或借入，其中 $\beta\in(0,\ 1)$，对借入不存在任何约束，所以他的问题简单地表示为给定 x_0 时：

$$\max_{\{(c_t,x_{t+1})\}_{t=0}^{\infty}}\sum_{t=0}^{\infty}\beta^tc_t$$
$$\text{s.t.}\quad 0\leqslant c_t\leqslant x_t-\beta x_{t+1},\ t=0,\ 1,\ \cdots$$

由于消费是无界的，对所有 x，上确界函数明显是 $v^*(x)=+\infty$。现在，考虑这个问题的递归公式，收益函数是 $F(x,\ y)=x-\beta y$，且描述可

行集的对应是 $\Gamma(x)=(-\infty, \beta^{-1}x]$，所以函数方程是：

$$v(x)=\sup_{y\leqslant\beta^{-1}x}[x-\beta y+\beta v(y)]$$

正如定理 4.2 所暗含的，函数 $v^*(x)=+\infty$满足这个方程。但函数 $v(x)=x$ 同样也满足上述方程。不过，由于序列 $x_t=\beta^{-t}x_0$，$t=0, 1, \cdots$，在 $\Pi(x_0)$ 内，因此式（8）不成立且定理 4.3 不适用。

下一个练习给出定理 4.3 的两个变体，在式（8）不成立时它们有时是有用的。

练习 4.3 令 X，Γ，F 和 β 满足假定 4.1～假定 4.2，令 v 是（FE）的解，且对所有 $x_0\in X$ 及所有 $(x_0, x_1, \cdots)\in\Pi(x_0)$ 有：

$$\limsup_{n\to\infty}\beta^n v(x_n)\leqslant 0$$

a. 证明 $v\leqslant v^*$。

b. 此外，假设对每一 $x_0\in X$ 及 $\underset{\sim}{x}\in\Pi(x_0)$，存在 $\underset{\sim}{x}'=(x_0, x_1', x_2', \cdots)\in\Pi(x_0)$，满足 $\lim_{n\to\infty}\beta^n v(x_n')=0$ 和 $u(\underset{\sim}{x}')\geqslant u(\underset{\sim}{x})$。证明 $v=v^*$。

我们下一个任务是在可行计划达到最优时刻画其特征。若一个可行计划 $\underset{\sim}{x}\in\Pi(x_0)$ 在（SP）中达到上确界，即若 $u(\underset{\sim}{x})=v^*(x_0)$，则称其为一个**从 x_0 起的最优计划**（optimal plan from x_0）。接下来的两个定理论述最优计划和对于 $v=v^*$ 满足策略方程（1）的计划之间的关系。下一个定理证明最优计划满足策略方程（1）。

定理 4.4 令 X，Γ，F 和 β 满足假定 4.1～假定 4.2，令 $\underset{\sim}{x}^*\in\Pi(x_0)$ 是在（SP）中对初始状态 x_0 达到上确界的一个可行计划，则有：

$$v^*(x_t^*)=F(x_t^*, x_{t+1}^*)+\beta v^*(x_{t+1}^*), \quad t=0, 1, 2, \cdots \tag{9}$$

证明 由于 $\underset{\sim}{x}^*$ 达到上确界，故对所有 $\underset{\sim}{x}\in\Pi(x_0)$，有：

$$\begin{aligned} v^*(x_0^*)&=u(\underset{\sim}{x}^*)=F(x_0, x_1^*)+\beta u(\underset{\sim}{x}^{*1}) \qquad (10)\\ &\geqslant u(\underset{\sim}{x})=F(x_0, x_1)+\beta u(\underset{\sim}{x}') \end{aligned}$$

特别地，不等式对所有满足 $x_1=x_1^*$ 的计划都成立。由于 $(x_1^*, x_2, x_3, \cdots)\in\Pi(x_1^*)$ 隐含 $(x_0, x_1^*, x_2, x_3, \cdots)\in\Pi(x_0)$，所以对所有 $\underset{\sim}{x}\in\Pi(x_1^*)$，有：

$$u(\underset{\sim}{x}^{*\prime})\geqslant u(\underset{\sim}{x}')$$

因此，$u(\underset{\sim}{x}^{*\prime})=v(x_1^*)$，当 $t=0$ 时，将此代入式（10）得出式（9），由归纳法可对所有 t 证明式（9）。■

下一个定理提供了对定理 4.4 的一不完全逆，它表明满足式（9）

及一有界性条件的任何序列是一个最优计划。

定理 4.5　令 X，Γ，F 和 β 满足定理 4.1～定理 4.2，令 $\underset{\sim}{x}^* \in \Pi(x_0)$ 是满足式（9）的从 x_0 起的可行计划，且：

$$\lim_{t\to\infty} \sup \beta^t v^*(x_t^*) \leqslant 0 \tag{11}$$

则 $\underset{\sim}{x}^*$ 在（SP）中对初始状态 x_0 达到上确界。

证明　假设 $\underset{\sim}{x}^* \in \Pi(x_0)$ 满足式（9）和式（11），则对式（9）运用归纳法可得：

$$v^*(x_0) = u_n(\underset{\sim}{x}^*) + \beta^{n+1} v^*(x_{n+1}^*),\ n = 1,\ 2,\ \cdots$$

于是，利用式（11）我们得到 $v^*(x_0) \leqslant u(\underset{\sim}{x}^*)$。由于 $\underset{\sim}{x}^* \in \Pi(x_0)$，所以反方向的不等式成立，这就证明了结果。■

定理 4.3 后面的消费例子可被修改以说明为什么需要式（11）。令偏好如前所述，因而对所有 t，有 $c_t = x_t - \beta x_{t+1} = F(x_t,\ x_{t+1})$，然而，我们通过要求对所有 t 有 $x_t \geqslant 0$ 来禁止负债。则以序列形式表示的问题是给定 x_0，有：

$$\max_{\{x_{t+1}\}_{t=0}^{\infty}} \sum_{t=0}^{\infty} \beta^t (x_t - \beta x_{t+1})$$

$$\text{s.t.}\quad 0 \leqslant x_{t+1} \leqslant \beta^{-1} x_t,\ t = 0,\ 1,\ \cdots$$

若我们在目标函数中约去所有后续项，立即可以得到，对所有 $x_0 \geqslant 0$，上确界函数 $v^*(x_0) = x_0$。很清楚，v^* 对所有 x 满足函数方程

$$v^*(x) = \max_{y \in [0, \beta^{-1} x]} [(x - \beta y) + \beta v^*(y)]$$

这正如定理 4.2 所暗示的。

现在考虑达到最优的计划。对任何 $x_0 \geqslant 0$，可行计划集合 $\Pi(x_0)$ 由序列

$$(x_0,\ 0,\ 0,\ 0,\ \cdots),\ (x_0,\ \beta^{-1} x_0,\ 0,\ 0,\ \cdots),\ (x_0,\ \beta^{-1} x_0,\ \beta^{-2} x_0,\ 0,\ \cdots),\ \cdots$$

以及它们的所有凸组合构成，因此每一个可行计划都满足式（9）。如定理 4.5 所暗示的，证明满足式（11）的任何计划导致效用 $v^*(x_0) = x_0$ 是很容易的。（实际上，只要消费发生在有限时间内，它在什么时间发生是无关紧要的。）另外，对所有 $x \geqslant 0$，可行计划 $x_t = \beta^{-t} x_0$，$t = 0$，1，…（在每一期把所有东西都投资而不消费）导致零贴现效用，然而，对 $x > 0$ 来说，它违背了式（11）。所以定理 4.5 不再适用。

我们将对所有 $x \in X$ 都有 $G(x) \subseteq \Gamma(x)$ 的任何非空对应 G：$X \to X$

称作一个策略对应，这是由于若状态是 x，集合 $G(x)$ 则是一个可行行动集合。若 G 是单值的，我们将称其为一个策略函数，且用小写字母 g 表示它。若一序列 $\underset{\sim}{x}=(x_0, x_1, \cdots)$ 满足 $x_{t+1}\in G(x)$，$t=0, 1, 2, \cdots$，我们将说 $\underset{\sim}{x}$ 是由 G 从 x_0 产生的。最后，我们定义最优策略对应 G^* 为：

$$G^*(x) = \{y \in \Gamma(x): v^*(x) = F(x, y) + \beta v^*(y)\}$$

于是，定理 4.4 表明每一最优计划 $\{x_t^*\}$ 是从 G^* 产生的，且定理 4.5 表明自 G^* 产生的任何计划 $\{x_t^*\}$ ——若它另外满足式（11）——是一个最优计划。

4.2　有界报酬

在本节，我们在函数 F 有界及贴现因子 β 严格小于 1 的条件下，研究具有如下形式的函数方程：

$$v(x) = \max_{y\in \Gamma(x)}[F(x, y) + \beta v(y)] \tag{1}$$

如上面一样，令 X 是状态变量可行值的集合，令 $\Gamma: X \to X$ 是描述可行性约束的对应，令 $A=\{(x, y)\in X\times X: y\in \Gamma(x)\}$ 是 Γ 的图形，令 $F: A \to \mathbf{R}$ 是收益函数，令 $\beta\geqslant 0$ 是贴现因子。在本节，我们将自始至终加入对 X，Γ，F 和 β 的以下两个假定。

假定 4.3　X 是 $\mathbf{R}^l$ 的一个凸子集，且对应 $\Gamma: X \to X$ 是非空、紧值的和连续的。

假定 4.4　函数 $F: A \to \mathbf{R}$ 是有界和连续的，且 $0<\beta<1$。

很清楚，在假定 4.3～假定 4.4 下，假定 4.1～假定 4.2 成立，所以对应于式（1）的序列问题是定义恰当的。此外，定理 4.2～定理 4.5 暗含在这些假定下，式（1）的解与序列问题的解完全一致，不论是按值还是最优计划。

对 X 是一个有限维欧几里得空间的子集的要求在随后的大部分内容中可以放松，但要以使用大量额外的术语和概念为代价。（回忆可知第 3 章中提出的上半连续和下半连续的定义仅适用于从一个欧几里得空间到另一个欧几里得空间的对应。）然而，本节中的多数论点在更广阔的范围内都适用。同时需注意到在定理 4.6 和定理 4.7 中不必假定 X 是凸的。

若 B 是 $|F(x, y)|$ 的一个边界，则上确界函数 v^* 对所有 $x\in X$

都满足 $|v^*(x)| \leqslant B/(1-\beta)$，在这种情形下，在上确界范数为 $\|f\| = \sup_{x\in X}|f(x)|$ 的有界连续函数 f：$X \to \mathbf{R}$ 的空间 $C(X)$ 中寻找式（1）的解是很自然的。很清楚，在 $C(X)$ 中式（1）的任何解都满足定理 4.3 的假设，因而是上确界函数。此外，给定式（1）的一个解 $v\in C(X)$，我们可以定义策略对应 G：$X \to X$ 为：

$$G(x) = \{y \in \Gamma(x):v(x) = F(x, y) + \beta v(y)\} \tag{2}$$

且定理 4.4 及定理 4.5 暗含对任何 $x_0 \in X$，一个序列 $\{x_t^*\}$ 达到序列问题上确界的充分必要条件是它由 G 产生。

本节余下部分按以下内容进行，定义 $C(X)$ 上的算子 T 为：

$$(Tf)(x) = \max_{y\in\Gamma(x)}[F(x, y) + \beta f(y)] \tag{3}$$

所以式（1）变为 $v=Tv$。若我们只利用假定 4.3 和假定 4.4 中的有界性和连续性限制，定理 4.6 将证明 T：$C(X) \to C(X)$，且 T 在 $C(X)$ 中具有唯一不动点及式（2）中定义的策略对应 G 是非空的和上半连续的。定理 4.7 将证明在对 F 和 Γ 另外的单调性限制下，v 是严格递增的。定理 4.8 将证明在对 F 的凹性限制和对 Γ 的凸性限制下，v 是严格凹的，且 G 是连续（单值）函数。定理 4.9 将表明，若 $\{v_n\}$ 是在适当选择 v_0 时由 $v_n = T^n v_0$ 定义的近似序列，则相应的策略函数序列 $\{g_n\}$ 一致收敛于由式（2）给出的最优策略函数。定理 4.11 将证明，若 F 是连续可微的，则 v 也是。

定理 4.6　令 X，Γ，F 和 β 满足假定 4.3 和假定 4.4，且令 $C(X)$ 是具有上确界范数的有界连续函数 f：$X \to \mathbf{R}$ 的空间。那么，算子 T 将 $C(X)$ 映射到其自身，T：$C(X) \to C(X)$；T 有唯一不动点 $v\in C(X)$；对所有 $v_0 \in C(X)$，有：

$$\|T^n v_0 - v\| \leqslant \beta^n \|v_0 - v\|, n = 0, 1, 2, \cdots \tag{4}$$

此外，给定 v，由式（2）定义的最优策略对应 G：$X \to X$ 是紧值的和上半连续的。

证明　在假定 4.3 和假定 4.4 下，对每一 $f\in C(X)$ 和 $x\in X$，式（3）中的问题是在紧集 $\Gamma(x)$ 上最大化连续函数 $[F(x, \cdot) + \beta f(\cdot)]$，因此最大值能够获得。由于 F 和 f 都是有界的，很清楚 Tf 也是有界的。由于 F 和 f 是连续的，且 Γ 是紧值和连续的，由最大化定理（定理 3.6）可得 Tf 是连续的，因此 T：$C(X) \to C(X)$。

接下来立即可知 T 满足对一压缩的布莱克韦尔充分条件（定理 3.3）的假设，由于 $C(X)$ 是一个巴拿赫空间（定理 3.1），则由压缩映射定理（定理 3.2）知，T 有唯一不动点 $v \in C(X)$，且式（4）成立，因此 G 的性质可由最大化定理应用式（1）得到。■

由定理 4.3 立即可得，在定理 4.6 的假设下，满足式（1）的唯一有界连续函数 v 是相应序列问题的上确界函数，即定理 4.3 和定理 4.6 一起证明了在假定 4.3 和假定 4.4 下，上确界函数是有界及连续的。此外，由定理 4.5 和定理 4.6 可得，至少存在一个最优计划：由（非空）对应 G 产生的任何计划都是最优的。

为了更深刻地刻画 v 和 G，我们需要关于 F 和 Γ 的更多信息，下面两个结果表明压缩映射定理的推论 1 如何可以用来获取 v 和 G 的更精确特征。

假定 4.5 对每一 y，$F(\cdot, y)$ 对其前 l 个自变量是严格递增的。

假定 4.6 在 $x \leqslant x'$ 暗含 $\Gamma(x) \subseteq \Gamma(x')$ 的意义上，Γ 是单调的。

定理 4.7 令 X，Γ，F 和 β 满足假定 4.3～假定 4.6，且令 v 是式（1）的唯一解，则 v 是严格递增的。

证明 令 $C'(X) \subset C(X)$ 是 X 上有界、连续、非减函数的集合，令 $C''(X) \subset C'(X)$ 是严格递增函数的集合。由于 $C'(X)$ 是完备度量空间 $C(X)$ 的一个闭子集，由定理 4.6 和压缩映射定理（定理 3.2）的推论 1 知，证明 $T[C'(X)] \subseteq C''(X)$ 就足够了。假定 4.5 和假定 4.6 保证上述推理成立。■

假定 4.7 F 是严格凹的，即对所有 (x, y)，$(x', y') \in A$ 和所有 $\theta \in (0, 1)$，有：

$$F[\theta(x, y)+(1-\theta)(x', y')] \geqslant \theta F(x, y)+(1-\theta)F(x', y')$$

若 $x \neq x'$，不等式是严格的。

假定 4.8 Γ 在如下意义上是凸的：对任何 $0 \leqslant \theta \leqslant 1$ 和 x，$x' \in X$，

$$y \in \Gamma(x) \text{ 和 } y' \in \Gamma(x') \quad \text{暗含}$$
$$\theta y+(1-\theta)y' \in \Gamma[\theta x+(1-\theta)x']$$

假定 4.8 意味着，对每一 $x \in X$，集合 $\Gamma(x)$ 是凸的且不存在“递增报酬”。注意，由于 X 是凸的，假定 4.8 等价于假定 Γ 的图形（集合 A）是凸的。

定理 4.8 令 X，Γ，F 和 β 满足假定 4.3、假定 4.4 及假定 4.7、假定 4.8，令 v 满足式（1），令 G 满足式（2），则 v 是严格凹的，且 G 是一个连续、单值函数。

证明 令 $C'(X) \subset C(X)$ 是 X 上有界、连续、弱凹函数的集合，令 $C''(X) \subset C'(X)$ 是严格凹函数的集合。由于 $C'(X)$ 是完备度量空

间 $C(X)$ 的一个闭子集，由定理 4.6 及压缩映射定理（定理 3.2）的推论 1 知，证明 $T[C'(X)]\subseteq C''(X)$ 就足够了。

为了证明这一点，令 $f\in C'(X)$ 并令

$$x_0 \neq x_1,\ \theta \in (0,\ 1)\ \text{及}\ x_\theta = \theta x_0 + (1-\theta)x_1$$

令 $y_i\in\Gamma(x_i)$ 达到 $(Tf)(x_i)$，$i=0$，1。则由假定 4.8 可得 $y_\theta=\theta y_0+(1-\theta)y_1\in\Gamma(x_\theta)$，从而可以推知：

$$\begin{aligned}(Tf)(x_\theta) &\geqslant F(x_\theta,\ y_\theta)+\beta f(y_\theta)\\ &> \theta[F(x_0,\ y_0)+\beta f(y_0)]\\ &\quad +(1-\theta)[F(x_1,\ y_1)+\beta f(y_1)]\\ &= \theta(Tf)(x_0)+(1-\theta)(Tf)(x_1)\end{aligned}$$

其中第一个不等式利用式（3）和 $y_\theta\in\Gamma(x_\theta)$ 的事实，第二个不等式利用 f 是凹的假设和假定 4.7 中对 F 的凹性限制，最后一行来自 y_0 和 y_1 的选取方法。由于 x_0 和 x_1 是任意的，可知 Tf 是严格凹的，又由于 f 是任意的，可知 $T[C'(x)]\subseteq C''(X)$。

因此唯一不动点 v 是严格凹的。由于 F 也是凹的（假定 4.7）及对每一 $x\in X$，$\Gamma(x)$ 是凸的（假定 4.8），可知式（3）中的最大值在唯一 y 值处达到，因此 G 是一单值函数。G 的连续性则来自它是上半连续的事实（练习 3.11）。■

定理 4.7 和定理 4.8 利用算子 T 保持特定特性的事实刻画了价值函数的特征。这样，若 v_0 具有特性 P 且 P 被 T 所保持，则我们可以推断序列 $\{T^n v_0\}$ 中的每一函数都具有特性 P。于是，若 P 在一致收敛下得到保持，我们可以推断 v 也具有特性 P。同样一般的想法可以用来证明关于策略函数 g 的事实，但我们需要的是建立一种意义，在这种意义上，达到 $T^n v_0$ 的近似策略函数 g_n 收敛于 g。下一个结果利用定理 3.8 解决这个问题。

定理 4.9（策略函数的收敛性）　令 X，Γ，F 和 β 满足假定 4.3、假定 4.4 及假定 4.7、假定 4.8；令 v 和 g 满足式（1）和式（2）；令 $C'(X)$ 是有界、连续的凹函数 f：$X\to\mathbf{R}$ 的集合；令 $v_0\in C'(X)$；令 $\{(v_n,\ g_n)\}$ 为

$$v_{n+1} = Tv_n,\ n = 0,\ 1,\ 2,\ \cdots$$

和

$$g_n(x) = \underset{y\in\Gamma(x)}{\operatorname{argmax}}\,[F(x,\ y)+\beta v_n(y)],\ n = 0,\ 1,\ 2,\ \cdots$$

则 g_n 逐点收敛于 g。若 X 是紧的，则收敛是一致的。

证明 令 $C''(X)\subset C'(X)$ 是严格凹函数 $f: X\to\mathbf{R}$ 的集合。如定理 4.8 所表明的，$v\in C''(X)$。此外，如在定理 4.8 的证明中所表明的，$T[C'(X)]\subseteq C''(X)$。由于 $v_0\in C'(X)$，可知函数 v_n，$n=1, 2, \cdots$，是严格凹的。定义函数 $\{f_n\}$ 和 f 为：

$$f_n(x, y)=F(x, y)+\beta v_n(y), \ n=1, 2, \cdots$$

和

$$f(x, y)=F(x, y)+\beta v(y)$$

由于 F 满足假定 4.7，可知函数 f_n，$n=1, 2, \cdots$，和 f 都是严格凹的。因此，定理 3.8 适用且要求的结果得证。■

下一个练习证明了一个对计算目的来说时常有用的相关收敛结果。

练习 4.4 令 $X=\{x_1, x_2, \cdots\}$ 是有限的或可数的集合；令对应 $\Gamma: X\to X$ 是非空的和有限值的；令 $A=\{(x, y)\in X\times X: y\in\Gamma(x)\}$；令 $F: A\to\mathbf{R}$ 是一个有界函数；令 $0<\beta<1$。令 $B(X)$ 是依上确界范数有界的函数 $f: X\to\mathbf{R}$ 的集合。由式 (3) 定义算子 T。

a. 证明 $T: B(X)\to B(X)$；T 有唯一的不动点 $v\in B(X)$；对于所有 $v_0\in B(X)$，式 (4) 成立；由式 (2) 定义的最优策略对应 $G: X\to X$ 是非空的。

令 H 是函数 $h: X\to X$ 的集合，满足对所有的 $x\in X$ 有 $h(x)\in\Gamma(x)$。对于任何 $h\in H$，在 $B(X)$ 上定义算子 T_h，即 $(T_hf)(x)=F[x, h(x)]+\beta f[h(x)]$。

b. 证明对于任何 $h\in H$，$T_h: B(X)\to B(X)$ 并且 T_h 具有唯一的不动点 $w\in B(X)$。

令 $h_0\in H$，考虑下列算法。给定 h_n，令 w_n 是 T_{h_n} 的唯一不动点。给定 w_n，选取 h_{n+1}，使得 $h_{n+1}(x)\in \operatorname{argmax}_{y\in\Gamma(x)}[F(x, y)+\beta w_n(y)]$。

c. 证明函数序列 $\{w_n\}$ 收敛于 v，即 T 的唯一不动点。（提示：证明 $w_0\leqslant Tw_0\leqslant w_1\leqslant Tw_1\leqslant\cdots$）

基于练习 4.4 的一个算法包括重复应用算子 T_{h_n}——不需要任何最大化算子——及偶尔应用 T。由于这些计算中的最大化通常是费时的步骤，因此节省时间是很重要的。

一旦证明了函数方程 (1) 唯一解 $v\in C(X)$ 的存在性，我们想将方程中最大化问题论述成一个普通的规划问题，并用微积分的标准方法来刻画策略函数 g。例如，考虑单部门增长模型的函数方程：

$$v(x)=\max_{0\leqslant y\leqslant f(x)}\{U[f(x)-y]+\beta v(y)\}$$

若我们知道 v 是可微的［且函数方程（1）中最大化问题的解总是内点解］，则策略函数 g 将由如下一阶条件隐含给出，即：

$$U'[f(x)-g(x)]-\beta v'[g(x)]=0 \tag{5}$$

此外，若我们知道 v 是二次可微的，g 的单调性可通过对式（5）关于 x 进行微分并检查 g' 的结果表达式来证明。不过，这些方法的合理性依赖于函数 U，f，v 和 g 的可微性。关于 U 和 f 的可微性我们可以自由地做出假定，但 v 和 g 的特性必须要证明。下面我们转到关于这个问题的所知内容上去。

Benveniste and Scheinkman（1979）已证明了在相当一般的条件下，价值函数 v 是一次可微的，即在相当宽松的条件下式（5）是有效的。然而，保证 v 是二次可微（因而 g 是一次可微）的已知条件是极其强的（Araujo and Scheinkman，1981）。这样，对式（5）进行微分作为证明 g 的特性的方法是很少能用的。不过，在 g 是单调的情形中，利用类似于式（5）的一阶条件直接论证这个事实是可能的。

我们从 Benveniste and Scheinkman（1979）证明的定理开始。

定理 4.10（Benveniste and Scheinkman，1979）　令 $X\subseteq\mathbf{R}^l$ 是一个凸集；令 V：$X\to\mathbf{R}$ 是凹的；令 $x_0\in\text{int}X$；令 D 是 x_0 的一个邻域。若存在一个凹的可微函数 W：$D\to\mathbf{R}$ 有 $W(x_0)=V(x_0)$，且对所有 $x\in D$ 有 $W(x)\leqslant V(x)$，则 V 在 x_0 点是可微的，且

$$V_i(x_0)=W_i(x_0),\ i=1,\ 2,\ \cdots,\ l^*$$

证明　V 在 x_0 点的任何次梯度 p 必须对所有 $x\in D$，满足：

$$p\cdot(x-x_0)\geqslant V(x)-V(x_0)\geqslant W(x)-W(x_0)$$

其中第一个不等式利用了次梯度的定义，而第二个不等式利用了 $W(x)\leqslant V(x)$ 且在 x_0 处是等式的事实。由于 W 在 x_0 点是可微的，因此 p 是唯一的，且任何在内点 x_0 具有唯一次梯度的凹函数在 x_0 点都是可微的（Rockafellar，1970，Theorem 25.1，p. 242）。■

图 4.1 表达了这个结果隐含的思想。

在给定下面额外限制的条件下，将这个结果应用到动态规划是很简单的。

假定 4.9　F 在 A 的内点是连续可微的。

定理 4.11（价值函数的可微性）　令 X，Γ，F 和 β 满足假定 4.3～假定 4.4 和假定 4.7～假定 4.9，并令 v 和 g 满足式(1) 和式(2)。若 $x_0\in$

---

* V_i 是 V 关于第 i 个变量的偏微分。—— 译者注

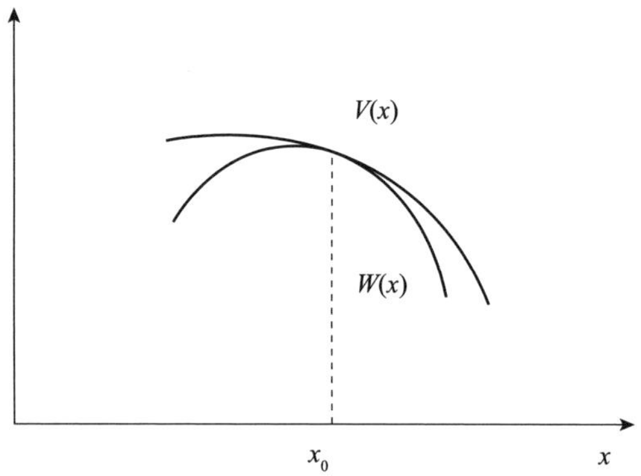

图 4.1

$\text{int}X$ 及 $g(x_0)\in \text{int}\Gamma(x_0)$，则 v 在 x_0 点是连续可微的，且有导数

$$v_i(x_0)=F_i[x_0,\ g(x_0)],\ i=1,\ 2,\ \cdots,\ l$$

证明 由于 $g(x_0)\in \text{int}\Gamma(x_0)$ 且 Γ 是连续的，因此可知对 x_0 的某个邻域 D 中的所有 x 都有 $g(x_0)\in \text{int}\Gamma(x)$。定义 D 上的 W 为：

$$W(x)=F[x,\ g(x_0)]+\beta v[g(x_0)]$$

由 F 是凹的（假定 4.7）和可微的（假定 4.9），可知 W 是凹的和可微的。此外，由于对所有 $x\in D$ 有 $g(x_0)\in\Gamma(x)$，因此，对所有 $x\in D$，有：

$$W(x)\leqslant \max_{y\in\Gamma(x)}[F(x,\ y)+\beta v(y)]=v(x)$$

且在 x_0 点为等式。因此，v 和 W 满足定理 4.10 的假设，要求的结果立即可得。■

注意，上面的证明仅仅要求 F 对其前 l 个自变量是可微的。

在证明了价值函数的可微性后，证明最优策略函数 g 的单调性以及对其斜率定界通常是很简单的。

练习 4.5 考虑一阶条件（5）。假定 U，f 和 v 是严格递增、严格凹和一次连续可微的；假定对所有 x，有 $0<g(x)<f(x)$。利用式（5）证明 g 是严格递增的，且其斜率小于 f 的斜率，即有：

$$0<g(x')-g(x)<f(x')-f(x),\ x'>x$$

（提示，参考图 4.2。）

在具体应用中，v 或 G 或其两者的特征时常可能强于上面定理所提供的结果。一旦函数方程（1）的解的存在性和唯一性得到证明，则方程的右边可以当作普通最大化问题来处理。牢记这一点是有用的。这样，与那个问题有关的所有可用工具都应该加以利用，但这种论证通常

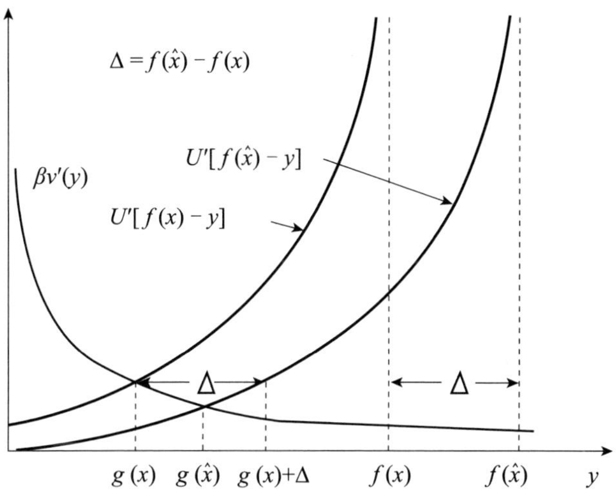

图 4.2

依赖于具体应用中特有的 F 或 Γ 或两者的特性，第 5 章中的问题提供了这种具体论证的各种说明。

同样要强调的是，即使在不那么符合本节假定的情形中，类似于上面的论证仍然是时常可用的，在这个意义上，上面的结果应被看作启发性的，而不是确定的（无论如何）。5.12 节和 5.15 节说明了这一点，文献中许多其他应用也说明了这一点。一个特别好的说明是呈现规模报酬不变的动态规划问题的情形，下面我们就转到这种情形。

4.3　规模报酬不变

我们有时希望处理无界的收益函数 F，例如，在单部门最优增长模型中，任何形如 $U(c)=(c^{1-\sigma}-1)/(1-\sigma)$，$\sigma\geqslant 1$ 的效用函数和任何形如 $f(k)=k^{\alpha}$，$0<\alpha\leqslant 1$ 的技术函数一起导致一个无界的收益函数。在这种和其他类似的情形中，若 X 取作全部 $\mathbf{R}_{+}^{l}$，则假定 4.4 被违背。有几种方法可以处理这种类型的问题。

在某些情形下，限制状态空间为一个紧集 $X\subset\mathbf{R}_{+}^{l}$ 是很自然的。若 Γ 是紧值和连续的，且 F 是连续的，则在 X 中加入这个限制后，F 在紧集 A 上是有界的。在这些情形中，4.2 节中的论证可以直接应用。这样，在将那些论证应用到效用函数、利润函数等为无界的问题时，常常只需要对状态空间进行明智的选择。5.1 节和 5.9 节中给出了这种方法的说明。

然而，在许多有趣情形中状态空间不能如此限制。例如，任何技术允许持续增长的资本积累模型都不可用这种方法处理。在本节和下节，我们描述两种可使 4.2 节中的论证适用于无界收益模型的方法。

本节论述这样的系统，其中收益函数和可行性约束两者都表示规模报酬不变，且约束具有可行性序列 $\{x_t\}$ 不能增长“太快”的性质。首先，我们证明定理 4.2～定理 4.5 对这类问题成立，所以不论是值还是策略，函数方程的解都完全符合用序列形式提出的原始问题的解。接下来的定理 4.12 和定理 4.13 证明函数方程具有唯一解，这个解和相应的策略对应都是一次齐次的。

贯穿本节，我们令 X 是 $\mathbf{R}^l$ 中的一个**凸锥**（convex cone），即 $X\subset\mathbf{R}^l$ 是一个凸集，且具有特性：对任何 $\alpha\geqslant 0$，$x\in X$ 意味着 $\alpha x\in X$。例如，$\mathbf{R}_+^l$ 和 $\mathbf{R}^l$ 都是凸锥。我们将用下面的限制代替假定 4.3 和假定 4.4。如在 4.2 节中，令 A 表示 Γ 的图形。

假定 4.10 $X\subseteq\mathbf{R}^l$ 是一个凸锥；对应 Γ：$X\rightarrow X$ 是非空、紧值和连续的，且对任何 $x\in X$ 和所有 $\lambda\geqslant 0$，有：

$$y\in\Gamma(x)\text{ 暗含 }\lambda y\in\Gamma(\lambda x)$$

即 Γ 的图形是一个锥。此外，对某一 $\alpha\in(0,\beta^{-1})$ 及所有 $x\in X$ 和 $y\in\Gamma(x)$，有：

$$\|y\|_E\leqslant\alpha\|x\|_E$$

（其中 $\|\cdot\|_E$ 表示 $\mathbf{R}^l$ 上的欧几里得范数。）

假定 4.11 $\beta\in(0,1)$；F：$A\rightarrow\mathbf{R}$ 是连续的和一次齐次的，且对某一 $0<B<\infty$ 及所有 $(x,y)\in A$，有：

$$|F(x,y)|\leqslant B(\|x\|_E+\|y\|_E)$$

假定 4.10 说明描述可行性约束的对应 Γ 表明规模报酬不变，且它用 β^{-1} 限定了可行序列 $\{x_t\}$ 的增长速度 $\{\|x_t\|_E\}$。假定 4.11 说明收益函数 F 表明规模报酬不变，且它对 F 与其自变量的范数之比加上了一个一致界限。

在假定 4.10 和假定 4.11 下，我们有下列结果。

练习 4.6 在假定 4.10 和假定 4.11 下证明以下论述。

a. 对所有 $x_0\in X$ 及所有 $\{x_t\}\in\Pi(x_0)$，$\|x_t\|_E\leqslant\alpha^t\|x_0\|_E$，$t=1,2,\cdots$；

b. 假定 4.1 和假定 4.2 成立；

c. 4.1 节中定义的上确界函数 v^*：$X\to\mathbf{R}$ 是一次齐次的，且对某一 $0<c<\infty$ 及所有 $x\in X$ 满足 $|v^*(x)|\leqslant c\|x\|_E$。

练习 4.6 的 b 部分证明了在假定 4.10 和假定 4.11 下，定理 4.2 和定理 4.4 成立，即上确界函数 v^* 满足函数方程，且每一最优序列 $\{x_t^*\}$（若存在的话）是由与 v^* 相关的策略对应 G 产生的。此外，v^* 具有在练习 4.6 的 c 部分证明的特性。

下一个任务是选择一个适当的函数空间，在其中寻找函数方程的解并在这个空间上定义一个适当的算子。按照练习 4.6c 中的观点，在函数 f：$X\to\mathbf{R}$ 空间中寻找函数方程的解是很自然的，这些函数是连续且一次齐次的，且在对所有 $x\in X$ 有 $|f(x)|/\|x\|_E<+\infty$ 的意义上是有界的。为了获取后一事实，利用下面的范数是有用的。

$$\|f\| = \max_{\substack{\|x\|_E=1\\ x\in X}} |f(x)| \tag{1}$$

令 $H(x)$ 是连续、一次齐次且在式（1）范数中有界的函数 f：$X\to\mathbf{R}$ 的空间，定义 $H(X)$ 上的算子 T 为：

$$(Tf)(x) = \sup_{y\in\Gamma(x)}[F(x, y)+\beta f(y)] \tag{2}$$

练习 4.7　a. 证明具有式（1）中范数的 $H(X)$ 是一个完备赋范向量空间。

b. 证明在假定 4.10 和假定 4.11 下，T：$H(X)\to H(X)$。

从练习 4.6a 中直接可得，对任何 $f\in H(X)$，所有 $x_0\in X$ 和所有 $\{x_t\}\in\Pi(x_0)$，有：

$$|f(x_t)|\leqslant \|x_t\|_E\|f\|\leqslant\alpha^t\|x_0\|_E\|f\|$$

由于 $\alpha\beta<1$，于是可知定理 4.3 和定理 4.5 的假设成立，所以 v^* 是函数方程在 $H(X)$ 中的唯一解，且由相应的策略对应 G 产生的每一序列 $\{x_t^*\}$ 都是最优的。这样，最优性原理适用于这种规模报酬不变问题。

算子 T 的压缩性质可利用一种修改后的压缩的布莱克韦尔充分条件（定理 3.3）来证明。对于任何一次齐次函数 f 和任何 $a\in\mathbf{R}$，我们将在这部分内容中定义函数 $f+a$ 为：

$$(f+a)(x) = f(x)+a\|x\|$$

（在这里和下面我们去掉了下标 E。）立即可知 $f+a$ 也是一次齐次的。

定理 4.12　令 $X\subseteq\mathbf{R}^l$ 是一个凸锥；令 $H(X)$ 如上定义且具有式（1）中的范数；令 T：$H(x)\to H(X)$ 满足：

a.（单调性）　f，$g\in H$ 及 $f\leqslant g$ 意味着 $Tf\leqslant Tg$；

b.（贴现）　存在 $\gamma\in(0, 1)$ 使所有 $a\geqslant 0$ 和所有 $f\in H$ 满足 $T(f+$

$a)\leqslant Tf+\gamma a$。

则 T 是一个模为 γ 的压缩。

证明 由一次齐次性知，对所有 $f\in H$，所有 $x\neq 0$，有：

$$f(x)=\|x\|f(x/\|x\|)$$

选择任何 f，$g\in H(X)$，对所有 $x\neq 0$，有：

$$\begin{aligned}f(x)&=g(x)+[f(x)-g(x)]\\&=g(x)+\|x\|[f(x/\|x\|)-g(x/\|x\|)]\\&\leqslant g(x)+\|x\|\,\|f-g\|\end{aligned}$$

即 $f\leqslant g+\|f-g\|$，因此单调性和贴现分别意味着：

$$Tf\leqslant T(g+\|f-g\|)\leqslant Tg+\gamma\|f-g\|$$

反转 f 和 g 的角色并结合两个结果，我们得到：

$$\|Tf-Tg\|\leqslant\gamma\|f-g\|$$

这正是要证明的。■

我们下一个结果利用定理 4.12 证明式（2）中定义的算子 T 是一个模为 $\alpha\beta$ 的压缩。

定理 4.13 令 X，Γ，F 和 β 满足假定 4.10 和假定 4.11，并令 $H(X)$ 定义如前，则式（2）中定义的算子 T 有唯一不动点 $v\in H(X)$。此外，对所有 $v_0\in H(X)$，有：

$$\|T^n v_0-v\|\leqslant(\alpha\beta)^n\|v_0-v\|,\ n=0,\ 1,\ 2,\ \cdots \tag{3}$$

且相应的策略对应 G：$X\rightarrow X$ 是紧值的和上半连续的。而且，G 是一次齐次的：对任何 $x\in X$ 及所有 $\lambda\geqslant 0$，有：

$$y\in G(x)\text{ 意味着 }\lambda y\in G(\lambda x)$$

证明 如练习 4.7 所证，$H(X)$ 是一个完备度量空间且 T：$H(X)\rightarrow H(X)$。明显地，T 满足定理 4.12 的单调性条件。选择 $f\in H(X)$ 及 $a>0$，则有：

$$\begin{aligned}T(f+a)(x)&=\sup_{y\in\Gamma(x)}[F(x,\ y)+\beta(f+a)(y)]\\&=\sup_{y\in\Gamma(x)}[F(x,\ y)+\beta f(y)+\beta a\|y\|]\\&\leqslant\sup_{y\in\Gamma(x)}[F(x,\ y)+\beta f(y)]+\beta a\alpha\|x\|\\&=(Tf)(x)+\alpha\beta a\|x\|\end{aligned}$$

其中第三行利用了假定 4.10。由于 $x\in X$ 是任意的，因此有 $T(f+a)\leqslant Tf+\alpha\beta a$，因此 T 满足贴现条件，且由定理 4.12 可知，T 是模为 $\alpha\beta$ 的一个压缩，于是由压缩映射定理（定理 3.2）得 T 有唯一不动点 $v\in H(X)$ 且式（3）成立。

于是，由最大化定理（定理 3.6）可知 G 是上半连续和紧值的。最后，假设 $y \in G(x)$，则有 $y \in \Gamma(x)$ 及 $v(x) = F(x, y) + \beta v(y)$。于是，由假定 4.10 知 $\lambda y \in \Gamma(\lambda x)$，由 F 和 v 的齐次性知 $v(\lambda x) = F(\lambda x, \lambda y) + \beta v(\lambda y)$，因此 $\lambda y \in G(\lambda x)$。■

练习 4.8　若 $x \neq x'$，$f(x) \geqslant f(x')$ 及 $\theta \in (0, 1)$ 意味着 $f[\theta x + (1-\theta)x'] \geqslant f(x')$，则称函数 $f: X \to \mathbf{R}$ 为拟凹的，若最后一个不等式为严格的，则称 f 为严格拟凹的。

a. 证明若 $X \subseteq \mathbf{R}_+^l$ 是一个凸锥，而且 $f: X \to \mathbf{R}$ 是一次齐次且拟凹的，则 f 是凹的。

b. 假定练习 a 中 f 是严格拟凹的，证明若 $x, x' \in X$ 且 $x \neq \alpha x'$，则对任何 $\alpha \in \mathbf{R}$ 及所有 $\theta \in (0, 1)$，有：

$$f(\theta x + (1-\theta)x') > \theta f(x) + (1-\theta)f(x')$$

c. 式 (2) 中定义的算子 T 的不动点 v 在什么条件下是严格拟凹的？（提示：参考定理 4.8 的证明并应用练习 4.8 的 a 和 b 部分。）

d. v 在什么条件下是可微的？

4.4　无界报酬

在本节我们提出一个定理，它在下述情形中是有用的：假定 4.1 和假定 4.2 成立以至于上确界函数 v^* 满足函数方程（定理 4.2），但定理 4.3 所需的有界性假设不成立。在这种情形下，函数方程可能还有其他的解。本节的主要结果是定理 4.14，它给出了函数方程的一个解是上确界函数 v^* 的充分条件，接下来我们表明这个结果如何应用到具有特定函数形式的两个经济模型中。第一个是具有对数效用函数和柯布-道格拉斯（Cobb-Douglas）生产函数的单部门最优增长模型；第二个是具有二次目标函数和线性约束的投资模型。

定理 4.14 的证明仅仅利用了算子 T 的单调性，在这里 T 被定义在所有函数 $f: X \to \mathbf{R}$ 的集合上，表示为：

$$(Tf)(x) = \sup_{y \in \Gamma(x)} [F(x, y) + \beta f(y)]$$

证明基于这样一种思想：从 v^* 的一个上界函数 $\hat{v}$ 开始，然后将算子 T 应用于 $\hat{v}$，迭代直到一个不动点。

定理 4.14　令 X，Γ，F 和 β 满足假定 4.1 和假定 4.2，并令 Π，u

和 v^* 如 4.1 节中所定义。假设存在函数 $\hat{v}$：$X\to\mathbf{R}$ 满足

$$T\hat{v}\leqslant\hat{v} \tag{1}$$

对所有 $x_0\in X$ 和所有 $\underset{\sim}{x}\in\Pi(x_0)$，有：

$$\lim_{n\to\infty}\beta^n\hat{v}(x_n)\leqslant 0 \tag{2}$$

对所有 $x_0\in X$ 和所有 $\underset{\sim}{x}\in\Pi(x_0)$，有：

$$u(\underset{\sim}{x})\leqslant\hat{v}(x_0) \tag{3}$$

若被定义为

$$v(x)=\lim_{n\to\infty}(T^n\hat{v})(x)$$

的函数 v：$X\to\overline{\mathbf{R}}$ 是 T 的一个不动点，则 $v=v^*$。

证明 首先我们将证明 v 的定义恰当，且 $v\leqslant v^*$。由于算子 T 是单调的，式（1）暗含对所有 n 有 $T^{n+1}\hat{v}\leqslant T^n\hat{v}$，因此，对每一 $x\in X$，$\{(T^n\hat{v})(x)\}$ 是一个递减序列。若此序列收敛，则 $v(x)$ 是极限值；若序列发散，则 $v(x)=-\infty$，那么 v 定义恰当，且 $v\leqslant\hat{v}$。于是，由式（2）可知 v 满足练习 4.3 中的假定，因此 $v\leqslant v^*$。

接下来，我们将证明 $v\geqslant v^*$。由于假定 4.1 和假定 4.2 成立，定理 4.2 意味着 $v^*=Tv^*$。此外，式（3）意味着 $v^*\leqslant\hat{v}$，因此，由 T 的单调性得 $v^*=Tv^*\leqslant T\hat{v}$，继续用归纳法可以得到，对所有 n，有 $v^*\leqslant T^n\hat{v}$，这样就证明了所要求的结果。■

定理 4.14 在研究上面描述的具有单位弹性的模型和线性二次模型时特别有用，在这些情形中，猜测函数方程的解是容易的（参考练习 2.3），而定理 4.14 保证该猜测确实提供了问题的一个解。此外，如下面将要见到的，在这些例子中，价值函数和策略函数具有便利的闭合形式，即它们仅包含有限的参数。这个事实使这两个参数结构对构造例子、计算和计量经济学估计特别有用。

我们将首先应用定理 4.14 于单部门最优增长模型的单位弹性形式：

$$\max_{\{k_{t+1}\}_{t=0}^{\infty}}\sum_{t=0}^{\infty}\beta^t\ln(k_t^\alpha-k_{t+1})$$
$$\text{s. t.}\quad 0\leqslant k_{t+1}\leqslant k_t^\alpha,\ t=0,\ 1,\ 2,\ \cdots$$

其中 α，$\beta\in(0,\ 1)$，集合 X 是开区间（0，∞），收益函数在这个区间是无上下界的。[注意，即使我们约定将注意力集中于可持续资本存量集合 $X'=(0,\ 1]$ 上，收益仍将是无下界的。]

由于 $\Gamma(k)=(0,\ k^\alpha)\neq\varnothing$，很明显，假定 4.1 对所有 $k\in X$ 都成立。为了将定理 4.14 应用于这个问题，我们必须证明假定 4.2 成立。为了

做到这一点，注意技术约束意味着对所有 t，有 $\ln(k_{t+1})\leqslant\alpha\ln(k_t)$。于是，对于给定的 k_0，可推得任何可行路径 $\{k_t\}\subseteq\Pi(k_0)$ 对所有 t 满足：

$$\ln(k_t)\leqslant\alpha^t\ln(k_0)$$

因此，对任何 k_0 和任何可行路径 $\{k_t\}\in\Pi(k_0)$，一期收益序列对所有 t 满足：

$$F(k_t,\ k_{t+1})\leqslant F(k_t,\ 0)=\ln(k_t^{\alpha})=\alpha\ln(k_t)\leqslant\alpha^{t+1}\ln(k_0)\quad(4)$$

所以，对所有 $\{k_t\}\in\Pi(k_0)$，所有 $k_0>0$，有：

$$\begin{aligned}\lim_{n\to\infty}\sum_{t=0}^{n}\beta^tF^+(k_t,k_{t+1})&\leqslant\lim_{n\to\infty}\sum_{t=0}^{n}(\beta\alpha)^t\alpha\mid\ln(k_0)\mid\\&=\alpha\mid\ln(k_0)\mid/(1-\alpha\beta)\end{aligned}$$

其中 F^+ 如 4.1 节中的定义。因此，假定 4.2 成立。

接下来，我们需要一个函数 $\hat{v}$，它是上确界函数 v^* 的上界。由于式（4）意味着对所有 $k>0$，有：

$$v^*(k)\leqslant\alpha\ln(k)/(1-\alpha\beta)$$

我们可以取 $\hat{v}(k)=\alpha\ln(k)/(1-\alpha\beta)$。在 $\hat{v}$ 的这种定义下，很明显，式（1）～式（3）成立。此外，依据 T 的如下定义：

$$(Tf)(k)=\sup_{0\leqslant y\leqslant k^{\alpha}}[\ln(k^{\alpha}-y)+\beta f(y)]$$

我们直接计算即可证明：

$$\begin{aligned}(T^n\hat{v})(k)&=\frac{1-\beta^n}{1-\beta}\left[\ln(1-\alpha\beta)+\frac{\alpha\beta}{1-\alpha\beta}\ln(\alpha\beta)\right]\\&\quad+\frac{\alpha}{1-\alpha\beta}\ln(k),\ n=1,\ 2,\ \cdots\end{aligned}$$

这个序列收敛于

$$v(k)=\frac{1}{1-\beta}\left[\ln(1-\alpha\beta)+\frac{\alpha\beta}{1-\alpha\beta}\ln(\alpha\beta)\right]+\frac{\alpha}{1-\alpha\beta}\ln(k)$$

回忆练习 2.3 可知函数 v 是 T 的不动点，因此由定理 4.14，$v=v^*$。此外，由于定理 4.5 适用，相应的策略函数即不变储蓄率策略 $g(k)=\alpha\beta k^{\alpha}$ 将产生资本存量的最优序列。

定理 4.14 也适用于二次收益函数问题，关于这个问题存在大量的文献，但一个简单的例子就足以说明主要的思想。令 $X=\mathbf{R}$，并对所有 $x\in\mathbf{R}$ 令 $\Gamma(x)=\mathbf{R}$。考虑收益函数：

$$F(x,y)=ax-\frac{1}{2}bx^2-\frac{1}{2}c(y-x)^2,\ a,\ b,\ c>0\qquad(5)$$

将 $ax-bx^2/2$ 考虑成描述一个公司的资本存量为 x 时的净收益，且将

$c(y-x)^2/2$ 考虑成资本存量从 x 变到 y 的成本。于是，对于给定的不变利率 $r>0$，公司面临的问题是：

$$\max_{\{x_{t+1}\}_{t=0}^{\infty}} \sum_{t=0}^{\infty} \delta^t \left[a x_t - \frac{1}{2} b x_t^2 - \frac{1}{2} c (x_{t+1} - x_t)^2 \right]$$

其中 $\delta=1/(1+r)$。

为将定理 4.14 应用于这个问题，首先注意到式（5）中的收益函数 F 以 $a^2/2b$ 为上界，因此对所有 $x\in\mathbf{R}$，由 $\hat{v}(x)=a^2/2b(1-\delta)$ 定义的函数 $\hat{v}$ 满足式（1）～式（3）。此外，由归纳法可知函数 $T^n\hat{v}$ 取如下形式：

$$(T^n\hat{v})(x) = \alpha_n x - \frac{1}{2}\beta_n x^2 + \gamma_n$$

其中，这些二次函数的系数可由 $\alpha_0=\beta_0=0$，$\gamma_0=a^2/2b$（$1-\delta$）及以下各式递归得出：

$$\beta_{n+1} = b + \frac{\delta\beta_n c}{\delta\beta_n + c} \tag{6}$$

$$\alpha_{n+1} = a + \frac{\delta\alpha_n c}{\delta\beta_n + c} \tag{7}$$

$$\gamma_{n+1} = \delta\gamma_n + \frac{1}{2}\frac{(\delta\alpha_n)^2}{\delta\beta_n + c}，n = 0，1，\cdots \tag{8}$$

由式（6）证明 $\beta_n\to\beta$，其中 $b<\beta<b+c$，以及由式（7）和式（8）证明 $\alpha_n\to\alpha$ 及 $\gamma_n\to\gamma$ 是简单的练习。极限函数 $v(x)=\alpha x-\beta x^2/2+\gamma$ 明显满足函数方程，因此定理 4.14 意味着它是上确界函数 v^*。相应的策略函数是 $g(x)=(\delta\alpha+cx)/(\delta\beta+c)$，且由定理 4.5 可知由它产生的任何序列 $\{x_t\}$ 都是最优的。

在这个特定的例子中，将 $\{x_t\}$ 限制到区间 $X'=[0，a/b]$ 具有经济学意义，因为负的资本不能解释而积累超过 a/b 的资本代价很高并使收益减少。F 被限制在 $X'\times X'$ 上，所以在这个限制下 4.2 节的理论是适用的。但二次收益的计算优点源于边际收益对状态变量为线性的事实，这样，若所有最大化由一阶条件所描述，则最优策略函数对状态变量也是线性的，因此仅当最大化在可行集的内点达到时，二次形式的便利才能实现。设定 $X=\mathbf{R}$ 及对所有 $x\in X$ 有 $\Gamma(x)=\mathbf{R}$ 保证上述情况能实现。得到一个解后，我们总能检查它是否满足经济学上的合理限制。[注意，在上面的例子中，若 x_0 在区间 $[0，a/b]$ 中，则最优序列 $x_{t+1}=g(x_t)$，$t=0，1，\cdots$，对所有 t 都在这个区间内。]

定理 4.14 在处理多维二次问题时也是有用的，由于任何凹二次形式都是有上界的，所以满足式（1）～式（3）的上界 $\hat{v}$ 很容易计算。由于 $T_n\hat{v}$ 由有限个参数所定义，所以迭代 $T_n\hat{v}$ 可以很容易地计算。若此序列收敛，定理 4.14 意味着极限函数是上确界函数，且定理 4.5 意味着达到它的线性策略是最优的。若问题是严格凹的，则不存在其他的最优策略。

4.5　欧拉方程

有一种经典的（18 世纪）方式处理如下序列问题：

$$(\mathrm{SP})\quad \sup_{\{x_{t+1}\}_{t=0}^{\infty}} \sum_{t=0}^{\infty} \beta^t F(x_t,\ x_{t+1})$$

$$\text{s. t.}\quad x_{t+1} \in \Gamma(x_t),\ t=0,\ 1,\ 2,\ \cdots$$

$$x_0 \in X$$

这种方式将序列问题处理为关于决策变量 $\{x_{t+1}\}_{t=0}^{\infty}$ 的直接动态规划问题。一个最优规划的必要条件可从如下观察导出：若 $\{x_{t+1}^*\}_{t=0}^{\infty}$ 对给定 x_0 满足问题（SP），则对于 $t=0$，1，…，x_{t+1}^* 必须满足：

$$\max_y \left[F(x_t^*,\ y)+\beta F(y,\ x_{t+2}^*)\right] \tag{1}$$

$$\text{s. t.}\quad y \in \Gamma(x_t^*)\ 和\ x_{t+2}^* \in \Gamma(y)$$

即序列 $\{x_{t+1}^*\}$ 在一个时点 t 的一个可行变化不会导致对一最优策略的改进。[通过这种论证对必要条件的推导称作**变分**（variational）方法。在现今教材中如此推导出的条件称作**欧拉方程**（Euler equations），因为欧拉首先从这个问题的连续时间情形下的类似问题中得出了它们。]

令假定 4.3～假定 4.5、假定 4.7 和假定 4.9 成立，令 F_x 表示由 F 对其前 l 个自变量的偏导数（F_1，…，F_l）组成的 l 元向量，且 F_y 表示向量（F_{l+1}，…，F_{2l}）。由于 F 是连续可微且严格凹的，若 x_{t+1}^* 对所有 t 都是集合 $\Gamma(x_t^*)$ 的内点，则式（1）的一阶条件是：

$$0=F_y(x_t^*,\ x_{t+1}^*)+\beta F_x(x_{t+1}^*,\ x_{t+2}^*),\ t=0,\ 1,\ 2,\ \cdots \tag{2}$$

这是关于状态变量的向量 x_t 的 l 个二阶差分方程所组成的方程组。在 l 元向量 x_0 给定时，它的解形成一个 l 元参数族，且为了选出实际上最优的一个解，需要 l 个额外的边界条件。

这些额外边界条件由**横截性条件**（transversality condition）给出：

$$\lim_{t\to\infty} \beta^t F_x(x_t^*,\ x_{t+1}^*)\cdot x_t^*=0 \tag{3}$$

这个条件有如下解释：由于导数向量 F_x 是增加当期状态变量时的边际收益向量，所以内积 $F_x \cdot x$ 是第 t 期状态变量向量的一种总值。例如，在多部门增长模型中，F_x 是资本价格向量，在这种情形下，式（3）要求用第 t 期市场价格估价的第 t 期资本存量的现期贴现值随 t 趋于无穷而趋于零。无论一个人是否发现这些市场解释有帮助，我们都有如下结果。

定理 4.15（欧拉及横截性条件的充分性）　令 $X \subset \mathbf{R}_+^l$，并令 F 满足假定 4.3～假定 4.5、假定 4.7 和假定 4.9。若对于 $t=0$，1，…，有 $x_{t+1}^* \in \text{int}\Gamma(x_t^*)$ 的序列 $\{x_{t+1}^*\}_{t=0}^{\infty}$ 满足式（2）和式（3），则它是在给定 x_0 时问题（SP）的最优解。

证明　令 x_0 给定，令 $\{x_t^*\} \in \Pi(x_0)$ 满足式（2）和式（3），并令 $\{x_t\} \in \Pi(x_0)$ 是任何可行序列。只要证明（SP）中目标函数以 $\{x_t^*\}$ 估价和以 $\{x_t\}$ 估价时的差是非负的就足够了，我们称差为 D。

由于 F 是连续、凹的和可微的（假定 4.4、假定 4.7 和假定 4.9），所以有：

$$\begin{aligned} D &= \lim_{T\to\infty}\sum_{t=0}^{T}\beta^t[F(x_t^*, x_{t+1}^*) - F(x_t, x_{t+1})] \\ &\geqslant \lim_{T\to\infty}\sum_{t=0}^{T}\beta^t[F_x(x_t^*, x_{t+1}^*)\cdot(x_t^* - x_t) \\ &\quad + F_y(x_t^*, x_{t+1}^*)\cdot(x_{t+1}^* - x_{t+1})] \end{aligned}$$

由于 $x_0^* - x_0 = 0$，重新安排各项得：

$$\begin{aligned} D \geqslant \lim_{T\to\infty}\Big\{ &\sum_{t=0}^{T-1}\beta^t[F_y(x_t^*, x_{t+1}^*) + \beta F_x(x_{t+1}^*, x_{t+2}^*)] \\ &\cdot(x_{t+1}^* - x_{t+1}) + \beta^T F_y(x_T^*, x_{T+1}^*)\cdot(x_{T+1}^* - x_{T+1})\Big\} \end{aligned}$$

由于 $\{x_t^*\}$ 满足式（2），求和中的各项都是零，因此，将式（2）代入最后一项，然后利用式（3）可得：

$$\begin{aligned} D &\geqslant -\lim_{T\to\infty}\beta^T F_x(x_T^*, x_{T+1}^*)\cdot(x_T^* - x_T) \\ &\geqslant -\lim_{T\to\infty}\beta^T F_x(x_T^*, x_{T+1}^*)\cdot x_T^* \end{aligned}$$

其中最后一行利用了 $F_x \geqslant 0$（假定 4.5）及对所有 t 有 $x_t \geqslant 0$ 的事实。于是，由式（3）可得 $D \geqslant 0$，这即证明了要求的结果。■

[注意，定理 4.15 对 Γ 或 β 没有任何限制，因为这个定理仅在满足式（2）和式（3）的序列已获得的前提下才适用。而对 Γ 和 β 的限制用以保证这样一个序列能被得到。]

练习 4.9　a. 利用定理 4.15 寻求策略函数 $g(k) = \alpha\beta k^{\alpha}$ 是 4.4 节中

具有单位弹性的最优增长模型的最优结果的另一种证明。

b. 利用定理 4.15 寻求策略函数 $g(x)=(\delta\alpha+cx)/(\delta\beta+c)$是 4.4 节中二次投资模型最优结果的另一种证明。

欧拉方程也可以从如下函数方程直接推导：

$$(\mathrm{FE})\quad v(x)=\max_{y\in\Gamma(x)}[F(x,\ y)+\beta v(y)]$$

假设价值函数 v 是可微的，且如上面一样，假设（FE）右侧最大化总是在 $\Gamma(x)$ 的内点达到，并令 $v'(y)$ 表示 v 的偏导向量 $[v_1(y),\ \cdots,\ v_l(y)]$。则最大化问题（FE）的一阶条件是：

$$0=F_y[x,\ g(x)]+\beta v'[g(x)] \tag{4}$$

同一最大化问题的包络条件是：

$$v'(x)=F_x[x,\ g(x)] \tag{5}$$

在式（4）中令 $x=x_t$ 及 $g(x)=g(x_t)=x_{t+1}$，得到：

$$0=F_y(x_t,\ x_{t+1})+\beta v'(x_{t+1})$$

并在式（5）中令 $x=x_{t+1}$ 及 $g(x)=g(x_{t+1})=x_{t+2}$，得到：

$$v'(x_{t+1})=F_x(x_{t+1},\ x_{t+2})$$

消去 $v'(x_{t+1})$，则得到欧拉方程（2）。

无疑地，式（4）是关于 x_t 的 l 个一阶差分方程所组成的方程组，且 l 个初始值 x_0 足以选择唯一解。从这种角度看，这没有丢失问题的任何边界条件。利用式（5）从式（4）中消去 $v'[g(x)]$ 再造了欧拉方程（2），但这一步骤也遗弃了有用的信息，所以不必惊讶许多序列 $\{x_t\}$ 满足式（2）但不满足式（4）。

4.6　文献注释

术语**动态规划**（dynamic programming）和**最优性原理**（principle of optimality）是由贝尔曼引入的，Bellman（1957）的专题著作至今仍然有用且读起来引人入胜，其中充满运筹学和经济学的各种思想、应用及问题。对于动态规划也存在许多现代论述，Denardo（1967）、Bertsekas（1976）和 Harris（1987）为我们提供了许多补充材料。在 Sargent（1987）及 Manuelli and Sargent（1987）的文章中，可找到本章中一些材料的另一种可选的讨论方法，以及这些方法在宏观经济学问题中的许多应用。

对于一个非常接近 4.1 节中问题的存在性定理由 Karlin（1955）证明。我们的论述是由对 Blackwell（1965）和 Strauch（1966）的改编而来，他们的方法可继续用于——实际上，是专门设计用于——随机问题，因此在第 9 章将再次为我们服务。

两篇论文讨论了与 4.2 节中材料有关的问题，Blume，Easley and O'Hara（1982）研究了近似 $v_n=T^n v_0$，$n=0$，1，…的可微性，及对最优策略函数的相应近似 g_n。他们的定理 2.2 针对确定性情形，提出了使每一个函数 v_n 是 p 次可微和每一个函数 g_n 是 $p-1$ 次可微的条件。结合定理 4.6 和定理 4.9，这些事实可以用来证明极限函数 v 和 g 的特性。

Easley and Spulber（1981）研究了滚动计划，无限跨度条件的策略可以通过在每个时期 t 中求解具有有限跨度 $t+T$ 的问题而产生。他们证明了对于足够大的 T，如此产生的策略和相应的贴现收益任意地趋近于由最优策略函数产生的那些策略和收益。

巴勃罗·韦宁（Pablo Werning）提出了对出现在卢卡斯课堂笔记中的关于可微性断言的一个最有帮助的反例，这个笔记曾是 4.2 节中部分内容的原稿。

我们在 4.3 节中对规模报酬不变的论述是基于 Song（1986）的论述。

我们在 4.4 节中对无界报酬情形的论述利用了 Prescott（1975）和 Hansen（1985）的文章。定理 4.14 从对 Strauch（1966）的改编而来，在那里可以找到关于无界损失情形的一个更为完全的论述。

我们对欧拉方程的必要性及横截性条件充分性的证明是标准的。横截性条件的必要性是一个困难的问题，解决它要涉及书中未涉及的一些条件。Peleg and Ryder（1972）及 Weitzman（1973）都论及了这个问题，一个优秀的论述可见 Ekeland and Scheinkman（1986）。

对于确定性问题，以离散时间公式表述的最大化问题和以连续时间公式表述的最大化问题之间存在一种紧密的联系。（实际上，术语欧拉方程传统上用于连续时间问题的必要性条件，但在经济学中将其用于类似的离散时间已很常见了。）在多数情形中，从一种环境到另一环境的改变是简单的，而且事实上我们在第 5 章中将讨论的许多问题一开始都是在连续时间中提出和研究的。有许多优秀文章讨论诸如变分计算以及与之密切相关的 Pontryagin et al.（1962）的**最大化原理**（maximum principle）的数学技巧，这些数学技巧可用于解决这些问题。Arrow and Kurz（1970）及 Kamien and Schwartz（1981）都是优秀的例子。

第5章　确定性动态规划的应用

本章包含一些经济学问题以说明上一章导出的各种方法如何应用。一些问题都是简单的练习，而且能像书中提出的那样解决，其他的问题则悬而未决。在这些情形中，特定的结果需要加入额外假定时才可得到。本章中的问题并未按困难程度排列。

5.1　单部门最优增长模型

在第2章我们介绍了单一商品经济的最优增长问题：

$$\max_{\{x_{t+1}\}_{t=0}^{\infty}} \sum_{t=0}^{\infty} \beta^t U[f(x_t) - x_{t+1}] \tag{1}$$

$$\text{s.t.}\quad 0 \leqslant x_{t+1} \leqslant f(x_t),\ t = 0,\ 1,\ \cdots$$

$$x_0 \geqslant 0$$

这个问题由参数 β，函数 U：$\mathbf{R}_+ \to \mathbf{R}$ 和 f：$\mathbf{R}_+ \to \mathbf{R}_+$ 以及初始资本存量 x_0 所定义。我们将用于偏好的假定是：

(U1) $0<\beta<1$；

(U2) U 是连续的；

(U3) U 是严格递增的；

(U4) U 是严格凹的；

(U5) U 是连续可微的。

对于技术，我们假定：

(T1) f 是连续的；

(T2) $f(0)=0$，且对某一 $\bar{x}>0$ 有：对所有 $0\leqslant x\leqslant\bar{x}$，有 $x\leqslant f(x)\leqslant\bar{x}$，对所有 $x>\bar{x}$，有 $f(x)<x$；

(T3) f 是严格递增的；

(T4) f 是（弱）凹的；

(T5) f 是连续可微的。

注意，$[0, \bar{x}]$ 是可持续资本存量的集合，令 $X=[0, \bar{x}]$，还要注意* (U3) 和 (T3) 保证了不存在无偿处置的假定。这一假定隐含在式 (1) 中。

相应于式 (1) 中的问题，我们有函数方程：

$$v(x)=\max_{0\leqslant y\leqslant f(x)}\{U[f(x)-y]+\beta v(y)\} \tag{2}$$

练习 5.1 a. 证明在(U1)～(U3)和(T1)～(T3)下，定理 4.2～定理 4.5 的假设得到满足。

b. 证明在(U1)～(U3)和(T1)～(T3)下，定理 4.6 和定理 4.7 的假设得到满足。

从 a 中我们得知式 (1) 和式 (2) 的解完全一致。从 b 中我们得知存在唯一的满足式 (2) 的有界连续函数 v，以及最优策略对应 G 是非空的和上半连续的。因此，对每一 $x_0\in X$，式 (1) 的一个最大化序列存在，且 $v(x_0)$ 给出相应于一个最优序列的总效用的贴现值。我们同样推断函数 v 是严格递增的。

v 和 G 的一个更为鲜明的特征需要另外的假定。

练习 5.1 c. 证明在(U1)～(U4)和(T1)～(T4)下，定理 4.8 的假设成立。

从 c 中我们可以推断，在附加限制下，v 是严格凹的，且最优策略对应 G 是单值和连续的。

最后，考虑可微性问题。

练习 5.1 d. 假定(U1)～(U5)和(T1)～(T5)成立，且令 $G=g$。证明若 $g(x)\in(0, f(x))$，则 v 在 x 点可微且 $v'(x)=U'[f(x)-g(x)]f'(x)$。除上面的假定外，提供对 U 或 f 或两者的限制以保证对所有 $0<x\leqslant\bar{x}$ 有 $0<g(x)<f(x)$。当这些假定不成立时，关于 v 对 x 的可微性会发生什么变化？当 $g(x)=0$ 或 $g(x)=f(x)$ 时又会怎样？

e. 为了强调其对贴现因子 β 的依赖性，我们将价值函数和策略函数分别写作 $v(x, \beta)$ 和 $g(x, \beta)$。证明 $g(x, \beta)$ 关于 β 递增。

---

* 即消费的边际效用以及投资的边际产出总是正的。消费和投资都是有偿的。——译者注

5.2 "吃蛋糕"问题

考虑 5.1 节中的模型，其中偏好满足(U1)～(U5)，技术为对所有 $k \in \mathbf{R}_+$，有 $f(k)=k$。

练习 5.2 a. 证明 f 满足(T1)和(T3)～(T5)，且任何 $\bar{x}>0$ 都可用于定义 X。

b. 对于 $U(c)=\ln(c)$，求价值函数 v 和策略函数 g。

c. 一般地，v 和 g 具有什么性质？

5.3 具有线性效用的最优增长

考虑 5.1 节中的模型，其中技术 f 满足(T1)～(T5)，β 满足（U1）且对所有 $c \in \mathbf{R}_+$，$U(c)=c$。

练习 5.3 a. 指出在这些假定下练习 5.1 中的哪些结果仍然成立，哪些结果不再成立？

b. 定义 $k^*=\max_{k \geqslant 0}[\beta f(k)-k]$。证明对某一 $\varepsilon>0$，$|k-k^*|<\varepsilon$ 意味着 $v(k)=f(k)-k^*+\beta[f(k^*)-k^*]/(1-\beta)$。

c. 尽可能完整地刻画最优策略。

5.4 具有技术进步的增长

5.1 节中提出的模型可看作描述了一个人口规模、单位资本的劳动（无弹性）供给和技术长期不变的经济。在这一节中，我们保留其中前两个假定，但去掉第三个假定。我们假定技术变化使每一期有效劳动单位增加 $(1+\lambda)>1$ 倍。此外，假设以资本和有效劳动单位为自变量的生产函数 $F(K, L)$ 显示规模报酬不变，且假定资本折旧率为 $\delta>0$。最后，假设代表性消费者对消费 C 的偏好具有 $U(C)=C^{\gamma}/\gamma$ 的形式，其中 $\gamma<1$。[对 $\gamma=0$，这个效用函数可解释成 $U(C)=\ln(C)$。] 令 I 表示总投资，我们可将最优增长问题写成：

$$\max_{\{(C_t,I_t,K_{t+1})\}_{t=0}^{\infty}} \sum_{t=0}^{\infty}\beta^t C_t^{\gamma}/\gamma$$

$$\text{s.t.}\ C_t + I_t \leqslant F(K_t,\ L_t)，对所有\ t$$

$$L_{t+1} = (1+\lambda)L_t，对所有\ t$$

$$K_{t+1} = (1-\delta)K_t + I_t，对所有\ t$$

$$K_0，L_0 > 0$$

分析这个问题的最简单方法是用因子 $(1+\lambda)^t$ 标准化所有变量。不失一般性地，我们可以选择劳动单位以使 $L_0=1$，于是对所有 t，定义

$$k_t = (1+\lambda)^{-t}K_t；c_t = (1+\lambda)^{-t}C_t；i_t = (1+\lambda)^{-t}I_t$$

此外，定义函数 f：$\mathbf{R}_+ \to \mathbf{R}_+$ 为 $f(k) = F(k,\ 1)$。注意，若 F 是严格递增、严格凹和连续可微的，则 f 也具有这些特性。

利用这些定义，我们可以将最优增长问题写作：

$$\max_{\{(c_t,i_t,k_{t+1})\}_{t=0}^{\infty}} \sum_{t=0}^{\infty}[\beta(1+\lambda)^{\gamma}]^t c_t^{\gamma}/\gamma$$

$$\text{s.t.}\quad c_t + i_t \leqslant f(k_t)，对所有\ t$$

$$k_{t+1} = [(1-\delta)k_t + i_t]/(1+\lambda)，对所有\ t$$

$$k_0 > 0$$

练习 5.4 写出标准化后问题的函数方程，并证明若 $\beta(1+\lambda)^{\gamma}<1$，则 5.1 节的分析不加改变地成立。

5.5 伐树问题

考虑一棵树，其增长速度可用函数 h 来描述，即若 k_t 是树在第 t 期的规模，则 $k_{t+1}=h(k_t)$，$t=0，1，\cdots$。假定木材价格 p 和利率 r 都长期不变，令 $p=1$ 及 $\beta=1/(1+r)$，假定伐树是无成本的。

练习 5.5 a. 若树不能重新种植，现值最大化导致了函数方程 $v(k)=\max\{k，\beta v[h(k)]\}$。在关于 h 的什么假定下，存在一个简单规则可用以描述何时将树砍倒并卖掉?

b. 假设当树被砍倒时，可以在原地种植另一棵树，当新树被砍倒时，又可种植另一棵，等等。假定重新种植的成本 $c\geqslant 0$ 长期不变。在关于 h 和 c 的什么假定下，存在一个简单规则可用以描述应何时伐树?

5.6　干中学

考虑一个生产一种新产品的垄断者，我们对产品的生产函数显示干中学的情形感兴趣。具体地，假设在每一期 t 内生产的单位成本 c_t 不变，但作为累积经验的函数的单位成本随时间下降。令 q_t 表示生产，而 Q_t 表示在时期 t 开始时的累积经验：

$$Q_0 = 0 \text{ 和 } Q_{t+1} = Q_t + q_t,\ t = 0,\ 1,\ \cdots$$

令 γ：$\mathbf{R}_+ \to \mathbf{R}_+$ 是联系单位成本和累积经验的函数，$c_t = \gamma(Q_t)$。假定 γ 是严格递减、严格凸和连续可微的，且有：

$$r(0) = \bar{c} < \infty \text{ 和 } \lim_{Q\to\infty}\gamma(Q) = \underline{c} \geqslant 0$$

假定存在一个平稳的反需求函数 ϕ：$\mathbf{R}_+ \to \mathbf{R}_+$ 使时期 t 的价格可由 $pt = \phi(q_t)$ 给出。假定 ϕ 是严格递减和连续可微的，且有严格递减的边际收益函数 $\phi(q) + q\phi'(q)$，并有：

$$\phi(0) > \bar{c}；\text{对某一 } \bar{q} < +\infty，\text{有 } \phi(\bar{q}) = \underline{c}$$

这样，需求在价格 $\bar{c}$ 处是正的，而在价格 $\underline{c}$ 处是有界的。假定利率 $r>0$ 长期不变且令 $\beta = 1/(1+r)$。

首先考虑一个利润最大化垄断者，给定 Q_0，他的问题是：

$$\max_{\{Q_{t+1}\}_{t=0}^{\infty}} \sum_{t=0}^{\infty} \beta^t (Q_{t+1} - Q_t)[\phi(Q_{t+1} - Q_t) - \gamma(Q_t)]$$

$$\text{s. t.}\quad Q_t \leqslant Q_{t+1}，\text{对所有 } t$$

相应的函数方程是：

$$v(Q) = \max_{y \geqslant Q}\{(y - Q)[\phi(y - Q) - \gamma(Q)] + \beta v(y)\}$$

练习 5.6　a. 证明存在唯一的有界连续函数 v 满足函数方程。证明假定 4.6 和假定 4.7 不成立，于是定理 4.7 和定理 4.8 并不适用。提供一项证据以表明 v 是严格递增的。证明任何最优的产出水平都高于最大化当期利润时的产出水平，即 $y^* \in G(Q)$ 意味着：

$$y^* > \underset{y \geqslant Q}{\operatorname{argmax}}(y - Q)[\phi(y - Q) - \gamma(Q)]$$

接下来考虑剩余最大化的社会计划者所面临的问题。定义消费者剩余 $S(q)$ 为：

$$S(q) = \int_0^q \phi(z)\mathrm{d}z$$

练习 5.6 b. 证明 S 是严格递增、严格凹和连续可微的。考虑函数方程：

$$\omega(Q)=\max_{y\geqslant Q}[S(y-Q)-(y-Q)\gamma(Q)+\beta w(y)]$$

证明存在唯一的有界连续函数 w 满足函数方程。证明 $w\leqslant S(\bar{q})/(1-\beta)$。证明 w 是严格递增的。证明任何最优产出水平都超过了最大化当期剩余时的产出水平，即如果 $\hat{y}$ 是最优的，那么 $\hat{y}>\mathrm{argmax}_{y\geqslant Q}[S(y-Q)-(y-Q)\gamma(Q)]$。

c. 最后，假设新商品是由一竞争性行业生产的。假定在时期 t，每个公司的单位成本都是 $c_t=\gamma(Q_t)$，其中 Q_t 是整个行业的总产出，即在各公司之间存在学习上的完全溢出。描述生产、价格和单位成本的竞争性均衡路径。证明和 b 中描述的高效路径相比，竞争性均衡表明太少的生产。

d. 上面的分析如何修改以用来描述不可再生资源的开采？假定在任何时期，开采的单位成本是地下剩余存量的一个严格递增、严格凸函数。

5.7 人力资本积累

考虑一个刚刚进入劳动市场的人，在一给定时期 t 中，其收入是三个因素的结果：他劳动的小时数 h_t；他的技术水平或人力资本 k_t；有效劳动的小时工资率 w_t。为了简化，假定工资长期不变且将其标准化为 1，即对所有 t，$w_t=1$。还假定利率是不变的，即对所有 t，$r_t=r>0$，并令 $\beta=1/(1+r)$ 是贴现因子。工人在 N 期后退休，因此，其终生收入的现值是 $\sum_{t=1}^{N}\beta^t h_t k_t$。

假定工人在任何时期只能通过减少其工作时数来积累人力资本。具体地，在时期 t，他可用的工作时数 h_t 是期末人力资本与期初人力资本比值的一个减函数：$h_t=\phi(k_{t+1}/k_t)$。假定 ϕ 是严格递减、严格凹和连续可微的，且对某一 $\delta\in(0,1)$ 有 $\phi(1-\delta)=1$，对某一 $\lambda>0$ 有 $\phi(1+\lambda)=0$，即若所有时间用于工作（$h_t=1$），则人力资本以速率 δ 折旧，若没有时间用于工作（$h_t=0$），则人力资本至多以速度 λ 增长。

给定初始技术水平 $k_1>0$，工人的问题是：

$$\max_{\{k_{t+1}\}_{t+1}^{N}} \sum_{t=1}^{N} \beta^t k_t \phi(k_{t+1}/k_t) \tag{1}$$

$$\text{s. t.} \quad (1-\delta)k_t \leqslant k_{t+1} \leqslant (1+\lambda)k_t，对所有 t$$

$$k_1 > 0$$

令 C 是有界连续函数 f：$\mathbf{R}_+ \to \mathbf{R}_+$ 的空间，并考虑定义在 C 上的算子 T 为：

$$(Tf)(k) = \max_{(1-\delta)k \leqslant y \leqslant (1+\lambda)k} [k\phi(y/k) + \beta f(y)]$$

关于这个问题，对所有 $k \geqslant 0$，函数 $v_0(k)=0$ 描述了在给定人力资本为 k 且不再有任何工作期（即刚刚退休）的条件下，工人的总未来贴现收入。函数 $v_1=Tv_0$ 描述了在给定人力资本为 k 且只剩余一期工作时间的条件下，工人的总未来收入，对于 v_n，$n=0$，1，…，N 都如此。函数 $v_N=T^N v_0$ 是刚刚进入劳动市场的工人所能获取的式（1）中现期贴现收入的最大值。在这个问题中，T 的不动点是一个永远继续工作的工人的价值函数，这样，“近似”$T^n v_0$ 比其逼近的函数更有经济学意义。

练习 5.7　a. 用归纳法证明，对所有 n，$(T^n v_0)(k)=a_n k$，且得出 a_{n+1} 作为 a_n 的一个函数，其中 $n \geqslant 0$。证明 $a_1=1$ 且对所有 n，$a_{n+1}>a_n$。在关于数对（r，λ）的什么条件下，当 $n\to\infty$ 时序列 $\{a_n\}$ 有界？

b. 尽可能全面地刻画最优人力资本水平序列 $\{k_t\}$ 和年龄—收入关系 $\{k_t\phi(k_{t+1}/k_t)\}$。

5.8　含有人力资本的增长

上一节对人力资本积累的描述也可以结合到最优增长模型中。令时间划分及人力资本运动规律如上节所述，但用一个总生产函数代替不变的工资率，并令目标是最大化消费的总贴现效用，而不是总贴现收入。假定人力资本是生产的唯一投入，而生产函数 f 是严格递增、严格凹和连续可微的，且有：

$$f(0)=0，\lim_{L\to 0} f'(L) = +\infty，\lim_{L\to\infty} f'(L) = 0$$

令 U 表示代表性消费者的偏好，假定 U 是严格递增、严格凹和连续可微的，且有：

$$\lim_{c\to 0} U'(c) = +\infty，\lim_{c\to\infty} U'(c) = 0$$

则最优增长问题可写作：

$$\max_{\{k_{t+1}\}_{t=0}^{\infty}} \sum_{t=0}^{\infty} \beta^t U(f[k_t \phi(k_{t+1}/k_t)])$$

$$\text{s. t.} \quad (1-\delta)\ k_t \leqslant k_{t+1} \leqslant (1+\lambda)\ k_t，\text{对所有 } t$$

$$k_0 > 0$$

相应的函数方程是：

$$v(k) = \max_{(1-\delta)k \leqslant y \leqslant (1+\lambda)k} \{U(f[k\phi(y/k)]) + \beta v(y)\}$$

练习 5.8 a. 假定 $\beta(1+\lambda)<1$，证明存在唯一的连续函数 v 满足函数方程。

b. 假设技术和偏好的具体函数形式分别是 $f(L)=L^{\alpha}$，$\alpha \in (0, 1)$ 和 $U(c)=c^{\sigma}/\sigma$，$\sigma<1$。证明此时 v 具有 $v(k)=Ak^{\alpha\sigma}$ 的形式，其中 A 具有与 σ 相同的符号。证明最优策略是人力资本的一个不变增长率：对某一 $\theta>0$，$g(k)=\theta k$。

5.9 具有凸性成本的投资

一个公司具有生产技术 $z=f(k)$，其中有形资本 $k \in \mathbf{R}_+$ 是单一投入且 $z \in \mathbf{R}_+$ 是产出。假定 f 是连续可微、严格递增和严格凹的，且有

$$f(0)=0，\lim_{k\to 0} f'(k) = +\infty，\lim_{k\to\infty} f'(k) = 0$$

假定 p 是产品价格，q 是资本价格，且利率 r 长期不变，并令 $\beta = 1/(1+r)$。

假定资本必须提前一期购买且以速度 $\delta \in (0, 1)$ 折旧，则对给定的 k_0，公司的问题是：

$$\max_{\{k_{t+1}\}_{t=0}^{\infty}} \sum_{t=0}^{\infty} \beta^t \{p \cdot f(k_t) - q \cdot [k_{t+1} - (1-\delta)k_t]\}$$

考虑相关的函数方程：

$$v(k) = \max_{y} \{p \cdot f(k) - q \cdot [y - (1-\delta)k] + \beta v(y)\}$$

练习 5.9 a. 找出 v 和策略函数 g 的确切解并解释结果的经济学意义。对总投资缺少非负约束的经济学解释是什么？若总投资有下界和上界，对这个问题的分析必须如何改变？即若把对某一 $a>0$，有 $(1-\delta)k_t \leqslant k_{t+1} \leqslant (1-\delta)k_t + a$，$t=0, 1, \cdots$的约束加入公司问题，结果如何变化？

b. 假设投资的总成本是总投资水平的一个凸函数 c，其中 c：$\mathbf{R} \to$

$\mathbf{R}_+$ 是严格递增、严格凸和可微的，且有 $c(0)=0$。则公司的问题是：

$$\max_{\{k_{t+1}\}_{t=0}^{\infty}} \sum_{t=0}^{\infty} \beta^t \{p \cdot f(k_t) - c[k_{t+1} - (1-\delta)k_t]\}$$

写出这个问题的函数方程，并尽可能全面地刻画 v 和策略函数 g 的解。推导欧拉方程并与 a 部分的欧拉方程相比较。

c. 假定除了资本外还有一可变投入——劳动，令 $F(k,l)$ 是生产函数，并令 $w>0$ 是工资率。考虑公司的"短期"问题：使 $\Pi(k) = \max_{l\geqslant 0}\{pF(k,l)-wl\}$。在关于 F 的什么条件下，Π 及"短期"劳动需求函数 $l=\phi(k)$ 具有恰当定义？在什么条件下，Π 有 a 和 b 部分中对 f 所描述的特性？

5.10　不变报酬投资

假设我们修改 5.9 节中的模型，以便由于内部技术上的"调节成本"而使产出 z 负向依赖于期末资本 y。即令 $z = F(k,y)$，其中 F：$\mathbf{R}_+ \times \mathbf{R}_+ \rightarrow \mathbf{R}_+$。令 F 是连续可微的，且对 k 递增及对 y 递减。假定 F 表示不变报酬：

$$对所有 \lambda > 0，有 F(\lambda k,\ \lambda y) = \lambda F(k,\ y)$$

且 F 是严格拟凹的：

$$若(k',\ y') \neq \lambda(k,\ y),\ F(k',\ y') \geqslant F(k,\ y),\ \theta \in (0,\ 1)$$

$$则\ F(k^\theta,\ y^\theta) > F(k,\ y)$$

$$其中(k^\theta,\ y^\theta) = \theta(k,\ y) + (1-\theta)(k',\ y')$$

还假定当资本增长率趋近 $\alpha>0$ 时，边际调节成本变得任意高，即：

$$对某一 \alpha > 0,\ \lim_{y\to(1+\alpha)k} F_y(k,y) \rightarrow -\infty$$

令 $\delta \in (0,1)$ 是折旧率且 $q>0$ 是资本价格，定义

$$v^*(k_0) = \max_{\{k_{t+1}\}_{t=0}^{\infty}} \sum_{t=0}^{\infty} \beta^t \{p \cdot F(k_t,\ k_{t+1}) - q \cdot [k_{t+1} - (1-\delta)k_t]\}$$

$$\text{s.t.}\quad (1-\delta)k_t \leqslant k_{t+1} \leqslant (1+\alpha)k_t，对所有\ t$$

$$k_0 > 0$$

练习 5.10　a. 证明 v^* 是一次齐次的。

考虑相应的函数方程：

$$v(k) = \max_{(1-\delta)k\leqslant y\leqslant(1+\alpha)k} \{p \cdot F(k,\ y) - q \cdot [y-(1-\delta)k] + \beta v(y)\}$$

练习 5.10 b. 证明任何满足函数方程的函数 v 也是一次齐次的。

c. 尽可能全面地刻画函数方程的解和相应的策略对应。关于 α 和 β 需要什么假定？函数方程问题的解和序列问题的解之间的关系是什么？

5.11 递归偏好

令 L 是由序列 $c=(c_0, c_1, \cdots)$ 所组成的空间，其中 $c_t \in \mathbf{R}_+^l$，$t=0, 1, \cdots$，依范数 $\|c\|_L = \sup_t \|c_t\|_E$ 有界，且 $\|\cdot\|_E$ 是 $\mathbf{R}^l$ 上的欧几里得范数。对任何 $c=(c_0, c_1, \cdots) \in L$，定义：

$$_1c=(c_1, c_2, \cdots) \in L$$

$$c^n=(c_0, \cdots, c_n, 0, 0, \cdots) \in L$$

到目前为止，我们一直在论述形如 $u(c)=\sum_{t=0}^{\infty}\beta^t U(c_t)$ 的偏好 u：$L \to \mathbf{R}$，其中 $\beta \in (0, 1)$，且 U：$\mathbf{R}_+ \to \mathbf{R}$ 是有界和连续的。

练习 5.11 a. 证明任何这种形式的函数 u：$L \to \mathbf{R}$ 有界且依范数 $\|\cdot\|_L$ 是连续的。

令 S 是具有范数 $\|u\| = \sup_{c\in L}|u(c)|$ 的所有有界连续函数 u：$L \to \mathbf{R}$ 的向量空间。

练习 5.11 b. 证明 S 是完备的。对所有 $u \in S$，$\lim_{n\to\infty}|u(c)-u(c^n)|=0$ 成立吗？

对任何 $\beta \in (0, 1)$ 及 U：$\mathbf{R}_+^l \to \mathbf{R}$，我们可以用 $(Tu)(c)=U(c_0)+\beta u(_1c)$ 定义算子 T：$S \to S$。

练习 5.11 c. 证明由 $\hat{u}(c)=\sum_{t=0}^{\infty}\beta^t U(c_t)$ 定义的函数 $\hat{u} \in S$ 是 T 的唯一不动点。

L 上的一大类效用函数可用类似的方式定义，令 W：$\mathbf{R}_+^l \times \mathbf{R}_+ \to \mathbf{R}_+$ 是具有如下特性的一个连续函数：

(W1) $W(0, 0)=0$；

(W2) 对任何 $z \in \mathbf{R}_+$，$W(\cdot, z)$：$\mathbf{R}_+^l \to \mathbf{R}_+$ 有界；

(W3) 对某一 $\beta \in (0, 1)$，对所有 $x \in \mathbf{R}_+^l$ 和 z，$z' \in \mathbf{R}_+$，有：

$$|W(x, z)-W(x, z')| \leqslant \beta|z-z'|$$

我们将把具有这些特性的函数 W 称作总体函数，$W(x, z)$ 被解释为若今天消费 $x \in \mathbf{R}_+^l$，且从明天开始的消费在明天产生 $z \in \mathbf{R}_+$ 效用单位时，从现在起所享受的效用。W 的两个额外特性将是有用的。

（W4）W 是递增的；

（W5）W 是凹的。

练习 5.11　d. 令 W 满足(W1)～(W3)，并定义算子 T_W：$S \to S$ 为 $(T_W u)(c) = W[c_0, u({}_1c)]$。证明 T_W 具有唯一不动点 $u_W \in S$，且对所有 $c \in L$，有：

$$| u_W(c) - u_W(c^n) | \leqslant \beta^n \| u_W \|$$

证明若（W4）成立，则 u_W 是递增的；证明若（W5）成立，则 u_W 是凹的。

e. 假定 W 是连续可微的，对所有 i，j，t，k，求 c_{it} 和 $c_{j,j+k}$ 之间的边际替代率的表达式。

5.12　具有递归偏好的消费者理论

考虑具有由 $u \in S$ 给出的偏好的拥有无限寿命的消费者，其中对所有 $c \in L$，$u(c) = W[c_0, u({}_1c)]$，且 W 是一个如 5.11 节中所定义的总体函数。这个消费者面临的问题是：

$$\max_{c \in L} u(c), \quad \text{s.t.} \quad \sum_{t=0}^{\infty} R^t (p \cdot c_t) \leqslant A \tag{1}$$

其中 $p \in \mathbf{R}^l_{++}$ 是一个现货价格的常数向量；$R = 1/(1+r)$，其中 $r > 0$ 是不变利率；A 是消费者的初始财富。这个问题的函数方程是：

$$v(A) = \max_{C \in \Gamma(A)} W(C, v[R^{-1}(A - p \cdot C)]) \tag{2}$$

其中 $\Gamma(A) = \{C \in \mathbf{R}^l_+ : p \cdot C \leqslant A\}$。

练习 5.12　a. 修改定理 4.2～定理 4.5 以适合式（1）和式（2）。

b. 证明式（2）有唯一的有界连续解 v，且消费者需求函数 $C = \phi(p, A)$ 是定义恰当的、连续的，对（p，A）是零次齐次的。

c. 在什么条件下，v 是连续可微的？假定这些条件成立，论述并解释问题（2）的一阶条件。

d. 令 h：$\mathbf{R}_+ \to \mathbf{R}_+$ 是一个有界、连续可微和严格递增函数，且 $h(0) = 0$。定义 $\widetilde{W}(C, a) = h(W[C, h^{-1}(a)])$，证明由 $\widetilde{W}$ 暗含的来自式（2）的需求函数与相应于 W 的那些需求函数是一致的。给定 W 是一个如 5.11 节中定义的总体函数，$\widetilde{W}$ 必然是总体函数吗？

5.13 具有递归偏好的帕累托问题

考虑一个两人纯交换经济，其中两个经济主体都具有 5.11 节所描述的那类偏好。假定在每一时期都存在单一可用的消费品，因此商品空间是所有有界序列 $\underset{\sim}{c}=(c_0, c_1, \cdots)$ 的空间，其中对所有 t，$c_t \in \mathbf{R}$。每一经济主体的可行消费序列是对所有 t 都有 $c_t \geqslant 0$ 的序列 c。两个经济主体由总体函数 W_i：$\mathbf{R}_+ \times \mathbf{R}_+ \rightarrow \mathbf{R}_+$，$i=1, 2$，所刻画。令 u_i，$i=1, 2$，是对可行消费序列的偏好。

这个经济在每一时期都有一单位消费品的禀赋，所以，在每一时期 t，若经济主体 1 得到 c_t，则经济主体 2 得到 $1-c_t$。令 $\Pi=\{\underset{\sim}{c}=\{c_t\}$：$0 \leqslant c_t \leqslant 1$，对于所有 $t\}$ 是经济主体 1 的可行分配空间。令 $\underset{\sim}{1}$ 表示序列 $(1, 1, 1, \cdots)$，而 $\underset{\sim}{0}=(0, 0, 0, \cdots)$，并令 $I_i=[u_i(\underset{\sim}{0}), u_i(\underset{\sim}{1})]$，$i=1, 2$，是两个经济主体的可行效用集。

令 S 是具有上确界范数的连续函数 f：$I_2 \rightarrow I_1$ 的空间。考虑算子 T，其被定义为：

$$(Tf)(x) = \max_{\substack{c \in [0,1] \\ y \in I_2}} W_1[c, f(y)]$$
$$\text{s.t.} \quad W_2(1-c, y) \geqslant x$$

练习 5.13 a. 证明 T：$S \rightarrow S$ 且 T 是一个压缩。

b. T 的唯一不动点 v 和由

$$v^*(x) = \sup_{c \in \Pi} u_1(\underset{\sim}{c})$$
$$\text{s.t.} \quad u_2(\underset{\sim}{1}-\underset{\sim}{c}) \geqslant x$$

在 I_2 上定义的函数 v^* 有什么关系？

5.14 一个 (s, S) 存货问题

考虑一个经理，他在每一时期可按价格 p 出售最多 1 单位的某种产品，若他有 $x \geqslant 0$ 单位存货，他可以出售 $\min\{x, 1\}$ 单位产品，他也可以订购任何数量的新商品，其订货将在下期开始时到货，成本为 $c_0 + c_1 y$，要现期支付。他的贴现因子是 $\beta = 1/(1+r)$，其中 $r>0$ 是利率。

他的目标是选择一个订货策略使得收益减成本的现期值最大化。

假定 $\beta p>c_1$（否则不会发出任何订单），$c_1>0$（否则一个“无限”订单将发出）和 $c_0>0$（否则每期订购一单位是最优的）。固定成本 c_0 使得这个问题的结构与我们前面已经研究过的那些问题非常不同。

这个问题的价值函数 v 必须满足函数方程：

$$v(x)=\begin{cases} px+\max\{\beta v(0),\ \sup_{y>0}[-c_0-c_1 y+\beta v(y)]\}, \\ \qquad\qquad\qquad\qquad x\in[0,\ 1] \\ p+\max\{\beta v(x-1),\ \sup_{y>0}[-c_0-c_1 y+\beta v(x-1+y)]\}, \\ \qquad\qquad\qquad\qquad x\in(1,+\infty) \end{cases} \tag{1}$$

令 C 是 $\mathbf{R}_+$ 上有界连续函数的空间，我们在 C 中寻找式（1）的一个解。

练习 5.14　a. 证明式（1）有唯一解 $v\in c$，证明 $0\leqslant v(x)\leqslant p/(1-\beta)$，并证明一个最优订货策略存在。策略是唯一的吗？

式（1）的右边定义了一个压缩算子 T：$C\rightarrow C$。计算一个不动点的一种方法是从初始猜测 v_0 开始，然后计算 Tv_0，T^2v_0 等。但在该情形中，直接猜测最优策略及计算与这个猜测的策略相应的价值函数 w，然后证明 w 满足式（1）更有成效。

我们将从初始存货为 0 的情形开始：假设在 $t=0$ 期，$x=0$。考虑如下形式的行动：立即订购 n 单位，然后在接下来的 n 期中以每期 1 单位的速度卖掉这 n 个单位。令 r_n 表示这个行动的净现值：

$$\begin{aligned} r_n &=-c_0-c_1 n+(\beta+\beta^2+\cdots+\beta^n)p \\ &=-c_0-c_1 n+\beta\frac{1-\beta^n}{1-\beta}p,\ n=1,\ 2,\ \cdots \end{aligned}$$

接下来考虑无论何时存货为 1 单位就重复这个行动的策略，即在 $t=n$，$2n$，…时。实施这个策略的值称为 Y_n，则

$$\begin{aligned} Y_n &=r_n(1+\beta^n+\beta^{2n}+\cdots)=\frac{r_n}{1-\beta^n} \\ &=-\frac{c_0+c_1 n}{1-\beta^n}+\frac{\beta}{1-\beta}p,\ n=1,\ 2,\ \cdots \end{aligned}$$

为了完整，定义 r_0 和 Y_0 为零，即不发出订单的值。

练习 5.14　b. 将 Y_n 表述为 n 的函数。证明存在某一有限整数 $N\geqslant 1$ 使 $Y_N\geqslant Y_n$，$n=1$，2，…。N 如何随贴现因子 β、固定成本水平 c_0 和价格 p 的变化而变化呢？

若 $Y_N<0$，则永不订货（这样，得到 $Y_0=0$ 的利润）比遵循上面任何（$n\geqslant 1$）策略都要好。对于给定的参数值，检验是否确实如此是容易

的。下面假定 $Y_N>0$。

我们猜测 $w(0)=Y_N$ 是当 $x=0$ 时的最优策略值，我们进一步猜测对 $x\in[0,1]$，最优策略是以价格 p 卖掉现有存货并订购明天到货的 N 单位。这样做的值是：

$$\omega(x)=px+Y_N,\ x\in[0,1] \tag{2}$$

若 $x\in[1,2]$，存在两种合理的选择：立即卖出一单位并发出 $N-(x-1)$ 单位的订单；立即卖掉一单位且不订货。若 x 接近 1，则第一种更可取；若 x 接近 2，则第二种更可取。令 $x=1+A$ 是无差别点，则：

$$w(x)=\begin{cases}p+c_1(x-1)+Y_N, & x\in(1,1+A)\\ p+\beta w(x-1), & x\in[1+A,2]\end{cases} \tag{3}$$

由于 A 是无差别点，它必须满足：

$$p+c_1A+Y_N=p+\beta w(A)$$

又由于 $A\in[0,1]$，在 $x=A$ 处式（2）成立。结合这些事实得出：

$$A=\frac{(1-\beta)Y_N}{\beta p-c_1} \tag{4}$$

练习 5.14 c. 证明 $0<A<l$。

若 $x\in(2,+\infty)$，我们猜测的策略是从存货中每期卖出一单位，直到剩余存货落在区间（1，2]，且从那往后实行上述策略，因此

$$w(x)=p+\beta w(x-1),\ x\in(2,+\infty) \tag{5}$$

我们可以把由式（2）、式（3）和式（5）递归定义的函数 $w(x)$ 列为式（6）。对任何 $x>1$，定义 $\nu(x)$ 是不超过 x 的最大整数，然后定义 $\alpha(x)=x-\nu(x)\in[0,1)$，则：

$$w(x)=\begin{cases}px+Y_N, & 0\leqslant x\leqslant 1\\ p\dfrac{1-\beta^{\nu(x)}}{1-\beta}+\beta^{\nu(x)-1}[c_1\alpha(x)+Y_N], & x>1,\ \alpha(x)\in[0,A)\\ p\dfrac{1-\beta^{\nu(x)}}{1-\beta}+\beta^{\nu(x)}[p\alpha(x)+Y_N], & x>1,\ \alpha(x)\in[A,1)\end{cases} \tag{6}$$

其中 A 在式（4）中给出。

练习 5.14 d. 通过求解式（2）、式（3）和式（5）中的差分方程证实式（6）。证明 w 是有界、连续的分段直线。在什么点上它是可微的？且它在这些点上的导数是什么？

现在仍需证明式（6）中定义的 w 满足函数方程（1）。先证明三个预备性结果是有用的。

练习 5.14 e. 令 $I=\{1,2,\cdots\}$，证明对所有 $z\geqslant 0$，有：

$$\sup_{y>0}[-c_0-c_1y+\beta w(z+y)]=\max\{-c_0+\beta w(z),\ \max_{\substack{n>z\\n\in I}}[-c_0-c_1(n-z)+\beta w(n)]\}$$

即等号左边的上确界或者不可达到，或者在 $z+y$ 是一整数的地方达到。［提示，利用 d 中的结果。］

练习 5.14　f. 证明对所有 $z\geqslant 0$，有

$$\sup_{y>0}[-c_0-c_1y+\beta w(z+y)]=\max\{-c_0+\beta w(z),\ c_1z+\max_{\substack{n>z\\n\in I}}[r_n+\beta^nY_N]\}$$

g. 证明 $\max_{n\geqslant 1,n\in I}(r_n+\beta^nY_N)=Y_N$。

根据这三个结果，证明 w 满足函数方程（1）等价于证明 w 是如下定义的算子 T 的一个不动点：

$$(Tf)(x)=\begin{cases}px+\max\{\beta f(0),\ Y_N\},\ x\in[0,\ 1)\\ p+\max\{\beta f(x-1),\ c_1(x-1)+Y_N\},\ x\in[1,\ 2)\\ p+\max\{\beta f(x-1),\ c_1(x-1)+\max\limits_{\substack{n>x-1\\n\in I}}(r_n+\beta^nY_N)\},\\ \qquad x\in[2,\ \infty)\end{cases}$$

练习 5.14　h. 证明在［0，1），［1，$1+A$），［$1+A$，2）和［2，$+\infty$）处，都有$(Tw)(x)=w(x)$。［提示：对于 $x\in[1,\ 2)$，利用式(4)。对于 $x\in[2,\ +\infty)$，如上定义 $\nu(x)$ 和 $\alpha(x)$，并分别考虑 $\alpha\in[0,\ A)$和 $\alpha\in[A,\ 1)$的情形。］

对这种类型的问题，习惯上定义 $s=1+A$ 和 $S=N$，并称我们所构造的解为一个“（s，S）策略”。其最优策略是，当存货低于 s 时，订足够的货使其上升到 S。如我们已提出的那样，一个计算 s 和 S 的算法就是对最优策略的一个完整描述。

5.15　连续时间存货问题

使练习 5.14 如此有难度的一个因素是其离散时间特征，有时在连续时间中描述一个问题更为简单。为了如此处理存货问题，令需求是每单位时间内 α 单位的商品流量，并令利率为 $r>0$。一个在时点 $t=0$ 有初始存量 $A\geqslant 0$ 的经理所面临的决策是选择他发出订单的时点 $\tau\geqslant 0$ 及订单的规模 y，于是函数方程为：

$$v(A)=\max\left\{\int_0^{A/\alpha}e^{-rt}\alpha p\,\mathrm{d}t,\ \sup_{\substack{\tau>0\\y>0}}\left[\int_0^{\tau}e^{-rt}pz(t)\mathrm{d}t\right.\right.$$

$$\left.\left.+e^{-r\tau}\left[v(x(\tau)+y)-c_0-c_1y\right]\right]\right\}$$

其中

$$z(t)=\begin{cases}\alpha，若\ x(t)>0\\0，若\ x(t)=0\end{cases}$$

且

$$\frac{\mathrm{d}x(t)}{\mathrm{d}t}=-z(t)，x(0)=A$$

定义

$$Y^*=\max\left\{0，\sup_{\tau>0}\left[(1+e^{-r\tau}+e^{-2r\tau}+\cdots)\right.\right.$$

$$\left.\left.\times\int_0^{\tau}e^{-rt}\alpha p\,\mathrm{d}t-c_0-c_1\alpha\tau\right]\right\}$$

练习 5.15 a. 证明 Y^* 是定义恰当且有限的。

若 $Y^*=0$，令 $\tau^*=0$，否则定义 τ^* 是达到上确界的值。

练习 5.15 b. 证明函数

$$w(A)=\int_0^{A/\alpha}e^{-rt}\alpha p\,\mathrm{d}t+e^{-rA/\alpha}Y^*$$

满足函数方程。证明若初始存量是 A，则唯一的最优策略是在 A/α 单位时间过后发出一个 $\alpha\tau^*$ 单位商品的订单。

5.16 具有未知需求的销售者

考虑一个无生产成本，面临具有相同保留价格 R 的购买者的一个连续统的销售者，保留价格 R 不为销售者所知，他只知道 R 取自区间 [0，1) 上的一个均匀分布，且他获取关于 R 的额外信息的唯一方法就是实验。

具体地，在每一时期他可以宣布一个价格 P，若 $P\leqslant R$，则所有消费者都购买其产品，且销售者认识到 $R\geqslant P$。如果 $P>R$，则没有消费者会购买其产品，且销售者认识到 $R<P$。在每种情形中，销售者都缩小了保留价格所在的区间，且贝叶斯规则暗示销售者具有在新区间均匀分布的后验信念。

假设销售者知道保留价格落在区间 $[A, B)\subseteq[0, 1)$ 上，若他选择一价格 $P\leqslant A$，则所有消费者购买其产品的概率为 1 且销售者得不到任何新的信息。明显地，他绝不会选择一个小于 A 的价格。若他选择一价格 $P\geqslant B$，则他卖不出任何东西的概率为 1 且得不到任何新的信息，很明显，他也绝不会设定一个大于 B 的价格。

若他设定价格 $P\in(A, B)$，则 $R\geqslant P$ 的概率是 $(B-P)/(B-A)$。这是消费者购买产品的概率，且销售者的后验信念是在 $[P, B)$ 上的均匀分布。相反地，他以 $(P-A)/(B-A)$ 的概率卖不出任何东西，且其后验信念是在 $[A, P)$ 上的均匀分布。

令 $v(A, B)$ 表示当销售者知道保留价格均匀分布在 $[A, B)\subseteq[0, 1)$ 时他的预期贴现利润，则 v 必须满足函数方程：

$$v(A, B)=\sup_{P\in[A,B]}\left\{\frac{B-P}{B-A}P+\beta\left[\frac{P-A}{B-A}v(A, P)+\frac{B-P}{B-A}v(P, B)\right]\right\}$$

这个函数方程并不符合 4.2 节中导出的框架，因为计划者并不能选择下期的状态。确切地，他仅可以选择一项行动——价格，而下一期的状况是价格的一个随机函数。然而，可以对 4.2 节中的讨论进行修改以适应这种情况。

令 $D=\{(x, y)\in[0, 1]^2: x\leqslant y\}$；令 C 是具有上确界范数的有界连续函数 $f: D\rightarrow\mathbf{R}$ 的空间；定义 C 上的算子 T 为：

$$(Tf)(A, B)=\sup_{P\in[A,B]}\left\{\frac{B-P}{B-A}P+\beta\left[\frac{P-A}{B-A}f(A, P)+\frac{B-P}{B-A}f(P, B)\right]\right\}$$

练习 5.16　a. 证明 $T: C\rightarrow C$ 且 T 满足压缩的布莱克韦尔充分条件，因此 T 具有唯一不动点 $v\in C$。利用压缩映射定理的推论 1 证明 v 是一次齐次的。

由于 v 是一次齐次的，所以存在一个有界连续函数 $w: [0, 1]\rightarrow\mathbf{R}_+$ 对所有 $0\leqslant A\leqslant B\leqslant 1$ 满足：

$$v(A, B)=Bw(A/B)$$

定义 $a=A/B$ 及 $p=P/B$，则可推得 $v(A, P)=Pw(A/P)=Bpw(a/p)$ 及 $v(P, B)=Bw(p)$。将这些表达式代入上面的函数方程并两边除以 B，我们发现 w 满足：

$$w(a)=\sup_{p\in[a,1]}\left\{\frac{1-p}{1-a}p+\beta\left[\frac{p-a}{1-a}pw\left(\frac{a}{p}\right)+\frac{1-p}{1-a}w(p)\right]\right\}$$

练习 5.16 b. 证明 w 是严格递增和弱凸的，且 $w(1)=1/(1-\beta)$。（提示：w 是什么算子的一个不动点?）这暗含 v 的什么特性?

若区间 $[A, B]$ 足够小，则推测将价格定于 A 为最优是合理的，即简单地将价格定到确知消费者将购买的最高价格上是最优的。若采纳这一策略，销售者并不获取任何新的信息，因此在下一期他将面临完全同样的问题且仍定价为 A。为了表明确实如此，利用变换后的问题是很方便的。

按照变换后的问题，上面的推测为相应于 w 的最优策略函数 g 具有如下形式：存在某一 $\hat{a}$，对所有 $a\in[\hat{a}, 1]$ 有 $g(a)=a$ 。注意，若这个推测是正确的，则对所有 $a\in[\hat{a}, 1]$，有 $w(a)=a/(1-\beta)$ 。

练习 5.16 c. 利用 w 的函数方程证明这个推测是正确的，并证明 $\hat{a}=1/(2-\beta)$。

5.17 消费—储蓄问题

考虑一个对无穷消费序列 $c=(c_0, c_1, \cdots)$ 具有偏好

$$u(c)=\sum_{t=0}^{\infty}\beta^t U(c_t)$$

的消费者，其中 U：$\mathbf{R}_+\to\mathbf{R}$ 是连续可微、严格递增和严格凹的，且 $0<\beta<1$，函数 U 不必是有界的。

消费者在每一期有不变收入 $I>0$，此外在第 0 期他还有初始财富 $x_0\geqslant 0$。消费者可以储蓄但不能借款，利率 r 长期固定且利息因子 $R=(1+r)$ 满足 $0<R<1/\beta$。

练习 5.17 a. 以序列形式表达消费者问题并表述相应的函数方程。证明序列问题的上确界函数 v^*：$\mathbf{R}_+\to\mathbf{R}$ 定义恰当且满足函数方程。证明对任何固定的 $x_0\geqslant 0$，若计划 $\underset{\sim}{x}^*\in\Pi(x_0)$ 达到序列问题的上确界，则它满足：

$$v^*(x_t^*)=U(I+x_t^*-x_{t+1}^*/R)+\beta v^*(x_{t+1}^*),\ t=0, 1, \cdots$$

对于这个问题，我们可以通过猜测解的形式然后证明猜测是正确的这种方法来构造 v^* 和相应的最优策略函数 g^* 。具体地，我们将构造一个函数 v：$\mathbf{R}_+\to\mathbf{R}$ 满足：

$$v(x) = \sup_{0 \leqslant y \leqslant (I+x)R} [U(I + x - y/R) + \beta v(y)] \tag{1}$$

并证明 $v=v^*$。我们也将证明相应于 v 的策略函数 g 产生 a 中问题的所有最优计划。

由于 $R\beta<1$ 及 $I>0$，我们猜测消费者在有限时间内耗尽其初始财富并在以后每期简单地花费其收入 $I>0$。为了检验这个猜测是否正确，按如下方法构造 g：$\mathbf{R}_+ \to \mathbf{R}$ 和 v：$\mathbf{R}_+ \to \mathbf{R}$。

我们猜测对处于某一区间 $[0, m_1]$ 的初始财富，消费者的最优策略是在初始时期花费其当期收入 $I>0$ 及其全部初始财富 $x>0$（一点也不储蓄），而在接下来每一期花费其收入 $I>0$，定义 m_1 为：

$$U'(I + m_1) = R\beta U'(I)$$

然后令

$$g(x) = 0, \ x \in [0, m_1]$$

$$v(x) = U(I + x) + \beta U(I)/(1 - \beta), \ x \in [0, m_1]$$

练习 5.17　b. 证明 $m_1>0$ 定义恰当。证明 v 是连续、严格递增和严格凹的。证明 v 在 $[0, m_1]$ 上连续可微，且有

$$v'(x) = U'(I + x), \ x \in [0, m_1)$$

接下来，我们猜测对于落在某一区间 $(m_1, m_2]$ 的初始财富，消费者的最优计划是在第 0 期花费其财富的一部分并储蓄 $y/R\in[0, m_1]$。然后从第 $t=1$ 期开始，他遵循 b 中描述的计划。定义 h：$(0, m_1) \to \mathbf{R}_+$ 为：

$$U'[I + h(y) - y/R] = R\beta v'(y) \tag{2}$$

我们猜测 $h(y)$ 是这样一种初始财富水平，它诱使消费者储蓄 y/R，因而他在下一期有初始财富 y。

练习 5.17　c. 证明 h 是连续及严格递增的，且 $\lim_{y\downarrow 0} h(y)=m_1$。

定义 $m_2=\lim_{y\to m_1} h(y)$，并令

$$g(x) = h^{-1}(x), \ x \in (m_1, m_2] \tag{3}$$

$$v(x) = U[I + x - g(x)/R] + \beta v[g(x)], \ x \in (m_1, m_2] \tag{4}$$

练习 5.17　d. 证明 $m_2>m_1$。证明 g 在 $(m_1, m_2]$ 上是连续且严格递增的。证明 g 在 $x=m_1$ 点是连续的。证明 v 在 $(m_1, m_2]$ 上是连续、严格递增和严格凹的。证明 v 在 (m_1, m_2) 上是连续可微的，且有：

$$v'(x) = U'[I + x - g(x)/R], \ x \in (m_1, m_2) \tag{5}$$

e. 证明 v 和 v' 在 m_1 点都是连续的。

利用归纳法继续，对于给定的 $(m_{n-1}, m_n]$ 上的 v，用式 (2) 定

义h：$(m_{n-1}，m_n]\rightarrow\mathbf{R}_+$并令$m_{n+1}=h(m_n)$，然后用式（3）和式（4）定义$(m_n，m_{n+1}]$上的$g$和$v$。

练习 5.17 f. 证明在 c～e 中描述的h，g，v和v'的特性在所有$\mathbf{R}_+$上都成立。

g. 证明v满足函数方程（1）。证明$v=v^*$，其中v^*是 a 中序列问题的上确界函数。[提示：证明对所有n，所有$\underset{\sim}{x}\in\Pi(x_0)$和所有$x_0>0$，有：

$$x_n\leqslant R^n(x_0+W)$$

其中$W=RI/(R-1)$是消费者收入流在第 0 期的贴现值。]

h. 证明对任何初始财富$x_0>0$，序列$x_{t+1}=g(x_t)$，$t=0，1，\cdots$，是 a 中序列问题的唯一最优计划。证明对所有$0\leqslant x<x'$，有：

$$0\leqslant g(x')-g(x)<x'-x$$

且仅当$g(x)=g(x')=0$时等号成立。

5.18 文献注释

5.1 节、5.3 节、5.4 节和 5.8 节中的模型都来自主要在 20 世纪 60 年代发展起来的增长理论的大量文献中的实例，其中多数都是在连续时间中展开的，但也很容易用离散时间重新表述，且在这里讨论的所有情形中，转述并未带来任何本质的变化。Burmeister and Dobell（1970）是对这个理论体系的最好的参考。

Ramsey（1928）解决了 5.1 节单部门问题中贴现因子等于 1 的变化形式，由于一般来说这个问题的目标函数并不收敛，他研究了如下问题：

$$\min_{\{x_{t+1}\}_{t=0}^{\infty}}\sum_{t=0}^{\infty}\{U[f(x^*)-x^*]-U[f(x_t)-x_{t+1}]\}$$

其中x^*是最大化$f(x)-x$的资本存量。这个目标函数以 0 为上界。很明显，未贴现问题不能用 4.2 节中的方法来研究，但可以试一试 4.4 节和 4.5 节中的理论。

5.1 节中带有贴现的最优增长模型首先由 Cass（1965）和 Koopmans（1965）研究。5.4 节中论述的外生性技术变化类型首先由 Solow（1956）研究，这是在增长的非最优化模型中论述的。

在 5.3 节中找到的那类解称为砰磅解（bang-bang solutions）。更具趣味的这种类型的两部门模型在 Uzawa（1964）的研究中可以找到。

5.5 节中的伐树问题在许多不同经济学情境中出现，在 Brock，Rothschild and Stiglitz（1989）中考虑了一个连续时间分析，它比我们这里的公式表述得更简单，也更完整。

5.6 节中具有干中学技术的垄断者问题由 Clarke，Darrough and Heineke（1982）研究过，这个问题的 b 和 c 部分来自 Stokey（1986）。

5.7 节中人力资本积累问题的公式取自 Rosen（1976）。对这个决策问题更早的动态分析可在 Becker（1962）和 Ben-Porath（1967）的研究中找到。5.8 节中的模型利用了罗森（Rosen）引入的人力资本积累技术来获取一个总增长模型，在 Uzawa（1965）和 Lucas（1988）中描述过此模型的简化形式。

5.9 节和 5.10 节提供了关于单一公司投资决策问题的微观经济学文献中的几个例子。练习 5.9 的 a 部分是 Jorgenson（1963）的一个离散时间变化形式，b 部分来自 Eisner and Strotz（1963）讨论的模型，这个模型后来又经 Lucas（1967a），Gould（1968）和 Treadway（1969）用各种变化形式详尽阐述。Mortensen（1973）提供了这个模型多资本品变化形式的明确论述。5.10 节的模型是 Lucas（1967b）模型的一个报酬不变形式。注意，术语**报酬不变**（constant returns）在动态关系中是含糊不清的：Gould（1968）以与 5.10 节不同的方法使用了它，而 Kydland and Prescott（1982）又以另一种方式使用了它。

5.11 节中分析的递归偏好首先是由 Koopmans（1960）研究的，Koopmans，Diamond and Williamson（1964）的分析是一个有用的续篇。Uzawa（1968）提出了递归偏好的一个连续时间变化形式，并由 Epstein（1987）进行了推广。

5.11 节～5.13 节直接取自 Lucas and Stokey（1984）的研究。由 Denardo（1967）的研究可清楚地知道，动态规划方法可应用于具有压缩性质的递归偏好。这个思想在经济学中的早期应用是由 Beals and Koopmans（1969），Iwai（1972）和 Boyer（1975）等人进行的。

5.14 节和 5.15 节中的（s，S）模型改编自 Scarf（1959），虽然这里的具体结果是新的。这个问题（困难得多）的随机变化形式是一个需要彻底了解的经典的、一般性的思想。事实上，仅仅对特定情形得到了结果，例如，可参见 Arrow，Karlin and Scarf（1958）。

5.16 节取自 Aghion，Bolton and Jullien（1988）的研究。

对类似于 5.17 节模型的分析见 Rebelo（1987）或 Jones and Manuelli（1987）的论述，但在其模型中利率超过 $1/\beta-1$。

第6章 确定性动态

在第4章我们证明了，给定 x_0，具有如下形式的问题

$$(\text{SP})\quad \max_{\{x_{t+1}\}_{t=0}^{\infty}} \sum_{t=0}^{\infty}\beta^t F(x_t,\ x_{t+1})$$

$$\text{s. t.}\quad x_{t+1}\in\Gamma(x_t),\quad t=0,\ 1,\ \cdots$$

能通过研究如下相应的函数方程进行分析：

$$(\text{FE})\quad v(x)=\max_{y\in\Gamma(x)}[F(x,\ y)+\beta v(y)]$$

[回忆，$X\subseteq\mathbf{R}^l$ 是状态空间，Γ：$X\to X$ 是一个描述可行性约束的非空对应，$A=\{(x,\ y)\in X\times X\text{：}y\in\Gamma(x)\}$ 是 Γ 的图形，F：$A\to\mathbf{R}$ 是单期收益函数，$\beta\in(0,\ 1)$ 是贴现因子。] 在假定4.3～假定4.4和假定4.7～假定4.9下，存在唯一的有界连续函数 v 满足（FE）（定理4.6）；v 是严格凹的，且由

$$v(x)=F[x,\ g(x)]+\beta v[g(x)]$$

定义的相应最优策略函数 g 是单值的和连续的（定理4.8）；对给定的 x_0，由 $x_{t+1}=g(x_t)$，$t=0$，1，…定义的序列 $\{x_t\}$ 是（SP）问题的唯一解（定理4.4和定理4.5）。此外，若假定4.9成立，则 v 在每一 $g(x)\in\text{int}\Gamma(x)$ 的 x 点处是一次可微的（定理4.11）。

假设假定4.3～假定4.4及假定4.7～假定4.9成立且解为内点解，在这种情形中，（FE）的一阶条件和包络条件分别为：

$$0=F_y[x,\ g(x)]+\beta v'[g(x)] \tag{1}$$

$$v'(x)=F_x[x,\ g(x)] \tag{2}$$

这些条件提供了关于 g 的进一步信息。等价地，在这些假定下，满足欧拉方程和横截性条件

$$0 = F_y(x_t, x_{t+1}) + \beta F_x(x_{t+1}, x_{t+2}), \quad t = 0, 1, 2, \cdots \quad (3)$$

$$0 = \lim_{t\to\infty}\beta^t F_x(x_t, x_{t+1}) \cdot x_t \quad (4)$$

的任何序列 $\{x_t\}_{t=0}^{\infty}$ 都是给定 x_0 时(SP) 问题的唯一解(定理 4.15)。本章关心利用式（1）～式（4）直接或通过刻画函数 g 来刻画（SP）问题解的行为的各种方法。

在数字意义上，（SP）问题已在第 4 章中解决，给定（X，Γ，A，F，β)，函数 v 和 g 可以计算，且由 $x_{t+1}=g(x_t)$，$t=0$，1，…给出的解，可从任何初始状态 x_0 来计算。但这个方法要求对约束、收益函数和贴现因子进行一种特殊设定，且不能给出这些设定发生变化时解将如何变化的任何信息。然而，对于类别相当广泛的收益函数、贴现因子等等，通常可能建立起关于解的路径的定性事实。对于获取这种特征不存在任何单一途径，有时针对式（1）～式（2）或式（3）～式（4）的某一特定方法是最好的。不过，还是有两种标准的处理方法可广泛使用，我们在这里就讨论它们。

在 6.1 节，我们首先讨论两个例子，设计它们的目的是说明解的路径的特性可能非常简单，也可能相当复杂。接下来定理 6.1 证明在一个非常广泛的类中，任何函数 g 都是某一动态规划的最优策略函数，因而（SP）解的可能动态的范围非常广。定理 6.1 预先表明，像稳定性这类性质简直就不可能作为（SP）这类问题解的一般特征。相反地，形如（SP）的问题的解可能是循环的、爆炸的或显示“混乱”行为。

在这里，我们并不试图考察所有这些可能性，对此存在大量文献，6.6 节包含对进一步阅读的建议。在本章余下部分，我们将注意力限制于对两个一般方法的考察上，它们对证明（SP）解的全局或局部稳定性通常是有用的。我们这样做是由于在多数情形中，动态经济模型的大部分实证内容由关于其稳定状态行为的预测所构成，这样，稳定状态的稳定性是一个关键性的问题。

决定一个特定系统是否稳定有两个相对简单的一般方法。第一个方法以李雅普诺夫（Liapounov）闻名，它依赖于关于函数 g 的信息并用于证明全局稳定性，这将在 6.2 节中讨论。第二个方法基于对欧拉方程的线性逼近。这样，6.3 节复习了线性差分方程和对非线性系统的线性逼近方法，且在 6.4 节，我们利用这个方法证明了一个（SP）解的局部稳定性定理。在 6.5 节包含这些方法对特定经济模型的几个应用，在 6.6 节包含用于进一步阅读的参考资料。

6.1 一维实例

我们从两个简单的例子开始，第一个例子说明可用来证明一个平稳点的存在性和唯一性以及从任何初始状况到此平稳点的单调收敛性的一维论证。第二个例子是第一个例子的变化形式，它说明看起来相当一般的假定可以导致非常复杂的动态。另外，定理 6.1 证明作为动态规划的解的差分方程的可能行为的范围是非常广的。

前面曾经讲过，单部门最优增长模型导致了函数方程：

$$v(k)=\max_{0\leqslant y\leqslant f(k)}\{U[f(k)-y]+\beta v(y)\} \tag{1}$$

其中 f：$\mathbf{R}_+\to\mathbf{R}_+$ 及 U：$\mathbf{R}_+\to\mathbf{R}$ 都是连续函数，且 $\beta\in(0，1)$。假定 f 和 U 都是严格递增、严格凹和连续可微的，且有：

$$f(0)=0，\lim_{k\to 0}f'(k)=+\infty$$

$$\lim_{k\to\infty}f'(k)=0，\lim_{c\to 0}U'(c)=+\infty$$

这些对 f 的假定暗示存在唯一的正值 $\bar{k}$ 满足 $f(\bar{k})=\bar{k}$。这是最大可持续资本存量，即对 $k_t>\bar{k}$，$k_{t+1}\leqslant f(k_t)<k_t$，所以资本存量必定下降。因此，我们可以把注意力限制在区间 $[0，\bar{k}]$ 上。由于 f 和 U 两者都是连续的，则它们在相关范围上都是有界的。

于是，4.2 节的各个定理证明了（参见练习 5.1）式（1）在 $[0，\bar{k}]$ 上有唯一的有界连续解 v；v 是严格递增和严格凹的；对每一 $k\in[0，\bar{k}]$，式（1）的最大值在唯一值 $g(k)$ 处达到；g 是连续的；对给定 $k_0\in[0，\bar{k}]$，由 $k_{t+1}=g(k_t)$，$t=0，1，2，\cdots$定义的序列 $\{k_t\}$ 唯一地求解了最初提出的问题。为了知道最优序列 $\{k_t\}$ 具有怎样的行为，我们在这里的目的是尽可能分明地刻画 g 的特性。

首先，考虑 g 的**平稳点**（stationary point）。对于这个模型，在零点有一个不重要的平稳点：$g(0)=0$。这个平稳点对应这样一个事实：若经济开始时没有资本，$k_0=0$，则它不能生产任何产出，$f(0)=0$，所以以后每一期的资本存量和产出也为零。

为了找出其他平稳点，考虑式（1）的一阶条件和包络条件，它们分别是：

$$U'[f(k)-g(k)]=\beta v'[g(k)] \tag{2}$$

$$v'(k)=U'[f(k)-g(k)]f'(k) \tag{3}$$

练习 6.1　a. 证明上面关于 f 和 U 的假定保证了对任何 $k\in[0,\bar{k}]$，式（1）中最大化问题的解都在 y 的一个内点值处得到，因此 v 在 $(0,\bar{k}]$ 上是连续可微的，且式（2）和式（3）对所有 $k\in(0,\bar{k}]$ 都成立。

b. 利用式（2）证明 g 是严格递增的。

合并式（2）和式（3），消掉 v'，利用在任何平稳点 $g(k)=k$ 的事实，我们发现平稳点的一个必要条件是 $1=\beta f'(k)$。在对 f 的所述假定下，这个方程存在唯一的正解 $k^*=f'^{-1}(1/\beta)$。这个解是我们所寻找的平稳点的仅有的候选者。为了确定它事实上是否是一个平稳点还需要更多的信息。

从 v 是严格凹的事实我们知道，对所有 $k\in(0,\bar{k}]$，有：

$$\{v'(k)-v'[g(k)]\}[k-g(k)]\leqslant 0 \tag{4}$$

当且仅当 $g(k)=k$ 时等号成立。现在在式（3）中代入 $v'(k)$、在式（2）中代入 $v'[g(k)]$ 并利用 $U'(c)>0$ 的事实可得，对所有 $k\in(0,\bar{k}]$ 有：

$$[f'(k)-1/\beta][k-g(k)]\leqslant 0 \tag{5}$$

当且仅当 $g(k)=k$ 时等号成立。由于式（5）的左边在 k^* 时的值为零，由此推得 $g(k^*)=k^*$，所以 k^* 确实是一个平稳点。

条件（5）还告诉我们偏离平稳点的系统的许多动态性。由于除了 k^* 外没有任何其他的正平稳点，由此对 $k\neq k^*$ 及 $k>0$，式（5）中的不等式严格成立。此外，由于 f 是凹的，由此知当 $k\lesseqgtr k^*$ 时，$f'(k)\gtreqless 1/\beta$，于是推得当 $k\lesseqgtr k^*$ 时，$k\lesseqgtr g(k)$，因此 g 如图 6.1 所示。更正式地，我们已证明了下面的全局稳定性结果。

命题　令 f，U 和 β 满足上述假定，并令 g 是式（1）的策略函数。则 g 在 $k=0$ 和 $k^*=f'^{-1}(1/\beta)$ 处有两个平稳点，且对任何 $k_0\in(0,\bar{k}]$，由 $k_{t+1}=g(k_t)$ 定义的序列 $\{k_t\}_{t=0}^{\infty}$ 单调收敛于 k^*。

在本例中，我们对偏好和技术只加上了非常标准的限制，并推断出系统是全局稳定的且单调收敛于内部稳定状态。这些结论是本例所特有的，它们并不是动态规划解的一般特性，即使对一维问题也是如此。上面例子的一个修改后的变化形式说明了一些额外的可能性。

令消费者的偏好如上面所设定，但对技术做如下修改：每期赋予消费者一单位劳动（并不进入其效用函数）；令有资本品和消费品两种产品。假定消费品用资本和劳动来生产，而资本品只用劳动生产。特别地，假定有：

$$c_t=n_t f(k_t/n_t)\ \text{和}\ k_{t+1}=1-n_t$$

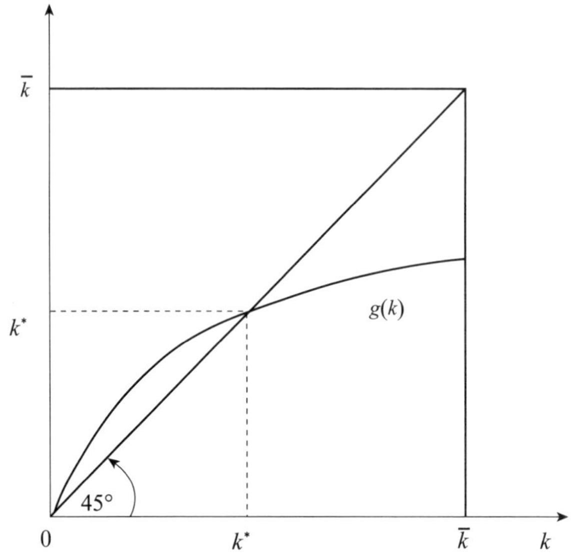

图 6.1

其中 $0 \leqslant n_t \leqslant 1$ 表示用以生产消费品的劳动。注意，资本存量一定落于区间 $[0, 1]$。假定 f 满足上面例子中所加上的同样限制，以使 f 和 U 在相关范围内是有界的。此外，假定对所有 $k \in [0, 1]$，有 $\lim_{n \to 0} nf(k/n) = 0$。

利用技术约束消去 c_t 和 n_t，我们得到函数方程：

$$v(k) = \max_{y \in [0,1]} \left\{ U\left[(1-y)f\left(\frac{k}{1-y}\right)\right] + \beta v(y) \right\} \tag{6}$$

由上面引用的同样论据可知，v 是严格递增和严格凹的，且策略函数 g：$[0, 1] \to [0, 1]$ 定义恰当而且连续。

为了找出平稳点，我们如之前那样进行。首先注意 $k=0$ 不再是一个平稳点，这是由于资本品可以只利用劳动来生产，这正是所要求的。下一步，考虑一阶条件和包络条件：

$$U'\left([1-g(k)]f\left[\frac{k}{1-g(k)}\right]\right) \times \left\{ f\left[\frac{k}{1-g(k)}\right] - \frac{k}{1-g(k)} f'\left[\frac{k}{1-g(k)}\right] \right\} = \beta v'[g(k)] \tag{7}$$

$$v'(k) = U'\left([1-g(k)]f\left[\frac{k}{1-g(k)}\right]\right) f'\left[\frac{k}{1-g(k)}\right] \tag{8}$$

对 f 和 U 的假定确保对 $k \in (0, 1]$，式（6）中的最大值永远在一内点达到。所以式（7）和式（8）成立。因此，令 $g(k)=k$ 并消去 v'，我们得到平稳点的一个必要条件：

$$f\left(\frac{k}{1-k}\right)-\left(\frac{k}{1-k}+\beta\right)f'\left(\frac{k}{1-k}\right)=0 \tag{9}$$

在对 f 的所述假定下，式（9）确切地只有一个解——称其为 k^*，且这个解落在开区间（0，1）。同样，如前所述，由于 v 是严格凹的，所以式（4）成立，将式（7）和式（8）代入，我们得到，对所有 $k\in[0, 1]$，有：

$$\left\{\left[\beta+\frac{k}{1-g(k)}\right]f'\left[\frac{k}{1-g(k)}\right]-f\left[\frac{k}{1-g(k)}\right]\right\}[k-g(k)]\leqslant 0$$

当且仅当 $g(k)=k$ 时等号成立。因此，利用和前面同样的论证可知，k^* 确实是一个平稳点。

到此为止的分析对应于单部门例子，不过，在这种情形下，由式（7）并不能像式（2）那样推出 g 是递增的。实际上，由式（6）及对 f 的假定很清楚，若资本存量为零，即 $k=0$，则所有劳动致力于资本品的生产，即 $g(0)=1$，所以 g 在原点附近是不能增加的。

练习 6.2　令 $U(c)=c^{\alpha}$，$0<\alpha<1$，及 $f(z)=z^{\theta}$，$0<\theta<1$。利用式（7）证明 g 在［0，1］上是严格递减的，如图 6.2 所示。

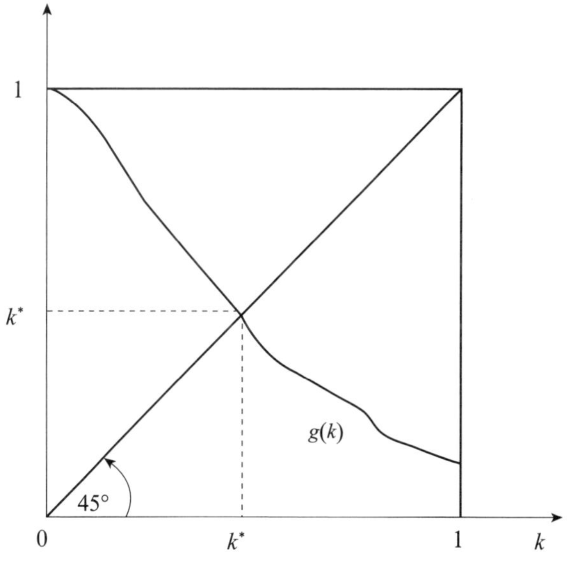

图 6.2

因此，对于这个例子中的偏好和技术，系统是振荡的：当 $k_t\leqslant k^*$ 时，$k_{t+1}\geqslant k^*$。这样，系统是稳定的还是爆发的依赖于 g 的斜率。6.5 节中的第一个问题更充分地探讨了这个简单例子的各种可能性。

从这个例子中产生了这样一个问题：g 是策略函数的事实意味着对 g 的限制吗？答案是“否”。Boldrin and Montrucchio（1986）已证明，从满足假定 4.3～假定 4.4 和假定 4.7～假定 4.9 的一个动态规划中可以得到任何平滑的策略函数 g，在这里我们引用他们的主要结果。

定理 6.1（Boldrin and Montrucchio，1986） 令 X 是 $\mathbf{R}$ 中一个完备集，并令 $g: X\to X$ 是任何二次连续可微函数；对所有 $x\in X$，令 $\Gamma(x)=X$。则存在一个收益函数 F 和一个贴现因子 β 使（X，Γ，F，β）满足假定 4.3～假定 4.4 和假定 4.7～假定 4.9，且 g 是相应于动态规划的最优策略函数。

简单地说，任何充分平滑、一阶、自控的差分方程都可被看作描述了全部时间上的最优行为。

反过来，一个一阶差分方程具有比我们想象的要广得多的可能动态范围。下面的练习说明了某些可能性。

练习 6.3 考虑差分方程

$$x_{t+1} = g(x_t) = 4x_t - 4x_t^2$$

a. 证明 g：$[0, 1]\to[0, 1]$，在此区间内做出 g 的图形并找出所有的平稳点。

接下来考虑序列 $\{x_t\}$ 从不同初始值 x_0 开始的行为。g 的图形显示了 x_{t+1} 作为 x_t 的函数，且 g 和 45°线的交点是平稳点，即单期循环。类似地，g^2 的图形给出了 x_{t+2} 作为 x_t 的函数，且它与 45°线的交点对应着单期循环和双期循环等。

b. 对 $x=0$，$\frac{1}{4}$，$\frac{1}{2}$，$\frac{3}{4}$ 和 1 计算 $g^2(x)$ 并绘出 g^2 的草图，证明存在一个双期循环。绘出 g^3 的草图并证明存在一个三期循环。

对于形如 $x_{t+1}=g(x_t)$ 的差分方程，其中 g 是连续的，什么类型的行为是可能的？如练习 6.3 所示，解可在任意长的固定期间循环，它们也可能以类似于随机系统的“混乱”方式运动。有大量理论旨在刻画行为的可能类型并将其与 g 的特性相联系，不过，给出这些文献将使我们离题太远。相反，在本章余下部分我们加入比第 4 章中更强的假定，并讨论在这些更强的假定下证明全局和局部稳定性的各种方法。

6.2 全局稳定性：李雅普诺夫函数

在本节，我们将检验被称为李雅普诺夫函数的用以证明平稳点全局稳定性或局部稳定性的方法。

如在本章开始所提及的，那里所定义的序列问题的内点解的必要条件是欧拉方程：

$$0 = F_y[x_t, x_{t+1}] + \beta F_x[x_{t+1}, x_{t+2}], \quad t = 0, 1, \cdots \tag{1}$$

因此，若 $\bar{x} \in \text{int}\Gamma(\bar{x})$，$\bar{x}$ 是平稳点的必要条件是 $0 = F_y(\bar{x}, \bar{x}) + \beta F_x(\bar{x}, \bar{x})$。若 F 是凹的，该条件也是充分条件。这大约是在一般水平上关于寻找平稳点的全部结论，发生在边界上的那些平稳点（如 6.1 节第一个例子中 $k=0$ 的点）必须由对问题的具体论证来决定。在本节剩余部分，我们考虑一种证明两类中任一类平稳点的全局稳定性或局部稳定性的方法。

令 g：$X \rightarrow X$ 是一个连续函数，并对任何 $x_0 \in X$，考虑由下式定义的序列 $\{x_t\}$：

$$x_{t+1} = g(x_t), \quad t = 0, 1, \cdots \tag{2}$$

令 $\bar{x} \in X$ 表示 g 的一个不动点。

定义　若对所有 $x_0 \in X$ 及满足式（2）的 $\{x_t\}_{t=0}^{\infty}$，有 $\lim_{t\to\infty} x_t = \bar{x}$，则点 $\bar{x}$ 是**全局稳定**（globally stable）的。

我们关心的是暗含一给定平稳点全局稳定性的关于 g 的条件。明显地，若 X 中有两个或多个平稳点，则任何一个平稳点都不可能是全局稳定的，所以对全局稳定性方程求解的先决条件是在 X 中存在 g 的唯一的不动点。由于我们没有任何一般的方法解决后一问题，我们不可能获得一个稳定性的一般理论，不过下面导出的结果有时是有用的。

我们遵循归功于李雅普诺夫的方法，即在 X 中寻找一座使式（2）的解永远攀升的“山”，即一座仅在山顶有平稳点 $\bar{x}$ 的山。若能找到任何这种山（除了非系统的独创外，不存在任何其他方法来寻找它们），则 $\bar{x}$ 是全局稳定的。更正式地，我们有下述结果。

引理 6.2　令 $X \subset \mathbf{R}^l$ 是紧的，并令 g：$X \rightarrow X$ 是连续的，且对某一 $\bar{x} \in X$ 有 $g(\bar{x}) = \bar{x}$。假定存在一个连续函数 L：$X \rightarrow \mathbf{R}$ 满足：

a. $L(x) \leqslant 0$，当且仅当 $x = \bar{x}$ 时等式成立。

b. $L[g(x)] \geqslant L(x)$，当且仅当 $x = \bar{x}$ 时等式成立。

则 $\bar{x}$ 是式（2）的全局稳定解。[这里函数 L 被称作一个**李雅普诺夫函数**（Liapounov function），它描述了一座山，其最大高度在 $\bar{x}$ 处发生且为零。]

证明　令 $x_0 \in X$ 给定，且令 $\{x_t\}$ 是式（2）的对应解，由假设 a 和 b 可推得序列 $\{L(x_t)\}$ 是非减和有界的，所以存在一个极限，称其

为 L^0。另外，由于 X 是完备的，$\{x_t\}$ 有一收敛子序列 $\{x_{t_j}\}$，令 x^0 是其极限点。于是由 L 是连续的，得 $L(x^0)=L^0$。余下的证明由证明$x^0=\bar{x}$ 和 $x_t\to\bar{x}$ 组成。

首先我们将证明 $x^0=\bar{x}$。对任何 j，有：

$$L[g(x^0)]-L(x^0)=\{L[g(x^0)]-L[g(x_{t_j})]\}$$
$$+\{L[g(x_{t_j})]-L(x^0)\}$$

由于 $x_{t_j}\to x^0$ 且 L 和 g 都是连续的，则上式右边第一项在 $j\to\infty$时将趋于零。由于 $L[g(x_{t_j})]\to L^0=L(x^0)$，所以第二项也趋于零。因此 $L[g(x^0)]=L(x^0)$，且由假定 b 可得 $x^0=\bar{x}$。

为了证明序列 $\{x_t\}$（不只是一子序列）收敛于 $\bar{x}$，假设相反的情形。则可以选择另一子序列 $\{x'_{t_j}\}$ 及一个数字 $\varepsilon>0$，使得对所有 j 都有 $\|x'_{t_j}-\bar{x}\|\geqslant\varepsilon$，由于集合 $\{x\in X: \|x-\bar{x}\|\geqslant\varepsilon\}$ 是紧的，所以 $\{x'_{t_j}\}$ 有一收敛的子序列，由上面的论证可知这个序列也必然收敛于 $\bar{x}$，这与假设矛盾。■

引理 6.2 也可用来在一个非唯一的平稳点 $\bar{x}$ 的一个邻域内证明局部稳定性，这要将注意力限制于包含 $\bar{x}$ 但不包含其他平稳点的一个紧集 $\widetilde{X}$。这在存在一个如 $x=0$ 这样的不合理的平稳点时通常是有用的。例如，若 $\bar{x}$ 是一个平稳点且可找到满足 b 的一个连续函数 L：$X\to\mathbf{R}$，我们可将注意力限制在对某一 $c<0$，由 $\widetilde{X}=\{x\in X: L(x)\geqslant c\}$ 定义的紧集上，条件 b 保证 g：$\widetilde{X}\to\widetilde{X}$，因此若 L 在 $\widetilde{X}$ 上满足 a，则它是 $\widetilde{X}$ 上的一个李雅普诺夫函数。

正如我们曾警告过的，李雅普诺夫函数可能很难得到，且不允许通过说“假定我们有一个李雅普诺夫函数”来开始一个稳定性论证。对于来自动态规划的差分方程，下面的选择适用于未贴现问题且对某些贴现问题也有启发意义。

考虑一个由（X，Γ，A，F，β）定义且满足假定 4.3～假定 4.4 和假定 4.7～假定 4.9 的动态规划。令（v，g）是相应函数方程的价值函数及策略函数，且假定对所有 $x\in X$ 有 $g(x)\in\operatorname{int}\Gamma(x)$。令 $\bar{x}\in X$ 是 g 的一个不动点，并定义 L：$X\to X$ 为：

$$L(x)=(x-\bar{x})\cdot[v'(x)-v'(\bar{x})]$$

其中 $v'(x)$ 是 v 的偏导向量 $[v_1(x), \cdots, v_l(x)]$。基于 L 这个设定的证明通常被称作“价值损失”论证。（为什么？）由于 v 是严格凹的，所以 L 满足引理 6.2 的条件 a。若 L 也满足 b，则它是一个李雅普诺夫函数且证明了 $\bar{x}$ 在 X 上的全局稳定性。我们由 6.1 节中第二个例子可知，一般地，对如此设定的 L，b 并不成立。但尽管如此，还是应该继续。

我们的兴趣在于 $L[g(x)]-L(x)$。收益函数 F 是严格凹的，所以对所有 (x, y)，$(x', y')\in A$，有：

$$(x-x')\cdot[F_x(x, y)-F_x(x', y')]+(y-y')\cdot[F_y(x, y)-F_y(x', y')]\leqslant 0 \quad (3)$$

当且仅当$(x, y)=(x', y')$ 时取等号。我们还知道一阶条件和包络条件成立：

$$F_y[x, g(x)]=-\beta v'[g(x)], \text{对所有 } x\in X \quad (4)$$

$$F_x[x, g(x)]=v'(x), \text{对所有 } x\in X \quad (5)$$

在任何平稳点 $\bar{x}$，式（4）和式（5）意味着：

$$v'(\bar{x})=F_x(\bar{x}, \bar{x})=-F_y(\bar{x}, \bar{x})/\beta \quad (6)$$

这些是我们必须利用的事实。

现在设定 $y=g(x)$ 及 $x'=y'=\bar{x}$，并将式（4）～式（6）代入式（3），我们得到：

$$(x-\bar{x})[v'(x)-v'(\bar{x})]-\beta[g(x)-\bar{x}]\{v'[g(x)]-v'(\bar{x})\}\leqslant 0 \quad (7)$$

当且仅当 $[x, g(x)]=(\bar{x}, \bar{x})$ 时取等号。但这又意味着 $L[g(x)]\geqslant L(x)/\beta$。因此，若 $\beta=1$，则 L 是一个李雅普诺夫函数。我们在第 4 章中的分析并不包含未贴现情形 $\beta=1$，但在这种情形下，欧拉方程（1）仍然定义了一个动态系统。当 $\beta=1$ 时，一个平稳点的必要条件 $F_y(\bar{x}, \bar{x})+F_x(\bar{x}, \bar{x})=0$ 也是 $\bar{x}$ 在整个 $x\in X$ 中最大化严格凹函数 $F(x, x)$的一个充分条件。因此式（7）和引理 6.2 一起暗示，若这样的平稳点存在，则它是全局稳定的。

对于贴现情形 $\beta<1$，我们所能做的至多是仔细检查式（7）的推导过程，看一看是否有强化不等式的可能性。式（4）～式（6）不提供任何机会，但式（3）提供了。由于正是式（7）中的“β”需要补偿，明显地，一个对所有 x 有 $L[g(x)]\geqslant L(x)$ 的充分条件是对所有$(x, y)\in A$，有：

$$\beta(x-\bar{x})\cdot[F_x(x, y)-F_x(\bar{x}, \bar{x}]+(y-\bar{x})\cdot[F_y(x, y)-F_y(\bar{x}, \bar{x})]\leqslant 0 \quad (8)$$

这个条件具有重要的优点，即它可以只用收益函数来检查，而不用计算 v 或 g。练习 6.4 提供了一个例子。

练习 6.4　令 $X=\mathbf{R}$，且假设 F 是一个严格凹的二次函数并具有导数：

$$F_x(x, y) = a + b(x - \bar{x}) + c(y - \bar{x})$$

$$F_y(x, y) = -\beta a + c(x - \bar{x}) + d(y - \bar{x})$$

其中 $b<0$，$d<0$，$bd-c^2>0$。则 $\bar{x}$ 是唯一的平稳点。证明式（8）的一个充分条件是 $bd-(1+\beta)^2c^2/4\geqslant 0$。

6.3 线性系统和线性逼近

具有如下形式的系统

$$x_{t+1} = a_0 + Ax_t, \quad t = 0, 1, \cdots \tag{1}$$

称为线性差分方程系统，其中 $x_t \in \mathbf{R}^n$，n 元向量 a_0 及 $n\times n$ 矩阵 A 是固定的。对于这种线性差分方程系统，存在一个发展很好的稳定性理论。若在（FE）中，收益函数是二次的，且对所有 x 有 $\Gamma(x)=\mathbf{R}^n$，则最优策略函数 g 是线性的且可以直接利用这个理论。在 4.4 节中对 $n=1$ 的情形已做了说明。即使当 g 为非线性时，研究对由 g 描述的动态系统的一个适当线性逼近时常也是有用的。在本节，我们复习线性系统和线性逼近理论，而在 6.4 节，我们表明这个理论可以怎样用来研究由动态规划问题产生的系统。

考虑式（1）中的系统，假定矩阵 $I-A$ 是非奇异的，从而 $\bar{x}=(I-A)^{-1}a_0$ 是唯一的平稳点且离差 $z_t=x_t-\bar{x}$ 满足：

$$z_{t+1} = Az_t, \quad t = 0, 1, \cdots \tag{2}$$

显然式（2）的解为 $z_t=A^t z_0$，但这并不能提供太多信息，除非能刻画序列 $\{A^t\}$ 的行为。

为了做到这一点，我们利用以下事实，即任何方阵 A 都能写作：

$$A = B^{-1}\Lambda B \tag{3}$$

其中 B 是非奇异的，而 Λ 是一个约当矩阵。而约当矩阵是分块对角矩阵：

$$\Lambda=\begin{bmatrix} \Lambda_1 & 0 & \cdots & 0 \\ 0 & \Lambda_2 & \cdots & 0 \\ \vdots & \vdots & \ddots & \vdots \\ 0 & 0 & \cdots & \Lambda_k \end{bmatrix} \tag{4}$$

其中每块具有形式：

$$\Lambda_i = \begin{bmatrix} \lambda_i & 1 & 0 & \cdots & 0 & 0 \\ 0 & \lambda_i & 1 & \cdots & 0 & 0 \\ 0 & 0 & \lambda_i & \cdots & 0 & 0 \\ \vdots & \vdots & \vdots & \ddots & \vdots & \vdots \\ 0 & 0 & 0 & \cdots & \lambda_i & 1 \\ 0 & 0 & 0 & \cdots & 0 & \lambda_i \end{bmatrix}$$

第 i 块的对角上所有数字 λ_i 都相同且一般为复数，正位于对角线上面的各项都是 1，而所有其他各项都为零。数值 λ_1，…，λ_k 是 A 的不同特征根 $\det(A-\lambda I)=0$ 的解。这个方程称作 A 或式（1）的特征方程，而表达式 $\det(A-\lambda I)$ 称作特征多项式。这样，如果 A 有 n 个不同的特征根，则其约当矩阵 Λ 是对角矩阵。

若我们用矩阵 B 来定义新的变量

$$\omega_t = Bz_t = B(x_t - \bar{x}), \quad t = 0, 1, \cdots \tag{5}$$

那么把 A 写成式（3）中形式的目的就变得清楚了。于是利用式（2）和式（3），我们发现 $\omega_{t+1}=\Lambda w_t$，所以有：

$$\omega_t = \Lambda^t \omega_0, \quad t = 1, 2, \cdots \tag{6}$$

这个结果体现了某些进步，因为约当矩阵的幂是很容易计算出来的。若 Λ 如式（4）中所示，则有：

$$\Lambda^t = \begin{bmatrix} \Lambda_1^t & 0 & \cdots & 0 \\ 0 & \Lambda_2^t & \cdots & 0 \\ \vdots & \vdots & \ddots & \vdots \\ 0 & 0 & \cdots & \Lambda_k^t \end{bmatrix}, \quad t = 1, 2, \cdots \tag{7}$$

其中每一块都具有如下形式：

$$\Lambda_i^t = \begin{bmatrix} \lambda_i^t & t\lambda_i^{t-1} & \frac{t(t-1)}{2}\lambda_i^{t-2} & \cdots & \\ 0 & \lambda_i^t & t\lambda_i^{t-1} & \cdots & \\ \vdots & \vdots & \vdots & \ddots & \vdots \\ 0 & 0 & 0 & \cdots & \lambda_i^t \end{bmatrix} \tag{8}$$

Λ_i^t 的每一行在对角线左边的元素都为零，且恰好位于对角线上和对角线右边的元素是展开式 $(\lambda_i+1)^t$ 的前面各项。利用式（5）～式（8），我们可以在两个定理中概括关于式（1）的稳定性特征的已知内容。

定理 6.3　令 a_0 是一个 n 元向量并令 A 是一个 $n\times n$ 矩阵。假设矩阵 $I-A$ 非奇异，且令 $\bar{x}=(I-A)^{-1}a_0$。则当且仅当 A 的特征根的绝对值均小于 1 时，对每一个满足式（1）的序列 $\{x_t\}$ 有 $\lim_{t\to\infty} x_t=\bar{x}$。

证明 令 B 是一个非奇异矩阵且 Λ 是一个满足式（3）的约当矩阵。令 $\{x_t\}$ 是满足式（1）的任何序列，并令 $\{w_t\}$ 由式（5）定义。明显地，当且仅当 $w_t \to 0$ 时，有 $x_t \to \bar{x}$。若 A 的特征根——Λ 的对角线元素——在绝对值上都小于 1，则从式（6）～式（8）立即可得 $w_t \to 0$，同样明显地，若对 w_0 的每一个选择收敛都发生，那么对每一个 x_0 收敛都发生，则这个条件也是必要的。■

此外，式（5）和式（6）以一种有用的形式给了我们 x_t 的解：

$$x_t = \bar{x} + B^{-1}\Lambda^t B(x_0 - \bar{x}) \tag{9}$$

若 A 的某些特征根有大于或等于 1 的绝对值，式（9）当然还成立，且一特定序列 $\{x_t\}$ 是否收敛于 $\bar{x}$ 依赖于初始值 x_0。然而，使式（1）稳定的 x_0 值的集合可以用矩阵 Λ 和 B 来非常明显地刻画。

定理 6.4 令 a_0 是 n 元向量且 A 是 $n \times n$ 矩阵。假设矩阵 $I-A$ 非奇异，并令 $\bar{x}=(I-A)^{-1}a_0$。令 B 是一个非奇异矩阵且 Λ 是一个满足式（3）的约当矩阵，并假设 Λ 的前 m 个对角线元素的绝对值小于 1，而后 $n-m$ 个对角线元素等于或大于 1。令 $\{x_t\}$ 是一个满足式（1）的序列，则当且仅当 x_0 满足：

$$x_0 = \bar{x} + B^{-1}w_0，\text{其中 } w_{0i} = 0，i = m+1,\cdots,n \tag{10}$$

时，有 $\lim_{t\to\infty} x_t = \bar{x}$。

证明 令 m 是 A 的绝对值小于 1 的特征根的数目，包括重根，则可以选择式（3）中的矩阵 Λ 和 B 以使 Λ 的前 m 个对角线元素绝对值小于 1，且后 $n-m$ 个对角线元素等于或大于 1。（一般地，两组中都含有重根。）

令 $\{x_t\}$ 是满足式（1）的任何序列，并令 $\{w_t\}$ 由式（5）定义，显然，当且仅当 $w_t \to 0$ 时有 $x_t \to \bar{x}$。由式（6）～式（8）立即可得，当且仅当 w_0 的后 $n-m$ 个坐标全为零时，$\lim_{t\to\infty} w_t = 0$。于是由式（5）可推得满足稳定性的初始值 x_0 是那些满足式（10）的初始值。■

注意，使系统稳定——满足式（10）——的初始值 x_0 形成 $\mathbf{R}^n$ 的一个 m 维子空间，这个子空间称作式（1）的**稳定流形**（stable manifold）。同样要注意，对于这个子空间中的初始值，由式（7）～式（9）可知，其收敛于平稳点 $\bar{x}$ 的速度由绝对值小于 1 的最大特征根的值决定。

定理 6.3 和定理 6.4 都有类似结论作为非线性系统的局部结果，而且正是这些类似结论在经济学中具有广泛的应用性。令 $X \subseteq \mathbf{R}^n$，h：$X \to X$，且考虑差分方程：

$$x_{t+1}=h(x_t),\quad t=0,1,\cdots \tag{11}$$

令 $\bar{x}$ 是 h 的一个平稳点，一般想法是在 $\bar{x}$ 处寻找对 h 的一个线性逼近，并希望若 x_0 足够接近 $\bar{x}$，线性系统的解是对式（11）的解的一个良好逼近。常识使人认为这个想法将适用于稳定系统，由于对这些系统而言，若 x_0 接近于 $\bar{x}$，则序列 $\{x_t\}$ 中的所有项也都如此。因此，逼近在 $t\to\infty$ 时仍是良好的。这里，我们只是简单地陈述主要结果，即定理 6.3 和定理 6.4 各自的类似结论。[完整论述见 Scheinkman (1973)。]

定理 6.5 令 $\bar{x}$ 是式（11）的一个平稳点，且假设 h 在 $\bar{x}$ 的一个邻域 N 中是连续可微的。令 $A=[h_j^i(\bar{x})]$ 是 $h=(h^1,\cdots,h^n)$ 在 $\bar{x}$ 点处的一阶导数值 $n\times n$ 雅可比矩阵；假定 $I-A$ 非奇异。若 A 的 n 个特征根的绝对值都小于 1，则存在一邻域 $U\subseteq N$ 满足：若 $\{x_t\}$ 是式（11）的一个解且 $x_0\in U$，则 $\lim_{t\to\infty}x_t=\bar{x}$。

定理 6.6 令定理中的假设成立，但假定 A 有 m 个根的绝对值小于 1，而 $n-m$ 个根等于或大于 1。则存在一个邻域 $U\subseteq N$ 和一个使矩阵 $[\phi_j^i(\bar{x})]$ 的秩为 $n-m$ 的连续可微函数 ϕ：$U\to\mathbf{R}^{n-m}$ 满足：若 $\{x_t\}$ 是式（11）的一个解，且有 $x_0\in U$ 及 $\phi(x_0)=0$，则 $\lim_{t\to\infty}x_t=\bar{x}$。

像其在线性情形中的类似物一样，满足 $\phi(x)=0$ 的 x 值集合称作系统（11）的稳定流形。由于 $\phi(x)=0$ 是有 n 个未知数的 $n-m$ 个方程的系统，你可能考虑对于前 m 个坐标的给定值 $(x_{01},\cdots,x_{0m})$，求解其后 $n-m$ 个坐标 $(x_{0,m+1},\cdots,x_{0n})$。当（且仅当）$(n-m)\times(n-m)$ 下列矩阵非奇异时，构造一个这种形式的解才是可能的：

$$\begin{bmatrix}\phi_{m+1}^1(\bar{x}) & \cdots & \phi_n^1(\bar{x})\\ \vdots & \ddots & \vdots\\ \phi_{m+1(\bar{x})}^{n-m} & \cdots & \phi_n^{n-m}(\bar{x})\end{bmatrix}$$

6.4 欧拉方程

为了将上一节的稳定性理论用于刻画动态规划解的问题，将线性逼近应用于最优策略函数 g 似乎是自然的，但是，一般地，我们没有足够的信息这样做，特别地，一般我们并不知道 g 是否可微。可行的策略是将线性逼近用欧拉方程来代替。

令 (X,Γ,A,F,β) 满足假定 4.3～假定 4.4 和假定 4.7～假定 4.9，由定理 4.15 回忆问题（SP）一个内点解的充分条件是欧拉方程和横截性条件：

$$0=F_y(x_t,\ x_{t+1})+\beta F_x(x_{t+1},\ x_{t+2}),\quad t=0,\ 1,\ 2,\ \cdots \tag{1a}$$

$$0=\lim_{t\to\infty}\beta^t F_x(x_t,\ x_{t+1})\cdot x_t \tag{1b}$$

此外，在这些假定下，最优解是唯一的。这样，在本节我们对局部稳定性的研究包含建立对 F 和 β 的附加条件以使随后的结果成立。

条件 6.1 存在一点 $\bar{x}\in X$ 及 $\bar{x}$ 的一个邻域 U 使对每一个 $x_0\in U$，存在一个序列 $\{x_t\}_{t=0}^{\infty}$ 满足式（1a）且 $x_t\to\bar{x}$。

由于收敛于 $\bar{x}$ 明显地暗含式（1b），所以任何这种序列都是由 x_0 开始的唯一最优解。

为了实行这个策略，我们将首先考虑当 F 是二次的，因而欧拉方程是线性的且定理 6.4 可以应用的情形，对这种情形的结果概括于定理 6.8 中，它给出了线性—二次系统全局稳定性的充分条件。然后，我们将检验定理 6.6 可以如何应用于更广泛的收益函数类。定理 6.9 对更一般情形的结果进行了概括，它给出了在一个非线性系统平稳点的邻域中局部稳定性的充分条件。

若 F 是二次的，则其一阶导数是线性的，因而它们可以写成如下形式：

$$F_x(x,\ y)=\bar{F}_x+F_{xx}x+F_{xy}y$$

$$F_y(x,\ y)=\bar{F}_y+F'_{xy}x+F_{yy}y$$

其中 l 元向量 $\bar{F}_x$，$\bar{F}_y$ 及 $l\times l$ 矩阵 F_{xx}，$F_{xy}(=F'_{yx})$，F_{yy} 都是不变的。在这种表示方法下，欧拉方程（1a）是：

$$0=\bar{F}_y+\beta\bar{F}_x+F'_{xy}x_t+(F_{yy}+\beta F_{xx})x_{t+1}+\beta F_{xy}x_{t+2} \tag{2}$$

假定矩阵$(F'_{xy}+F_{yy}+\beta F_{xx}+\beta F_{xy})$ 非奇异，因而式（2）具有唯一的平稳点：

$$\bar{x}=-(F'_{xy}+F_{yy}+\beta F_{xx}+\beta F_{xy})^{-1}(\bar{F}_y+\beta\bar{F}_x)$$

并令 $z_t=x_t-\bar{x}$。还假定 F_{xy} 非奇异（这些假定在特定应用中可能不容易证实），则式（2）可以写作：

$$0=\beta^{-1}F_{xy}^{-1}F'_{xy}z_t+\beta^{-1}F_{xy}^{-1}(F_{yy}+\beta F_{xx})z_{t+1}+z_{t+2} \tag{3}$$

式（3）是 z_t 的一个二阶线性系统，而我们有一阶线性系统的理论，所以，定义 Z_t 为形如 $Z'_t=(z'_{t+1},\ z'_t)\in\mathbf{R}^{2l}$ 的“叠加”向量并将式（3）写作

$$\begin{bmatrix} z_{t+2} \\ z_{t+1} \end{bmatrix}=Z_{t+1}=AZ_t=\begin{bmatrix} J & K \\ I & \mathbf{0} \end{bmatrix}\begin{bmatrix} z_{t+1} \\ z_t \end{bmatrix} \tag{4}$$

是很方便的，其中 A 是一个 $2l\times 2l$ 矩阵，$J=-\beta^{-1}F_{xy}^{-1}(F_{yy}+\beta F_{xx})$，

$K=-\beta^{-1}F_{xy}^{-1}F_{xy}'$，$I$ 和 $\mathbf{0}$ 都是 $l\times l$ 矩阵。

练习 6.5　证明若 F_{xy} 及($F_{xy}'+F_{yy}+\beta F_{xx}+\beta F_{xy}$) 都非奇异，则 A 和 ($I-A$) 也都非奇异。

于是，所有事情都随 A 的 $2l$ 个特征根而定，它们将在引理 6.7 中被刻画出来。

引理 6.7　假定 F_{xy} 及($F_{xy}'+F_{yy}+\beta F_{xx}+\beta F_{xy}$) 非奇异，并令矩阵 A 如式 (4) 中所定义的。于是，若 λ 是 A 的一个特征根，则 $(\beta\lambda)^{-1}$ 也是 A 的特征根。

证明　若 λ 是 A 的一个根，则矩阵 $A-\lambda I$ 是奇异的。即对某一 $x\neq 0$ 且 $x'=(x'_1,\ x'_2)\in\mathbf{R}^{2l}$ 的叠加向量，有

$$\begin{bmatrix} J-\lambda I & K \\ I & -\lambda I \end{bmatrix}\begin{bmatrix} x_1 \\ x_2 \end{bmatrix}=\begin{bmatrix} 0 \\ 0 \end{bmatrix}$$

因此，x_1 和 x_2 必须满足：

$$(J-\lambda I)x_1+Kx_2=0 \quad 和 \quad x_1-\lambda x_2=0$$

由于 A 非奇异，其根 λ 不能为 0。由于 $x\neq 0$，第二个方程暗含 $x_1\neq 0$ 及 $x_2\neq 0$。则将第二个方程代入第一个方程，我们得到：

$$(K+\lambda J-\lambda^2 I)x_2=0$$

由于 $x_2\neq 0$，这意味着 λ 为 A 的特征根的充分必要条件为 $K+\lambda J-\lambda^2 I$ 是奇异的，或：

$$\begin{aligned} 0 &= \det(K+\lambda J-\lambda^2 I) \\ &= \det[-\beta^{-1}F_{xy}^{-1}F'_{xy}-\lambda\beta^{-1}F_{xy}^{-1}(F_{yy}+\beta F_{xx})-\lambda^2 I] \end{aligned}$$

由于 F_{xy} 非奇异，这等价于：

$$0=\det[\beta^{-1}F'_{xy}+\lambda\beta^{-1}(F_{yy}+\beta F_{xx})+\lambda^2 F_{xy}] \tag{5}$$

总结上述论证，我们已经证明 λ 是 A 的一个特征根的充分必要条件是式 (5) 成立。

现在，假设 λ 满足式 (5)，则证明式 (5) 对 $\hat{\lambda}=(\lambda\beta)^{-1}$ 也成立就足够了。将 $\hat{\lambda}$ 代入式 (5) 我们得到：

$$\begin{aligned} &\det[\beta^{-1}F'_{xy}+\hat{\lambda}\beta^{-1}(F_{yy}+\beta F_{xx})+\hat{\lambda}^2 F_{xy}] \\ &= \det[\beta^{-1}F'_{xy}+\lambda^{-1}\beta^{-2}(F_{yy}+\beta F_{xx})+\lambda^{-2}\beta^{-2}F_{xy}] \\ &= (\lambda^{-2}\beta^{-1})^l\det[\lambda^2 F'_{xy}+\lambda\beta^{-1}(F_{yy}+\beta F_{xx})+\beta^{-1}F_{xy}] \end{aligned}$$

由于 $F_{yy}+\beta F_{xx}$ 是对称的，括号中的矩阵刚好是式 (5) 中矩阵的转置，因此，当且仅当式 (5) 成立时其行列式为零。■

这样，A 的 $2l$ 个根以准倒数(almost-reciprocal) 数对出现：若 λ_i

是一个根，则 $(\beta\lambda_i)^{-1}$ 也是其一个根。这个事实意味着 l 个根的绝对值大于或等于 $\beta^{-\frac{1}{2}}>1$，而另外 l 个根则比较小，即不超过 l 个根的绝对值小于 1。定理 6.8 证明确切地有 l 个根小于 1，于是线性—二次模型是全局稳定的。

定理 6.8 令 F：$\mathbf{R}^{2l}\to\mathbf{R}$ 是一个严格凹的二次函数；令对所有 $x\in\mathbf{R}^l$ 有 $\Gamma(x)=\mathbf{R}^l$；令 $0<\beta<1$。假定矩阵 $(F'_{xy}+F'_{yy}+\beta F_{xx}+\beta F_{xy})$ 及 F_{xy} 是非奇异的，并令 $\bar{x}$ 是唯一的平稳点。假设式（4）中定义的矩阵 A 有 l 个特征根的绝对值小于 1。则对任一 $x_0\in\mathbf{R}^l$，存在问题（SP）的唯一解 $\{x_t\}$，这个序列满足式（2）且有 $\lim_{t\to\infty}x_t=\bar{x}$。

证明 固定 x_0，则满足式（2）及式（1b）的任何序列都是（SP）的一个解。由于 F 是严格凹的，则最多存在一个这种序列，因此证明存在性就足够了。

令 B 是一非奇异矩阵而 Λ 是一个约当矩阵，且每个矩阵都由 $l\times l$ 块所构成，并满足：

$$\begin{bmatrix}J & K\\ I & \mathbf{0}\end{bmatrix}=A=B^{-1}\Lambda B=\begin{bmatrix}B_{11} & B_{12}\\ B_{21} & B_{22}\end{bmatrix}^{-1}\begin{bmatrix}\Lambda_1 & 0\\ 0 & \Lambda_2\end{bmatrix}\begin{bmatrix}B_{11} & B_{12}\\ B_{21} & B_{22}\end{bmatrix} \tag{6}$$

其中 Λ_1 具有绝对值小于 1 的对角线元素。首先我们将证明，对给定的 $(x_1, x_0)\in\mathbf{R}^{2l}$，满足式（2）的唯一序列 $\{x_t\}$ 有 $x_t\to\bar{x}$ 的充分必要条件为：

$$B_{21}(x_1-\bar{x})+B_{22}(x_0-\bar{x})=0 \tag{7}$$

然后，我们将证明，对任何 $x_0\in\mathbf{R}^l$，存在一个值 x_1 满足这个限制。

假设 $\{x_t\}$ 满足式（2），令 $z_t=x_t-\bar{x}$，并令

$$Z_t=\begin{bmatrix}z_{t+1}\\ z_t\end{bmatrix},\quad t=0,1,\cdots$$

则 $\{Z_t\}$ 满足式（4），当且仅当 $Z'_t\to(0, 0)$ 时，$x_t\to\bar{x}$。将定理 6.4 应用于系统 $Z_{t+1}=AZ_t$，我们发现 $Z'_t\to(0, 0)$ 的充分必要条件是对 $w_0=0$ 的某一 $W'_0=(w_1, w_0)$ 有 $Z_0=B^{-1}W_0$。而当且仅当数对 (z_1, z_0) 满足：

$$\begin{bmatrix}B_{11} & B_{12}\\ B_{21} & B_{22}\end{bmatrix}\begin{bmatrix}z_1\\ z_0\end{bmatrix}=\begin{bmatrix}w_1\\ 0\end{bmatrix}$$

时，这个条件成立，即当且仅当 $B_{21}z_1+B_{22}z_0=0$ 时成立。而这个条件成立的充分必要条件是式（7）成立。

接下来，我们希望证明若 $x_0 \in \mathbf{R}^l$ 给定，则可选择 x_1 满足式（7）。明显地，证明 B_{21} 非奇异就足够了。相反，假设 B_{21} 是奇异的，则对某一 $\hat{z} \neq 0$ 有 $B_{21}\hat{z} = 0$。现在，令 $x_0 = \bar{x}$，显然式（7）对 $x_1 = \bar{x}$ 成立，对 $x_1 = \bar{x} + \hat{z} \neq \bar{x}$ 也成立，即将有从 $x_0 = \bar{x}$ 起始的两个序列满足式（2），每个序列都收敛于 $\bar{x}$。这个结论与对给定 x_0 时，最多存在一个满足式（2）和式（1b）的序列这一事实矛盾。■

注意，$g(x) = \bar{x} - B_{21}^{-1} B_{22}(x - \bar{x})$ 是这个线性—二次动态规划的策略函数。此外，回忆 6.3 节中的讨论，即绝对值小于 1 的最大特征根的值决定收敛于平稳状态的速度。

下一步我们将表明定理 6.6 如何用来建立非线性系统的一个类似的局部稳定性结果。

定理 6.9　令(X，Λ，A，F，β) 满足假定 4.3～假定 4.4 及假定 4.7～假定 4.9，并令 $\bar{x}$ 是式（1）的一个内部平稳点。假定 F 在（$\bar{x}$，$\bar{x}$）的一个邻域 N 中是二次连续可微的，令 F_{xx}，F_{xy} 和 F_{yy} 表示 F 在（$\bar{x}$，$\bar{x}$）的二次导数矩阵，并假定矩阵（$F'_{xy} + F_{yy} + \beta F_{xx} + \beta F_{xy}$）及 F_{xy} 都非奇异。定义矩阵 A 如式（4）中那样，并假定 A 有 l 个特征根的绝对值小于 1。则对于充分接近 $\bar{x}$ 的任意 x。(SP) 的唯一解 $\{x_t\}$ 满足 $\lim_{t\to\infty} x_t = \bar{x}$。

证明　解的存在性和唯一性从定理 4.4～定理 4.8 可推得。因此，证明对于 $\bar{x}$ 的某一邻域 U 中的任何 x_0，这个解收敛于 $\bar{x}$ 就足够了。

由于 F_{xy} 非奇异，隐函数定理保证了存在（$\bar{x}$，$\bar{x}$）的一个邻域 $N' \subseteq N$ 及一个在 N' 上定义的连续可微函数 h 对所有（x，y）$\in N'$ 满足：

$$
\begin{aligned}
0 &= F_y(x, y) + \beta F_x[y, h(y, x)] \\
0 &= F_{yy}(x, y) + \beta F_{xx}[y, h(y, x)] \\
&\quad + \beta F_{xy}[y, h(y, x)] h_1(y, x) \\
0 &= F_{xy}(x, y) + \beta F_{xy}[y, h(y, x)] h_2(y, x)
\end{aligned}
$$

令 $Z'_t = (x_{t+1}, x_t)$，并考虑“叠加”系统：

$$
\begin{bmatrix} x_{t+2} \\ x_{t+1} \end{bmatrix} = Z_{t+1} = H(Z_t) = \begin{bmatrix} h(x_{t+1}, x_t) \\ x_{t+1} \end{bmatrix} \tag{8}
$$

若 $\{Z_t\}$ 是式（8）的一个解，则由 h 的定义可得对应序列 $\{x_t\}$ 满足式（1a）。此外，若 $Z'_t \to (\bar{x}, \bar{x})$，则 $x_t \to \bar{x}$。

注意，矩阵 A 是 H 的雅可比：

$$
[H_j^i(\bar{x}, \bar{x})] = \begin{bmatrix} h_1 & h_2 \\ I & \mathbf{0} \end{bmatrix} = \begin{bmatrix} J & K \\ I & \mathbf{0} \end{bmatrix} = \mathrm{A}
$$

其中 $l\times l$ 矩阵 J 和 K 如前一样用 F_{xx}，F_{xy}，F_{yy} 及 β 来定义。如在练习 6.5 中所表明的，在所述假定下 $I-A$ 非奇异，因此差分方程 $Z_{t+1}=H(Z_t)$ 满足定理 6.6 的假设。于是可推得，存在一个邻域 $U\subseteq N'$ 及一个连续可微函数 ϕ：$U\rightarrow\mathbf{R}^l$，使得若 $\{Z_t\}$ 是 $Z_{t+1}=H(Z_t)$ 的一个解且有 $Z_0\in U$ 及 $\phi(Z_0)=0$，则 $\lim_{t\rightarrow\infty}Z_t=(\bar{x},\bar{x})$。此外，矩阵 $[\phi_j^i(\bar{x},\bar{x})]$ 的秩为 l。

最后，我们必须证明对于给定充分接近于 $\bar{x}$ 的任意 x_0，存在 x_1 使得 $(x_1,x_0)\in U$，而且 $\phi(x_1,x_0)=0$。由隐函数定理，如果由 $[\phi_j^i(\bar{x},\bar{x})]$ 前 l 列构成的 $l\times l$ 矩阵（称为 B）具有满秩，则此成立。前者成立的推导类似于定理 6.8 证明中的最后一步。对于 $x_0=\bar{x}$，式（8）的唯一解是对于所有的 t，$x_t=\bar{x}$。即当且仅当 $x_1=\bar{x}$ 时，$\phi(x_1,\bar{x})=0$。所以 B 具有满秩。■

注意，定理 6.9 暗含策略函数 g 必须对所有 $x\in U$ 满足 $\phi[g(x),x]=0$，进而可推得 g 在 $\bar{x}$ 处是连续可微的，且其导数由 $g'(\bar{x})=-\phi_1^{-1}(\bar{x},\bar{x})\phi_2(\bar{x},\bar{x})$ 给出。

作为定理 6.9 的应用的一个简单说明，再次考虑 6.1 节中的最优增长模型，这个例子的收益函数是 $F(x,y)=U[f(x)-y]$，所以其欧拉方程为：

$$0=-U'[f(k_t)-k_{t+1}]+\beta f'(k_{t+1})U'[f(k_{t+1})-k_{t+2}]$$

求解一个内点稳定状态时，和以前一样，我们发现，仅有的一个内点稳定状态是满足 $\beta f'(k^*)=1$ 的唯一值 k^*，在 k^* 附近取二阶逼近，我们得到：

$$\begin{aligned}0=&-\beta^{-1}U''\cdot(k_t-k^*)+[(I+\beta^{-1})U''+\beta f''U']\\&\cdot(k_{t+1}-k^*)-U''\cdot(k_{t+2}-k^*)\end{aligned}$$

其中，U'，U'' 在 $[f(k^*)-k^*]$ 取值，而 f'，f'' 在 k^* 取值，另外 $f'(k^*)=1/\beta$。注意，由于 U' 是正的且 U'' 及 f'' 是负的，所以 1×1 矩阵 $F_{yy}+(1+\beta)F_{xy}+\beta F_{xx}=\beta U'f''$ 及 $F_{xy}=-\beta^{-1}U''$ 都是非奇异（非零）的。

因此，以式（4）给出的形式写出线性逼近，我们得到：

$$\begin{bmatrix}z_{t+2}\\z_{t+1}\end{bmatrix}=A\begin{bmatrix}z_{t+1}\\z_t\end{bmatrix}=\begin{bmatrix}1+\beta^{-1}+\dfrac{f''/f'}{U''/U'} & -\beta^{-1}\\1 & 0\end{bmatrix}\begin{bmatrix}z_{t+1}\\z_t\end{bmatrix}$$

于是，A 的特征多项式是：

$$\lambda^2-\left[1+\beta^{-1}+\frac{f''/f'}{U''/U'}\right]\lambda+\beta^{-1}=0$$

这个方程的根表示在图 6.3 中。显然，两个根都是实根：一个是正根且值小于 1，而另一个根大于 β^{-1}。令 λ_1 表示这两个根中较小的一个。

利用由式（6）可得的事实，即 $BA=B\Lambda$，我们发现对角化矩阵 B 是：

$$B=\begin{bmatrix} b_{11} & -\lambda_1 b_{11} \\ -\lambda_1^{-1}b_{22} & b_{22} \end{bmatrix}$$

其中 b_{11} 和 b_{22} 可以是任何非零值。因此，稳定流形在稳定状态的导数是：

$$\phi_1(k^*,\ k^*)=-\lambda_1^{-1}b_{22}$$

$$\phi_2(k^*,\ k^*)=b_{22}$$

这样，策略函数在 k^* 处的导数是：

$$g'(k^*)=-\phi_2(k^*,\ k^*)/\phi_1(k^*,\ k^*)=\lambda_1$$

这样，在平稳点 k^* 的一个邻域中，资本的最优路径近似地表现为$k_{t+1}=k^*+\lambda_1(k_t-k^*)$。由于 $0<\lambda_1<1$，这个解符合 6.1 节中得到的结论。它同样给出了关于收敛速度的信息，收敛速度随（f''/f'）/（U''/U'）的增大而逐渐提高。技术的曲率使收敛加速，而偏好的曲率使收敛减慢。这个结论也符合 5.3 节中对线性效用极限情形的结论。

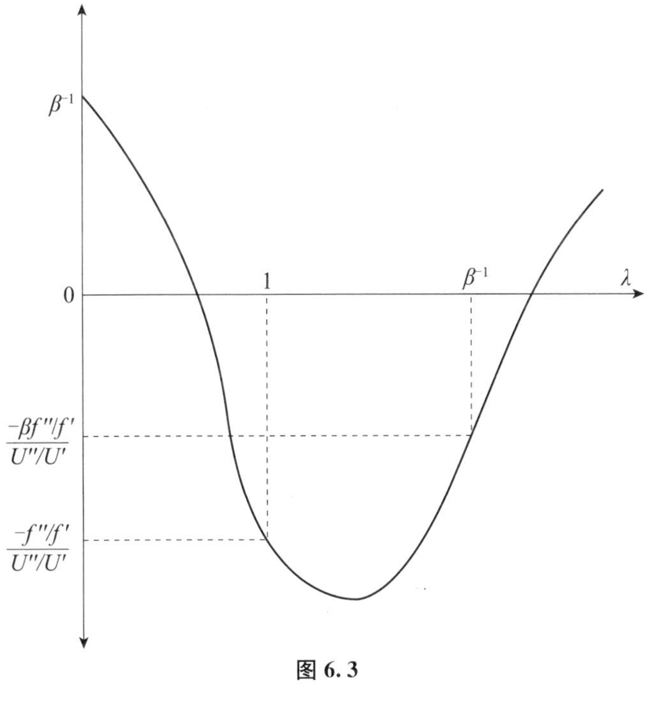

图 6.3

练习 6.6 对于 F 满足假定 4.3～假定 4.4 和假定 4.7～假定 4.9，且为二次可微的单状态变量动态规划，证明：

a. A 的两个根都是实的；

b. 若 $F_{xy}>0$，则两个根都是正的；

c. 若 $F_{xy}<0$，则两个根都是负的。

6.5 应　　用

一个循环实例

再一次考虑练习 6.2 中的模型，函数方程是：

$$v(k)=\max_{0\leqslant y\leqslant 1}\left[k^{\alpha\theta}(1-y)^{\alpha(1-\theta)}+\beta v(y)\right]$$

其中 $0<\alpha<1$ 及 $0<\theta<1$。

练习 6.7 a. 证明对任何 $k_0\in[0,1]$，存在唯一的最优资本序列 $\{k_t\}$，即证明这个问题满足假定 4.3～假定 4.4 及假定 4.7～假定 4.9。找出其欧拉方程。

b. 证明唯一平稳点是 $k^*=\beta\theta/(1-\theta+\beta\theta)$。

c. 在点 $k=k^*$ 附近展开其欧拉方程以获取线性逼近：

$$(k_{t+2}-k^*)+B(k_{t+1}-k^*)+\beta^{-1}(k_t-k^*)=0$$

其中

$$B=\frac{1-\alpha(1-\theta)}{\alpha(1-\theta)}+\frac{1-\alpha\theta}{\alpha\theta\beta}$$

证明这个方程的两个特征根 λ_1 和 λ_2 都是实根，且 $\lambda_2=(\beta\lambda_1)^{-1}$ 及 $\lambda_1+\lambda_2=-B$，因而两个根都是负根。在 α，θ 及 β 满足什么条件下，平稳点 k^* 是局部稳定的？

这个问题的余下部分考虑了参数值取 $\beta=0.1$，$\alpha=0.8$ 和 $\theta=0.75$ 时解的行为。

练习 6.7 d. 根据你对 b 和 c 的答案，推断在这种情况下 $k^*=0.23$ 且 k^* 是不平稳的。

定义一个**双循环**（two-cycle）为一序列 $\{k_t\}$，它对任何两个数 x，$y\in[0,1]$ 且 $x\neq y$ 取如下形式：

$$k_t=\begin{cases}x，若 t 为奇数\\ y，若 t 为偶数\end{cases}$$

练习 6.7　e. 证明双循环（x，y）对 $k_0=x$ 为最优的充分必要条件是（x，y）满足：

$$0=F_y(x, y)+\beta F_x(y, x)$$
$$0=F_y(y, x)+\beta F_x(x, y)$$

练习 6.7　f. 证明对上面给定的参数值，（0.29，0.18）是一个最优双循环。

g. 确定双循环（0.29，0.18）的局部稳定。[提示：利用欧拉方程定义“叠加”系统

$$K_{t/2+1}=\begin{bmatrix}k_{t+3}\\k_{t+2}\end{bmatrix}=H\begin{bmatrix}k_{t+1}\\k_t\end{bmatrix}=H(K_{t/2})$$

其中 t 是偶数。在平稳点 $\overline{K}=(0.29, 0.18)$ 附近对这个系统作线性逼近，并确定是否有一个特征根绝对值小于 1。]

具有调整成本的公司

考虑 5.9 节中所介绍的具有凸调整成本的公司资本积累的动态性。存在一种资本品 k，且 $f(k)$ 是公司资本存量为 k 时的营业利润（销售收入减去对劳动和原材料的支付）。假定 f 是严格递增、严格凹和二次连续可微的，且有 $f(0)=0$，$\lim_{k\to 0}f'(k)=+\infty$ 及 $\lim_{k\to\infty}f'(k)=0$。

资本在每期以不变速度 $\delta\in(0, 1)$ 折旧，且在每一期投资总成本是总投资水平的函数 c，即 $c[k_{t+1}-(1-\delta)k_t]$ 是当本期资本为 k_t、下期资本为 k_{t+1}时的投资总成本。假定 c 是严格递增、严格凸和二次连续可微的，并有 $c(0)=0$。

公司的目标是最大化其以不变速率 r 贴现的净收益之和，所以其函数方程是：

$$v(k)=\max_y\left\{f(k)-c[y-(1-\delta)k]+\frac{1}{1+r}v(y)\right\}$$

练习 6.8　a. 刻画这个公司的平稳资本存量 $\bar{k}$。

b. 利用 6.1 节中的方法研究 $\bar{k}$ 的全局稳定性。

c. 利用 6.4 节中的方法研究 $\bar{k}$ 的局部稳定性。

规模报酬不变行业

考虑一个公共所有的公司，它在第 t 期的产出 q_t 依赖于期初资本存量 x_t 和期末资本存量 x_{t+1}。特别地，假设它的技术函数是一次齐次的：$q_t=x_t\phi(x_{t+1}/x_t)$。假定对任一 $1<\alpha<\infty$，ϕ：$[0, \alpha]\to\mathbf{R}_+$，并假定 ϕ 是

严格递减、严格凹和二次连续可微的，且有：

$$\phi(0)>0,\ \phi(\alpha)=0,\ \lim_{u\to\alpha}\phi'(u)=-\infty$$

假定资本在每期以不变速度 $\delta\in(0,1)$ 折旧，并假定在每一期可按不变价格 $\theta>0$ 购买新的资本。

令 $S(q)$ 是公司生产量为 q 时对社会累积利益的度量。假定 S：$\mathbf{R}_+\to\mathbf{R}_+$ 是有界、严格递增、严格凹和二次连续可微的。假定社会在每期以不变因子 $\beta\in(0,1)$ 贴现其利益。

考虑最大化净消费者剩余问题：

$$\max_{\{x_t\}_{t=1}^{\infty}}\sum_{t=0}^{\infty}\beta^t\left\{S\left[x_t\phi\left(\frac{x_{t+1}}{x_t}\right)\right]-\theta[x_{t+1}-(1-\delta)x_t]\right\}$$

这个问题的函数方程可以写作：

$$v(x)=\max_{y\in[0,\alpha x]}\{S[x\phi(y/x)]-\theta[y-(1-\delta)x]+\beta v(y)\}$$

或

$$v(x)=\max_{u\in[0,\alpha]}\{S[x\phi(u)]-\theta x[u-(1-\delta)]+\beta v(xu)\}$$

练习 6.9 a. 证明此函数方程有唯一的连续有界解 v；v 是严格递增和严格凹的；最优策略函数 g 是连续和单值的；v 是一次可微的，并有：

$$v'(x)=S'[x\phi(u)][\phi(u)-u\phi'(u)]+\theta(1-\delta)$$

其中 $u=g(x)/x$。

b. 利用上面的包络条件证明 g 是递增的。

c. 写出其欧拉方程，并证明存在一个唯一的正平稳点 $\bar{x}>0$。

d. 证明其欧拉方程在 $\bar{x}$ 的一个邻域内是局部稳定的。

e. 利用 b～d 证明若 $x_0>0$，则 $x_{t+1}=g(x_t)$ 的解单调收敛于 $\bar{x}$。

[在 16.4 节我们将证明这个问题的解也是一个行业的**理性预期**（rational expectations）或**完全预见**（perfect foresight）均衡，这个行业由许多具有上面的不变报酬技术的厂商组成，且 S 是市场需求曲线之下的积分。]

具有递归偏好的消费者

考虑 5.12 节中消费者的一个特例，他对单一消费品序列的偏好由一个总体函数 W：$\mathbf{R}_+\times\mathbf{R}\to\mathbf{R}$ 暗含给出。他拥有财富 x，并将其分成储蓄 $y\in[0,x]$ 和当期消费 $x-y$。存在一个固定的利率因子 $R=1/(1+r)$，所以若他储蓄 y，他在下期的财富将是 $R^{-1}y$。因此，他的函数方程是：

$$v(x)=\max_{0\leqslant y\leqslant x}W[x-y,\ v(R^{-1}y)]$$

维持 5.11 节中的假定，从而使价值函数 v 具有练习 5.12 所导出的性质，并得到唯一的最优储蓄策略 $y=g(x)$。这个问题关心的是刻画 g 以及由 $x_{t+1}=R^{-1}g(x_t)$ 定义的财富序列 $\{x_t\}$。

一个实用的一般策略是先寻求对 W 的限制以保证平稳点的唯一性，对此充分的条件时常对局部稳定性甚至全局稳定性也是充分的。

若 x 是一个平稳财富水平，则显然有 $\bar{x}=R^{-1}g(\bar{x})$，且相应的消费是 $\bar{x}-g(\bar{x})=\bar{x}(1-R)$。

练习 6.10　a. 证明 $\bar{x}$ 是一个平稳财富水平的充分必要条件是对某一 $\bar{z}\in\mathbf{R}$，$(\bar{x},\ \bar{z})$ 满足两个方程：

$$R=W_2[\bar{x}(1-R),\ \bar{z}]\text{ 和 }\bar{z}=W[\bar{x}(1-R),\ \bar{z}]$$

b. 给出关于 W 的保证方程组的解 $(\bar{x},\ \bar{z})$ 的存在性和唯一性的充分条件。

c. 若 W 是加性可分的，即若 $W(x,\ v)=U(x)+\beta v$，关于平稳点可以说什么？刻画在这一假定下的所有最优财富序列。

d. 推导偏好非加性可分的消费者的欧拉方程。

e. 给出关于 W 的保证若存在平稳点则必为局部稳定的充分条件。

f. 在从 e 中求出的同样限制下，你能证明全局稳定性吗？

6.6　文献注释

对 6.1 节中单部门增长模型稳定性的证明归功于桑格穆恩·哈姆（Sangmoon Hahm）。对同一结果在连续时间中的更早证明在 Cass（1965）和 Koopmans（1965）的研究中可以找到。

定理 6.1 来自 Boldrin and Montrucchio（1986）。在 Boldrin and Montrucchio（1984）中有一个对最优增长路径可能致误的文献的有用介绍。

Burmeister（1980，chap. 4）给出了对具有许多资本品的模型中平稳点唯一性充分条件的一个有用讨论。还可见 Brock（1973）及 Brock and Burmeister（1976）的研究。

6.2 节中应用的**价值损失**（value loss）这一术语始于 Radner

(1961)。McKenzie (1987) 提出了源于这项工作的关于不贴现与贴现问题稳定性理论的极为有用的概论。关于适用于贴现问题的全局稳定性理论，主要可参见 Brock and Scheinkman (1976)，Cass and Shell (1976)，Rockafellar (1976) 以及 Scheinkman (1976)。Kurz (1968) 和 Sutherland (1970) 提出了对多部门增长模型的任何一般全局稳定性的早期反例。

线性和非线性差分方程系统稳定性理论基本来自 Coddington and Levinson (1955)。Pontryagin (1962) 是对这个问题的一个非常易读的介绍。这个理论对于自控差分方程系统研究的严格论述，可见 Scheinkman (1973)，我们在 6.3 节中的论述主要就利用了这个来源。

引理 6.7 归功于 Levhari and Liviatan (1972)。

第三部分

随机模型

第 7 章　测度论和积分

第 4 章中的大多数结果几乎可以不加改变地用于收益函数受到随机冲击和目标为最大化贴现的收益期望值的情况，但为了证明确实如此，利用现代概率论及马尔可夫过程理论的某些术语和结果是很方便的。所需内容陈述于本章和下一章。下面的例子说明了一个现代方法的优点。

考虑在第 2 章中描述的随机增长模型。产出 $f(x)z$ 是由资本存量规模 x 和随机技术冲击 z 决定的。其中，后者被假定在时间上是独立同分布的。因此，最优增长的函数方程是：

$$v(x, z)=\max_{0\leqslant y\leqslant f(x)z}\{U[f(x)z-y]+\beta \mathrm{E}[v(y, z')]\} \tag{1}$$

其中 y 是期末资本而 z' 是下期冲击，而且 z' 在 y 被选取时是未知的。为了研究这个问题，我们需要讲清楚表达式 E(・) 意味着什么。

做到这一点的一种方法是假定 z 在一有限或可数无限集合 $z\in Z=\{z_1, z_2, \cdots, z_i, \cdots\}$ 中取值，且 $(\pi_1, \pi_2, \cdots, \pi_i, \cdots)$ 是相对于这些可能性的概率。由于这些 π_i 是概率，我们需要有：

$$\pi_i\geqslant 0, i=1, 2, \cdots, \quad \sum_{i=1}^{\infty}\pi_i=1$$

在这种情形中，式 (1) 可写作：

$$v(x, z)=\max_{0\leqslant y\leqslant f(x)z}\{U[f(x)z-y]+\beta\sum_{i=1}^{\infty}v(y, z_i)\pi_i\}$$

将第 4 章的分析扩展以包括与此类似的方程是一个简单的练习。

另一种方法是，你可能希望在 z 从一个区间 ($z\in Z=[a, b]$) 中取值以及用一连续密度函数 $\pi(z)$ 将概率指派到子集这样一个假设下对式 (1) 进行研究。于是，对于任何区间 $[c, d]\subseteq[a, b]$，比如：

$$\Pr\{z \in [c,d]\} = \int_c^d \pi(z)\mathrm{d}z$$

以及概率的解释所要求的，对所有 $z \in [a, b]$，有：

$$\pi(z) \geqslant 0 \quad 和 \quad \int_a^b \pi(z)\mathrm{d}z = 1$$

在这种情形下，式（1）可以写作：

$$v(x,z) = \max_{0 \leqslant y \leqslant f(x)z} \{U[f(x)z - y] + \beta\int_a^b v(y,z')\pi(z')\mathrm{d}z'\}$$

和第一种方法一样，第 4 章的分析可以扩展以包括与此类似的函数方程。

离散公式及连续公式都在许多经济学应用中出现，不幸的是任一种都明显不是另一种的特殊情形。此外，想象混合了离散和连续因素的经济学问题是很容易的，例如，在存货问题中，存货的概率分布时常由严格正值的一个连续密度以及在 0 值上的一个正概率共同描述。在本章，我们表明这些离散的、连续的或混合的情形——以及更为复杂的可能性——都可以用一种统一的方法来处理。

在本章其余部分，我们所关心的是导出处理一个状态空间上概率测度的框架，在这个状态空间中的一个元素可以包含对外生随机冲击（就像在前面的增长模型中的技术冲击 z）的描述，或对内生状态变量（如资本存量 x）的描述，或对两者的描述。虽然在此我们并不需要区分这些情形：我们简单地用 S 表示状态空间并注意到，为了导出我们需要的数学工具，集合 S 中的元素可以是任何东西。

在接下来的几章中，我们处理的状态空间通常是有限或无限可数集合，如上面第一个例子中的 $Z=\{z_1, z_2, \cdots\}$，或 $\mathbf{R}^l$ 的不可数子集，如第二个例子中的区间 $[a, b]$。然而，这里将要导出的基于测度论的方法将适用于更为广泛的情形，且若我们把讨论限制于这些特别情形将得不到简化带来的任何好处。因此，下面几节将在一般水平上并以独立的方式导出简化后面的讨论所需的那些测度理论和积分理论。这并不是对这个主题的完整讨论，否则将导致我们离题太远。[对此有许多优秀的教材，如可见 Bartle（1966）或 Royden（1968）。] 但在继续之前，我们将在本节余下部分以离散状态空间为背景来概括主要概念。

若状态空间是有限或无限可数的，$S=\{s_1, s_2, \cdots\}$，则概率分布就是将数字（$\pi_1, \pi_2, \cdots$）指派到点（$s_1, s_2, \cdots$），且对所有 i 有 $x_i \geqslant 0$，及 $\sum_i \pi_i = 1$。对此的解释是 π_i 为 s_i 发生的概率，$\pi_i=\Pr\{s=s_i\}$。这种

概率到 S 的**元素**（elements）的指派导致概率到 S 的**子集**（subsets）的一个自然的指派。对任何集合 $A\subseteq S$，令 $I_A=\{i: s_i\in A\}$，则定义函数 μ 为对每个 $A\subseteq S$，有：

$$\mu(A)=\sum_{i\in I_A}\pi_i=\Pr\{s\in A\}$$

函数 μ 是测度的例子。注意，μ 的定义域是一个子集族且这个族包含空集 $\varnothing$ 和集合 S 本身。还要注意 μ 具有如下性质：对所有 $A\subseteq S$，$\mu(A)\geqslant 0$；$\mu(\varnothing)=0$；$\mu(S)=1$；对任何一组两两不相交的子集 A_1，$A_2\cdots$，有 $\mu(U_i A_i)=\sum_i\mu(A_i)$。最后，注意对 S 上的任何实值函数 f，f 的期望值（关于概率测度 μ）是 $\mathrm{E}(f)=\sum_i f(s_i)\mu(s_i)$。

若集合 S 是不可数的——例如，若 S 为一区间——则不可能在 S 的所有子集的类上定义一个对不相交集合的并具有明显可加性的函数（测度）：某些东西必须要去掉。维持可加性是更为重要的，因此我们必须把概率的指派限制于一个较小的子集族。

本章其余部分组织如下：7.1 节论述什么样的族适合作为一个测度的定义域这一主题，这个讨论将导致一个可测空间的定义。各种测度，包括作为一个特例的概率测度，将在 7.2 节中定义，且我们将看到特定的测度占用 $\mathbf{R}^1$ 中的长度、$\mathbf{R}^2$ 中的面积等等符号。（明显地，这些不是概率测度，因为它们并未将值 1 指派到整个空间。）我们还将看到，定义在一个适当小的集合类上的任何测度都可以扩展到一个有用的大类上。接下来的两节论述对期望值算子 E(·) 的定义。在前面的例子中，$\mathrm{E}(f)$ 可对任何实值函数 f 定义，但若 S 是一个不可数集合，期望值不能对任何函数定义。一类适用的函数——可测函数——在 7.3 节中介绍，而在 7.4 节中，我们将导出积分理论，期望算子是它的一个特殊情形。7.5 节论及条件期望。

对于那些急于接触随机函数方程分析的读者，仅仅 7.1 节～7.4 节和 7.5 节的第一部分是必需的。掌握了这些内容后，读者可以直接进入第 8 章及以后内容的学习，并且不会损失连续性。

7.1　可测空间

给定一个集合 S，我们可能会问：在 S 的子集的何种集合 $\mathscr{S}$ 上，测度，包括概率测度，可被定义？为了论述这个问题，有一套讨论特定子集族的术语是有用的。首先，我们定义一个集合的 **σ 代数**（sigma-algebra）。

定义 令 S 是一个集合，令 $\mathscr{S}$ 是 S 的子集的一个族，$\mathscr{S}$ 在满足下述条件时被称作一个 σ 代数：

a. $\varnothing$，$S\in\mathscr{S}$；

b. $A\in\mathscr{S}$ 暗含 $A^c=S\setminus A\in\mathscr{S}$；

c. $A_n\in\mathscr{S}$，$n=1$，2，…，暗含 $\bigcup_{n=1}^{\infty}A_n\in\mathscr{S}$。

这样，一个 σ 代数在取余运算及可数并集下是闭的。[由于 $\bigcap_{n=1}^{\infty}A_n=(\bigcup_{n=1}^{\infty}A_n^c)^c$，故它在可数交集下也是闭的。] 由一个集合 S 及其子集的一个 σ 代数 $\mathscr{S}$ 构成的数对（S，$\mathscr{S}$）称作一个**可测空间**（measurable space）。任何集合 $A\in\mathscr{S}$ 称作一个 **$\mathscr{S}$ 可测集**（$\mathscr{S}$-measurable set）或——若 $\mathscr{S}$ 是不讲自明的——简单地称作一个**可测集**（measurable set）。

作为一个可测空间的通俗例子，令 S 为任何集合并令 $\mathscr{S}$ 由两个集合 S 和 $\varnothing$ 组成。在另一极端的情形中，令 S 是任何集合并令 $\mathscr{S}$ 是 S 的所有子集的集合。若 S 是有限的或可数集合，这个 σ 代数可常规使用，就如引言中的第一个例子那样。

若 S 是一不可数集合，如引言中连续例子的区间 $[a, b]$，S 的所有子集的集合仍是一个定义恰当的 σ 代数，然而，前瞻我们的最终目的表明，令 $\mathscr{S}$ 是所有子集的集合，然后以内在一致的方式来定义占用概率、长度、面积等概念的测度是不可能的。当 S 不可数时，所有子集的 σ 代数是一个太大的类以致不能利用。不过，对于这些情形，从我们明显希望能够处理的集合开始构建一个有用的类 $\mathscr{S}$ 还是可能的。

为了做到这一点，注意，对任何集合 S 及其子集的任何集合 $\mathscr{A}$，我们可以考虑包含 $\mathscr{A}$ 的 σ 代数。这至少存在一个：S 的所有子集的族。此外，如下面的例子所表明的，包含 $\mathscr{A}$ 的所有 σ 代数的交集自身还是包含 $\mathscr{A}$ 的一个 σ 代数。它是最小的一个，并称作**由 $\mathscr{A}$ 生成的 σ 代数**。

练习 7.1 证明对任何集合 S 及其子集的任何集合 $\mathscr{A}$，包含 $\mathscr{A}$ 的所有 σ 代数的交集仍是包含 $\mathscr{A}$ 的一个 σ 代数。

以这种方式生成的 σ 代数的一个重要例子是下面关于 $\mathbf{R}^1$ 的例子。令 $\mathscr{A}$ 是所有开区间的集合，即具有 $(-\infty, b)$，(a, b)，$(a, +\infty)$ 和 $(-\infty, +\infty)$ 形式的所有集合。注意，包含 $\mathscr{A}$ 的每一个 σ 代数必须同时包含所有的闭区间。（为什么？）包含所有开集的最小 σ 代数是用于许多应用的一个类，它被称作 $\mathbf{R}^1$ 的**波雷尔代数**（Borel algebra）并用 $\mathscr{B}^1$ 表示，$\mathscr{B}^1$ 中的任何集合称为一个**波雷尔集**（Borel Set）。

练习 7.2　证明 $\mathscr{B}^1$ 也是由所有闭区间生成的 σ 代数，或由所有半开区间 $(a, b]$ 生成，或由所有半射线 $(a, +\infty)=\{x\in\mathbf{R}: x>a\}$ 生成。

对于高维欧几里得空间或任何其他度量空间 (S, ρ)，波雷尔代数可按类似的方式定义：它总是包含开球的最小 σ 代数，即包含所有具有如下形式的集合，即 $A=\{s\in S: \rho(s, s_0)<\delta\}$，其中 $s_0\in S$ 及 $\delta>0$。对于具有欧几里得度量的 $S=\mathbf{R}^l$，波雷尔代数记作 $\mathscr{B}^l$。你可以证明 $\mathscr{B}^l$ 也是由开矩形即具有形式 $A=\{x\in\mathbf{R}^l: x_i\in(a_i, b_i), i=1, \cdots, n\}$ 的集合生成的 σ 代数，或（如在练习 7.2 中）由闭或半开矩形生成的。

我们通常想取 S 为欧几里得空间中的一个波雷尔集，如引言里连续例子中的区间 $[a, b]\subset\mathbf{R}^1$。在这些情形下，我们想让 $\mathscr{S}$ 是波雷尔集的适当限制，这样，对 $\mathbf{R}^l$ 中的任何波雷尔集 S，我们定义 $\mathscr{B}_s=\{A\in\mathscr{B}^l: A\subseteq S\}$ 为 S 的子集的波雷尔集。

练习 7.3　证明若 $S\in\mathscr{B}^l$，则 $\mathscr{B}_s$ 是一个 σ 代数。

7.2　测　　度

给定一个可测空间 $(S, \mathscr{S})$，我们考虑以一致的方式将解释为规模或概率的值指派到 $\mathscr{S}$ 中的所有集合的问题。测度的定义清楚说明了我们一致性的意思。

定义　令 $(S, \mathscr{S})$ 是一个可测空间。**测度**（measure）是一个广义实值函数 $\mu: \mathscr{S}\to\overline{\mathbf{R}}$，它满足：

a. $\mu(\varnothing)=0$；

b. 对所有 $A\in\mathscr{S}$，有 $\mu(A)\geqslant 0$；

c. 若 $\{A_n\}_{n=1}^{\infty}$ 是 $\mathscr{S}$ 中一个可数不相交子集序列，则 $\mu(\bigcup_{n=1}^{\infty}A_n)=\sum_{n=1}^{\infty}\mu(A_n)$。

这样，一个测度是非负的，指派 0 到空集，并是可数可加性的，若 $\mu(S)<\infty$，则 μ 是有限的。

定义　一个测度空间是一个三元组 $(S, \mathscr{S}, \mu)$，其中 S 是一个集合，$\mathscr{S}$ 是其子集的一个 σ 代数，而 μ 是定义在 $\mathscr{S}$ 上的一个测度。

给定一个测度空间 $(S, \mathscr{S}, \mu)$，对于某个命题，若存在一个集合 $A\in\mathscr{S}$ 有 $\mu(A)=0$，且命题在 A 的补集上成立，则我们说这个命题 $\boldsymbol{\mu}$ **几乎处处**（μ-almost everywhere）成立。若测度 μ 是不讲自明的，我们简单地说命题**几乎处处**（almost everywhere）成立。例如，给定一个测度

空间 $(S, \mathscr{S}, \mu)$，对于 S 上的两个函数 f 和 g，若对 $s\in A^c$ 有 $f(s)=g(s)$，其中 $A\in\mathscr{S}$ 且 $\mu(A)=0$，则 f 和 g 几乎处处相等（$f=g$）。或者，对于 S 上的一个函数序列 $\{f_n\}$，若存在 $A\in\mathscr{S}$ 有 $\mu(A)=0$ 并对所有 $s\in A^c$ 满足 $\lim_{n\to\infty}f_n(s)=f(s)$，则说 $\{f_n\}$ 几乎处处收敛于函数 f。

若 $\mu(S)=1$，则 μ 是一个**概率测度**（probability measure），且 $(S, \mathscr{S}, \mu)$ 称作一个**概率空间**（probability space）。在这种情形下，任何可测集 $A\in\mathscr{S}$ 称作一个事件，且 $\mu(A)$ 称作**事件 A 的概率**（probability of the event A）。对于一个概率空间，词组**几乎必然**（almost surely, a. s.）和**几乎处处**（almost everywhere, a. e.）可互换使用。

一个概率空间的例子在引言中已经介绍，在那里，$S=\{s_1, s_2, \cdots\}$ 是一个有限或可数集合，$\mathscr{S}$ 是由其所有子集组成的 σ 代数，而 μ 用 S 各个元素的概率 π_1，π_2，…来定义，因此 $(S, \mathscr{S}, \mu)$ 是一个概率空间。

引言中的第二个例子提供了另一个概率空间吗？对于集合 $S=[a, b]$，我们愿意取 σ 代数为 S 的波雷尔子集，即 $\mathscr{S}=\mathscr{B}_S$，对于开区间、半开区间和闭区间，我们可以取测度 μ 由下式给出，对所有 $a\leqslant c\leqslant d\leqslant b$：

$$\mu([c, d])=\mu([c, d))=\mu((c, d])=\mu((c, d))=\int_c^d \pi(s)\mathrm{d}s \tag{1}$$

其中 π 满足 $\int_a^b \pi(s)\mathrm{d}s=1$。明显地，对于这些集合，$\mu$ 是定义恰当的。此外，很清楚，我们可以把式（1）中 μ 的定义扩展到这些区间的补集、有限并集及交集上。然而，我们还没有任何方法确保这个测度可按一致的方式扩展到 $[a, b]$ 的所有波雷尔子集中。稍后我们将回到这个例子。

下一个练习表明了构造测度的两种有用的方法，随后的一个练习导出测度的一个重要性质。

练习 7.4 令 $(S, \mathscr{S})$ 是一个可测空间。令 μ_1，μ_2 是其上的两个测度。

a. 证明定义为 $\lambda(A)=\mu_1(A)+\mu_2(A)$ 的 λ：$\mathscr{S}\to\overline{\mathbf{R}}$ 是 $(S, \mathscr{S})$ 上的一个测度。

b. 令 $B\in\mathscr{S}$，证明定义为 $\lambda(A)=\mu_1(A\cap B)$ 的 λ：$\mathscr{S}\to\overline{\mathbf{R}}$ 是 $(S, \mathscr{S})$ 上的一个测度。

练习 7.5 令 $(S, \mathscr{S}, \mu)$ 是一个测度空间，其中 A，$B\in\mathscr{S}$。证明若

$A\subseteq B$，则 $\mu(A)\leqslant\mu(B)$；此外，若有 $\mu(A)<\infty$，则 $\mu(B\setminus A)=\mu(B)-\mu(A)$。

定理 7.1 提供了一个结果，它在后边证明积分的基本性质时将被用到，它也是对可数可加性含义的一个良好说明。

定理 7.1　令 $(S, \mathscr{S}, \mu)$ 是一个测度空间。

a. 若 $\{A_n\}_{n=1}^{\infty}$ 是 $\mathscr{S}$ 中一个递增序列，即若对所有 n 有 $A_n\subseteq A_{n+1}$，则 $\mu(\bigcup_{n=1}^{\infty}A_n)=\lim_{n\to\infty}\mu(A_n)$。

b. 若 $\{B_n\}_{n=1}^{\infty}$ 是 $\mathscr{S}$ 中一个递减序列，即若对所有 n 有 $B_{n+1}\subseteq B$，且对某一 m 有 $\mu(B_m)<\infty$，则 $\mu(\bigcap_{n=1}^{\infty}B_n)=\lim_{n\to\infty}\mu(B_n)$。

证明　a. 若对任何 n 有 $\mu(A_n)=\infty$，则结果是很平常的。假设对所有 n，$\mu(A_n)<\infty$。令 $A_0=\varnothing$，则 $\{(A_n\setminus A_{n-1})\}$ 是 $\mathscr{S}$ 中一个不相交集合的序列，且 $\bigcup_{n=1}^{\infty}A_n=\bigcup_{n=1}^{\infty}(A_n\setminus A_{n-1})$。于是，利用练习 7.5 的结果，我们得到：

$$\begin{aligned}\mu(\bigcup_{n=1}^{\infty}A_n)&=\mu[\bigcup_{n=1}^{\infty}(A_n\setminus A_{n-1})]=\sum_{n=1}^{\infty}\mu(A_n\setminus A_{n-1})\\&=\lim_{N\to\infty}\sum_{n=1}^{N}\mu(A_n\setminus A_{n-1})\\&=\lim_{N\to\infty}\sum_{n=1}^{N}[\mu(A_n)-\mu(A_{n-1})]=\lim_{N\to\infty}\mu(A_N)\end{aligned}$$

这就证明了第一个结论。

b. 不失一般性地，假定 $\mu(B_1)<\infty$，则证明下式即足够了：

$$\mu(B_1)-\mu(\bigcap_{n=1}^{\infty}B_n)=\mu(B_1)-\lim_{n\to\infty}\mu(B_n)$$

或者，将练习 7.5 的结果应用到上式两边，即要证明：

$$\mu(B_1\setminus\bigcap_{n=1}^{\infty}B_n)=\lim_{n\to\infty}[\mu(B_1)-\mu(B_n)]=\lim_{n\to\infty}\mu(B_1\setminus B_n)$$

由于 $\{B_1\setminus B_n\}$ 是 $\mathscr{S}$ 中的一个递增序列，且 $\bigcup_{n=1}^{\infty}(B_1\setminus B_n)=B_1\setminus\bigcap_{n=1}^{\infty}B_n$，所以，应用第一个结果可得到：

$$\mu(B_1\setminus\bigcap_{n=1}^{\infty}B_n)=\mu[\bigcup_{n=1}^{\infty}(B_1\setminus B_n)]=\lim_{n\to\infty}\mu(B_1\setminus B_n)$$

这正是要证明的。■

在式 (1) 中我们用了区间 $[a, b]$ 上的一个密度函数 π 来定义 $[a, b]$ 的子区间的一个测度，但我们并未证明这个测度的定义域可以扩展到 $[a, b]$ 的所有波雷尔子集。现在，我们可以而且以更抽象的方式回到从定义在一个小集族上的测度到定义在一个适当 σ 代数上测度的扩展这个问题上。我们首先定义一个有用的小集族即一个代数，然后定义在这样一个族上的测度，并在最后提供一个扩展定理。

定义 令 S 为一个集合，并令 $\mathscr{A}$ 是其子集的一个族，若它满足以下条件，则称其为一个代数，即

a. $\varnothing$，$S\in\mathscr{A}$；

b. $A\in\mathscr{A}$ 暗含 $A^c=S\setminus A\in\mathscr{A}$；

c. A_1，A_2，…，$A_n\in\mathscr{A}$ 暗含 $\bigcup_{i=1}^{n}A_i\in\mathscr{A}$。

这样，该代数在补集及有限并集下是闭的。显然，在一个重要意义下，该代数要小于 σ 代数。

练习 7.6 a. 令 $S=\mathbf{R}$，并令 $\mathscr{A}$ 是形如 $(-\infty,\ b]$，$(a,\ b]$，$(a,\ +\infty)$，$(-\infty,\ +\infty)$ 的集合的所有补集及有限并集的族。证明 $\mathscr{A}$ 是一个代数。（提示，证明 $\mathscr{A}$ 中每一集合可以写作有限数目的不相交的半开区间的并集。）

b. 证明波雷尔代数是包含 $\mathscr{A}$ 的最小 σ 代数。

在一个代数上的测度的定义非常接近于在一 σ 代数上的测度的定义，但存在一个重要的差别。

定义 令 S 为一集合，并令 $\mathscr{A}$ 是其子集的一个代数。则 $\mathscr{A}$ 上的一个测度是满足如下条件的一个实值函数 μ：

a. $\mu(\varnothing)=0$；

b. 对所有 $A\in\mathscr{A}$，$\mu(A)\geqslant 0$；

c. 若 $\{A_i\}_{i=1}^{\infty}$ 是 $\mathscr{A}$ 中任何不相交集合序列且有 $\bigcup_{i=1}^{\infty}A_i\in\mathscr{A}$，则

$$\mu\left(\bigcup_{i=1}^{\infty}A_i\right)=\sum_{i=1}^{\infty}\mu(A_i)$$

这个定义和在 σ 代数上的测度的定义的重要差别在于，一个代数中不相交集合可数并集的测度仅当可数并集包含于这个代数中时才被定义。明显地，这个限制使得在一个代数上定义测度更为容易，尤其是当代数被蓄意挑选以排除棘手的无限并集时。

练习 7.7 a. 令 $S=\mathbf{R}$，并令 $\mathscr{A}$ 如练习 7.6 中所定义的。证明长度是 $\mathscr{A}$ 上的一个测度，其中通过长度，我们指的是定义如下的函数 μ：

1. $\mu(\varnothing)=0$；
2. $\mu((a,\ b])=b-a$；
3. $\mu((-\infty,\ b])=\mu((a,\ +\infty))=\mu((-\infty,\ +\infty))=+\infty$；
4. 若区间是不相交的，则 $\mu(\bigcup_{i=1}^{n}(a_i,\ b_i])=\sum_{i=1}^{n}(b_i-a_i)$。

b. 令 $S=(a,\ b]\subset\mathbf{R}$，并令 $\mathscr{A}$ 是由半开区间 $(c,\ d]$ 的所有有限并集及补集组成的 S 的子集的代数，其中 $a\leqslant c\leqslant d\leqslant b$。证明式（1）可

用来定义 $\mathscr{A}$ 上的一个测度，且 $\mu(S)=1$。

一方面，在代数上而不是 σ 代数上定义测度显然更为方便。另一方面，通常我们发现利用 σ 代数开展工作最为方便。接下来的两个定理表明，我们可以同时拥有两者的优点。

定理 7.2 [卡拉特奥多里（Caratheodory）扩展定理] 令 S 为一集合，$\mathscr{A}$ 为其子集的一个代数，μ 为 $\mathscr{A}$ 上的一个测度；令 $\mathscr{S}$ 是包含 $\mathscr{A}$ 的最小 σ 代数。则存在 $\mathscr{S}$ 上的一个测度 μ^* 使得对所有 $A\in\mathscr{A}$ 都满足 $\mu(A)=\mu^*(A)$。

定理 7.2 留下了 μ 到全部 $\mathscr{S}$ 也许存在不止一种扩展的这种可能性问题。为了排除这个可能性，我们需要下面的定义。

定义 令 S 为一集合；$\mathscr{A}$ 为 S 的子集的一个代数；μ 为 $\mathscr{A}$ 上的一个测度。若在 $\mathscr{A}$ 中存在一个可数集合序列 $\{A_i\}_{i=1}^{\infty}$，对所有 i 有 $\mu(A_i)<\infty$ 且 $S=\bigcup_{i=1}^{\infty}A_i$，则 μ 是 **$\boldsymbol{\sigma}$ 有限的**（σ-finite）。

明显地，任何概率测度都是 σ 有限的。定理 7.3 表明，σ 有限测度的扩展是唯一的。

定理 7.3 [哈恩（Hahn）扩展定理] 令 S，$\mathscr{A}$，μ 和 $\mathscr{S}$ 如定理 7.2 中所设。若 μ 是 σ 有限的，则到 $\mathscr{S}$ 的扩展 μ^* 是唯一的。

我们省略了对定理 7.2 和定理 7.3 的证明，它们并不特别困难，但要求使用大量额外术语，在任何测度论的标准教材中都可找到。因此，我们将集中于定理的应用上。

令 $\mathscr{A}$ 是练习 7.6 中定义的 $\mathbf{R}$ 的子集的代数，令 μ 是练习 7.7a 中定义的 $\mathscr{A}$ 上的测度，即长度。注意，由于 $\mathbf{R}$ 是可数个长度为 1 的区间的并集，这个测度是 σ 有限的，因而由定理 7.2 和定理 7.3 可知，μ 具有到包含 $\mathscr{A}$ 的最小 σ 代数即波雷尔集上的唯一扩展。这样，长度定义了波雷尔集上的唯一测度。

高维欧几里得空间中的论证是极其相似的。在 7.1 节，我们注意到 $\mathbf{R}^l$ 中的波雷尔集是由半开矩形所生成的，即由形如 $\{x\in\mathbf{R}^l: a<x\leqslant b\}$ 的集合所生成，其中 a，$b\in\mathbf{R}^l$ 且 $a\leqslant b$。因而，若一个测度可定义在由这些矩形的所有补集及有限并集组成的代数上，它就能以唯一的方式扩展到波雷尔集。用同样的方法可以在 $\mathscr{B}^2$ 上定义面积、在 $\mathscr{B}^3$ 上定义体积等。

定理 7.2 和定理 7.3 可按完全相同的方法生成概率测度。令 S，$\mathscr{A}$ 和 μ 如练习 7.7b 给定，则定理 7.2 和定理 7.3 暗示 $\mathscr{A}$ 上的测度 μ 到 $[a, b]$ 的波雷尔子集上有唯一的扩展，即式（1）确实定义了

$[a, b]$ 的波雷尔集上的一个测度。在高维欧几里得空间中的论证是类似的：从包含半开矩形的补集及有限并集的代数 $\mathscr{A}$ 开始。对定义在 $\mathscr{A}$ 上的任何测度如密度，都存在到所有波雷尔集的一个扩展。

这些都是将用于本章其余部分及接下来各章的关于测度的基本事实。然而，在继续进行之前，陈述一个额外的定义是有用的。

给定一个测度空间（S，$\mathscr{S}$，μ），你可能会想象若 $A\in\mathscr{S}$ 有零测度，则 $B\subset A$ 也将有零测度。然而，B 可能不在 $\mathscr{S}$ 中，因而 $\mu(B)$ 可能无定义。这个缺口可由测度空间完备化的想法所填补。

令（S，$\mathscr{S}$，μ）是一个测度空间。令 $A\in\mathscr{S}$ 是测度为零的任何集合，并令 C 是 A 的任何子集；令 $\mathscr{C}$ 是所有这种集合的族，即

$$\mathscr{C}=\{C\subset S\text{：}C\subseteq A\text{，对某一 }A\in\mathscr{S}\text{ 有 }\mu(A)=0\}$$

现在，考虑从任何集合 $B\in\mathscr{S}$ 开始，然后加入及从中减去 $\mathscr{C}$ 中的集合。$\mathscr{C}$ 的**完备化**（completion）就是以这种方式构造的集合族 $\mathscr{S}'$，即

$$\mathscr{S}'=\{B'\subseteq S\text{：}B'=(B\cup C_1)\setminus C_2\text{，}B\in\mathscr{S}\text{，}C_1\text{，}C_2\in\mathscr{C}\}$$

也就是说，$\mathscr{S}'$ 由 S 的所有子集组成，这些子集和 $\mathscr{S}$ 中的集合相差一个 μ 测度为零的集合的子集。若 $\mathscr{S}'$ 是 $\mathscr{S}$ 的完备化，（S，$\mathscr{S}$）上的一个测度 μ 可用明显的方式扩展到（S，$\mathscr{S}'$）：对 $\mathscr{S}'$ 中任何与 $B\in\mathscr{S}$ 相差 $\mathscr{S}$ 中测度为零的集合的子集的集合 B'，令 $\mu(B')=\mu(B)$。

练习 7.8 令（S，$\mathscr{S}$，μ）是一个测度空间，并令 $\mathscr{S}'$ 是 $\mathscr{S}$ 的完备化，证明 $\mathscr{S}'$ 是一个 σ 代数。

对任何欧几里得空间 $\mathbf{R}^l$，波雷尔集的完备化是一个被称作**勒贝格可测集**（Lebesgue measurable set）的族，而长度、面积等相应的测度到这个族的扩展被称作**勒贝格测度**（Lebesgue measure）。当限制于波雷尔集时它既可称作勒贝格测度也可称作**波雷尔测度**（Borel measure），我们将使用后一术语。波雷尔集和勒贝格集共同用于 $\mathbf{R}^l$，且当 $\mathbf{R}^l$ 中的集合被称作可测的，但并未提到一特定 σ 代数时，则可指两者中任一个（或可能用哪一个无关紧要）。

事实上，卡拉特奥多里扩展定理可由测度的完备化而证明。

定理 7.2′（卡拉特奥多里扩展定理） 令 S 是一个集合，$\mathscr{A}$ 是其子集的一个代数，而 μ 是 $\mathscr{A}$ 上的一个测度；令 $\mathscr{S}$ 是包含 $\mathscr{A}$ 的最小 σ 代数的完备化。则存在 $\mathscr{S}$ 上的一个测度 μ^* 使得对所有 $A\in\mathscr{A}$ 满足 $\mu(A)=\mu^*(A)$。

注意，哈恩扩展定理还暗示若 μ 是 σ 有限的，则 μ^* 是唯一的。

7.3　可测函数

在引言的两个例子中，我们的兴趣在于对状态空间 S 上的概率测试下定义，以使我们可以合理地谈论如 E(f) 的表达式，及定义在 S 上的实值函数 f 的期望值。于是，我们需要问类似于 E(f) 的表达式对哪些函数才可合理地加以解释。由于要有测度到集合的指派，所有函数 f：$S\to\mathbf{R}$ 的类太大以至于不能操作，而我们需要一个我们恰能熟练操作的尽量大的类。

定义　给定一个可测空间（S，$\mathscr{S}$）。一个实值函数 f：$S\to\mathbf{R}$ 若对所有 $a\in\mathbf{R}$ 有：

$$\{s\in S:\ f(s)\leqslant a\}\in\mathscr{S} \tag{1}$$

则称 f 是**关于 $\mathscr{S}$ 可测的**（measurable with respect to $\mathscr{S}$）（或 **$\mathscr{S}$ 可测**，$\mathscr{S}$ measurable）。

若 σ 代数 $\mathscr{S}$ 是不讲自明的，这一函数就只称作**可测的**（measurable）。若问题中的空间为一概率空间，则 f 称作一个**随机变量**（random variable）。最后注意，对广义实值函数，可测性标准是完全相同的：对 f：$S\to\bar{\mathbf{R}}$，若式（1）成立，则 f 是可测的。

练习 7.9　a. 证明存在 4 个等价方式来定义可测函数：在式（1）中用“$\leqslant$”、“$\geqslant$”、“$<$”或“$>$”。

b. 证明这些方式中的任何一个都暗示用“$=$”代替“$\leqslant$”时式（1）成立。给出一个例子使相反的意思并不成立。

c. 证明若 f：$S\to\bar{\mathbf{R}}$ 是可测的，则集合 $A=\{s\in S:\ f(s)=+\infty\}$ 和 $B=\{s\in S:\ f(s)=-\infty\}$ 属于 $\mathscr{S}$。

根据所感兴趣的可测空间而定，构造一个不可测函数可能很容易、很困难或根本不可能。例如，若 $S=\{0,1\}$，则 $\mathscr{S}=\{\varnothing,S,\{0\},\{1\}\}$ 和 $\hat{\mathscr{S}}=\{\varnothing,S\}$ 都是 σ 代数。明显地，S 上的所有函数都是 $\mathscr{S}$ 可测的，仅常数函数是 $\hat{\mathscr{S}}$ 可测的。对我们后面的目的来说，带有波雷尔 σ 代数的有限维欧几里得空间都是特别重要的。为了给出一个不是波雷尔可测函数 f：$\mathbf{R}^l\to\mathbf{R}$ 的例子，我们需要一个 $\mathbf{R}^l$ 中不是波雷尔可测集合的例子，这种集合存在［对于 $\mathbf{R}^l$ 中的一个例子，见 Royden（1968）pp. 63 - 64］，因而存在不是波雷尔可测的函数（例如，任何在不是波雷尔可测的集合上取 1 而在其他地方取 0 的函数）。你在经济学中可能并不经常碰到这种函数，但显然我们希望得到能保证感兴趣的函数可测的充分条件。有时，正如在下个练习中，可测性可被直接证明。

练习 7.10 a. 证明任何单调或连续函数 f：$\mathbf{R}\to\mathbf{R}$ 关于波雷尔集都是可测的。

b. 令 $S=\{s_1, s_2, \cdots\}$ 是一个可数集合，并令 $\mathscr{S}$是 S 的完备 σ 代数，即 $\mathscr{S}$包含 S 的所有子集。证明所有函数 f：$S\to\mathbf{R}$ 都是 $\mathscr{S}$可测的。

在其他情形中，一个函数的可测性可通过证明它是一“更简单”函数序列的极限来证明。下一个结果采用了这种想法。

令$(S, \mathscr{S})$ 是一个可测空间，首先考虑指标函数，即有如下形式的函数 χ_A：$S\to\mathbf{R}$：

$$\chi_A(s)=\begin{cases}1, & 若\ s\in A\\ 0, & 若\ s\notin A\end{cases}$$

明显地，当且仅当 $A\in\mathscr{S}$时该函数是 $\mathscr{S}$可测的。

接下来，考虑指标函数的有限加权和函数：

$$\phi(s)=\sum_{i=1}^{n}a_i\chi_{A_i}(s) \tag{2}$$

其中 $\{A_i\}_{i=1}^n$是 S 的一个子集序列，而 $\{a_i\}_{i=1}^n$ 是一个实数序列。像这种只取有限个值的函数称作**简单函数**（simple functions）。若集合 $\{A_i\}$ 形成 S 的一个划分 [即若对所有 $i\neq j$，$(A_i\cap A_j)=\varnothing$ 且 $\bigcup_{i=1}^n A_i=S$]，且若所有值 a_i 都不同，则式（2）是函数的**标准表示**（standard representation）。

练习 7.11 证明若式（2）是 ϕ 的标准表示，则 ϕ 是可测的，当且仅当 $A_i\in\mathscr{S}$，$i=1, \cdots, n$。

下边两个定理表明所有可测函数集合恰好由可测简单函数的逐点极限所组成，第一个定理表明任何一可测函数序列 $\{f_n\}$ 逐点极限的函数，其本身也是可测的。其证明通常是用于证明可测性的那类论证的一个好的例证。第二个定理表明任何可测函数 f 可以表达为一可测简单函数序列 $\{\phi_n\}$ 的逐点极限，若 f 是非负的，序列可选成严格递增的，若 f 是有界的，序列可选成一致收敛的。

定理 7.4（逐点收敛保持可测性） 令（S，$\mathscr{S}$）为一可测空间，并令 $\{f_n\}$ 是一逐点收敛于 f 的 $\mathscr{S}$可测函数序列，对所有 $s\in S$，有：

$$\lim_{n\to\infty}f_n(s)=f(s) \tag{3}$$

则 f 也是 $\mathscr{S}$可测的。

证明 我们想证明对任何 $a\in\mathbf{R}$，有

$$A=\{s\in S: f(s)\leqslant a\}\in \mathscr{S} \tag{4}$$

固定 $a\in\mathbf{R}$，并对 $k=1$，2，…和 $n=1$，2，…令：

$$A_{nk}=\{s\in S: f_n(s)\leqslant a+1/k\}$$

由于 f_n 是$\mathscr{S}$可测的，所以对所有 n 和 k，有 $A_{nk}\in\mathscr{S}$。于是，由于$\mathscr{S}$在可数并集及可数交集下是闭的，可推得对所有 N 和 k 有 $B_{Nk}=\bigcap_{n=N}^{\infty}A_{nk}\in\mathscr{S}$。所以，对所有 k，有 $B_k=\bigcup_{N=1}^{\infty}B_{Nk}\in\mathscr{S}$，最后有 $B=\bigcap_{k=1}^{\infty}B_k\in\mathscr{S}$。因此，证明 $A=B$ 就足够了。其中，A 如式（4）中定义。

首先，我们将证明 $A\subseteq B$。假设 $s\in A$，则 $f(s)\leqslant a$，且对每个 $k=1$，2，…，由式（3）可知对某个 N_k，有：

$$n\geqslant N_k\Rightarrow f_n(s)\leqslant a+1/k\Rightarrow s\in A_{nk}$$

因此，对每个 k 及所有 $N\geqslant N_k$ 有 $s\in B_{Nk}$，所以有 $s\in B_k$，并推得 $s\in B$，所以 $A\subseteq B$。

接下来，我们证明 $B\subseteq A$。假设 $s\in B$，则对每个 k 有 $s\in B_k$，因而对每个 k 和某一 N_k 有 $s\in B_{N_k k}$，因而对每个 k，有：

$$n\geqslant N_k\Rightarrow s\in A_{nk}\Rightarrow f_n(s)\leqslant a+1/k$$

由于 $f_n(s)\to f(s)$，故可推得 $f(s)\leqslant a$，所以 $s\in A$，因此 $B\subseteq A$。■

利用这个定理，我们通过取可测简单函数类，并在逐点收敛下对此集合进行闭合的方式构造一个可测函数类，下个结果表明这个集合包含所有的可测函数。

定理 7.5（可测函数的简单函数逼近）　令$(S,\mathscr{S})$为可测空间。若 $f: S\to\mathbf{R}$ 是$\mathscr{S}$可测的，则存在一个可测简单函数序列 $\{\phi_n\}$ 满足 ϕ_n 逐点收敛于 f。若 $0\leqslant f$，则可选择序列以使对所有 n，有：

$$0\leqslant\phi_n\leqslant\phi_{n+1}\leqslant f \tag{5}$$

若 f 是有界的，则序列可被选择以使 ϕ_n 一致地收敛于 f。

证明　假设 $f\geqslant 0$。对 $n=1$，2，…，将区间 $[0,n)$ 划分成长度为 2^{-n}的区间，由于 f 是可测的，所以有：

$$A_{kn}=\{s\in S: (k-1)2^{-n}\leqslant f(s)<k2^{-n}\}\in\mathscr{S}$$

$$k=1,\ 2,\ \cdots,\ n2^n;\ n=1,\ 2,\ \cdots$$

定义简单函数 ϕ_n 为：

$$\phi_n(s)=\sum_{k=1}^{n2^n}(k-1)2^{-n}\chi_{A_{kn}}(s),\ n=1,\ 2,\ \cdots$$

其中 $\chi_{A_{kn}}$ 是 A_{kn} 的指标函数。由于对所有 k，n 有 $A_{kn}\in\mathscr{S}$，所以每一个函数 ϕ_n 都是$\mathscr{S}$可测的。同样，显然式（5）成立。此外，对任何 $s\in S$，存在$N(s)$对所有 $n\geqslant N(s)$ 满足：

$$|\phi_n(s)-f(s)|\leqslant 2^{-n}$$

因此 $\phi_n\to f$。若 f 是有界的，则最后一步的 N 可选为与 s 无关，所以收敛是一致的。

为了把这个结果扩展到所有实值函数，可以简单地把上面的论证分别应用于 f^+ 和 f^- 。■

若 f 是一个广义实值函数，定理仍然有效。为了说明这一点，考虑 f 非负的情形。定义 $C_n=\{s\in S\colon f(s)\geqslant n\}$，$n=1$，2，…，并令：

$$\phi_n(s)=\sum_{k=1}^{n2^n}(k-1)2^{-n}\chi_{A_{kn}}(s)+n\chi_{C_n},\ n=1,\ 2,\ \cdots$$

明显地，每一个 ϕ_n 都是一个简单函数，ϕ_n 逐点收敛于 f 且式（5）成立。

这两个定理表明，一个函数可测的充分必要条件是它为一个可测简单函数序列的逐点极限。找出这种逼近是证明一个函数可测的标准方式。

练习 7.12 令（S，$\mathcal{S}$）为一可测空间。

a. 证明若 f 和 g 为 S 上的 $\mathcal{S}$ 可测函数，且 $c\in\mathbf{R}$，则函数 $f+g$，fg，$|f|$ 和 cf 都是 $\mathcal{S}$ 可测的。

b. 对 S 上任何实值函数序列 $\{f_n\}$，定义函数 $g=\liminf f_n$ 为，对所有 $s\in S$：

$$g(s)=\liminf f_n(s)$$

类似地，可定义函数 $\limsup f_n$，$\inf f_n$ 和 $\sup f_n$。证明若 $\{f_n\}$ 是一 $\mathcal{S}$ 可测函数序列，则 $\inf f_n$，$\sup f_n$，$\liminf f_n$ 和 $\limsup f_n$ 都是 $\mathcal{S}$ 可测的。

练习 7.13 a. 证明 $\mathbf{R}^l$ 上的连续函数都是 $\mathcal{B}^l$ 可测的。

b. 定义 $\mathbf{R}^l$ 上的贝尔（Baire）函数为连续函数、连续函数序列的逐点极限函数、这些函数序列的逐点极限函数等。证明 $\mathbf{R}^l$ 上的贝尔函数确实是波雷尔可测函数。

练习 7.14 令（S，$\mathcal{S}$）为一可测空间，并令 $f\colon S\to\mathbf{R}$ 为一 $\mathcal{S}$ 可测函数。证明 $\mathbf{R}$ 中每一波雷尔集的原象都在 $\mathcal{S}$ 中，即对所有 $A\in\mathcal{B}$，有：

$$\{x\in S\colon f(x)\in A\}\in\mathcal{S}$$

（提示：首先证明 $\mathbf{R}$ 中每一开集的原象都属于 $\mathcal{S}$，然后证明原象属于 $\mathcal{S}$ 的 $\mathbf{R}$ 中集合的类是一个 σ 代数。）

上面最后一个练习可用于证明波雷尔可测函数的复合还是波雷尔可测的这一非常有用的事实，即若 $f\colon\mathbf{R}\to\mathbf{R}$ 和 $g\colon\mathbf{R}\to\mathbf{R}$ 都是波雷尔可测的，则由 $h(x)=g[f(x)]$ 定义的函数 $h\colon\mathbf{R}\to\mathbf{R}$ 也是波雷尔可测的。为了理解这一点，回忆若式（1）成立，则 h 是波雷尔可测的，这样，证明对任何波雷尔集 A，其原象 $h^{-1}(A)=f^{-1}[g^{-1}(A)]$ 是一波雷尔集就足够了，从练习 7.14 可立即推得确实如此。

若用勒贝格测度时，事情却不是这样的。即若 f 和 g 都是勒贝格可测函数，则 h 不必是勒贝格可测的。为了理解这一点，注意，若 f 和 g 都是勒贝格可测的，则练习 7.14 暗示对任何波雷尔集 A，原象 $f^{-1}(A)$ 和 $g^{-1}(A)$ 都是勒贝格集。现在，令 $A=(-\infty,\ a]$，并考虑原象 $h^{-1}(A)=f^{-1}[g^{-1}(A)]$，集合 $B=g^{-1}(A)$ 是勒贝格集，但不必为波雷尔集，这样，$f^{-1}(B)$ 不必是勒贝格集，且 h 不必是勒贝格可测的。由于这个原因，当我们处理一个欧几里得空间时，我们将总是想使用波雷尔集而不是勒贝格集作为我们的 σ 代数。

最后，我们可以把函数可测性的定义从一个可测空间扩展到另一个可测空间。

定义　令 $(S,\ \mathscr{S})$ 和 $(T,\ \mathscr{T})$ 都是可测空间。若每个可测集的原象都是可测的，即若对所有 $A\in\mathscr{T}$ 有 $\{s\in S:\ f(s)\in A\}\in\mathscr{S}$，则函数 f：$S\to T$ 为**可测的**（measurable）。

也就是，若每一个可测集的前象是可测的，则 f：$S\to T$ 是可测的。这样，如练习 7.14 所表明的，我们原来的定义是这个定义在 $(T,\ \mathscr{T})=(\mathbf{R}^1,\ \mathscr{B}^1)$ 的特例。这个定义的一个直接结果是可测函数的复合是可测的，即若 $(S,\ \mathscr{S})$，$(T,\ \mathscr{T})$ 和 $(U,\ \mathscr{U})$ 都是可测空间，且 f：$S\to T$ 和 g：$T\to U$ 都是可测函数，则由 $h(s)=g[f(s)]$ 定义的 h：$S\to U$ 是一个可测函数。（但如上面所表明的，若涉及的空间是欧几里得空间，这个结论必须仔细解释。）

练习 7.15　证明一函数 f：$\mathbf{R}^l\to\mathbf{R}^m$，其中

$$f(x_1,\ \cdots,\ x_l)=[f_1(x_1,\ \cdots,\ x_l),\ \cdots,\ f_m(x_1,\ \cdots,\ x_l)]$$

可测的充分必要条件是每一个函数 f_i：$\mathbf{R}^l\to\mathbf{R}^1$，$i=1,\ \cdots,\ m$ 都是 $\mathscr{B}^l$ 可测的。

最后，下面的定义和定理 7.6 是 9.1 节中所需的，在那里论及随机系统的最优性原理。虽然定理非常容易叙述，但证明却相当困难，故我们省略了证明。

定义　令 $(S,\ \mathscr{S})$ 和 $(T,\ \mathscr{T})$ 是可测空间，并令 Γ 是 S 到 T 的一个对应。若函数 h 是可测的且对所有 $s\in S$ 有 $h(s)\in\Gamma(s)$，则 h：$S\to T$ 是一个**来自 Γ 的可测选择**（measurable selection from Γ）。

定理 7.6（可测选择定理）　令 $S\subseteq\mathbf{R}^l$ 和 $T\subseteq\mathbf{R}^m$ 是分别带有波雷

尔子集 $\mathscr{S}$ 和 $\mathscr{T}$ 的波雷尔集。令 Γ：$S \to T$ 是一个（非空）紧值且上半连续的对应，则存在一个来自 Γ 的可测选择。

［至于证明，可见 Aildenbrand（1974），第 22 页的命题 1 和第 55 页的引理 1。］

7.4 积　　分

如果我们有一种统一的方法处理出现在引言例子中的期望值 $\mathrm{E}[v(y, z')]$，则我们将随机因素结合进我们理论的工作就会得到简化，本章我们就是从注意这一点开始的。我们已经知道对于随机冲击如何定义一个概率空间（Z，$\mathscr{Z}$，μ），且读者很可能已正确地猜测到，函数 v 将被要求是 $\mathscr{Z}$ 可测的。在本节，我们将结合两部分——测度空间和可测函数——导出积分理论。这里导出的积分（称作勒贝格积分，若我们涉及欧几里得空间和勒贝格测度）比黎曼积分更为一般，并且包括黎曼积分，此外还包括类似于 $\sum_i \pi_i f(s_i)$ 这种涉及离散概率的特殊情况。

两者间的不同由下面的例子说明。考虑函数 f：$[a, b] \to \mathbf{R}_+$。为了计算黎曼积分，我们考虑和式 $\sum_{i=1}^{n} y_i(a_i - a_{i-1})$，其中 $a = a_0 \leqslant a_1 \leqslant \cdots \leqslant a_n = b$，所以（$a_i - a_{i-1}$）是第 i 个区间的长度。此外，假设对所有 i 有 $x \in [a_{i-1}, a_i]$，且有 $y_i \leqslant f(x)$，则上面的和式是小于 f 的阶梯函数下的面积，所有这种阶梯函数上的上确界称作**下黎曼积分**（lower Riemann integral）。类似地，对所有 i 和 $x \in [a_{i-1}, a_i]$，利用 $y_i \geqslant f(x)$ 给出大于 f 的一个阶梯函数，所有这种阶梯函数上的下确界称作**上黎曼积分**（upper Riemann integral）。若两者一致，函数 f 称作黎曼可积的，且共同值称作**黎曼积分**（Riemann integral）$\int_a^b f(x)\mathrm{d}x$。这里的关键在于通过在 x 轴上连续做更为精细的格线取得近似，即通过选取彼此更接近的各个 a_i。

$[a, b]$ 上的勒贝格积分由 $\sum_{i=1}^{n} y_i \lambda(A_i)$ 定义，其中 $0 = y_1 \leqslant \cdots \leqslant y_n$，$A_i = \{x: y_i \leqslant f(x) < y_{i+1}\}$，且 $\lambda(A_i)$ 是集合 A_i 的勒贝格测度。勒贝格积分通过取彼此更加接近的各个 y_i 来定义，即在 y 轴上连续做更为精细的格线。

练习 7.16　令 f：$[0, 1] \to [0, 1]$ 定义为：

$$f(x)=\begin{cases}1, & \text{若 } x \text{ 是有理数} \\ 0, & \text{若 } x \text{ 是无理数}\end{cases}$$

通过计算 f 的上黎曼积分和下黎曼积分证明黎曼积分不存在。

当然，若黎曼积分存在时，勒贝格积分和黎曼积分是一致的。勒贝格积分的优点在于它是在一个更广泛的函数类上定义的，这就允许更具限制性地运算。此外，勒贝格的积分理论可扩展到测度空间（S，$\mathscr{S}$，μ）上的实值函数。例如，若 μ 是一个概率测度，则 $\int_S f(s)\mu(\mathrm{d}s)$ 是随机变量 f 关于分布 μ 的**期望值**（expected value）。

贯穿本节，我们取（S，$\mathscr{S}$，μ）为固定的测度空间，且可测总意味着 $\mathscr{S}$ 可测，令 $M(S,\mathscr{S})$ 是 S 上可测广义实值函数空间，并令 $M^+(S,\mathscr{S})$是由非负函数组成的子集。然而要注意，简单函数在 $\mathbf{R}$ 中而不是 $\overline{\mathbf{R}}$ 中取值。

我们从一个非负、可测、简单函数的积分定义开始。

定义 令 $\phi\in M^+(S,\mathscr{S})$ 是一可测简单函数，且具有标准表示 $\phi(s)=\sum_{i=1}^{n}a_i\chi_{A_i}(s)$。则 ϕ 关于 μ 的积分是：

$$\int_S\phi(s)\mu(\mathrm{d}s)=\sum_{i=1}^{n}a_i\mu(A_i)$$

下面的练习证明了简单函数积分的线性性质。

练习 7.17 证明若 ϕ，$\varphi\in M^+(S,\mathscr{S})$ 都是简单函数，且 $c\geqslant 0$，则有：

$$\int(\phi+\varphi)\mathrm{d}\mu=\int\phi\mathrm{d}\mu+\int\varphi\mathrm{d}\mu,\ \int c\phi\,\mathrm{d}\mu=c\int\phi\mathrm{d}\mu$$

积分的定义可按如下的方式从简单函数扩展到 $M^+(S,\mathscr{S})$ 中所有的函数上。

定义 对 $f\in M^+(S,\mathscr{S})$，f 关于 μ 的积分是：

$$\int_S f(s)\mu(\mathrm{d}s)=\sup\int_S\phi(s)\mu(\mathrm{d}s)$$

其中上确界是对 $M^+(S,S)$ 中满足 $0\leqslant\phi\leqslant f$ 的所有简单函数 ϕ 取的。若 $A\in\mathscr{S}$，则 f 在 A 上关于 μ 的积分是：

$$\int_A f(s)\mu(\mathrm{d}s)=\int_S f(s)\chi_A(s)\mu(\mathrm{d}s)$$

当不会引起混淆时，我们用更简洁的 $\int f\mathrm{d}\mu$ 和 $\int_A f\mathrm{d}\mu$ 表示上面的两个积分。注意，这些积分可以是无限的。

由定理 7.5 我们知道，任何函数 $f\in M^+(S, \mathscr{S})$ 可表达成 $M^+(S, \mathscr{S})$ 中简单函数的一个递增序列 $\{\phi_n\}$ 的极限。这样，定义积分 $\int f\mathrm{d}\mu$ 为序列 $\{\int \phi_n \mathrm{d}\mu\}$ 的极限似乎更自然，但以这种方式定义积分将留下极限也许依赖于所选的特定序列 $\{\phi_n\}$ 这种可能性而未解决。下一个结果，即单调收敛定理证明，极限值是唯一的。为了对此做准备，我们需要下面的结果，它表明一个测度空间上的简单函数可用来定义此空间上的一个新测度。

引理 7.7 若 $\phi\in M^+(S, \mathscr{S})$ 是一个简单函数，λ：$\mathscr{S}\to\mathbf{R}$ 对所有 $A\in\mathscr{S}$ 定义为 $\lambda(A)=\int_A \phi\mathrm{d}\mu$，则 λ 是 $\mathscr{S}$ 上的一个测度。

证明 令 $\phi=\sum_{i=1}^n a_i\chi_{B_i}$ 是 ϕ 的标准表示，则对每个 $A\in\mathscr{S}$，我们有：

$$\begin{aligned}\lambda(A) &= \int_A \phi\mathrm{d}\mu = \int \phi\chi_A\mathrm{d}\mu = \int\Big[\sum_{i=1}^n a_i\chi_{B_i}\Big]\chi_A\mathrm{d}\mu \\ &= \int\Big[\sum_{i=1}^n a_i\chi_{(A\cap B_i)}\Big]\mathrm{d}\mu = \sum_{i=1}^n a_i\Big[\int\chi_{(A\cap B_i)}\mathrm{d}\mu\Big] \\ &= \sum_{i=1}^n a_i\mu(A\cap B_i) \qquad (1)\end{aligned}$$

其中倒数第二步使用了练习 7.17。由于对每个 i 有 $B_i\in\mathscr{S}$，由练习 7.4b 可推得每个映射 $\lambda_i(A)=\mu(A\cap B_i)$ 是一个测度。因此，由式（1）定义的 λ：$\mathscr{S}\to\mathbf{R}_+$ 是测度的一个线性组合，所以，由练习 7.4a 知它本身是一个测度。■

练习 7.18 a. 证明若 $f, g\in M^+(S, \mathscr{S})$ 且 $f\leqslant g$，则 $\int f\mathrm{d}\mu\leqslant\int g\mathrm{d}\mu$。

b. 证明若 $f\in M^+(S, \mathscr{S})$，$A, B\in\mathscr{S}$ 且 $A\subseteq B$，则 $\int_A f\mathrm{d}\mu\leqslant\int_B f\mathrm{d}\mu$。

现在，我们已经准备好证明一个我们将多次利用的结果。

定理 7.8（单调收敛定理） 若 $\{f_n\}$ 是 $M^+(S, \mathscr{S})$ 中逐点收敛于 f 的一个单调递增函数序列，则：

$$\int f\mathrm{d}\mu = \lim_{n\to\infty}\int f_n\mathrm{d}\mu$$

证明 由于 f 是一个可测函数序列的极限，所以它是可测的（定理

7.4)，又由于序列是单调的，由练习 7.18a 直接可得 $\int f_n \mathrm{d}\mu \leqslant \int f \mathrm{d}\mu$，$n=1，2，\cdots$。因此

$$\lim_{n\to\infty}\int f_n \mathrm{d}\mu \leqslant \int f \mathrm{d}\mu$$

为了证明反向不等式，我们将证明：

$$\int f \mathrm{d}\mu = \sup_{\phi}\int \phi \mathrm{d}\mu \leqslant \lim_{n\to\infty}\int f_n \mathrm{d}\mu \tag{2}$$

其中上确界是对满足 $0\leqslant\phi\leqslant f$ 的非负、可测、简单函数取的。

令 $\phi\in M^+(S, \mathscr{S})$ 是任何满足 $0\leqslant\phi\leqslant f$ 的简单函数，由引理 7.7 可知，我们可以对所有 $A\in\mathscr{S}$ 用 $\lambda(A)=\int_A \phi \mathrm{d}\mu$ 定义一个 $\mathscr{S}$ 上的测度 λ。于是选择 $0<\alpha<1$ 并定义集合 A_n 为：

$$A_n = \{s\in S: \alpha\phi(s)\leqslant f_n(s)\},\quad n=1，2，\cdots$$

由练习 7.18，有：

$$\int_{A_n} \alpha\phi \mathrm{d}\mu \leqslant \int_{A_n} f_n \mathrm{d}\mu \leqslant \int f_n \mathrm{d}\mu \tag{3}$$

由于 $\{f_n\}$ 是一个递增的函数序列，所以 $\{A_n\}$ 是一个单调递增集合序列。此外，由于 $\phi\leqslant f$ 及 $\alpha<1$，所以对所有 $s\in S$ 有 $\alpha\phi(s)<f(s)$。因为 $f_n\to f$，于是可推得 $\bigcup_{n=1}^{\infty}A_n=S$。因此得：

$$\lim_{n\to\infty}\int_{A_n}\phi \mathrm{d}\mu = \lim_{n\to\infty}\lambda(A_n) = \lambda(\bigcup_{n=1}^{\infty}A_n) = \lambda(S) = \int \phi \mathrm{d}\mu \tag{4}$$

其中第二个等式利用了定理 7.1。于是，在式（3）中取 $n\to\infty$ 时的极限并利用式（4），我们得到：

$$\alpha\int \phi \mathrm{d}\mu \leqslant \lim_{n\to\infty}\int f_n \mathrm{d}\mu$$

由于 $0<\alpha<1$ 及 $0\leqslant\phi\leqslant f$ 是任意的，这暗示式（2）成立。■

练习 7.19　用例子证明若我们取 $\alpha=1$，则上面的证明将失败。

下面两个练习分别是练习 7.17 和引理 7.7 的扩展，它们证明了 $M^+(S, \mathscr{S})$ 中所有函数积分的线性性质，并证明了 $M^+(S, \mathscr{S})$ 中任意函数可用来定义一个测度。

然后，练习 7.22 提供了一个交换求和及积分次序的非常有用的充分条件。

练习 7.20　a. 证明若 $f，g\in M^+(S, \mathscr{S})$ 且 $c\geqslant 0$，则有：

$$\int (f+g)\mathrm{d}\mu = \int f \mathrm{d}\mu + \int g \mathrm{d}\mu \quad 和 \quad \int cf \mathrm{d}\mu = c\int f \mathrm{d}\mu$$

（提示：利用定理 7.5、练习 7.17 和单调收敛定理。）

b. 令 $f \in M^+(S, \mathscr{S})$ 是一广义实值函数，并令 $A \in \mathscr{S}$，且 $\mu(A)=0$，证明 $\int_A f \mathrm{d}\mu = 0$。（提示：利用在定理 7.5 随后的讨论中定义的渐近简单函数序列，并应用单调收敛定理。）

c. 令 $f \in M^+(S, \mathscr{S})$ 是一广义实值函数，并假设 $\int_S f \mathrm{d}\mu < \infty$；令 $A=\{s \in S: f(s)=+\infty\}$。证明 $\mu(A)=0$。

练习 7.21 证明若 $f \in M^+(S, \mathscr{S})$，则对所有 $A \in \mathscr{S}$，由 $\lambda(A) = \int_A f \mathrm{d}\mu$ 定义的 $\lambda: \mathscr{S} \to \mathbf{R}_+$ 是 $(S, \mathscr{S})$ 上的一个测度。［提示：令 $\{A_i\}$ 是 $\mathscr{S}$ 中集合的一个不相交序列，其并集为 A，并令 $f_n = \sum_{i=1}^{n} f\chi_{A_i}$，然后利用练习 7.20 和单调收敛定理。］

练习 7.22 令 $\{g_i\}$ 是 $M^+(S, \mathscr{S})$ 中一个函数序列，证明：

$$\int\left(\sum_{i=1}^{\infty} g_i\right)\mathrm{d}\mu = \sum_{i=1}^{\infty}\int g_i \mathrm{d}\mu$$

（提示：定义 $f_n = \sum_{i=1}^{n} g_i$，$n=1, 2, \cdots$，并令 $f = \sum_{i=1}^{\infty} g_i$。然后利用练习 7.20 和单调收敛定理。）

下一个结果是单调收敛定理的一个极其有用的应用，它在另一个有用的积分极限定理即勒贝格受控收敛定理的证明中被引用。

引理 7.9［法图（Fatou）引理］ 若 $\{f_n\}$ 是 $M^+(S, \mathscr{S})$ 中一个函数序列，则：

$$\int(\liminf f_n)\mathrm{d}\mu \leqslant \liminf \int f_n \mathrm{d}\mu$$

证明 令 $g_m = \inf\{f_m, f_{m+1}, \cdots\}$，所以，对 $m \leqslant n$ 有 $g_m \leqslant f_n$。于是，对所有 $m \leqslant n$，有：

$$\int g_m \mathrm{d}\mu \leqslant \int f_n \mathrm{d}\mu$$

因此，对所有 m 有：

$$\int g_m \mathrm{d}\mu \leqslant \liminf \int f_n \mathrm{d}\mu$$

序列 $\{g_m\}$ 是递增的且收敛于 $\liminf f_n$，所以由单调收敛定理，有：

$$\int(\liminf f_n)\mathrm{d}\mu = \lim \int g_m \mathrm{d}\mu \leqslant \liminf \int f_n \mathrm{d}\mu \quad \blacksquare$$

练习 7.23 给出 $M^+(S, \mathscr{S})$ 中一个序列 $\{f_n\}$ 的例子，使得

$$\int(\liminf f_n)\mathrm{d}\mu \neq \liminf\int f_n\mathrm{d}\mu$$

练习 7.24　a. 证明对 $f\in M^+(S,\mathscr{S})$，当且仅当 $\int f\mathrm{d}u=0$ 时 $f(s)=0$，μ-a. e. 。

b. 证明若几乎处处 $f_n\to f$，则单调收敛定理成立。

到此为止，我们仅仅处理了非负函数并允许一个函数的积分为 $+\infty$，在处理取正负两种值的函数时，要求函数值和积分均有限是方便的和符合惯例的。为了定义一个任意函数的积分，我们先定义一个函数的正部分和负部分，即 f^+ 和 f^-，它们分别定义为：

$$f^+(s)=\begin{cases}f(s), & \text{若 } f(s)\geqslant 0\\ 0, & \text{若 } f(s)<0\end{cases}$$

和

$$f^-(s)=\begin{cases}-f(s), & \text{若 } f(s)\leqslant 0\\ 0, & \text{若 } f(s)>0\end{cases}$$

因此，若 f 是可测的，则 f^+ 和 f^- 都在 $M^+(S,\mathscr{S})$ 中，且 $f=f^+-f^-$。于是，我们有 f 的积分定义如下。

定义　令 $(S,\mathscr{S},\mu)$ 为一测度空间，令 f 为 S 上的一个可测实值函数。若 f^+ 和 f^- 都有关于 μ 的有限积分，则 f 是**可积的**（integrable）且 f 关于 u 的积分是：

$$\int f\mathrm{d}\mu=\int f^+\mathrm{d}\mu-\int f^-\mathrm{d}\mu$$

若 $A\in\mathscr{S}$，f 在 A 上关于 μ 的积分为：

$$\int_A f\mathrm{d}\mu=\int_A f^+\mathrm{d}\mu-\int_A f^-\mathrm{d}\mu$$

若 f 的正、负两部分中任一个有一无限积分，我们就简单地说 f 是不可积的（或在 A 上不可积）。这样，我们就避免了处理如 $+\infty$ 和 $-\infty$ 这样的表达式。

回忆，若 $(S,\mathscr{S},\mu)$ 是一概率空间且 f 为一可测函数，则 f 被称作一个随机变量。此外，如果 f 是可积的，则 f 关于 μ 的积分被称作 f 的期望值，并记作 $\mathrm{E}(f)=\int f\mathrm{d}\mu$。

令 $L(S,\mathscr{S},\mu)$ 表示 S 上所有关于 μ 可积的 $\mathscr{S}$ 可测实值函数的集合。下一练习给出了判断函数是否可积的一些方法。

练习 7.25　令 $(S,\mathscr{S},\mu)$ 为一测度空间。证明若 f 是 S 上一个有

界、可测实值函数且 $\mu(S)<\infty$，则 f 是 μ 可积的。

这样，一个有界随机变量具有定义恰当的期望值。

练习 7.26 令（S，$\mathscr{S}$，μ）是一测度空间，并令 f 和 g 是 S 上的实值函数。

a. 证明 f 是 μ 可积的，当且仅当 $|f|$ 是 μ 可积的，而且在这种情形中 $\left|\int f\mathrm{d}u\right|\leqslant\int|f|\,\mathrm{d}u$。

b. 证明若 f 是 $\mathscr{S}$ 可测的，g 是 μ 可积的，且 $|f|\leqslant|g|$，则 f 是 μ 可积的，且 $\int|f|\,\mathrm{d}u\leqslant\int|g|\,\mathrm{d}u$。

c. 证明若 f 和 g 都是 μ 可积的，而且 $\alpha\in\mathbf{R}$，则 αf 和 $f+g$ 都是 μ 可积的，且有：

$$\int\alpha f\,\mathrm{d}\mu=\alpha\int f\mathrm{d}\mu \quad 和 \quad \int(f+g)\mathrm{d}\mu=\int f\mathrm{d}u+\int g\mathrm{d}\mu$$

下一个结果是一个具有极其广泛的应用性的积分极限定理。

定理 7.10（勒贝格受控收敛定理） 令（S，$\mathscr{S}$，μ）为一测度空间，并令 $\{f_n\}$ 是几乎处处收敛于一可测函数 f 的可积函数序列。若存在一个可积函数 g 对所有 n 满足 $|f_n|\leqslant g$，则 f 是可积的，且有：

$$\int f\mathrm{d}\mu=\lim\int f_n\mathrm{d}\mu$$

证明 不失一般性地，假定 $\{f_n\}$ 在全部 S 上收敛于 f，则如练习 7.26b 中表明的，f 是可积的，又由于 $g+f_n\geqslant0$，故有：

$$\begin{aligned}\int g\mathrm{d}\mu+\int f\mathrm{d}\mu&=\int(f+g)\mathrm{d}\mu=\int\lim\inf(g+f_n)\mathrm{d}\mu\\&\leqslant\lim\inf\int(g+f_n)\mathrm{d}\mu=\lim\inf\left(\int g\mathrm{d}\mu+\int f_n\mathrm{d}\mu\right)\\&=\int g\mathrm{d}\mu+\lim\inf\int f_n\mathrm{d}\mu\end{aligned}$$

其中不等式来自法图引理。因此有：

$$\int f\mathrm{d}\mu\leqslant\lim\inf\int f_n\mathrm{d}\mu$$

由于 $g-f_n\geqslant0$，再一次应用法图引理得出：

$$\begin{aligned}\int g\mathrm{d}\mu-\int f\mathrm{d}\mu&=\int(g-f)\mathrm{d}\mu=\int\lim\inf(g-f_n)\mathrm{d}\mu\\&\leqslant\lim\inf\int(g-f_n)\mathrm{d}\mu=\lim\inf\left(\int g\mathrm{d}\mu-\int f_n\mathrm{d}\mu\right)\\&=\int g\mathrm{d}\mu-\lim\sup\int f_n\mathrm{d}\mu\end{aligned}$$

因此有：

$$\limsup\int f_n \mathrm{d}\mu \leqslant \int f \mathrm{d}\mu$$

将两个结果结合即得出要求的结论。■

注意，若函数 $\{f_n\}$ 是一致有界的，且 μ 是一有限测度，则勒贝格受控收敛定理应用起来很平常：简单地取 g 为等于各 f_n 的一致界的常数函数。我们稍后将广泛利用这一事实，因为我们将时常处理有界函数。

在练习 7.21 中我们看到（S，$\mathscr{S}$）上的测度 λ 可通过求函数 $f\in M^+(S, \mathscr{S})$ 关于测度 μ 的积分而得到。下面两个结果涉及互逆的情形，为了叙述，我们需要下面的定义。

定义　令 λ 和 μ 是（S，$\mathscr{S}$）上的有限测度。如果对任意 $A\in\mathscr{S}$，$\mu(A)=0$ 意味着 $\lambda(A)=0$，则 λ 关于 μ 是**绝对连续**（absolutely continuous）的，写作 $\lambda\ll\mu$。若存在一集合 $A\in\mathscr{S}$，对所有 $B\in\mathscr{S}$ 满足 $\lambda(B)=\lambda(A\cap B)$，则 λ 在 A 上是**集中的**（concentrated）。如果存在不相交的集合 A，$B\in\mathscr{S}$，使 λ 在 A 上是集中的，且 μ 在 B 上是集中的，则 λ 和 μ 是**相互奇异**（mutually singular）的，写作 $\lambda\perp\mu$。

很清楚，若 λ 由求 $f\in M^+(S, \mathscr{S})$ 关于测度 μ 的积分而得到，则 λ 关于 μ 是绝对连续的。拉东-尼科迪姆（Radon-Nikodym）定理证明了其逆：任一关于 μ 绝对连续的测度 λ 都可由这样一个积分得到。它同样证明了，从某种特定意义上说，被积函数是唯一的。这个定理极其有用且非常容易叙述。然而，存在性的证明相当困难，我们省略了它。[见 Bartle（1966，pp. 85－87），或 Royden（1968，pp. 238－240）。]

定理 7.11（拉东-尼科迪姆定理）　令 λ 和 μ 是（S，$\mathscr{S}$）上的有限正测度，且 $\lambda\ll\mu$，则存在一个可积函数 h 对所有 $A\in\mathscr{S}$ 满足：

$$\lambda(A)=\int_A h(s)\mu(ds)$$

若 g 也有这个性质，则 $g=h$，μ-$a.e.$。从这个意义上说，这个函数是唯一的。

唯一性证明　令（S，$\mathscr{S}$），λ 和 μ 给定，假设存在两个可测函数 g 和 h，对所有 $A\in\mathscr{S}$ 满足：

$$\int_A g\,\mathrm{d}\mu=\lambda(A)=\int_A h\,\mathrm{d}\mu \tag{5}$$

由于 g 和 h 都是可测的，所以函数 $g-h$ 也是可测的，因而集合

$$X=\{s\in S: g(s)-h(s)>0\}$$

位于 $\mathscr{S}$ 中，且由式（5）知对 $A=X$，有：

$$\int_X (g-h)\mathrm{d}\mu = \int_X g\,\mathrm{d}\mu - \int_X h\,\mathrm{d}\mu = 0$$

因此由练习 7.24a 知，$\mu(X)=0$。转换 g 和 h 的角色并重复论证过程，我们得到 $g=h$，μ-a. e. 。■

满足式（5）的函数 h 称作 λ 关于 μ 的**拉东-尼科迪姆导数**（Radon-Nikodym derivative），写作 $\mathrm{d}\lambda/\mathrm{d}\mu$。

我们下一个结果利用定理 7.11 进行证明，任何两个测度可以被唯一地表示成“共同”和相互奇异部分的和。

引理 7.12 令 λ_1 和 λ_2 是（S，$\mathscr{S}$）上的有限测度，则存在三个测度 γ，α_1 和 α_2 满足 $\lambda_i=\gamma+\alpha_i$，$i=1$，2，且 $\alpha_1\perp\alpha_2$。

证明 令 $\mu=\lambda_1+\lambda_2$，则 μ 是（S，$\mathscr{S}$）上一有限测度，且 λ_1 和 λ_2 关于 μ 都是绝对连续的。因此，由拉东-尼科迪姆定理知，存在非负、可积函数 h_1 和 h_2 对所有 $A\in\mathscr{S}$ 满足：

$$\lambda_i(A) = \int_A h_i(s)\mu(\mathrm{d}s),\ i = 1,\ 2$$

对所有 $s\in S$，用 $h(s)=\min\{h_1(s),\ h_2(s)\}$ 定义函数 h，并注意 h 是非负、可积的，因此我们可以对所有 $A\in\mathscr{S}$ 定义测度 γ，α_1 和 α_2：

$$\gamma(A) = \int_A h(s)\mu(\mathrm{d}s)$$

$$\alpha_i(A) = \int_A [h_i(s)-h(s)]\mu(\mathrm{d}s),\ i = 1,2$$

定义 $B=\{s\in S:\ h_1>h\}$ 和 $C=\{s\in S:\ h_2>h\}$，显然，B 和 C 不相交且都落在 $\mathscr{S}$ 中，且 α_1 集中于 B 上，α_2 集中于 C 上，从而 $\alpha_1\perp\alpha_2$。■

7.5 积空间

在本节我们定义积空间，说明在这种空间上可以如何定义测度，并导出这种空间中集合与函数的一个基本性质。

令（X，$\mathscr{X}$）和（Y，$\mathscr{Y}$）都是可测空间，并令 Z 是 X 和 Y 的笛卡尔乘积：

$$Z = X\times Y = \{z = (x,\ y):\ x\in X,\ y\in Y\}$$

为了定义 Z 的子集的一个 σ 代数，使之为 $\mathscr{X}$ 和 $\mathscr{Y}$ 的自然乘积，我们首先用 $\mathscr{X}$ 和 $\mathscr{Y}$ 定义 Z 的子集的一个代数。

定义　若 $A\in\mathscr{X}$ 及 $B\in\mathscr{Y}$，则集合 $C=A\times B\subseteq Z$ 是一个**可测矩形**(measurable rectangle)。

令 $\mathscr{C}$ 是所有可测矩形的集合，并令 $\mathscr{E}$ 是可测矩形所有有限并集的集合。

练习 7.27　证明 $\mathscr{E}$ 是一个代数且 $\mathscr{E}$ 中任一集合都可写作不相交可测矩形的有限并集。

令 $\mathscr{Z}=\mathscr{X}\times\mathscr{Y}$ 是由 $\mathscr{E}$ 生成的 σ 代数，测度空间（Z，$\mathscr{Z}$）称作**积空间**(product space)。下一个练习证明了关于波雷尔 σ 代数的一个重要事实。

练习 7.28　证明对所有 k，$l\geqslant 1$ 有 $\mathscr{B}^{k+l}=\mathscr{B}^k\times\mathscr{B}^l$，其中 $\mathscr{B}^n$ 表示 $\mathbf{R}^n$ 中的波雷尔集。

下一个结果提供了在积空间上定义测度的一个极其有用的工具，它在下一节中将被广泛使用。

定理 7.13　令（X，$\mathscr{X}$），（Y，$\mathscr{Y}$），$\mathscr{C}$ 和 $\mathscr{E}$ 定义如前，令 μ：$\mathscr{C}\to\mathbf{R}_+$ 具有如下性质：

a. $\mu(\varnothing)=0$；

b. 若 $\{C_i\}=\{(A_i\times B_i)\}_{i=1}^{\infty}$ 是 $\mathscr{C}$ 上一个不相交集合序列且 $\bigcup_{i=1}^{\infty}C_i$ 在 $\mathscr{C}$ 中，则 $\mu(\bigcup_{i=1}^{\infty}C_i)=\sum_{i=1}^{\infty}\mu(C_i)$。

则在 $\mathscr{E}$ 上存在一测度，它在 $\mathscr{C}$ 上与 μ 一致。

证明　令满足 a 和 b 的 μ：$\mathscr{C}\to\mathbf{R}_+$ 是给定的。在练习 7.27 中证明了 $\mathscr{E}$ 中任何集合都可表示为 $\mathscr{C}$ 中不相交集合的有限并集。假设 $E\in\mathscr{E}$ 且 $\bigcup_{i=1}^{I}C_i=E=\bigcup_{j=1}^{J}D_j$ 是表示 E 的两种方式，我们将证明 $\sum_i\mu(C_i)=\sum_j\mu(D_j)$ 并定义 $\mu(E)$ 为它们的公共值。

由于每个 C_i 和 D_j 都是一个矩形，所以每个集合 $E_{ij}=C_i\cap D_j$ 也是一矩形。此外，所有 E_{ij} 都是不相交的，且有：

$$\bigcup_{j=1}^{J}E_{ij}=C_i\text{，对所有 } i\text{；}\bigcup_{i=1}^{I}E_{ij}=D_j\text{，对所有 } j$$

因此由上面的性质 b，有：

$$\sum_{j=1}^{J}\mu(E_{ij})=\mu(\bigcup_{j=1}^{J}E_{ij})=\mu(C_i)\text{，对所有 } i$$

$$\sum_{i=1}^{I}\mu(E_{ij})=\mu(\bigcup_{i=1}^{I}E_{ij})=\mu(D_j)\text{，对所有 } j$$

因此有：

$$\sum_{i=1}^{I}\mu(C_i)=\sum_{i=1}^{I}\sum_{j=1}^{J}\mu(E_{ij})=\sum_{j=1}^{J}\mu(D_j)$$

这就证明了 μ 在 $\mathscr{E}$ 上是定义恰当的。性质 a 和 b 保证 μ 是一个测度。■

由定理 7.13、卡拉特奥多里定理及哈恩扩展定理（定理 7.2 和定理 7.3）可立即推得，为了在一个积空间中定义一个测度，找到定义在满足定理 7.13a 和 b 的可测矩形上的一个函数 μ 就足够了。

定理 7.13 中的结果能以明显的方式扩展到任何有限个可测空间的积空间中去，由于这是我们在后边所需要的变化形式，我们在这里叙述所需结果。

令 $(X_k,\ \mathscr{X}_k)$，$k=1$，…，n 是可测空间，并令 $Z=X_1\times\cdots\times X_n$ 是各个 X_k 的笛卡尔乘积，若：

$$C=A_1\times\cdots\times A_n,\ \text{其中}\ A_k\in\mathscr{X}_k,\ k=1,\ \cdots,\ n$$

则称集合 $C\subseteq Z$ 是一可测矩形。

像上面一样，令 $\mathscr{C}$ 是所有可测矩形的族，令 $\mathscr{E}$ 是由可测矩形的所有有限并集组成的代数，并令 $\mathscr{Z}$ 是由 $\mathscr{C}$ 或 $\mathscr{E}$ 生成的 σ 代数。定理 7.13 的一个明显的类似结论成立，我们把它留作一个练习。

练习 7.29 令 μ：$\mathscr{C}\to\mathbf{R}_+$ 具有如下性质：

a. $\mu(\varnothing)=0$；

b. 若 $\{C_i\}=\{(A_{1i}\times\cdots\times A_{ni})\}_{i=1}^{\infty}$ 是 $\mathscr{C}$ 中一个不相交集合序列且 $\bigcup_{i=1}^{\infty}C_i$ 在 $\mathscr{C}$ 中，则 $\mu(\bigcup_{i=1}^{\infty}C_i)=\sum_{i=1}^{\infty}\mu(C_i)$。

证明 μ 可扩展成 $\mathscr{Z}$ 上的一个测度。

我们最后的结果是积空间中集合和函数的一个非常基本和极具吸引力的性质，在叙述它之前，我们需要如下定义。令 $(X,\ \mathscr{X})$ 和 $(Y,\ \mathscr{Y})$ 为可测空间，并令 $(Z,\ \mathscr{Z})$ 是积空间。

定义 令 $E\subseteq Z$ 及 $x\in X$，则 **E 的 x 区域**（x-section of E）是（Y 中的）集合 $E_x=\{y\in Y：(x,\ y)\in E\}$，$E$ 的 y 区域（X 中的一个集合）也是类似定义的，记作 E_y。

定义 令 f：$Z\to\mathbf{R}$ 并令 $x\in X$，则 **f 的 x 区域**（x-section of f）是由 $f_x(y)=f(x,\ y)$ 定义的函数 f_x：$Y\to\mathbf{R}$。f 的 y 区域 f_y：$X\to\mathbf{R}$ 可类似定义。

这样，$X\times Y$ 中集合 E 的 x 区域简单地是 E 在所选 x 值的截面，而 E 的 y 区域是 E 在所选 y 值的截面。$X\times Y$ 上实值函数 f 的 x 区域由固定 x 于所选值并将 f 看作仅为 y 的一个函数而得到。类似地，f 的 y 区域可由固定 y 并将 f 看作仅为 x 的函数而得到。定理 7.14 表明，一个可测集的每一区域都是可测的，一个可测函数的每一区域也是可测的。

定理 7.14 令 $(X, \mathscr{X})$ 和 $(Y, \mathscr{Y})$ 为可测空间，并令 $(Z, \mathscr{Z})$ 是积空间。若 Z 中的集合 E 是 $\mathscr{Z}$ 可测的，则 E 的任一区域都是可测的；若函数 $f: Z\to\mathbf{R}$ 是 $\mathscr{Z}$ 可测的，则 f 的任一区域都是可测的。

证明 令 $\mathscr{E}$ 是 $\mathscr{Z}$ 中具有可测 x 区域的集合类，我们将证明 $\mathscr{E}$ 包含可测矩形且是一 σ 代数。

令 E 是一可测矩形，$E=A\times B$，其中 $A\in\mathscr{X}$，$B\in\mathscr{Y}$。令 $x\in X$，则：

$$E_x=\begin{cases}B, & \text{若 } x\in A\\ \varnothing, & \text{若 } x\notin A\end{cases}$$

由于 B，$\varnothing\in\mathscr{Y}$，则每个集合 E_x 都是可测的，因此 $\mathscr{E}$ 包含可测矩形。

假设 $E\in\mathscr{E}$，则 $(E^c)_x=(E_x)^c$，且后者在 $\mathscr{Y}$ 中，因而 $\mathscr{E}$ 在补集下是闭的。最后，令 $\{E_n\}$ 是 $\mathscr{E}$ 中一可数序列，则 $(\bigcup_{n=1}^{\infty}E_n)_x=\bigcup_{n=1}^{\infty}E_{nx}$。由于每个集合 E_{nx} 在 $\mathscr{Y}$ 中且 $\mathscr{Y}$ 是一个 σ 代数，所以它们的并集也在 $\mathscr{Y}$ 中，因此 $\mathscr{E}$ 在可数并集下是闭的。

令 $f: Z\to\mathbf{R}$ 为一可测函数，并令 $x\in X$ 及 $\alpha\in\mathbf{R}$，则集合 $\{y\in Y: f_x(y)>\alpha\}$ 简单地是集合 $\{(x, y)\in X\times Y: f(x, y)>\alpha\}$ 的 x 区域。因此，所需的结论可立即由上面的结果推得。■

由定理 7.14 以及练习 7.28 立即可得，若波雷尔 σ 代数用于欧几里得空间，则可测集合及可测函数的各个区域都是可测的，这是我们后边广泛使用的事实。注意，若用勒贝格集代替波雷尔集，则这是不正确的。

练习 7.30 证明 $\mathscr{L}^2$ 不等于 $\mathscr{L}^1\times\mathscr{L}^1$，其中 $\mathscr{L}^l$ 表示 $\mathbf{R}^l$ 中的勒贝格可测集合。(提示：在 $\mathbf{R}^2$ 中构造一个本身 $\mathscr{L}^2$ 可测但含有非 $\mathscr{L}^1$ 可测区域的集合。)

下一个练习将证明，积空间中函数的复合是可测的。

练习 7.31 令 $(S, \mathscr{S})$，$(W, \mathscr{W})$，$(X, \mathscr{X})$，$(Y, \mathscr{Y})$ 和 $(Z, \mathscr{Z})$ 都是可测空间；令 $f: W\to Y$，$g: X\to Z$ 及 $h: Y\times Z\to S$ 都是可测函数。证明由 $\phi(w, x)=h[f(w), g(x)]$ 所定义的 $\phi: W\times Y\to S$ 是可测的。

7.6 单调类引理

在许多情形中，我们想证明在一特定 σ 代数 $\mathscr{S}$ 中某种性质 P 对所有集合都成立，若 $\mathscr{S}$ 是由一集合族 $\mathscr{A}$ 生成的 σ 代数，做到这点的一种方法是证明：

a. P 对 $\mathscr{A}$ 中任一集合都成立；

b. 使 P 成立的集合族是一 σ 代数。

这是定理 7.14 的证明中所用的方法，这种推理方式通常是有用的，但在某些情形中 b 很难直接证明。在本节，我们证明，通过强化 a 而弱化 b 可以得出同样的结论。

首先，我们需要下面的定义。

定义　单调类（monotone class）是由集合构成的一个非空集合 $\mathscr{M}$，它需满足：

a. 任意嵌套递增集合序列 $A_1 \subseteq A_2 \subseteq \cdots$ 的并集都在 $\mathscr{M}$ 中；

b. 任意嵌套递减集合序列 $A_1 \supseteq A_2 \supseteq \cdots$ 的交集都在 $\mathscr{M}$ 中。

于是，我们有如下事实：

（1）任一 σ 代数都是一个单调类；

（2）若 $\mathscr{A}$ 是 S 的子集的非空集合，则存在一个包含 $\mathscr{A}$ 的最小单调类，称作由 $\mathscr{A}$ 生成的单调类；

（3）若 $\mathscr{A}$ 是 S 的子集的非空集合，则由 $\mathscr{A}$ 生成的 σ 代数包含由 $\mathscr{A}$ 生成的单调类；

（4）若一单调类为一代数，则它是一个 σ 代数。

事实（1）是明显的。为了证明事实（2），可以利用类似于练习 7.1 中对包含 $\mathscr{A}$ 的最小 σ 代数的论证。为了证明事实（3），注意，包含 $\mathscr{A}$ 的任一 σ 代数都是包含 $\mathscr{A}$ 的一个单调类。由 $\mathscr{A}$ 生成的单调类严格小于由 $\mathscr{A}$ 生成的 σ 代数的一个通俗的例子是：

$$S=\{0, 1\}, \mathscr{A}=\{\{0\}\}, \mathscr{M}=\{\{0\}\}$$

$$\mathscr{S}=\{\varnothing, \{0\}, \{1\}, \{0, 1\}\}$$

为了证明事实（4），注意，若 $\mathscr{M}$ 是一代数，则它在补集和有限并集下是闭的。因此，对 $\mathscr{A}$ 中给定的任意集合序列 $\{A_i\}_{i=1}^{\infty}$，我们可以构造一递增序列 $\{B_i\}_{i=1}^{\infty}$，其定义为：

$$B_1=A_1, B_i=B_{i-1} \cup A_i, i=2, 3, \cdots$$

则 $\bigcup_{i=1}^{\infty} A_i=\bigcup_{i=1}^{\infty} B_i$，且后者在 $\mathscr{M}$ 中，因而 $\mathscr{M}$ 在可数并集下是闭的。

引理 7.15 证明了一个关于由代数生成的单调类的极其有用的事实。

引理 7.15（单调类引理）　令 S 为一集合并令 $\mathscr{A}$ 为 S 的子集的一个代数，则由 $\mathscr{A}$ 生成的单调类 $\mathscr{M}$ 与由 $\mathscr{A}$ 生成的 σ 代数 $\mathscr{S}$ 相同。

证明　由事实（3），我们有 $\mathscr{M} \subseteq \mathscr{S}$，因此由事实（4）知证明 $\mathscr{M}$ 为

一代数即足够了。

由于 $\mathscr{A}$ 是一代数且 $\mathscr{A}\subseteq\mathscr{M}$，可知 $\varnothing$，$S\in\mathscr{M}$。因而证明 $\mathscr{M}$ 在补集及有限交集下是闭的即足够了。对每一个 $A\in\mathscr{M}$，定义：

$$\mathscr{M}(A)=\{B\in\mathscr{M}\text{: }A\cap B\text{，}A\cap B^c\text{ 和 }A^c\cap B\in\mathscr{M}\}$$

现在假设对所有 $A\in\mathscr{M}$ 有 $\mathscr{M}(A)=\mathscr{M}$，则 A，$B\in\mathscr{M}$ 意味着 $(A\cap B)\in\mathscr{M}$，且由于 $S\in\mathscr{M}$，可推得 $A\in\mathscr{M}$ 意味着 $A^c\in\mathscr{M}$，即 $\mathscr{M}$ 在补集和有限交集下是闭的，因而证明对所有 $A\in\mathscr{M}$ 有 $\mathscr{M}(A)=\mathscr{M}$ 即足够了。

首先，我们将证明每个 $\mathscr{M}(A)$ 都是一个单调类。为了证明这一点，固定 A 并假设 $\{B_i\}$ 是 $\mathscr{M}(A)$ 中一个递增序列，则序列 $\{A\cap B_i\}$，$\{A\cap B_i^c\}$ 和 $\{A^c\cap B_i\}$ 都位于 $\mathscr{M}$ 中，但这些序列中的每一个都是单调的。所以，由于 $\mathscr{M}$ 是一个单调类，故

$$\bigcup_{i=1}^{\infty}(A\cap B_i)=A\cap\left(\bigcup_{i=1}^{\infty}B_i\right)$$

$$\bigcap_{i=1}^{\infty}(A\cap B_i^c)=A\cap\left(\bigcup_{i=1}^{\infty}B_i\right)^c$$

$$\bigcup_{i=1}^{\infty}(A^c\cap B_i)=A^c\cap\left(\bigcup_{i=1}^{\infty}B_i\right)$$

都在 $\mathscr{M}$ 中，因此 $(\bigcup_{i=1}^{\infty}B_i)$ 在 $\mathscr{M}(A)$ 中。若 $\{B_i\}$ 为一个递减序列，则类似的论证也成立。因而 $\mathscr{M}(A)$ 是一个单调类。

接下来，注意，由于 $\mathscr{A}$ 为一个代数且 $\mathscr{A}\subseteq\mathscr{M}$，可推得对所有 $A\in\mathscr{A}$ 有 $\mathscr{A}\subseteq\mathscr{M}(A)$。于是，由于每个 $\mathscr{M}(A)$ 都是一个单调类且 $\mathscr{M}$ 是包含 $\mathscr{A}$ 的最小单调类，可推得对所有 $A\in\mathscr{A}$ 有 $\mathscr{M}(A)=\mathscr{M}$。最后，由于对所有 A，$B\in\mathscr{M}$，$B\in\mathscr{M}(A)$ 意味着 $A\in\mathscr{M}(B)$，可知对所有 $B\in\mathscr{M}$ 有 $\mathscr{A}\subseteq\mathscr{M}(B)$，因此对所有 $B\in\mathscr{M}$ 有 $\mathscr{M}(B)=\mathscr{M}$，这正是要证明的。■

由单调类引理立即可得一个非常有用的结果。令 $\mathscr{A}$ 为集合的代数，令 $\mathscr{S}$ 是由 $\mathscr{A}$ 生成的 σ 代数，而 P 是集合的某一性质，则为了证明 P 对 $\mathscr{S}$ 中所有集合都成立，只需证明如下命题成立即可：

a. P 对代数 $\mathscr{A}$ 中所有集合成立；

b. 使 P 成立的集合族为一个单调类。

证明使某性质成立的集合族为一单调类通常比证明此族为一 σ 代数要更简单。

我们通常利用这种论证来证明某性质 P 对一乘积 σ 代数 $\mathscr{X}\times\mathscr{Y}$ 中所有集合都成立，所以，由练习 7.27 和单调类引理，证明如下两点即可：

a. P 对不相交可测矩形的所有有限并集都成立；

b. 使 P 成立的集合族 $\mathscr{E}$ 是一单调类。

7.7 条件期望

令 $(\Omega, \mathscr{F}, \mu)$ 是一个概率空间，并令 A 为任意使 $\mu(A)>0$ 的可测集合，则对任何可测集合 B，通常称 $\mu(B\cap A)/\mu(A)$ 为给定 A 时事件 B 的**条件概率**（conditional probability），并利用 $\Pr(B|A)$ 或 $\mu_A(B)$ 来表示这个值。注意，由练习 7.4 可立即得到 μ_A：$\mathscr{F}\rightarrow[0, 1]$ 自身是 $(\Omega, \mathscr{F})$ 上的一个概率测度。于是，对任何可测实值函数 f，通常称 $\int f\mathrm{d}\mu_A$ 为给定 A 时 f 的条件期望并用 $\mathrm{E}(f|A)$ 表示这个值。

这些定义就其本身而言是好的，但它们不能包括所有令人感兴趣的情形，例如，令 $(\Omega, \mathscr{F})$ 是具有波雷尔集的单位正方形 $[0, 1]^2$，并令 μ 是对应于正方形上均匀密度的概率测度，即对所有 $B\in\mathscr{F}$，$\mu(B)=\lambda^2(B)$，其中 λ^2 表示 $\mathbf{R}^2$ 上的波雷尔测度。现在选择任何 $a\in[0, 1]$ 并令 $A=\{(x, y)\in\Omega: x=a\}$，这样，集合 A 简单地是正方形的一垂直“切片”。考虑在给定 A 时定义条件概率和条件期望的问题，由于 $\mu(A)=0$，因而上面的公式就不能用。事实上，它们意味着条件概率和条件期望是未定义的。

然而，常识表明它们应按如下方法定义，对任何 $B\in\mathscr{F}$，令 $\mu_A(B)=\lambda^1(A\cap B)$，其中 λ^1 表示 $\mathbf{R}^1$ 上的波雷尔测度，即 μ_A 应该是对应于集合 A 上均匀密度的概率测度，于是给定 A 时的条件期望可完全如前所定义。

在这两个例子中，我们已表明如何计算一个可被解释为当某个固定事件 $A\in\mathscr{F}$ 发生时一固定函数 f 的条件期望的数字。正如我们所见，在每种情形中都可计算出一个数字，但这两个例子的计算过程是不同的。此外，还存在不能由这些过程中的任何一个来处理的有趣情形。

这就需要另一种策略，即一种更间接但又具有适用于所有情形这一优点的方法。该方法将给定函数 f：$\Omega\rightarrow\mathbf{R}$ 的条件期望定义为像 f 自身一样的函数，称之为 g，它也将 Ω 映射到 $\mathbf{R}$。构造这个函数使得对于令人感兴趣的集合 $A\in\mathscr{F}$，$g(w)$ 在 A 上为常数，且对于 $w\in A$，值 $g(w)$ 被解释成 $\mathrm{E}(f|A)$。显然，构造函数 g 需要在 $\mathscr{F}$ 中选择一个适当的集合族 $\{A_\eta\}$。

本节其余部分组织如下：首先，我们更仔细地检验如上面第一个例子的情形，并表明如何定义函数 g；接下来，我们推导关于（f，g）的一个重要性质，并表明这个性质可以在直接策略失败的情形中用来定义函数 g；最后，我们证实在给定 A 时 f 的条件期望可以通过求 g 在任何点 $w\in A$ 的值得到，且任何事件 B 在给定 A 时的条件概率可通过取 f 为指标函数 χ_B 得到。

令（Ω，$\mathscr{F}$，μ）是一固定的概率空间，若下面三个条件成立：对所有 $\eta\in H$，$A_\eta\in\mathscr{F}$；$\bigcup_{\eta\in H}A_\eta=\Omega$；对所有 $\eta\neq\eta'$，$A_\eta\cap A_\eta=\varnothing$，则称 Ω 的子集族 $\{A_\eta\}_{\eta\in H}$ 为（Ω 的）一个**可测划分**（measurable partition）。这样，每个划分元素必须是一个可测集，它们的并集必须是整个空间 Ω 且它们必须是两两不相交的。若下标集 H 是可数的，我们就称此可测划分是可数的。

给定（Ω，$\mathscr{F}$，μ），令 $\{A_i\}_{i=1}^{\infty}$ 是 Ω 中任何对所有 i 有 $\mu(A_i)>0$ 的可数且可测划分，则如上面所指出的，对每个集合 A_i，我们可以定义对所有 $B\in\mathscr{F}$ 的任何事件的条件概率为：

$$\Pr(B|A_i)=\mu_{A_i}(B)=\mu(B\cap A_i)/\mu(A_i)$$

且可定义对所有 $f\in L(\Omega,\mathscr{F},\mu)$ 的任何可积函数 f 的条件期望为：

$$\mathrm{E}(f|A_i)=\int f\mathrm{d}\mu_{A_i} \tag{1}$$

注意，由这两个定义可立即推得，对所有 $f\in L(\Omega,\mathscr{F},\mu)$ 有：

$$E(f|A_i)\mu(A_i)=\int_{A_i}f\mathrm{d}\mu \tag{2}$$

接下来，令 $\mathscr{A}$ 是由集合族 $\{A_i\}$ 生成的 σ 代数并注意 $\mathscr{A}\subseteq\mathscr{F}$，定义函数 $\mathrm{E}(f|\mathscr{A})$：$\Omega\to\mathbf{R}$ 为，对所有 $\omega\in A_i$ 和所有 A_i：

$$\mathrm{E}(f|\mathscr{A})(\omega)=\mathrm{E}(f|A_i) \tag{3}$$

这样，$\mathrm{E}(f|\mathscr{A})$ 是在每一集合 A_i 上取常数值 $\mathrm{E}(f|A_i)$ 的一个 $\mathscr{A}$ 可测函数。注意仔细区分 $\mathrm{E}(f|A_i)$ 和 $\mathrm{E}(f|\mathscr{A})$。对任何固定函数 f，前者对每个 A_i 简单地为一实数，而后者是一个映射 Ω 到 $\mathbf{R}$ 的函数。在接下来的内容中，将式（3）重写成如下形式是有用的，对所有 $\omega\in\Omega$，有：

$$\mathrm{E}(f|\mathscr{A})(\omega)=\sum_{j=1}^{\infty}\mathrm{E}(f|A_j)\chi_{A_j}(\omega) \tag{4}$$

函数 $\mathrm{E}(f|\mathscr{A})$ 具有什么特性？令 C 为 $\mathscr{A}$ 中任何集合，由于 $\{A_i\}$ 是 Ω 的一可数划分，故存在一可数集合 $J\subseteq\{1,2,\cdots\}$ 满足 $C=U_{j\in J}A_j$，以及：

$$\mu(A_j\cap C)=\begin{cases}\mu(A_j), & \text{若 } j\in J\\ 0, & \text{若 } j\notin J\end{cases} \tag{5}$$

在集合 C 上对 $\mathrm{E}(f|\mathscr{A})$ 积分并利用这一事实，我们得到：

$$\begin{aligned}\int_C \mathrm{E}(f|\mathscr{A})(\omega)\mathrm{d}\mu &= \int_c \Big[\sum_{j=1}^{\infty}\mathrm{E}(f|A_j)\chi_{A_j}(\omega)\Big]\mathrm{d}\mu \\ &= \sum_{j=1}^{\infty}\Big[\mathrm{E}(f|A_j)\int_C \chi_{A_j}(\omega)\mathrm{d}\mu\Big] \\ &= \sum_{j=1}^{\infty}[\mathrm{E}(f|A_j)\mu(A_j\cap C)] \\ &= \sum_{j\in J}\mathrm{E}(f|A_j)\mu(A_j) \\ &= \sum_{j\in J}\int_{A_j} f(\omega)\mathrm{d}\mu \\ &= \int_C f(\omega)\mathrm{d}\mu\end{aligned}$$

其中第一行利用了式（4），第二行利用了勒贝格受控收敛定理，第三行利用了关于指标函数积分的一个基本事实，第四行利用了式（5），第五行利用了式（2），第六行利用了 $C=\bigcup_{j\in J}A_j$ 的事实。这证明了在任何集合 $C\in\mathscr{A}$ 上，$\mathscr{F}$ 可测函数 f 的积分和 $\mathscr{A}$ 可测函数 $\mathrm{E}(f|\mathscr{A})$ 的积分相等。

为了将条件期望的概念扩展到不是由一个可数划分所生成的 σ 代数上，我们将利用这个最后的特性来导出一种在给定任何可积函数 f 和任何 σ 代数 $\mathscr{A}\subset\mathscr{F}$ 时定义函数 $\mathrm{E}(f|\mathscr{A})$ 的方法。

定义 令 $(\Omega, \mathscr{F}, \mu)$ 为一概率空间；令 $\mathscr{A}\subset\mathscr{F}$ 为一 σ 代数；令 $f: \Omega\to\mathbf{R}$ 为一可积函数。则关于 $\mathscr{A}$ 的 f 的条件期望是一个 $\mathscr{A}$ 可测函数 $\mathrm{E}(f|\mathscr{A}): \Omega\to\mathbf{R}$，它对所有 $C\in\mathscr{A}$ 满足：

$$\int_C \mathrm{E}(f|\mathscr{A})(\omega)\mu(\mathrm{d}\omega) = \int_C f(\omega)\mu(\mathrm{d}\omega) \tag{6}$$

定理 7.16 证明了总存在一个满足式（6）的 $\mathscr{A}$ 可测函数 $\mathrm{E}(f|\mathscr{A})$，且它在一个适当意义上是唯一的。

定理 7.16 令 $(\Omega, \mathscr{F}, \mu)$ 为一概率空间；令 $\mathscr{A}\subset\mathscr{F}$ 为一 σ 代数；令 $f: \Omega\to\mathbf{R}$ 为一可积函数，则存在一个 $\mathscr{A}$ 可测函数 $\mathrm{E}(f|\mathscr{A})$ 满足式（6），在若 g 也满足式（6）则几乎处处有 $\mathrm{E}(f|\mathscr{A})=g$ 的意义下，这个函数是唯一的。

证明 首先考虑 $f\geqslant 0$ 的情形。定义集合函数 $\nu: \mathscr{A}\to\mathbf{R}$ 为，对所有 $C\in\mathscr{A}$，有：

$$\nu(C) = \int_C f(\omega)\mathrm{d}\mu$$

由于 f 是可积的，$\int|f|\mathrm{d}\mu<\infty$，所以 ν 是有限值的。显然，ν 也是可数可加性的，因而它是 $\mathscr{A}$ 上的一个测度。此外，$\mu(C)=0$ 意味着 $\nu(C)=0$，所以 ν 关于 μ 是绝对连续的。因此，由拉东-尼科迪姆定理（定理 7.11）知，存在一个 $\mathscr{A}$ 可测函数 $\mathrm{E}(f|\mathscr{A})$ 在所述意义上唯一且对所有 $C\in\mathscr{A}$ 满足：

$$\nu(C)=\int_C \mathrm{E}(f|\mathscr{A})(\omega)\mathrm{d}\mu$$

若 f 取正负两种值，将上述论证分别用于 f^+ 和 f^-，并令 $\mathrm{E}(f|\mathscr{A})=\mathrm{E}(f^+|\mathscr{A})-\mathrm{E}(f^-|\mathscr{A})$。■

定理 7.16 可这样使用：假设给定了事件 A_η，$\eta\in H$，其中集合族 $\{A_\eta\}_{\eta\in H}$是 Ω 的一个可测划分，我们的兴趣在于计算条件期望和条件概率。令 $\mathscr{A}$ 是由集合族 $\{A_\eta\}$ 生成的 σ 代数，对给定的任何可积函数 f，按定理 7.16 定义 $\mathrm{E}(f|\mathscr{A})$。注意，$\mathrm{E}(f|\mathscr{A})$ 是 $\mathscr{A}$ 可测的意味着 $\mathrm{E}(f|\mathscr{A})$在划分的每一集合 A_η 上都是常数。（为什么?）因而对任何划分元素 A_η 和任何 $\hat{\omega}\in A_\eta$，有：

$$\int_{A_\eta} f(\omega)\mathrm{d}\mu=\int_{A_\eta}\mathrm{E}(f|\mathscr{A})(\omega)\mathrm{d}\mu=\mathrm{E}(f|\mathscr{A})(\hat{\omega})\mu(A_\eta) \tag{7}$$

注意，若 $\mu(A_\eta)>0$，则对所有 $\hat{\omega}\in A_\eta$ 有：

$$\mathrm{E}(f|\mathscr{A})(\hat{\omega})=\frac{1}{\mu(A_\eta)}\int_{A_\eta} f\mathrm{d}\mu$$

因而，对任何正测度的集合 A_η 及所有 $\hat{\omega}\in A_\eta$，有：

$$\mathrm{E}(f|A_\eta)=\mathrm{E}(f|\mathscr{A})(\hat{\omega})$$

其中 $\mathrm{E}(f|\mathscr{A})$ 由式（6）定义，而且如果令 $A_i=A_n$，$\mathrm{E}(f|A_\eta)$ 可由式（1）定义。即只要我们的直觉是恰当的，我们对条件期望的正式定义与直觉就是一致的。

类似地，为了获得任何事件 $B\in\mathscr{F}$ 的条件概率 $\Pr(B|A_\eta)$，简单地取 f 为 B 的指标函数 χ_B。则式（7）暗示对所有 $\hat{\omega}\in A_\eta$，所有 $\eta\in H$ 有：

$$\mathrm{E}(\chi_B|\mathscr{A})(\hat{\omega})\mu(A_\eta)=\int_{A_\eta}\chi_B\mathrm{d}\mu=\mu(B\cap A_\eta)$$

若 $\mu(A_\eta)>0$，则对所有 $\hat{\omega}\in A_\eta$ 有：

$$\mathrm{E}(\chi_B|\mathscr{A})(\hat{\omega})=\mu(B\cap A_\eta)/\mu(A_\eta)$$

即对任何正测度集合 B，定理 7.16 定义的 $\mathrm{E}(\chi_B|\mathscr{A})$ 和我们早先对条件

概率的定义一致。所以我们定义对所有集合 A_η 的 $\Pr(B|A_\eta)$ 为，对所有 $\hat{\omega}\in A_\eta$，所有 $\eta\in H$，有：

$$\Pr(B|A_\eta)=\mathrm{E}(\chi_B|\mathscr{A})(\hat{\omega}) \tag{8}$$

练习 7.32 令 $(\Omega, \mathscr{F}, \mu)$ 给定，并令 $\{A_i\}_{i=1}^{\infty}$ 为 Ω 的一可数、可测划分。定义下标集 $J\subseteq\{1, 2, \cdots\}$ 使得：

$$\mu(A_i)>0，对所有 i\in J$$

$$\mu(A_i)=0，对所有 i\in J^C$$

令 $\mathscr{A}$ 是由 $\{A_i\}$ 生成的 σ 代数。

a. 令 f 为 Ω 上一可积函数，明确描述函数 $\mathrm{E}(f|\mathscr{A})$ 的等价类。这个等价类中的函数在什么集合 A_i（如果存在的话）上可以不同？

b. 令 $B\in\mathscr{F}$ 为任何事件，明确描述函数 $\mathrm{E}(\chi_B|\mathscr{A})$ 的等价类。式（8）中定义的 $\Pr(B|A_i)$ 在什么集合 A_i（若存在的话）上由于这个等价类的数目不同而不同？

练习 7.33 令 $(\Omega, \mathscr{F})$ 为单位正方形 $[0, 1]^2$，有波雷尔子集，并令 μ 是 $(\Omega, \mathscr{F})$ 上由一连续密度定义的概率测度，即存在一连续函数 p：$\Omega\to\mathbf{R}$ 对所有 $B\in\mathscr{F}$ 满足：

$$\mu(B)=\int_B p(w)\mathrm{d}\lambda$$

其中 λ 表示 $\mathbf{R}^2$ 上的波雷尔测度。令 $\{A_\eta\}_{\eta\in H}$ 是 Ω 的如下子集族：

$$A_\eta=\{(x, y)\in\Omega: x\leqslant\eta\}, \quad \eta\in[0, 1]=H$$

令 $\mathscr{A}$ 是由族 $\{A_\eta\}$ 生成的 σ 代数。

a. 令 f 为 Ω 上一可积函数，明确描述函数 $\mathrm{E}(f|\mathscr{A})$ 的等价类。

b. 令 $B\in\mathscr{F}$ 为任一事件，明确描述函数 $\mathrm{E}(\chi_B|\mathscr{A})$ 的等价类。

我们已定义了与一 σ 代数 $\mathscr{A}\subset\mathscr{F}$ 相关的条件期望，将此定义和更为熟悉的一个随机变量以另一随机变量为条件的期望联系起来是非常简单的。令 f 和 g 是 $(\Omega, \mathscr{F})$ 上的两个随机变量，令 $\mathscr{G}$ 是由形如 $\{\omega\in\Omega: g(w)\leqslant\alpha\}$（其中 $\alpha\in\mathbf{R}$）的集合生成的 σ 代数。（我们称 $\mathscr{G}$ 为由随机变量 g 生成的 σ 代数。）则 $\mathscr{G}\subseteq\mathscr{F}$，且函数 $\mathrm{E}(f|\mathscr{G})$ 由式（6）恰当定义。我们将等价地写作 $\mathrm{E}(f|\mathscr{G})$ 和 $\mathrm{E}(f|g)$。

最后，在这里导出一个我们后面将利用的条件期望性质是很方便的。令 $(\Omega, \mathscr{F}, \mu)$ 给定；令 $\mathscr{A}_1\subseteq\mathscr{A}_2\subseteq\mathscr{F}$ 为两个 σ 代数，其中一个包含在另一个中；令 f：$\Omega\to\mathbf{R}$ 为任意可积函数。则 $\mathrm{E}(f|\mathscr{A}_1)$ 和 $\mathrm{E}(f|\mathscr{A}_2)$ 分别是 Ω 上 $\mathscr{A}_1$ 可测函数和 $\mathscr{A}_2$ 可测函数。此外，式（6）意味着对所有

$C\in\mathscr{A}_i$，$i=1$，2，有：

$$\int_C \mathrm{E}(f\mid\mathscr{A}_i)(\omega)\,\mathrm{d}\mu=\int_C f(\omega)\,\mathrm{d}\mu \tag{9}$$

现在，考虑 $\mathscr{A}_2$ 可测函数 $\mathrm{E}(f\mid\mathscr{A}_2)$：$\Omega\to\mathbf{R}$，这个函数在给定 $\mathscr{A}_1$ 时的条件期望是 $\mathscr{A}_1$ 可测函数 $\mathrm{E}[\mathrm{E}(f\mid\mathscr{A}_2)\mid\mathscr{A}_1]$。于是，对所有 $C\in\mathscr{A}_1$，有：

$$\begin{aligned}\int_C \mathrm{E}[\mathrm{E}(f\mid\mathscr{A}_2)\mid\mathscr{A}_1]\,\mathrm{d}\mu&=\int_C \mathrm{E}(f\mid\mathscr{A}_2)(\omega)\,\mathrm{d}\mu\\&=\int_C f(\omega)\,\mathrm{d}\mu\\&=\int_C \mathrm{E}(f\mid\mathscr{A}_1)(\omega)\,\mathrm{d}\mu\end{aligned}$$

其中第一行用到式（6），第二行用到式（9）及 $\mathscr{A}_1\subseteq\mathscr{A}_2$ 的事实，而第三行又用到式（9）。这个事实称作**递推期望定理**（law of the iterated expectation）。用稍微不同的陈述，它说的是若 $\mathscr{A}_1\subseteq\mathscr{A}_2$，则对所有 $C\in\mathscr{A}_1$ 有：

$$\int_C \mathrm{E}[f-\mathrm{E}(f\mid\mathscr{A}_2)\mid\mathscr{A}_1]\,\mathrm{d}\mu=0$$

7.8　文献注释

存在许多关于测度论的优秀教材，Bartle（1966）和 Royden（1968）是优秀的入门教材；Halmos（1974）可能是关于这个主题的最完整的论述。我们这里的内容更接近于 Bartle（1966）。

Chung（1974）是一本始终利用测度论方法的概率论优秀入门教材，我们在 7.7 节中关于条件期望的论述基于他的 9.1 节。Neveu（1965），Breiman（1968）和 Shiryayev（1984）的书也都是较好的入门材料。Loève（1977）的论述非常完全，作为参考资料极其有用。

第8章　马尔可夫过程

在本章，我们利用上一章的术语和结果来导出一种将外生随机冲击结合进动态规划中的合适方法。为了保持这些方法的递归结构，显然我们必须要求外生冲击也有递归结构。在一个适当的意义上，具有这种结构的冲击称作马尔可夫过程。本章我们定义马尔可夫过程并讨论它的某些基本性质。

在第 7 章的引言中，根据外生冲击的可能取值空间是 R^1 中的一个离散集或者一个区间，我们提出了将随机冲击结合进一个函数方程的两种方法，现在我们可以用一种统一的方法写出两者。令（Z，$\mathscr{Z}$）为一可测空间；令 λ 是（Z，$\mathscr{Z}$）上的一个概率测度；像在确定性下函数方程的讨论那样，令 X 是欧几里得空间的一个子集。于是，我们可以考虑函数方程：

$$v(x, z)=\sup_{y \in \Gamma(x, z)}\left[F(x, y, z)+\beta \int_Z v(y, z') \lambda(\mathrm{d} z')\right] \tag{1}$$

其中，x 是内生状态变量的当期值，z 是外生冲击的当期值，y 是内生状态变量的下期值，z' 是（现在未知的）下期冲击的值。对函数方程（1）的解释是，在选择 y 的时候现期冲击 z 已知，z 可以影响现期收益，或下期 y 的可能值集合，或同时影响两者。这个方程包括第 7 章引言中描述的那两个作为其特殊情形的方程，同时也包括其他情形，而且它就其本身来说是恰当的。

然而，对于我们的目的而言，这还不够。在函数方程（1）的设定下，外生冲击被假定每期都取自一个固定分布 λ，即函数方程（1）排除了冲击值中各期之间的依赖（序列相关）。由于多种冲击（例如温度或降雨）显示了这种模式，这是一个严重的缺陷。为了允许这种依赖，我们必须允许当期冲击值影响下期冲击的概率测度。这样，致使我们考虑如下形式的函数方程：

$$v(x,z)=\sup_{y\in\Gamma(x,z)}\left[F(x,\ y,\ z)+\beta\int_Z v(y,\ z')Q(z,\ \mathrm{d}z')\right]\quad(2)$$

其中对每个 $z\in Z$，$Q(z,\ \cdot)$ 都是 $\mathscr{Z}$ 上的一个概率测度。

在式（2）的假定下，外生冲击的当期值决定下期冲击相应的概率测度。[注意，式（1）中的例子是式（2）的一个特殊情形，其中 Q 不依赖于其第一个自变量。] 具有适当性质的函数 Q 称作转移函数，且我们在 8.1 节中将从定义转移函数并导出它的几个性质开始。

陈述对应于式（2）的序列问题要求有一个描述冲击序列的符号。在 8.2 节我们定义这种序列落于其中的空间并表明转移函数可以怎样用来定义该空间上的概率测度。我们还要提出**随机过程**（stochastic process）和**马尔可夫过程**（Markov process）的正式定义，并证明在 8.1 节中定义的转移函数定义了一个马尔可夫过程。在 8.3 节我们导出了一个在计算马尔可夫冲击函数的期望中有用的结果，这个结果在 9.1 节中将被使用，在那里我们导出类似于式（2）的函数方程的解与相应序列问题的解之间的联系（随机动态规划的最优性原理）。

最后，在 8.4 节我们将说明用来证明一个函数具有转移函数所需要的性质的标准论证过程。为了做到这一点，我们证明一个转移函数可以用一个一阶随机差分方程来定义。一个类似的论证将在 9.6 节中导出，在那里我们证明，类似于式（1）或式（2）的函数方程的解定义了系统状态空间 $(S,\ \mathscr{S})=(X\times Z,\ \mathscr{X}\times\mathscr{Z})$ 上的一个转移函数。这样，即使外生冲击在每期都如式（1）一样独立取值，状态变量 $s=(x,\ z)$ 在时间上的运动也是由一个马尔可夫过程描述的。这个事实反过来又激发了第 11 章和第 12 章中对马尔可夫过程收敛的研究，这是第 6 章中稳定性理论的随机类似。

虽然学习 8.1 节中的内容在前进至第 9～13 章前是必需的，但 8.2 节～8.4 节中的内容却不是必需的，急于进行随机函数方程分析的读者可以跳过它们，直接从 8.1 节进入到 9.2 节（随机函数方程的分析），然后学习第 10～13 章（随机动态规划的经济学应用、马尔可夫过程的收敛结果和收敛结果的应用），这样做没有任何在连续性上的损失。

8.1 转移函数

在本节，我们要精确定义可以用来将随机冲击结合进一个函数方程中的函数族 Q，并且导出它的一些基本性质。

我们从下面的定义开始。

定义 令（Z，$\mathscr{Z}$）为一可测空间，**转移函数**（transition function）是一个函数 Q：$Z\times\mathscr{Z}\to[0,1]$，它满足：

a. 对每个 $z\in Z$，$Q(Z,\cdot)$ 是（Z，$\mathscr{Z}$）上的一个概率测度；

b. 对每个 $A\in\mathscr{Z}$，$Q(\cdot,A)$ 是一个 $\mathscr{Z}$ 可测函数。

对此的解释是，$Q(a,A)$ 是给定当期冲击为 a 时下期冲击落于集合 A 的概率，即：

$$Q(a,A)=\Pr\{\tilde{z}_{t+1}\in A\mid\tilde{z}_t=a\}$$

其中 $\tilde{z}_t$ 表示第 t 期的（随机）状态。（这个符号的精确含义将在 8.2 节中清楚地给出。）

（注意，在这里设定的 Q 下，任何一期中冲击的概率测度可能仅仅依赖于前一期冲击的值。在某些应用中，你可能希望依赖于几个滞后值。在练习 8.11 中证明了通过适当扩展状态空间，任何这种系统都可以仅用一个滞后来建模。）

至于与可测空间（Z，$\mathscr{Z}$）上任何转移函数相联系的是两个算子，两者在后边都被反复地使用。第一个是在 $\mathscr{Z}$ 可测函数上的算子；第二个是在（Z，$\mathscr{Z}$）的概率测度上的算子。下面我们转向定义这些算子并证明它们的性质。

对任何 $\mathscr{Z}$ 可测函数 f 和所有 $z\in Z$，定义 Tf 为：

$$(Tf)(z)=\int f(z')Q(z,\mathrm{d}z') \tag{1}$$

由于对每个 $z\in Z$，$Q(z,\cdot)$ 都是一个概率测度，因此可推知，若 f 是非负的或有界的，则 Tf 是定义恰当的。我们把 $(Tf)(z)$ 解释成在给定当期状态为 z 时，函数 f 在下期的期望值。

对（Z，$\mathscr{Z}$）上的任何概率测度 λ 和所有 $A\in\mathscr{Z}$，定义 $T^*\lambda$ 为：

$$(T^*\lambda)(A)=\int Q(z,A)\lambda(\mathrm{d}z) \tag{2}$$

由于对每个 $A\in\mathscr{Z}$，$Q(\cdot,A)$ 是有界的和 $\mathscr{Z}$ 可测的，因此可推得 $T^*\lambda$

是定义恰当的。我们把 $(T^*\lambda)(A)$ 解释成若当期状态是按概率测度 λ 取值的，则 $(T^*\lambda)A$ 是下期状态落于集合 A 中的概率，即若 λ 是当期状态上的概率测度，则 $T^*\lambda$ 是下期状态上的概率测度。

回忆，对任何可测空间 $(Z, \mathscr{Z})$，$M^+(Z, \mathscr{Z})$ 是非负、$\mathscr{Z}$ 可测、广义实值函数的空间；$B(Z, \mathscr{Z})$ 是有界、$\mathscr{Z}$ 可测实值函数的空间。此外，定义 $\Lambda(Z, \mathscr{Z})$ 是 $(Z, \mathscr{Z})$ 上概率测度的空间。下面两个定理论述了将 T 看作 $M^+(Z, \mathscr{Z})$ 或 $B(Z, \mathscr{Z})$ 上的一个算子以及将 T^* 看作 $\Lambda(Z, \mathscr{Z})$ 上的一个算子时两者的性质，两个定理的证明都利用了单调收敛定理（定理 7.8）。

定理 8.1　式（1）中定义的算子 T 将非负、$\mathscr{Z}$ 可测、广义实值函数空间映射到它自身，即 T：$M^+(Z, \mathscr{Z}) \to M^+(Z, \mathscr{Z})$。

证明　选取 $f \in M^+(Z, \mathscr{Z})$。由于 f 是非负及可测的，所以 Tf 是恰当定义的，虽然它可能取值 $+\infty$。

为了证明 Tf 是可测的，首先考虑一个可测集的任意指标函数 $f = \chi_A$，其中 $A \in \mathscr{Z}$，则对所有 $z \in Z$，有：

$$(T\chi_A)(z) = \int_Z \chi_A(z')Q(z, \mathrm{d}z') = \int_A Q(z, \mathrm{d}z') = Q(z, A)$$

因此，由转移函数定义中的性质 b，$T\chi_A$ 是一个可测函数。

接下来考虑任何非负简单函数 $\phi \in M^+(Z, \mathscr{Z})$，并令 $\phi = \sum_{i=1}^n a_i \chi_{A_i}$ 是其标准表示。则对所有 $z \in Z$，有：

$$\begin{aligned}(T\phi)(z) &= \int \phi(z')Q(z, \mathrm{d}z') \\ &= \int \Big[\sum_{i=1}^n a_i \chi_{A_i}(z')\Big] Q(z, \mathrm{d}z') \\ &= \sum_{i=1}^n a_i \Big[\int \chi_{A_i}(z')Q(z, \mathrm{d}z')\Big] \\ &= \sum_{i=1}^n a_i (T\chi_{A_i})(z)\end{aligned}$$

由于每个函数 $T\chi_{A_i}$ 是 $\mathscr{Z}$ 可测的，由练习 7.12 可推得 $T\phi$ 也是 $\mathscr{Z}$ 可测的。

最后，令 $f \in M^+(Z, \mathscr{Z})$，则由定理 7.5 可知在 $M^+(Z, \mathscr{Z})$ 中存在一个递增的简单函数序列逐点收敛于 f。因此，对所有 $z \in Z$，有：

$$\begin{aligned}(Tf)(z) &= \int f(z')Q(z, \mathrm{d}z') \\ &= \lim_{n\to\infty} \int \phi_n(z')Q(z, \mathrm{d}z')\end{aligned}$$

$$= \lim_{n\to\infty}(T\phi_n)(z)$$

其中第二行使用单调收敛定理。因而可测函数序列 $\{T\phi_n\}$ 逐点收敛于 Tf，所以由定理 7.4 可知，Tf 是可测的。■

推论 式（1）中定义的算子 T 将有界 $\mathscr{Z}$ 可测函数空间映射到它自身，即 T：$B(Z, \mathscr{Z})\to B(Z, \mathscr{Z})$。

证明 由于对每个 $z\in Z$，$Q(Z, \cdot)$ 都是一个概率测度，很明显 $0\leqslant f\leqslant m$ 意味着 $0\leqslant Tf\leqslant m$。选取 $f\in B(Z, \mathscr{Z})$，将上面的论证分别适用于 f^+ 和 f^-，并注意到由于 Tf^- 和 Tf^+ 都是有界的，$Tf=Tf^+-Tf^-$。■

定理 8.1 的证明给出了为什么转移函数定义中的性质 b 是必需的。下面的练习证明了算子 T 的线性性质。

练习 8.1 令 f，$g\in B(Z, \mathscr{Z})$ 及 α，$\beta\in\mathbf{R}$，证明 $T(\alpha f+\beta g)=\alpha Tf+\beta Tg$。

下面我们转到算子 T^*。

定理 8.2 式（2）中定义的算子 T^* 将（Z，$\mathscr{Z}$）上的概率测度空间映射到它自身，即 T^*：$\Lambda(Z, \mathscr{Z})\to\Lambda(Z, \mathscr{Z})$。

证明 选取 $\lambda\in\Lambda(Z, \mathscr{Z})$，由于 $Q\geqslant 0$，很清楚 $T^*\lambda\geqslant 0$。同样，由于对所有 $z\in Z$ 有 $Q(z, \varnothing)=0$ 及 $Q(z, Z)=1$，可推得 $(T^*\lambda)(\varnothing)=0$ 及 $(T^*\lambda)(Z)=1$。因此，证明 $T^*\lambda$ 具有可数可加性即可。

令 $\{A_i\}$ 是 $\mathscr{Z}$ 中一个不相交序列且 $A=\bigcup_{i=1}^{\infty}A_i$，则有：

$$\begin{aligned}\sum_{i=1}^{\infty}(T^*\lambda)(A_i) &= \sum_{i=1}^{\infty}\left[\int Q(z, A_i)\lambda(\mathrm{d}z)\right]\\ &= \int\left[\sum_{i=1}^{\infty}Q(z, A_i)\right]\lambda(\mathrm{d}z)\\ &= \int Q(z, A)\lambda(\mathrm{d}z)\\ &= (T^*\lambda)(A)\end{aligned}$$

其中第二行推自单调收敛定理（参见练习 7.22），而第三行利用了对每个 $z\in Z$，$Q(z, \cdot)$ 是一概率测度这一事实。（转移函数定义中的性质 a。）■

下面的练习证明了 T^* 的线性性质。

练习 8.2 令 λ，$\mu\in\Lambda(Z, \mathscr{Z})$ 及 $\alpha\in(0, 1)$，证明 $T^*[\alpha\lambda+(1-\alpha)\mu]=\alpha T^*\lambda+(1-\alpha)T^*\mu$。

算子 T 称作关于 Q 的**马尔可夫算子**（Markov operator），而 T^* 称

作 T 的**伴随**（adjoint）。定理 8.3 表明了这两个算子之间的紧密联系。

定理 8.3　令 Q 是可测空间（Z，$\mathscr{Z}$）上的一个转移函数，并令算子 T 和 T^* 分别由式（1）和式（2）定义。则对任何函数 $f \in M^+(Z, \mathscr{Z})$，所有 $\lambda \in \Lambda(Z, \mathscr{Z})$，有：

$$\int (Tf)(z)\lambda(\mathrm{d}z) = \int f(z')(T^*\lambda)(\mathrm{d}z') \tag{3}$$

证明　我们将用三个步骤来证明这个结果，依次表明式（3）对可测集的所有指标函数、所有可测简单函数和所有非负可测函数都成立。

首先，令 $A \in \mathscr{Z}$ 为任何可测集，并令 χ_A 为 A 的指标函数，则如在定理 8.1 的证明中所给出的，对所有 $z \in Z$，有 $(T\chi_A)(z) = Q(z, A)$。因此对任何 $\lambda \in \Lambda(Z, \mathscr{Z})$，有：

$$\begin{aligned}\int (T\chi_A)(z)\lambda(\mathrm{d}z) &= \int Q(z, A)\lambda(\mathrm{d}z) = (T^*\lambda)(A)\\ &= \int \chi_A(z')(T^*\lambda)(\mathrm{d}z')\end{aligned}$$

因而，若 f 是一个可测集的指标函数，则式（3）成立。

接下来，令 ϕ 为任意非负可测简单函数，并令 $\phi = \sum_{i=1}^n \alpha_i \chi_{A_i}$ 为其标准表示，则对所有 $\lambda \in \Lambda(Z, \mathscr{Z})$，有：

$$\begin{aligned}\int (T\phi)(z)\lambda(\mathrm{d}z) &= \int \left\{\left[T\left(\sum_{i=1}^n \alpha_i \chi_{A_i}\right)\right](z)\right\}\lambda(\mathrm{d}z)\\ &= \int \left[\sum_{i=1}^n \alpha_i (T\chi_{A_i})(z)\right]\lambda(\mathrm{d}z)\\ &= \sum_{i=1}^n \alpha_i \left[\int (T\chi_{A_i})(z)\lambda(\mathrm{d}z)\right]\\ &= \sum_{i=1}^n \alpha_i \left[\int \chi_{A_i}(z')(T^*\lambda)(\mathrm{d}z')\right]\\ &= \int \left[\sum_{i=1}^n \alpha_i \chi_{A_i}(z')\right](T^*\lambda)(\mathrm{d}z')\\ &= \int \phi(z')(T^*\lambda)(\mathrm{d}z')\end{aligned}$$

其中第一行和第六行利用了 ϕ 的定义，第二行利用了练习 8.1，第三行和第五行利用了练习 7.17，第四行利用了式（3）对特征函数成立的事实。因此式（3）对所有可测简单函数成立。

最后，选取 $f \in M^+(Z, \mathscr{Z})$，则由定理 7.5，在 $M^+(Z, \mathscr{Z})$ 中存在一个可测简单函数递增序列 $\{\phi_n\}$ 逐点收敛于 f。且如上面证明的，对任何 $\lambda \in \Lambda(Z, \mathscr{Z})$，有：

$$\int (T\phi_n)(z)\lambda(\mathrm{d}z) = \int \phi_n(z')(T^*\lambda)(\mathrm{d}z'), n = 1, 2, \cdots \quad (4)$$

证明的余下部分由单调收敛定理（定理 7.8）的两个应用组成，即导出当 $n\to\infty$时，式（4）两边极限的表达式。

正如在定理 8.1 的证明中所见，函数序列 $\{T\phi_n\}$ 是递增的且逐点收敛于 Tf。因而由定理 7.4 知，Tf 是可测的，且由单调收敛定理有：

$$\lim_{n\to\infty}\int (T\phi_n)(z)\lambda(\mathrm{d}z) = \int (Tf)(z)\lambda(\mathrm{d}z)$$

类似地，由于序列 $\{\phi_n\}$ 是递增的且逐点收敛于可测函数 f，由单调收敛定理有：

$$\lim_{n\to\infty}\int \phi_n(z')(T^*\lambda)(\mathrm{d}z') = \int f(z')(T^*\lambda)(\mathrm{d}z')$$

在式（4）中取 $n\to\infty$时的极限并将这两个结果代入，我们推断式（3）对所有 $f\in M^+(Z, \mathscr{Z})$ 成立。■

推论 令 Q 是可测空间 $(Z, \mathscr{Z})$ 上的一转移函数，并令算子 T 和 T^* 分别由式（1）和式（2）定义。则式（3）对任何函数 $f\in B(Z, \mathscr{Z})$ 都成立。

定理 8.3 及其推论表明，若 λ 是当期状态的概率测度，式（3）的两个积分都表示函数 f 在下期的期望值。对于两者中的任一表达式，我们可以写作：

$$\iint f(z')Q(z, \mathrm{d}z')\lambda(\mathrm{d}z)$$

这是由于我们已经证明了积分运算的次序无关紧要。

鉴于 T 和 T^* 之间的紧密关系，有时下列符号是方便的。对所有 $f\in B(Z, \mathscr{Z})$ 和所有 $\lambda\in\Lambda(Z, \mathscr{Z})$，定义 $\langle\cdot, \cdot\rangle$：$B(Z, \mathscr{Z})\times\Lambda(Z, \mathscr{Z})\to\mathbf{R}$ 为：

$$\langle f, \lambda\rangle = \int f(z)\lambda(\mathrm{d}z)$$

由于 f 是有界的，而且 λ 是有限的，所以积分也是有界的。练习 8.3 表明 $\langle\cdot, \cdot\rangle$ 对其每个自变量都是线性的。[显然，若用 $M^+(Z, \mathscr{Z})$，类似的结论成立。]

练习 8.3 证明对任意 a，$b\in\mathbf{R}$，$\alpha\in[0, 1]$，f，$g\in B(Z, \mathscr{Z})$ 和 λ，$\mu\in\Lambda(Z, \mathscr{Z})$，有：

a. $\langle af + bg, \lambda\rangle = a\langle f, \lambda\rangle + b\langle g, \lambda\rangle$

b. $\langle f, \alpha\lambda + (1-\alpha)\mu\rangle = \alpha\langle f, \lambda\rangle + \langle 1-\alpha\rangle\langle f, \mu\rangle$

在这种符号下，式（3）可以写作对所有 $f\in B(Z,\mathscr{Z})$ 及所有 $\lambda\in\Lambda(Z,\mathscr{Z})$，有：

$$\langle Tf,\lambda\rangle=\langle f,T^{*}\lambda\rangle$$

这样，若 λ 是当期状态的概率测度，则 $\langle Tf,\lambda\rangle$ 和 $\langle f,T^{*}\lambda\rangle$ 都是函数 f 在下期的期望值的表达式。

我们对转移函数的迭代及其相应算子感兴趣，对给定的任意转移函数 Q，我们可以定义 n 步转移为：

$$Q^{1}(z,A)=Q(z,A)$$

$$Q^{n+1}(z,A)=\int Q^{n}(z',A)Q(z,\mathrm{d}z'),\quad n=1,2,\cdots$$

若连续时期中的冲击序列由 Q 生成，则 $Q^{n}(z,A)$ 确切地是在 n 期内由点 z 到集合 A 的概率，练习 8.4 证明了 Q^{n} 的几个重要性质。

练习 8.4　a. 证明函数 Q^{n}，$n=2,3,\cdots$都是转移函数。

b. 令 T^{n} 和 T^{*n}是对应于转移函数 Q^{n} 的算子，$n=1,2,\cdots$。证明：对所有 $f\in B(Z,\mathscr{Z})$，有

$$T^{(n+m)}f=(T^{n})(T^{m}f),\ m,n=1,2,\cdots$$

对所有 $\lambda\in\Lambda(Z,\mathscr{Z})$，有

$$T^{*(n+m)}\lambda=(T^{*n})(T^{*m}\lambda),\ m,n=1,2,\cdots$$

由练习 8.4 可得，给定（Z，$\mathscr{Z}$）上任意初始概率测度 λ_0，我们可以定义一个概率测度序列 $\{\lambda_n\}$ 为：

$$\lambda_n=T^{*}\lambda_{n-1}=T^{*n}\lambda_0,\quad n=1,2,\cdots$$

对此的解释是，若 λ_0 是第 0 期状态的概率测度，则 λ_n 是第 n 期状态的概率测度。在第 11 和 12 章，我们的兴趣在于寻找保证序列 $\{\lambda_n\}$ 在某种意义下收敛于极限测度 λ 的关于 T^{*}（或等价地关于 Q）的条件。

定理 8.1 表明，任何转移函数都定义了一个马尔可夫算子 T：$B(Z,\mathscr{Z})\to B(Z,\mathscr{Z})$。下面两个定义描述了我们有时想要加在 T 上的更强的性质，它们都要求关于空间（Z，$\mathscr{Z}$）的额外结构。

若（Z，ρ）是一个度量空间且 $\mathscr{Z}$ 是由开集生成的 σ 代数，通常我们的兴趣主要在于 Z 上的连续函数（关于度量 ρ）。有界连续函数的空间 $C(Z)$是空间 $B(Z,\mathscr{Z})$ 的一个子集，而且我们时常要求 T 将空间 $C(Z)$ 映射到它自身。

定义　对于（Z，$\mathscr{Z}$）上的一个转移函数 Q，若相应的算子 T 将 Z 上有界连续函数空间映射到它自身，即若 T：$C(Z)\to C(Z)$，则称 Q 具有**费勒性质**（Feller property）。

（具有费勒性质的马尔可夫算子也称作稳定的。）

若 Z 是有限维欧几里得空间的一个子集，我们有时对 Z 上的单调函数特别感兴趣。在这种情形下，我们时常想要求 T 将单调函数空间映射到它自身。

定义 对于（Z，$\mathscr{Z}$）上的一个转移函数 Q，若相应的算子 T 具有这样的特性，即对任意非降函数 f：$Z\to\mathbf{R}$，函数 Tf 也是非降的，则称 Q 是单调的。

虽然我们在第 9 章中将利用这两个性质，但对它们的完全的讨论要推迟到 12.4 节。到那时，我们将处在更有利的位置按 Q 的性质来刻画它们，而且这两个性质将是分析的中心。

8.2 序列空间上的概率测度

给定可测空间（Z，$\mathscr{Z}$）上的转移函数 Q、点 $z\in Z$ 及集合 $A\in\mathscr{Z}$，我们已将 $Q(z, A)$ 解释成给定当期冲击为 z 时下期冲击落于 A 中的概率。在本节我们考察冲击的部分（有限）历史 $z^t=(z_1, \cdots, z_t)$，$t=1$，2，…以及完全（无限）历史 $z^\infty=(z_1, z_2, \cdots)$。我们定义包含这种历史的空间，并表明在给定初始值 z_0 时，转移函数 Q 可以怎样用来定义这些空间上的概率测度。最后，我们给出一个随机过程及一个马尔可夫过程的正式定义，并表明我们所要做的就是在构造一个马尔可夫过程，这些内容在 9.1 节和第 14 章中被用到。在 9.1 节，随机动态规划的最优性原理得到讨论；在第 14 章，将导出马尔可夫过程的强大数定律。对于第 9 章其余部分及第 10～13 章，上一节的定义和结果就足够了。

令（Z，$\mathscr{Z}$）为可测空间，且对任何有限 $t=1$，2，…，令：

$$(Z^t, \mathscr{Z}^t)=(Z\times\cdots\times Z, \mathscr{Z}\times\cdots\times\mathscr{Z}), (t\text{ 次})$$

表示积空间（参见 7.5 节）；令 Q 是（Z，$\mathscr{Z}$）上的转移函数，并令 $z_0\in Z$ 给定。则我们可以在这些空间上定义概率测度 $\mu^t(z_0, \cdot)$：$\mathscr{Z}^t\to[0, 1]$，$t=1$，2，…。

回忆练习 7.29，在 $\mathscr{Z}^t$ 中的可测矩形上定义 $\mu^t(z_0, \cdot)$ 并证明它满足那里所述的两个条件即足够了。对任意矩形 $B=A_1\times\cdots\times A_t\in\mathscr{Z}^t$，令：

$$\mu^t(z_0, B)=\int_{A_1}\cdots\int_{A_{t-1}}\int_{A_t}Q(z_{t-1}, \mathrm{d}z_t)Q(z_{t-2}, \mathrm{d}z_{t-1})\cdots Q(z_0, \mathrm{d}z_1)$$

练习 8.5　证明 $\mu^t(z_0, \cdot)$ 满足练习 7.29 的假设且有 $\mu^t(z_0, Z^t)=1$。

从卡拉特奥多里定理和哈恩扩展定理（定理 7.2 和定理 7.3）立即可推得：$\mu^t(z_0, \cdot)$ 有到 $\mathscr{Z}^t$ 上概率测度的唯一扩展。

这个方法也可用来定义无限序列 $z^\infty=(z_1, z_2, \cdots)$ 上的概率。为了做到这一点，我们从无限积空间 $Z^\infty=Z\times Z\times\cdots$ 开始，于是我们必须做两件事：找到 Z^∞ 的子集的一个适当的 σ 代数 $\mathscr{Z}^\infty$；对每个 $z_0\in Z$，在这个 σ 代数上定义一个概率测度 $\mu^\infty(z_0, \cdot)$。

若 Z^∞ 的一个子集 B 形如：

$$B=A_1\times A_2\times\cdots\times A_T\times Z\times Z\times\cdots \tag{1}$$

其中 $A_t\in\mathscr{Z}$，$t=1, \cdots, T<\infty$，则称 B 是一个**有限可测矩形**（finite measurable rectangle）。

令 $\mathscr{C}$ 是所有有限可测矩形的族，并令 $\mathscr{A}^\infty$ 是由 $\mathscr{C}$ 中集合的所有有限并集构成的族。注意，$\mathscr{A}^\infty$ 在补集下是闭的：若 B 如式（1）中定义，则

$$B^c=\bigcup_{t=1}^{T}Z\times Z\times\cdots\times Z\times A_t^c\times Z\times\cdots$$

这是有限可测矩形的一个有限并集，因此 $\mathscr{A}^\infty$ 是一个代数。令 $\mathscr{Z}^\infty$ 是由 $\mathscr{A}^\infty$ 生成的 σ 代数。

当 $\mathscr{C}$，$\mathscr{A}^\infty$ 和 $\mathscr{Z}^\infty$ 如此定义并给定任意的 $z_0\in Z$ 时，$\mathscr{Z}^\infty$ 上的概率测度 $\mu^\infty(z_0, \cdot)$ 确切地可用我们对有限积空间所用的同样论证来定义。首先，在 $\mathscr{C}$ 上定义 $\mu^\infty(z_0, \cdot)$；然后，将其扩展到 $\mathscr{A}^\infty$ 上；最后，将其扩展到 $\mathscr{Z}^\infty$ 上。

给定转移函数 Q 并给定任意 $z_0\in Z$，定义 $\mathscr{C}$ 上的集合函数 $\mu^\infty(z_0, \cdot)$ 如下，若 B 如式（1）所示，令：

$$\begin{aligned}\mu^\infty(z_0, B)&=\mu^\infty(z_0, A_1\times\cdots\times A_T\times Z\times Z\times\cdots)\\&=\int_{A_1}\cdots\int_{A_T}Q(z_{T-1}, \mathrm{d}z_T)\cdots Q(z_0, \mathrm{d}z_1)\end{aligned}$$

显然，$\mu^\infty(z_0, \cdot)$ 定义恰当且非负，并有 $\mu^\infty(z_0, \varnothing)=0$ 和 $\mu^\infty(z_0, Z^\infty)=1$。同样清楚的是，若 B 和 C 是 $\mathscr{C}$ 中不相交的集合且有 $(B\cup C)\in\mathscr{C}$，则 $\mu(z_0, B)+\mu(z_0, C)=\mu(z_0, B\cup C)$，即 μ 是有限可加性的。还需证明的是可加性对不相交集合的所有可数并集也都成立，即若 $\{B_i\}_{i=1}^\infty$ 是一个 $\mathscr{C}$ 中不相交集合的序列，则：

$$\mu^\infty(z_0, B)=\mu^\infty(z_0, \bigcup_{i=1}^\infty B_i)=\sum_{i=1}^\infty\mu^\infty(z_0, B_i)$$

可数可加性的证明比有限积空间情形中的证明要更加困难，我们省略了证明过程。[证明过程参见 Shiryayev（1984，pp. 247 - 249）。] 不过，这个事实得证后，可推得 $\mu^{\infty}(z_0, \cdot)$ 满足练习 7.29 的假设，因而到 $\mathscr{A}^{\infty}$ 有唯一的扩展，然后由卡拉特奥多里定理和哈恩扩展定理可推得 $\mu^{\infty}(z_0, \cdot)$ 到 $\mathscr{Z}^{\infty}$ 有唯一的扩展。

显然，上面的论证也可在 $(Z, \mathscr{Z})$ 上给定一初始概率测度 λ_0 而不是一初始状态 z_0 时用来定义测度 $\mu^t(\lambda_0, \cdot)$，$t=1, 2, \cdots$ 和 $\mu^{\infty}(\lambda_0, \cdot)$。

定义了这些概率空间后，我们就能够正式定义一个一般随机过程和一个马尔可夫过程并表明上面的论证可用来构造一个马尔可夫过程。令 $(\Omega, \mathscr{F}, P)$ 为一固定的概率空间。

定义 $(\Omega, \mathscr{F}, P)$ 上的一个**随机过程**（stochastic process）是一个递增的 σ 代数序列 $\mathscr{F}_1 \subseteq \mathscr{F}_2 \subseteq \mathscr{F}_3 \subseteq \cdots \subseteq \mathscr{F}$；一个可测空间 $(Z, \mathscr{Z})$；一个函数序列 σ_t：$\Omega \to Z$，$t=1, 2, \cdots$，其中每个 σ_t 都是 $\mathscr{F}_t$ 可测的。

最普通的情形是 $Z=\mathbf{R}$，在这种情形下，对每个固定的 t，函数 σ_t 简单地是 $(\Omega, \mathscr{F}, P)$ 上的一个随机变量。而对每个固定的 $\omega \in \Omega$，实数序列 $\{\sigma_t(w)\}_{t=1}^{\infty}$ 称作随机过程的一个**样本路径**（sample path）。

给定一个随机过程，我们可以用测度 P 来对所有 $C \in \mathscr{Z}^n$ 定义下面的有限维概率测度：

$$P_{t+1,\cdots,t+n}(C) = P(\{\omega \in \Omega: [\sigma_{t+1}(\omega), \cdots, \sigma_{t+n}(\omega)] \in C\})$$
$$t=0, 1, 2, \cdots;\ n=1, 2, \cdots$$

若对所有 n 和所有 $C \in \mathscr{Z}^n$，概率 $P_{t+1,\cdots,t+n}(C)$ 与 t 无关，则随机过程称作是**平稳的**（stationary）。类似地，令 $P_{t+1,\cdots,t+n}(C \mid a_{t-s}, \cdots, a_{t-1}, a_t)$ 表示给定事件 $\{\omega \in \Omega: \sigma_T(\omega) = a_\tau, \tau = t-s, \cdots, t-1, t\}$ 发生时，事件 $\{\omega \in \Omega: [\sigma_{t+1}(\omega), \cdots, \sigma_{t+n}(\omega)] \in C\}$ 的条件概率。于是，我们有下面的定义。

定义 一个（一阶）**马尔可夫过程** [(first-order) Markov process] 是具有如下性质的一个随机过程：

$$P_{t+1,\cdots,t+n}(C \mid a_{t-s}, \cdots, a_{t-1}, a_t) = P_{t+1,\cdots,t+n}(C \mid a_t) \tag{2}$$
$$t=2, 3, \cdots;\ n=1, 2, \cdots;\ s=1, 2, \cdots, t-1;\ C \in \mathscr{Z}^n$$

即一个马尔可夫过程具有给定当期实现 $\sigma_t(\omega) = a_t$ 时，未来实现与过去无关的特性。若（条件）概率 $P_{t+1}(A \mid a)$ 对所有 $a \in Z$ 及 $A \in \mathscr{Z}$ 都与 t 无关，则马尔可夫过程被说成具有**平稳转移**（stationary transitions）。注意，平稳的马尔可夫过程（即一个马尔可夫过程是一个平稳的随机过程）与具有平稳转移的马尔可夫过程之间的区别：它们并不相同。（例如，见练习 8.6。）

为了将上面的构造与一个马尔可夫过程的定义相联系，令 Q 是可测空间（Z，$\mathscr{Z}$）上的转移函数，固定 $z_0 \in Z$ 并令（Ω，$\mathscr{F}$，P）$=[Z^\infty$，$\mathscr{Z}^\infty$，$\mu^\infty(z_0$，$\cdot)]$，然后定义下面的 σ 代数族。对每个 $T=1$，2，…，令 $\mathscr{A}^T$ 是具有式（1）中形式的所有集合 B 的集合，并令 $\mathscr{F}_T$ 是包含 $\mathscr{A}^T$ 的最小 σ 代数。注意，这些 $\mathscr{F}_T$ 形成一个递增的 σ 代数序列，其中每一个都包含在 $\mathscr{F}$ 中，即 $\mathscr{F}_1 \subset \mathscr{F}_2 \subset \cdots \subset \mathscr{F}$。然后定义函数序列 $\tilde{z}_t$：$\Omega \rightarrow Z$ 为：

$$\tilde{z}_t(w) = \tilde{z}_t(a_1，a_2，\cdots) = a_t，\quad t = 1，2，\cdots$$

由于每个函数 $\tilde{z}_t$ 是 $\mathscr{F}_t$ 可测的，所以我们已经构造了一个随机过程。

练习 8.6　a. 证明具有如上定义的（Ω，$\mathscr{F}$，P）$=[Z^\infty$，$\mathscr{Z}^\infty$，$\mu^\infty(z_0$，$\cdot)]$和 $\{(\tilde{z}_t，\mathscr{F}_t)\}_{t=1}^\infty$ 的随机过程是一个马尔可夫过程，即证明它满足式（2）。

b. 证明 a 中的马尔可夫过程具有平稳转移，即证明对所有 $t=2$，3，…；$s=1$，2，…，$t-1$；$C \in \mathscr{Z}$，有：

$$P_{t+1}(C \mid a_{t-s}，\cdots，a_{t-1}，a_t) = P_{t+1}(C \mid a_t) = Q(a_t，C)$$

c. 假设在（Z，$\mathscr{Z}$）上存在一个概率测度 λ 对所有 $a \in Z$ 及所有 $A \in \mathscr{Z}$ 都满足 $Q(a，A)=\lambda(A)$。证明 a 中定义的马尔可夫过程是平稳的。

下一个练习用一个具体例子说明了这些概念。

练习 8.7　考虑一个在每次试验中都可能出现正面或背面的无限掷币序列。令 $Z=\{H，T\}$；$\mathscr{Z}=\{\varnothing，Z，\{H\}，\{T\}\}$；对 $a，b \in \{H，T\}$ 令 $Q(a，\{b\})=1/2$；令（Ω，$\mathscr{F}$，P）如前构造。

a. 详细描述 σ 代数 $\mathscr{F}_1$，$\mathscr{F}_2$，…。

b. 若 ω 在第 t 次取 H，则令 $\sigma_t(w)=1$，否则为 0。证明 $\{(\sigma_t，\mathscr{F}_t)\}_{t=1}^\infty$ 是（Ω，$\mathscr{F}$，P）上的一个随机过程。

c. 令 $g_t(\omega)=\sum_{s=1}^{t}\sigma_s(w)$，其中各个 σ_s 如 b 中定义。证明 $\{(g_t，\mathscr{F}_t)\}_{t=1}^\infty$ 是（Ω，$\mathscr{F}$，P）上的一个随机过程。

显然，对每个 t，在 σ 代数 $\mathscr{F}_t$ 和 $\mathscr{Z}^t$ 之间存在一个非常紧密的关系。（注意，$\mathscr{F}_t$ 是 $\Omega=Z^\infty$ 中集合的一个族，而 $\mathscr{Z}^t$ 是 Z^t 中集合的一个族。）特别地，给定任意 $\mathscr{Z}^t$ 可测函数 $\hat{f}$：$Z^t \rightarrow \mathbf{R}$，我们可以定义函数 $\hat{f}$：$\Omega \rightarrow \mathbf{R}$ 为 $\hat{f}(z_1，z_2，\cdots，z_t，z_{t+1}，\cdots)=f(z_1，\cdots，z_t)$，显然 $\hat{f}$ 是 $\mathscr{F}_t$ 可测的，因而是 $\mathscr{F}$ 可测的。反之，给定 Ω 上任何 $\mathscr{F}_t$ 可测函数 $\hat{f}$，对某些 t，存在 Z^t 上一个相应的 $\mathscr{Z}^t$ 可测函数 f。在这个意义上，$\mathscr{F}$ 可测函数族包括相应

于所有有限 t 的 $\mathscr{Z}^t$可测函数。

8.3 累次积分

上节中构造在（Z^t，$\mathscr{Z}^t$）上的关于测度 $\mu^t(z_0,\ \cdot)$ 的期望值可以用明显的方式来定义，令 $z^t=(z_1,\ \cdots,\ z_t)$ 表示 Z^t 的一个元素（$t=1$，2，…），则对任何 $\mu^t(z_0,\ \cdot)$ 可积的函数 F，有：

$$\mathrm{E}(F \mid z_0)=\int_{Z^t} F(z^t)\mu^t(z_0,\ \mathrm{d}z^t)$$

我们在本节中的任务是证明这个积分可用各种方法表示成一个累次积分。特别地，我们将在 9.1 节中需要下面的结果。

令 $t\in\{2,\ 3,\ \cdots\}$；令 F：$Z^t\rightarrow\bar{\mathbf{R}}$ 为 $\mathscr{Z}^t$可测函数，并假设 F 是 $\mu^t(z_0,\ \cdot)$可积的；令 $F(z^{t-1},\ \cdot)$：$Z\rightarrow\bar{\mathbf{R}}$ 表示 F 的 z^{t-1}截面。我们想证明：

$$\begin{aligned}&\int_{Z^t} F(z^t)\mu^t(z_0,\ \mathrm{d}z^t) \qquad (1\mathrm{a})\\ &=\int_{z^{t-1}}\left[\int_z F(z^{t-1},\ z_t)Q(z_{t-1},\ \mathrm{d}z_t)\right]\mu^{t-1}(z_0,\ \mathrm{d}z^{t-1})\end{aligned}$$

即我们的兴趣在于证明 F 的期望值［式（1a）中左边的积分］等于给定 z^{t-1}时条件期望值的期望值［式（1a）中右边的二重积分］。类似地，令 $F(z_1,\ \cdot)$ 表示 F 的 z_1 截面，我们也想证明：

$$\begin{aligned}&\int_{Z^t} F(z^t)\mu^t(z_0,\ \mathrm{d}z^t) \qquad (1\mathrm{b})\\ &=\int_Z\left[\int_{Z^{t-1}} F(z_1,\ z_2^t)\mu^{t-1}(z_1,\ \mathrm{d}z_2^t)\right]Q(z_0,\ \mathrm{d}z_1)\end{aligned}$$

显然，可以用许多方法来分解式（1a）和式（1b）左边的积分，这样，采取一种稍微抽象一点的方法并证明式（1a）和式（1b）都是一个更一般结果的副产品是有用的，这种方法还具有简化许多符号的优点。我们从下面的定义开始。

定义 令（X，$\mathscr{X}$）和（Y，$\mathscr{Y}$）都是可测空间。一个**随机核**（stochastic kernel）是 {X，$\mathscr{Y}$} 上满足下述条件的一个函数 P：$X\times\mathscr{Y}\rightarrow[0,\ 1]$：

a. 对每个 $a\in X$，P（a，·）是（Y，$\mathscr{Y}$）上一个概率测度；

b. 对每个 $B\in\mathscr{Y}$，P（·，B）是一个 $\mathscr{X}$可测函数。

其解释为 $P(a,\ B)$ 是给定 $x=a$ 时 $y\in B$ 的概率。显然，一个转移函数简单地是一个随机核，它的两个空间（X，$\mathscr{X}$）和（Y，$\mathscr{Y}$）碰巧是相同的。

我们由证明三个结果开始，它们分别在这个更抽象的环境中推广了定理 8.1～定理 8.3，所有证明都利用了单调类引理（引理 7.15）。

定理 8.4　令（X，$\mathscr{X}$）和（Y，$\mathscr{Y}$）为可测空间；令 P 是 $\{X, \mathscr{Y}\}$ 上的一个随机核，并令 F：$X\times Y\to\bar{\mathbf{R}}_+$ 是一非负、$\mathscr{X}\times\mathscr{Y}$ 可测函数。则对所有 $x\in X$ 定义为

$$(TF)(x)=\int_Y F(x, y)P(x, \mathrm{d}y) \tag{2}$$

的非负函数 TF：$X\to\bar{\mathbf{R}}_+$ 是 $\mathscr{X}$ 可测的，即 T：$M^+(X\times Y, \mathscr{X}\times\mathscr{Y})\to M^+(X, \mathscr{X})$。

证明　选取 $F\in M^+(X\times Y, \mathscr{X}\times\mathscr{Y})$。由定理 7.14 可知，$F$ 的每个 x 截面都是一个 $\mathscr{Y}$ 可测函数，因而式（2）中的积分对每个 $x\in X$ 都是定义恰当的。显然 TF 是非负的。为了证明 TF 是可测的，我们将依次对可测矩形的指标函数、任意可测集合的指标函数、可测简单函数以及任意可测函数证明这个结果。

首先考虑任何一个可测矩形的指标函数，即 $F(x, y)=\chi_{A\times B}(x, y)$，其中 $A\in\mathscr{X}$，$B\in\mathscr{Y}$，则对所有 $x\in X$，有：

$$\begin{aligned}(T_{\chi A\times B})(x)&=\int_Y\chi_{A\times B}(x, y)P(x, \mathrm{d}y)\\&=\int_Y\chi_A(x)\chi_B(y)P(x, \mathrm{d}y)\\&=\chi_A(x)P(x, B)\end{aligned}$$

这样，$T_{\chi A\times B}$是 $\mathscr{X}$ 可测函数的积，因而是 $\mathscr{X}$ 可测的。显然，若 F 是一个不相交可测矩形有限并集的指标函数，同样的论证也适用。令

$$\mathscr{E}=\{E\in\mathscr{X}\times\mathscr{Y}\text{: } T\chi_E \text{ 是 } \mathscr{X} \text{ 可测的}\}$$

如已指明的，$\mathscr{E}$ 包含由可测矩形生成的代数。接下来我们将证明 $\mathscr{E}$ 是一个单调类，则由单调类引理可得 $\mathscr{E}=\mathscr{X}\times\mathscr{Y}$。

令 $\{E_n\}_{n=1}^{\infty}$是 $\mathscr{E}$ 中一递增序列，且 $E=\bigcup_{n=1}^{\infty}E_n$，则 $\{\chi_{E_n}\}$ 是一个逐点收敛于 χ_E 的非负、可测函数的递增序列，因而由定理 7.4 知 χ_E 是可测的，且由单调收敛定理知，对所有 $x\in X$，有：

$$\begin{aligned}(T\chi_E)(x)&=\int_Y\chi_E(x, y)P(x, \mathrm{d}y)\\&=\lim_{n\to\infty}\int_Y\chi_{E_n}(x, y)P(x, \mathrm{d}y)\\&=\lim_{n\to\infty}(T\chi_{E_n})(x)\end{aligned}$$

因而，$T\chi_{E_n}$ 逐点收敛于 $T\chi_E$。由于 $\{T\chi_{E_n}\}$ 是一个可测函数序列，由定理 7.4 可得，$T\chi_E$ 是可测的。接下来，注意 $E^c\in\mathscr{E}$ 意味着 $E\in\mathscr{E}$，若 $\{E_n\}$ 是一个递减的集合序列，将上述论证用于递增序列 $\{E_n^c\}$ 并利用这个事实，则得到 $\mathscr{E}$ 是一个单调类。

由于积分的线性性质，上面的结果可以扩展到 $M^+(X\times Y,\ \mathscr{X}\times\mathscr{Y})$ 中所有的简单函数，且通过定理 7.5 和单调类定理可扩展到 $M^+(X\times Y,\ \mathscr{X}\times\mathscr{Y})$ 中所有函数。这些论证完全类似于用在定理 8.1 证明中的那些论证，我们不再重复它们。■

推论 式（2）定义的算子 T 将有界（$\mathscr{X}\times\mathscr{Y}$）可测函数空间映射到有界 $\mathscr{X}$ 可测函数空间，即 T：$B(X\times Y,\ \mathscr{X}\times\mathscr{Y})\rightarrow B(X,\ \mathscr{X})$。

定理 8.5 令（W，$\mathscr{W}$），（X，$\mathscr{X}$）和（Y，$\mathscr{Y}$）都是可测空间，并令 P_1 和 P_2 分别是（W，$\mathscr{X}$）和（X，$\mathscr{Y}$）上的随机核。则对给定的任意 $\omega\in W$，在（$X\times Y$，$\mathscr{X}\times\mathscr{Y}$）上存在唯一的概率测度 $P_3(\omega,\ \cdot)$ 对所有 $A\in\mathscr{X}$，$B\in\mathscr{Y}$ 满足：

$$P_3(\omega,\ A\times B)=\int_A P_2(x,\ B)P_1(\omega,\ \mathrm{d}x) \tag{3}$$

此外，如此定义的函数具有对所有 $C\in\mathscr{X}\times\mathscr{Y}$，$P_3(\cdot,\ C)$ 是 $\mathscr{W}$ 可测的这一特性，即 P_3 是 $\{W,\ \mathscr{X}\times\mathscr{Y}\}$ 上的一个随机核。

证明 固定 $\omega\in W$。由定理 7.13 和定理 7.3 知式（3）唯一地定义了 $\mathscr{X}\times\mathscr{Y}$ 上的一个概率测度。

为了理解 $P_3(\cdot,\ C)$ 是 $\mathscr{W}$ 可测的，首先令 $C=A\times B$，其中 $A\in\mathscr{X}$，$B\in\mathscr{Y}$，于是对 $F(\omega,\ x)=\chi_A(x)P_2(x,\ B)$，由定理 8.4 立即可推得 $P_3(\cdot,\ A\times B)$ 是 $\mathscr{W}$ 可测的。显然，若 C 是不相交可测矩形的有限并集，论证也成立。令 $\mathscr{E}=\{E\in\mathscr{X}\times\mathscr{Y}$：$P_3(\cdot,\ E)$ 是 $\mathscr{W}$ 可测的$\}$，为了完成证明，证明 $\mathscr{E}$ 是一个单调类即可，这样由单调类引理将推得 $\mathscr{E}=\mathscr{X}\times\mathscr{Y}$。

令 $\{E_n\}$ 是 $\mathscr{E}$ 中集合的一个递增序列，且 $E=\bigcup_{n=1}^{\infty}E_n$，则 $\{P_3(\cdot,\ E_n)\}$ 是一个逐点收敛于 $P_3(\cdot,\ E)$ 的 $\mathscr{W}$ 可测函数的递增序列，因而 $P_3(\cdot,\ E)$ 也是 $\mathscr{W}$ 可测的。若 $\{E_n\}$ 是一递减序列，类似的论证也成立。因此 $\mathscr{E}$ 是一个单调类。■

当定理 8.5 的假设成立时，我们说 P_3 是 P_1 和 P_2 的**直积**（direct product），且我们写作 $P_3=P_1\times P_2$。

定理 8.6 令（W，$\mathscr{W}$），（X，$\mathscr{X}$）和（Y，$\mathscr{Y}$）都是可测空间；令 P_1 和 P_2 分别是 $\{W,\ \mathscr{X}\}$ 和 $\{X,\ \mathscr{Y}\}$ 上的随机核；令 $P_3=P_1\times P_2$ 是由式（3）定义的 $\{W,\ \mathscr{X}\times\mathscr{Y}\}$ 上的随机核。则对任何函数 $F\in$

$M^+(X\times Y,\ \mathscr{X}\times\mathscr{Y})$ 及所有 $w\in W$，有：

$$\int_{X\times Y}F(x,\ y)P_3(w,\ \mathrm{d}x\times\mathrm{d}y)$$
$$=\int_X\left[\int_Y F(x,\ y)P_2(x,\ \mathrm{d}y)\right]P_1(w,\ \mathrm{d}x) \tag{4}$$

证明 我们将通过依次表明式（4）对可测矩形的指标函数、可测集合的指标函数、可测简单函数和可测函数都成立来证明结果。

首先，令 $A\times B$ 为 $\mathscr{X}\times\mathscr{Y}$ 中任意可测矩形，并令 $F=\chi_{A\times B}$，则如定理 8.4 的证明中所表明的，对所有 $x\in X$，有：

$$\int_Y \chi_{A\times B}(x,\ y)P_2(x,\ \mathrm{d}y)=\chi_A(x)P_2(x,\ B)$$

因而对所有 $w\in W$，有：

$$\int_X\left[\int_Y \chi_{A\times B}(x,\ y)P_2(x,\ \mathrm{d}y)\right]P_1(w,\ \mathrm{d}x)$$
$$=\int_x \chi_A(x)P_2(x,\ B)P_1(w,\ \mathrm{d}x)$$
$$=P_3(w,\ A\times B)$$

因此，若 F 是一可测矩形的指标函数，则式（4）成立。显然，若 F 是不相交可测矩形有限并集的指标函数，同样的论证成立。令

$$\mathscr{E}=\{E\in\mathscr{X}\times\mathscr{Y}:\ 式（4）对\ F=\chi_E\ 成立\}$$

我们已表明 $\mathscr{E}$ 包含由可测矩形生成的代数。为了完成证明，只要证明 $\mathscr{E}$ 是一个单调类即可，这样由单调类引理可立即推得 $\mathscr{E}=\mathscr{X}\times\mathscr{Y}$。

令 $\{E_n\}_{n=1}^{\infty}$ 是 $\mathscr{E}$ 中一递增序列且 $E=\bigcup_{n=1}^{\infty}E_n$，则 $\{\chi_{E_n}\}$ 是逐点收敛于 χ_E 的（$\mathscr{X}$，$\mathscr{Y}$）可测函数的一个递增序列，因而由定理 7.4，χ_E 也是（$\mathscr{X}$，$\mathscr{Y}$）可测的。定义函数：

$$g_n(x)=\int_Y \chi_{E_n}(x,\ y)P_2(x,\ \mathrm{d}y),\quad n=1,\ 2,\ \cdots$$
$$g(x)=\int_Y \chi_E(x,\ y)P_2(x,\ \mathrm{d}y)$$

由定理 8.4，所有这些函数都是 $\mathscr{X}$ 可测的，而由单调收敛定理知 g_n 逐点收敛于 g。由假设知，式（4）对 $F=\chi_{E_n}$，$n=1,\ 2,\ \cdots$都成立，即对所有 $w\in W$，有：

$$\int_{X\times Y}\chi_{E_n}(x,\ y)P_3(w,\ \mathrm{d}x\times\mathrm{d}y)$$
$$=\int_X\left[\int_Y \chi_{E_n}(x,\ y)P_2(x,\ \mathrm{d}y)\right]P_1(w,\ \mathrm{d}x)$$

$n=1,2,\cdots$

取 $n\to\infty$ 时的极限并在两边应用单调收敛定理，我们得到，对所有 $w\in W$，有：

$$\begin{aligned}&\int_{X\times Y}\chi_E(x,y)P_3(w,\mathrm{d}x\times\mathrm{d}y)\\&=\lim_{n\to\infty}\int_{X\times Y}\chi_{E_n}(x,y)P_3(w,\mathrm{d}x\times\mathrm{d}y)\\&=\lim_{n\to\infty}\int_X\left[\int_Y\chi_{E_n}(x,y)P_2(x,\mathrm{d}y)\right]P_1(w,\mathrm{d}x)\\&=\lim_{n\to\infty}\int_X g_n(x)P_1(w,\mathrm{d}x)\\&=\int_X g(x)P_1(w,\mathrm{d}x)\\&=\int_X\left[\int_Y\chi_{E_n}(x,y)P_2(x,\mathrm{d}y)\right]P_1(w,\mathrm{d}x)\end{aligned}$$

因而式（4）对 χ_E 成立，所以 $E\in\mathscr{E}$。若 $\{E_n\}$ 是 $\mathscr{E}$ 中一递减序列，将上面的论证应用于递增序列 $\{E_n^c\}$ 并利用 $E^c\in\mathscr{E}$ 意味着 $E\in\mathscr{E}$ 的事实。因此，$\mathscr{E}$ 是一个单调类，且由单调类引理，式（4）对所有可测集合的指标函数都成立。

证明的余下部分完全类似于定理 8.3 的证明，积分的线性性质被用来把结果扩展到所有可测简单函数，然后定理 7.5 和单调收敛定理被用来证明对所有可测函数的结果。■

推论 方程（4）对任何函数 $F\in B(X\times Y,\mathscr{X}\times\mathscr{Y})$ 都成立。

现在回想我们想在函数 F 可积时证明式（1a）和式（1b）成立。为了做到这一点，我们需要下面的结果，它将定理 8.6 的结论推广到可积函数。

定理 8.7 令 $(W,\mathscr{W})$，$(X,\mathscr{X})$ 和 $(Y,\mathscr{Y})$ 都是可测空间；令 P_1 和 P_2 分别是 $\{W,\mathscr{X}\}$ 和 $\{X,\mathscr{Y}\}$ 上的随机核；令 $P_3=P_1\times P_2$ 是由式（3）定义的 $\{W,\mathscr{X}\times\mathscr{Y}\}$ 上的随机核。若 F：$X\times Y\to\overline{\mathbf{R}}$ 对某个 $\hat{w}\in W$ 是 $P_3(\hat{\omega},\cdot)$ 可积的，则式（4）对 $w=\hat{w}$ 成立。

证明 固定 $\hat{w}\in W$，并令 F：$X\times Y\to\overline{\mathbf{R}}$ 是 $P_3(\hat{\omega},\cdot)$ 可积的。则由定义知 F^+ 和 F^- 都是 $P_3(\hat{\omega},\cdot)$ 可积的，即两者都有有限积分，因而由定理 8.6 有：

$$\begin{aligned}&\int_X\left[\int_Y F^+(x,y)P_2(x,\mathrm{d}y)\right]P_1(\hat{w},\mathrm{d}x)\\&=\int_{X\times Y}F^+(x,y)P_3(\hat{w},\mathrm{d}x\times\mathrm{d}y)<\infty\end{aligned}$$

且对 F^- 也类似。定义集合 K^+ 为：

$$K^+=\{x\in X: \int_Y F^+(x, y)P_2(x, \mathrm{d}y)=+\infty\}$$

并用类似的方式定义 K^-。由练习 7.20c 知，$P_1(\hat{\omega}, K^+)=0$ 及 $P_1(w, K^-)=0$。令 $K=K^+\cup K^-$，则对 $x\in X\setminus K$，

$$\int_Y F(x, y)P_2(x, \mathrm{d}y)=\int_Y F^+(x, y)P_2(x, \mathrm{d}y)-\int_Y F^-(x, y)P_2(x, \mathrm{d}y) \qquad (5)$$

是一个有限值。因此有：

$$\begin{aligned}
&\int_{X\times Y} F(x, y)P_3(\dot{w}, \mathrm{d}x\times \mathrm{d}y)\\
&=\int_{X\times Y} F^+ P_3-\int_{X\times Y} F^- P_3\\
&=\int_X\left[\int_Y F^+ P_2\right]P_1-\int_X\left[\int_Y F^- P_2\right]P_1\\
&=\int_{X\setminus K}\left[\int_Y F^+ P_2\right]P_1-\int_{X\setminus K}\left[\int_Y F^- P_2\right]P_1\\
&=\int_{X\setminus K}\left[\int_Y FP_2\right]P_1\\
&=\int_X\left[\int_Y F(x, y)P_2(x, \mathrm{d}y)\right]P_1(\hat{w}, \mathrm{d}x)
\end{aligned}$$

其中第一行用了 F 是 $P_3(\dot{w}, \cdot)$ 可积的事实，第二行用了 F^+ 和 F^- 两者都在 $M^+(X\times Y, \mathscr{X}\times\mathscr{Y})$ 中且都有有限积分的事实，第三行用了练习 7.20b 及 $P_1(\dot{w}, K)=0$ 的事实，第四行用了式（5），而第五行再一次用了练习 7.20b 及 $P_1(\dot{w}, K)=0$ 的事实。■

现在，我们已准备好将这些结果用于令人感兴趣的情形之中。令 Q 是可测空间（Z, $\mathscr{Z}$）上的转移函数，令 $z_0\in Z$，并令 $\{Z^t, \mathscr{Z}^t, \mu^t(z_0, \cdot)\}$，$t=1, 2, \cdots$ 是 8.2 节中定义的概率空间，下面的结果证明了关于测度 $\mu^t(z_0, \cdot)$ 的积分的一个基本特性。

定理 8.8　令（Z, $\mathscr{Z}$），Q，$z_0\in Z$ 及 $\{Z^t, \mathscr{Z}^t, \mu^t(z_0, \cdot)\}$ 如前所述，并固定 $t\in\{2, 3, \cdots\}$。若函数 $F: Z^t\to\mathbf{R}$ 是非负且 $\mathscr{Z}^t$ 可测的或是 $\mu^t(z_0, \cdot)$ 可积的，则有：

$$\begin{aligned}
&\int_{Z^t} F(Z^t)\mu^t(z_0, \mathrm{d}z^t) \qquad (6)\\
&=\int_Z Q(z_0, \mathrm{d}z_1)\int_Z Q(z_1, \mathrm{d}z_2)\cdots\int_Z Q(z_{t-1}, \mathrm{d}z_t)F(z_1, \cdots, z_t)
\end{aligned}$$

证明 首先注意到通过定理 7.14 和定理 8.4 的重复应用，右边的累次积分是定义恰当的。

令 F 是 $\mathscr{Z}^t$ 中一可测矩形的指标函数，即 $F=\chi_{A_1\times\cdots\times A_t}$，则式（6）可从 $\mu^t(z_0,\ \cdot)$ 的定义中立即推得。若 F 是可测矩形不相交并集的指标函数，也可立即推得式（6）成立。令

$$\mathscr{E}=\{E\in\mathscr{Z}^t\text{：式（6）对 }F=\chi_E\text{ 成立}\}$$

运用在定理 8.6 的证明中论证的归纳法，然后应用单调收敛定理，我们得到 $\mathscr{E}$ 是一个单调类，因而 $\mathscr{E}=\mathscr{Z}^t$。到所有简单函数的扩展来自积分的线性性质，到所有可测函数的扩展来自定理 7.5 和单调收敛定理，那么到所有 $\mu^t(z_0,\ \cdot)$ 可积函数的扩展可以用在定理 8.7 的证明中运用的归纳法来证明。■

下面的练习利用这个定理证明在后面有直接用途的性质。

练习 8.8 a. 证明对 $t=1,2,\cdots$，$\mu^t(\cdot,\ \cdot)$ 是 $\{Z,\mathscr{Z}^t\}$ 上的一个随机核。

b. 证明 $Q\times\mu^{t-1}=\mu^t=\mu^{t-1}\times Q$，$t=2,3,\cdots$。

c. 证明对所有 $t\in\{2,3,\cdots\}$，所有 $z_0\in Z$ 和所有 $\mu^t(z_0,\ \cdot)$ 可积函数 $F\text{：}Z^t\to\bar{\mathbf{R}}$，式（1a）和式（1b）成立。

下面的练习把定理 8.4～定理 8.7 专门用于冲击 x 与 y 无关的情形。

练习 8.9 令 $(X,\mathscr{X},\mu)$ 和 $(Y,\mathscr{Y},\upsilon)$ 都是概率空间。

a. 证明在 $(X\times Y,\mathscr{X}\times\mathscr{Y})$ 上存在唯一的概率测度 λ，它对所有 $A\in\mathscr{X}$ 和 $B\in\mathscr{Y}$ 满足 $\lambda(A\times B)=\mu(A)\upsilon(B)$。

b. 证明对任何非负、$(\mathscr{X}\times\mathscr{Y})$ 可测函数 F（或任何 λ 可积函数 F），有：

$$\begin{aligned}\int_{X\times Y}F(x,y)\lambda(\mathrm{d}x\times\mathrm{d}y)&=\int_X\left[\int_Y F(x,y)\upsilon(\mathrm{d}y)\right]\mu(\mathrm{d}x)\\&=\int_Y\left[\int_X F(x,y)\mu(\mathrm{d}\chi)\right]\upsilon(\mathrm{d}y)\end{aligned}$$

（这个练习 a 部分的结果称作乘积测度定理。b 部分对非负函数的结果称作托内利定理，而对可积函数的结果称作富比尼定理。）

8.4 由随机差分方程定义的转移

在本节，我们考虑对于平稳、一阶马尔可夫过程定义转移函数的两

种方法，我们表明一阶随机差分方程可用来定义一个转移函数，且通过适当重新定义状态空间，二阶或更高阶马尔可夫过程可以写作一阶过程。读者应该注意，在 9.6 节中类似的论证被用来证明对于一个如在引言中描述的随机动态规划，关于外生冲击的转移函数和最优策略函数共同定义了关于系统状态空间的转移函数。

令 $\{w_t\}_{t=0}^{\infty}$，$w_t \in W$ 是一个独立同分布随机冲击序列，令 $g: Z \times W \rightarrow Z$ 是一给定的函数，令 z_0 是一给定的初始值，并令 $\{z_t\}$ 由 $z_{t+1}=g(z_t, w_t)$ 定义。下面的定理证明函数 g 和 w_t 上的概率测度可用来构造一个 z_t 的转移函数。如定理 8.5 的证明中那样，证明的第三步利用了单调类引理。

定理 8.9　令 $(W, \mathscr{W}, \mu)$ 为一概率空间；令 $(Z, \mathscr{Z})$ 为一可测空间。令 $g: Z \times W \rightarrow Z$ 为一可测函数，并定义对应 $\Gamma: \mathscr{Z} \rightarrow Z \times W$ 为 g 的逆，即对所有 $A \in \mathscr{Z}$，有：

$$\Gamma(A)=\{(z, w) \in Z \times W: g(z, w) \in A\}$$

则 $Q(z, A)=\mu([\Gamma(A)]_z)$ 定义了 $(Z, \mathscr{Z})$ 上的一个转移函数。（对任何集合 $C \in \mathscr{Z} \times \mathscr{W}$，$C_z$ 表示 C 的 z 截面。）

证明　首先我们必须证明 Q 是定义恰当的。为了做到这一点，对所有 $z \in Z$ 和所有 $A \in \mathscr{Z}$，证明 $[\Gamma(A)]_z \in \mathscr{W}$ 即可。由于由假设知 g 是可测的，所以对所有 $A \in \mathscr{Z}$，有 $\Gamma(A) \in \mathscr{Z} \times \mathscr{W}$，于是由定理 7.14 中表明的一个可测集的任何截面也是可测的这一事实即可推得要求的结果。

接下来，我们必须证明对每个 $z \in Z$，$Q(z, \cdot)$ 是 $\mathscr{Z}$ 上的一个概率测度。固定 $z \in Z$，明显地，有 $Q(z, \varnothing)=\mu(\varnothing)=0$ 和 $Q(z, Z)=\mu(W)=1$。另外，对 $\mathscr{Z}$ 中任何不相交序列 $\{A_i\}$，$\mathscr{Z} \times \mathscr{W}$ 中的集合 $C_i=\Gamma(A_i)$，$i=1, 2, \cdots$是不相交的。因而它们的 z 截面也是不相交的，所以有：

$$\begin{aligned}
Q(z, \bigcup_{i=1}^{\infty} A_i) &= \mu[(\bigcup_{i=1}^{\infty} C_i)_z]=\mu[\bigcup_{i=1}^{\infty}(C_i)_z] \\
&= \sum_{i=1}^{\infty} \mu[(C_i)_z]=\sum_{i=1}^{\infty} Q(z, A_i)
\end{aligned}$$

因此 $Q(z, \cdot)$ 是可数可加性的。

最后，我们必须证明对每个 $A \in \mathscr{Z}$，$Q(\cdot, A)$ 是一个 $\mathscr{Z}$ 可测函数。由于对每个 $A \in \mathscr{Z}$，集合 $C=\Gamma(A)$ 在 $\mathscr{Z} \times \mathscr{W}$ 中，因此把 $\mu(C_z)$ 看作 z 的一个函数，只需证明它对所有 $C \in \mathscr{Z} \times \mathscr{W}$ 是 $\mathscr{Z}$ 可测的即可。令

$$\mathscr{E}=\{C \in \mathscr{Z} \times \mathscr{W}: \mu(C_z) \text{ 是 } z \text{ 的一个可测函数}\}$$

由单调类引理（引理 7.15），证明 $\mathscr{E}$ 包含可测矩形的所有有限并集及 $\mathscr{E}$ 是一个单调类即可。

首先，令 $C=A\times B$，则

$$\mu(C_z)=\begin{cases}\mu(B), & 若\ z\in A\\ 0, & 若\ z\notin A\end{cases}$$

由于 A 是一可测集，所以 $\mu(C_z)$ 是 z 的一可测（简单）函数，因而每个可测矩形都在 $\mathscr{E}$ 中。

接下来，我们将证明若 E_1，…，$E_n\in\mathscr{E}$ 是可测矩形，则 $\bigcup_{i=1}^n E_i\in\mathscr{E}$。证明采用归纳法。对 $n=1$ 断言成立；假设它对 $n-1$ 成立，则有：

$$\begin{aligned}\mu[(\bigcup_{i=1}^n E_i)_z] &=\mu[\bigcup_{i=1}^n (E_i)_z]\\ &=\mu[\bigcup_{i=1}^{n-1}(E_i)_z\cup(E_n)_z]\\ &=\mu[\bigcup_{i=1}^{n-1}(E_i)_z]+\mu[(E_n)_z]\\ &\quad-\mu([\bigcup_{i=1}^{n-1}(E_i)_z]\cap(E_n)_z)\\ &=\mu[\bigcup_{i=1}^{n-1}(E_i)_z]+\mu[(E_n)_z]\\ &\quad-\mu[\bigcup_{i=1}^{n-1}((E_i\cap E_n))_z]\end{aligned}$$

由于最后的等式中 μ 的每个自变量都在 $\mathscr{E}$ 中，所以最后的等式中的每一项都是 z 的可测函数，因而它们的和也是 z 的一个可测函数，所以 $\bigcup_{i=1}^n E_i$ 在 $\mathscr{E}$ 中。

最后，我们将证明 $\mathscr{E}$ 是一个单调类。令 $E_1\subseteq E_2\subseteq\cdots$ 是 $\mathscr{E}$ 中集合的一个递增序列且 $E=\bigcup_{i=1}^\infty E_i$，注意，这暗含 z 截面 $(E_1)_z\subseteq(E_2)_z\subseteq\cdots$ 形成 w 中的一个递增序列，因此有：

$$\mu(E_z)=\mu[(\bigcup_{i=1}^\infty E_i)_z]=\mu[\bigcup_{i=1}^\infty (E_i)_z]=\lim_{i\to\infty}\mu[(E_i)_z] \tag{1}$$

其中，最后的等式用了定理 7.1。由假设知对每个 i，$\mu[(E_i)_z]$ 是 z 的一个可测函数，所以式（1）的右边最后一项是一个可测函数序列的逐点极限，因此由定理 7.4 知，它本身是一个可测函数且 E 在 $\mathscr{E}$ 中。若 $\{E_i\}$ 是 $\mathscr{E}$ 中的一个嵌套递减序列，类似的论证成立，因此 $\mathscr{E}$ 是一个单调类。■

练习 8.10　令 (Z,ρ_z) 和 (W,ρ_w) 都是度量空间，并令 $\mathscr{Z}$ 和 $\mathscr{W}$ 是由开集生成的 σ 代数。证明若定理 8.9 中的函数是连续的，则 Q 具有费勒性质。[提示，令 $f\in C(Z)$。首先证明：

$$\int_Z f(z')Q(z, \mathrm{d}z') = \int_W f[g(z, w)]\mu(\mathrm{d}w)$$

然后利用勒贝格受控收敛定理证明 $z_n \to z$ 暗含：

$$\int_W f[g(z_n, w)]\mu(\mathrm{d}w) \to \int_W f[g(z, w)]\mu(\mathrm{d}w)]$$

我们迄今所考虑的转移函数都有 $Q(a, A)=\Pr\{\tilde{z}_{t+1}(\omega)\in A \mid \tilde{z}_t(w)=a\}$ 的形式，即我们允许（随机结果）$\tilde{z}_{t+1}(w)$ 的概率测度依赖于 $\tilde{z}_t(w)$ 但不依赖于 $\tilde{z}_{t-1}(w)$ 或其他滞后值。下面的练习表明这个限制不是约束性的：任何二（或高）阶马尔可夫过程——两（或多）个滞后值影响当期冲击的分布——可看作一个具有扩展状态空间的一阶过程。

练习 8.11　令 $(W, \mathcal{W})$ 为一可测空间，并令 P：$W\times W\times \mathcal{W}\to [0, 1]$ 具有如下特性：

a. 对每个 $(w, w')\in W\times W$，$P(w, w', \cdot)$：$\mathcal{W}\to[0, 1]$ 是一个概率测度；

b. 对每个 $A\in\mathcal{W}$，$P(\cdot, \cdot, A)$：$W\times W\to [0, 1]$ 是 $(\mathcal{W}\times\mathcal{W})$ 可测的。定义积空间 $(Z, \mathcal{Z})=(W\times W, \mathcal{W}\times\mathcal{W})$。证明：

对所有 $w, w'\in W$，所有 $A, B\in\mathcal{W}$，

$$Q[(w, w'), A\times B] = \begin{cases} P(w, w', B), & \text{若 } w'\in A \\ 0, & \text{若 } w'\notin A \end{cases}$$

定义了 $(Z, \mathcal{Z})$ 上的一个转移函数。（提示：利用定理 7.13 和单调类引理。）

8.5　文献注释

Doob（1953，chap. V）及 Gihman and Skorohod（1974，chap. II）都包含对转移函数和马尔可夫过程的出色讨论。给定一可测空间上的一个转移函数，则存在一个对应的随机过程——8.2 节中 $(Z^\infty, \mathcal{Z}^\infty, \mu^\infty(z_0, \cdot))$ 的构造，对此的一般证明归功于 Ionescu Tulcea，该证明可在 Shiryayev（1984，pp. 247－249）、Neveu（1965）或 Gihman and Skorohod（1974，Theorem 3，pp. 81－82）中找到。我们在 8.3 节中对随机核的讨论也大量利用了上面所列的最后一个文献。定理 8.9 的证明来自 Futia（1982，Theorem 5.2），在那里给出了一个稍微一般的版本。

第9章　随机动态规划

具备了适当的数学背景后，我们已准备好研究结合了随机冲击的动态规划模型。我们研究这个问题的两种特例，第一种更类似于第 4 章中对确定性模型的处理，第二种则更一般。二者可用单部门最优增长模型的两个变化形式来说明。

假设一颗好谷粒可以被消费或用作种子，任何时期的产出依赖于播种的种子数量和降雨量，假定降雨的影响是乘数性的，降雨是外生决定且随机的，而且可能从一年到下一年是序列相关的。这个经济中最优增长的函数方程为：

$$v(k,\ z)=\sup_{y\in[0,zf(k)]}\left\{U[zf(k)-y]+\beta\int_{Z}v(y,\ z')Q(z,\ \mathrm{d}z')\right\}$$

在这个方程中，状态变量是春天播种的谷种数量 k 和生长季节中的降雨量 z，需要做的唯一决策是决定为下一年留出多少谷种 y，这个决策在秋天已知谷物收获量后做出，由于在秋天和春天之间没有进一步的不确定性干扰，y 也是在春天将播种的量。

另一种方法考虑这样一个经济，其中降雨量从一年到下一年并无起伏，但在储存谷种的仓库中有老鼠，老鼠群体的规模是外生决定和随机的，而且可能从一年到下一年显示出序列相关。假定老鼠的影响是可加性的，将降雨量标准化为 1，这个经济中最优增长的函数方程为：

$$v(k,\ z)=\sup_{y\in[0,f(k)]}\left\{U[f(k)-y]+\beta\int_{Z}v(y-z',\ z')Q(z,\ \mathrm{d}z')\right\}$$

如在第一个模型中，状态变量 k 是春天播种的谷种数量，且唯一的决策是在秋天决定留出多少谷种 y。然而，在这个情形中，下期的状态变量依赖于由老鼠消费掉的随机数量 z' 以及 y。由于在存储决策做出时 z' 的值是未知的，决策者不再有能力选择下期状态的值。

这两个问题的重要区别在于每期决策和不确定性解决的相对时机。在第一种情形中，决策在不确定性解决后做出，所以我们在每期可把决策者视作直接选取下期状态变量的值；在第二种情形中，决策在不确定性解决之前做出，所以我们必须把决策者视作选择一项行动，并把下期状态的值视作那项行动和一随机变量（很可能还有本期状态）的函数。

第二个结构显然更具一般性：在一个适当选取的行动空间和外生状态变量的运动规律下，一个具有第一个结构的模型总可以利用第二个结构来考察，反过来却不成立。第一个结构有点简单，不过它提供了关于我们第 4 章中确定性模型公式更直接的类似。此外，两个结构的结果及论证过程非常相似。在本章中，我们的方法是详细研究第一个模型，然后指明所用符号和论证可以如何修改来适用于第二个模型。

本章余下部分组织如下：在 9.1 节中我们首先分析以术语序列叙述的问题和相应函数方程之间的关系——随机动态规划的最优性原理。这里的结果相当一般（在要求相对少的关于约束和收益函数的假定这个意义上说），虽然它还不如确定性模型的结果那样一般。然后在 9.2 节～9.4 节中，在大量更强的假定下对函数方程进行研究，有界问题在 9.2 节中论及，而 9.3 节论述规模报酬不变问题，在 9.4 节，我们提供一个无界问题的定理并表明它可以怎样用于线性二次模型和具有对数收益函数的模型。随机欧拉方程在 9.5 节中讨论。在 9.6 节，我们证明一个随机函数方程的解定义了随机系统状态空间上的一个转移函数，这激发了第 11 章和第 12 章中马尔可夫过程收敛准则的研究。第 10 章包含对本章内容的各种各样经济学应用。

9.1　最优性原理

在本节，我们讨论包含随机冲击的无限期规划问题的解与对应函数方程的解之间的关系，联结这两种方法的结果不像确定性问题中那样一般，因为在随机情形中出现了可测性问题，而在确定性环境中没有类似问题。

令$(X, \mathscr{X})$和$(Z, \mathscr{Z})$为可测空间，并令$(S, \mathscr{S})=(X\times Z, \mathscr{X}\times\mathscr{Z})$ 是积空间。集合 X 是内生状态变量可能值的集合，Z 是外生冲击可能值的集合，S 是系统可能状态的集合，随机冲击的演变由$(Z, \mathscr{Z})$上一个平

稳转移函数来描述。

我们从考虑决策问题开始，在每期 t，决策者要选取接下来一期内生状态变量的值。这种选择的约束由一个对应 Γ：$X\times Z\rightarrow X$ 来描述，即若当期状态是(x, z)，则 $\Gamma(x, z)$是下期内生状态变量可行值的集合。令 A 是 Γ 的图形：

$$A=\{(x, y, z)\in X\times X\times Z: y\in\Gamma(x, z)\}$$

令 F：$A\rightarrow\mathbf{R}$ 是一期收益函数，即若当期状态是(x, z)，且 $y\in\Gamma(x, z)$被选作下期内生状态变量时，$F(x, y, z)$是当期收益。令 $\beta\geqslant 0$ 是（不变）一期贴现因子。对于这个问题已知的是$(X, \mathscr{X})$，$(Z, \mathscr{Z})$，Q，Γ，F 和β。

以序列形式来看，这个问题如下：在第 0 期，已知当期状态 $s_0=(x_0, z_0)$，决策者为 x_1 选取一个值；此外，它为时期 $t=1, 2, \cdots$制订相机计划。他认识到，在第 t 期将被执行的决策可能依赖于到那时存在的信息，这样，他选择一个函数序列，每期 $t=1, 2, \cdots$对应其中一个函数，这个序列中的第 t 个函数将 x_{t+1}的值设定为在第 t 期将可得到的信息的一个函数，对 $t\geqslant 1$，这个信息是冲击序列$(z_1, z_2, \cdots, z_t)$。他选择这个函数序列来最大化收益的预期贴现和，其中期望是在冲击实现之上求得的。为了精确地讲清楚这一点，我们必须决定什么函数是决策者可用的，以及用什么概率测度来评价它们产生的收益。

定义积空间$(Z^t, \mathscr{Z}^t)$，$t=1, 2, \cdots$，并令 $z^t=(z_1, \cdots z_t)\in Z^t$ 表示冲击从第1期到第 t 期的部分历史。

定义　计划（plan）是一个值 $\pi_0\in X$ 和可测函数 π_t：$Z^t\rightarrow X$，$t=1, 2, \cdots$的一个序列。

对此的解释是，若观察到的从第 1 期到第 t 期的冲击的部分历史是 z^t，则 $\pi_t(z^t)$是在第 t 期为 x_{t+1}选择的值。

定义　一个计划 π 是从 $s_0\in S$ 起**可行的**（feasible），若它对所有 $z^t\in Z^t$满足：

$$\pi_0\in\Gamma(s_0) \tag{1a}$$

$$\pi_t(z^t)\in\Gamma[\pi_{t-1}(z^{t-1}), z^t], \ t=1, 2, \cdots \tag{1b}$$

式（1a）和式（1b）中的约束完全类似于确定性情形中的可行性约束，但关于 π_t 的可测性要求在确定性情形中没有对等物，令$\Pi(s_0)$表示从 s_0 起可行的计划的集合。

我们的第一个问题是，在什么条件下，$\Pi(s_0)$对所有 $s_0\in S$ 都是非空的？在确定性情形中，若对应 Γ 非空，则可行计划的集合就是非空的。在这里，我们还必须保证可测性要求能够得到满足，为了做到这一点，我们需要下面的假定。

假定 9.1　Γ 是非空值的，且 Γ 的图形是$(\mathscr{X}\times\mathscr{X}\times\mathscr{Z})$可测的。此外，$\Gamma$ 具有一个可测选择，即存在一可测函数 h：$S\rightarrow X$ 对所有 $s\in S$ 满足 $h(s)\in\Gamma(S)$。

回想 X 和 Z 都是欧几里得空间子集的情形，定理 7.6 提供了 Γ 具有一可测选择的充分条件。从这个假定可立即推得下面的结果。

引理 9.1　令$(X, \mathscr{X})$，$(Z, \mathscr{Z})$和 Γ 给定，在假定 9.1 下，$\Pi(s_0)$对所有 $s_0\in S$ 非空。

证明　从 Γ 中选取一可测选择 h，固定 $s_0\in S$ 并对所有 $z^t\in Z^t$ 定义 π 为：

$$\pi_0 = h(s_0)$$

$$\pi_t(z^t) = h[\pi_{t-1}(z^{t-1}), z], \ t = 1, 2, \cdots$$

显然，π 满足式（1a）和式（1b），且 π_0 是可测的。于是，由可测函数的复合是可测的（练习 7.31）这个事实运用归纳法可推得每个 π_t，$t=1, 2, \cdots$都是可测的。由于 $s_0\in S$ 是任意的，要求的结果得到证明。■

以在每期 t 中都用 Γ 的同样可测选择 h 这种方法构造的计划 π 被称作**平稳的**（stationary）或**马尔可夫的**（Markov），因为它为每期 t 所规定的行动仅仅依赖于该期的状态 $s_t=[\pi_{t-1}(z^{t-1}), z_t]$。通过在每期运用不同的可测选择 h_t，可以构造非平稳计划。

接下来，考虑如何计算一可行计划的总贴现预期收益。给定$(Z, \mathscr{Z})$上的转移函数 Q 及初始状态$(x_0, z_0)=s_0\in S$，如我们在 8.2 节所做的那样，定义概率测度 $\mu^t(z_0, \cdot)$：$\mathscr{Z}^t\rightarrow[0, 1]$，$t=1, 2, \cdots$。回忆 F 的定义域集合是 A，即 Γ 的图形。令

$$\mathscr{A} = \{C \in \mathscr{X}\times\mathscr{X}\times\mathscr{Z}: C\subseteq A\}$$

在假定 9.1 下，证明 $\mathscr{A}$ 是一个 σ 代数是很简单的。注意到若 F 是 $\mathscr{A}$ 可测的，则由练习 7.31，对任意 $s_0\in S$ 和任意 $\pi\in\Pi(s_0)$有：

$$F[\pi_{t-1}(z^{t-1}), \pi_t(z^t), z_t] \text{ 是 } \mathscr{Z} \text{ 可测的}, \ t = 1, 2, \cdots$$

因此对于随机情形，下面是假定 4.2 的对等物。

假定 9.2　F：$A\rightarrow\mathbf{R}$ 是 $\mathscr{A}$ 可测的，且或者 a 成立或者 b 成立。

a. $F\geqslant0$ 或 $F\leqslant0$；

b. 对每个$(x_0, z_0)=s_0\in S$ 和每个计划 $\pi\in\Pi(s_0)$，有：

$$F[\pi_{t-1}(z^{t-1}), \pi_t(z^t), z_t] \text{ 是 } \mu^t(z_0, \cdot) \text{ 可积的}, \ t = 1, 2, \cdots$$

且极限

$$F[x_0, \pi_0, z_0]+\lim_{n\to\infty}\sum_{t=1}^{n}\int_{Z^t}\beta^t F[\pi_{t-1}(z^{t-1}), \pi_t(z^t), z_t]\mu^t(z_0, \mathrm{d}z^t)$$

存在（虽然它可能是正无穷或负无穷）。

注意，若 a 成立，则 b 中的极限是定义恰当的。

假定 9.2 保证对每个 $s_0\in S$，我们可以定义函数 $u_n(\cdot, s_0):\Pi(s_0)\to\mathbf{R}$，$n=0, 1, \cdots$为：

$$u_0(\pi, s_0)=F[x_0, \pi_0, z_0]$$

$$u_n(\pi, s_0)=F[x_0, \pi_0, z_0]+\sum_{i=1}^{n}\int_{Z^t}\beta^t F[\pi_{t-1}(z^{t-1}), \pi_t(z^t), z_t]\mu^t(z_0, \mathrm{d}z^t)$$

这样，$u_n(\pi, s_0)$是初始状态为 s_0时计划 π 从第 0 期到第 n 期的预期贴现收益的和。假定 9.2 同样保证，对每个 $s_0\in S$，我们可以定义 $u(\cdot, s_0)$：$\Pi(s_0)\to\bar{\mathbf{R}}$ 为这个序列随时间推移的极限：

$$u(\pi, s_0)=\lim_{n\to\infty}u_n(\pi, s_0)$$

这样 $u(\pi, s_0)$是初始状态为 s_0时计划 π 预期贴现收益的（无穷）和。

在假定 9.1 和假定 9.2 下，函数 $u(\cdot, s)$对每个 $s\in S$ 恰当地定义在非空集$\Pi(s)$上，在这种情形中，我们可以定义上确界函数 v^*：$S\to\bar{\mathbf{R}}$为：

$$v^*(s)=\sup_{n\in\Pi(s)}u(\pi, s) \tag{2}$$

即 v^* 是满足下列两个条件的唯一函数：

$$\text{对所有 }\pi\in\Pi(s)，v^*(s)\geqslant u(\pi, s) \tag{3}$$

$$\text{对}\Pi(s)\text{ 中某一序列 }\{\pi^k\}_{k=1}^{\infty}，v^*(s)=\lim_{k\to\infty}u(\pi^k, s) \tag{4}$$

现在，考虑对应于式（2）中序列问题的函数方程：

$$\begin{aligned}v(s)&=v(x, z)\\&=\sup_{y\in\Gamma(x, z)}\left[F(x, y, z)+\beta\int v(y, z')Q(z, \mathrm{d}z')\right]\end{aligned} \tag{5}$$

若存在一个函数 v 满足式（5），则我们也可以定义相应的策略对应 G 为：

$$G(x, z)=\left\{y\in\Gamma(x, z): v(x, z)=F(x, y, z)+\beta\int v(y, z')Q(z, \mathrm{d}z')\right\} \tag{6}$$

若 G 非空且存在一个来自 G 的可测选择，则若 π 以下面的方式形成，我们就说 π 是由 G 从 s_0 起生成的。令 g_0，g_1，…是一个来自 G 的可测选择的序列，并对所有 $z^t\in Z^t$ 定义 π 为：

$$\pi_0 = g_0(s_0)$$

$$\pi_t(z^t) = g_t[\pi_{t-1}(z^{t-1}),\ z_t],\ t = 1,\ 2,\ \cdots$$

由于对所有 $s \in S$ 有 $g_t(s) \in G(s) \subseteq \Gamma(s)$，显然 π 满足式（1a）和式（1b）；又由于每个 g_t 是可测的，很清楚 π 也是可测的（由引理 9.1 的证明中所用论证）。因此，由 G 从 s_0 生成的计划 π 是从 s_0 起可行的。

令假定 9.1 和假定 9.2 成立，所以 v^* 是定义恰当的，考虑式（2）的解和式（5）及式（6）的解之间的关系。对于确定性情形，我们有两个定理来联结上确界函数 v^* 和函数方程的解 v，还有两个定理来联结最优计划（当它们存在时）与由策略对应 G 生成的计划（当对应非空时）。定理 4.2 表明若相应于任何可行计划的总贴现收益定义恰当，则上确界函数 v^* 满足函数方程；反过来，定理 4.3 表明，若函数方程的一个解 v 满足某种边界条件，则它是上确界函数。定理 4.4 和定理 4.5 表明每个最优计划都由 G 生成，以及任何由 G 生成并满足某种边界条件的计划都是最优的。

对于随机情形，关于价值函数的结果多少要弱一些。不存在定理 4.2 的类似，即使在保证上确界函数 v^* 定义恰当的条件下，该函数也可能不是可测的，因而函数方程中的积分可能不是定义恰当的，本节稍后我们将提供归功于布莱克韦尔的例子来说明这个事实。类似地，由于可测性的需要，除了显示一个计划达到上确界外，证明式（4）成立可能是困难的，这样定理 4.3 的随机类似要求相应于令人感兴趣的函数 v 的策略对应 G 是非空值的且容许一个可测选择，在这些假定下，一个计划可以由 G 生成。定理 4.4 和定理 4.5 的结果在随机情形中确实有接近的类似。

于是对于随机情形，我们有两个主要的结果，其中一个提供了充分条件，以保证函数方程的一个解 v 是上确界函数以及由相应的策略对应 G 生成的计划达到上确界，它是确定性模型中定理 4.3 和定理 4.5 的类似且采用了类似的边界假定。

定理 9.2　令$(X,\ \mathscr{X})$，$(Z,\ \mathscr{Z})$，Q，Γ，F 和 β 给定，令假定 9.1 和假定 9.2 成立；令 v^* 由式（2）定义；令 v 是满足函数方程（5）的一个可测函数，且对所有 $\pi \in \Pi(s_0)$ 及所有 $(x_0,\ z_0) = s_0 \in S$ 满足：

$$\lim_{t\to\infty}\int_{Z^t} \beta^t v[\pi_{t-1}(z^{t-1}), z_t]\mu^t(z_0, \mathrm{d}z^t) = 0 \tag{7}$$

令 G 是由式（6）定义的对应，并假定 G 非空且允许一个可测选择。则 $v = v^*$，且由 G 生成的任何计划 π^* 都达到式（2）中的上确界。

证明 如前面提到的，在假定 9.1 和假定 9.2 下，v^* 是定义恰当的。假定 $v: X\times Z\to\bar{\mathbf{R}}$ 满足所述假设，为了证明 $v=v^*$，证明 v 满足式(3) 和式 (4) 即可。选取任意$(x_0, z_0)=s_0\in S$，则对任何 $\pi\in\Pi(s_0)$，有：

$$\begin{aligned}
v(s_0) &= \sup_{y\in\Gamma(s_0)}\left[F(x_0, y, z_0)+\beta\int_Z v(y, z_1)Q(z_0, \mathrm{d}z_1)\right] \\
&\geqslant F(x_0, \pi_0, z_0)+\beta\int_Z v(\pi_0, z_1)Q(z_0, \mathrm{d}z_1) \\
&= u_0(\pi, s_0)+\beta\int_Z v(\pi_0, z_1)\mu^1(z_0, \mathrm{d}z^1) \\
&= u_0(\pi, s_0)+\beta\int_Z\left\{\sup_{y\in\Gamma(\pi_0, z_1)}\left[F(\pi_0, y, z_1)\right.\right. \\
&\quad \left.\left.+\beta\int_Z v(y, z_2)Q(z_1, \mathrm{d}z_2)\right)\right\}\mu^1(z_0, \mathrm{d}z^1) \\
&\geqslant u_0(\pi, s_0)+\beta\int_Z\Big\{F[\pi_0, \pi_1(z^1), z_1] \\
&\quad +\beta\int_Z v[\pi_1(z^1), z_2]Q(z_1, \mathrm{d}z_2)\Big\}\mu^1(z_0, \mathrm{d}z^1) \\
&= u_1(\pi, s_0)+\beta^2\int_{Z^2} v[\pi_1(z^1), z_2]\mu^2(z_0, \mathrm{d}z^2)
\end{aligned}$$

其中第一行和第四行都利用了 v 满足式（5）的事实；第二行和第五行都利用了 π 从 s_0 起可行的事实；第三行利用了 u_0 和 μ^1 的定义；而最后一行利用了 u_1 的定义且利用了练习 8.8 保证将两个积分合并到一个运算的合理性。于是，由归纳法可推得：

$$v(s_0)\geqslant u_n(\pi, s_0)+\beta^{n+1}\int_{Z^{n+1}} v[\pi_n(z^n), z_{n+1}]\mu^{n+1}(z_0, \mathrm{d}z^{n+1})$$

$$n=1, 2, 3\cdots$$

取 $n\to\infty$时的极限并利用式（7），我们推得 $v(s_0)\geqslant u(\pi, s_0)$。由于$\pi\in\Pi(s_0)$是任意的，可知 v 满足式（3）。

为了证明 v 也满足式（4），令 π^* 是由 G 从 s_0 起生成的任何计划，在关于 G 的所述假设下至少存在一个这种计划，于是上面的论证可以重复且在每一步都取等号，因此对于序列 $\pi^k=\pi^*$，$k=1, 2, \cdots$，式(4) 成立。

由于 $s_0\in S$ 是任意的，这就证明了 $v=v^*$。■

我们的下一个主要结果即定理 9.4 是定理 9.2 的一个部分逆，它说的是在稍微更强的假设下，一个计划是最优的必要条件是它几乎处处由 G 生成。但在证明这个定理之前，我们需要另一个定义和另一个预备性的结果。

给定任何 $s_0 \in S$，$\pi \in \Pi(s_0)$ 和 $z_1 \in Z$，定义 **π 沿着 z_1 的延拓**（continuation of π following z_1）——称其为 $C(\pi, z_1)$——如下：

$$C_0(\pi, z_1) = \pi_1(z_1) \tag{8a}$$

$$\text{对所有 } z_2^{t+1} \in Z^t，C_t(z_2^{t+1}; \pi, z_1) = \pi_{t+1}(z_1^{t+1}) \tag{8b}$$

$$t = 1, 2, \cdots$$

因此，每个函数 $C_t(\cdot; \pi, z_1)$：$Z^t \to X$，$t = 0, 1, 2 \cdots$ 都简单地是函数 π_{t+1} 的 z_1 截面，因而由定理 7.14 知这些函数是可测的。此外，显然它们满足式(1a)和式(1b)中的可行性约束，因此对每个 $z_1 \in Z$，$C(\pi, z_1)$ 是从(π_0, z_1)起的可行计划。

练习 9.1　证明若 $\pi \in \Pi(s_0)$，则 $u[C(\pi, z_1), (\pi_0, z_1)]$ 是 z_1 的一个可测函数。（提示：利用定理 7.14 和练习 7.31。）

我们下一个结果将证明，以一个计划及其延拓来估算的 u 满足类似于函数方程中的一种递归关系。引理要求下面对假定 9.2 的加强。

假定 9.3　若 F 取两种符号，则存在一非负可测函数 L_t：$S \to \mathbf{R}_+$，$t=0, 1, \cdots$的集合，它对所有的 $\pi \in \Pi(s_0)$，所有的 $s_0 \in S$ 及所有 $z^t \in Z^t$ 满足：

$$|F(x_0, \pi_0, z_0)| \leqslant L_0(s_0)$$

$$|F[\pi_{t-1}(z^{t-1}), \pi_t(z^t), z_t]| \leqslant L_t(s_0), \quad t = 1, 2, \cdots$$

和

$$\sum_{t=0}^{\infty} \beta^t L_t(s_0) < \infty$$

引理 9.3　令$(X, \mathscr{X})$，$(Z, \mathscr{Z})$，Q，Γ，F 和 β 给定，假设假定 9.1～假定 9.3 成立，则对任何$(x_0, z_0) = s_0 \in S$ 和任何 $\pi \in \Pi(s_0)$，有：

$$u(\pi, s_0) = F(x_0, \pi_0, z_0) + \beta \int_Z u[C(\pi, z_1), (\pi_0, z_1)] Q(z_0, \mathrm{d}z_1) \tag{9}$$

其中对每个 $z_1 \in Z$，$C(\pi, z_1)$是 π 沿着 z_1 的延拓。

证明　令 $(x_0, z_0) = s_0 \in S$ 和 $\pi \in \Pi(s_0)$给定，并假定 $F \geqslant 0$。在假定 9.2 下，$u(\pi, s_0)$定义恰当，且有：

$$u(\pi, s_0) = F(x_0, \pi_0, z_0) + \lim_{n \to \infty} \sum_{t=1}^{n} \int_{Z^t} \beta^t F[\pi_{t-1}(z^{t-1}), \pi_t(z^t), z_t] \mu^t(z_0, \mathrm{d}z^t) \tag{10}$$

对等号右边第二项，我们有：

$$\lim_{n\to\infty}\sum_{t=1}^{n}\int_{Z^t}\beta^t F[\pi_{t-1}(z^{t-1}),\ \pi_t(z^t),\ z_t]\mu^t(z_0,\ dz^t)$$

$$=\lim_{n\to\infty}\int_Z\Big\{\beta F[\pi_0,\ \pi_1(z_1),\ z_1]$$

$$+\sum_{t=2}^{n}\Big[\int_{Z^{t-1}}\beta^t F[\pi_{t-1}(z^{t-1}),\ \pi_t(z^t),\ z_t]\mu^{t-1}(z_1,\ dz_2^t)\Big]\Big\}Q(z_0,\ dz_1)$$

$$=\int_Z\lim_{n\to\infty}\Big\{\beta F[\pi_0,\ \pi_1(z_1),\ z_1]$$

$$+\sum_{t=2}^{n}\Big[\int_{Z^{t-1}}\beta^t F[\pi_{t-1}(z^{t-1}),\ \pi_t(z^t),\ z_t]\mu^{t-1}(z_1,\ dz_2^t)\Big]\Big\}Q(z_0,\ dz_1)$$

$$=\int_Z\beta\lim_{n\to\infty}\Big\{F[\pi_0,\ C_0(\pi,\ z_1),\ z_1]$$

$$+\int_{Z^1}\beta^1 F[C_0(\pi,\ z_1),\ C_1(z_2;\ \pi,\ z_1),\ z_2]\mu_1(z_1,\ dz_2)$$

$$+\sum_{t=3}^{n}\Big[\int_{Z^{t-1}}\beta^{t-1}F[C_{t-2}(z_2^{t-1};\ \pi,\ z_1),\ C_{t-1}(z_2^t;\ \pi,\ z_1),\ z_t]$$

$$\times\mu^{t-1}(z_1,\ dz_2^t)\Big]\Big\}Q(z_0,\ dz_1)$$

$$=\beta\int_Z u[C(\pi,\ z_1),\ (\pi_0,\ z_1)]Q(z_0,\ dz_1)$$

其中，第一行利用了练习 8.8 来保证将 Z^t 上的积分拆成两部分的合理性；第二行利用了单调收敛定理（定理 7.8）来交换极限和积分的次序（参见练习 7.22）；第三行利用了式（8a）和式（8b）；而最后一行又一次利用了 u 的定义。代入式（10）即可求出要求的结果。

若 $F\leqslant 0$，上面的论证可以应用于函数 F。

若 F 取两种符号，则假定 9.3 成立。定义函数 H_n：$Z\to\mathbf{R}$ 的序列为：

$$H_n(z_1)=\beta F[\pi_0,\ \pi_1(z_1),\ z_1]$$

$$+\sum_{t=2}^{n}\Big\{\int_{Z^{t-1}}\beta^t F[\pi_{t-1}(z^{t-1}),\ \pi_t(z^t),\ z_t]\mu^{t-1}(z_1,\ dz_2^t)\Big\}$$

$$n=2,\ 3,\ \cdots$$

假定 9.3 暗含存在一常数 $\bar{L}=\sum_{t=0}^{\infty}\beta^t L_t(s_0)$ 具有特性：对所有 $z_1\in Z$ 和所有 n，$|H_n(z_1)|\leqslant\bar{L}$ 成立。因此，在勒贝格受控收敛定理（定理 7.10）保证交换极限和积分次序的合理性下，上面的论证适用。■

这个证明的关键步骤是利用练习 8.8 将 Z^t 上的积分拆分成两步，

以及应用单调收敛定理或勒贝格受控收敛定理保证交换极限和积分次序的合理性。注意，正是第二步要求 F 只取一种符号或假定 9.3 成立，显然，关于后一假定有许多变化形式——涉及 F 的更复杂界限的变化形式——也可以用来保证这个步骤合理。

有了引理 9.3，我们就准备好了证明本节下一个主要结果：若引理 9.3 适用，则达到式（2）中上确界的任何计划 π^* 是几乎处处由 G 生成的。

定理 9.4　令 $(X, \mathscr{X})$，$(Z, \mathscr{Z})$，Q，Γ，F 和 β 已知，令假定 9.1～假定 9.3 成立，并由式（2）定义 v^*。假定 v^* 是可测的且满足式（5），并由式（6）定义对应 G。假定 G 非空且允许一个可测选择。令 $(x_0, z_0)=s_0\in S$，并令 $\pi^*\in\Pi(s_0)$ 是对初始条件 s_0 达到式（2）中上确界的一个计划。则存在一个由 G 从 s_0 起生成的计划 π^G 满足：

$$\pi_0^G = \pi_0^*$$

$$\pi_t^G(z^t) = \pi_t^*(z^t),\ \mu^t(z_0, \cdot)\text{-a. e.},\ t=1, 2, \cdots$$

证明　注意，在所述假定下，定理 9.2 和引理 9.3 适用。令 π^* 是一个达到式（2）中上确界的计划，由于 G 由式（6）定义，因此证明如下结果即可：

$$v^*(s_0) = F(x_0, \pi_0^*, z_0) + \beta\int_Z v^*(\pi_0^*, z_1)Q(z_0, dz_1) \tag{11a}$$

$$\begin{aligned} v^*[\pi_{t-1}^*(z^{t-1}), z_t] = F[&\pi_{t-1}^*(z^{t-1}), \pi_t^*(z^t), z_t] \\ &+\beta\int v^*[\pi_t^*(z^t), z_{t+1}]Q(z_t, dz_{t+1}), \\ &\mu^t(z_0, \cdot)\text{-a. e.}, \\ &t=1, 2, \cdots \end{aligned} \tag{11b}$$

考虑式（11a），由假设知，π^* 对所有 $\pi\in\Pi(s_0)$ 满足：

$$v^*(s_0)=u(\pi^*, s_0)\geqslant u(\pi, s_0) \tag{12}$$

因此，由引理 9.3，我们可以将式（9）代入，得到对所有 $\pi\in\Pi(s_0)$，有：

$$\begin{aligned} &F(x_0, \pi_0^*, z_0) + \beta\int u[C(\pi^*, z_1), (\pi_0^*, z_1)]Q(z_0, dz_1) \\ &\geqslant F(x_0, \pi_0, z_0) + \beta\int u[C(\pi, z_1), (\pi_0, z_1)]Q(z_0, dz_1) \end{aligned} \tag{13}$$

特别地，式（13）对任何有 $\pi_0=\pi_0^*$ 的计划 $\pi\in\Pi(s_0)$ 都成立。

从 G 中选取一可测选择 g，并对所有 $z^t\in Z^t$ 定义计划 $\pi^g\in\Pi(s_0)$ 如下：

$$\pi_0^g=\pi_0^*$$

$$\pi_t^g(z^t)=g[\pi_{t-1}^g(z^{t-1}),\ z_t],\qquad t=1,\ 2,\ \cdots$$

对每个 $z_1\in Z$，延拓 $C(\pi^g,\ z_1)$ 都是由 G 从 $(\pi_0^*,\ z_1)$ 起生成的一个计划，因而由定理 9.2 知，$C(\pi^g,\ z_1)$ 达到式(2) 中对 $s=(\pi_0^*,\ z_1)$ 的上确界，即对所有 $\pi\in\Pi(\pi_0^*,\ z_1)$，所有 $z_1\in Z$，有：

$$v^*(\pi_0^*,\ z_1)=u[C(\pi^g,\ z_1),\ (\pi_0^*,\ z_1)]\geqslant u[\pi,\ (\pi_0^*,\ z_1)]\quad(14)$$

特别地，由于对所有 $z_1\in Z$，$C(\pi^*,\ z_1)\in\Pi(\pi_0^*,\ z_1)$，所以式（14）暗含对所有 $z_1\in Z$，有：

$$u[C(\pi^g,\ z_1),\ (\pi_0^*,\ z_1)]\geqslant u[C(\pi^*,\ z_1),\ (\pi_0^*,\ z_1)]$$

且由于 $\pi^g\in\Pi(s_0)$ 及 $\pi_0^g=\pi_0^*$，式（13）暗含：

$$\int u[C(\pi^*,\ z_1),(\pi_0^*,\ z_1)]Q(z_0,\ dz_1)$$

$$\geqslant\int u[C(\pi^g,\ z_1),(\pi_0^*,\ z_1)]Q(z_0,\ dz_1)$$

由练习 7.24，这两个不等式意味着：

$$u[C(\pi^g,\ z_1),\ (\pi_0^*,\ z_1)]=u[C(\pi^*,\ z_1),(\pi_0^*,\ z_1)],$$
$$Q(z_0,\ \cdot)-\text{a. e.}$$

于是，由式（14）可得：

$$v^*(\pi_0^*,\ z_1)=u[C(\pi^*,\ z_1),\ (\pi_0^*,\ z_1)],\ Q(z_0,\ \cdot)-\text{a. e.}\quad(15)$$

因而有：

$$\begin{aligned}v^*(s_0)&=u(\pi^*,\ s_0)\\&=F(x_0,\ \pi_0^*,\ z_0)+\beta\int u[C(\pi^*,\ z_1),\ (\pi_0^*,\ z_1)]Q(z_0,\ dz_1)\\&=F(x_0,\ \pi_0^*,\ z_0)+\beta\int v^*(\pi_0^*,\ z_1)Q(z_0,\ dz_1)\end{aligned}$$

其中，第二行使用了引理 9.3，而第三行使用了式（15）及练习 7.24。因此式（11a）成立，这正是要证明的。

用式（15）代替式（12）作为起点，利用一个类似的论证来证明式（11b）对 $t=1$ 成立，并用归纳法继续。■

下面的练习论及了 F 是有上界或有下界，但不以 0 为界，而且假定 9.2b 和假定 9.3 失效的情形。这个练习表明，若 $\beta<1$，则这种情形可以用类似于 F 只取一种符号时所用的论证来处理。

练习 9.2 假设 F 是 $\mathscr{A}$ 可测的，F 是一致有上界或有下界（不一定以 0 为界），且 $\beta<1$。

a. 证明 $u(\cdot,\ s_0)$：$\Pi(s_0)\rightarrow\bar{\mathbf{R}}$ 定义恰当。证明若额外假定 9.1 成立，则 v^* 定义恰当。

b. 证明定理9.2、引理9.3和定理9.4仍然成立。

这些是对于引言中讨论的第一个公式的主要结果。接下来，我们转向简要讨论若定理9.2的假设失效将会怎么样，主要的问题是，即使Γ和Q恰当且F是可测的，v^*也可能不是可测函数。若这种情况发生，函数方程中的积分对$v=v^*$没有定义，所以v^*并不满足函数方程。为了理解v^*可能是不可测的，考虑下面来自Blackwell（1965）的例子。令$X=Z=[0, 1]$，且有波雷尔集$\mathscr{X}$和$\mathscr{Y}$，并对所有$s\in S$，令$\Gamma(s)=[0, 1]$，这样，假定9.1满足。令转移函数是：

$$\text{对所有 } z\in Z\text{，所有 } C\in\mathscr{Z}$$

$$Q(z, C)=\begin{cases}1, & \text{若 } z\in C\\ 0, & \text{若 } z\notin C\end{cases}$$

因而冲击序列$(z_0, z_1, \cdots)$是一个概率为1的常数序列。令$E\subseteq X\times Z=[0, 1]^2$是具有下列性质的一个波雷尔可测集合：$E$在$Z$上的投影集合

$$\text{Proj}_zE=\{z\in Z: (y, z)\in E\text{，对某个 } y\in X\}$$

不是波雷尔可测的。[不幸的是，这种类型的集合E存在，见Behnke et al.（1974，pp. 465－474）。] 定义收益函数F为：

$$F(x, y, z)=\begin{cases}1, & \text{若}(y, z)\in E\\ 0, & \text{若}(y, z)\notin E\end{cases}$$

并令$0<\beta<1$，显然假定9.2成立。此外，对任何初始状态s_0，最优由具有如下形式的一个可行计划达到：

$$\text{对所有 } z^t\in Z^t\text{，}\pi_t(z^t)=\hat{y}\text{，}t=1, 2, \cdots$$

其中，$\hat{y}$如此选择以使$(\hat{y}, z_0)\in E$，如果这种$\hat{y}$存在的话。即最优总能由一个一直不变的策略达到。然而，由于Proj_zE不是一个波雷尔集，所以价值函数v^*不是可测的。

为了理解问题出在什么地方，定义一个**全局计划**（global plan）为对所有初始状态定义的计划，即一个全局计划P是一个可测函数P_t：$S\times Z^t\to X$，$t=0, 1, \cdots$的序列。对任何全局计划P和任何$s\in S$，令P^s表示P的s截面，显然，按照最初的定义，任何这种截面都是一个计划。如果对每一个$s\in S$，P^s从s起可行，则称全局计划可行。若P是可行的全局计划且假定9.2成立，则$u(P^s, s)$是s的一个可测函数，这是很容易证明的。

现在回想若v^*定义恰当，则它是唯一满足式（3）和式（4）的函数。假设情况确实如此，且对每个$s\in S$，选择一个满足式（4）的序列$\{\pi^{s,k}\}_{k=1}^{\infty}$，能以明显的方法用这些序列来定义一个函数序列$\{P^k\}_{k=1}^{\infty}$：

$$对所有\ s\in S;\ z^t\in Z^t;\ k=1,\ 2,\ \cdots;\ t=0,\ 1,\ \cdots$$
$$P_t^k(s,\ z^t)=\pi^{s,k}(z^t)$$

现在，每个函数 P^k 的 s 截面简单地是 $\pi^{s,k}$，因而是一个从 $s\in S$ 起的可行计划。因此我们可以对所有 $s\in S$ 定义函数 w^k：$S\to\bar{\mathbf{R}}$ 为：

$$w^k(s)=u(P^{k,s},\ s)=u(\pi^{s,k},\ s),k=1,\ 2,\ \cdots$$

取 $k\to\infty$时的极限，我们得到：

$$对所有\ s\in S,\ \lim_{k\to\infty}w^k(s)=\lim_{k\to\infty}u(\pi^{s,k},\ s)$$

若每个函数 P^k 都是一个全局计划——若满足可测性要求——则每个函数 w^k 都是可测的。在这种情况下，这些函数的逐点极限 v^* 也是可测的。然而，迄今所加的假定并不保证这些 P^k 满足全局计划的可测性要求。

在本章其余各节，我们将在收益函数 F 及描述可行性约束的对应 Γ 上加入连续性限制，这足以保证 v^* 连续且最优策略存在。不过，在做这些之前，我们将在本节其余部分讨论引言中描述的第二种情况，即序列问题的解与相应的函数方程的解之间的关系。论证和前面非常类似，且我们将其大部分留作练习。

令$(X,\ \mathscr{X})$，$(Z,\ \mathscr{Z})$，$(S,\ \mathscr{S})$，Q 和β 如前所设，此外令 $(Y,\ \mathscr{Y})$ 为一可测空间，集合 Y 是决策者可以采取的可能行动的集合，在每一时期 t，决策者从属于集合 Y 的一个特定的可行备择子集中选择一个行动，对这些选择的约束由对应 Γ：$X\times Z\to Y$ 来描述，即 $\Gamma(x,\ z)$是当期状态为$(x,\ z)$时的可行行动集合。定义 A 是 Γ 的图形：

$$A=\{(x,\ y,\ z)\in X\times Y\times Z:\ y\in\Gamma(x,\ z)\}$$

一期收益函数 F：$A\to\mathbf{R}$ 定义在这个集合上，即若当期状态是$(x,\ z)$且选择了行动 $y\in\Gamma(x,\ z)$，则 $F(z,\ y,\ z)$是当期收益。

我们还必须描述变量 x 的演变。令

$$D=\{(x,\ y)\in X\times Y:\ y\in\Gamma(x,\ z),\ 对某个\ z\in Z\}$$

并令 ϕ：$D\times Z\to X$ 是状态变量的运动规律，即若 x 是内生状态变量的当期值，选取行动 y，且 z'是下期外生冲击的值，则 $x'=\phi(x,\ y,\ z')$ 是下期内生状态变量的值。这样，对于这个问题已知的条件是 $(X,\ \mathscr{X})$，$(Y,\ \mathscr{Y})$，$(Z,\ \mathscr{Z})$，Q，Γ，F，β 和 ϕ。

以序列形式看这个问题是这样的，在 $t=0$ 期，s_0 已知，决策者选取行动 y_0 和一个描述后边各期将采取的行动的函数序列，像以前一样，在第 t 期将被执行的决策可能依赖于到那期所能得到的信息变量，即冲

击 z^t 的部分历史。

定义　计划（plan）是一个函数序列 $\pi=\{\pi_t\}_{t=0}^{\infty}$，其中 π_t：$Z^t\rightarrow Y$，$t=1$，2，…是 $\mathscr{Z}^t$ 可测的。一个计划 π 是从 s_0 起可行的，若它还满足：

$$\pi_0 \in \Gamma(s_0) \tag{1a'}$$

$$\text{对所有 } z^t \in Z^t,\ \pi_t(z^t) \in \Gamma[x_t^{\pi}(z^t),\ z_t],\ t=1,\ 2,\ \cdots \tag{1b'}$$

其中，函数 x_t^{π}：$Z^t\rightarrow X$，$t=1$，2，…递归定义为：

$$\text{对所有 } z_1 \in Z,\ x_1^{\pi}(z_1) = \phi(x_0,\ \pi_0,\ z_1) \tag{16a}$$

$$\text{对所有 } z_t \in Z^t,\ x_t^{\pi}(z^t) = \phi[x_{t-1}^{\pi}(z^{t-1}),\ \pi_{t-1}(z^{t-1}),\ z_t] \tag{16b}$$

$t=2$，3，…

这样，一个计划由函数序列所构成，这些函数将每期 t 的行动 y_t 描述成冲击 z^t 在第 1 期至第 t 期间历史的一个可测函数。一个可行计划是在已知运动规律 ϕ 时还额外满足由 Γ 描述的可行性约束的计划。对任何计划 $\pi\in\Pi(s_0)$，如式（16）中那样定义 $x^{\pi}=\{x_t^{\pi}\}_{t=1}^{\infty}$。

为了保证 $\Pi(s)$ 非空，需要两个条件，一个完全类似于假定 9.1 中的条件，另一个是对运动规律 ϕ 的限制。

假定 9.1′　Γ 是非空值的；Γ 的图形是($\mathscr{X}\times\mathscr{Y}\times\mathscr{Z}$)可测的，且 Γ 有一个可测选择，即存在一可测函数 h：$S\rightarrow Y$ 对所有 $s\in S$ 有 $h(s)\in\Gamma(s)$。此外，ϕ：$D\times Z\rightarrow X$ 是可测的。

练习 9.3　证明在假定 9.1′下，对于所有 $s\in S$，$\Pi(s)$是非空的。

接下来，考虑如何计算一个可行计划的总贴现预期收益。令概率测度 $\mu^t(z_0,\ \cdot)$如前，并令：

$$\mathscr{A}=\{C\in\mathscr{X}\times\mathscr{Y}\times\mathscr{Z}:\ C\subseteq A\}$$

下面是假定 9.2 的对等物。

假定 9.2′　F 是 $\mathscr{A}$ 可测的，a 或 b 成立。

a. $F\geqslant 0$ 或 $F\leqslant 0$；

b. 对每个 $(x_0,\ z_0)=s_0\in S$ 及每个 $\pi\in\Pi(s_0)$，

$F[x_t^{\pi}(z^t),\ \pi_t(z^t),\ z_t]$ 是 $\mu^t(z_0,\ \cdot)$ 可积的，$t=1$，2，…

且极限

$$F(x_0,\ \pi_0,\ z_0)+\lim_{n\rightarrow\infty}\sum_{t=1}^{n}\int_{Z^t}\beta^t F[x_t^{\pi}(z^t),\ \pi_t(z^t),\ z_t]\mu^t(z_0,\ \mathrm{d}z^t)$$

存在（虽然它可能是正无穷或负无穷）。

注意，像以前一样，若 a 成立，则 b 中的极限定义恰当。

在假定 9.2′下，我们可以像以前一样定义函数 u_n 和 u：

$$u_0(\pi, s_0) = F(x_0, \pi_0, z_0)$$

$$u_n(\pi, s_0) = F(x_0, \pi_0, z_0) + \sum_{t=1}^{n}\int_{Z^t}\beta^t F[x_t^{\pi}(z^t), \pi_t(z^t), z_t]\mu^t(z_0, dz^t),$$

$n = 1, 2, \cdots$

$$u(\pi, s_0) = \lim_{n\to\infty} u_n(\pi, s_0)$$

若假定 9.1′和假定 9.2′都成立，则对每个 $s_0 \in S$，$\mu(\cdot, s_0)$恰当地定义在非空集$\Pi(s_0)$上。在这种情形中，我们可以用式(2) 定义上确界函数 v^*：$S\to\bar{\mathbf{R}}$，所以，和以前一样，v^*是满足式（3）和式（4）的唯一函数。

现在考虑对应的函数方程和策略对应：

$$v(s) = \sup_{y\in\Gamma(s)}\left\{F(x, y, z) + \beta\int v[\phi(x, y, z'), z']Q(z, dz')\right\} \tag{5'}$$

$$G(s) = \left\{y \in \Gamma(s): v(s) = F(x, y, z) + \beta\int v[\phi(x, y, z'), z']Q(z, dz')\right\} \tag{6'}$$

若 G 非空且若存在至少一个来自 G 的可测选择，若 π 以下面的方式形成，我们就说 π 是由 G 从 s_0 起生成的。令 $g_0, g_1, \cdots$是一个来自 G 的可测选择序列，并对所有 $z^t \in Z^t$ 定义 π 为：

$$\pi_0 = g_0(x_0, z_0)$$

$$\pi_t(z^t) = g_t[x_t^{\pi}(z^t), z_t], \ t=1, 2, \cdots$$

显然 π 满足式（1a′）及式（1b′），且由于每个 g_t 是可测的，显然 π 也是可测的，因而任何由 G 从 s_0 起生成的计划都是一个从 s_0 起可行的计划。

有了这些符号后，我们可以证明下面类似于定理 9.2 的结果。

练习 9.4 令$(X, \mathscr{X})$，$(Y, \mathscr{Y})$，$(Z, \mathscr{Z})$，Q，Γ，F，β 和 ϕ 已知；令假定 9.1′和假定 9.2′成立并令 v^* 由式（2）定义；令 v 是一个满足式（5′）的（可测）函数且有：

对所有 $\pi\in\Pi(x_0, z_0)$，所有 $(x_0, z_0)\in X\times Z$，

$$\lim_{t\to\infty}\int_{Z^t}\beta^t v[x_t^{\pi}(z^t), z_t]\mu^t(z_0, dz^t) = 0 \tag{7'}$$

令 G 是由式（6′）定义的对应，并假设 G 非空且允许至少一个可测选择。证明 $v=v^*$，并证明由 G 生成的任何策略 π^* 达到式（2）中的上

确界。

给定任何可行计划 $\pi \in \Pi(s_0)$ 和任何固定的 $z_1 \in Z$，像以前一样由式（8）定义 π 沿着 z_1 的延拓，称其为 $C(\pi, z_1)$，即 $C(\pi, z_1)$ 是 π 的 z_1 截面。显然，$C(\pi, z_1)$ 是从 $[\phi(x_0, \pi_0, z_1), z_1] \in S$ 起的一个可行计划。于是，我们有下面对假定 9.3 的类似。

假定 9.3′　若 F 取两种符号，则存在一个非负可测函数 $L_t: S \to \mathbf{R}_+$，$t=0, 1, \cdots$ 的集合，对所有 $\pi \in \Pi(s_0)$，所有 $s_0 \in S$ 及所有 $z^t \in Z^t$ 满足：

$$|F[x_0, \pi_0, z_0]| \leqslant L_0(s_0)$$

$$|F[x_t^{\pi}(z^t), \pi_t(z^t), z_t]| \leqslant L_t(s_0), \quad t = 1, 2, \cdots$$

且

$$\sum_{t=0}^{\infty} \beta^t L_t(s_0) < \infty$$

在这个附加假定下，我们可以得到与定理 9.3 和定理 9.4 类似的结果。

练习 9.5　令 $(X, \mathscr{X})$，$(Y, \mathscr{Y})$，$(Z, \mathscr{Z})$，Q，Γ，F，β 和 ϕ 已知，并假设假定 9.1′～假定 9.3′成立。

a. 证明：对所有 $(x_0, z_0) = s_0 \in S$，所有 $\pi \in \Pi(s_0)$，有：

$$u(\pi, s_0) = F(x_0, \pi_0, z_0) + \beta \int_Z u[C(\pi, z_1), (x_1^{\pi}(z_1), z_1)] Q(z_0, dz_1)$$

b. 由式（2）定义 v^*，并假定 v^* 是可测的且满足式（5′）；由式（6′）定义对应 G，并假定 G 非空且允许一个可测选择；令 $(x_0, z_0) = s_0 \in S$，并令 $\pi^* \in \Pi(s_0)$ 是对初始条件 s_0 达到式（2）中上确界的一个计划。证明存在一个由 G 从 s_0 起生成的计划 π^G 满足：

$$\pi_0^G = \pi_0^*$$

和

$$\pi_t^G(z^t) = \pi_t^*(z^t), \quad \mu^t(z_0, \cdot)\text{-a.e.}, t = 1, 2, \cdots$$

9.2　有界报酬

在本节，我们研究在本章引言中讨论的两种形式的函数方程：

$$v(x, z) = \sup_{y \in \Gamma(x,z)} \left\{ F(x, y, z) + \beta \int_Z v(y, z') Q(z, dz') \right\} \tag{1}$$

$$v(x, z)=\sup_{y\in\Gamma(x,z)}\left\{F(x, y, z)+\beta\int_{Z}v[\phi(x, y, z'), z']Q(z, \mathrm{d}z')\right\} \tag{2}$$

在收益函数 F 有界且连续的假定下，贴现因子 β 严格小于 1，且转移函数 Q 具有费勒性质。从数学上讲，在第 4 章中研究的函数方程与式（1）、式（2）之间的不同是后者中存在外生随机冲击 z、z'，以及关于 $Q(z, \cdot)$的**合成积分**（resulting integral）。但下面表明，在第 4 章中所用的关于 X 的同样假定和对冲击的适当限制下，函数 v 所需的数学性质在积分下得到保持。这样，对确定性模型的结果实际上是不加改变地继续成立。我们在本节的方法是先研究式（1），然后说明可以如何修改论证以适用于式（2）。

如在上一节，令$(X, \mathscr{X})$和$(Z, \mathscr{Z})$分别是内生状态变量和外生状态变量可能值的可测空间；令 $(S, \mathscr{S})=(X\times Z, \mathscr{X}\times\mathscr{Z})$是积空间；令 Q 是$(Z, \mathscr{Z})$上的一个转移函数；令 Γ：$S\rightarrow X$ 是描述可行性约束的对应；令 A 是 Γ 的图形；令 F：$A\rightarrow\mathbf{R}$ 是一期收益函数；令 $\beta\geqslant 0$ 是贴现因子。这样，对于我们将研究的问题，已知的是$(X, \mathscr{X})$，$(Z, \mathscr{Z})$，Q，Γ，F 和 β。我们将用 A_z，A_{yz} 等来表示 A 的各个截面。

我们的第一个假定是对 X 的限制，它正是第 4 章中始终所用的假定，第二个假定是在 Z 和 Q 上施加各种限制。

假定 9.4　X 是 $\mathbf{R}^l$ 的一个凸波雷尔集，其波雷尔子集为 $\mathscr{X}$。

假定 9.5　下列条件之一成立：

a. Z 是一可数集合且 $\mathscr{Z}$ 是包含 Z 的所有子集的 σ 代数；

b. Z 是 $\mathbf{R}^k$ 的一个紧的凸波雷尔集，并有波雷尔子集 $\mathscr{Z}$，且$(Z, \mathscr{Z})$上的转移函数 Q 具有费勒性质。

注意，若 $Z\subset\mathbf{R}^k$，我们要求对应于 Q 的马尔可夫算子将 Z 上有界连续函数的空间映射到它自身（参见 8.1 节）；若 Z 是一个可数集合，我们采用离散度量，Z 上所有函数都是连续的，故这个要求没有意义。还要注意的是，S 中一个序列 $\{s_n=(x_\pi, z_n)\}$ 收敛于 $s=(x, z)\in S$ 的充分必要条件是 $x_n\rightarrow x$ 和 $z_n\rightarrow z$。最后注意，若 Z 是一可数集合，则 S 上一个函数是连续的充分必要条件是每个 z 截面$f(\cdot, z)$：$X\rightarrow\mathbf{R}$ 是连续的。和以前一样，我们取 $C(S)$为具有上确界范数 $\|f\|=\sup_{s\in S}|f(s)|$ 的有界连续函数 f：$S\rightarrow\mathbf{R}$ 的空间。如我们在第 4 章中所做的那样，我们强调下面的许多结果适用于更广泛的情形，且这里的论证可容易地修改以适用于其他情形。

下面的引理表明，在这两个假定下，积分保持式（1）中被积函数要求的特性——有界性、连续性、单调性和凹性。这个引理是证明第 4 章中提供的论证也能用在这里的依据。

引理 9.5　令$(X, \mathscr{X})$，$(Z, \mathscr{Z})$和 Q 满足假定 9.4 和假定 9.5。若 f：$X\times Z\rightarrow \mathbf{R}$ 是有界且连续的，则对所有$(y, z)\in X\times Z$，由

$$(Mf)(y, z)=\int f(y, z')Q(z, \mathrm{d}z')$$

定义的 Mf 也是有界且连续的，即 M：$C(S)\rightarrow C(S)$。若 f 对其前 l 个自变量中每一个都是递增（严格递增）的，则 Mf 也这样；若 f 对其前 l 个自变量是凹（严格凹）的，则 Mf 也如此。

证明　假设 f 是有界且连续的。由于对每个 $z\in Z$，$Q(z, \cdot)$是一个概率测度，显然 $\|Mf\|\leqslant\|f\|$，因而 Mf 是有界的。为了理解 Mf 是连续的，选取一个序列 $(y_n, z_n)\rightarrow(y, z)$，于是有：

$$\begin{aligned}&|(Mf)(y, z)-(Mf)(y_n, z_n)|\\&\quad\leqslant|(Mf)(y, z)-(Mf)(y, z_n)|+|(Mf)(y, z_n)-(Mf)(y_n, z_n)|\\&\quad\leqslant|(Mf)(y, z)-(Mf)(y, z_n)|+\int|f(y, z')\\&\qquad-f(y_n, z')|Q(z_n, \mathrm{d}z')\end{aligned}\tag{3}$$

对应于假定 9.5 所允许的空间 Z 的两种可能性，这里也存在两种可能性。

若 Z 是一个可数集合，则对所有足够大的 n，$z_n\rightarrow z$ 意味着 $z_n=z$，因此当 $n\rightarrow\infty$时，式（3）中的第一项消失且 $Q(z_n, \cdot)=Q(z, \cdot)$是一个固定的概率测度。此外，函数 $h_n(z')=|f(y, z')-f(y_n, z')|$，$n=1, 2, \cdots$ 都是可测的；函数序列 $\{h_n\}$ 逐点收敛于零函数，且序列中的每一项都以常数函数 $2\|f\|$ 为上界。因此，由勒贝格受控收敛定理（定理 7.10），有：

$$\lim_{n\rightarrow\infty}\int h_n(z')Q(z, \mathrm{d}z')=\int\lim_{n\rightarrow\infty}h_n(z')Q(z, \mathrm{d}z')=0$$

且式（3）中第二项也消失。

另一种可能，假设 Z 是 $\mathbf{R}^k$ 中一紧集，Q 具有费勒性质的事实意味着，当 $n\rightarrow\infty$时，式（3）中第一项消失。此外，由于 $y_n\rightarrow y$，可推得存在一个紧集 $D\subseteq X$ 对所有 n 和 $y\in D$ 满足 $y_n\in D$。由于 f 是连续的，所以它在紧集 $D\times Z$ 上是一致连续的，即对任意 $\varepsilon>0$，存在 $N\geqslant 1$ 满足，对所有 $n>N$，所有 $z'\in Z$，有：

$$|f(y, z')-f(y_n, z')|<\varepsilon$$

因此，当 $n\rightarrow\infty$时，式（3）中第二项消失。

y 中弱单调性是明显的，为了理解强单调性被保持，选取 y，$\hat{y}\in X$ 满足 $y\leqslant\hat{y}$ 和 $y\neq\hat{y}$，则对所有 $z'\in Z$ 有 $f(y, z')<f(\hat{y}, z')$，于是由练习 7.18 和练习 7.24 可推得要求的结论。

为了理解凹性被保持，选取 y，$\hat{y}\in X$ 且 $y\neq\hat{y}$，并对任何 $\theta\in(0, 1)$，令 $y_\theta=\theta y+(1-\theta)\hat{y}$，若 f 对 y 是凹的，则对所有 $z\in Z$ 和所有 $\theta\in(0, 1)$，有：

$$\begin{aligned}(Mf)(y_\theta, z) &= \int f(y_\theta, z')Q(z, \mathrm{d}z')\\ &\geqslant \int[\theta f(y, z')+(1-\theta)f(\hat{y}, z')]Q(z, \mathrm{d}z') \quad (4)\\ &= \theta(Mf)(y, z)+(1-\theta)(Mf)(\hat{y}, z)\end{aligned}$$

若 f 对 y 是严格凹的，则对所有 $z'\in Z$ 和所有 $\theta\in(0, 1)$，有：

$$f(y_\theta, z')>\theta f(y, z')+(1-\theta)f(\hat{y}, z')$$

且从练习 7.18 和练习 7.24 可推得式（4）中的不等式也是严格的。■

在某些情形中，集合 $Z\in\mathbf{R}^k$ 是紧的这一要求非常没有吸引力，事实上，它也可以省略，但引理 9.5 的证明将变得更为复杂，我们把这个证明推迟到 12.6 节，到那时所需要的数学工具都已导出了。

有了引理 9.5 后，证明当加入随机冲击时，对于确定性动态规划，所检验的所有结果都有类似物是很简单的，下边两个假定是 4.2 节中始终使用的假定的类似物。

假定 9.6 对应 Γ：$X\times Z\rightarrow X$ 是非空、紧值和连续的。

假定 9.7 函数 F：$A\rightarrow\mathbf{R}$ 是有界、连续的，且 $\beta\in(0, 1)$。

若 Z 是一个可数集合，我们将假定 9.6 解释为，意味着对每个固定的 $z\in Z$，对应 $\Gamma(\cdot, z)$：$X\rightarrow X$ 是非空、紧值和连续的。类似地，在这种情形中假定 9.7 意味着对每个固定 $z\in Z$，函数 $F(\cdot, \cdot, z)$：$A_z\rightarrow\mathbf{R}$（F 的 z 截面）是连续的。

下面的练习表明在这些假定下，定理 9.2 和定理 9.4 成立。

练习 9.6 证明在假定 9.4～假定 9.7 下，假定 9.1～假定 9.3 得到满足。[提示，利用可测选择定理（定理 7.6)。]

同样在这些假定下，我们有下面的基本结果。

定理 9.6 令$(X, \mathscr{X})$，$(Z, \mathscr{Z})$，Q，Γ，F 和 β 满足假定 9.4～假定 9.7，并定义 $C(S)$上的算子 T 为：

$$(Tf)(x, z)=\sup_{y\in\Gamma(x,z)}\left\{F(x, y, z)+\beta\int f(y, z')Q(z, \mathrm{d}z')\right\} \quad (5)$$

则 T：$C(S)\rightarrow C(S)$；T 在 $C(S)$ 中有唯一不动点 v，且对任何 $v_0\in$

$C(S)$，有：

$$\|T^n v_0 - v\| \leqslant \beta^n \|v_0 - v\|, n=1, 2, \cdots$$

此外，由

$$G(x, z) = \left\{y \in \Gamma(x, z): v(x, z) = F(x, y, z) + \beta\int v(y, z')Q(z, dz')\right\} \quad (6)$$

定义的对应 $G: S \to X$ 是非空、紧值且上半连续的。

证明　固定 $f \in C(S)$。于是，由引理 9.5 可推得：

$$(Mf)(y, z) = \int f(y, z')Q(z, dz')$$

是 (y, z) 的一有界连续函数。此外，由于 $Q(z, \cdot)$ 是一概率测度，所以对任何常数函数 c 有 $M(f+c)=Mf+c$。因此，定理 4.6 的证明不加改变地适用。■

为了获得 T 的唯一不动点的更鲜明特征，更多的结构是必需的。我们依次检验单调性、凹性和可微性。

假定 9.8　对每个 $(y, z) \in X \times Z$，$F(\cdot, y, z): A_{yz} \to \mathbf{R}$ 是严格递增的。

假定 9.9　对每个 $z \in Z$，$\Gamma(\cdot, z): X \to X$ 在 $x \leqslant x'$ 意味着 $\Gamma(x, z) \subseteq \Gamma(x', z)$ 的意义上是递增的。

定理 9.7　令 $(X, \mathscr{X})$，$(Z, \mathscr{Z})$，Q，Γ，F 和 β 满足假定 9.4～假定 9.9，并令 v 是式（5）中算子 T 的唯一不动点。则对每个 $z \in Z$，$v(\cdot, z): X \to \mathbf{R}$ 是严格递增的。

证明　令 $C'(S) \subset C(S)$ 是 S 上对其前 l 个自变量非递减的有界连续函数 f 的集合，并令 $C''(S) \subset C'(S)$ 是对那些自变量严格递增的函数的集合。由于 $C'(S)$ 是完备度量空间 $C(S)$ 的一个闭子空间，由压缩映射定理（定理 3.2）的推论 1，证明 $T[C'(S)] \subseteq C''(S)$ 即可。在假定 9.8 和假定 9.9 下，引理 9.5 确保的确如此。■

接下来我们考虑凹性。假定 9.10 是 F 上的一个凹性限制，而假定 9.11 是 Γ 上的一个凸性限制。

假定 9.10　对每个 $z \in Z$，$F(\cdot, \cdot, z): A_z \to \mathbf{R}$ 满足，对所有 $\theta \in (0, 1)$，所有 (x, y)，$(x', y') \in A_z$，有：

$$F[\theta(x, y) + (1-\theta)(x', y'), z] \geqslant \theta F(x, y, z) + (1-\theta)F(x', y', z)$$

且若 $x \neq x'$ 时，不等式是严格的。

假定 9.11 对所有 $z\in Z$ 和所有 $x,x'\in X$，$y\in\Gamma(x, z)$ 和 $y'\in\Gamma(x', z)$ 意味着对所有 $\theta\in[0, 1]$ 有：

$$\theta y+(1-\theta)y'\in\Gamma[\theta x+(1-\theta)x', z]$$

由于集合 X 是凸的，假定 9.11 等价于假设对每个 $z\in Z$，集合 A_z 是凸的。特别地，假定 9.11 暗含对每个 $s\in S$，$\Gamma(s)$ 是一个凸集，且不存在任何递增报酬。

定理 9.8 令$(X, \mathscr{X})$，$(Z, \mathscr{Z})$，Q，Γ，F 和 β 满足假定 9.4～假定 9.7 和假定 9.10～假定 9.11，令 v 是式（5）中算子 T 的唯一不动点，并令 G 是由式（6）定义的对应。则对每个 $z\in Z$，$v(\cdot, z)$：$X\to\mathbf{R}$ 是严格凹的，且 $G(\cdot, z)$：$X\to X$是一个连续（单值）函数。

证明 令 $C'(S)\subset C(S)$ 是 S 上对其前 l 个自变量弱凹的有界连续函数的集合，并令 $C''(S)\subset C'(S)$ 是由对那些自变量严格凹的函数所组成的子集。由于 $C'(S)$ 是完备度量空间 $C(S)$ 的一个闭子空间，由压缩映射定理（定理 3.2）的推论 1，证明 $T[C'(S)]\subseteq C''(S)$ 即可。在假定 9.10 和假定 9.11 下，引理 9.5 保证了这一点。■

如在确定性情形中所做的，凹性保证策略函数的近似序列 $\{g_n\}$ 收敛于最优策略函数 g。

定理 9.9 令 $(X, \mathscr{X})$，$(Z, \mathscr{Z})$，Q，Γ，F 和 β 满足假定 9.4～假定 9.7 和假定 9.10～假定 9.11，令 $C'(S)\subset C(S)$ 是 S 上对其前 l 个自变量弱凹的有界连续函数的集合；令 $v\in C'(S)$ 是式（5）中算子 T 的唯一不动点；令 $g=G$ 是由式（6）定义的（单值）函数。令 $v_0\in C'(S)$，并定义$\{(v_n, g_n)\}$为：

$$v_n=Tv_{n-1}$$

和

$$g_n(x, z)=\underset{y\in\Gamma(x,z)}{\operatorname{argmax}}\left\{F(x, y, z)+\beta\int v_n(y, z')Q(z, \mathrm{d}z')\right\}$$

$$n=1, 2, \cdots$$

则 g_n 逐点收敛于 g。若 X 和 Z 都是紧的，则收敛是一致的。

证明 令 $C''(S)\subset C'(S)$ 如定理 9.8 的证明中那样定义，则可证明 $T[C'(S)]\subseteq C''(S)$ 和 $v\in C''(S)$。令 $v_0\in C'(S)$，并定义函数 $\{f_n\}$ 和 f 分别为：

$$f_n(x, z, y)=F(x, y, z)+\beta\int v_n(y, z')Q(z, \mathrm{d}z'),\ n=1, 2, \cdots$$

和

$$f(x,\ z,\ y)=F(x,\ y,\ z)+\beta\int v(y,\ z')Q(z,\ \mathrm{d}z')$$

由于 $v_0\in C'(S)$，所以每个函数 v_n，$n=1,\ 2,\ \cdots$都在 $C''(S)$ 中，同理可证 v。因而对任何 $s\in S=X\times Z$，函数$\{f_n(s,\ \cdot)\}$和 $f(s,\ \cdot)$都对 y 严格凹，所以定理 3.8 适用。■

对于具有内点解的凹问题，价值函数的可微性也可以证明。

假定 9.12　对每个固定的 $z\in Z$，$F(\cdot,\ \cdot,\ z)$ 在 A_z 的内部对$(x,\ y)$是连续可微的。

定理 9.10　令$(X,\ \mathscr{X})$，$(Z,\ \mathscr{Z})$，Q，Γ，F 和β 满足假定 9.4～假定 9.7 和假定 9.10～假定 9.12，令 $v\in C'(S)$ 是式（5）中算子 T 的唯一不动点，并令 $g=G$ 是由式（6）定义的函数。若 $x_0\in \mathrm{int}X$ 且 $g(x_0,\ z_0)\in \mathrm{int}\ \Gamma(x_0,\ z_0)$，则 $v(\cdot,\ z_0)$ 对 x 在 x_0 处是连续可微的，且导数由

$$v_i(x_0,\ z_0)=F_i[x_0,\ g(x_0,\ z_0),\ z_0],\ i=1,\ \cdots,\ l$$

给出。

证明　令 $x_0\in \mathrm{int}\ X$ 且 $g(x_0,\ z_0)\in \mathrm{int}\ \Gamma(x_0,\ z_0)$，则存在 x_0 的某个开邻域 D 使得对所有 $x\in D$ 满足 $g(x_0,\ z_0)\in \mathrm{int}\ \Gamma(x,\ z_0)$，因而我们可以定义 $W:\ D\rightarrow \mathbf{R}$ 为：

$$W(x)=F[x,\ g(x_0,\ z_0),\ z_0]+\beta\int v[g(x_0,\ z_0),\ z']Q(z_0,\ \mathrm{d}z')$$

显然，W 是凹的且在 D 上连续可微，且对所有 $x\in D$ 有：

$$W(x)\leqslant v(x,\ z_0)$$

且在 x_0 取等式。因此，定理 4.10 适用，这就证明了要求的结果。■

在某些应用中，期望价值函数对 z 以及对 x 单调是合理的，显然这要求 Z 是一个单调性恰当定义的集合，这样，若 Z 是一个可数集，我们将假定 $Z=\{1,\ 2,\ \cdots\}$，我们还将需要类似于假定 9.8 和假定 9.9 中关于 F 和 Γ 的限制，以及关于转移函数 Q 的附加限制。

假定 9.13　对每个$(x,\ y)\in X\times X$，$F(x,\ y,\ \cdot)$：$A_{xy}\rightarrow\mathbf{R}$ 是严格递增的。

假定 9.14　对每个 $x\in X$，在 $z\leqslant z'$ 意味着 $\Gamma(x,\ z)\subseteq\Gamma(x,\ z')$ 的意义上，$\Gamma(x,\ \cdot)$：$Z\rightarrow X$ 是递增的。

假定 9.15　Q 是单调的，即若 f：$Z\rightarrow\mathbf{R}$ 是非递减的，则函数 $(Mf)(z)=\int f(z')Q(z,\ \mathrm{d}z')$ 也是非递减的。

定理 9.11　令$(X,\ \mathscr{X})$，$(Z,\ \mathscr{Z})$，Q，Γ，F 和β 满足假定 9.4～假

定 9.7 和假定 9.13～假定 9.15，并令 $v\in C(S)$ 是式（5）中算子 T 的唯一不动点。则对每个 $x\in X$，$v(x,\ \cdot)$：$Z\rightarrow\mathbf{R}$ 是严格递增的。

证明 令 $C'(S)\subset C(S)$ 是 $X\times Z$ 上对 z 非递减的有界连续函数的集合，并令 $C''(S)\subset C'(S)$ 是对 z 严格递增的函数组成的子集。由于 $C'(S)$ 是完备度量空间 $C(S)$ 的一个闭子空间，由压缩映射定理的推论 1，证明 $T[C'(S)]\subseteq C''(S)$ 即可。

固定 $x\in X$；假设 $f(x,\ \cdot)$：$Z\rightarrow\mathbf{R}$ 是非递减的；选取 $z_1<z_2$。令 $y_1\in\Gamma(x,\ z_1)$ 达到式（5）中当 $z=z_1$ 时的最大化，则有：

$$\begin{aligned}(Tf)(x,\ z_1)&=F(x,\ y_1,\ z_1)+\beta\int f(y_1,\ z')Q(z_1,\ \mathrm{d}z')\\&<F(x,\ y_1,\ z_2)+\beta\int f(y_1,\ z')Q(z_2,\ \mathrm{d}z')\\&\leqslant\max_{y\in\Gamma(x,z_2)}\left[F(x,\ y,\ z_2)+\beta\int f(y,\ z')Q(z_2,\ \mathrm{d}z')\right]\\&=(Tf)(x,\ z_2)\end{aligned}$$

其中第二行利用了假定 9.13 和假定 9.15，而第三行利用了假定 9.14。因此 $(Tf)(x,\ \cdot)$ 是严格递增的，这正是要证明的。■

在本节的余下部分，我们证明对函数方程具有式（2）中形式的情形，存在与上面所有结果非常类似的结果。令 $(X,\ \mathscr{X})$，$(Z,\ \mathscr{Z})$，$(S,\ \mathscr{S})$，Q 和 β 如前设定。此外，令 $(Y,\ \mathscr{Y})$ 是决策者可采取行动的可测空间；令 Γ：$X\times Z\rightarrow Y$ 是一个描述可行性约束的对应；令 A 是 Γ 的图形；令 F：$A\rightarrow\mathbf{R}$ 是一期收益函数；令

$$D=\{(x,\ y)\in X\times Y;\ y\in\Gamma(x,\ z),\ \text{对某个}\ z\in Z\}$$

并令 ϕ：$D\times Z\rightarrow X$ 是 x 的运动规律。

为了刻画函数方程（2）的解，我们的兴趣在于定义为

$$(Tf)(x,\ z)=\sup_{y\in\Gamma(x,z)}\Big[F(x,\ y,\ z)+\beta\int f[\phi(x,\ y,\ z'),\ z']Q(z,\ \mathrm{d}z')\Big]\tag{7}$$

的算子 T。显然，我们必须回到假定 9.4 和假定 9.5，我们还需要限制可行行动的集合 Y 并在运动规律 ϕ 上加上一个连续性假定。

假定 9.16 Y 是 $\mathbf{R}^m$ 的一个凸波雷尔集，且有波雷尔子集 $\mathscr{Y}$。

假定 9.17 ϕ：$D\times Z\rightarrow X$ 是连续的。

若 Z 是一个可数集合，则我们对假定 9.17 的解释是，它意味着对每个 $z\in Z$，ϕ 的 z 截面即函数 $\phi(\cdot,\ \cdot,\ z)$：$D\rightarrow X$ 是连续的。有了这些

附加的假定，我们得出引理 9.5 的类似结果。

引理 9.5′　令$(X, \mathscr{X})$,$(Y, \mathscr{Y})$,$(Z, \mathscr{Z})$，Q 和 ϕ 满足假定 9.4、假定 9.5、假定 9.16 和假定 9.17，则对任何连续函数 f：$X\times Z\rightarrow \mathbf{R}$，定义为

$$h(x, y, z)=\int f[\phi(x, y, z'), z']Q(z, \mathrm{d}z')$$

的函数 h：$D\times Z\rightarrow \mathbf{R}$ 也是连续的。

证明　令 $u=(x, y)$，并定义 $\psi(u, z')=f[\phi(u, z'), z']$；由于 f 和 ϕ 都是连续的，所以 ψ 也是连续的，于是由引理 9.5 推得

$$h(u, z)=\int \psi(u, z')Q(z, \mathrm{d}z')$$

是连续的。■

有了这个结果后，模仿练习 9.6 和定理 9.6～定理 9.11 中的结果是简单的，必要的步骤在下面的练习中呈现。注意，Γ 的值域现在是 Y，所以 A 现在是 $X\times Y\times Z$ 的一个子集。然而，我们仅仅指明必须要做的修改，而不是重新叙述假定 9.6～假定 9.14。

练习 9.7　a. 令$(X, \mathscr{X})$，$(Y, \mathscr{Y})$，$(Z, \mathscr{Z})$，Q，Γ，F，β 和 ϕ 满足假定 9.4～假定 9.7 和假定 9.16～假定 9.17，证明假定 9.1′～假定 9.3′得到满足。

b. 令 a 中的假定成立，并令 T 是式（7）中定义的算子。证明 T：$C(S)\rightarrow C(S)$；证明 T 具有唯一不动点 $v\in C(S)$；证明对任何 $v_0\in C(S)$，有：

$$\| T^n v_0-v \| \leqslant \beta^n \| v_0-v \|, n=1, 2, \cdots$$

此外，证明由

$$G(x, z)=\Big\{y\in \Gamma(x, z): v(x, z)=F(x, y, z) + \beta\int v[\phi(x, y, z'), z']Q(z, \mathrm{d}z')\Big\}$$

定义的对应 G：$X\times Z\rightarrow Y$ 是非空、紧值和上半连续的。

c. 证明若此外假定 9.8 和假定 9.9 成立，且 ϕ 对其前 l 个自变量的每一个都非递减，则 v 对其前 l 个自变量的每一个都是严格递增的。

d. 假设除了 a 中的假定外，假定 9.10 和假定 9.11 成立，且对每个 $z'\in Z$，函数 $\phi(\cdot, \cdot, z')$是凹的。证明 v 对其前 l 个自变量是严格凹的，且 G 是一个连续（单值）函数。

e. 证明在 d 的假定下，如定理 9.9 中定义的策略函数序列 $\{g_n\}$ 逐

点收敛于最优策略函数 g，并证明若 $X \times Z$ 是紧的，则收敛是一致的。

f. 令 d 中的假定成立。此外，假定 9.12 成立，并假定运动规律 $\phi(y, z')$ 不依赖于 x。假设 $(x_0, z_0) \in \text{int}(X \times Z)$ 且 $g(x_0, z_0) \in \text{int}\,\Gamma(x_0, z_0)$。证明 $v(\cdot, z_0)$ 对 x 在 x_0 可微，并证明 $v_i(x_0, z_0) = F_i[x_0, g(x_0, z_0), z_0]$，$i=1, \cdots, l$。

g. 假设除了 a 中的假定外，假定 9.13～假定 9.15 成立。证明 $v(x, z)$ 对 z 严格递增。

9.3 规模报酬不变

在 4.3 节我们提到，规模报酬不变的动态规划通常具有经济上的重要性，但明显地不符合有界报酬的假定，然而，在那里我们看到，对于确定性模型，用于有界报酬情形中的论证可以修改以适用于规模报酬不变的情形。对于随机模型这也是正确的，而且修改完全类似。我们在本节只对论证做一概括，而把主要的结果留作练习。

如在上一节中那样，我们取 $(X, \mathscr{X})$，$(Z, \mathscr{Z})$，Q，Γ，F 和 β 为已知，我们保持关于冲击行为的假定 9.5。为了结合规模报酬不变，我们用下面的假定来代替假定 9.4、假定 9.6 和假定 9.7。和以前一样，我们取 A 为 Γ 的图形。

假定 9.18 $X \subset \mathbf{R}^l$ 是一个凸锥，且有其波雷尔子集 $\mathscr{X}$。

假定 9.19 对应 Γ：$X \times Z \to X$ 是非空、紧值和连续的；对任何 $(x, z) \in X \times Z$ 及所有 $\lambda \geqslant 0$，

$$y \in \Gamma(x, z) \text{ 意味着 } \lambda y \in \Gamma(\lambda x, z)$$

且对某个 $\alpha \in (0, \beta^{-1})$ 及所有 $y \in \Gamma(x, z)$ 和所有 $(x, z) \in X \times Z$ 有：

$$\| y \|_l \leqslant \alpha \| x \|_l$$

假定 9.20 函数 F：$A \to \mathbf{R}$ 是连续的；对每个 $z \in Z$，函数 $F(\cdot, \cdot, z)$：$A_z \to \mathbf{R}$ 是一次齐次的；对某个 $0 < B < \infty$，及所有 $(x, y, z) \in A$ 有：

$$| F(x, y, z) | \leqslant B(\| x \|_l + \| y \|_l)$$

且贴现因子是 $\beta \in (0, 1)$。

练习 9.8 表明，在这些假定下最优性原理成立。

练习 9.8 证明在假定 9.5 和假定 9.18～假定 9.20 下，假定 9.1～假定 9.3 成立。[提示：证明对所有 $z^t \in Z^t$，$t=1, 2, \cdots$，所有 $\pi \in \Pi(s_0)$，所

有 $s_0 \in S$，有：

$$\left| F\left[\pi_{t-1}(z^{t-1}),\ \pi_t(z^t),\ z_t\right]\right| \leqslant \alpha^t B(1+\alpha)\|x_0\|_l]$$

这个问题的函数方程是：

$$v(x,\ z) = \sup_{y\in\Gamma(x,z)}\left[F(x,\ y,\ z) + \beta\int v(y,\ z')Q(z,\ \mathrm{d}z')\right] \quad (1)$$

与 4.3 节中的分析相似，我们在连续函数 f：$S=X\times Z\to\mathbf{R}$ 的空间 $H(S)$ 中寻求函数方程（1）的一个解，要求函数 f 对每个固定的 z 在 x 上都是一次齐次的，且满足：

$$\|f\| = \sup_{z\in Z}\ \sup_{\substack{x\in X\\ \|x\|_l\leqslant 1}} |f(x,\ z)| < \infty$$

取 $\|\cdot\|$ 作为这个空间的范数。如在练习 4.7 中证明的，$H(S)$ 是一个巴拿赫空间。

假定 9.5 要求对应于 Q 的马尔可夫算子 M 将 Z 上有界连续函数的集合 $C(Z)$ 映射到它自身。对于有界报酬的情形，我们在引理 9.5 中首先证明，若 $(X,\ \mathscr{X})$，$(Z,\ \mathscr{Z})$ 和 Q 满足假定 9.4 和假定 9.5，则 M 也把 $S=X\times Z$ 上的有界连续函数的空间 $C(S)$ 映射到其自身。对于规模报酬不变的情形，我们需要一个类似的结果，论证和证明引理 9.5 的过程相似。注意，对于 $C(Z)$，我们用上确界范数，而对于 $H(S)$，我们用式（2）中的范数。

练习 9.9　令 $(X,\ \mathscr{X})$，$(Z,\ \mathscr{Z})$ 和 Q 满足假定 9.18 和假定 9.5；令 $S=X\times Z$；令 $H(S)$ 定义如前。证明若 $f\in H(S)$，则由

$$(Mf)(y,\ z) = \int f(y,\ z')Q(z,\ \mathrm{d}z')$$

定义的 Mf 也在 $H(S)$ 中，即 M：$H(S)\to H(S)$。证明若 f 对其前 l 个自变量是联合拟凹（严格拟凹）的，则 Mf 也是这样的。

证明了这个结果后，证明对应于式（1）的算子 T 将 $H(S)$ 映射到其自身是很容易的。下一个练习是定理 4.13 的类似。

练习 9.10　a. 令 $(X,\ \mathscr{X})$，$(Z,\ \mathscr{Z})$，Q，Γ，F 和 β 满足假定 9.5 和假定 9.18～假定 9.20。证明存在唯一的函数 $v\in H(S)$ 满足式（1）；证明相应的策略对应 G：$X\times Z\to X$ 是非空、紧值和上半连续的，并证明对任何 $(x,\ z)\in X\times Z$ 及所有 $\lambda\geqslant 0$，有：

$$y\in G(x,\ z)\ \text{意味着}\ \lambda y\in G(\lambda x,\ z)$$

b. 在什么条件下，$v(\cdot,\ z)$：$X\to\mathbf{R}$ 对每个 $z\in Z$ 都是严格拟凹的？

c. 证实 9.2 节中的单调性和可微性论证在这里也适用。

9.4 无界报酬

由于对于具有无界报酬函数的确定性动态规划不存在任何一般的理论，在加入随机冲击后，我们也不能期待存在一个一般的理论。然而，正如我们在 4.4 节中所提到的，我们所喜爱的两个参数例子——线性—二次和对数——都含有无界的报酬。在本节，如在 4.4 节中一样，我们以一种特别的方式处理这种情况。假设我们已得到函数方程

$$v(x,\ z)=\sup_{y\in\Gamma(x,z)}\left[F(x,\ y,\ z)+\beta\int v(y,\ z')Q(z,\ \mathrm{d}z')\right] \quad (1)$$

的一个解，且相应的策略对应 G 是非空的。我们想知道，v 是否确实是上确界函数以及由 G 生成的计划是否是最优的。

我们在 4.4 节对这个问题的处理（定理 4.14）基于上确界函数满足函数方程的事实（定理 4.2）。然而，如我们在 9.1 节中用例子所表明的，在随机情形中就不一定是这样了。所以，相反，我们采取一种基于定理 9.2 的方法。

令 $\Pi(s)$，u 和 v^* 如 9.1 节中的定义，在假定 9.1 和假定 9.2 下，$\Pi(s)$ 是非空的，且 u 和 v^* 定义恰当。回忆，定理 9.2 的假定之一是：

对所有 $\pi\in\Pi(s_0)$，所有$(x_0,\ z_0)=s_0\in S$，

$$\lim_{t\to\infty}\beta^t\int_{Z^t}v[\pi_{t-1}(z^{t-1}),\ z_t]\mu^t(z_0,\ \mathrm{d}z^t)=0 \quad (2)$$

关于无界情形，困难是，可能存在某个 $s_0\in S$ 和 $\pi\in\Pi(s_0)$ 使式（2）不成立。然而，对每个 $s_0\in S$，我们可以定义 $\hat{\Pi}(s_0)$ 是使式（2）在其上确实成立的$\Pi(s_0)$ 的子集，于是定义 $\hat{v}$：$S\to\mathbf{R}$ 为：

$$\hat{v}(s)=\sup_{\pi\in\hat{\Pi}(s)}u(\pi,\ s)$$

显然 $\hat{v}\leqslant v^*$。下面对定理 9.2 的变形提供了使两个函数相等的充分条件。

定理 9.12 令 $(X,\ \mathscr{X})$，$(Z,\ \mathscr{Z})$，Q，Γ，F 和 β 满足假定 9.1 和假定 9.2；令 Π，u 和 v^* 如 9.1 节中定义，并令 $\hat{\Pi}$ 和 $\hat{v}$ 如上面定义。假设 v 是一个满足式（1）的可测函数，且相应的策略对应 G 非空并允许一个可测选择。对每个 $s\in S$，令 $\pi^*(\cdot;\ s)$ 是由 G 自 s 起生成的计划。

此外假设：

a. 对所有 $s\in S$，$\pi^*(\cdot;\ s)\in\hat{\Pi}(s)$；

b. 对任何 $s\in S$ 和 $\pi\in\Pi(s)$，存在 $\hat{\pi}\in\hat{\Pi}(s)$ 满足 $u(\hat{\pi},\ s)\geqslant u(\pi,\ s)$。
则对所有 $s\in S$，有：

$$v^*(s)=\hat{v}(s)=v(s)=u[\pi^*(\cdot;\ s),\ s]$$

证明　由于 a 成立，证明对所有 $s\in S$，

$$\hat{v}(s)=v(s)=u[\pi^*(\cdot;\ s),\ s]$$

只是对定理 9.2 的一个微小的改变。

显然，对所有 $s\in S$ 有 $\hat{v}(s)\leqslant v^*(s)$。为了证明相反的不等式，假设 $\{\pi^k\}_{k=1}^{\infty}$ 是 $\Pi(s)$ 中的一个序列，它满足：

$$\lim_{k\to\infty}u(\pi^k,\ s)=v^*(s)$$

则由 b 知在 $\hat{\Pi}(s)$ 中存在一个序列 $\{\hat{\pi}^k\}_{k=1}^{\infty}$ 满足 $u(\hat{\pi}^k,\ s)\geqslant u(\pi^k,\ s)$，$k=1,\ 2,\ \cdots$。因此有：

$$\lim_{k\to\infty}u(\hat{\pi}^k,\ s)\geqslant v^*(s)$$

所以 $\hat{v}\geqslant v^*$。■

这个结果的实用性明显地依赖于证明条件 a 和 b 的难易程度。在我们接下来要检验的随机单位弹性和线性—二次模型中，证明这些条件是容易的。

首先，我们考虑一个随机增长模型。令 $X=Z=\mathbf{R}_{++}$，且分别具有波雷尔集 $\mathscr{X}$ 和 $\mathscr{Z}$，令 $\beta\in(0,\ 1)$，并令

$$\Gamma(x,\ z)=(0,\ zx^{\alpha})\quad 及\quad F(x,\ y,\ z)=\ln(zx^{\alpha}-y)$$

其中 $\alpha\in(0,\ 1)$。令外生冲击 $\{z_t\}$ 是独立同分布的，且有 $\mathrm{E}[\ln(z)]=m$，这是在练习 2.6 中考虑过的例子。为了应用定理 9.12，我们必须证明假定 9.1 和假定 9.2 成立；找出 $(v,\ G)$ 并对所有 $s\in S$ 构造计划 $\pi^*(\cdot;\ s)$；证明假设 a 和 b 成立。

假定 9.1 显然成立：$\Gamma(s)\neq\varnothing$ 且存在许多可测选择（例如，所有不变的储蓄率策略）。为了证明假定 9.2 成立，注意，对任何 $s_0\in S$ 和任何 $\pi\in\Pi(s_0)$，对所有 $z^t\in Z^t$，$t=1,\ 2,\ \cdots$有：

$$\ln[\pi_{t-1}(z^{t-1})]\leqslant\sum_{n=0}^{t-1}\alpha^{t-1-n}\ln(z_n)+\alpha^t\ln(x_0)\tag{3}$$

$$F[\pi_{t-1}(z^{t-1}),\ \pi_t(z^t),\ z_t]\leqslant\alpha\ln[\pi_{t-1}(z^{t-1})]+\ln(z_t)\tag{4}$$

由于 $\mathrm{E}[\ln(z)]$ 有限且 $\alpha<1$，于是证明总收益有上界的论证完全类似于

4.4 节中的证明，我们不再重复。因此，假定 9.2 中的极限存在（虽然它可能是负无穷）。

由练习 2.6 我们知道，对于这种情形，式（1）的一个解是：

$$v(x, z) = A_0 + \frac{\alpha}{1-\alpha\beta}\ln(x) + \frac{1}{1-\alpha\beta}\ln(z) \tag{5}$$

且相应的策略函数是 $g(x, z)=\alpha\beta z x^{\alpha}$。因此，给定任何初始状态 $s_0=(x_0, z_0)$，由这个策略生成的计划 $\pi^*(\cdot; s_0)$可以明确地计算出。在对数形式下，它是：

$$\ln[\pi^*_{t-1}(z^{t-1}, s_0)] = \sum_{n=0}^{t-1}\alpha^{t-1-n}[\ln(\alpha\beta)+\ln(z_n)]+\alpha^t\ln(x_0) \tag{6}$$

剩下要证明的仅是假定 9.12 的条件 a 和 b 成立。

练习 9.11 证明对所有 $s_0\in S$，式（6）中定义的计划 $\pi^*(\cdot; s_0)$都满足假定 9.12 的条件 a，即证明对每个 $\pi^*(\cdot; s_0)$，式（2）成立，其中 v 由式（5）给出。

为了证明条件 b，我们需要证明对任何 $s_0\in S$，$\Pi(s_0)$ 中的任何计划都被 $\hat{\Pi}(s_0)$ 中一个计划弱优超。我们按如下方法做到这一点：对每个 $s_0\in S$，注意 $\pi^*(\cdot; s_0)\in\Pi(s_0)$ 且 $u[\pi^*(\cdot; s_0), s_0]$ 是有限的，我们将证明对任何 $\pi\in\Pi(s_0)$，或者 π 自身在 $\hat{\Pi}(s_0)$ 中，或者 $u(\pi, s_0)=-\infty$，所以 π 被 $\pi^*(\cdot; s_0)$ 优超。

令 $s_0\in S$ 及 $\pi\in\Pi(s_0)$ 是任意的，由定义知 $\pi\in\hat{\Pi}(s_0)$ 的充分必要条件是式（2）成立。由于 v 由式（5）给定，条件（2）是：

$$\lim_{t\to\infty}\beta^t\int_{Z^t}\left\{A_0+\frac{\alpha}{1-\alpha\beta}\ln[\pi_{t-1}(z^{t-1})]+\frac{1}{1-\alpha\beta}\ln(z_t)\right\}\mu^t(z_0, dz^t)=0$$

由关于 z_t 的假定可推得：

$$\lim_{t\to\infty}\beta^t\int_{Z^t}\frac{1}{1-\alpha\beta}\ln(z_t)\mu^t(z_0, dz^t)=\lim_{t\to\infty}\beta^t\frac{m}{1-\alpha\beta}=0$$

因此条件（2）成立的充分必要条件是：

$$\lim_{t\to\infty}\beta^t\int_{Z^t}\ln[\pi_{t-1}(z^{t-1})]\mu^t(z_0, dz^t)=0 \tag{7}$$

即 $\pi\in\hat{\Pi}(s_0)$ 的充分必要条件是式（7）成立。现在假设式（7）不成立，由式（4）可得：

$$u(\pi, s_0)\leqslant\sum_{t=0}^{\infty}\beta^t\int\{\alpha\ln[\pi_{t-1}(z^{t-1})]+\ln(z_t)\}\mu^t(z_0, dz^t)$$

由于式（7）不成立，所以右边的序列发散，但式（3）暗含这个序列有上界，因此这个序列必定发散于负无穷：$u(\pi, s_0) = -\infty$。在这种情形下，π^* 优超 π，因此必满足条件 b，且定理 9.12 暗含由式（5）给出的 v 是上确界函数且由式（6）给出的计划是最优的。

将定理 9.12 应用到这个例子是比较容易的，因为集合 $\Pi(s) \setminus \hat{\Pi}(s)$ 中的所有计划都产生负无穷贴现收益，因此很容易在 $\hat{\Pi}(s)$ 中找到优超它们的计划，这样也就证明了定理的条件 b。许多二次问题也具有这样的特征，我们利用 4.4 节中二次例子的一个变化形式来说明这一点。

令 $X=Z=\mathbf{R}$，并分别具有波雷尔集 $\mathscr{X}$ 和 $\mathscr{Z}$。令 $\beta \in (0, 1)$，对所有 (x, z)，令 $\Gamma(x, z)=\mathbf{R}$；令 F：$\mathbf{R}^3 \to \mathbf{R}$ 定义为：

$$F(x, y, z) = zx - \frac{1}{2}bx^2 - \frac{1}{2}c(y-x)^2, \quad b, c > 0$$

令$(Z, \mathscr{Z})$上的转移函数 Q 由下面的假定暗含定义，即假定冲击 z_t 遵从随机差分方程：

$$z_{t+1} = \rho z_t + u_{t+1}$$

其中 $0<\rho<1$，且 $\{u_t\}$ 是一个具有有限均值和方差的独立同分布随机变量序列。令 $\mu^t(z_0, \cdot)$，$t=1, 2, \cdots$是如 8.2 节中定义的 Z^t 上的诱导型的概率测度。

练习 9.12　证明在这些假定下，对任何 $z_0 \in \mathbf{R}$，存在常数 A，$B>0$ 对所有 t 满足：

$$\int |z_t| \mu^t(z_0, dz^t) < A \quad 和 \quad \int (z_t)^2 \mu^t(z_0, dz^t) < B \tag{8}$$

接着 4.4 节中所用的解释，我们可把 F 视为描述一个公司的净收益函数。在这种情形下，假定资本的边际价值产品 $z-bx$ 由序列相关的随机冲击决定。

和前一个例子中一样，为了应用定理 9.12，我们必须证明假定 9.1 和假定 9.2 成立；找出(v, G) 并对所有 $s \in S$ 构造计划 $\pi^*(\cdot; s)$；要证明定理的假设 a 和 b 得到满足。

显然，对于这个问题，假定 9.1 成立。为了理解假定 9.2 成立，首先注意式（8）意味着对所有 t 都满足可积性要求，然后注意对每个 $z \in \mathbf{R}$，$F(\cdot, \cdot, z)$以 $z^2/2b$ 为上界，由于 $0<\beta<1$，于是可推得要求的极限存在（虽然它可能是负无穷）。

下面的练习刻画了 v 和 G 的特征。

练习 9.13　a. 证明对于所设定的 Γ 和 F，函数方程（1）具有如下形式的解：

$$v(x,\ z) = v_0 + v_1 z + v_2 x + v_3 zx - v_4 x^2 \tag{9}$$

其中 $v_4>0$。[可能还有其他的函数满足函数方程（1）。]

b. 证明相应的策略对应是具有如下形式的一个单值函数：

$$g(x,\ z) = g_0 + g_1 x + g_2 z,\ 其中\ 0 < g_1 < 1 \tag{10}$$

对任何 $s_0 \in S$，计划 $\pi^*(\cdot\ ;\ s_0)$ 可以通过简单地求解式（10）中的线性差分方程来构造。

最后，我们必须证明定理 9.12 的假设 a 和假设 b 成立。为了证明 a 成立，我们必须证明对每个 $s_0 \in S$，由 g 生成的计划 $\pi^*(\cdot\ ;\ s_0)$ 满足式（2），其中 v 由式（9）给出。即我们必须证明对所有 $s_0 \in S$，有：

$$\lim_{t\to\infty}\beta^t \int_{Z^t} \{v_0 + v_1 z_t + v_2 \pi^*_{t-1}(z^{t-1};\ s_0) + v_3 z_t \pi^*_{t-1}(z^{t-1};\ s_0) - v_4[\pi^*_{t-1}(z^{t-1};\ s_0)]^2\}\mu^t(z_0,\ dz^t) = 0 \tag{11}$$

练习 9.14 证明式（11）成立。[提示：利用式（8）及 $0<g_1<1$ 的事实。]

为了证明 b，我们需要证明对任何 $s_0 \in S$，任何不满足式（2）的计划 $\pi \in \Pi(s_0)$ 被满足式（2）的计划所优超。由于式（8）成立，显然式（2）对 π 成立的充分必要条件是

$$\lim_{t\to\infty}\beta^t \int_{Z^t} \{v_2 \pi_{t-1}(z^{t-1}) + v_3 z_t \pi_{t-1}(z^{t-1}) - v_4[\pi_{t-1}(z^{t-1})]^2\}\mu^t(z_0, dz^t) = 0 \tag{12}$$

为了证明 b，我们将证明若一个计划 $\pi \in \Pi(s_0)$ 不满足式（12），则它有等于负无穷的总贴现收益。

为了简单起见，令 $E(\cdot)$ 表示关于 $\mu^t(z_0,\ \cdot)$ 的积分且遏制自变量 π_{t-1}。我们首先证明若 $\pi \in \Pi(s_0)$ 满足：

$$\lim_{t\to\infty}\beta^t E\left[z_t \pi_{t-1} - \frac{b}{2}(\pi_{t-1})^2\right] = 0 \tag{13}$$

则有：

$$\lim_{t\to\infty}\beta^t E(z_t \pi_{t-1}) = 0 \quad 和 \quad \lim_{t\to\infty}\beta^t E(\pi_{t-1})^2 = 0 \tag{14}$$

反之，假设式（13）成立且沿一个子序列有 $\beta^t E(\pi_{t-1})^2 \to m>0$，则式（13）暗含沿同一个子序列有 $\beta^t E(z_t \pi_{t-1}) \to bm/2$。现在，对任何常数 $k>0$，有：

$$0 \leqslant E(k\beta^t \pi_{t-1} - z_t)^2 = k^2\beta^{2t}E(\pi_{t-1})^2 - 2k\beta^t E(z_t\pi_{t-1}) + E(z_t^2)$$
$$t = 1,\ 2,\ \cdots$$

右边第一项沿着讨论中的子序列收敛于 $k^2\beta^t m$，由于 $0<\beta<1$，当 $t\to\infty$

时，该项沿着这个子序列收敛于 0。如在练习 9.12 中表明的，第三项对所有 t 以某常数 $B>0$ 为界。沿着讨论中的子序列，第二项收敛于 $-kbm<0$，通过选取大的 k，可以使其在绝对值上达到所要求的值。这就与三项之和必定非负的事实相矛盾。因此式（13）暗含式（14）。

现在，我们可以利用一个类似的讨论来证明式（13）暗含式（12）。首先假定式（13）成立，再利用式（14），我们发现仅当 $\lim\limits_{t\to\infty}\beta^t \mathrm{E}_t(\pi_{t-1})\neq 0$ 时式（12）可能失效，但对任何常数 k，有：

$$0\leqslant \mathrm{E}(k\beta^t\pi_{t-1}-1)^2=k^2\beta^{2t}\mathrm{E}(\pi_{t-1})^2-2k\beta^t\mathrm{E}(\pi_{t-1})+1$$

与前面一样，当 $t\to\infty$ 时右边第一项收敛于 0，第三项是一个常数，而第二项通过 k 的适当选取（根据需要或正或负）可以使其为负且绝对值任意大，这就产生了矛盾。因此式（13）暗含式（12）。

为了完成论证，注意若 $\pi\in\Pi(s_0)$，则存在两种可能性。若式（12）成立，则 π 自身在 $\hat{\Pi}(s_0)$ 中，若式（12）不成立，则式（13）也不成立，且从 F 的定义可推得：

$$\lim_{t\to\infty}\beta^t\mathrm{E}[F(\pi_{t-1},\ \pi_t,\ z_t)]\leqslant\lim_{t\to\infty}\beta^t\left[\mathrm{E}(z_t\pi_{t-1})-\frac{b}{2}\mathrm{E}(\pi_{t-1})^2\right]\neq 0 \tag{15}$$

令 $\{t_j\}$ 是沿着式（15）满足 $\beta^t\mathrm{E}[F(\pi_{t-1},\ \pi_t,\ z_t)]\geqslant 0$ 的子序列。回忆 $F(\cdot,\ \cdot,\ z)$ 以 $z^2/2b$ 为上界且 $\mathrm{E}(z_t^2)$ 以一个常数为上界，因此沿这个子序列有 $\beta^t\mathrm{E}[F(\pi_{t-1},\ \pi_t,\ z_t)]\to 0$，则式（15）意味着在余下的严格为负的各项中，存在一子序列有界且不为零，即存在 $\varepsilon>0$ 及一个子序列 $\{t_k\}_{k=1}^{\infty}$ 使沿着这个子序列有 $\beta^t\mathrm{E}[F(\pi_{t-1},\ \pi_t,\ z_t)]<-\varepsilon$。因此，$u(\pi,\ s_0)=-\infty$，这正是要证明的。

9.5　随机欧拉方程

对于序列形式的随机最优问题，如在 9.1 节中所述，一个最优值的必要条件可以利用我们在 4.5 节中所用的相同推理导出，习惯上称这些条件为随机欧拉方程（即使欧拉根本不知道它们）。

令 $(X,\ \mathscr{X})$，$(Z,\ \mathscr{Z})$，Q，Γ，F 和 β 满足假定 9.1～假定 9.3，对所有 $(x_0,\ z_0)=s_0\in S$，如 9.1 节那样定义可行计划集合 $\Pi(s_0)$，且考虑问题：

$$\sup_{\pi\in\prod(s_0)}\left\{F(x_0,\ \pi_0,\ z_0)\right.$$
$$\left.+\sum_{t=1}^{\infty}\beta^t\int_{Z^t}F[\pi_{t-1}(z^{t-1}),\ \pi_t(z^t),\ z_t]\mu^t(z_0,\ dz^t)\right\} \tag{1}$$

令 $\pi=\{\pi_t\}$ 是达到式（1）中上确界的可行计划，则最优值的必要条件是，对每个 $t\in\{0,\ 1,\ 2,\ \cdots\}$，存在一个使 $\mu^t(z_0,\ A^t)=1$ 的集合 $A^t\subseteq Z^t$ 对所有 $z_{t+1}\in Z$，所有 $z^t\in A^t$，满足：

$$\pi_t(z^t)=\underset{y}{\operatorname{argmax}}\left\{F[\pi_{t-1}(z^{t-1}),\ y,\ z_t]\right. \tag{2}$$
$$\left.+\beta\int F[y,\ \pi_{t+1}(z^t,\ z_{t+1})]Q(z_t,\ dz_{t+1})\right\}$$
$$\text{s. t.}\quad y\in\Gamma[\pi_{t-1}(z^{t-1}),\ z_t],\ \pi_{t+1}(z^t,\ z_{t+1})\in\Gamma(y,\ z_{t+1})$$

（显然，修改后的符号必须包括 $t=0$ 的情形。）假设 F 是凹的及连续可微的，选取 $t\in\{0,\ 1,\ 2,\ \cdots\}$ 及 $z^t\in A^t$，并假设在式（2）的积分中的微分是合理的。[若 F 是可积的且每个 l 偏导数 F_x 是绝对可积的，则这是真的，Lang（1983，p. 357，Lemma 2. 2)。] 若对某个 $z^t\in A^t$ 有：

$$\pi_t(z^t)\in\operatorname{int}\Gamma[\pi_{t-1}(z^{t-1}),\ z_t]$$
$$\text{对所有 } z_{t+1}\in Z,\ \pi_{t+1}(z^{t+1})\in\operatorname{int}\Gamma[\pi_t(z^t),\ z_{t+1}]$$

则 $\pi_t(z^t)$ 必须满足一阶条件：

$$0=F_y[\pi_{t-1}(z^{t-1}),\ \pi_t(z^t),\ z_t]$$
$$+\beta\int F_x[\pi_t(z^t),\ \pi_{t+1}(z^{t+1}),\ z_{t+1}]Q(z_t,\ dz_{t+1}) \tag{3}$$

[注意，按照 4. 5 节中所用的过程，式（3）中的一阶条件也可以从相应于式（1）的函数方程的一阶条件和包络条件中推导出来。]

导出定理 4. 15 的一个随机类似是很简单的，即证明欧拉方程（3）以及横截性条件的期望值变化形式是当收益为凹时最优策略的充分条件。由于我们已通过其他途径得到了关于这些问题的存在性定理，所以我们不继续使用这种方法。

当收益函数 F 是二次时，随机欧拉方程可用来构造最优计划，我们针对一维情形 $X=\mathbf{R}$ 大致地叙述一下基本思路。用 F_{xx}，F_{xy} 等表示 F 的（常）二阶导数，在二次情形中，式（3）变为：

$$0=F_{xy}\pi_{t-1}(z^{t-1})+F_{yy}\pi_t(z^t)+F_{yz}Z_t+\beta F_{xx}\pi_t(z^t)$$
$$+\beta F_{xy}\int\pi_{t+1}(z^{t+1})Q(z_t,\ dz_{t+1})$$
$$+\beta F_{xz}\int z_{t+1}Q(z_t,\ dz_{t+1}),\ \mu^t(z_0,\ \cdot)\text{-a. e.},\ t=0,\ 1,\ \cdots$$

(4)

对任意 $t\geqslant 0$，对所有 $z^t\in Z^t$，所有 $s\geqslant t$，定义期望算子 E_t 为：

$$\mathrm{E}_t(\pi_s \mid z^t)=\int_{Z^{s-t}}\pi_s(z^s)\mu^s(z_0^t,\ \mathrm{d}z_{t+1}\times\cdots\times\mathrm{d}z_s)$$

于是，利用 μ^s 的定义得到：

$$\mathrm{E}_t\left[\int\pi_{s+1}(z^{s+1})Q(z_s,\ \mathrm{d}z_{s+1})\mid z^t\right]=\mathrm{E}_t(\pi_{s+1}\mid z^t)$$

这样，对 $t\geqslant 1$ 及 $s>t$，式（4）暗含：

$$\begin{aligned}0=&F_{xy}\mathrm{E}_t(\pi_{s-1}\mid z^t)+F_{yy}\mathrm{E}_t(\pi_s\mid z^t)+F_{yz}\mathrm{E}_t(z_s\mid z^t)\\&+\beta F_{xx}\mathrm{E}_t(\pi_s\mid z^t)+\beta F_{xy}\mathrm{E}_t(\pi_{s+1}\mid z^t)+\beta F_{xz}\mathrm{E}_t(z_{s+1}\mid z^t)\end{aligned}\tag{5}$$

方程（5）是关于变量 $\{\mathrm{E}_t(\pi_s\mid z^t)\}_{s=t}^{\infty}$ 的具有常系数的（确定性）二阶线性差分方程。外生性强制变量 $\{\mathrm{E}_t(z_s\mid z^t)\}_{s=t+1}^{\infty}$ 可以利用 Q 来计算，一个边界条件由 $\mathrm{E}_t(\pi_t\mid z^t)=\pi_t$ 给出，而横截性条件又提供了另一个条件。这样，方程（5）可用标准的线性方法求解，得到对所有 $t\geqslant 1$ 及 $s\geqslant t$ 的 $\{\mathrm{E}_t(\pi_s\mid z^t)\}$。

用这个解中的第一项 $\mathrm{E}_t(\pi_{t+1}\mid z^t)$ 代替 $\int\pi_{t+1}(z^{t+1})Q(z_t,\ \mathrm{d}z_{t+1})$，式（4）变成关于变量 $\{\pi_t(z^t)\}$ 的一阶线性差分方程，在其中，已解出的项 $\mathrm{E}_t(\pi_{t+1}\mid z^t)$ 充当外生性强制变量的角色。求解这个方程得到最优计划的一个明确公式。

然而，在这个线性环境之外，随机欧拉方程并不像确定性欧拉方程那样有用。回想在 6.4 节，我们利用在一个稳定状态的邻域中对确定性欧拉方程系统的线性近似来研究那个稳定状态的局部稳定性，但随机欧拉方程不能这样用，因为如在第 11 章和第 12 章中将见到的，随机系统的“稳定状态”是一个概率测度，而不是一点。因而，随机欧拉方程不能很容易地用以证明非线性模型中的稳定性特征。

除了在构造最优计划中的可能用途外，欧拉方程（3）还包含许多经验性的含义。方程（3）表明，以 t 期自变量定值的 F_y 加上以 $t+1$ 期自变量定值的 βF_x 的期望值之和等于 0。其中，期望以 t 期已有信息 z^t 为条件。这样，时期 t 或更早的其他变量都不会有助于预测 βF_x。这个现象已导致了基于方程（3）的非常广泛的检验和估计过程。

9.6 策略函数和转移函数

在本节，我们证明两个定理，这两个定理为第 11 章和第 12 章中对马尔可夫过程收敛结果的讨论提供了动力。考虑函数方程：

$$v(x, z)=\sup_{y\in\Gamma(x,z)}\left[F(x, y, z)+\beta\int v(y, z')Q(z, dz')\right] \quad (1)$$

在 9.2 节和 9.3 节，我们提出了一些条件，在这些条件下，这种类型的方程具有唯一解 v，且存在一个相应的（单值）策略函数 g 将 y 的最大化选择描述成状态(x, z)的一个函数。现在，假设决策者遵循（唯一）最优策略函数 g，则序列 $\{s_t\}=\{(x_t, z_t)\}$ 从给定初始位置 $s_0=(x_0, z_0)$起的行为由转移函数 Q 和函数 g：$X\times Z\to X$ 来描述。关于 $\{s_t\}$ 可以说些什么？

在定理 9.13 中，我们证明若函数 g 可测，则 $\{(x_t, z_t)\}$ 是一个马尔可夫过程，具有用 Q 和 g 定义在$(S, \mathscr{S})$上的一个平稳转移函数 P。在定理 9.14 中我们证明，若 Q 还有费勒性质且 g 是连续的，则 P 也具有费勒性质。然后，我们指明，8.4 节中的结果可以如何用来证明，对于由转移函数、策略函数及函数方程

$$v(x, z)=\sup_{y\in\Gamma(x,z)}\left\{F(x, y, z)+\beta\int v[\phi(x, y, z'), z']Q(z, dz')\right\} \quad (2)$$

的运动规律定义的过程 $\{s_t\}$，类似的结论成立。注意，定理 9.13 的证明在整体结构上类似于定理 8.5 的证明。

定理 9.13 令 $(X, \mathscr{X})$ 和 $(Z, \mathscr{Z})$ 是可测空间；令 $(S, \mathscr{S})$ 是积空间；令 Q 是 $(Z, \mathscr{Z})$ 上的一个转移函数；令 g：$S\to X$ 是一个可测函数。则对所有 $x\in X$，$z\in Z$，$A\in\mathscr{X}$，$B\in\mathscr{Z}$，

$$P[(x, z), A\times B]=\begin{cases}Q(z, B), & 若\ g(x, z)\in A\\ 0, & 若\ g(x, z)\notin A\end{cases} \quad (3)$$

定义了 $(S, \mathscr{S})$ 上的一个转移函数。

证明 固定$(x, z)\in X\times Z$。显然式（3）中定义在 $\mathscr{X}\times\mathscr{Z}$ 中可测矩形上的函数 $P[(x, z), \cdot]$ 满足定理 7.13 的假设，且有 $P[(x, z), X\times Z]=1$，因此由定理 7.13 和定理 7.3 知，$P[(x, z), \cdot]$ 可以扩展成 $\mathscr{X}\times\mathscr{Z}$ 上的一个概率测度。为了完成证明，我们必须证明对每个 $C\in\mathscr{S}$，

函数 $P(\cdot, C)$：$S\to[0, 1]$ 是可测的。

令 $\mathscr{C}\subset\mathscr{S}$ 是由可测矩形的有限并集组成的代数，并令 $\mathscr{E}\subseteq\mathscr{S}$ 是使 $P(\cdot, C)$ 为可测函数的集合 C 的族，由单调类引理（引理 7.15），证明 $\mathscr{E}$ 包含 $\mathscr{C}$ 且 $\mathscr{E}$ 是一个单调类即可。

固定 $A\in\mathscr{X}$ 及 $B\in\mathscr{Z}$，则我们可以把式（3）写作：

$$P[(x, z), A\times B]=Q(z, B)\chi_A[g(x, z)]$$

其中 χ_A 是 A 的指标函数。由于 $Q(\cdot, B)$，$\chi_A(\cdot)$ 及 $g(\cdot)$ 都是可测函数，且由于可测函数的复合及乘积都是可测的，可推得 $P(\cdot, A\times B)$ 是可测的，因此 $\mathscr{E}$ 包含 $\mathscr{S}$ 中的可测矩形。由于 $\mathscr{C}$ 中任一集合都可写成不相交可测矩形的有限并集，所以立即可推得 $\mathscr{C}\subseteq\mathscr{E}$。

为了证明 $\mathscr{E}$ 是一个单调类，令 $C_1\subseteq C_2\subseteq\cdots$ 是 $\mathscr{E}$ 中一个递增集合序列，且有 $C=\bigcup_{i=1}^{\infty}C_i$。于是，对每个 $s\in S$，由定理 7.1 可得 $P(s, C)=\lim_{n\to\infty}P(s, C_n)$，即 $P(\cdot, C)$ 是一可测函数序列的逐点极限，因而由定理 7.4 知它是可测的，所以有 $C\in\mathscr{E}$。若 $\{C_i\}$ 是一递减序列，类似的论证适用。因此 $\mathscr{E}$ 是一个单调类。■

回忆，若相应的马尔可夫算子 M_P 将 S 上的有界连续函数的空间映射到其自身，则 $(S, \mathscr{S})$ 上的转移函数 P 具有费勒性质。下一个定理证明，若 Q 具有费勒性质且 g 是连续的，则 P 具有费勒性质。它的证明用了如下事实。

练习 9.15　令 $(X, \mathscr{X})$，$(Z, \mathscr{Z})$，$(S, \mathscr{S})$，Q 和 g 如定理 9.13 中设定，并令 P 是由式（3）定义的 $(S, \mathscr{S})$ 上的转移函数。

a. 证明若 f：$S\to\mathbf{R}$ 是非负、$\mathscr{S}$可测函数，则有：

$$\int_{X\times Z}f(x', z')P[(x, z), \mathrm{d}x'\times\mathrm{d}z']=\int_Z f[g(x, z), z']Q(z, \mathrm{d}z')$$

b. 证明若 f 是 $P(s, \cdot)$ 可积的，这个等式仍然成立。

定理 9.14　令 $(X, \mathscr{X})$，$(Z, \mathscr{Z})$ 和 Q 满足假定 9.4 和假定 9.5；令 $(S, \mathscr{S})=(X\times Z, \mathscr{X}\times\mathscr{Z})$；令 g：$X\times Z\to X$ 是连续的。则 $(S, \mathscr{S})$ 上由式（3）定义的转移函数 P 具有费勒性质。

证明　令 M_Q 和 M_P 分别是对应于 Q 和 P 的马尔可夫算子；令 f：$S\to\mathbf{R}$ 是任何有界连续函数。则对任意的 $(x, z)=s\in S$，由练习 9.15 可得：

$$\begin{aligned}(M_pf)(s)&=\int_S f(s')P(s, \mathrm{d}s')\\&=\int_Z f[g(s), z']Q(z, \mathrm{d}z')=(M_Qf)[g(s), z]\end{aligned}$$

于是，由引理 9.5 及 g 是连续的事实立即可得要求的结果。■

在某些情形中，你可能想仅仅考虑序列 $\{x_t\}$。若 $\{z_t\}$ 是一个独立同分布冲击序列，则定理 8.9 证明了策略函数 g 定义了 $(X, \mathscr{X})$ 上的一个转移函数，且练习 8.10 证明了使转移函数具有费勒性质的条件。若序列 $\{z_t\}$ 不是独立同分布的，则 $\{x_t\}$ 不一定是一个一阶马尔可夫过程，下面的练习说明了这个事实。

练习 9.16 令 $X=[0, 1]$；令 $Z=\{0, 1\}$；令 $Q(0, 0)=Q(1, 1)=0.9$，令 $Q(0, 1)=Q(1, 0)=0.1$；令 $g(x, z)=\theta x+(1-\theta)z$，其中 $\theta\in(0, 1)$。令 P 是定理 9.13 中定义的 $(X\times Z, \mathscr{X}\times\mathscr{Z})$ 上的转移函数。证明对由 P 自某给定的初始点 (x_0, z_0) 起生成的随机变量 $\{(x_t, z_t)\}$，有：

$$\Pr(x_{t+1}\in A \mid x_t, x_{t-1}) \text{ 不等于 } \Pr(x_{t+1}\in A \mid x_t)$$

最后，下面的练习论及了函数方程具有式（2）中形式的情形。

练习 9.17 令 $(X, \mathscr{X})$，$(Y, \mathscr{Y})$ 和 $(Z, \mathscr{Z})$ 都是可测空间；令 Q 是 $(Z, \mathscr{Z})$ 上的转移函数；令 ϕ：$X\times Y\times Z\to X$ 及 g：$X\times Z\to Y$ 是可测函数。对所有 $x\in X$，$z\in Z$，$A\in\mathscr{X}$ 定义

$$H(x, z, A)=\{z'\in Z: \phi[x, g(x, z), z']\in A\}$$

a. 证明对所有 $x\in X$，$z\in Z$，$A\in\mathscr{X}$，$B\in\mathscr{Z}$，

$$P[(x, z), A\times B]=Q[z, B\cap H(x, z, A)]$$

定义 $(S, \mathscr{S})$ 上的一个转移函数。（提示：回忆定理 8.9 的证明。）

b. 证明若假定 9.4、假定 9.5、假定 9.16 和假定 9.17 成立，且若 g 是连续的，则 P 具有费勒性质。

9.7 文献注释

本章利用了 4.6 节中列出的大多数参考文献，特别地，9.1 节基于 Blackwell（1965）。比尔·苏德斯（Bill Sudderth）和埃尔文·昆廷（Erwan Quintin）对我们指出，如果用一般可测性替代波雷尔可测性，定理 4.2 对随机情形也成立，请见 Bertsekas and Shreve（1978）的一个证明。Dynkin and Yu Shkwvich（1979）及 Gihman and Skorohod（1979）也提供了当可测性问题导致定理 9.2 和定理 9.4 的假定失败时各种适用的方法。

Blume，Easley and O'Hara（1982）寻求了一种在确定性模型中不

存在对等物的方法，他们的思路适用于 9.1 节中介绍的两个随机动态规划公式中的第二个。假定外生冲击 $\{z_t\}$ 是独立同分布的，且服从由一连续密度 q 描述的分布。还假定冲击 z 是运动规律 ϕ 的一个自变量，但不是 F 或 Γ 的自变量。在这种情形中，函数方程具有如下形式：

$$v(x) = \sup_{y \in \Gamma(x)} \left\{ F(x, y) + \beta \int v[\phi(x, y, z')] q(z') \mathrm{d}z' \right\}$$

最后，假定对每个(x, y)，函数 $\phi(x, y, \cdot): Z \to X$ 是一对一的且连续可微的；令 $h: X \times Y \times X \to Z$ 表示逆。在这些条件下，我们可以利用变量的变换 $w = \phi(x, y, z')$ 将函数方程重写为：

$$v(x) = \sup_{y \in \Gamma(x)} \left\{ F(x, y) + \beta \int v(w) q[h(x, y, w)] h_3(x, y, w) \mathrm{d}w \right\}$$

其中 h_3 是 h 关于其第三个自变量的导数。注意，x 出现在这个方程的右边只作为函数 F，$q \cdot h$ 及 h_3 的自变量，而不是 v 的自变量，因而若 F，q 和 ϕ 充分平滑且右边的最大化在 $\Gamma(x)$ 的内部达到，我们可以保证价值及策略函数具有我们想要的任意阶导数。使这个方法成功所需的假定显然比我们在 9.2 节中所用的更具约束性，但在它们成立的应用中，你可能有大量关于价值函数的信息，这在其他任何方法中都是无法得到的。

9.5 节中简要讨论过的在二次问题中构造最优计划的欧拉方程的用法在 Sargent（1979）中有更全面的讨论并用例子加以说明。对于基于欧拉方程的直接实证检验的创新用法，可参见 Hall（1978）。

第10章　随机动态规划的应用

在本章，我们将说明第 9 章中导出的各种方法可以如何用于研究各种经济学问题。有些问题是第 5 章中问题的随机类似，而且比较其结果将加强你的直觉。其他的问题在确定性中则没有或很少有相似的。

10.1　单部门最优增长模型

关于 5.1 节中研究过的最优增长问题的随机类似，可以通过在生产函数中加入随机冲击得到。为了简单起见，假定这些冲击以乘法形式加入，这种设定导致了问题：

$$\sup \mathrm{E}\left\{\sum_{t=0}^{\infty}\beta^{t}U[z_{t}f(x_{t})-x_{t+1}]\right\} \tag{1}$$

$$\text{s. t.}\quad 0\leqslant x_{t+1}\leqslant z_{t}f(x_{t}),\ t=0,\ 1,\ \cdots,\ x_{0}\geqslant 0,\ z_{0}\geqslant 0$$

其中期望遍及冲击序列 $\{z_t\}_{t=1}^{\infty}$。这个问题由参数 β，函数 U：$\mathbf{R}_{+}\rightarrow\mathbf{R}$ 及 f：$\mathbf{R}_{+}\rightarrow\mathbf{R}$ 和冲击序列 $\{z_t\}$ 的一个设定所定义。对于后者，我们假定：

（Z1）$Z=[1,\ \bar{z}]$，其中 $1<\bar{z}<+\infty$，具有波雷尔集 $\mathscr{Z}$。

（Z2）$\{z_t\}$ 是冲击的独立同分布序列，每个都按（Z，$\mathscr{Z}$）上的概率测度 λ 取值。

我们还将在 β，U 和 f 中加入 5.1 节中所用的限制。为了开始讨论，假定早先问题的偏好假定（U1）～（U4）及技术假定（T1）～（T4）成立。[注意，和在确定性问题中一样，U 和 f 上的单调性约束保证求出式（1）中消费的合理性。]

练习 10.1　a. 用一精确设定的积分和代替式（1）中的 E(·)。精确描述式（1）的可行计划集合。

对应于式（1）的函数方程是：

$$v(x, z) = \max_{0 \leqslant y \leqslant zf(x)} \left\{ U[zf(x) - y] + \beta \int v(y, z')\lambda(dz') \right\} \quad (2)$$

在假定（T1）～假定（T4）下，我们可以定义 $\bar{x}$ 为满足 $\bar{x} = \bar{z}f(\bar{x})$ 的唯一正值。显然，限制资本存量落在区间 $X = [0, \bar{x}]$ 中并取 v 定义在 $S = X \times Z$上是很方便的。

练习 10.1　b. 证明存在唯一的有界连续函数 v 满足式（2），并证明相应的最优策略对应 G 是非空、紧值和上半连续的。关于二元组(v, G)和 a 中序列问题的解之间的关系能得出什么结论呢?

c. 证明 v 对其第一个自变量是严格递增和严格凹的，并证明 G 是一个连续单值函数，称这个函数为 g。

d. 证明 g 有 $g(x, z) = h[zf(x)]$ 的形式，其中 h 是连续及严格递增的。注意，这意味着 g 关于其两个自变量都是严格递增的。证明最优消费策略 $c(x, z) = zf(x) - g(x, z)$关于其两个自变量也都是严格递增的。

e. 此外，假定（U5）和（T5）成立，证明若 $g(x, z) \in (0, zf(x))$，则 v 在(x, z)是连续可微的，且有导数：

$$v_x(x, z) = U'[zf(x) - g(x, z)]zf'(x)$$

$$v_z(x, z) = U'[zf(x) - g(x, z)]f(x)$$

接下来，假设代替（Z2），我们有：

（Z3）Q 是（Z，$\mathscr{Z}$）上的一个转移函数，且 Q 具有费勒性质。随机冲击序列 $\{z_t\}$ 是一个由 Q 生成的马尔可夫过程。

练习 10.1　f. 证明若用（Z3）代替（Z2），a～c 中的结论不变。在这种情形下，策略函数 g 取 d 中的形式吗? g 关于 z 一定是严格递增的吗? 证明若 Q 是单调的，则 v 和 g 两者关于 z 都是递增的。e 的哪些部分仍然成立?

10.2　具有两种资本品的最优增长

考虑对上述模型进行如下修改。令假定（U1）～假定（U5）及假定（Z1）～假定（Z2）成立，但假设存在两种资本品 x_1 和 x_2。假定存在单一产出且生产函数 f：$\mathbf{R}_+^2 \to \mathbf{R}$ 满足假定（T1）及假定（T3）～假定（T5）。假定资本在每期完全折旧且产出可被消费也可用作任何一种资本。于是，技术约束是：

$$0 \leqslant y_1,\ y_2 \text{ 和 } y_1 + y_2 \leqslant zf(x_1,\ x_2)$$

练习 10.2 a. 对 f 附加什么限制以保证可持续资本存量集是紧的?

b. 用序列形式叙述这个经济的最优增长问题，叙述相应的函数方程。证明存在唯一的有界连续函数 v 满足函数方程且 v 是严格递增和严格凹的，且 v 关于其前两个自变量是一次可微的。证明相应的策略对应是一个连续单值函数 g。

c. 证明若 $\partial f/\partial x_1$ 关于 x_2 递增，且 $\partial f/\partial x_2$ 关于 x_1 递增，则 $g(s)=[g_1(s),\ g_2(s)]$ 关于其所有自变量是严格递增的。

d. 证明这个模型可仅用一个内生状态变量重新表示，并证明 10.1 节中的分析适用于重新表示的模型。

10.3 具有多种商品的最优增长

在这个问题中，我们证明第 9 章中的方法可用来分析不确定性下的多部门最优增长模型。显然，这个模型是上面两个模型的扩展以包括任意数量的消费品及资本品。

令（Z，$\mathscr{Z}$）和 Q 分别是满足假定 9.5 的可测空间和转移函数；令（Z^t，$\mathscr{Z}^t$）及 $\mu^t(z_0,\ \cdot)$，其中 $z_0 \in Z$，$t=1,\ 2,\ \cdots$，如 8.2 节中的定义。

考虑一个经济，在任一时期及任一状态都存在 l 种资本品及 M 种消费品，这个经济中代表性消费者的消费分配是序列 $c=\{c_t\}_{t=0}^{\infty}$，其中 c_t：$Z^t \to \mathbf{R}_+^M$ 对所有 t 是一个 $\mathscr{Z}^t$ 可测函数。代表性消费者的偏好由下式给出：

$$u(c) = \sum_{t=0}^{\infty} \beta^t \int_{Z^t} U[c_t(z^t)] \mu^t(z_0,\ \mathrm{d}z^t) \tag{1}$$

其中 U：$\mathbf{R}_+^M \to \mathbf{R}$ 是有界、连续、严格递增及严格凹的，$\beta \in (0,\ 1)$。

令$(X,\ \mathscr{X})$满足假定 9.4 且 $X \subset \mathbf{R}_+^l$。技术由对应 Φ：$X \times Z \to \mathbf{R}_+^M \times X$ 描述，其中$(c,\ y) \in \Phi(x,\ z)$ 意味着给定期初资本品及当期技术冲击二元组$(x,\ z)$时，消费品及期末资本品二元组（c，y）是联合可生产

的。假定：

a. Φ 是非空、紧值、凸值和连续的；

b. 若 x，$x'\in X$，$z\in Z$，$x\leqslant x'$ 及 $(c, y)\in\Phi(x, z)$，则 $(c, y)\in\Phi(x', z)$；

c. 若 x，$x'\in X$，$z\in Z$，$\theta\in[0, 1]$，$(c, y)\in\Phi(x, z)$ 及 $(c', y')\in\Phi(x', z)$，则 $[\theta c+(1-\theta)c', \theta y+(1-\theta)y']\in\Phi[\theta x+(1-\theta)x', z]$。

为了应用 9.2 节的分析，分别定义对应 Γ：$X\times Z\rightarrow X$，集合 $A\subset X\times X\times Z$ 及收益函数 F：$A\rightarrow\mathbf{R}$ 为：

$$\Gamma(x, z)=\{y\in X:(c, y)\in\Phi(x, y)，对某个\ c\in\mathbf{R}_{+}^{M}\}$$

$$A=\{(x, y, z)\in X\times X\times Z: y\in\Gamma(x, z)\}$$

$$F(x, y, z)=\max_{c\in\mathbf{R}_{+}^{M}}U(c)\quad \text{s.t.}\ (c, y)\in\Phi(x, z)$$

练习 10.3　a. 证明 Γ，A 和 F 都定义恰当，且满足假定 9.6～假定 9.11。于是由定理 9.6～定理 9.8 可立即推得：函数方程

$$v(x, z)=\max_{y\in\Gamma(x,z)}\left[F(x, y, z)+\beta\int v(y, z')Q(z, \mathrm{d}z')\right]$$

存在唯一解；对每个固定的 $z\in Z$，$v(\cdot, z)$ 关于其前 l 个自变量是严格递增且严格联合凹的；最优策略函数 g 是连续和单值的。

给定 $(x_0, z_0)\in X\times Z$，定义 π^* 是由 g 从 (x_0, z_0) 起生成的计划：

$$\pi_0^*=g(x_0, z_0)$$

$$对所有\ z^t\in Z^t，所有\ t，\pi_t^*(z^t)=g[\pi_{t-1}^*(z^{t-1}), z_t]$$

并定义 γ^* 是对应于 π^* 的消费计划：

$$\gamma_t^*(z^t)=\operatorname*{argmax}_{c\in\mathbf{R}_{+}^{M}}U(c)$$

$$\text{s.t.}\ [c, \pi_t^*(z^t)]\in\Phi[\pi_{t-1}^*(z^{t-1}), z_t], z^t\in Z^t$$

练习 10.3　b. 证明 (γ^*, π^*) 是如下问题的解，即给定 (x_0, z_0)，最大化式 (1)，且对所有 z_t 和所有 t，该解满足可行性约束 $(c_t, x_{t+1})\in\Phi(x_t, z_t)$。

10.4　不确定性下的行业投资

考虑一个行业，其中生产成本及投资成本确定已知且不随时间变化，但需求的外生冲击遵从一个平稳的一阶马尔可夫过程。此外，生产和投资两者的技术都显示出规模报酬不变。这里，我们开始研究这个行

业的总（消费者加生产者）剩余最大化的问题，并将在 13.4 节中完成此项分析，在那里将提出收敛于一平稳分布的问题。然后在 16.4 节我们证明，剩余最大化模型的结果可以解释成有许多具有相同（规模报酬不变）技术的小生产者的行业的竞争性均衡。

令 $Z=[\underline{z},\ \bar{z}]$ 是 $\mathbf{R}_+$ 中的一个区间，并有波雷尔子集 $\mathscr{Z}$。外生状态变量 $z\in Z$ 是需求强度指数。具体地，需求由反需求曲线 D：$\mathbf{R}_+\times Z\to\mathbf{R}_+$ 描述，即 $p=D(q,\ z)$ 是当 q 为总供给量，而 z 为需求状态时的市场出清价格。假定 D 是连续的、关于 q 严格递减、关于 z 严格递增的，且对所有 $z\in Z$，有：

$$D(0,\ z)>0 \text{ 和 } \lim_{q\to\infty}D(q,\ z)=0$$

定义 U：$\mathbf{R}_+\times Z\to\mathbf{R}_+$ 为积分，对所有 $q\in\mathbf{R}_+$，$z\in Z$ 有：

$$U(q,\ z)=\int_0^q D(\nu,\ z)\mathrm{d}\nu$$

$U(q,\ z)$是 q 为消费量而 z 为需求状态时的消费者剩余（需求曲线下方的面积）。假定 U 一致有界，即对某个 $A<\infty$和所有 $z\in Z$，有：

$$\lim_{q\to\infty}U(q,\ z)\leqslant A$$

系统的内生状态变量是总行业资本存量 x，产出用资本作为唯一投入，故不存在直接生产成本。不失一般性地，我们可以选取单位以使总行业产出等于总行业资本存量，即 $q=x$。

投资成本是唯一的成本，且假定投资的单位成本依赖于资本存量的增加率（百分比）。具体地，若当期资本存量是 $x>0$ 而下期存量是 $y>0$，则投资成本是 $xc(y/x)$。假定 c：$\mathbf{R}_+\to\mathbf{R}_+$ 是连续可微的，且对某个 $\delta\in(0,\ 1)$，在 $[0,\ 1-\delta]$ 上 $c(a)=0$，而在$(1-\delta,\ +\infty)$上 c 是严格递增和严格凸的（见图 10.1）。将参数 δ 解释成资本折旧率。注意，由于 δ 严格小于 1，对于 $x>0$，严格正资本存量 $y=(1-\delta)x$ 可以无成本储存。由于投资成本对 $x=0$ 无定义，我们从状态空间中排除该点并令 $X=\mathbf{R}_{++}$。

还要注意，由于在生产和投资中都存在规模报酬不变，所以资本存量在公司间的分布无关紧要。对于我们这里的目的来说，将这个问题考虑成只包含一个公司的问题可能更容易。在 16.4 节我们将回到这个问题，在那里我们证明这里导出的解可以解释成一个竞争性均衡产出。

令 Q 是$(Z,\ \mathscr{Z})$上的一个转移函数；假定 Q 是单调的且具有费勒性质。给定初始值 $z_0\in Z$，需求条件在时间上的演变由转移函数 Q 来描述。假定利率 $r>0$ 不随时间变化。考虑在给定初始状态$(x_0,\ z_0)$时，最大化消费者剩余加生产者剩余的总预期贴现值的问题：

$$\sup \mathrm{E}\left\{\sum_{t=0}^{\infty}(1+r)^{-t}\left[U(x_t,\ z_t)-x_t c(x_{t+1}/x_t)\right]\right\} \tag{1}$$

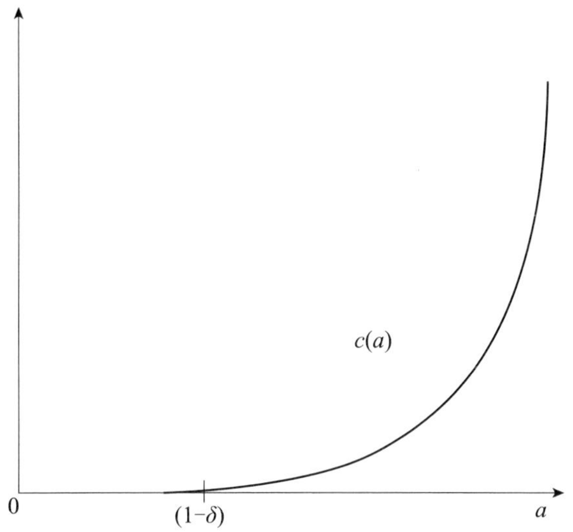

图 10.1

练习 10.4　a. 以序列形式给出式（1）中问题的精确陈述，并证明该问题的上确界函数定义恰当。关于上确界函数与函数方程

$$v(x,\ z)=\sup_{y\in X}\Big[U(x,\ z)-xc(y/x)+(1+r)^{-1}\int v(y,\ z')Q(z,\ \mathrm{d}z')\Big] \tag{2}$$

的解之间的关系能得出什么结论？关于序列问题的最优计划与式（2）的策略对应之间的关系能得出什么结论？

我们下一个任务是证明满足式（2）的函数 v：$X\times Z\to\mathbf{R}$ 的存在性和唯一性，并尽可能精确地刻画该函数。注意，由于 $X=\mathbf{R}_{++}$，式（2）中的最大化遍及一个既不闭也非有界的集合。为了避开这个问题，按如下方式定义 Γ：$\mathbf{R}_{++}\to\mathbf{R}_{++}$ 是有益的：

$$\Gamma(x)=[(1-\delta')x,\ M],\ x\in(0,\ M]$$

$$\Gamma(x)=[(1-\delta')x,\ x],\ x\in(M,\ +\infty)$$

其中 $\delta<\delta'<1$，而 M 是一个经适当挑选（非常大）的数。

练习 10.4　b. 证明存在唯一的有界连续函数 v：$X\times Z\to\mathbf{R}_+$ 满足：

$$v(x,\ z)=\max_{y\in\Gamma(x)}\Big[U(x,\ z)-xc(y/x)$$

$$+(1+r)^{-1}\int v(y,\ z')Q(z,\ \mathrm{d}z')\Big] \qquad (2')$$

证明满足式（$2'$）的函数 v 也满足式（2）。

c. 证明 v 关于其两个自变量都是严格递增的，且关于其第一个自变量是严格凹的。证明对应于 v 的最优策略对应是一个（单值）连续函数，称这个函数为 g。证明对每个$(x,\ z)\in X\times Z$，$g(x,\ z)$ 落在集合 $\Gamma(x)$的内部。证明对每个 $z\in Z$，$v(\cdot,\ z)$在 X 上是连续可微的。

d. 证明对每个 $z\in Z$，$g(x,\ z)$关于 x 是严格递增，但有严格小于 1 的斜率（见图 10.2）。注意这些事实意味着总生产力的增长率 $g(x,\ z)/x$ 关于当期生产力 x 严格递减。

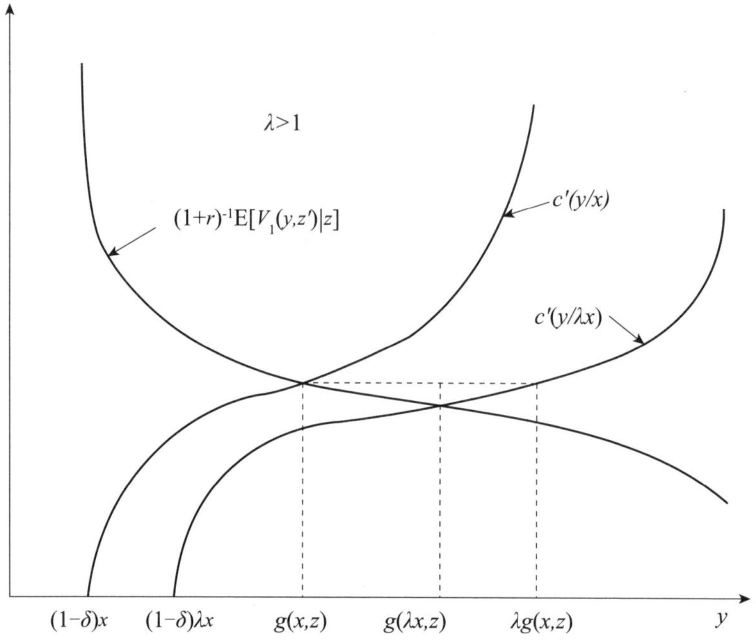

图 10.2

e. 证明对每个 $x\in X$，$g(x,\ z)$ 关于 z 非递减，且在总投资为严格正，即 $g(x,\ z)>(1-\delta)x$ 的点处严格递增（见图 10.3）。注意，这些事实暗含总生产力的增长率 $g(x,\ z)/x$ 关于当期需求状态 z 严格递增。

接下来考虑在需求冲击是独立同分布的假定下总资本存量的长期行为，即假设存在$(Z,\ \mathscr{Z})$上一概率测度 μ 对所有 $z\in Z$ 满足 $Q(z,\ \cdot)=\mu(\cdot)$。

练习 10.4 f. 如果有的话，a～e 中哪一个结论在需求冲击的独立

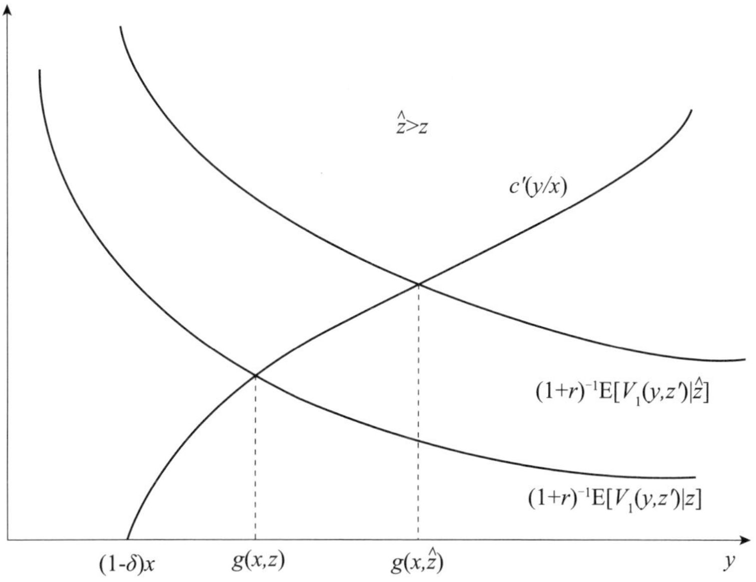

图 10.3

同分布假定下发生变化？证明在此假定下，最优策略函数不依赖于 z，即它可以简单地写作 $g(x)$。因而对任何 $x_0>0$，唯一的最优计划由确定性差分方程 $x_{t+1}=g(x_t)$，$t=0$，1，…给出。证明对任何 $x_0>0$，最优序列 $\{x_t\}$ 收敛于独立于 x_0 的一个平稳点 $\hat{x}$。在需求和成本的什么假定下，$\hat{x}$ 是严格正的？

10.5　产品与存货积累

在许多农产品市场中，存货在缓和由天气波动引起的供给随机冲击方面起着重要作用。在本节，我们研究在这种环境中消费、生产和存货的决定。如在 10.4 节中一样，在这里我们研究最大化总（消费者剩余加生产者剩余）剩余的问题。如在 10.4 节中提及的，第 15 章中将讨论的论证可用于证明这个问题的解可以解释成一个竞争性均衡分配。

假定需求不随时间变化且由反需求曲线 D：$\mathbf{R}_+\to\mathbf{R}_+$ 描述，即$D(q)$ 是当 $q>0$ 为供给量时的市场出清价格。假定 D 是连续和严格递减的，且有 $0<D(0)<\infty$和$\lim_{q\to\infty}D(q)=0$。对所有 $q\in\mathbf{R}_+$ 定义积分 U：$\mathbf{R}_+\to\mathbf{R}_+$ 为：

$$U(q)=\int_0^q D(\nu)\mathrm{d}\nu$$

故 U 描述了总消费者剩余（需求曲线下方的面积）。假定 $\lim_{q\to\infty}U(q)<\infty$。

技术如下：在每期 t，计划者必须决定如何将商品的期初存量 x_t（上期存量加本期收获）在最终消费 c_t 和将储存到下期的期末存量 y_t 之间进行分配。他还必须决定将多少投入 n_t（劳动等）用于生产。

令 $\phi(y)$ 表示持有 $y\geqslant 0$ 单位（期末）存货的成本；假定 ϕ：$\mathbf{R}_+\to\mathbf{R}_+$ 严格递增、严格凸及连续可微，且有 $\phi(0)=0$ 和 $\phi'(0)=0$。令 $c(n)$ 表示生产中使用 $n\geqslant 0$ 投入的成本；假定 c：$\mathbf{R}_+\to\mathbf{R}_+$ 严格递增、严格凸及连续可微，且有 $c(0)=0$ 和 $c'(0)=0$。

这个模型中的不确定性影响收获的规模。令 $\Omega=[\underline{w},\ \overline{w}]$ 是 $\mathbf{R}_+$ 中一个区间，令 $\mathscr{F}$ 是 Ω 的波雷尔集，并令 μ 是 $(\Omega,\ \mathscr{F})$ 上的一个概率测度。假定 $n_{t-1}w_t$ 是当 $t-1$ 期投入为 n_{t-1} 且 w_t 是 t 期随机冲击的实现时的收获规模。冲击在时间上是独立同分布的，且有由 μ 给出的概率。

练习 10.5 a. 成本和产出分别设定为关于投入量 n 的严格凸和线性函数。通过重新定义投入单位（以非线性方式），证明这等价于设定成本和产出分别为关于投入量的线性和严格凹函数。

令 x_t，y_t，n_t 和 w_t 如上所述，则剩余最大化问题是：

$$\sup_{\{y_t,n_t\}}\mathrm{E}\Big\{\sum_{t=0}^{\infty}\beta^t[U(x_t-y_t)-\phi(y_t)-c(n_t)]\Big\} \tag{1}$$

$$\text{s. t.}\quad x_{t+1}=y_t+n_t\omega_{t+1}$$

$$y_t,\ n_t\geqslant 0$$

练习 10.5 b. 以序列形式给出式（1）中问题的一个精确叙述，并证明该问题的上确界函数定义恰当。关于上确界函数和函数方程

$$v(x)=\sup_{y,n\geqslant 0}\Big[U(x-y)-\phi(y)-c(n)+\beta\int v(y+n\omega)\mu(\mathrm{d}\omega)\Big] \tag{2}$$

的解之间的关系能得出什么结论？关于序列问题的最优计划和式（2）的策略对应两者之间的关系能得出什么结论？简要解释为什么外生冲击的当期值没有在式（2）中作为状态变量出现。

c. 证明存在唯一的有界连续函数 v：$\mathbf{R}_+\to\mathbf{R}_+$ 满足式（2）。需要什么论证来处理最大化遍及一个无界集的事实？证明 v 严格递增和严格凹。令 $Y(x)$ 和 $N(x)$ 分别表示 y 和 n 作为 x 的函数的最大化值，证明 Y 和 N 是单值连续的。证明 v 可微且 $v'(x)=U'[x-Y(x)]$。

为了更鲜明地刻画消费、劳动投入和存货的行为，考虑一阶条件是有帮助的：

$$U'[x-Y(x)]+\phi'[Y(x)]\geqslant\beta\int v'[Y(x)+N(x)\omega]\mathrm{d}\mu,$$

$$\text{当 } Y(x)>0 \text{ 时取等号} \tag{3}$$

$$c'[N(x)]\geqslant\beta\int\omega v'[Y(x)+N(x)\omega]\mathrm{d}\mu,$$

$$\text{当 } N(x)>0 \text{ 时取等号} \tag{4}$$

练习 10.5　d. 证明消费 $c(x)=x-Y(x)$关于期初存量 x 是严格递增的。

存储和生产都是增加下期商品供给的方法。接下来我们将证明，较高的期初存量 x 导致较多的存储和较少的生产。

练习 10.5　e. 令 $x_2>x_1$。假设 $Y(x_2)\leqslant Y(x_1)$ 且 $Y(x_1)>0$。利用式（3）证明这意味着：

$$\int v'[Y(x_1)+N(x_1)\omega]\mathrm{d}\mu>\int v'[Y(x_2)+N(x_2)\omega]\mathrm{d}\mu \tag{5}$$

因而有 $N(x_2)>N(x_1)$。利用式（4）证明这意味着：

$$\int\omega v'[Y(x_1)+N(x_1)\omega]\mathrm{d}\mu<\int\omega v'[Y(x_2)+N(x_2)\omega]\mathrm{d}\mu \tag{6}$$

接下来，我们将利用式（5）和式（6）来获取关于假定 $Y(x_2)\leqslant Y(x_1)$ 和$Y(x_1)>0$的矛盾。定义

$$\gamma(\omega)=v'[Y(x_2)+N(x_2)\omega]-v'[Y(x_1)+N(x_1)\omega]$$

由于 $Y(x_2)\leqslant Y(x_1)$且 $N(x_2)>N(x_1)$，因此立即可得：

$$\text{当 } \omega\lesseqqgtr A \text{ 时，} \gamma(\omega)\gtreqqless 0\text{，其中 } A=\frac{[Y(x_1)-Y(x_2)]}{[N(x_2)-N(x_1)]}>0$$

于是式（5）和式（6）分别表明 $\mathrm{E}[\gamma(\omega)]<0$ 和 $\mathrm{E}[\gamma(\omega)\omega]>0$。

练习 10.5　f. 证明这是一个矛盾。

因此，若 $x_2>x_1$，则 $Y(x_2)>Y(x_1)$或者 $Y(x_2)=Y(x_1)=0$。

练习 10.5　g. 证明对所有 x，$N(x)>0$，所以式（4）总保持等式。利用这个事实和 e 中证明的结果证明 $x_2>x_1$ 意味着 $N(x_2)<N(x_1)$。若 $c'(0)>0$，这个结果如何变化？

10.6　交换经济中的资产价格

在这个问题中，我们研究一个纯交换经济中均衡资产价格的决定。

存在有限数量的生产性资产，每种都有固定的供给，这些资产在每期生产出随机数量的单一消费品，我们称之为红利。这样，资产是对一随机红利流的所有权。我们标准化资产单位以使每个消费者有一单位每种资产。存在大量消费者，他们都有完全相同的偏好且对所有资产有相等禀赋。消费品不可存储。

在每期，存在关于单一消费品和资产份额的现货市场，由于所有经济主体完全相同，所以竞争性均衡数量是不重要的：在每期，每个消费者持有一单位每种资产并消费掉由这些资产生产出的所有红利（消费品）。即虽然竞争性市场每期都开市，但没有消费者实际选择一个非零贸易。我们的目标是刻画支持这个分配为竞争性均衡的价格。

代表性消费者对随机消费序列的偏好是：

$$\mathrm{E}\Big[\sum_{t=0}^{\infty}\beta^t U(c_t)\Big] \tag{1}$$

其中U：$\mathbf{R}_+\to\mathbf{R}$是有界、连续可微、严格递增及严格凹的，且有$U(0)=0$，以及$\beta\in(0,\ 1)$。

存在$i=1,\ \cdots,\ k$种生产性资产。令Z是$\mathbf{R}_+^k$的一个紧子集，具有波雷尔子集$\mathscr{Z}$。任何一期的红利由一向量$z=(z_1,\ \cdots,\ z_k)\in Z$描述，其中$z_i$表示由一单位资产$i$支付的红利（当期消费品的数量），红利服从马尔可夫过程，后者具有（Z，$\mathscr{Z}$）上的平稳转移函数Q，且Q具有费勒性质。

资产所有权由一竞争性股票市场上的交易决定，在那里，在每一期，当期消费品和所有资产的份额被交易。每期的价格被标准化以使当期消费品的价格为1。我们的目标是刻画一平稳竞争性均衡中的资产价格，在任何这种均衡中，每期的资产价格由一个（平稳）函数p：$Z\to\mathbf{R}_+^k$描述，其中$p(z)=[p_1(z),\ \cdots,\ p_k(z)]$是经济的当期状态为$z\in Z$时盛行的资产价格向量。每个消费者都认为函数$p$已知。（注意，我们正利用均衡中财富在消费者之间的分布没有变化的事实。若消费者在其偏好或资产禀赋或两者上为异质的，则一般来说财富分布将随时间变化，且偏好及财富的联合分布将是另一个状态变量。）

任何一期中消费者的资产持有用向量$x=(x_1,\ \cdots,\ x_k)\in\mathbf{R}_+^k$来描述。从第0期看，他的问题如下，给定价格函数$p$、经济的初始状态$z_0$及他的初始资产持有$x_0$，他想选取一个关于消费和期末资产持有的计划序列，这个序列在如下约束下最大化他的现期贴现期望效用（1），对所有z^t，所有t，有：

$$c_t + p(z_t) \cdot x_{t+1} \leqslant [z_t + p(z_t)] \cdot x_t$$
$$c_t, \ x_{t+1} \geqslant 0$$

练习 10.6　a. 以序列形式系统地阐述消费者问题。证明给定任何连续价格函数 p，消费者问题的上确界函数 v^{p^*} 定义恰当。

为了研究对应于 a 中问题的函数方程，对任何资产的消费者持有加一个上界是很方便的。由于我们知道在均衡中消费者选择精确地持有一单位每种资产，任何 $\bar{x}>1$ 的界在均衡中都无约束力。于是令 $X=[0, \bar{x}]^k$ 且有波雷尔子集 $\mathscr{X}$，并定义对应 Γ：$X \times Z \to X$ 为：

$$\Gamma(x, z) = \{y \in X: p(z) \cdot y \leqslant [z + p(z)] \cdot x\}$$

这样，$\Gamma(x, z)$是若消费者期初资产组合为 x 且当期状态为 z 时可行的期末资产组合集合。为了简单起见，我们考虑如下情形，其中在所有的状态($Z \subset \mathbf{R}^k_{++}$)下，所有资产都有严格正的红利，所以在所有状态下价格函数都是严格正的。

练习 10.6　b. 证明对任何连续严格正函数 p：$Z \to \mathbf{R}_{++}$，存在唯一的有界连续函数 v^p：$X \times Z \to \mathbf{R}_+$ 满足：

$$v^p(x, z) = \max_{y \in \Gamma(x, y)} \Big\{ U[z \cdot x + p(z) \cdot (x - y)] + \beta \int v^p(y, z') Q(z, dz') \Big\}$$

证明对每个 $z \in Z$，v^p 关于 x 是严格递增和弱凹的。证明相应的策略对应 G^p 是非空、紧值、凸值和上半连续的。简要解释为什么 v^p 关于 x 仅是弱凹的，为什么可能存在多重最优资产组合。证明对任何$(x, z) \in X \times Z$ 及所有 y，$y' \in G^p(x, z)$，有：

$$p(z) \cdot y = p(z) \cdot y'$$

c. 令 p 是任何连续、严格正的价格函数，并令(v^p, G^p)如 b 中定义。固定$(x, z) \in X \times Z$。证明若 $x \in \operatorname{int} X$ 且 $G^p(x, z) \cap \operatorname{int} \Gamma(x, z)$ 非空，则$v^p(\cdot, z)$在(x, z) 处关于 x 可微，且对所有 $y \in G^p(x, z)$，导数由下式给出：

$$\begin{aligned} v_i^p(x, z) &= \partial v^p(x, z)/\partial x_i \\ &= U'[z \cdot x + p(z) \cdot (x - y)][z_i + p_i(z)] \end{aligned} \tag{2}$$

$$i = 1, \cdots, k$$

证明若 $G^p(x, z) \cap \operatorname{int} \Gamma(x, z)$非空，则对所有 $y \in G^p(x, z)$有：

$$U'[z \cdot x + p(z) \cdot (x - y)] p_i(z) = \beta \int v_i^p(y, z') Q(z, dz') \tag{3}$$

$$i = 1, \cdots, k$$

为了计算出这个经济的均衡价格，我们将利用式（2）和式（3）在均衡处成立和我们预先知道均衡数量的事实。具体地，我们知道，若每个消费者由一单位每种资产开始，则在均衡中，他必须在禀赋冲击的任何实现下，在每一连续时期选择持有同样的资产组合，因而消费来自该资产组合的红利。注意到由于 $Z\subset\mathbf{R}^k_{++}$，故对所有 $z\in Z$ 有 $z\cdot\underset{\sim}{1}>0$，于是对所有 $z\in Z$ 有 $\underset{\sim}{1}\in\operatorname{int}\Gamma(\underset{\sim}{1},z)$。

假设 p^* 是均衡价格函数且 p^* 是连续的。令 v^* 是 b 中描述的价值函数，并令 v_i^*，$i=1,\cdots,k$ 表示 v^* 的偏导数。

练习 10.6 d. 证明：

$$v_i^*(\underset{\sim}{1},z)=U'(z\cdot\underset{\sim}{1})[z_i+p_i^*(z)],\ i=1,\cdots,k \tag{4}$$

$$U'(z\cdot\underset{\sim}{1})p_i^*(z)=\beta\int v_i^*(\underset{\sim}{1},z')Q(z,\mathrm{d}z'),\ i=1,\cdots,k \tag{5}$$

将式（4）代入式（5）并消去各个 v_i^*，我们得到：

$$U'(z\cdot\underset{\sim}{1})p_i^*(z)=\beta\int U'(z'\cdot\underset{\sim}{1})[z_i'+p_i^*(z')]Q(z,\mathrm{d}z')$$

$$i=1,\cdots,k \tag{6}$$

任何满足式（6）的连续函数都是一个均衡价格函数，我们的最终任务是证明确实存在一个这样的函数。为此定义函数：

$$h_i(z)=\beta\int U'(z'\cdot\underset{\sim}{1})z_i'Q(z,\mathrm{d}z'),\ i=1,\cdots,k$$

则寻找一个均衡价格函数 $p^*(z)=[p_1^*(z),\cdots,p_k^*(z)]$ 等价于寻找函数 $\phi_1(z),\cdots,\phi_k(z)$ 满足 k 个（独立）函数方程：

$$\phi_i(z)=h_i(z)+\beta\int\phi_i(z')Q(z,\mathrm{d}z'),\ i=1,\cdots,k \tag{7}$$

若能找到式（7）的一个解，则 $p_i^*(z)=\phi_i(z)/U'(z\cdot\underset{\sim}{1})$，$i=1,\cdots,k$ 是式（6）的一个解。

练习 10.6 e. 证明对每个 $i=1,\cdots,k$，存在唯一的有界连续函数 ϕ_i 满足式（7）。用函数 h_i 和转移函数的迭代 Q^n 表示解 $\phi_i(z)$。

f. 式（6）的解释是什么？在效用为线性 $U(c)=c$ 的情形中，关于资产价格能得出什么结论？在存在非常多具有独立同分布收益的资产的情形中能得出什么结论？

g. 红利和零资产价格如何相结合？

10.7　搜寻失业模型

考虑一个工人，他在每期的开始都面临一个当前的工资报价，并有两种可选择的行动：他可以在该工资下工作，也可以寻找一个新的工资报价。若他选择寻找，他在当期挣不到钱，且新工资按某个固定概率测度取值。他不能将其一期中的时间在寻找和工作之间分配。此外，若一个工人选择在当期工作，则他在下期以概率 $1-\theta$ 得到同一工资，但他在下期期初将以概率 θ 丢掉他的工作并以零“工资”开始该期。

工人并不重视闲暇，且他对随机消费序列 $\{c_t\}$ 的偏好由下式给出：

$$\mathrm{E}\Big[\sum_{t=0}^{\infty}\beta^t U(c_t)\Big]$$

工人不能借和贷，所以在每期，他的消费等于他所挣的收入。

这个工人的决策问题由 β，U，θ 和新工资报价的概率分布所定义。假定 $0<\beta<1$，并令 U：$\mathbf{R}_+\to\mathbf{R}_+$ 连续可微、严格递增和严格凹，且有 $U(0)=0$ 和 $U'(0)<\infty$。假定所有工资报价都落在区间 $W=[0, \bar{\omega}]$，并令 f 是这个区间上的一个密度。

以序列形式建立这个问题是可能的，但很难处理。为了这样做，我们需要两个外生状态变量：第一个是 $d\in D=\{0, 1\}$，其中 $d=0$ 或 1 被分别解释成已知工人上期的工作选择时，他在当期期初丢掉或不丢掉他的工作；第二个是 $z\in Z=[0, \bar{\omega}]$，其中 z 被解释成工人上期选择寻找时，他在当期的工资报价。此外，还有一个内生状态变量即当期工资 $w\in W$。在每期，给定其当期工资报价 w，工人选择一个行动 $y\in Y=\{0, 1\}$，其中 $y=0$ 或 1 被分别解释成工人选择寻找或接受当期工作。

练习 10.7　a. 这个模型的运动规律 ϕ：$W\times Y\times D\times Z\to W$ 是什么？即用$(w_t, y_t, d_{t+1}, z_{t+1})$描述 w_{t+1}。

b. 给定初始状态 (w_0, d_0, z_0)，用公式将工人的决策问题表述成对函数的选择，这些函数将外生冲击的部分历史$(d^t, z^t)=[(d_1, z_1), \cdots, (d_t, z_t)]$ 映射成行动和满足上面运动规律的当期工资报价。证明这个问题的上确界函数 v^* 定义恰当且仅依赖于 w_0(不依赖于 d_0 或 z_0)。

这个问题的递归公式要更简单和更自然。为了符号上的便利，去掉星号并令 v 是 b 中问题的上确界函数。假设一个工人的当期工资报价是

w，他在这个工资下选择工作一期，以后他将永远遵循一个最优策略（若存在一个的话）。于是，他的期望现期贴现效用是：

$$U(w)+\beta[(1-\theta)v(w)+\theta v(0)]$$

若他不是选择工作而是选择寻找，则他的期望效用是：

$$0+\beta\int_0^{\bar{w}} v(w')f(w')\mathrm{d}w'$$

结合这些可能性，我们发现 v 必须满足：

$$v(w)=\max\left\{U(w)+\beta[(1-\theta)v(w)+\theta v(0)],\ \beta\int_0^{\bar{w}} v(w')f(w')\mathrm{d}w\right\} \tag{1}$$

练习 10.7 c. 证明存在唯一的有界连续函数 v 满足式（1），并证明 v 是 b 中问题的上确界函数。证明 v 是弱递增的。

价值函数 v 可以通过利用式（1）的特殊性质而更鲜明地加以刻画。首先，定义：

$$A=\beta\int_0^{\bar{w}} v(w')f(w')\mathrm{d}w' \tag{2}$$

并注意 $v(0)=A$。

练习 10.7 d. 证明存在唯一的 $w^*\in W$ 满足：

$$v(w^*)=U(w^*)+\beta[(1-\theta)v(w^*)+\theta A]=A$$

由 d 可推得 w^* 是满足：

$$U(w^*)=(1-\beta)A \tag{3}$$

的唯一值。

练习 10.7 e. 证明 v 具有如下形式：

$$v(w)=\begin{cases} A, & \text{若 } w<w^* \\ \dfrac{U(w)+\beta\theta A}{1-\beta(1-\theta)}, & \text{若 } w\geqslant w^* \end{cases} \tag{4}$$

如图 10.4 所示。

公式（4）以 A 和 w^* 的形式给出了式（1）的解 v，反过来，A 的值又由式（2）以 v 的形式给出，且 w^* 的值由式（3）给出。

练习 10.7 f. 利用式（2）和式（4）证明：

$$(1-\beta)A=\frac{\beta}{1+\beta\theta-\beta F(w^*)}\int_{w^*}^{\bar{w}} U(w)f(w)\mathrm{d}w \tag{5}$$

其中 $F(w)=\int_0^{w} f(w')\mathrm{d}w'$ 是对应于 f 的累积分布函数。

现在方程（3）和（5）是包含未知参数 w^* 和 A 的两个方程，合并

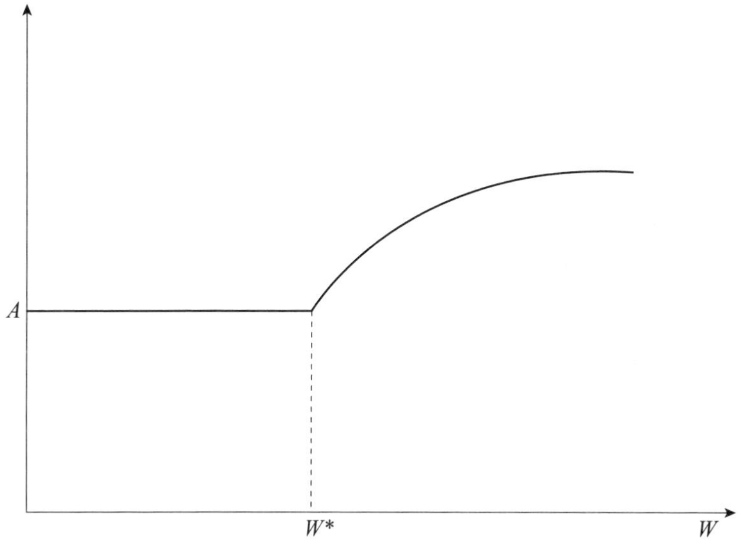

图 10.4

它们消去 A 得出：

$$[1+\beta\theta-\beta F(w^*)]U(w^*)=\beta\int_{w^*}^{\bar{w}}U(w)f(w)\mathrm{d}w \tag{6}$$

练习 10.7　g. 证明存在唯一值 w^* 满足式（6）。

练习 10.7 的 d～g 完全刻画了价值函数 v：g 中决定的 w^* 以及由式（3）或式（5）给出的 A 在式（4）中给出了 v。从式（1）中我们看到，工人的最优决策规则是很简单的：若当期工资至少为 w^*，则选择工作，否则，选择寻找。我们称 w^* 为**保留工资**（reservation wage）。

练习 10.7　h. 保留工资如何依赖于参数 β 和 θ?

i. 关于工资分布的方差变化对工人期望效用的影响能得出什么结论?

10.8　搜寻模型的动态

令 $W=[0,\bar{w}]$，其波雷尔子集为 $\mathscr{W}$，并令 μ 是$(W,\mathscr{W})$上的一个概率测度；令 $w^*\in(0,\bar{w}]$，并令 $A=[w^*,\bar{w}]$。在上个问题的搜寻模型中，我们证明了若工人遵循一个最优策略，则其工资报价是（W，$\mathscr{W}$）

上的一个马尔可夫过程，且有转移函数：

$$P(w, B)=\mu(B), \text{所有 } B\in\mathscr{W}, \text{若 } w\in A^c \tag{1a}$$

$$P(w, B)=\begin{cases}0, \text{若 } 0\notin B \text{ 且 } w\notin B\\ \theta, \text{若 } 0\in B \text{ 且 } w\notin B\\ 1-\theta, \text{若 } 0\notin B \text{ 且 } w\in B\\ 1, \text{若 } 0\in B \text{ 且 } w\in B, \text{若 } w\in A\end{cases} \tag{1b}$$

这里 $W=[0, \bar{w}]$ 是可能工资报价的集合；μ 是工人寻找时工资报价的概率测度；$A=[w^*, \bar{w}]$ 是可接受的工资报价的集合；$A^c=[0, w^*)$ 是不可接受的报价的集合。(我们采纳了工人接受工资 w^* 的约定。) 在这里，我们研究这个马尔可夫过程的长期行为，即我们要问：给定$(W, \mathscr{W})$ 上一个初始概率测度 λ，关于概率测度序列 $\lambda_n=T^{*n}\lambda_0$，$n=1, 2, \cdots$，我们能得出什么结论？其中 T^* 是与 P 相关的伴随算子（参见 8.1 节）。由于转移函数 P 如此简单，利用特定论证非常明确地回答这个问题是可能的。

令 λ_0 是 $(W, \mathscr{W})$ 上的一个初始概率测度，并如上定义序列 $\{\lambda_t\}$，则在任何时期 t，工人失业（正在寻找）的概率是 $\lambda_t(A^c)$。我们首先确定失业概率序列 $\{\lambda_t(A^c)\}_{t=0}^{\infty}$。为了做到这一点，我们注意工人在第 $t+1$期失业的概率等于他在第 t 期失业且得到一个不可接受的工资的概率加上他在第 t 期就业但失去其工作的概率。因此，如式（1a）和式（1b）所暗含的：

$$\begin{aligned}\lambda_{t+1}(A^c)&=\int P(w, A^c)\lambda_t(\mathrm{d}w)\\&=\lambda_t(A^c)\mu(A^c)+\lambda_t(A)\theta\\&=\lambda_t(A^c)\mu(A^c)+[1-\lambda_t(A^c)]\theta\\&=\theta+\lambda_t(A^c)[\mu(A^c)-\theta], t=0, 1, \cdots\end{aligned} \tag{2}$$

即序列 $\{\lambda_t(A^c)\}$ 由一阶差分方程（2）所描述。

练习 10.8 a. 证明差分方程（2）是稳定的，且有：

$$\lim_{t\to\infty}\lambda_t(A^c)=\frac{\theta}{\theta+\mu(A)} \tag{3}$$

b. 令 $C\subseteq A^c$ 是不可接受的工资报价的任何可测集。利用和上面同样的推理证明，若 $0\in C$，则有：

$$\lambda_{t+1}(C)=\theta+\lambda_t(A^c)[\mu(C)-\theta], t=0, 1, \cdots$$

$$\lim_{t\to\infty}\lambda_t(C)=\frac{\theta}{\theta+\mu(A)}\mu(C)+\frac{\mu(A)}{\theta+\mu(A)}\theta \tag{4}$$

证明若 $0 \notin C$，则有：

$$\lambda_{t+1}(C)=\lambda_t(A^c)\mu(C),\ t=0,\ 1,\ \cdots$$

$$\lim_{t\to\infty}\lambda_t(C)=\frac{\theta}{\theta+\mu(A)}\mu(C) \tag{5}$$

对任何可测集 $C\subseteq A$，概率也很容易确定。在第 $t+1$ 期，工人有处于集合 $C\subseteq A$ 的工资的概率简单地是他在第 t 期寻找且得到处于集合 C 的一个工资的概率，加上他在上一期有处于集合 C 的工资且保持其工作的概率。这样，如式（1a）和式（1b）暗含的：

$$\begin{aligned}\lambda_{t+1}(C)&=\int P(w,C)\lambda_t(\mathrm{d}w)\\&=\lambda_t(A^c)\mu(C)+\lambda_t(C)[1-\theta],\ t=0,\ 1,\ \cdots\end{aligned}$$

练习 10.8　c. 证明对任何可接受的工资报价的可测集合 $C\subseteq A$，有：

$$\lim_{t\to\infty}\lambda_t(C)=\frac{\theta}{\theta+\mu(A)}\frac{\mu(C)}{\theta} \tag{6}$$

d. 解释式（3）～式（6）中的结果。这个经济中就业工人的平均工资是什么？失业时间长度的分布是什么？

10.9　搜寻模型的各种变化形式

一旦理解了 10.7 节和 10.8 节中搜寻模型的基本结构，考虑能表示自原始模型归纳出的实际特性的各种变化形式是很容易的。详细讨论所有这些变化形式是很烦人的，但深入考虑其中某些变化形式（至少）直到形成函数方程的适当类似是很有启发性的。

练习 10.9　a. 假设工资报价服从在（W，$\mathscr{W}$）上具有转移函数 Q 的一个马尔可夫过程。假定 Q 单调且具有费勒性质。这将如何改变函数方程［10.7 节中的方程（1）］及图 10.4？

b. 假设在每期工人被赋予一单位时间，他将其分成 l_t 单位的闲暇时间和 $1-l_t$ 单位的工作或寻找时间。他的效用函数是 $U(c_t,\ l_t)$。若其工作，他可以选择工作的时数，这样，若其当期工资是 w_t 且他选择工作 $1-l_t$ 单位时间，则他的当期消费是 $c_t=(1-l_t)w_t$（等于其当期收入）。若他寻找，获得任何报价的概率是 $1-l_t$，所以他得到一个零工资报价的概率是 l_t。重新表述这种情形的函数方程。

c. 假设工作丢失概率 θ 为 0，但每个工人成为劳动力后确切地经过

$T+1$ 期。具体地，一个工人在年龄 $t=0$ 时成为劳动力并没有工作（一个初始零工资报价），因而他将花费至少一期时间去寻找工作。这样，一个刚成为劳动力的工人的目标函数是 $\mathrm{E}\left[\sum_{t=1}^{T}\beta^{t}U(c_t)\right]$。对一个年龄为 t 且由工资报价 w 开始的工人，其价值 $v_t(w)$ 的函数方程是什么？关于特定年龄（age-specific）保留工资序列 w_1^*，…，w_T^* 我们能得出什么结论？

d. 保持 c 的假定，并假定有如下的人口统计。在每期，所有年龄为 $T+1$ 的工人都退休，且有相等数量的零年龄工人进入。这样，在每期每个年龄 $t=0$，1，…，T 上都有相等数量的工人。对于这样一个经济，特定年龄失业率是什么样的？年龄收入轮廓即特定年龄平均工资序列是什么形状？通过将这个模型与 10.7 节中原始模型相结合，我们能获得的特定年龄失业率函数是什么形状？

e. 假设 $x\in X=[0, 1]$ 是劳动市场条件的一个指标，且 $f(\cdot, x)$，$x\in X$ 是区间 $W=[0, \overline{w}]$ 上的密度函数族。这样，$f(\cdot, x)$ 描述市场条件为 x 时工人面对的报价分布，假定这个密度函数族具有单调似然比特征，即对任何 $x'>x$，比值 $f(w, x')/f(w, x)$ 关于 w 递增。令 g：$X\rightarrow\mathbf{R}_+$ 也是一个密度函数。

修改 10.7 节中的搜寻模型如下：假定一个工人无论何时失业，x 从由 g 给出的分布中随机取值。只要工人继续寻找，x 的值就固定不变，但工人没有直接观察到 x。（他确实知道它是从分布 g 中随机取值的。）然而，工人可以基于他观察到的工资报价对 x 做出推断，这样，工人在其寻找时可以用贝叶斯规则更新他关于 x 的信念。

10.7 节中的函数方程（1）需如何修改来结合 x？已寻找了几期的工人的保留工资如何依赖于他已接到的报价？

10.10 工作匹配模型

人们可以将工作考虑成由一个特定的工人—任务“匹配”的生产性变量来表示，而非由工资率所刻画。下面是这个思想的一个简单离散变化形式。

一个工人必须在一个可能任务的连续统中选择。对任何给定的任务，他在每一期产生一个以概率 θ 取 1，以概率 $1-\theta$ 取 0 的收益。一项给定任务上的收益是序列无关的。除了试验外不存在任何方法判断一个人在一项特定任务上的熟练性 θ，但一个人在任何任务上的 θ 是从在 $[0, 1]$ 上具有密度函数 μ 的一个已知分布中取值。一旦一个工人选取了一项任务，只要他愿意，该工人就可以保留它，他也可以不再做这项任务并从 μ 中抽取一项新的任务。

假设一个工人从事一项具体任务已有 n 期，且在 $k\in\{0, 1, \cdots, n\}$ 期中取得成功。以到此为止的 n 次试验中 k 次成功为条件，则他在未来任何时期中在此项任务上成功的概率由密度 $f(\theta, n, k)$ 给出。对任何 (θ, n, k)，贝叶斯规则的一个应用给出了：

$$f(\theta, n, k)=\frac{\binom{n}{k}\theta^k(1-\theta)^{n-k}\mu(\theta)}{\int_0^1\binom{n}{k}u^k(1-u)^{n-k}\mu(u)\mathrm{d}u}$$

由于 θ 已知，n 次独立试验中 k 次成功的概率由二元正态公式给出。于是，若他保留这项任务，下次试验的期望收益 $\pi(n, k)$ 是：

$$\pi(n, k)=\int_0^1\theta f(\theta, n, k)\mathrm{d}\theta=\frac{\int_0^1\theta^{k+1}(1-\theta)^{n-k}\mu(\theta)\mathrm{d}\theta}{\int_0^1\theta^k(1-\theta)^{n-k}\mu(\theta)\mathrm{d}\theta}$$

练习 10.10　a. 假设 μ 是 $[0, 1]$ 上的均匀密度，即对所有 $\theta\in[0, 1]$，$\mu(\theta)=1$。证明 $f(\theta, n, k)$ 是以 $(k+1, n+1-k)$ 为参数的贝塔密度：

$$f(\theta, n, k)=\frac{\Gamma(n+2)}{\Gamma(k+1)\Gamma(n+1-k)}\theta^k(1-\theta)^{n-k}$$

其中 $\Gamma(x)=\int_0^\infty t^{x-1}e^{-t}\mathrm{d}t$。

b. 假设 μ 是以 (α, β) 为参数的贝塔密度，即，

$$\mu(\theta)=\frac{\Gamma(\alpha+\beta)}{\Gamma(\alpha)\Gamma(\beta)}\theta^{\alpha-1}(1-\theta)^{\beta-1}, \theta\in(0, 1)$$

（所以 a 是特殊情形，$\alpha=\beta=1$。）证明：

$$f(\theta, n, k)=\frac{\Gamma(\alpha+\beta+n)}{\Gamma(\alpha+k)\Gamma(\beta+n-k)}\theta^{\alpha+k-1}(1-\theta)^{\beta+n-k-1}$$

c. 证明若 μ 如 b 中设定，则有：

$$\pi(n, k)=\frac{\alpha+k}{\alpha+\beta+n}$$

d. 证明 c 中给出的 $\pi(n, k)$ 满足：

$$0<\pi(n,k)<1,\ \pi(n,k+1)>\pi(n,k)$$
$$\pi(n+1,k)<\pi(n,k),\ \pi(n+1,k+1)>\pi(n,k)$$
$$k=0,1,\cdots,n;\ n=1,2,\cdots$$

e. 证明若 $\{k_n\}$ 是一正整数序列且有 $k_n\leqslant n$ 及 $\lim_{n\to\infty}k/n=p$，则 $\lim_{n\to\infty}\pi(n,k_n)=p$。对于在 $(0,1)$ 上有 $\mu(\theta)>0$ 的任意密度 μ，这个性质成立吗?

现在考虑一个从事一项给定任务已达 n 期且已成功 $k\leqslant n$ 期的工人的决策问题。令 $v(n,k)$表示在最优行为下，贴现率为β时工人收入的期望现值。若他保留现在的任务，他具有期望当期收益 $\pi(n,k)$(他的成功概率)、移到状态$(n+1,k+1)$的概率 $\pi(n,k)$和移到状态$(n+1,k)$的概率$1-\pi(n,k)$。若他选择一项新任务，他的期望当期收益是 $\pi(0,0)=\int_0^1\theta\mu(\theta)\mathrm{d}\theta$，且他以概率 $\pi(0,0)$移到状态 $(1,1)$ 或以概率 $1-\pi(0,0)$移到状态 $(1,0)$。因而 $v(n,k)$必须满足：

$$\begin{aligned}v(n,k)=\max\{&\pi(n,k)+\beta[\pi(n,k)v(n+1,k+1)\\&+[1-\pi(n,k)]v(n+1,k)],\pi(0,0)\\&+\beta[\pi(0,0)v(1,1)+[1-\pi(0,0)]v(1,0)]\}\end{aligned}\tag{1}$$

这样，v 的定义域是整数 $n=0,1,\cdots$及 $k=0,1,\cdots,n$ 的三角数组 D，而 v 的值域是区间 $[0,1/(1-\beta)]$。令 S 是函数 f：$D\to[0,1/(1-\beta)]$ 的空间，且有范数：

$$\|f\|=\sup_{(n,k)\in D}|f(n,k)|$$

练习 10.10 f. 证明存在唯一的 $v\in S$ 满足式 (1)。

g. 证明若 $\pi(n,k)$ 有 d 中的性质，则 $v(n,k)$ 对每个固定的 k 关于n 非递增，对每个固定的 n 关于 k 非递减；若 $\{k_n\}$ 是满足 $k_n\leqslant n$ 和 $\lim_{n\to\infty}k_n/n=p$ 的正整数序列，则有：

$$\lim_{n\to\infty}v(n,k_n)=\max\left\{\frac{p}{1-\beta},v(0,0)\right\}$$

对某些状态(n,k)，映射状态(n,k)选择 1 (继续工作) 或 0 (离开) 的策略对应是多值的。(哪些?) 通过假定工人在无差异时继续工作，我们选取一个策略函数。

练习 10.10 h. 证明存在一个整数序列 $\{j_n\}_{j=1}^{\infty}$，使得最优策略由下式给出：

$$g(n,k)=\begin{cases}1, & 若\ k\geqslant j_n\\0, & 若\ k<j_n\end{cases}$$

证明这个序列满足：

$$j_1=1 \text{ 和 } j_{n+1} \geqslant j_n,\ n=1,\ 2,\ \cdots$$

i. 在这个经济中，对于 $n \in \{0,\ 1,\ 2,\ \cdots\}$，具有工作资历 n 的工人的平均工资是什么？

10.11　工作匹配与失业

若我们将 10.7 节搜寻模型中的工资率解释成工人在一项具体任务上的期望收益，那么该模型和 10.10 节中的工作匹配模型显然是互补的。例如，假设 10.7 节中的工人在其离开工作后的那个时期并不立即抽取一项新任务，而是必须经历一期失业。

练习 10.11　a. 修改 10.7 节的函数方程以适用于这个新情形。练习 10.7 的 f、g 和 h 中的答案如何被影响？

b. 若失业率作为年龄的函数，这个模型意味着什么？

假设为了进一步详细阐述，我们把工作搜寻解释成一种活动，这种活动被设计用来获取刻画工人在一项特定任务上熟练性的随机变量 θ 的预先信息。应该怎样系统地阐述这样一种试验活动？若它是有效的，工人在什么条件下可以利用这样一种试验技术（与 10.7 节中假定的代代相传经验相对）？

10.12　文献注释

10.1 节中具有独立冲击的单部门增长模型首先由 Brock and Mirman（1972）研究，进一步的发展在 Mirman and Zilcha（1975）及 Danthine and Donaldson（1981）中都有报告，其中前者包含对价值函数可微性的一个证明。Brock and Mirman（1973）考虑了未贴现情形，这类似于 Ramsey（1928）的原始确定性分析。Donaldson and Mehra（1983）研究了生产冲击序列相关的情形。

10.4 节中不确定性下行业投资的模型取自 Lucas and Prescott（1971），10.5 节的存货模型与 Danthine（1977）及 Scheinkman and Schechtman（1983）密切相关。

10.6 节中的资产价格模型基于 Lucas（1978），也可见 Breeden

(1979), Cox, Ingersoll and Ross (1985) 及 LeRoy (1973)。这种定价模型的一个优秀实证应用的例子见 Hansen and Singleton (1983)。

10.7 节～10.9 节中的搜寻失业模型来自 McCall (1970) 的研究，而麦考尔 (McCall) 又利用了 Stigler (1961) 的成果。关于这个主题的较近发展的一个有用的概况是 Lippman and McCall (1976a, 1976b) 的研究。也可见 Mortensen (1970) 的创新性文章。Albrecht and Axell (1984) 的研究包含这个理论的一个有趣的应用。

10.10 节～10.11 节的工作匹配模型是 Jovanovic (1979) 中介绍的一个离散时间变化形式。

第11章　马尔可夫过程的强收敛

在第9章，我们研究了结合外生随机冲击的动态规划问题，且将其与以序列方式提出的问题相联系。在本章及随后三章，我们开始刻画这种模型的状态变量的长期行为及比较其利用观察到的时间序列所做的预测。

回忆在第9章研究的那类问题中，内生状态变量 $\{x_t\}$，决策变量 $\{y_t\}$ 和外生冲击 $\{z_t\}$ 分别在可测空间 $(X, \mathscr{X})$，$(Y, \mathscr{Y})$ 和 $(Z, \mathscr{Z})$ 中取值，于是系统的动态性如下决定：外生冲击服从一个由在 $(Z, \mathscr{Z})$ 上外生给定的转移函数 Q 定义的马尔可夫过程；行动 $\{y_t\}$ 由一个内生决定的最优策略函数 g：$X\times Z\rightarrow Y$ 来描述，所以 $y_t=g(x_t, z_t)$；状态变量 $\{x_t\}$ 由外生给定的运动规律 ϕ：$X\times Y\times Z\rightarrow X$（一个可测函数）来描述，所以有：

$$x_{t+1}=\phi[x_t, g(x_t, z_t), z_{t+1}] \tag{1}$$

若 $(Y, \mathscr{Y})=(X, \mathscr{X})$ 且 $\phi(x, y, z)=y$，则式（1）恰好是 $x_{t+1}=g(x_t, z_t)$。在9.2节～9.4节，我们建立了充分保证策略函数 g 可测的各种条件集合，然后在9.6节我们证明了，若 g 可测，则变量对 $\{s_t=(x_t, z_t)\}$ 联合服从积空间 $(S, \mathscr{S})=(X\times Z, \mathscr{X}\times\mathscr{Z})$ 上的一个马尔可夫过程，它具有由 Q，g 和 ϕ 决定的转移函数 P。

于是，状态变量 $\{s_t\}$ 贯穿时间的行为简单地由 P 决定，且对这样一个系统的研究绝不会由于一组状态变量 x_t 是内生而另一组状态变量 z_t 是外生的这个事实得到简化。于是，在本章及下一章中，我们检验由转移函数 P 的性质推断一个马尔可夫过程 $\{s_t\}$ 长期行为的有关事实中所涉及的一般数学问题。第13章涉及这个理论的经济学应用，在其中

我们考虑由 Q，g 和 ϕ 的性质来证明 P 的性质的各种方法。我们在第 14 章研究由这样一个系统生成的时间序列的长期行为，即一个大数定律。

我们对过程 $\{s_t\}$ 的什么问题感兴趣呢？在第 6 章确定性系统的研究中，我们关心的是由确定性差分方程 $x_{t+1}=g(x_t)$ 生成的序列 $\{x_t\}$ 的行为，我们当时的兴趣在于找到使系统具有唯一平稳点且从任何初始值都收敛于该点的各种条件。当然，其思想是在这些条件下，不论初始条件如何，平稳点是关于系统长期行为的预测。

在本章，我们对由一个转移函数 P 决定的随机过程 $\{s_t\}$ 导出类似的条件。不过，由于马尔可夫过程一般不收敛于一个常数，很明显，平稳点的概念不得不被某种更复杂的东西所代替。另外，很明显，我们将需要关于收敛性的一个不同概念。

回忆 8.1 节知，对一个可测空间 $(S,\mathscr{S})$ 上的任何转移函数 P，存在一个相应算子 T^*，它将 $(S,\mathscr{S})$ 上的概率测度集合 $\Lambda(S,\mathscr{S})$ 映射到它自身。这个算子是这样定义的：若 $\lambda_0\in\Lambda(S,\mathscr{S})$ 是第 0 期状态上的概率测度，则随后所有时期状态上的概率测度由 $\lambda_t=T^*\lambda_{t-1}$，$t=1,2,\cdots$递归给出。（若系统从点 s 出发，则 λ_0 简单地是在 s 处的一个单位质量。）这样，随机过程 $\{s_t\}$ 的收敛在某种意义上意味着在给定 λ_0 时概率测度序列 $\{\lambda_t\}$ 的收敛，且平稳状态的类似物是极限概率测度。

对一概率测度序列定义收敛所涉及的问题是很微妙的，所以我们把对它们的讨论推迟到后边，但我们将使用的平稳概念很容易定义。若一个概率测度 λ^* 具有如下性质，则我们称其为**不变概率测度**（invariant probability measure）。若 λ^* 是第 t 期中状态 s_t 上的概率测度，则它也是第 $t+1$ 期中状态 s_{t+1} 上的概率测度。即当且仅当一个概率测度 λ^* 是算子 T^* 的一个不动点，即 $\lambda^*=T^*\lambda^*$ 时，λ^* 是不变概率测度。

在本章及下章，我们导出在 P 上充分保证如下一个或多个描述成立的各种条件集合：至少一个至多有限个不变概率测度存在；从任何初始值 λ_0，长期平均概率序列 $\{(1/T)\sum_{t=0}^{T-1}\lambda_t\}$ 收敛于这些不变测度中的一个；不变测度是唯一的；从任何初始概率测度 λ_0，序列 $\{\lambda_t\}$ 也收敛于唯一不变测度，而不只是长期平均序列。

在下节，对于有限马尔可夫链的情形，即状态空间 S 上具有有限元素的马尔可夫过程，我们提出这些问题。对于更一般的马尔可夫过程的所有可能的行为的基本类型都可由马尔可夫链来说明，此说明由一系列例子完成。然后，用一种非常简单、独立的方法证明马尔可夫链的一系列一般结果。

当我们着手将此理论扩展到更一般的状态空间时，我们面临这样一个决策，即我们希望术语“收敛”对一个概率测度序列 $\{\lambda_t\}$ 意味着什么。这个问题将在 11.2 节中介绍，在那里将定义被称作强收敛和弱收敛的两个概念。马尔可夫过程强收敛理论的导出更类似于马尔可夫链的理论，故我们首先转向它。在 11.3 节，我们讨论刻画强收敛的其他可用方法。然后在 11.4 节，我们证明关于任意可测空间上马尔可夫过程强收敛的几个结果。这些结果，即定理 11.9、定理 11.10 和定理 11.12，是本章的主要结果，在关于转移函数 P 的相继更强的假定下，它们证明了关于一个不变测度的存在性或唯一性或两者的结果，以及关于序列 $\{(1/T)\sum_{t=0}^{T-1}\lambda_t\}$ 或序列 $\{\lambda_t\}$ 或两者的强收敛的结果。

在任意状态空间上，马尔可夫过程强收敛所需对转移函数的限制虽然很容易叙述，但在经济学应用中可能很难证明。此外，如在 11.2 节中将用例子证明的，在某些情形中，强收敛超出了一个可能的合理要求。由于这两个原因，存在对即使弱一点但更易应用的收敛结果的需求。在第 12 章，我们研究马尔可夫过程的弱收敛，并得到了一个收敛结果，即定理 12.14，它基于一些非常不同于本章所用的条件。

我们同样对各种参数的值如何影响系统行为感兴趣。具体地，我们想考虑如下的比较静态问题。假设式（1）中的函数 g 依赖于一参数向量θ，故 $y_t=g(x_t,\ z_t;\ \theta)$，其中 $\theta\in\Theta\subseteq\mathbf{R}^n$。还假设对任意 $\theta\in\Theta$，存在唯一的不变测度 $\lambda^*(\cdot;\ \theta)$。我们想找到一些条件，在这些条件下，对一个适当类中的任意函数 f，在不变测度下的函数期望值 $\int f(s)\lambda^*(ds;\ \theta)$ 关于 θ 连续。这个问题将在 12.5 节中提出。

在第 13 章中，我们考虑第 11 章和第 12 章导出结果的经济学应用。对这些模型的分析包括导出由函数 Q，g 和 ϕ 的性质证明转移函数 P 所要求的性质的论证。

最后，在第 14 章，我们考虑由马尔可夫过程决定的系统所生成的时间序列的长期特性。假设可以证明，对感兴趣的系统，长期平均概率序列 $\{(1/T)\sum_{t=0}^{T-1}\lambda_t\}$ 在某种意义上收敛于一个不变测度 λ^*。那么预期对某些适当类中的任何实值函数 f，实数序列 $\{f(s_t)\}$ 的样本平均在通常意义上收敛于 f 关于此不变测度的期望值似乎是合理的。即我们期望

$$\lim_{T\to\infty}\frac{1}{T}\sum_{t=0}^{T-1}f(s_t)=\int f(s)\lambda^*(ds)$$

对多数可获得的样本路径成立，即对多数实现序列 $\{s_t\}$ 成立。这种收敛陈述称作大数定律。在第 14 章，我们导出马尔可夫过程的这样一个定律。

11.1 马尔可夫链

在本节，我们讨论状态空间 S 由有限个元素组成 $S=\{s_1, \cdots, s_l\}$，且 $\mathscr{S}$ 由 S 的所有子集组成的情形中的收敛。有限状态空间上的一个马尔可夫过程称作**马尔可夫链**（Markov chain）。虽然第 9 章中讨论的模型不具有有限状态空间，但从这种情形开始还是有帮助的，因为一般马尔可夫过程的许多种可能行为都能用一个有限状态空间说明。因而马尔可夫链对说明各种“不良”行为及检验以排除它们所需的假定是有用的。此外，许多用来证明有限链存在性、唯一性和收敛性结果的论证在一般情形中有非常接近的类似。由于有限马尔可夫链易于以一种独立的方法分析，所以这是我们开始的方式。然后，在 11.4 节，我们以非常类似的方法证明一般状态空间的类似结果。

本节余下部分组织如下。首先，设定记号并定义一些术语；然后，我们提出说明各种类型行为的 5 个实例；最后，分析在一个更一般的水平上继续，并证明了 3 个结果。定理 11.1 证明了至少一个不变分布的存在性，以及长期平均概率序列从任何初始状态到其中一个不变分布的收敛性；定理 11.2 提出了不变分布唯一性的一个充分必要条件；定理 11.4 提出了概率序列而不只是其平均收敛于这个唯一极限的充分必要条件。对我们的目的来说，定理 11.4 在这些结果中是最重要的，读者可能希望研究完例子后立即跳到它。

当 S 是一个有限集 $\{s_1, \cdots, s_l\}$ 时，$(S, \mathscr{S})$ 上的一个概率测度由 l 维单位单形中一向量 p 表示，即 $\Delta^l=\{p\in\mathbf{R}^l: p\geqslant 0$ 且 $\sum_{i=1}^{l} p_i=1\}$。(这里的所有向量都是行向量。) 类似地，一个转移函数 P 由 $l\times l$ 矩阵 $\Pi=[\pi_{ij}]$ 表示，其中 $\pi_{ij}=P(s_i, \{s_j\})$。注意，Π 的元素都非负，且每行之和都为 1，任何这种矩阵都称作一个**马尔可夫矩阵**（Markov matrix）或**随机矩阵**（stochastic matrix）。对 $i=1, \cdots, l$，令 $e_i\in\Delta^l$ 表示在第 i 个位置为 1 而在其他处为零的向量。

首先考虑一步转移。若当期状态是 s_i，则下期状态上的概率分布由

Π的第 i 行 $\pi_{i\cdot}=(\pi_{i1}, \cdots, \pi_{il})$ 给出。即若当期状态上的概率分布是 e_i，则下期状态上的分布是 $e_i\Pi=\pi_{i\cdot}$。更一般地。若 $p\in\Delta^l$ 是第 t 期状态上的概率分布，则第 $t+1$ 期状态上的分布由 $\hat{p}=(\hat{p}_1, \cdots, \hat{p}_l)$ 给出，其中

$$\hat{p}_j=\sum_{i=1}^{l} p_i \pi_{ij}, j=1, \cdots, l$$

由于 $\sum_j \hat{p}_j=\sum_i p_i \sum_j \pi_{ij}=1$，所以可推得 $\hat{p}\in\Delta^l$。于是，以矩阵记号有 $\hat{p}=p\Pi$，且我们已证明了若Π是 $l\times l$ 马尔可夫矩阵且 $p\in\Delta^l$，则 $p\Pi\in\Delta^l$。

再一次应用同样的论证，我们发现若第 t 期状态上的概率分布是 $p\in\Delta^l$，则向前两期状态上的概率分布是 $(p\Pi)\Pi=p(\Pi\cdot\Pi)=p\Pi^2$。由归纳法继续，我们发现对 $n=0$，1，2，…，n 步转移概率由矩阵Π^n 给出，其中我们取Π^0 为单位矩。若Π是一马尔可夫矩阵，则对 $n=2$，3，…,证明Π^n 也是马尔可夫矩阵是很简单的。这样，若初始状态是 s_i，则向前 n 期状态上的概率分布由 $e_i\Pi^n$，即Π^n 的第 i 行给出。于是，为了理解系统的长期行为，我们必须研究序列 $\{\Pi^n\}_{n=0}^{\infty}$的行为。在开始正式分析之前，考虑一些说明各种可能性的例子是有帮助的。

例 1　令 $l=2$，并假设

$$\Pi=\begin{bmatrix}3/4 & 1/4\\ 1/4 & 3/4\end{bmatrix}$$

一个集合 $E\subseteq S$ 称作**遍历集合**（ergodic set），若对 $s_i\in E$ 有 $p(s_i, E)=1$ 且没有 E 的适当子集也具备这个性质。在这个例子中，仅有的遍历集合是 S 自己。此外，通过直接计算容易证明：

$$\Pi^2=\begin{bmatrix}5/8 & 3/8\\ 3/8 & 5/8\end{bmatrix}$$

$$\Pi^3=\begin{bmatrix}9/16 & 7/16\\ 7/16 & 9/16\end{bmatrix}$$

$$\Pi^4=\begin{bmatrix}17/32 & 15/32\\ 15/32 & 17/32\end{bmatrix}$$

显然，序列 $\{\Pi^n\}$ 正在收敛且相当迅速，并有：

$$\lim_{n\to\infty}\Pi^n=\begin{bmatrix}1/2 & 1/2\\ 1/2 & 1/2\end{bmatrix}$$

注意，我们在这里如何使用**收敛**（converge）一词：若 l^2 个元素序

列的每一个都收敛，我们说 $l\times l$ 矩阵序列 $\{\Pi^n\}$ 收敛于 Q。在本例中，对所有初始概率分布 p_0，状态上的概率分布都收敛于 $p^*=(1/2, 1/2)$。还要注意，若初始状态上的概率分布是 p^*，则它在任何相继时期中也是 p^*。具有这个性质的向量称作**不变分布**（invariant distribution）。注意，本例中极限矩阵的每一行都是不变分布 p^*。

例 2 令 $l=3$，并假设 Π 具有如下形式：

$$\Pi=\begin{bmatrix}1-\gamma & \gamma/2 & \gamma/2\\ 0 & 1/2 & 1/2\\ 0 & 1/2 & 1/2\end{bmatrix}$$

其中 $\gamma\in(0, 1)$。若系统由状态 s_1 中开始，则在下期，它以概率 $(1-\gamma)$ 留在那个状态中，而以概率 γ 离开。已知它离开，则它以相同的可能性达到状态 s_2 或 s_3。注意，若它离开状态 s_1，则它不可能返回。若存在正的离开概率且不会返回，则该状态称作**瞬态的**（transient）。若初始状态是 s_2 或 s_3，则情况类似于例 1。这里 $E=\{s_2, s_3\}$ 是仅有的遍历集合。

通过直接计算，我们发现在本例中有：

$$\Pi^n=\begin{bmatrix}(1-\gamma)^n & \delta_n/2 & \delta_n/2\\ 0 & 1/2 & 1/2\\ 0 & 1/2 & 1/2\end{bmatrix}$$

其中 $\delta_n=1-(1-\gamma)^n$。由于 $\gamma\in(0, 1)$，故可以推得：

$$\lim_{n\to\infty}\Pi^n=\begin{bmatrix}0 & 1/2 & 1/2\\ 0 & 1/2 & 1/2\\ 0 & 1/2 & 1/2\end{bmatrix}$$

因此，系统最终以概率 1 离开状态 s_1 并进入遍历集合。注意，在此情形中，如在例 1 中，$\{\Pi^n\}$ 收敛，且极限矩阵的每一行都是一个不变分布。

例 3 接下来假设 Π 具有如下形式：

$$\Pi=\begin{bmatrix}0 & \Pi_1\\ \Pi_2 & 0\end{bmatrix}$$

其中 Π_1 和 Π_2 分别是 $k\times(l-k)$ 和 $(l-k)\times k$ 马尔可夫矩阵，且每个都有严格正的元素。则偶数步转移和奇数步转移分别为：

$$\Pi^{2n}=\begin{bmatrix}(\Pi_1\Pi_2)^n & 0\\ 0 & (\Pi_2\Pi_1)^n\end{bmatrix}$$

$$\Pi^{2n+1}=\begin{bmatrix}0 & (\Pi_1\Pi_2)^n\Pi_1\\(\Pi_2\Pi_1)^n\Pi_2 & 0\end{bmatrix}$$

若系统从集合 $C_1=\{s_1, \cdots, s_k\}$ 内的一个状态开始，则任何偶数步之后它又回到集合 C_1，而任何奇数步后它在集合 $C_2=\{s_{k+l}, \cdots, s_l\}$ 内；若系统从 C_2 开始，则正好相反。在本例中，和例 1 一样，存在仅有的一个遍历集合即 S 的全部，但该遍历集合有**循环移动子集**（cyclically moving subsets）。显然，$\{\Pi^n\}$ 在这种情形中并不收敛，但奇偶步的两个子序列却收敛。

例如，假设 $k=l-k=2$ 且 Π_1 和 Π_2 都等于例 1 中的 Π，则随着 n 增加，对偶数步转移和奇数步转移，分别有：

$$\Pi^{2n}\rightarrow\begin{bmatrix}1/2 & 1/2 & 0 & 0\\1/2 & 1/2 & 0 & 0\\0 & 0 & 1/2 & 1/2\\0 & 0 & 1/2 & 1/2\end{bmatrix}$$

$$\Pi^{2n+1}\rightarrow\begin{bmatrix}0 & 0 & 1/2 & 1/2\\0 & 0 & 1/2 & 1/2\\1/2 & 1/2 & 0 & 0\\1/2 & 1/2 & 0 & 0\end{bmatrix}$$

因此，$\{\Pi^n\}$ 确实不收敛。另外，下面的平均却收敛：

$$\lim_{N\rightarrow\infty}\frac{1}{N}\sum_{t=0}^{N-1}\Pi^{n}=\begin{bmatrix}1/4 & 1/4 & 1/4 & 1/4\\1/4 & 1/4 & 1/4 & 1/4\\1/4 & 1/4 & 1/4 & 1/4\\1/4 & 1/4 & 1/4 & 1/4\end{bmatrix}$$

还要注意，这个极限矩阵的每一行 $p^*=(1/4, 1/4, 1/4, 1/4)$ 都是一个不变分布。

例 4　接下来又假设 Π 具有如下形式：

$$\Pi=\begin{bmatrix}\Pi_1 & 0\\0 & \Pi_2\end{bmatrix}$$

其中 Π_1 和 Π_2 分别是 $k\times k$ 和 $(l-k)\times(l-k)$ 维马尔可夫矩阵，且每个都有严格为正的元素。于是，n 步转移由下式给出：

$$\Pi^n=\begin{bmatrix}\Pi_1^n & 0\\0 & \Pi_2^n\end{bmatrix}$$

因此，若系统从集合 $E_1=\{s_1, \cdots, s_k\}$ 中开始，则它永远留在这个集合中；若系统从集合 $E_2=\{s_{k+1}, \cdots, s_l\}$ 中开始，结果也是这样。在这个情形中，存在两个遍历集合。显然，当且仅当 $\{\Pi_1^n\}$ 和 $\{\Pi_2^n\}$ 都收敛时，序列 $\{\Pi^n\}$ 收敛。假设 Π_1 和 Π_2 如例 1 中的设定，则有：

$$\lim_{n\to\infty}\Pi^n=\begin{bmatrix}1/2 & 1/2 & 0 & 0\\ 1/2 & 1/2 & 0 & 0\\ 0 & 0 & 1/2 & 1/2\\ 0 & 0 & 1/2 & 1/2\end{bmatrix}$$

这样，存在两个不变分布 $p_1^*=(1/2, 1/2, 0, 0)$ 和 $p_2^*=(0, 0, 1/2, 1/2)$，且系统收敛于一个或另一个，这依赖于初始状态。还要注意，p_1^* 和 p_2^* 的所有凸组合也都是不变分布。

例 5 最后，考虑一个存在三种状态的情形，且：

$$\Pi=\begin{bmatrix}1-\gamma & \alpha\gamma & \beta\gamma\\ 0 & 1 & 0\\ 0 & 0 & 1\end{bmatrix}$$

其中 α，β，$\gamma\in(0, 1)$ 且 $\alpha+\beta=1$。在这里，如例 2 所示，s_1 是一个瞬态；然而，存在两个遍历集合：$E_1=\{s_2\}$ 和 $E_2=\{s_3\}$。若系统自状态 s_1 中开始且离开，则到达 E_1 的条件概率是 α，而到达 E_2 的条件概率是 β；若状态为 s_2 或 s_3，则它永远保持不变。

这种情形中的 n 步转移矩阵是：

$$\Pi^n\begin{bmatrix}(1-\gamma)^n & \alpha\delta_n & \beta\delta_n\\ 0 & 1 & 0\\ 0 & 0 & 1\end{bmatrix}$$

其中 $\delta_n=1-(1-\gamma)^n$。由于 $\gamma\in(0, 1)$，于是可得：

$$\lim_{n\to\infty}\Pi^n=\begin{bmatrix}0 & \alpha & \beta\\ 0 & 1 & 0\\ 0 & 0 & 1\end{bmatrix}$$

在此情形中，$\{\Pi\}^n$ 收敛，极限矩阵的每行都是一个不变分布，且对应于瞬态的行是对应于遍历集合的行的一个凸组合。

这 5 个例子说明了有限马尔可夫链的极限行为的所有可能类型，我们在本节余下部分将证明这个事实，研究遍历集合的存在性和唯一性、一个不变分布的存在性和唯一性、序列 $\{(1/n)\sum_{k=0}^{n-1}\Pi^k\}_{n=1}^{\infty}$ 或 $\{\Pi^k\}_{k=0}^{\infty}$ 或两者的收敛性。定理 11.1、定理 11.2 和定理 11.4 在关于 Π 的相继更强的假定下论及这些问题。

令 $S=\{s_1, \cdots, s_l\}$，令随机矩阵 $\Pi=[\pi_{ij}]$ 定义转移概率，并令 $\Pi^n=[\pi_{ij}^{(n)}]$ 表示 Π 的幂。[注意，$\pi_{ij}^{(n)}$ 一般并不等于 $(\pi_{ij})^n$。] 我们第一个结果不要求对 Π 的进一步限制。

定理 11.1 令 $S=\{s_1, \cdots, s_l\}$ 是一有限集合，并令随机矩阵 Π 定义 S 上的转移概率。则：

a. S 可以被分成 $M\geqslant 1$ 个遍历集合及一个瞬态集合。

b. 序列 $\{(1/n)\sum_{k=0}^{n-1}\Pi^k\}_{n=1}^{\infty}$ 收敛于一随机矩阵 Q。即对任何序列 $\{p_k\}=\{p_0\Pi^k\}$，有 $\lim_{n\to\infty}(1/n)\sum_{k=0}^{n-1}p_k=p_0Q$，其中 $p_0\in\Delta^l$。

c. Q 的每一行都是一个不变分布，故 p_0Q 对每个 $p_0\in\Delta^l$ 都是一不变分布，且 Π 的每一个不变分布都是 Q 中各行的一个凸组合。

a 的证明 若对某个 $n\geqslant 1$ 有 $\pi_{ij}^{(n)}>0$，则称 j 是 i 的一个**后项**（consequent）。若对所有 $n\geqslant 1$，s_i 至少有一个后项 j 使 $\pi_{ji}^{(n)}=0$，则称 s_i 为瞬态的。这样，当且仅当存在一不返回它的正概率时，一个状态是瞬态的。若对状态 i 的任一后项 j，i 也是 j 的一个后项，则称 i 为**循环的**（recurrent）。

为了证明 S 能按要求划分，我们将首先证明 S 具有至少一个循环状态。假设相反的情形，则 $\pi_{ii}^{(n)}\neq 1$，$i=1, \cdots, l$（否则 s_i 将是循环的）。由于 s_1 是瞬态的，所以存在一个状态——称其为 s_2——及 $N\geqslant 1$ 满足 $\pi_{12}^{(N)}>0$ 及 $\pi_{21}^{(n)}=0$，$n=1, 2, \cdots$。然后，由于 $\pi_{22}^{(n)}\neq 1$，$\pi_{21}^{(n)}=0$ 及 $n=1, 2, \cdots$ 且 s_2 为瞬态的，所以存在一状态——称其为 s_3——及 $N'\geqslant 1$ 满足 $\pi_{23}^{(N')}>0$ 和 $\pi_{32}^{(n)}=0$，$n=1, 2, \cdots$。此外，由于 $0=\pi_{32}^{(n+N)}\geqslant\pi_{31}^{(n)}\pi_{12}^{(N)}$，$n=1, 2, \cdots$，故可推得 $\pi_{31}^{(n)}=0$，其中 $n=1, 2, \cdots$。用归纳法继续，我们推断 $\pi_{ll}\neq 1$ 且 $\pi_{lj}=0$，$j=1, \cdots, l-1$，这与 Π 是一随机矩阵的事实相矛盾。

接下来我们将证明，若状态 s_i 是循环的，且 j 是 i 的一个后项，则 i 是 j 的一个后项且 s_j 也是循环的。假设 s_i 是循环的并假设 j 是 i 的一个后项。由于 s_i 是循环的而不是瞬态的，故可推得对某个 $N\geqslant 1$ 有 $\pi_{ji}^{(N)}>0$，所以 i 是 j 的一个后项。然后假设 k 是 j 的一个后项，则对某个 $L\geqslant 1$ 有 $\pi_{jk}^{(L)}>0$，但这意味着 $\pi_{ik}^{(N+L)}\geqslant\pi_{ij}^{(N)}\pi_{jk}^{(L)}>0$，所以 k 是 i 的一个后项。由于 s_i 是循环的，于是可推得对某个 $K\geqslant 0$ 有 $\pi_{ki}^{(K)}>0$。因而 $\pi_{kj}^{(K+N)}\geqslant\pi_{ki}^{(K)}\pi_{ij}^{(N)}>0$。所以 j 是 k 的一个后项。由于 k 是 j 的任意一个后项，故可推得 j 是循环的。

因此，集合 S 可按如下方式划分。首先，令 F 是所有瞬态集合。

当且仅当两种状态互为后项时，把这两个状态指派到同一集合，通过这种指派，可以把循环状态划分成不相交集合 E_1，E_2，…，E_M。由于存在至少一个循环状态，所以存在至少一个这种集合。此外，由构造知，$s_i \in E_m$ 意味着 $\sum_{j \in E_m} \pi_{ij} = 1$ 且 E_m 的任何子集都不具有该性质，因而每个集合 E_m 都是遍历的。注意，一旦状态进入遍历集合之一，则它永远留在那个集合中。

b的证明 接下来考虑 n 步水平上的平均概率。令 $p_0 = (p_{01}, \cdots, p_{0l})$是第0期状态上的概率分布，则对 $k=1, 2, \cdots$，$p_k = p_0 \Pi^k$ 是 k 期状态上的概率分布，且对前 n 期，这些分布的平均由下式给出：

$$\frac{1}{n}\sum_{k=0}^{n-1} p_k = \frac{1}{n}\sum_{k=0}^{n-1} p_0 \Pi^k = p_0\left[\frac{1}{n}\sum_{k=0}^{n-1} \Pi^k\right]$$

定义 $A^{(n)} = (1/n)\sum_{k=0}^{n-1} \Pi^k$，并注意由于它是随机矩阵的平均，所以每个 $A^{(n)}$ 自己也是一个随机矩阵。我们将通过检验当 $n \to \infty$ 时 $A^{(n)}$ 的行为来刻画长期平均概率的行为，然后将证明若 S 是一有限集，则序列 $\{A^{(n)}\}$ 收敛。

首先，我们将证明存在一个子序列——称其为 n_k——满足 $\{A^{(n_k)}\}$ 收敛。为了理解这一点，注意序列 $\{a_{ij}^{(n)}\}_{n=1}^{\infty}$，其中，$i$，$j=1$，…，$l$ 的每一个都落在紧区间 $[0, 1]$ 上，因而存在 n 的一个子序列——称其为 n'——对 $\{a_{11}^{(n')}\}$ 收敛。于是，由同样的推理，存在 n'的一个子序列，称其为 n''，对 $\{a_{12}^{(n'')}\}$ 收敛，等等。由于仅有有限数量的元素需要考虑，由归纳法可继续证明所要求的结论。还要注意，这个论证证明了 $\{A^{(n)}\}$ 的每一个子序列都包含一个收敛子序列。

令 Q 是某收敛子序列 $\{A^{(n_k)}\}$ 的极限：

$$\lim_{k\to\infty}\frac{1}{n_k}\sum_{m=0}^{n_k-1} \Pi^m = Q$$

则用Π前乘和后乘，我们得到：

$$\lim_{k\to\infty}\frac{1}{n_k}\sum_{m=1}^{n_k} \Pi^m = Q\Pi = \Pi Q$$

由于这些公式中的两个平均仅在项Π^0/n_k 和Π^{n_k}/n_k上不同，而当 $k\to\infty$ 时这两项都趋于0，所以两个极限相等。因而 $Q=Q\Pi=\Pi Q$。反过来，这个事实意味着对所有 n 有 $Q=Q\Pi^n=\Pi^n Q$。

我们已定义了 Q 为子序列 $\{A^{(n_k)}\}$ 的极限。从 $\{A^{(n)}\}$ 的剩余项中我们可以抽取另一个收敛子序列，并称其极限为 A。于是，由于 $Q=Q\Pi^n=\Pi^n Q$，$n=1, 2, \cdots$，可推得 $Q=QA=AQ$，且转换 Q 和 A 的角色可得 $A=AQ=QA$，因而 $A=Q$。由于收敛于 A 和 Q 的子序列的选取是任意的，故可得：

$$Q=\lim_{n\to\infty}\frac{1}{n}\sum_{k=0}^{n-1}\Pi^k$$

且对所有 $p_0\in\Delta^l$，有：

$$p_0 Q=\lim_{n\to\infty}\frac{1}{n}\sum_{k=0}^{n-1}p_0\Pi^k$$

c 的证明　最后，我们将证明 Q 的每一行都是一个不变分布，且每一个不变分布都是这些行的一个凸组合。

如上所述，$Q\Pi=Q$，即 $\sum_{k=1}^{l}q_{ik}\pi_{kj}=q_{ij}$，$i, j=1, \cdots, l$。因而 Q 的每一行都是一个不变分布。反之，假设 $r=(r_1, \cdots, r_l)$ 是一个不变分布，则有：

$$\sum_{i=1}^{l}r_i\pi_{ij}^{(n)}=r_j, \quad j=1, \cdots, l; \ n=1, 2, \cdots$$

所以有：

$$\frac{1}{N}\sum_{n=0}^{N-1}\left[\sum_{i=1}^{l}r_i\pi_{ij}^{(n)}\right]=\sum_{i=1}^{l}r_i\left[\frac{1}{N}\sum_{n=0}^{N-1}\pi_{ij}^{(n)}\right]=r_j$$

$$j=1, \cdots, l; \ N=1, 2, \cdots$$

取 $N\to\infty$ 时的极限，我们得到 $\sum_{i=1}^{l}r_i q_{ij}=r_j$，$j=1, \cdots, l$，所以 r 是 Q 中各行的一个凸组合。■

定理 11.1 适用于上面所有 5 个例子，它们说明了与该定理结论一致的行为种类。可能存在一个或多个遍历集合，此外可能存在一个瞬态集合；序列 $\{\Pi^k\}$ 可能收敛，也可能不收敛，但平均序列 $\{A^{(n)}\}=\{(1/n)\sum_{k=0}^{n-1}\Pi^k\}$ 必定收敛；极限矩阵 Q 的行都是不变分布。于是，对有限链的情形，给定任何初始概率分布，状态上的长期平均概率收敛。特别地，若初始状态是 s_i，则长期平均概率由矩阵 Q 的第 i 行给出。若 p_0 是状态上的初始概率分布，则长期平均概率由 $p_0 Q$ 给出。注意，我们已排除了在任何遍历集合中多种遍历集合或循环移动子集的可能性。

在定理 11.1 中，M 个遍历集合和 M 个不变分布之间存在密切联系。为了理解这一点，注意，我们可以不失一般性地对状态排序，以使所有瞬态首先出现，且每个遍历集中的状态出现在一个块中。在对状态的这种排序后，转移矩阵Π取如下（几乎块对角线）形式：

	F	E_1	E_2	$\cdots$	E_M
F	R_{00}	R_{01}	R_{02}	$\cdots$	R_{0M}
E_1	0	R_{11}	0	$\cdots$	0
E_2	0	0	R_{22}	$\cdots$	0
$\vdots$	$\vdots$	$\vdots$	$\vdots$	$\ddots$	$\vdots$
E_M	0	0	0	$\cdots$	R_{MM}

注意，每个矩阵 R_{11}，…，R_{MM} 都是一个随机矩阵，因而定理 11.1 适用于每一个矩阵，且我们可以定义：

$$Q_j = \lim_{N\to\infty} \frac{1}{N}\sum_{n=0}^{N-1} R_{jj}^n,\ j = 1,\ \cdots,\ M$$

另外，R_{00} 不是一个随机矩阵，否则 F 将是一个遍历集合，即 R_{00} 至少有一行的和严格小于 1。

练习 11.1 证明当Π具有如上形式时，Q 具有如下形式：

	F	E_1	E_2	$\cdots$	E_M
F	0	w_1Q_1	w_2Q_2	$\cdots$	w_MQ_M
E_1	0	Q_1	0	$\cdots$	0
E_2	0	0	Q_2	$\cdots$	0
$\vdots$	$\vdots$	$\vdots$	$\vdots$	$\ddots$	$\vdots$
E_M	0	0	0	$\cdots$	Q_M

其中每个矩阵 Q_j 中的各行都完全相等且各个列向量 w_j 之和为单位向量。证明 w_j 中第 i 个元素是从第 i 个瞬态到集合 E_j 的最终转移的概率。

由于每个矩阵 Q_i 中所有行完全相等，所以可推得，若系统从遍历类 E_i 的任何状态开始，则长期平均概率都是相同的。若初始位置由任何对除 E_i 外所有状态指派零概率的概率分布所描述，则也有相同结果。矩阵 Q_1，…，Q_M 的 M 个不同的行块对应着 M 个遍历类，行中的首块是其他各行的一个凸组合，对应着 F 中的初始状态。若系统从一瞬态开始，则长期平均概率由最终进入每个不同遍历类的概率所决定。这样，在有限状态空间的情形中，对任意转移矩阵Π，我们都能证明至少存在一个遍历类，且相应地存在一个不变分布。

为了得到更鲜明的结果，我们必须在转移矩阵Π上加上额外的结构。下一个定理提供了保证存在唯一的遍历类的必要且充分条件，即它排除了像例 4 和例 5 中那样的情形。

定理 11.2　令 $S=\{s_1,\cdots,s_l\}$ 为一有限集，并令随机矩阵Π定义 S 上的转移概率。则Π有唯一的遍历集合的充分必要条件是存在一个状态 s_j 使下列内容成立：对任意 $i\in\{1,\cdots,l\}$，存在 $n\geqslant 1$ 满足 $\pi_{ij}^{(n)}>0$。在这种情形中，Π具有唯一的不变分布，称其为 p^*，Q 的每行都等于 p^*，且对任何 $p_0\in\Delta^l$，都有 $p_0Q=p^*$。

证明　假设对某状态 s_j，所述条件成立。那么 s_j 不能是瞬态的，而是任意状态 s_i，$i=1,\cdots,l$ 的一个后项。因而存在至多一个遍历集合，其余的断言可由定理 11.1 立即推得。

相反地，假设仅存在一个遍历类 E 并选取 $s_j\in E$。由于 E 的任意元素都是 j 的一个后项，故可得所述条件对任意 $s_i\in E$ 都成立。下边考虑任意 $s_i\in F$。对某个 $s_k\in E$ 及 $n\geqslant 1$，有 $\pi_{ik}^{(n)}>0$，否则 s_i 就不是瞬态。由于 j 是 k 的一个后项，所以对某个 $m\geqslant 1$，有 $\pi_{kj}^{(m)}>0$。因而有 $\pi_{ij}^{(n+m)}\geqslant\pi_{ik}^{(n)}\pi_{kj}^{(m)}>0$。■

我们最后的结果提供了一个条件，它除了保证遍历集合的唯一性外，还排除了遍历集合中的循环移动子集，即它排除像例 3 那样的情形。在这个条件下，序列 $\{\Pi^k\}$ 而不只是长期平均序列收敛于 Q。由定理 11.2 知，Q 的每行都等于唯一的不变分布 p^*，于是可得对所有 $p_0\varepsilon\Delta^l$，分布序列 $\{p_0\Pi^k\}$ 收敛于 p^*。此外，收敛以不依赖 p_0 的几何速度进行。

有许多方法可以证明这个结果，我们将提出的证明基于压缩映射定理，其思路是证明若对某个 $N\geqslant 1$，Π^N 定义了 Δ^l 上的一个压缩映射，则这个映射的唯一不动点是向量 p^* 且 $\{p_0\Pi^k\}$ 的收敛如断言那样。我们也将证明其逆为真：若对所有 $p_0\in\Delta^l$ 有 $\{p_0\Pi^k\}\to p^*$，则对某个 $N\geqslant 1$，Π^N 定义了Δ^l 上的一个压缩映射。引理 11.3 提供了使Π定义Δ^l上一个压缩映射的充分条件；定理 11.4 利用这个条件得到上面描述的结论。

为了应用压缩映射定理，我们必须证明对于适当选取的度量，Δ^l 是一个完备度量空间，且要证明转移矩阵Π定义一个将 Δ^l 映射到其自身的算子。在本节的余下部分令 $\|\cdot\|_\Delta$表示 $\mathbf{R}^l$ 上由

$$\|x\|_\Delta=\sum_{j=1}^{l}|x_j|$$

定义的范数。

回想练习 3.4c 和练习 3.6a 可知，在此度量下，$(\mathbf{R}^l, \|\cdot\|_\Delta)$ 是一个完备度量空间，且 Δ^l 是一个闭子集，因而 $(\Delta^l, \|\cdot\|_\Delta)$ 也是一个完备度量空间。于是如上所述，对任何 $l\times l$ 马尔可夫矩阵 Π，由 $T^* p=p\Pi$ 定义的算子 T^* 将 Δ^l 映射到其自身。

引理 11.3 令 Π 是一个 $l\times l$ 马尔可夫矩阵，且对 $j=1, \cdots, l$，令 $\varepsilon_j=\min_i \pi_{ij}$。若 $\sum_{j=1}^{l}\varepsilon_j=\varepsilon>0$，则由 $T^* p=p\Pi$ 定义的映射 $T^*: \Delta^l\rightarrow \Delta^l$ 是以 $1-\varepsilon$ 为模的压缩。

证明 令 $p, q\in\Delta^l$，则有：

$$
\begin{aligned}
\|T^* p-T^* q\|_\Delta &= \|p\Pi-q\Pi\|_\Delta \\
&= \sum_{j=1}^{l}\left|\sum_{i=1}^{l}(p_i-q_i)\pi_{ij}\right| \\
&= \sum_{j=1}^{l}\left|\sum_{i=1}^{l}(p_i-q_i)(\pi_{ij}-\varepsilon_j)\right. \\
&\qquad \left.+\sum_{i=1}^{l}(p_i-q_i)\varepsilon_j\right| \\
&\leqslant \sum_{j=1}^{l}\sum_{i=1}^{l}|p_i-q_i|(\pi_{ij}-\varepsilon_j) \\
&\qquad +\sum_{j=1}^{l}\varepsilon_j\left|\sum_{i=1}^{l}(p_i-q_i)\right| \\
&= \sum_{i=1}^{l}|p_i-q_i|\sum_{j=1}^{l}(\pi_{ij}-\varepsilon_j)+0 \\
&= (1-\varepsilon)\|p-q\|_\Delta \blacksquare
\end{aligned}
$$

定理 11.4 令 $S=\{s_1, \cdots, s_l\}$ 是一个有限集，并令随机矩阵 Π 定义 S 上的转移概率。对 $n=1, 2, \cdots$，令 $\varepsilon_j^{(n)}=\min_i \pi_{ij}^{(n)}$，$j=1, \cdots, l$，并令 $\varepsilon^{(n)}=\sum_{j=1}^{l}\varepsilon_j^{(n)}$，则 S 有不带循环移动子集的唯一遍历集合的充分必要条件是对某个 $N\geqslant 1$ 有 $\varepsilon^{(N)}>0$。在此情形中，$\{p_0\Pi^k\}$ 对所有 $p_0\in\Delta^l$ 收敛于唯一极限 $p^*\in\Delta^l$，且收敛以不依赖于 p_0 的几何速度进行。

证明 若 $\varepsilon^{(N)}>0$，则由引理 11.3 知，由 $T^* p=p\Pi^N$ 定义的 T^{*N}: $\Delta^l\rightarrow\Delta^l$ 是模为 $1-\varepsilon^{(N)}$ 的压缩。由于 Δ^l 是完备度量空间的闭子集，由压缩映射定理（定理 3.2）知 T^{*N} 具有唯一的不动点——称其为 p^*——且对所有 $p_0\in\Delta^l$，有：

$$\|p_0\Pi^{kN}-p^*\|_\Delta\leqslant(1-\varepsilon^{(N)})^k\|p_0-p^*\|_\Delta,\ k=1, 2, \cdots$$

相反地，假设对所有 $p_0\in\Delta^l$ 有 $\{p_0\Pi^n\}\rightarrow p^*$，则 $\{\Pi^n\}\rightarrow$

$(p^*, \cdots, p^*)'$，所以对某个充分大的 $N \geqslant 1$，存在至少一列 j 对所有 i 有 $\pi_{ij}^{(N)} > 0$。于是有 $\varepsilon^{(N)} \geqslant \varepsilon_j^{(N)} > 0$。■

因而对状态空间 S 有限的情形，我们有一个非常简单的条件，它对收敛于唯一平稳分布来说既是必要条件也是充分条件。此外，在此情形中，收敛以不依赖于初始分布的几何速度进行（即收敛是一致收敛）。

简要总结上面分析中的步骤是有价值的。首先，我们定义了 S 上所有概率分布的集合 Δ^l，并证明了转移矩阵 Π 定义 Δ^l 到其自身的一个映射 T^*。具体地，我们看到了若 $p_0 \in \Delta^l$ 是初始状态上的分布，则 $p_n = p_0 \Pi^n$ 是 n 期后状态上的分布，且 $(1/n)\sum_{k=0}^{n-1} p_k = p_0 A^{(n)}$ 是前 n 期上的分布的平均。主要的结果是：

1. S 总能划分成 $M \geqslant 1$ 个遍历集合及一个瞬态集合，且序列 $\{A^{(n)}\}$ 总是收敛于一个随机矩阵 Q。此外，Q 的各行都是不变分布，因而对任何 $p_0 \in \Delta^l$，序列 $\{(1/n)\sum_{k=0}^{n-1} p_0 \Pi^k\} = \{(1/n)\sum_{k=0}^{n-1} p_k\}$ 收敛于 $p_0 Q$，即一个不变分布。最后，所有不变分布都可构造成 Q 中各行的凸组合。

2. 若定理 11.2 的额外假设成立，则存在唯一的遍历集合。在此情形下，Q 的各行都完全相同，且每行中的向量 p^* 都是唯一的不变分布。

3. 若定理 11.4 的额外假设成立，则唯一的遍历类没有循环移动子集，且序列 $\{\Pi^n\}$ 收敛于 Q。因而对任何 $p_0 \in \Delta^l$，序列 $\{p_n\} = \{p_0 \Pi^n\}$ 收敛于 p^*。此外，收敛速度是几何的且关于 p_0 是一致的。

在 11.4 节我们将证明，所有这些结果在一般状态空间中都有类似物。然而，也存在一些无限状态空间中可能出现的情况在我们迄今所论及的有限状态马尔可夫链中没有对应物。我们以能说明这些可能情况的两个无限状态马尔可夫过程的例子来结束本节。

例 6　令 $S = \{s_1, s_2, \cdots\}$，并假设转移矩阵 Π 是无限维单位矩阵。则存在无数个遍历集合，每个这样的集合 $E_i = \{s_i\}$，$i = 1, 2, \cdots$ 都是遍历集合；且对应于每个集合的是一个不变分布，即概率向量 e_i，$i = 1, 2, \cdots$。显然只要状态空间是无限的，这种可能情况就会出现。

例 7　令 $S = \{s_1, s_2, \cdots\}$，并令：

$$\Pi = \begin{bmatrix} 0 & 1 & 0 & 0 & \cdots \\ 0 & 0 & 1 & 0 & \cdots \\ 0 & 0 & 0 & 1 & \cdots \\ \vdots & \vdots & \vdots & \vdots & \ddots \end{bmatrix}$$

在此情形下，所有状态都是瞬态的，不存在遍历集合，因而也没有不变分布。注意在此情形中，序列 $\{\Pi^k\}$ 收敛于零矩阵：所有概率“向无穷漫游”。

于是，为了将上面各定理中的结果扩展到更一般的状态空间，我们必须找到排除类似这些情形的假定。然而，在转向这些问题之前，我们需要讨论这些空间中测度收敛的概念。

11.2 测度收敛概念

在上一节我们检验了一些条件，在这些条件下，由递归公式 $p_{n+1}=p_n\Pi$ 从初始分布 p_0 生成的有限空间上的概率分布序列 $\{p_n\}$ 在 $n\to\infty$ 时将收敛于极限分布 p^*。在那里的讨论中，$\{p_n\}$ 及 p^* 都是 $\mathbf{R}^l$ 的元素，所以术语“收敛”可以用 $\mathbf{R}^l$ 的许多等价范数的任何一个来表达清楚。特定范数 $\|p\|=\sum_i|p_i|$ 的使用对于证明引理 11.3 和定理 11.4 中收敛速度的事实是很重要的，但对其他结果却并非如此。在本章余下部分和下一章，我们关心的是固定可测空间 $(S,\mathscr{S})$ 上概率测度序列 $\{\lambda_n\}$，以及这样一个序列收敛于极限测度 λ 的问题。当 $(S,\mathscr{S})$ 为一任意可测空间时，有很大自由来定义一个概率测度序列的收敛，所以，首先回顾一些定义测度收敛所涉及的问题是有帮助的。

令 $(S,\mathscr{S})$ 为一个可测空间；令 $\Lambda(S,\mathscr{S})$ 是 $(S,\mathscr{S})$ 上概率测度的集合；令 $\{\lambda_n\}_{n=1}^{\infty}$ 和 λ 是 $\Lambda(S,\mathscr{S})$ 中的测度。有两个基本方法可用来定义概率测度序列的收敛概念，第一个基于集合的测度，而第二个基于函数的期望值。然而，如我们下面证明的，收敛的所有标准概念可以用这两个方法中任意一个来刻画。

首先考虑用集合测度方式定义收敛的可能性。一个简单的准则是，对所有 $A\in\mathscr{S}$：

$$\lim_{n\to\infty}\lambda_n(A)=\lambda(A) \tag{1}$$

若准则 (1) 成立，我们则说 λ_n **逐集收敛**（converge setwise）于 λ。通过选取一个集合族 $\mathscr{A}\subset\mathscr{S}$ 且仅仅要求准则 (1) 对 $\mathscr{A}$ 中的集合成立，可以弱化该准则，$\mathscr{A}$ 的一个适当的选取导致了收敛的一个不同、严格弱的概念。另外，通过额外要求收敛速度中的某种一致性，我们还可以强化准则 (1) 中的定义。

考虑测度收敛的第二个方法是根据函数期望值的行为。令 $(S, \mathscr{S})$ 和 $\Lambda(S, \mathscr{S})$ 如上面设定，并令 $B(S, \mathscr{S})$ 是有界可测函数 $f: S \to \mathbf{R}$ 的集合。于是给定 $\Lambda(S, \mathscr{S})$ 中的 $\{\lambda_n\}$ 和 λ 后，我们可以将如下要求作为一个准则，对所有 $f \in B(S, \mathscr{S})$：

$$\lim_{n \to \infty} \int f \mathrm{d}\lambda_n = \int f \mathrm{d}\lambda \tag{2}$$

显然准则（2）暗含准则（1），这是由于 $\mathscr{S}$ 中每个集合的指标函数都位于 $B(S, \mathscr{S})$ 中。反之亦然。

练习 11.2　证明准则（1）意味着准则（2）。

因此，准则（2）是刻画逐集收敛的一个备择且完全等价的方法。

通过选取一个较小的函数族并仅要求准则（2）对这个较小族中的函数成立，准则（2）可以得到弱化。与前面一样，若较小族被适当选取，可以得到收敛的一个不同的、严格弱的定义。此外，通过要求收敛速度中的某种一致性，准则（2）也可以得到强化。

正如迄今的讨论应该暗示的，概率测度的收敛是以集合的测度方式定义还是以函数期望值的方式定义纯粹是一个方便性的问题。如我们在上面看见的逐集收敛，我们在后面也将看到其他收敛概念，令人感兴趣的定义可用任一种方式来表示。

我们仍未解决选取一个收敛概念的问题。逐集收敛是“恰当”的概念吗？我们应该用更强或更弱的概念吗？这个问题没有单一的答案，但重要的是要清楚地理解各种概念需要什么和不需要什么。关于这一点，一个特别有帮助的例子是如下的确定性系统。

令 $S=[0, 1]$，并考虑由差分方程 $s_{t+1}=s_t/2$ 生成的确定性过程。这个系统是全局渐近稳定的，从任何初始点 $s_0 \in S$ 都收敛于平稳点 $s^*=0$。现在，令 $\mathscr{S}$ 是 S 的波雷尔集，并令 P 是由 $P(s, \{s/2\})=1$ 定义的 $(S, \mathscr{S})$ 上的转移函数，所以 P 精确地对应于确定性过程。对 $n=0, 1, 2, \cdots$，令 λ_n 是在点 $1/2^n$ 处的概率测度——单位质量，于是在点 $s_0=1$ 开始，系统完全等价于取 λ_0 为时期 $t=0$ 中状态上的概率测度，且 $\{\lambda_n\}_{n=1}^{\infty}$ 为相继时期中状态上的概率测度序列。关于序列 $\{\lambda_n\}$ 得出什么结论？显然，极限测度的仅有备选是零点处的单位质量，称这个测度为 λ。然而，若我们取可测函数：

$$f(s)=\begin{cases}1, & \text{若 } s=0 \\ 0, & \text{若 } s \neq 0\end{cases}$$

则 $\int f \mathrm{d}\lambda_n=0$，$n=0, 1, 2, \cdots$，而 $\int f \mathrm{d}\lambda=1$。这样，准则（2）就失

效了：序列 $\{\lambda_n\}$ 并不逐集收敛于 λ 或其他。

以排除确定性系统的收敛概念的方式对随机系统定义收敛似乎是不合理的，我们可以通过回忆对确定性系统的收敛定义看出问题所在。若 s_n 和 s 之间的距离随 n 变大而趋于 0，则空间 S 中的序列 $\{s_n\}$ 收敛于 s，这样，收敛的原始定义要求空间 S 上的一个度量，且我们指望通过度量来获取两点“接近”意味着什么的思想。用稍微不同的语言，我们选择度量以使若 s_n 接近 s，则状态的函数——至少我们关心的那些——无论状态是 s_n 还是 s 都取类似的值。即我们选择 S 上的度量以使感兴趣的函数在所选度量中连续。于是 $\{s_n\}$ 收敛于 s 的事实意味着对所有感兴趣函数 f 都有 $\{f(s_n)\}$ 收敛于 $f(s)$。注意，在上面的例子中，对任何连续函数 f，有：

$$\lim_{n\to\infty}\int f\mathrm{d}\lambda_n=\lim_{n\to\infty}f(1/2^n)=f(0)=\int f\mathrm{d}\lambda$$

这个例子和类似于它的其他一些例子激发了如下的收敛概念。

定义 令 (S,ρ) 为度量空间；令 $\mathscr{S}$ 为 S 的波雷尔集；令 $\{\lambda_n\}$ 及 λ 是 $\Lambda(S,\mathscr{S})$ 中的测度；令 $C(S)$ 是 S 上的有界、连续、实值函数空间。那么，若下式成立，$\{\lambda_n\}$ **弱收敛于**（converge weakly）λ：

$$\text{对所有 } f\in C(S),\ \lim_{n\to\infty}\int f\mathrm{d}\lambda_n=\int f\mathrm{d}\lambda \tag{3}$$

这样，在上面的确定性例子中，序列 $\{\lambda_n\}$ 的确弱收敛于 λ。

显然式（2）暗含式（3），但一般来说式（3）并不暗含式（2）。即逐集收敛暗含弱收敛，但其逆一般不为真。[当 ρ 是离散度量，从而 $\mathscr{S}$ 是 S 的所有子集族时出现例外。在这种情形下，任意函数既是可测的，又是连续的，$B(S,\mathscr{S})=C(S)$，且逐集收敛和弱收敛是等价的。这就是为什么收敛概念的选择问题没有出现在我们在 11.1 节中对具有有限状态空间系统的论述中的原因。]

在描述一个经济系统动态性时，弱收敛通常就是我们实际关心的全部内容，相应地，在第 12 章我们对它进行详细的研究。然而，在本章其余部分，我们简要考虑一个比逐集收敛更强的概念，这个概念以对式（2）强化的方式很容易陈述。

定义 令 $(S,\mathscr{S})$ 为可测空间并令 $\{\lambda_n\}$ 及 λ 为 $\Lambda(S,\mathscr{S})$ 中的测度。若式（2）得到满足，且收敛速度对满足 $\|f\|=\sup_{s\in S}|f(s)|\leqslant 1$ 的所有 $f\in B(S,\mathscr{S})$ 是一致的，则 $\{\lambda_n\}$ **强收敛于**（converge strongly）λ。

这个定义中的一致性要求看起来可能有点古怪，但当像后面那样用式（1）的强化来重述时，它看起来就不那么古怪了。

从研究强收敛开始有两个原因：第一，由于强收敛暗含弱收敛，所以证明前者是证明后者的一种方法。第二，11.1 节中表明的关于有限状态空间的结果在强收敛结果方面对任意状态空间有非常类似的结论，而且看一看在更一般的情形中需要什么条件是有启发性的。

在 11.3 节，我们将以集合测度方式刻画强收敛，然后在 11.4 节，我们研究任意状态空间马尔可夫过程强收敛的问题。在那里我们证明，11.1 节对有限马尔可夫链获得的所有结果都有相当类似的结论，特别地，我们提出一个相当简单的条件，它对于一个马尔可夫过程不依赖初始测度强收敛于唯一极限测度既是必要的又是充分的。在第 12 章，我们着手弱收敛的研究，再一次从对备择特征的研究开始，并着手研究马尔可夫过程。我们将不再利用逐集收敛的概念。

11.3　强收敛的特征

在本节和下节，令（S，$\mathscr{S}$）为任意可测空间，令 Λ（S，$\mathscr{S}$）为（S，$\mathscr{S}$）上概率测度的集合，并令 B（S，$\mathscr{S}$）是具有上确界范数 $\| f \| = \sup_{s\in S} | f(s) |$ 的有界可测函数 f:$S\to \mathbf{R}$ 的空间。本节的主要结果如下：我们首先在集合 Λ（S，$\mathscr{S}$）上定义一个范数，即总变差范数，并证明（定理 11.6）依该范数收敛等价于依 $\mathscr{S}$ 上所有集合测度的一致收敛。然后我们证明（定理 11.7）总变差范数中的收敛也等价于上节定义的强收敛。这两个定理一起证明了，和逐集收敛一样，强收敛以集合测度方式或以函数积分方式具有相同的特征。最后我们证明（定理 11.8)，赋予总变差范数后，集合 Λ（S，$\mathscr{S}$）是一个完备度量空间。这个结果在 11.4 节我们对马尔可夫过程强收敛的研究中被使用，在那里我们应用压缩映射定理。

为了定义感兴趣的范数，我们必须引入适当的向量空间，为了做到这一点，我们需要如下的定义。

定义　对于可测空间（S，$\mathscr{S}$）上的任何两个有限测度 λ_1 和 λ_2，对所有 $C\in\mathscr{S}$，由 $\nu(C)=\lambda_1(C)-\lambda_2(C)$ 定义的集合函数 ν：$\mathscr{S}\to\mathbf{R}$ 称为 $\mathscr{S}$ 上的**符号测度**（signed measure）。

我们将用 Φ（S，$\mathscr{S}$）表示（S，$\mathscr{S}$）上符号测度的空间，证明 Φ（S，$\mathscr{S}$）为向量空间是简单的。我们定义这个空间上的**总变差范数**（total variation norm）为：

$$\| \lambda \| = \sup \sum_{i=1}^{k} | \lambda(A_i) | \tag{1}$$

其中上确界遍及 S 到不相交可测子集的所有有限划分。

练习 11.3 证明 $\Phi(S, \mathcal{S})$ 是向量空间，并证明式（1）在（S，$\mathcal{S}$）上定义了一个范数。

集合 $\Lambda(S, \mathcal{S})$ 是向量空间 $\Phi(S, \mathcal{S})$ 的一个子集，且对 $\Lambda(S, \mathcal{S})$ 中的任何测度 λ_1，λ_2，符号测度 $\lambda_1 - \lambda_2$ 在 $\Phi(S, \mathcal{S})$ 中，因而式（1）定义了空间 $\Lambda(S, \mathcal{S})$ 上一个度量。于是，我们有如下定义。

定义 若 $\lim_{n\to\infty} \| \lambda_n - \lambda \| = 0$，概率测度序列 $\{\lambda_n\}$ 依总变差范数收敛于概率测度 λ。

在下一个引理中，对任何概率测度 λ_1，$\lambda_2 \in \Lambda(S, \mathcal{S})$，我们运用引理 7.12 中描述的分解来刻画 $\| \lambda_1 - \lambda_2 \|$ 的值。回想引理 7.12 证明了，给定 $\Lambda(S, \mathcal{S})$ 中的测度 λ_1 和 λ_2 后，如何构造 S 到两个可测集 B 和 B^c 的划分，以使在 B 上 λ_1 超过 λ_2，而在 B^c 上 λ_2 超过 λ_1。引理 11.5 的证明利用了我们能以集合 B 和 B^c 的测度的方式来求 $\| \lambda_1 - \lambda_2 \|$ 值的事实。定理 11.6 利用这个结果证明了总变差范数中的收敛等价于 $\mathcal{S}$ 中所有集合测度的一致收敛。

引理 11.5 对任何两个概率测度 λ_1，$\lambda_2 \in \Lambda(S, \mathcal{S})$，有：

$$\| \lambda_1 - \lambda_2 \| = 2 \sup_{A \in \mathcal{S}} | \lambda_1(A) - \lambda_2(A) |$$

证明 令 λ_1，$\lambda_2 \in \Lambda(S, \mathcal{S})$ 给定。由引理 7.12 知，我们可以把 λ_1，λ_2 写作 $\lambda_i = \lambda + \alpha_i$，$i = 1, 2$，其中 λ，α_1 和 α_2 都是非负测度，且 α_1 和 α_2 相互奇异，即 $\alpha_1 \perp \alpha_2$。由构造，对所有 $A \in \mathcal{S}$，有：

$$| \lambda_1(A) - \lambda_2(A) | = | \alpha_1(A) - \alpha_2(A) |$$

所以有：

$$\| \lambda_1 - \lambda_2 \| = \| \alpha_1 - \alpha_2 \|$$

此外，由于 $\alpha_1 \perp \alpha_2$，所以存在可测集合 B，B^c 使得 α_1 在 B 上集中，而 α_2 在 B^c 上集中。又由于 $\lambda_1(S) = \lambda_2(S) = 1$，故可推得 $\alpha_1(S) = \alpha_2(S) = 1 - \lambda(S)$，因而有 $\alpha_1(B) = \alpha_1(S) = \alpha_2(S) = \alpha_2(B^c)$ 及 $\alpha_1(B^c) = \alpha_2(B) = 0$。于是，可推得：

$$\begin{aligned} \| \lambda_1 - \lambda_2 \| &= \| \alpha_1 - \alpha_2 \| = | \alpha_1(B) | + | \alpha_2(B^c) | \\ &= 2 | \alpha_1(B) | = 2 \sup_{A \in \mathcal{S}} | \alpha_1(A) - \alpha_2(A) | \\ &= 2 \sup_{A \in \mathcal{S}} | \lambda_1(A) - \lambda_2(A) | \ \blacksquare \end{aligned}$$

定理 11.6　令 $\{\lambda_n\}$ 和 λ 是 $\Lambda(S, \mathscr{S})$ 中的测度，则

$$\lim_{n\to\infty} \| \lambda_n - \lambda \| = 0 \tag{2}$$

的充分必要条件是，对所有 $A\in\mathscr{S}$：

$$\lim_{n\to\infty} | \lambda_n(A)-\lambda(A) | =0 \tag{3}$$

且后一个收敛关于 A 是一致的。

证明　令 $\{\lambda_n\}$ 和 λ 给定，并假设式（2）成立。则对每一 $\varepsilon > 0$，存在 $N_\varepsilon > 0$ 对所有 $n > N_\varepsilon$ 满足：

$$\| \lambda_n - \lambda \| < \varepsilon$$

于是由引理 11.5 立即推得，对每一 $\varepsilon>0$ 及对所有 $A\in\mathscr{S}$，所有 $n>N_\varepsilon$，有：

$$| \lambda_n(A) - \lambda(A) | < \varepsilon/2 \tag{4}$$

即式（3）成立且收敛速度关于 A 是一致的。

反过来，假设后者成立。即对每一 $\varepsilon > 0$，存在 $N_\varepsilon > 0$ 使式（4）成立，则对每一 $\varepsilon > 0$ 及所有 $n > N_\varepsilon$，有：

$$\| \lambda_n - \lambda \| = 2 \sup_{A\in\mathscr{S}} | \lambda_n(A) - \lambda(A) | < \varepsilon$$

所以式（2）成立。■

定理 11.6 按照依 $\mathscr{S}$ 中所有集合测度一致收敛的方式刻画了总变差范数中的收敛。下一个定理证明总变差范数中的收敛还等价于 11.2 节中定义的强收敛，这个定理的证明非常清楚地说明了集合测度和函数积分之间的密切关系，即关于集合测度的陈述直接导出关于特征函数积分的陈述，反之亦然。于是，余下的是这样一个简单事情，即证明对特征函数成立感兴趣的陈述对所有简单函数和所有有界可测函数也成立。

定理 11.7　令 $\{\lambda_n\}$ 和 λ 是 $\Lambda(S, \mathscr{S})$ 中的测度，则

$$\lim_{n\to\infty} \| \lambda_n - \lambda \| = 0$$

的充分必要条件是，对所有 $f \in B(S, \mathscr{S})$：

$$\lim_{n\to\infty} \left| \int f \mathrm{d}\lambda_n - \int f \mathrm{d}\lambda \right| = 0 \tag{5}$$

且对所有具有 $\| f \| \leqslant 1$ 的函数，收敛是一致的。

证明　假设 $\lim_{n\to\infty} \| \lambda_n - \lambda \| = 0$，则对于任何 $\varepsilon>0$，存在 $N_\varepsilon \geqslant 1$ 使 $n > N_\varepsilon$ 意味着：

$$\sup \sum_{i=1}^{k} | \lambda_n(A_i) - \lambda(A_i) | < \varepsilon$$

其中上确界遍及 S 的所有有限可测划分。

考虑任何可测简单函数 ϕ，则 ϕ 可以写作 $\phi(s)=\sum_{i=1}^{k}c_i\chi_{A_i}(s)$，$s\in S$，其中 A_1，…，A_k 是 S 的一个可测划分。因而对所有 $n>N_\varepsilon$，有：

$$\left|\int\phi\mathrm{d}\lambda_n-\int\phi\mathrm{d}\lambda\right|\leqslant\sum_{i=1}^{k}|c_i||\lambda_n(A_i)-\lambda(A_i)|\leqslant\|\phi\|\varepsilon$$

因而式（5）对所有简单函数都成立；且由于 N_ε 不依赖于 ϕ，则收敛对所有具有 $\|\phi\|\leqslant 1$ 的简单函数是一致的。

接下来考虑任何有界可测函数 f。由引理 7.5 知，f 的正部分和负部分——称其为 f^+ 和 f^-——都能写成一个非负、可测、简单函数的递增序列的极限。令 $\{\phi_k^+\}$ 和 $\{\phi_k^-\}$ 是这种序列，并对所有 k 令 $\phi_k=\phi_k^+-\phi_k^-$，注意对所有 k 有 $\|\phi_k\|\leqslant\|f\|$，于是，由上面的论证可推得，对任何 $\varepsilon>0$，存在 $N_\varepsilon\geqslant 1$，对所有 $n>N_\varepsilon$ 和所有 k 满足：

$$\left|\int\phi_k\mathrm{d}\lambda_n-\int\phi_k\mathrm{d}\lambda\right|\leqslant\|\phi_k\|\varepsilon\leqslant\|f\|\varepsilon \tag{6}$$

因而对所有 $n>N_\varepsilon$，有：

$$\begin{aligned}\left|\int f\mathrm{d}\lambda_n-\int f\mathrm{d}\lambda\right|&=\left|\lim_{k\to\infty}\int\phi_k\mathrm{d}\lambda_n-\lim_{k\to\infty}\int\phi_k\mathrm{d}\lambda\right|\\&=\lim_{k\to\infty}\left|\int\phi_k\mathrm{d}\lambda_n-\int\phi_k\mathrm{d}\lambda\right|\\&\leqslant\|f\|\varepsilon\end{aligned}$$

其中第一行由勒贝格受控收敛定理（定理 7.10）得出，第二行来自对每个固定的 $n>N_\varepsilon$，$\left\{\int\phi_k\mathrm{d}\lambda_n\right\}_{k=1}^{\infty}$ 和 $\left\{\int\phi_k\mathrm{d}\lambda\right\}_{k=1}^{\infty}$ 都是实数收敛序列的事实，而第三行来自式（6）。因而 $\lim_{n\to\infty}\|\lambda_n-\lambda\|=0$ 意味着式（5）成立。若 $\|f\|\leqslant 1$，则近似序列中的所有简单函数都有 $\|\phi_k\|\leqslant 1$。因而收敛速度对所有具有 $\|f\|\leqslant 1$ 的可测函数是一致的。

反过来，假设式（5）成立且收敛速度对 $\|f\|\leqslant 1$ 是一致的。则对每一 $\varepsilon>0$，存在 $N_\varepsilon>0$，使得对具有 $\|\phi\|\leqslant 1$ 的简单函数及所有 $n>N_\varepsilon$，有：

$$\left|\int\phi\mathrm{d}\lambda_n-\int\phi\mathrm{d}\lambda\right|<\varepsilon$$

令 A_1，…，A_k 是 S 的有限可测划分，并考虑形如 $\phi(s)=\sum_{i=1}^{k}c_i\chi_{A_i}(s)$ 的简单函数的族（有 2^k 个元素），其中对每个 i 有 $c_i=+1$ 或 -1。于是，对任何 $n>N_\varepsilon$，在这个族中存在函数 ϕ 满足：

$$\sum_{i=1}^{k} |\lambda_n(A_i)-\lambda(A_i)| = \sum_{i=1}^{k} c_i[\lambda_n(A_i)-\lambda(A_i)]$$
$$= \left|\int \phi \mathrm{d}\lambda_n - \int \phi \mathrm{d}\lambda\right| < \varepsilon$$

由于这对任何划分 A_1，…，A_k 都为真，故可得，对所有 $n > N_\varepsilon$ 有：

$$\|\lambda_n - \lambda\| = \sup \sum_{i=1}^{k} |\lambda_n(A_i)-\lambda(A_i)| \leqslant \varepsilon \blacksquare$$

合在一起，定理 11.6 和定理 11.7 证明了存在三种方法刻画 $\Lambda(S,\mathscr{S})$ 中测度序列 $\{\lambda_n\}$ 的强收敛：依总变差范数的收敛，依 $\mathscr{S}$ 中所有集合测度的一致收敛，及依所有有界可测函数积分的收敛，其中收敛对具有 $\|f\| \leqslant 1$ 的函数是一致的。这样，术语**依范数收敛**（norm convergence）和**依总变差范数收敛**（convergence in the total variation norm）与**强收敛**（strong convergence）可互换使用。

为了证明依总变差范数收敛的一个必要且充分条件，我们利用——如我们在定理 11.4 中所做的——基于压缩映射定理的一个论证，因而我们需要如下结果。

引理 11.8　具有总变差范数的概率测度空间 $\Lambda(S,\mathscr{S})$ 是一个完备度量空间。

证明　令 $\{\lambda_n\}$ 是 Λ 中的柯西序列，则对任意 $\varepsilon > 0$，存在 $N_\varepsilon \geqslant 1$ 对所有 n，$m > N_\varepsilon$ 满足 $\|\lambda_n - \lambda_m\| < \varepsilon$。由引理 11.5，这个事实意味着对所有 n，$m > N_\varepsilon$ 和所有 $A \in \mathscr{S}$，有：

$$|\lambda_n(A) - \lambda_m(A)| < \varepsilon/2 \tag{7}$$

因而对每个 $A \in \mathscr{S}$，$\{\lambda_n(A)\}$ 是 $\mathbf{R}_+$ 中一个柯西序列且因而收敛。对所有 $A \in \mathscr{S}$，令 $\lambda(A) = \lim_{n\to\infty}\lambda_n(A)$。

接下来我们将证明 λ 是一个概率测度。显然 $\lambda(\varnothing)=0$，$\lambda(S)=1$，及对所有 $A \in \mathscr{S}$ 有 $\lambda(A) \geqslant 0$。为了理解 λ 是可数可加性的，令 $\{A_i\}$ 是 $\mathscr{S}$ 中任何不相交序列，且有 $A = \bigcup_{i=1}^{\infty} A_i$。由于每个 λ_n 是可数可加性的，对所有 n，有 $\lambda_n(A) = \sum_{i=1}^{\infty}\lambda_n(A_i)$。取 $n \to \infty$ 时的极限，我们有：

$$\lambda(A) = \lim_{n\to\infty}\lambda_n(A) = \lim_{n\to\infty}\sum_{i=1}^{\infty}\lambda_n(A_i)$$
$$= \sum_{i=1}^{\infty}\lim_{n\to\infty}\lambda_n(A_i) = \sum_{i=1}^{\infty}\lambda(A_i)$$

因而 λ 是可数可加性的。

最后，我们必须证明 $\lim_{n\to\infty}\|\lambda_n - \lambda\| = 0$。固定 $\varepsilon > 0$，则由式

(7) 可得，对所有 $n > N_\varepsilon$，所有 $A \in \mathscr{S}$，有：

$$|\lambda_n(A) - \lambda(A)| = \lim_{m\to\infty} |\lambda_n(A) - \lambda_m(A)| \leqslant \varepsilon/2$$

因而由引理 11.5 可知，对所有 $n > N_\varepsilon$，有 $\|\lambda_n - \lambda\| \leqslant \varepsilon$。■

11.4 充分条件

在本节，我们应用 11.3 节的结果证明，在适当限制下，在 11.1 节中获得的关于马尔可夫链的结果对一般状态空间实质上不加改变地成立。在本节始终有：$(S, \mathscr{S})$ 为可测空间；P 是 $(S, \mathscr{S})$ 上的转移函数；T 是相应于 P 的马尔可夫算子；T^* 是 T 的伴随；$\Lambda(S, \mathscr{S})$ 是 $(S, \mathscr{S})$ 上概率测度空间；$\|\cdot\|$ 表示 $\Lambda(S, \mathscr{S})$ 上的总变差范数。在本节，概率测度序列的收敛总是意味着依总变差范数的收敛。

我们曾用两个无限状态马尔可夫过程不良行为的例子结束 11.1 节。在例 6 中，存在无限数目的遍历集合和不变分布，而在例 7 中却根本不存在。定理 11.1 证明了若状态空间 S 为有限集，则这两类行为将被排除；但显然，若 S 为任意集，则它们是可能发生的。我们在本节以归功于德布林（Doeblin）的附加条件开始，它排除这些及其他“不良”例子。

定理 11.9 证明，对于证明有限数目 $M \geqslant 1$ 遍历集合的存在性，及对每个 $\lambda_0 \in \Lambda(S, \mathscr{S})$，证明平均序列 $\{(1/N)\sum_{n=0}^{N-1}(T^{*n})\lambda_0\}$ 收敛于可能依赖于 λ_0 的不变测度 $\lambda^* \in \Lambda(S, \mathscr{S})$，德布林条件是充分的。和在马尔可夫链的情形中一样，对应于 M 个遍历集合，存在 $M \geqslant 1$ 个不变概率测度，且 T^* 的所有不变概率测度都是这些不变概率测度的凸组合。这样，定理 11.9 提供了定理 11.1 中证明的马尔可夫链的结果在任意状态空间的类似。

然后，定理 11.10 和定理 11.12 提供了对定理 11.2 和定理 11.4 的类似。定理 11.10 证明，和在马尔可夫链的情形中一样，一个附加的假定对排除多重遍历集合是充分的。定理 11.12 运用压缩映射定理证明，德布林条件的一个强化——称作条件 M，对于证明序列 $\{T^{*n}\lambda_0\}$ 对所有 $\lambda_0 \in \Lambda(S, \mathscr{S})$ 都以几何速度收敛于唯一的极限 λ^* 是必要且充分的。显然，这排除了多重遍历集合和循环移动子集。

在我们感兴趣的许多应用中，证明德布林条件的最有用方法对证明

条件 M 也是充分的。这样，对我们的目的来说，定理 11.12 是本节中最有用的结果，提供其他的结果主要是为了完整性。

我们由德布林条件的陈述开始。

条件 D　存在 $(S, \mathscr{S})$ 上的一个有限测度 ϕ，一个整数 $N \geqslant 1$ 和一数字 $\varepsilon > 0$，使得若 $\phi(A) \leqslant \varepsilon$，则对所有 $s \in S$ 有 $P^N(s, A) \leqslant 1-\varepsilon$。

此条件表明，对某个有限测度 ϕ 和某个整数 N，下列说法是正确的：对于小的 ϕ 测度集合 A，N 步中转移到 A 的概率 $P^N(s, A)$ 关于 s 和 A 一致地以严格小于 1 的数为界。重要的是 ϕ 为有限测度。还要注意的是，若条件 D 对 (ϕ, ε, N) 成立，则对所有 $N' \geqslant N$，条件 D 对 (ϕ, ε, N') 也成立。（为什么?）下面的练习说明了用来证明德布林条件成立的方法并提供条件不成立的例子。

练习 11.4　令 $(S, \mathscr{S})$ 为可测空间，并令 P 是转移函数。证明在下列每个情形中，P 都满足条件 D。

a. $S=\{s_1, \cdots, s_l\}$ 是有限集，且 $\mathscr{S}$ 由 S 的所有子集组成。

b. $S=\{s_1, s_2, \cdots\}$ 是可数集，$P=[p_{ij}]$ 为随机矩阵，且 $\sum_j p_{ij}$ 关于 i 一致收敛。

c. 存在一点 $s_0 \in S$，一个整数 $N \geqslant 1$ 和一个数字 $\varepsilon > 0$，对所有 $s \in S$ 都满足 $P^N(s, \{s_0\}) > \varepsilon$。

d. 存在 $(S, \mathscr{S})$ 上的一个有限测度 ϕ 及一个整数 $N \geqslant 1$ 使得对所有 $s \in S$ 和 $A \in \mathscr{S}$，有 $P^N(s, A) \leqslant \phi(A)$。

e. 存在 $(S, \mathscr{S})$ 上的一个有限测度 μ 及一个可测函数 p：$S \times S \to \mathbf{R}_+$，其中 p 一致地以严格大于 0 的数为界，它们对所有 $s \in S$，$A \in \mathscr{S}$ 满足：

$$P(s, A) = \int_A p(s, s')\mu(\mathrm{d}s')$$

f. 除了 p 是可测的且有上界外，P 的设定与练习 e 中一致。

g. $P(s, A) = \alpha P_1(s, A) + (1-\alpha) P_2(s, A)$，其中 P_1 和 P_2 都是 $(S, \mathscr{S})$ 上的转移函数，$\alpha \in (0, 1)$，且 P_1 满足条件 D。

证明在下列每一情形中，P 都不满足条件 D。

h. $S=\{s_1, s_2, \cdots\}$ 是可数无限集，$\mathscr{S}$ 由 S 的所有子集组成，且 $P(s_i, \{s_i\})=1$，$i=1, 2, \cdots$。

i. $(S, \mathscr{S})$ 如练习 h 中的定义，且 $P(s_i, \{s_{i+1}\})=1$，$i=1, 2, \cdots$。

j. $S=[0, 1]$ 并具有波雷尔集 $\mathscr{S}$，且

$$P(s, A)=\begin{cases}1, 若\ s/2\in A\\0, 其他\end{cases}$$

假设转移函数 P 对某三元组（ϕ，N，ε）满足条件 D，我们将对这样一个 P 定义一个遍历集合，并像在定理 11.1 中对有限链所做的那样证明 S 可被划分成有限（$M\geqslant 1$）个遍历集合和一个瞬态集合。若 $P^n(s, E)=1$，$n=1$，2…，称 E 为 s 的**后项集**（consequent set）。注意，对作为任何 s 后项集的任一集合 E，有 $\phi(E)\geqslant\varepsilon$。（为什么?）若 E 是每一 $s\in E$ 的后项集，称 E 是**不变的**（invariant）。若一个不变集合不包含任何其他更小 ϕ 测度的不变子集，称它为**遍历的**（ergodic）。

我们首先证明每一后项集都包含一个遍历集合。令 $s_0\in S$，令 E 是 s_0 的一个后项集，并定义 $F_n=\{s\in E: P^n(s,E)<1\}$。则对每个 n，$E-F_n$ 也是 s_0 的一个后项集，因而 $E'=\bigcap_{n=1}^{\infty}(E-F_n)$ 是 s_0 的一个后项集且是一个不变集。

若 E' 是一个遍历集合，则我们到此就结束了。若不是，则存在一点 $s_1\in E'$ 及一个集合 $E_1\subset E'$ 使得 E_1 是 s_1 的一个后项集且 $\phi(E_1)<\phi(E')$。重复这个论证得到一个嵌套递减集合序列 $E'\supset E_1\supset E_2\supset\cdots$，具有 $\phi(E')>\phi(E_1)>\phi(E_2)>\cdots\geqslant\varepsilon$。若序列有限，则最后的元素是一个遍历集合，若序列无限，则 $\bigcap_{i=1}^{\infty}E_n$ 是一个遍历集合。这就证明了至少一个遍历集合的存在性。

接下来，注意若 E_i 和 E_j 都是不变集，则 $E_i\cap E_j$ 也是一个不变集，否则为空集。因此，若 E_i 和 E_j 都是遍历集合，则它必然或者有 $\phi(E_i\cap E_j)=\phi(E_i)=\phi(E_j)$，或者有 $E_i\cap E_j=\varnothing$。即任何两个遍历集合或者相差一个零 ϕ 测度集或者不相交。因而 S 能如要求那样划分。

最后，由于每个遍历集都有最小为 $\varepsilon>0$ 的 ϕ 测度，故可推得存在至多 $\phi(S)/\varepsilon$ 个这种集合。因而德布林条件意味着存在至少一个遍历集合，且由于 ϕ 为有限测度，故存在至多有限个遍历集合。这样，德布林条件对于排除如 11.1 节的例 6 和例 7 那样具有无限个或根本没有遍历集合的情形来说是充分的。下面的定理证明了，若 P 满足德布林条件，则定理 11.1 中对马尔可夫链证明的其他结果也成立。

定理 11.9 令（S，$\mathscr{S}$）为可测空间，令 P 是（S，$\mathscr{S}$）上的转移函数，并假设 P 对（ϕ，N，ε）满足德布林条件。则有：

a. S 可以划分成一个瞬态集和 M 个遍历集，其中 $1\leqslant M\leqslant\phi(S)/\varepsilon$；

b. 对每个 $\lambda_0\in\Lambda$，$\lim_{N\to\infty}(1/N)\sum_{n=1}^{N}T^{*n}\lambda_0$ 存在，且对每个 λ_0，

此极限是 T^* 的一个不变测度；

c. 对应于 M 个遍历集合，存在 M 个不变测度，且 T^* 的每一不变测度都可写作这些不变测度的一个凸组合。

定理 11.9 的 a 部分已在前边的讨论中证明，（至少）有两个方法证明 b 部分和 c 部分。第一个方法利用类似于定理 11.1 证明中的那些论证，这些论证利用相当高深的抽象算子理论的思想，且继续这个思想将使我们离题太远。[在 Neveu（1965，V.3）可见这种方法的证明。] 另一个证明方法依赖于构造所涉及概率的明确的界，这个定理的各步都不困难，但全部证明相当长。[在 Doob（1953，V.5）可见这种方法的证明。] 在这里，我们不呈现这两个证明的任何一个。

我们下一个定理提出使遍历集合唯一的充分条件。

定理 11.10　令 $(S, \mathscr{S})$ 为可测空间，令 P 为 $(S, \mathscr{S})$ 上的转移函数，并假定 P 对 (ϕ, ε, N) 满足条件 D。此外，假设若 A 为任何正 ϕ 测度集合，则对每个 $s \in S$，存在 $n \geqslant 1$ 使 $P^n(s, A) > 0$。则有：

a. S 有唯一的遍历集合；

b. T^* 仅有一个不变测度，称其为 λ^*；

c. 对所有 $\lambda_0 \in \Lambda(S, \mathscr{S})$，有 $\lim_{N\to\infty}(1/N)\sum_{n=1}^{N} T^{*n}\lambda_0 = \lambda^*$。

证明　若所述条件成立，则明显地仅存在一个遍历集合。于是，由定理 11.9 立即推得 b 和 c。■

接下来我们考虑一个条件，它对证明概率测度序列 $\{T^{*N}\lambda_0\}$ 而不仅是平均序列以一致速度强收敛于独立于 λ_0 的唯一极限 λ^* 是必要且充分的。和定理 11.4 中对马尔可夫链的证明一样，下面的证明基于压缩映射定理。

练习 8.4 曾证明，对任何 $N \geqslant 1$，算子 T^{*N} 将概率测度集合 $\Lambda(S, \mathscr{S})$ 映射到它自身；在引理 11.8 中证明了，具有总变差范数的空间 $\Lambda(S, \mathscr{S})$ 是一个完备度量空间。如在引理 11.11 中将证明的，下面对条件 D 的强化对于使相应于 P 的算子 T^{*N} 对某个 $N \geqslant 1$ 为一压缩是充分的。

条件 M　存在 $\varepsilon > 0$ 和整数 $N \geqslant 1$ 使得对任何 $A \in \mathscr{S}$ 及所有 $s \in S$，有 $P^N(s, A) \geqslant \varepsilon$，或者有 $P^N(s, A^c) \geqslant \varepsilon$。

练习 11.5　令 $(S, \mathscr{S})$ 为可测空间，并令 P 为转移函数。

a. 证明练习 11.4c 和练习 11.4e 中的例子满足条件 M。

b. 证明若 P 满足条件 M，则它满足条件 D。

c. 令 $S = \{s_1, s_2\}$，并令

$$P(s_i, A)=\begin{cases}1, 若 s_i \in A \\ 0, 其他, i=1, 2\end{cases}$$

证明 P 满足条件 D 但不满足条件 M。

引理 11.11 令 $(S, \mathscr{S})$ 为可测空间；令 $\Lambda(S, \mathscr{S})$ 是 $(S, \mathscr{S})$ 上概率测度的空间；令 P 是 $(S, \mathscr{S})$ 上的转移函数；令 T^* 是相应于 P 的伴随算子。若 P 对 $N \geqslant 1$ 和 $\varepsilon > 0$ 满足条件 M，则 T^{*N} 是具有总变差范数的空间 $\Lambda(S, \mathscr{S})$ 上模为 $(1-\varepsilon)$ 的压缩。

证明 假设 P 对 $N \geqslant 1$ 和 $\varepsilon > 0$ 满足条件 M。选取任何 $\lambda_1, \lambda_2 \in \Lambda(S, \mathscr{S})$。由引理 7.12 知，我们可以选取有限正测度 λ，α_1 和 α_2 满足 $\lambda_i = \lambda + \alpha_i$，$i=1, 2$，且 $\alpha_1 \perp \alpha_2$。于是利用引理 11.5，我们有：

$$\begin{aligned}\| T^{*N}\lambda_1 - T^{*N}\lambda_2 \| &= \| T^{*N}\alpha_1 - T^{*N}\alpha_2 \| \\ &= 2\sup_{A\in\mathscr{S}}\left| \int P^N(s, A)\alpha_1(ds) - \int P^N(s, A)\alpha_2(ds)\right|\end{aligned}$$

固定任何 $A, A^c \in \mathscr{S}$，并不失一般性地假设对所有 $s \in S$，有 $P^N(s, A) \geqslant \varepsilon$。则有：

$$\begin{aligned}&2\left|\int P^N(s, A)\alpha_1(ds) - \int P^N(s, A)\alpha_2(ds)\right| \\ &\leqslant 2(1-\varepsilon)\alpha_1(S) \\ &= (1-\varepsilon) \| \alpha_1 - \alpha_2 \| \\ &= (1-\varepsilon) \| \lambda_1 - \lambda_2 \|\end{aligned}$$

其中第一行利用了 $\alpha_1(S) = 1-\lambda(S) = \alpha_2(S)$ 的事实，而第二行利用了 $\alpha_1 \perp \alpha_2$ 的事实。由于 $A \in \mathscr{S}$ 是任意的，故可得：

$$\| T^{*N}\lambda_1 - T^{*N}\lambda_2 \| \leqslant (1-\varepsilon) \| \lambda_1 - \lambda_2 \| \quad \blacksquare$$

利用这个引理，可以很简单地证明条件 M 对马尔可夫过程以关于 λ_0 一致的几何速度强收敛于与初始测度 λ_0 无关的唯一不变测度是必要且充分的。对任何 $s \in S$，令 δ_s 表示在点 s 为单位质量的概率测度。

定理 11.12 令 $(S, \mathscr{S})$ 为可测空间；令 $\Lambda(S, \mathscr{S})$ 是 $(S, \mathscr{S})$ 上的概率测度空间，且具有总变差范数；令 P 是 $(S, \mathscr{S})$ 上的转移函数；令 T^* 是相应于 P 的伴随算子。若 P 对 $N \geqslant 1$ 和 $\varepsilon > 0$ 满足条件 M，则存在唯一概率测度 $\lambda^* \in \Lambda(S, \mathscr{S})$ 对所有 $\lambda_0 \in \Lambda(S, \mathscr{S})$，满足：

$$\| T^{*Nk}\lambda_0 - \lambda^* \| \leqslant (1-\varepsilon)^k \| \lambda_0 - \lambda^* \| \qquad (1)$$

$$k = 1, 2, \cdots$$

反之，若式 (1) 成立，则对某个 $N \geqslant 1$ 和 $\varepsilon > 0$ 条件 M 满足。

证明　假设条件 M 对 $N \geqslant 1$ 和 $\varepsilon > 0$ 成立，则由引理 11.11 知，T^{*N}：$\Lambda(S, \mathcal{S}) \rightarrow \Lambda(S, \mathcal{S})$ 是模为 $1-\varepsilon$ 的压缩。由于 $\Lambda(S, \mathcal{S})$ 是完备的（引理 11.8），故结论由压缩映射定理（定理 3.2）推出。

反之，假设式（1）成立。选取 $s \in S$，利用引理 11.5，对所有 $A \in \mathcal{S}$，有：

$$
\begin{aligned}
& 2\,|\,P^{Nk}(s, A) - \lambda^*(A)\,| \\
\leqslant\ & \|\,P^{Nk}(s, \cdot) - \lambda^*\,\| \\
=\ & \|\,T^{*Nk}\delta_s - \lambda^*\,\| \\
\leqslant\ & (1-\varepsilon)^k\,\|\,\delta_s - \lambda^*\,\| \\
\leqslant\ & 2(1-\varepsilon)^k
\end{aligned}
$$

选取足够大的 K 使 $(1-\varepsilon)^K \leqslant 1/4$ 。令 A，$A^c \in \mathcal{S}$给定，且不失一般性地假设 $\lambda^*(A) \geqslant 1/2$ 。于是 $|\,P^{NK}(s, A) - \lambda^*(A)\,| \leqslant 1/4$ ，所以有 $P^{NK}(s, A) \geqslant 1/4$ 。由于 $s \in S$ 是任意的，故条件 M 对 $\hat{N} = NK$ 和 $\hat{\varepsilon} = 1/4$ 成立。■

这个收敛性结果的主要吸引力在于，条件 M 在某些应用中容易证明。在 13.1 节、13.2 节和 13.5 节中将表明这个事实。

11.5　文献注释

有许多关于马尔可夫链的优秀论述。11.1 节中的素材基于 Doob（1953，V.2），另外，Kemeny and Snell（1960），Chung（1967）及 Kemeny，Snell and Knapp（1976）也都是优秀论述的来源。Green（1976）的研究包含与定理 11.4 相关的结果。许多作者用术语马尔可夫链谈及许多具有离散时间参数的马尔可夫过程，而不考虑状态空间的性质。我们所称的马尔可夫链指的是有限状态马尔可夫链。

条件 D 归功于德布林，条件 D 在 Doob（1953，V.5）中被详细讨论，在那里也可以找到定理 11.9 的一个证明。另一个证明的方法利用了德布林条件当且仅当相应于转移函数的算子为拟紧时才成立的事实，Futia（1982，Theorem 4.9）的研究中存在这个事实的一个证明，Neveu（1965，V.3）的论述包含定理 11.9 基于这个事实的一个证明。两种方式也都证明了收敛以一致几何速度进行。Tweedie（1975）提出了另外——且相当不同——一组收敛的充分条件，即当收敛速度不一致时也可以成立的条件。

我们感谢 C. 约内斯库·图尔恰（C. Ionescu Tulcea）使我们注意条件 M。Onicescu（1969）的分析讨论了它，在那里也出现了定理 11.12。这里提供的基于压缩映射定理的证明是全新的。

关于一般马尔可夫过程的更深入的论述参见 Dynkin（1965），Rosenblatt（1971）及 Gihman and Skorohod（1974）。

第12章　马尔可夫过程的弱收敛

在本章，我们继续对马尔可夫过程的收敛性进行研究，和第 11 章一样，我们将关心由 $\lambda_{n+1}=T^*\lambda_n$ 定义的概率测度序列 $\{\lambda_n\}_{n=0}^{\infty}$，其中 λ_0 为一固定的初始概率测度，而 T^* 是相应于一固定转移函数 P 的算子。回忆概率测度 λ^* 若是 T^* 的一个不动点，即若 $\lambda^*=T^*\lambda^*$，则被称作在 T^* 下不变。在定理 11.12 中，关于对所有初始概率测度 λ_0，序列 $\{\lambda_n\}$ 依总变差范数收敛于唯一不变测度 λ^*，我们提出了一个关于 P 的必要且充分条件。然而，正如在 11.2 节中讨论过的原因，强收敛性在许多情形中都超出了我们所期望或关心的范围。这样，在本章我们导出证明序列 $\{\lambda_n\}$ 弱收敛于唯一不变测度的充分条件，这些条件非常不同于强收敛所要求的那些条件，且如第 13 章中某些应用所表明的，它们通常极容易证明。

由于弱收敛以连续函数的方式定义，所以在本章我们必须在状态空间$(S,\mathscr{S})$上加入比第 11 章更多的结构，在那里它为任何可测空间。12.1 节包含关于弱收敛的特征的一般结果，在其中我们假定(S,ρ)是一个度量空间且 $\mathscr{S}$ 是由 S 的开集生成的 σ 代数。在随后各节中，我们进一步限定分析范围，并假定 S 是有限维欧几里得空间的一个波雷尔子集。

在 12.1 节中，我们首先以特定集合族测度收敛的方式刻画弱收敛，目的是找到一个或多个集合族 $\mathscr{A}\subset\mathscr{S}$，使得 $\mathscr{A}$ 中集合测度的收敛暗含弱收敛。我们还证明任何弱收敛序列 $\{\lambda_n\}$ 的极限测度 λ 是唯一的。然后在 12.2 节，我们证明$(\mathbf{R}^l,\mathscr{B}^l)$上的概率测度与 $\mathbf{R}^l$ 上的分布函数之间的一一对应关系。然后在 12.3 节中利用 12.1 节和 12.2 节这两节的结果，在那里我们以分布函数方式刻画弱收敛的特征，反过来这个特征又被用来证明赫利（Helly）定理，这是一个证明弱收敛子序列存在性的非常普遍的结果。在12.4节，我们利用赫利定理证明一类特别的马尔可夫过程即单调的马尔可夫过程的两个收敛结果。

然后，我们提出如下问题：若转移函数 P 依赖于参数向量 θ，关于不变测度对参数向量的依赖性能得出什么结论呢？在12.5节中，我们证明不变测度连续依赖于 θ 的充分条件。最后，我们把第9章中悬而未决的松散结尾束紧，12.6节表明我们可以去掉引理9.5所用的外生冲击落于紧集中的假定。

12.1 弱收敛的特征

在本节，我们关心的是以特定集合族测度收敛的方式来刻画概率测度的弱收敛。贯穿本节，我们假定 (S, ρ) 是具有波雷尔集 $\mathscr{S}$ 的度量空间，即给定 (S, ρ)，$\mathscr{S}$ 的定义如下：令 $b(x, \varepsilon)$ 表示 S 中围绕 x 的半径为 ε 的开球，即 $b(x, \varepsilon)=\{s\in S: \rho(s, x)<\varepsilon\}$。若对任意 $x\in A$ 存在 $\varepsilon>0$ 使 $b(x, \varepsilon)\subseteq A$，则集合 $A\subseteq S$ 是开的。波雷尔集 $\mathscr{S}$ 的族是由开集生成的 σ 代数。集合 $A\subseteq S$ 的内部是以下集合：

$$\mathring{A} = \{x \in A: \text{对某个 } \varepsilon > 0, b(x, \varepsilon) \subseteq A\}$$

而集合 A 的闭包是以下集合：

$$\bar{A}=\{x\in S: \text{对 } A \text{ 中某个序列 } \{x_n\}, x_n\rightarrow x\}$$

若 $\bar{A}=A$，则集合 A 是闭的。

注意，若 S 是 $\mathbf{R}^l$ 的一个波雷尔集，则将集合 A 看作 S 的一个子集时可能是开的，但看作 $\mathbf{R}^l$ 的子集时却不是。当我们想强调这个区别时，我们说 A 相对于 S 是开的，或相对开。类似地，当我们希望强调利用 S 定义集合的事实时，我们将称 A 相对于 S 的内部及 A 相对于 S 的闭包是开的。

练习 12.1 令 S 是 $\mathbf{R}^l$ 中的波雷尔集。

a. 证明 $\mathscr{S}=\{A\subseteq S: A\in \mathscr{B}^l\}$。

b. 证明若对某个开集 $A'\in \mathscr{B}^l$ 有 $A=A'\cap S$，则 A 相对于 S 是开的。

c. 证明 A 相对于 S 的内部相对于 S 是开的。

d. 证明若 A 相对于 S 是开的，则 $\mathring{A}=A$。

令 $C(S)$ 是 S 上有界连续函数的集合，并令 $\Lambda(S, \mathscr{S})$是$(S, \mathscr{S})$上概率测度的集合。回想若对所有 $f\in C(S)$，有：

$$\lim_{n\to\infty}\int f\mathrm{d}\lambda_n = \int f\mathrm{d}\lambda$$

则将概率测度序列$\{\lambda_n\}$称作**弱收敛**（converge weakly）于概率测度 λ，并写作 $\lambda_n\Rightarrow\lambda$。

通过证明对所有 $A\in\mathscr{A}$，有：

$$\lim_{n\to\infty}\lambda_n(A) = \lambda(A)$$

我们将导出证明弱收敛的各种方法，其中 $\mathscr{A}$ 是 $\mathscr{S}$中集合的适当子类。

我们首先证明两个预备性引理。引理 12.1 证明任何闭集的测度可以用连续函数的积分来逼近，而引理 12.2 证明任何连续函数的积分可用闭集测度之和来逼近。其次，这两个引理被用来证明我们的第一个主要结果，即定理 12.3，它提出刻画弱收敛的四种等价方式。再次，定理 12.4 和定理 12.5 利用这个结果来刻画足以暗含弱收敛的更小集合族 $\mathscr{A}$。最后，定理 12.6 及其推论证明，若两个测度对任意闭集赋同一值或对任意连续函数赋同一期望值，则这两个测度是相等的，这个结果直接意味着，若$\{\lambda_n\}$是弱收敛测度序列，则极限 λ 是唯一的。

我们最初的两个引理证明闭集的测度与连续函数的积分之间的密切联系。其中第一个利用了如下练习：

练习 12.2　令(S, ρ)为度量空间。对 $A\subset S$，$A\neq\varnothing$及 $s\in S$，定义 $\rho(s, A) = \inf_{x\in A}\rho(s, x)$。

a. 证明对所有 $x, y\in S$ 和 $A\subset S$，$|\rho(x, A)-\rho(y, A)|\leqslant\rho(x, y)$。

b. 证明对任何 $A\subset S$，函数 $\rho(\cdot, A)$：$S\to\mathbf{R}_+$ 是一致连续的。

c. 证明 $\bar{A} = \{s\in S: \rho(s, A) = 0\}$。

引理 12.1　给定任何闭集 $F\in\mathscr{S}$，存在递减连续函数序列$\{f_n\}$使得对所有 $s\in F$ 和所有 n，有 $f_n(s)=1$，且对所有 $\lambda\in\Lambda(S, \mathscr{S})$，有：

$$\lim_{n\to\infty}f_n\mathrm{d}\lambda = \lambda(F)$$

证明　利用构造法证明。令 F 给定，并定义集合：

$$F_n = \{s\in S: \rho(s, F)\leqslant 1/n\},\quad n=1, 2, \cdots$$

然后，对所有 $s\in S$ 定义函数序列$\{f_n\}$为：

$$f_n(s) = \begin{cases}1-n\rho(s, F), & 若\ \rho(s, F)\leqslant 1/n\\ 0, & 若\ \rho(s, F)>1/n,\ n=1, 2, \cdots\end{cases}$$

由练习 12.2b 可推得每个函数 f_n 是连续的。此外，对每个 n，有：

$$f_n(s)=1, s\in F;\quad f_n(s)=0, s\in F_n^c;\quad 0\leqslant f_n(s)\leqslant 1,\ s\in S$$

所以对所有 $\lambda\in\Lambda(S, \mathscr{S})$ 和所有 n，有：

$$\lambda(F)=\int_F f_n \mathrm{d}\lambda\leqslant\int_S f_n \mathrm{d}\lambda\leqslant\lambda(F_n) \tag{1}$$

另外，由练习 12.2c 及 F 为闭的事实可推得 $\bigcap_{n=1}^{\infty}F_n=\bar{F}=F$。由于 $\{F_n\}$是递减集合序列，故由定理 7.1 可得 $\lim_{n\to\infty}\lambda(F_n)=\lambda(F)$。在式（1）中取 $n\to\infty$时的极限即可证明结果。

图 12.1 显示了 $S=\mathbf{R}$ 及 $F=[a, b]$这种情形下函数序列 f_n 中的一个函数。

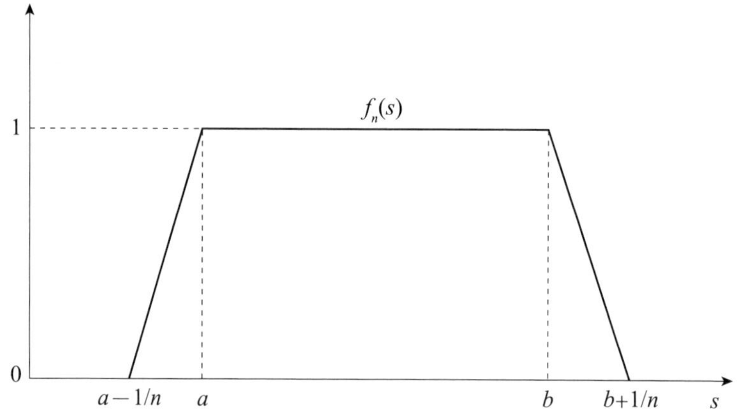

图 12.1

下一个引理证明任何有界可测函数的积分可用适当集合测度之和来逼近。若函数是连续的，逼近可用闭集来实现。

引理 12.2 令 f 为任何有界可测函数；令 a，b 对所有 $s\in S$ 满足 $a\leqslant f(s)<b$；令 $c=b-a$。则对任意 $\varepsilon>0$，存在整数 $k\geqslant 1$ 和 $\mathscr{S}$中集合族 $\{F_i\}_{i=1}^k$ 对所有 $\mu\in\Lambda(S, \mathscr{S})$ 满足：

$$a+\frac{c}{k}\sum_{i=1}^{k}\mu(F_i)\leqslant\int f\mathrm{d}\mu\leqslant a+\frac{c}{k}\sum_{i=1}^{k}\mu(F_i)+\varepsilon \tag{2}$$

若 f 是连续的，则集合$\{F_i\}$可选为闭的。

证明 首先我们将证明若对所有 $s\in S$ 有 $0\leqslant f(s)<1$，则断言成立。在此情形中，我们可以取 $a=0$，$b=1$ 及 $c=1$。对每个整数 $k\geqslant 1$，定义集合：

$$F_{ki}=\{s\in S: i/k\leqslant f(s)\},\quad i=0, 1, \cdots, k \tag{3}$$

于是，为了证明所要求的结果，证明下式就足够了，即对所有 $\mu \in \Lambda(S, \mathscr{S})$，有：

$$\frac{1}{k}\sum_{i=1}^{k}\mu(F_{ki}) \leqslant \int f\mathrm{d}\mu \leqslant \frac{1}{k}+\frac{1}{k}\sum_{i=1}^{k}\mu(F_{ki}),\ k=1,\ 2,\ \cdots \quad (4)$$

固定 k，并去掉第一个下标，考虑集合 F_i，$i=0$，1，…，k。注意，它们是嵌套且递减的，且有 $F_0=S$ 及 $F_k=\varnothing$。还要注意若 f 是连续的，则每个 F_i 是闭的。集合 $(F_{i-1}\setminus F_i)$，$i=1$，…，k 形成 S 的一个划分，且对所有 $s\in(F_{i-1}\setminus F_i)$，有：

$$\frac{i-1}{k} \leqslant f(s) < \frac{i}{k},\ i=1,\ \cdots,\ k$$

因而对任何 $\mu \in \Lambda(S, \mathscr{S})$，我们有：

$$\sum_{i=1}^{k}\frac{i-1}{k}\mu(F_{i-1}\setminus F_i) \leqslant \int f\mathrm{d}\mu \leqslant \sum_{i=1}^{k}\frac{i}{k}\mu(F_{i-1}\setminus F_i)$$

或

$$\sum_{i=1}^{k}\left(\frac{i-1}{k}\right)[\mu(F_{i-1})-\mu(F_i)] \leqslant \int f\mathrm{d}\mu \leqslant \sum_{i=1}^{k}\frac{i}{k}[\mu(F_{i-1})-\mu(F_i)]$$

或

$$\frac{1}{k}\sum_{i=1}^{k}\mu(F_i) \leqslant \int f\mathrm{d}\mu \leqslant \frac{1}{k}+\frac{1}{k}\sum_{i=1}^{k}\mu(F_i)$$

这正是要证明的。

接下来令 f 为任何有界可测函数，且对所有 $s\in S$ 有 $a \leqslant f(s) < b$，令 $c=b-a$，并固定 $\varepsilon>0$。定义函数 $\hat{f}(s)=[f(s)-a]/c$，并令 $\hat{\varepsilon}=\varepsilon/c$。使式（2）成立的集合族 $\{F_i\}_{i=1}^{k}$ 可通过对 $(\hat{f}, \hat{\varepsilon})$ 应用上面的论证得到。■

有了这两个引理后，我们即准备好证明我们的第一个主要结果，它提出了弱收敛的几个特征。我们用记号 ∂A 表示集合 A 的**边界**（boundary），即由既是 A 中序列的极限也是 A^c 中序列的极限的那些点所组成的集合。

定理 12.3　令 $\{\lambda_n\}$ 和 λ 都是 $(S, \mathscr{S})$ 上的概率测度，则下列四个条件是等价的：

a. 对所有 $f\in C(S)$，$\lim_{n\to\infty}\int f\mathrm{d}\lambda_n=\int f\mathrm{d}\lambda$；

b. 对任意闭集 F，$\limsup_{n\to\infty}\lambda_n(F)\leqslant\lambda(F)$；

c. 对任意开集 G，$\lim\inf_{n\to\infty}\lambda_n(G)\geqslant\lambda(G)$；

d. 对任意有 $\lambda(\partial A)=0$ 的集合 $A\in\mathscr{S}$，$\lim_{n\to\infty}\lambda_n(A)=\lambda(A)$。

证明　a⇒b。假设条件 a 成立，并令 F 为闭集，则由引理 12.1 知，对给定的任何 $\varepsilon>0$，存在连续函数 f 满足，对所有 n，有：

$$\lambda_n(F)\leqslant\int f\mathrm{d}\lambda_n \quad 和 \quad \int f\mathrm{d}\lambda\leqslant\lambda(F)+\varepsilon$$

取 $n\to\infty$时的极限并利用条件 a，我们得到：

$$\limsup_{n\to\infty}\lambda_n(F)\leqslant\lim_{n\to\infty}\int f\mathrm{d}\lambda_n=\int f\mathrm{d}\lambda\leqslant\lambda(F)+\varepsilon$$

由于 $\varepsilon>0$ 是任意的，故条件 b 得证。

b⇒a。假设条件 b 成立，并令 f 为对所有 $s\in S$ 有 $0\leqslant f(s)<1$ 的连续函数。对每个整数 $k\geqslant1$，定义集合 $\{F_{ki}\}_{i=0}^{k}$ 如式（3）。于是，如引理 12.2 的证明中所证，式（4）成立。因而对所有 n，k，有：

$$\int f\mathrm{d}\lambda_n\leqslant\frac{1}{k}+\frac{1}{k}\sum_{i=1}^{k}\lambda_n(F_{ki})$$

由于 f 是连续的，故集合 F_{ki} 都是闭的，所以，固定 k，取$n\to\infty$时的极限并利用条件 b，我们得到：

$$\begin{aligned}\limsup_{n\to\infty}\int f\mathrm{d}\lambda_n&\leqslant\frac{1}{k}+\limsup_{n\to\infty}\frac{1}{k}\sum_{i=1}^{k}\lambda_n(F_{ki})\\&\leqslant\frac{1}{k}+\frac{1}{k}\sum_{i=1}^{k}\limsup_{n\to\infty}\lambda_n(F_{ki})\\&\leqslant\frac{1}{k}+\frac{1}{k}\sum_{i=1}^{k}\lambda(F_{ki})\end{aligned}$$

再次利用式（4），我们得到：

$$\frac{1}{k}\sum_{i=1}^{k}\lambda(F_{ki})\leqslant\int f\mathrm{d}\lambda$$

利用这两个不等式并令 $k\to\infty$，我们可推出：

$$\limsup_{n\to\infty}\int f\mathrm{d}\lambda_n\leqslant\int f\mathrm{d}\lambda$$

类似地，对连续函数 $g=1-f$，我们有：

$$1-\liminf_{n\to\infty}\int f\mathrm{d}\lambda_n=\limsup_{n\to\infty}\int g\mathrm{d}\lambda_n\leqslant\int g\mathrm{d}\lambda=1-\int f\mathrm{d}\lambda$$

合并这两个结果可得出：

$$\limsup_{n\to\infty}\int f\mathrm{d}\lambda_n\leqslant\int f\mathrm{d}\lambda\leqslant\liminf_{n\to\infty}\int f\mathrm{d}\lambda_n$$

所以条件 a 成立。

若 $a \leqslant f < b$，将上面的论证应用于函数 $\hat{f} = (f-a)/(b-a)$，于是，积分的线性性质意味着结论对 f 也成立。

b⇔c。这由取余运算立即可得。

b⇔d。假设条件 b 成立，并令 $A \in \mathscr{S}$ 为任何具有 $\lambda(\partial A)=0$ 的集合。由于 $\lambda(\partial A)=0$，故可得 $\lambda(\mathring{A}) = \lambda(A) = \lambda(\bar{A})$。于是，由于 $\mathring{A}$ 是开的且 $\bar{A}$ 是闭的，及若条件 b 成立则条件 c 成立，故可推得：

$$\lambda(A) = \lambda(\mathring{A}) \leqslant \liminf_{n \to \infty} \lambda_n(\mathring{A}) \leqslant \liminf_{n \to \infty} \lambda_n(A)$$
$$\leqslant \limsup_{n \to \infty} \lambda_n(A) \leqslant \limsup_{n \to \infty} \lambda_n(\bar{A}) \leqslant \lambda(\bar{A}) = \lambda(A)$$

d⇒b。假设条件 d 成立，并令 F 为任何闭集。对于不同的 δ，闭集 $\{s \in S: \rho(s, F) \leqslant \delta\}$ 的边界是互不相交的。因而它们中仅有可数个在 λ 下有正测度，且——避开这些——我们可以选取收敛于零的递减序列 $\{\delta_k\}$，使得：

$$\text{对 } F_k = \{s \in S: \rho(s, F) \leqslant \delta_k\},\ \lambda(\partial F_k) = 0,\ k = 1, 2, \cdots$$

由于对每个 k 有 $F \subset F_k$，故可得对所有 n 和 k 有 $\lambda_n(F) \leqslant \lambda_n(F_k)$。于是，保持 k 固定，取 $n \to \infty$ 时的极限并利用条件 d，对所有 k，我们有：

$$\limsup_{n \to \infty} \lambda_n(F) \leqslant \lim_{n \to \infty} \lambda_n(F_k) = \lambda(F_k) \tag{5}$$

由于 $\{F_k\}$ 是嵌套递减序列，且有 $F = \bigcap_{k=1}^{\infty} F_k$，由定理 7.1 可推得 $\lambda(F) = \lim_{k \to \infty} \lambda(F_k)$。因而，在式（5）中取 $k \to \infty$ 时的极限，我们得到条件 b 成立。■

下一个结果利用定理 12.3 的准则 c 证明一个以特定集合族测度表示的弱收敛的充分条件。

定理 12.4　令 $\{\lambda_n\}$ 和 λ 是 $(S, \mathscr{S})$ 上的概率测度，并令 $\mathscr{A} \subseteq \mathscr{S}$ 是满足以下条件的集合族：

a. $\mathscr{A}$ 在有限交集下是闭的；

b. $\mathscr{S}$ 中每个开集都是 $\mathscr{A}$ 中集合的可数并集。

则对所有 $A \in \mathscr{A}$，有 $\lambda_n(A) \to \lambda(A)$ 意味着 $\lambda_n \Rightarrow \lambda$。

证明　令 $\mathscr{A}$ 满足条件 a 和条件 b，并令 $\{\lambda_n\}$ 和 λ 是概率测度，且对所有 $A \in \mathscr{A}$，$\lim_{n \to \infty} \lambda_n(A) = \lambda(A)$。若 $A_1, \cdots, A_m$ 落于 $\mathscr{A}$ 中，则由条件 a 知它们的交集也落于 $\mathscr{A}$ 中，因而由包含—排除公式，对每个 $n = 1, 2, \cdots$ 有：

$$\lambda_n\left(\bigcup_{i=1}^{m} A_i\right) = \sum_i \lambda_n(A_i) - \sum_i \sum_j \lambda_n(A_i \cap A_j)$$
$$+ \sum_i \sum_j \sum_k \lambda_n(A_i \cap A_j \cap A_k) - \cdots$$

取 $n\to\infty$ 时的极限，我们得到：

$$\lim_{n\to\infty}\lambda_n(\bigcup_{i=1}^{m}A_i)=\sum_i\lambda(A_i)-\sum_i\sum_j\lambda(A_i\cap A_j)+\cdots \tag{6}$$
$$=\lambda(\bigcup_{i=1}^{m}A_i)$$

令 G 为任意开集，并在 $\mathscr{A}$ 中选取 $\{A_i\}_{i=1}^{\infty}$ 使 $\bigcup_{i=1}^{\infty}A_i=G$，由假设条件知这能做到。于是，对给定的任意 $\varepsilon>0$，存在 $m\geqslant1$ 满足 $\lambda(G)-\varepsilon<\lambda(\bigcup_{i=1}^{m}A_i)$，则由式（6）可得：

$$\lambda(G)-\varepsilon<\lambda(\bigcup_{i=1}^{m}A_i)=\lim_{n\to\infty}\lambda_n(\bigcup_{i=1}^{m}A_i)\leqslant\lim_{n\to\infty}\inf\lambda_n(G)$$

由于开集 G 及 $\varepsilon>0$ 是任意的，故定理 12.3 的条件 c 可得。■

定理 12.5 及其推论应用这个结果以获取有限维欧几里得空间或其子集中弱收敛的一个有用准则。证明利用如下事实。令 S 是 $\mathbf{R}^l$ 中的波雷尔集，若 $\{A_\eta\}_{\eta\in H}$ 是 S 中相对开集的族，则存在可数子族，称其为 $\{A_i\}_{i=1}^{\infty}$，满足 $\bigcup_{i=1}^{\infty}A_i=\bigcup_{\eta\in H}A_\eta$（Royden，1968，Proposition 9，p. 40）。我们再次强调 $\mathring{A}$ 表示 A 相对于 S 的内部，而 $b(x,\varepsilon)$ 表示相对于 S 是一个开球。

定理 12.5 令 $S\subseteq\mathbf{R}^l$ 为波雷尔集，有波雷尔子集 $\mathscr{S}$。令 $\{\lambda_n\}$ 和 λ 为$(S,\mathscr{S})$上的概率测度，并令 $\mathscr{A}\subset\mathscr{S}$ 是满足如下条件的集合的一个族：

a. $\mathscr{A}$ 在有限交集下是闭的；

b. 对每个 $x\in S$ 及 $\varepsilon>0$，存在 $A\in\mathscr{A}$ 使得 $x\in\mathring{A}\subseteq A\subseteq b(x,\varepsilon)$。

则对所有 $A\in\mathscr{A}$，有 $\lambda_n(A)\to\lambda(A)$ 暗含 $\lambda_n\Rightarrow\lambda$。

证明 令 $\mathscr{A}$ 满足所述假设。考虑到 a，证明 $\mathscr{A}$ 满足定理 12.4 的条件 b 即可。

令 $G\in\mathscr{S}$ 为任何开集。对每个 $x\in G$，存在 $\varepsilon_x>0$ 满足 $b(x,\varepsilon_x)\subseteq G$，于是由 b 推得存在 $A_x\in\mathscr{A}$ 满足 $x\in\mathring{A}_x\subseteq A_x\subseteq b(x,\varepsilon_x)\subseteq G$。由于这对每个 $x\in G$ 为真，故可得：

$$G=\bigcup_{x\in G}x\subseteq\bigcup_{x\in G}\mathring{A}_x\subseteq\bigcup_{x\in G}A_x\subseteq\bigcup_{x\in G}b(x,\varepsilon_x)\subseteq G$$

所以，有 $\bigcup_{x\in G}\mathring{A}_x=G$，因而存在集合 $\mathring{A}_x$ 的一个可数选择——称其为 $\{\mathring{A}_i\}_{i=1}^{\infty}$ ——满足 $G=\bigcup_{i=1}^{\infty}\mathring{A}_i$。因此 $G=\bigcup_{i=1}^{\infty}A_i$，且由于 G 是任意开集，故 $\mathscr{A}$ 满足定理 12.4 的条件 b。■

下面的推论证明，对于 $S\subset\mathbf{R}^l$，排除了那些具有正 λ 测度边界的开球的有限交集可以作为定理 12.5 的类 $\mathscr{A}$。

推论 令 $S\subset\mathbf{R}^l$ 为波雷尔集，并有波雷尔子集 $\mathscr{S}$，令 $\{\lambda_n\}$ 和 λ 是$(S,\mathscr{S})$上的概率测度。若对每个有 $\lambda(\partial A)=0$ 的开球的有限交集的集合

A，$\lim_{n\to\infty}\lambda_n(A)=A$ 成立，则 $\lambda_n\Rightarrow\lambda$。

证明　由于对固定的 x，开球 $b(x,\varepsilon)$ 的边界对不同的 ε 是互不相交的，它们之中最多有可数个具有正 λ 测度。因而定理 12.5 的假设被由有零 λ 测度边界的开球的有限交集构成的族 $\mathscr{A}$ 所满足。■

具有如下性质的集合类 $\mathscr{A}$ 称作**收敛决定类**（convergence-determining class）：对满足 $\lambda(\partial A)=0$ 的所有 $A\in\mathscr{A}$，$\lambda_n(A)\to\lambda(A)$ 暗含 $\lambda_n\Rightarrow\lambda$。

这样，上面推论说的是开球的有限交集是对 $S\subset\mathbf{R}^l$ 的一个收敛决定类。注意，若 $\mathscr{A}\subset\mathscr{S}$ 是收敛决定类且对所有 $A\in\mathscr{A}$ 有 $\lambda(A)=\mu(A)$，则在 $\mathscr{S}$ 上 $\lambda=\mu$。（为什么？）稍后，当我们讨论 $\mathbf{R}^l$ 上的分布函数时，我们再次利用定理 12.5 来证明形如 $(a,b]$ 的半开矩形的族都是一个收敛决定类。

我们最后的结果证明任意度量空间（S，ρ）上概率测度的一个重要性质，其有用性在随后的两个推论中说明，它们证明这样一个空间上的任何概率测度完全由它在闭集上的值，或由它赋予连续函数的期望值决定。

定理 12.6　令 λ 为具有波雷尔集 $\mathscr{S}$ 的度量空间 (S,ρ) 上的概率测度，则对任何集合 $B\in\mathscr{S}$ 及任何 $\varepsilon>0$，存在闭集 A 及开集 C 满足 $A\subseteq B\subseteq C$，且 $\lambda(C)-\lambda(A)<\varepsilon$。

证明　令 $(S,\mathscr{S})$ 给定。首先，考虑 B 是闭集的情形。令 $A=B$，并由 $C_k=\{s:\rho(s,B)<1/2^k\}$ 定义开集序列 $\{C_k\}$，则 $\{C_k\}$ 是一个嵌套递减集合序列，且有 $B=\bigcap_{k=1}^{\infty}C_k$。因而由定理 7.1 可得 $\lambda(B)=\lim_{k\to\infty}\lambda(C_k)$。所以，对任何 $\varepsilon>0$，存在足够大的 k 使 $C=C_k$ 具有要求的特性。

令 $\mathscr{G}$ 是使适当的 A 及 C 能被选取的集合 B 的族。我们已证明 $\mathscr{G}$ 包含所有闭集。因而证明 $\mathscr{G}$ 为 σ 代数即可：证明它在补集及可数并集下是闭的。

令 $B\in\mathscr{G}$，并固定 $\varepsilon>0$，则存在闭集 A 和开集 B 满足 $A\subseteq B\subseteq C$ 和 $\lambda(C)-\lambda(A)<\varepsilon$，因而 C^c 是闭的而 A^c 是开的，并有 $C^c\subseteq B^c\subseteq A^c$ 和：

$$\begin{aligned}\lambda(A^c)-\lambda(C^c)&=[1-\lambda(A)]-[1-\lambda(C)]\\&=\lambda(C)-\lambda(A)<\varepsilon\end{aligned}$$

因而 $\mathscr{G}$ 在补集下是闭的。

最后，在 $\mathscr{G}$ 中选取序列 $\{B_n\}_{n=1}^{\infty}$，令 $B=\bigcup_{n=1}^{\infty}B_n$，并固定 $\varepsilon>0$。则对每个集合 B_n，我们可以选择闭集 A_n 和开集 C_n 满足 $A_n\subseteq B_n\subseteq C_n$ 和 $\lambda(C_n)-\lambda(A_n)\leqslant\varepsilon/2^{n+1}$。令 $C=\bigcup_{n=1}^{\infty}C_n$，并令 $A=\bigcup_{n=1}^{N}A_n$，其中 N

足够大以使$\lambda(\bigcup_{n=1}^{\infty}A_n \setminus A)=\lambda(\bigcup_{N+1}^{\infty}A_n \cap A^c)<\varepsilon/2$。则 A 是闭的而 C 是开的，并有 $A\subseteq B\subseteq C$，且有：

$$\begin{aligned}\lambda(C)-\lambda(A)&=\lambda(C\setminus A)=\lambda(\bigcup_{n=1}^{\infty}C_n\setminus\bigcup_{n=1}^{N}A_n)\\&\leqslant\lambda\Big[\bigcup_{n=1}^{\infty}(C_n\setminus A_n)\cup(\bigcup_{N+1}^{\infty}A_n\cap A^c)\Big]\\&\leqslant\sum_{n=1}^{\infty}\lambda(C_n\setminus A_n)+\lambda(\bigcup_{N+1}^{\infty}A_n\cap A^c)\\&=\sum_{n=1}^{\infty}[\lambda(C_n)-\lambda(A_n)]+\lambda(\bigcup_{N+1}^{\infty}A_n\cap A^c)<\varepsilon\end{aligned}$$

因而 $\mathscr{G}$ 在可数并集下是闭的。■

这个定理证明了一个度量空间上的任何概率测度完全由它赋予闭集的值决定。给定每个闭集的测度，每个开集 C 的测度由 $\lambda(C)=1-\lambda(C^c)$ 决定。这样，由于每一集合 B 都可“挤压”在一闭集 A 和一开集 C 之间，且使 $\lambda(C)-\lambda(A)$ 任意小，所以赋予每一集合的测度就被决定了。

推论 1 令 λ 和 μ 是概率测度。若对任何闭集 A 有 $\lambda(A)=\mu(A)$，则 $\lambda=\mu$。

定理 12.6 也意味着概率测度完全由它赋予连续函数的积分的值决定。为了理解这一点，注意引理 12.1 意味着若 λ 和 μ 对所有连续函数的积分赋予相同的值，则它们对所有闭集的测度也赋予相同的值，因而推论 1 适用且 $\lambda=\mu$。

推论 2 令 λ 和 μ 是概率测度。若对所有 $f\in C(s)$，有 $\int f\mathrm{d}\lambda=\int f\mathrm{d}\mu$，则 $\lambda=\mu$。

这两个推论中任一个推论的直接结果是，若概率测度序列 $\{\lambda_n\}$ 弱收敛，则极限测度是唯一的。

12.2 分布函数

给定 $(\mathbf{R}^l,\mathscr{B}^l)$ 上任意概率测度 λ，对所有 $x\in\mathbf{R}^l$，由

$$F(x)=\lambda((-\infty,x]) \tag{1}$$

定义的函数 F 称作相应的**分布函数**（distribution function）。[我们将用 $x<y$ 表示 $x_i<y_i$，$i=1,\cdots,l$；用 $x\leqslant y$ 表示 $x_i\leqslant y_i$，$i=1,\cdots,l$。我们将用 $(a,b]$ 表示 $\{x\in\mathbf{R}^l: a<x\leqslant b\}$]。当状态空间是 $\mathbf{R}^l$ 时，

处理分布函数而不是概率测度通常是便利的。

在本节，我们证明对（$\mathbf{R}^l$，$\mathscr{B}^l$）上的任何概率测度 λ，存在唯一的相应的分布函数 F，且 F 具有某些特性。反过来，对 $\mathbf{R}^l$ 上具有这些特性的任何函数 F，在（$\mathbf{R}^l$，$\mathscr{B}^l$）上存在唯一对应的概率测度 λ。最后，定理 12.7 证明当且仅当集合$(-\infty, x]$的边界有零 λ 测度时，F 在点 x 处上连续。这些结果（定理 12.7）在下一节中被利用，在那里我们以分布函数的相应序列的方式刻画概率测度序列的弱收敛。

若 $\varepsilon>0$ 且 $\varepsilon\to 0$，我们写 $\varepsilon\downarrow 0$，而若 $\varepsilon<0$ 且 $\varepsilon\to 0$，我们写 $\varepsilon\uparrow 0$。若 $F(x)=\lim_{\varepsilon\downarrow 0}F(x+\varepsilon\underset{\sim}{1})$，其中 $\underset{\sim}{1}=(1, 1, \cdots, 1)$，则称函数 F：$\mathbf{R}^l\to\mathbf{R}$ 在 x 点上连续，而若 $F(x)=\lim\limits_{\varepsilon\uparrow 0}F(x+\varepsilon\underset{\sim}{1})$，则函数 F 在 x 点下连续。回忆若对任意 $\varepsilon>0$ 存在 $\delta>0$ 使 $\|x-y\|<\delta$ 意味着 $|F(x)-F(y)|<\varepsilon$，则 F 在 x 点是连续的。若 F 在 x 点连续，则显然它在 x 点既上连续也下连续。下面的练习提出了适用于分布函数的逆。

练习 12.3　令 F：$\mathbf{R}^l\to\mathbf{R}$ 非递减。证明若 F 在 x 点上连续且下连续，则 F 在 x 点连续。

下面的定理证明分布函数的特性以及概率测度与分布函数之间的一一对应关系。

定理 12.7　a. 对（$\mathbf{R}^l$，$\mathscr{B}^l$）上的任何概率测度 λ，由式（1）给出的分布函数 F：$\mathbf{R}^l\to[0, 1]$ 具有如下特性：

（D1）F 弱递增，当任何坐标 $x_i\to-\infty$ 时 $F(x)\to 0$，当所有坐标 $x_i\to+\infty$时 $F(x)\to 1$；

（D2）F 处处上连续；

（D3）对每个 l 维矩形$(a, b]$，有：

$$\sum_{j=1}^{2^l}\pm F(a+\theta_j d)=\sum_{j=1}^{2^l}\pm F(a_1+\theta_{j1}d_1, \cdots, a_l+\theta_{jl}d_l)\geqslant 0$$

其中 $d=b-a$，求和是对由 0 和 1 构成的 2^l 个向量 θ_j 进行的，且若 0 的个数为偶数，符号为正，若 0 的个数为奇数，符号为负。

b. 对满足（D1）～（D3）的任何函数 F：$\mathbf{R}^l\to[0, 1]$，在（$\mathbf{R}^l$，$\mathscr{B}^l$）上存在唯一的概率测度满足式（1）。

c. 对满足式（1）的任何数对 F 和 λ，当且仅当集合$(-\infty, x]$的边界有零 λ 测度时，F 在 x 点下连续。

a 的证明　令 λ 给定，并由式（1）定义 F。由式（1）立即可得（D1）成立。为了理解（D2）成立，固定 $x\in\mathbf{R}^l$，并令 $\{\varepsilon_k\}$ 为收敛于零的正序列，由 $A_k=(-\infty, x+\varepsilon_k\underset{\sim}{1}]$ 定义集合 A_k，$k=1, 2, \cdots$。由于 $\{A_k\}$ 是嵌套递减族，且有 $(-\infty, x]=\bigcap_{k=1}^{\infty}A_k$，故定理 7.1 意味着：

$$F(x) = \lambda((-\infty, \ x]) = \lambda(\bigcap_{k=1}^{\infty} A_k) = \lim_{k \to \infty} \lambda(A_k)$$
$$= \lim_{k \to \infty} F(x + \varepsilon_k \underset{\sim}{1})$$

所以 F 在 x 点上连续。最后，为了理解（D3）成立，注意对任何矩形 $(a, b]$，有：

$$\sum_{j=1}^{2^l} \pm F(a + \theta_j d) = \sum_{j=1}^{2^l} \pm \lambda(-\infty, \ a + \theta_j d] = \lambda((a, \ b])$$

图 12.2 说明了 $l=2$ 的情形。

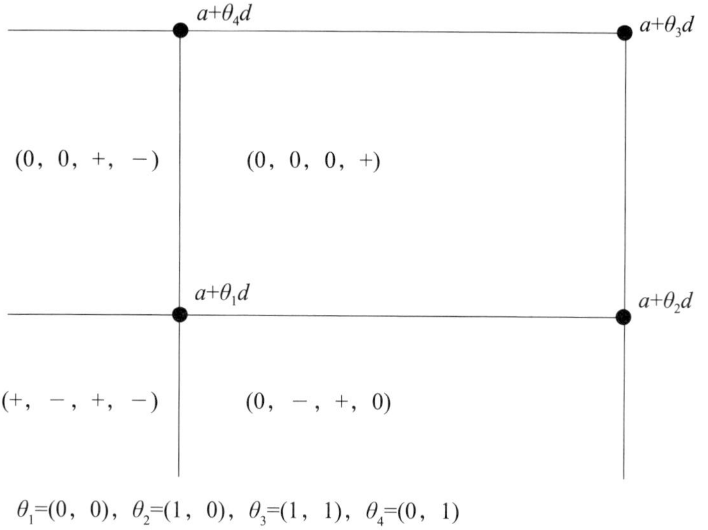

图 12.2

b 的证明　假设 F：$\mathbf{R}^l \to [0, 1]$ 满足（D1）～（D3）。$\mathbf{R}^l$ 中的波雷尔集是由半开矩形有限并集所构成的代数 $\mathscr{A}$ 生成的，半开矩形是形如 $(a, b]$，$(-\infty, b]$，$(a, +\infty)$，$(-\infty, +\infty)$ 的集合（参见练习 7.6）。因而由卡拉特奥多里扩展定理（定理 7.2）可推得，为了构造 $(\mathbf{R}^l, \mathscr{B}^l)$ 上的概率测度 λ，在 $\mathscr{A}$ 上定义 λ 并证明 λ 在 $\mathscr{A}$ 上是可数可加性的即可。对于半开矩形，定义 λ 为：

$$\lambda((-\infty, \ b]) = F(b), \quad \lambda((a, \ b]) = \sum \pm F(a + \theta_j d) \quad (2)$$

$$\lambda((-\infty, +\infty)) = 1, \quad \lambda((a, +\infty)) = \sum \pm F(a + \theta_j d)$$

显然 λ 满足式（1）。两个矩形的交集自身也是一个矩形，故任何这种集合的测度由上面公式之一给出。最后，$\mathscr{A}$ 中作为矩形有限并集的任何集合都可写成不相交矩形的有限并集。假设 A 是这样一个集合，且

$\bigcup_{i=1}^{I} A_i = A = \bigcup_{j=1}^{J} B_j$ 是表达它的两种方式，证明这两个和相等的论证完全类似于在定理 7.13 的证明中所用的，且我们定义 $\lambda(A)$ 是它们的公共值。

为了理解 λ 在 $\mathscr{A}$ 上是可数可加性的，令 $A = \bigcup_{n=1}^{\infty} A_n$，其中 A 和 $\{A_n\}$ 都在 $\mathscr{A}$ 中，且各个 A_n 互不相交。我们必须证明 $\lambda(A) = \sum_{n=1}^{\infty} \lambda(A_n)$。我们对 $l=1$ 的情形详细地进行证明并简要说明论证应如何扩展。由于任何集合 $A \in \mathscr{A}$ 是不相交区间的有限并集，考虑 A 为一个区间的情形即可。令 $A = (a, b]$，并考虑满足 $\bigcup_{n=1}^{\infty}(a_n, b_n] = (a, b]$ 的任意互不相交区间序列 $(a_n, b_n]$。不失一般性地，我们可以对区间排序以使 $b = b_1 \geqslant a_1 = b_2 \geqslant \cdots = a$，则我们有：

$$\begin{aligned}
\sum_{n=1}^{\infty} \lambda((a_n, b_n]) &= \sum_{n=1}^{\infty} [F(b_n) - F(a_n)] \\
&= \sum_{n=1}^{\infty} [F(b_n) - F(b_{n+1})] \\
&= \lim_{N \to \infty} \sum_{n=1}^{N} [F(b_n) - F(b_{n+1})] \\
&= F(b_1) - \lim_{N \to \infty} F(b_{N+1}) \\
&= F(b) - F(a) = \lambda(a, b]
\end{aligned}$$

其中倒数第二步利用了 $\{b_n\}$ 是收敛于 a 的递减序列以及 F 上连续的事实。

这个论证中的关键步骤是项的删除，且这种删除在更高维中也成立。令 $(a, b]$ 是 $\mathbf{R}^l$ 中的矩形，并令 $\{(a_n, b_n]\}$ 是其并集为 $(a, b]$ 的一个互不相交矩形序列。于是：

$$\sum_{n=1}^{\infty} \lambda((a_n, b_n]) = \sum_{n=1}^{\infty} \left[\sum_{j=1}^{2^l} \pm F(a_n + \theta_j d_n) \right]$$

且右边除了对应于矩形 $(a, b]$ 的 2^l 个顶点的项，其他项都被删除。[对于 $l=2$，如图 12.3 所示，这是因为 $(a, b]$ 内部的每一顶点都被计算两次或四次，且正号和负号相互抵消；$(a, b]$ 边上的顶点恰好被计算两次，也有相互抵消的符号；$(a, b]$ 的四个顶点恰好被计算一次。]

最后，注意由于式 (1) 意味着式 (2)，λ 在 $\mathscr{A}$ 上唯一地定义，因而哈恩扩展定理（定理 7.3）意味着 λ 到全部 $\mathscr{B}^l$ 的扩展是唯一的。

c 的证明　固定 x；令 $\{\varepsilon_k\}$ 是收敛于零的递减序列；令 $B_k = (-\infty, x - \varepsilon_k \underset{\sim}{1}]$，$k = 1, 2, \cdots$。则 B_k 为嵌套递减族，且有 $\bigcup_{k=1}^{\infty} B_k = (-\infty, x)$。因而由定理 7.1 得：

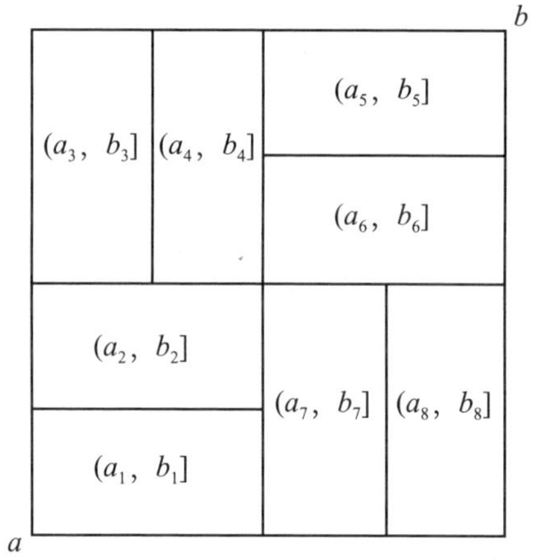

图 12.3

$$\lambda((-\infty, x)) = \lambda(\bigcup_{k=1}^{\infty} B_k) = \lim_{k\to\infty}\lambda(B_k) = \lim_{k\to\infty}F(x-\varepsilon_k \underset{\sim}{1})$$

由于 $F(x)=\lambda((-\infty, x])$，故立即可得当且仅当 $\lambda((-\infty, x])=\lambda((-\infty, x))$ 时，F 在 x 点下连续。■

12.3 分布函数的弱收敛

在上节，我们证明了若状态空间为有限维欧几里得空间，则在分布函数和概率测度之间存在一一对应关系，因而视论证的便利性可按其中一种方式进行。这个事实引发了我们下边将要证明的两个结果。第一个是定理 12.8，它以分布函数的方式刻画弱收敛，第二个是定理 12.9，即赫利定理，利用这个结果在给定任何分布函数序列 $\{F_n\}$ 时，证明关于弱收敛子序列存在性的一个非常一般的结果，这个定理的一个推论对序列 $\{F_n\}$ 本身而不是一个子序列提出了一个简单的收敛的充分条件。

下一个定理利用定理 12.3 和定理 12.7 证明测度序列弱收敛与分布函数对应序列的收敛之间的联系，基本思路是形如$(a, b]$的各矩形都是收敛决定类。

定理 12.8 令 $\{\lambda_n\}$ 和 λ 是 $(\mathbf{R}^l, \mathscr{B}^l)$ 上的概率测度，并令 $\{F_n\}$ 和 F 是相应的分布函数。则 $\lambda_n \Rightarrow \lambda$ 的充分必要条件是，在 F 的所有连续点有：

$$\lim_{n\to\infty}F_n(x) = F(x) \tag{1}$$

证明　假设 $\lambda_n \Rightarrow \lambda$。令 $\{F_n\}$ 和 F 是相应的分布函数，并选取使 F 连续的任何点 x。则由定理 12.7 可得集合 $(-\infty, x]$ 的边界具有零 λ 测度，因而有：

$$\lim_{n\to\infty} F_n(x) = \lim_{n\to\infty} \lambda_n((-\infty, x]) = \lambda((-\infty, x]) = F(x)$$

其中第二个等式来自定理 12.3 的条件 d。因而式（1）成立。

反之，假设式（1）成立。回忆 $\mathbf{R}^l$ 中的**超平面**（hyperplane）是形如 $\mathbf{R}^{i-1}\times a_i\times\mathbf{R}^{l-i}$，$i\in\{I, \cdots, l\}$，$a_i\in\mathbf{R}$ 的集合。对每个固定的 i，这些集合中最多有可数个正 λ 测度，即对每个 $i=1, \cdots, l$，集合

$$Z_i = \{a_i \in \mathbf{R}: \lambda(\mathbf{R}^{i-1}\times a_i\times\mathbf{R}^{l-i}) = 0\}$$

与 $\mathbf{R}$ 最多相差一个可数集。

$\mathbf{R}^l$ 中形如$(a, b]$的一个区间由构成其各面的 $2l$ 个超平面所决定。令 $\mathscr{A}$ 是使所有这些超平面都有零 λ 测度的区间的类，即有：

$$\mathscr{A} = \{(a, b] \subset \mathbf{R}^l: a_i, b_i \in Z_i, i=1, \cdots, l\}$$

显然 $\mathscr{A}$ 满足定理 12.5 的假设。

为了完成证明，证明对所有 $A\in\mathscr{A}$ 有 $\lambda(A) = \lim_{n\to\infty}\lambda_n(A)$ 即可。为了理解这一点，注意每个区间$(a, b]\in\mathscr{A}$都有 $(a, b]$ 的每个顶点都是 $Z_1\times Z_2\times\cdots\times Z_l$的一个元素因而是 F 的一个连续点这种性质，因此有：

$$\begin{aligned}\lambda((a, b]) &= \sum_{j=1}^{2^l} \pm F(a+\theta_j d) = \sum_{j=1}^{2^l} \pm \lim_{n\to\infty} F_n(a+\theta_j d) \\ &= \lim_{n\to\infty}\sum_{j=1}^{2^l} \pm F_n(a+\theta_j d) = \lim_{n\to\infty}\lambda_n((a, b])\end{aligned}$$

其中 $d=b-a$ 和各个 θ_j 都设定如前。■

定理 12.8 是一个极其有用的结果，这是因为处理分布函数比处理概率测度通常更容易。若状态空间是 $\mathbf{R}^l$ 的一个子集，相应的分布函数就按如下定义。首先，注意若 S 是 $\mathbf{R}^l$ 的一个波雷尔子集，则对任何概率测度 $\lambda\in\Lambda(S, \mathscr{S})$ 和所有 $A\in\mathscr{B}^l$，有

$$\hat{\lambda}(A) = \lambda(A\cap S) \tag{2}$$

定义了 λ 到测度 $\hat{\lambda}\in\Lambda(\mathbf{R}^l, \mathscr{B}^l)$ 的一个自然扩展。容易证明，定义在 $(S, \mathscr{S})$ 上的概率测度序列的弱收敛等价于定义在 $(\mathbf{R}^l, \mathscr{B}^l)$ 上的相应序列的弱收敛。

练习 12.4　令 $S\subset\mathbf{R}^l$ 是波雷尔集；令 $\{\lambda_n\}$ 和 λ 是$(S, \mathscr{S})$上的概率测度；令 $\{\hat{\lambda}_n\}$ 和 $\hat{\lambda}$ 是$(\mathbf{R}^l, \mathscr{B}^l)$上相应的概率测度。证明当且仅当 $\hat{\lambda}_n\Rightarrow\hat{\lambda}$ 时，$\lambda_n\Rightarrow\lambda$。（提示：利用练习 12.1b 及定理 12.3 的条件 b。）

这样，定理 12.8 和练习 12.4 一起意味着，$\mathbf{R}^l$ 的任何波雷尔子集 $(S,\mathscr{S})$ 上概率测度序列的弱收敛等价于对应的分布函数序列的弱收敛。下面的练习证明了我们稍后要用的这个事实的一个结果。

练习 12.5 令 $S=[a, b]\subset\mathbf{R}^l$，并令 $\mathscr{A}=\{A=[a, x]: x\in S\}$。

a. 令 $\{\lambda_n\}$ 和 λ 是 $\Lambda(S,\mathscr{S})$ 中的测度，并假设对所有 $A\in\mathscr{A}$，有：

$$\lim_{n\to\infty}\lambda_n(A)=\lambda(A)$$

证明 $\lambda_n\Rightarrow\lambda$。（提示：利用练习 12.4 和定理 12.8。）

b. 令 λ 和 $\mu\in\Lambda(S,\mathscr{S})$。证明若对所有连续单调函数 f 有 $\int f\mathrm{d}\lambda=\int f\mathrm{d}\mu$，则 $\lambda=\mu$。（提示：对每个 $A\in\mathscr{A}$，考虑如定理 12.1 的证明中构造的连续函数序列，然后应用在 a 中证明的结果。）

我们下一个结果即赫利定理提供处理分布函数的优越性的另一个说明。然而，在开始之前，我们需要如下的定义。令 (S,ρ) 是一度量空间，并有波雷尔集 $\mathscr{S}$，令 $\lambda\in\Lambda(S,\mathscr{S})$ 为 $(S,\mathscr{S})$ 上的概率测度。Λ 的**支撑**（support）是（相对于 S）闭的且有 $\lambda(A)=1$ 的最小集合 A。为了理解支撑是定义恰当的，注意 S 自身是闭的且 $\lambda(S)=1$。此外，若 A 和 B 都是闭的，且 $\lambda(A)=\lambda(B)=1$，则 $A\cap B$ 也是闭的且有 $\lambda(A\cap B)=1$。（为什么?）最后，注意后一论证可以扩展到任何闭集族，其中每个闭集都有单位 λ 测度。

赫利定理证明了对于 $\{\mathbf{R}^l,\mathscr{B}^l\}$ 上任何具有包含在同一个紧集中的支撑的分布函数的序列 $\{F_n\}$，都存在弱收敛于分布函数 F 的子序列。证明的主要思路如下。令 Z 是 $\mathbf{R}^l$ 中具有有理坐标的点的集合，首先构造 $\{F_n\}$ 在集合 Z 中逐点收敛的一个子序列，并用这个子序列的逐点极限定义 Z 上的一个函数 G，然后将此函数扩展到整个 $\mathbf{R}^l$，最后，改变它使其上连续，最终的函数即为所要求的函数 F，而用以构造它的 $\{F_n\}$ 的子序列弱收敛于它。

定理 12.9（赫利定理） 令 $\{F_n\}$ 为 $(\mathbf{R}^l,\mathscr{B}^l)$ 上的分布函数序列，且有下面的性质，对某个 $\underline{a}$，$\bar{b}\in\mathbf{R}^l$，有：

$$F_n(\underline{a})=0 \text{ 且 } F_n(\bar{b})=1,\ n=1,2,\cdots \tag{3}$$

则存在一分布函数 F 满足 $F(\underline{a})=0$ 和 $F(\bar{b})=1$，以及 $\{F_n\}$ 的一弱收敛于 F 的子序列。

证明 令 $Z=\{z_i\}_{i=1}^{\infty}$ 为 $\mathbf{R}^l$ 中具有有理坐标的点的枚举。考虑实数序列 $\{F_n(z_1)\}$，由于这个序列包含在闭区间 $[0, 1]$ 中，故它包含一收敛子序列，即存在$\{F_n\}$的一子序列$\{F_n^{(1)}\}$使$\{F_n^{(1)}(z_1)\}$收敛。接下来考虑实数序列$\{F_n^{(1)}(z_2)\}$，由于这个序列也包含在闭区间$[0,1]$中，故它也包含一收敛子序列，即存在$\{F_n^{(1)}\}$的一子序列$\{F_n^{(2)}\}$使$\{F_n^{(2)}(z_i)\}$收敛，$i=1$，2。由归纳法继续，对每个$N=1$，2，…，我们可以找到$\{F_n\}$的一子序列$\{F_n^{(N)}\}$在点z_1，…，z_N处收敛。因此，序列$\{F_N^{(N)}\}_{N=1}^{\infty}$在$\mathbf{R}^l$的具有有理坐标的所有点都收敛。

令$G(z_i)=\lim_{N\to\infty}F_N^{(N)}(z_i)$，$i=1$，2，…。在$\mathbf{R}^l$的其他点，令$G(x)=\inf_{z_i>x}G(z_i)$。显然$G$满足定理12.7的性质（D1）。为了理解$G$满足性质（D3），首先注意，由于每个函数$F_N^{(N)}$都是一个分布函数，故（D3）对$F_N^{(N)}$成立，因此对具有有理坐标的$a$和$b$，有：

$$\sum_{j=1}^{2^l}\pm G(a+\theta_j d)=\lim_{N\to\infty}\sum_{j=1}^{2^l}\pm F_N^{(N)}(a+\theta_j d)\geqslant 0$$

其中$d=b-a$，且各个θ_j设定如前。若a或b或两者具有一些无理坐标，则可在$\mathbf{R}^l$中选取序列$\varepsilon_i\downarrow 0$和$\hat{\varepsilon}_i\downarrow 0$使得对每个$i$，$a+\varepsilon_i$和$(b-a)+\hat{\varepsilon}_i$具有有理坐标，且有：

$$G(a+\theta_j d)=\lim_{i\to\infty}G(a+\varepsilon_i+\theta_j d+\theta_j\hat{\varepsilon}_i),\ j=1,\ \cdots,\ 2^l$$

于是有：

$$\sum_{j=1}^{2^l}\pm G(a+\theta_j d)=\lim_{i=1}\sum_{j=1}^{2^l}\pm G(a+\varepsilon_i+\theta_j d+\theta_j\hat{\varepsilon}_i)\geqslant 0$$

因而G也满足定理12.7的性质（D3）。不过，G不必上连续。

为了使它如此，定义函数F为：

$$F(x)=\lim_{\varepsilon\downarrow 0}G(x+\varepsilon\underset{\sim}{1}),\ x\in\mathbf{R}^l$$

其中$\underset{\sim}{1}=(1,1,\cdots,1)$。若$G$在$x$处连续，则$F(x)=G(x)$，否则，$F(x)$是$G$在$x$的右极限。显然，$F$满足定理12.7的性质（D1）和性质（D2），为了理解它也满足性质（D3），注意由于G满足性质（D3），故有：

$$\sum_{j=1}^{2^l}\pm F(a+\theta_j d)=\lim_{\varepsilon\downarrow 0}\sum_{j=1}^{2^l}\pm G(a+\varepsilon\underset{\sim}{1}+\theta_j d)\geqslant 0$$

最后，注意若F在x处连续，则G也连续，所以$F(x)=G(x)=\lim_{N\to\infty}F_N^{(N)}(x)$。因此由定理12.8知，$\{F_N^{(N)}\}$弱收敛于$F$。■

下面的推论简单地以概率测度方式重述赫利定理。

推论1　令$\{\lambda_n\}$为$(\mathbf{R}^l,\mathscr{B}^l)$上一概率测度序列，且有如下性质，即对某个$\underline{a}$，$\bar{b}\in\mathbf{R}^l$，有：

$$\lambda_n((-\infty, \underline{a}])=0$$

$$\lambda_n((-\infty, \bar{b}])=1, n=1, 2, \cdots$$

则存在一概率测度 λ 且 $\lambda((-\infty, \underline{a}])=0$ 和 $\lambda((-\infty, \bar{b}])=1$，以及 $\{\lambda_n\}$ 弱收敛于 λ 的子序列。

为了理解在一公共紧集中的支撑假定不能完全去掉，考虑下面在实直线上的分布序列：

$$F_n(x)=\begin{cases}0, & \text{若 } x<n\\ 1, & \text{若 } x\geqslant n\end{cases}$$

序列 $\{F_n\}$ 逐点收敛于零函数，这不是一个分布函数。然而，可以像在下一个练习中所表明的那样放松假定。练习还表明可以怎样把结果扩展到 S 是 $\mathbf{R}^l$ 的闭子集的情形。

练习 12.6 a. 证明在下面更弱的条件下定理 12.9 的结论成立：对任意$\varepsilon>0$，存在 $\underline{a}(\varepsilon)$ 和 $\bar{b}(\varepsilon)$ 对所有 n 满足$F_n[\bar{b}(\varepsilon)]-F_n[\underline{a}(\varepsilon)]>1-\varepsilon$。

b. 令 $\{\lambda_n\}$ 为 $(\mathbf{R}^l, \mathscr{B}^l)$ 上的概率测度序列，并假设对任意 $\varepsilon>0$，存在紧集 K 对所有 n 有 $\lambda_n(K)>1-\varepsilon$。证明 $\{\lambda_n\}$ 具有弱收敛子序列。

c. 证明若状态空间是 $(S, \mathscr{S})$，其中 S 是 $\mathbf{R}^l$ 的一个闭子集，则 b 中的结果成立。

给定具有紧集 $[\underline{a}, \bar{b}]$ 中支撑的分布函数的任何序列 $\{F_n\}$，赫利定理保证一弱收敛子序列的存在性。加上关于序列 $\{F_n\}$ 的一个额外假定，这个结论可被强化。若一个分布函数序列 $\{F_n\}$ 对所有 n 有$F_{n+1}\leqslant F_n$ 或 $F_{n+1}\geqslant F_n$，则称此序列**单调**（monotone）。下面的推论证明若序列 $\{F_n\}$ 是单调的，则它弱收敛于一个极限分布函数 F。

推论 2 令 $\{F_n\}$ 为 $\mathbf{R}^l$ 上一单调的分布函数序列且满足式（3），则 $\{F_n\}$ 弱收敛于一分布函数 F。

证明 由于式（3）成立，所以 $\{F_n\}$ 逐点收敛于满足定理 12.7 的性质（D1）和（D3）的一个函数 G。如上面证明最后一步那样由 G 构造 F，那里的论证证明 F 满足性质（D1）～性质（D3）且 $\{F_n\}$ 弱收敛于 F。■

12.4 单调马尔可夫过程

在本节，我们利用上面导出的思想证明马尔可夫过程弱收敛的充分条件。除了已明确提出的之外，贯穿本节，我们取状态空间为欧几里得空间的一波雷尔集 $S\subseteq\mathbf{R}^l$，且有波雷尔子集 $\mathscr{S}$。我们取 P 是$(S, \mathscr{S})$上的转移函数，T：$B(S, \mathscr{S})\rightarrow B(S, \mathscr{S})$为有界可测函数上的相应算子，且 T^*：$\Lambda(S, \mathscr{S})\rightarrow\Lambda(S, \mathscr{S})$为概率测度上的相应算子。我们以 P，T，T^* 或其迭代的形式描述论证，这根据方便性而定，所有这些都定义在 8.1 节中。我们也利用那里介绍的记号 $\langle f, \lambda\rangle=\int f\mathrm{d}\lambda$ 。

我们证明两个主要结果，这两个结果利用 P 上的两个假定——费勒性质和单调性——它们在 8.1 节中介绍过且在下面更详细地讨论。定理 12.10 证明若状态空间 S 是紧的且 P 具有费勒性质，则存在一个不变测度，这个结果的证明利用了赫利定理。然后在定理 12.12 中我们证明，若 P 还是单调的且满足一个混合条件，则不变测度是唯一的，且序列 $\{T^{*n}\lambda_0\}$ 对任何初始概率测度 λ_0 都弱收敛于不变测度。虽然后一组假定第一眼看起来可能显得更具限制性，但它们在各种各样经济学问题中都能得到满足，就如第 13 章中的例子所表明的那样。

由 8.1 节回想，若对任何有界连续函数 f 和所有 s，定义为

$$(Tf)(s)=\int f(s')P(s, ds')$$

的函数也是连续的，则转移函数 P 具有**费勒性质**（Feller property）。即若算子 T 满足 $T[C(S)]\subseteq C(S)$，则 P 具有费勒性质。下面的练习以 P 和 T^* 的形式提出费勒性质的其他特征。注意后面两个都涉及弱收敛的概念。

练习 12.7　证明如下陈述是等价的：

a. $f\in C(S)$ 意味着 $Tf\in C(S)$（费勒性质）；

b. $s_n\rightarrow s$ 意味着 $P(s_n, \cdot)\Rightarrow P(s, \cdot)$；

c. $\lambda_n\Rightarrow\lambda$ 意味着 $T^*\lambda_n\Rightarrow T^*\lambda$。

（提示：利用定理 8.3。注意这个练习中的结果对任何度量空间都成立。）

为了证明 $S\subset\mathbf{R}^l$ 时不变测度的存在性，我们可以选取一个任意初始概率测度 λ_0 并考虑序列 $\{T^{*n}\lambda_0\}$。赫利定理的推论 1 保证，若 S 为紧集，则这个序列具有一个弱收敛的子序列。虽然这个子序列的极限测度 λ 似乎是一不变测度的备选项，但在存在循环移动子集的情况下它并不是不变测度，下面的练习说明了这个问题。回忆对任何 $s\in S$，δ_s 表示在点 s 为单位质量的概率测度。

练习 12.8 令 $S=[0,1]$，并考虑差分方程 $s_{t+1}=1-s_t$。

a. 对应于这个差分方程的转移函数 P 是什么？证明 P 具有费勒性质。

b. 证明对任何初始概率测度 $\lambda_0=\delta_s$，其中 $s\neq 1/2$，序列 $\{T^{*n}\lambda_0\}$ 具有收敛于两个不同极限的两个子序列。证明其中任何一个都不是不变测度。

c. 这个系统的不变测度是什么？

练习 12.8 意味着，和定理 11.1 及定理 11.9 一样，一个不变测度有可能通过考虑 N 期平均序列 $\{(1/N)\sum_{n=0}^{N-1}T^{*n}\lambda_0\}_{N}^{\infty}=1$ 来获得，因为平均将消除循环。下面的定理证明确实如此。

定理 12.10 若 $S\subset\mathbf{R}^l$ 是紧的且 P 具有费勒性质，则存在一概率测度在 P 下不变。

证明 选取任何 $\lambda_0\in\Lambda(S,\mathscr{S})$，并考虑 $\Lambda(S,\mathscr{S})$ 中由

$$\mu_N=\frac{1}{N}\sum_{n=0}^{N-1}T^{*n}\lambda_0$$

定义的序列 $\{\mu_N\}$。由赫利定理（定理 12.9）的推论 1，存在一概率测度 μ 及 $\{\mu_N\}$ 的一个子序列 $\{\mu_{N_k}\}$ 满足 $\{\mu_{N_k}\}$ 弱收敛于 μ。

令 f 是 S 上的一个连续函数。注意，由于 P 具有费勒性质，故 Tf 也是连续的；由于 S 是紧的，所以 f 有界。固定 $\varepsilon>0$，由于 $\mu_{N_k}\Rightarrow\mu$ 且 f 和 Tf 都是连续的，故可推得对某个充分大的 $K_1\geqslant 1$ 及所有 $k\geqslant K_1$，有：

$$|\langle f,\mu_{N_k}\rangle-\langle f,\mu\rangle|<\varepsilon/3$$
$$|\langle Tf,\mu_{N_k}\rangle-\langle Tf,\mu\rangle|<\varepsilon/3$$

此外，对任何 $N\geqslant 1$，有：

$$\begin{aligned}|\langle f,\mu_N\rangle-\langle Tf,\mu_N\rangle| &= \left|\langle f,\frac{1}{N}\sum_{n=0}^{N-1}T^{*n}\lambda_0\rangle-\langle Tf,\frac{1}{N}\sum_{n=0}^{N-1}T^{*n}\lambda_0\rangle\right|\\ &= \left|\frac{1}{N}\sum_{n=0}^{N-1}\langle f,T^{*n}\lambda_0\rangle-\frac{1}{N}\sum_{n=0}^{N-1}\langle Tf,T^{*n}\lambda_0\rangle\right|\\ &= \left|\frac{1}{N}\sum_{n=0}^{N-1}(\langle f,T^{*n}\lambda_0\rangle-\langle f,T^{*(n+1)}\lambda_0\rangle)\right|\\ &= \left|\frac{1}{N}(\langle f,\lambda_0\rangle-\langle f,T^{*N}\lambda_0\rangle)\right|\\ &\leqslant 2\|f\|/N\end{aligned}$$

其中第三行利用定理 8.3。因而对某个充分大的 K_2 及所有 $k\geqslant K_2$，有：

$$|\langle f, \mu_{N_k}\rangle - \langle Tf, \mu_{N_k}\rangle| < \varepsilon/3$$

利用三角不等式及上面的三个约束，我们推断对任何 $\varepsilon>0$，存在 $K\geqslant 1$，使得对所有 $k\geqslant K$ 有：

$$\begin{aligned}&|\langle f, \mu\rangle - \langle Tf, \mu\rangle| \\ &\leqslant |\langle f, \mu\rangle - \langle f, \mu_{N_k}\rangle| + |\langle f, \mu_{N_k}\rangle - \langle Tf, \mu_{N_k}\rangle| \\ &\quad + |\langle Tf, \mu_{N_k}\rangle - \langle Tf, \mu\rangle| \\ &< \varepsilon\end{aligned}$$

由于 $\varepsilon>0$ 是任意的，故可推得：

$$\langle f, \mu\rangle = \langle Tf, \mu\rangle = \langle f, T^*\mu\rangle \tag{1}$$

其中第二个等号再一次利用定理 8.3。由于 f 是任意连续函数，所以式 (1) 对所有 $f\in C(S)$ 都成立。因此，由定理 12.6 的推论 2 有 $\mu = T^*\mu$。■

注意，练习 12.8 中的例子满足这个定理的假设，即定理 12.10 并不排除多重不变测度或循环的存在性。为了排除这些可能性并保证序列 $\{T^{*n}\lambda_0\}$ 收敛于唯一不变测度，我们需要更强的假定。

由 8.1 节回忆，对 $S\subseteq\mathbf{R}^l$，若对任何有界递增函数 f，函数 Tf 也是递增的，则 $(S, \mathscr{S})$ 上的转移函数 P 是单调的。(在这里，我们在一个弱意义上使用递增。) 这样，我们以算子 T 对递增函数起作用的方式定义马尔可夫过程的单调性。P 为单调的假定被用于定理 12.12 的更强收敛结果的证明中。然而，由于具有费勒性质，单调性有一些用 P 或 T^* 表述的相同特征，考虑它们是有帮助的。特别地，对我们的目的来说，以 T^* 的形式刻画单调过程是有帮助的。

为了做到这一点，我们首先需要定义如下概率测度集合 $\Lambda(S, \mathscr{S})$ 上的半序。

定义　令 λ，$\mu\in\Lambda(S, \mathscr{S})$，若对任何递增函数 $f\in B(S, \mathscr{S})$ 有 $\langle f, \mu\rangle\geqslant\langle f, \lambda\rangle$，则 μ **优超** (dominates) λ。

即若任何有界递增函数 f 对 μ 积分的值至少与对 λ 积分的值相等，则 μ 优超 λ。若 μ 优超 λ，我们写作 $\mu\geqslant\lambda$。下面的练习证明在 $\mathbf{R}^1$ 中分布函数的单调性和概率测度的优超性是等价的，但在更高维中，后者更强。

练习 12.9　a. 令 $S\subseteq\mathbf{R}^l$，并令 λ，$\mu\in\Lambda(S, \mathscr{S})$。证明若 $\mu\geqslant\lambda$，则相应的分布函数对所有 $s\in S$ 满足 $F_\mu(s)\leqslant F_\lambda(s)$。

b. 证明对 $\mathbf{R}^1$ 来说，其逆也真。

c. 在 $\mathbf{R}^2$ 中给出逆不成立的一个例子。

下一个结果利用这个练习，此结果在后面要用到。它证明了若一概率测度序列被“挤压”在其他两个序列之间，且这两个序列都弱收敛于相同极限，则该概率测度序列也弱收敛于那个极限。

练习 12.10 令 $S=[a, b]\subset \mathbf{R}^l$，并令 $\{\mu_{1n}\}$，$\{\mu_{2n}\}$ 和 $\{\lambda_n\}$ 都是 $\Lambda(S, \mathscr{S})$ 中的序列，且对所有 n 有 $\mu_{1n}\leqslant\lambda_n\leqslant\mu_{2n}$。证明若 $\mu_{in}\Rightarrow\mu$，$i=1, 2$，则 $\lambda_n\Rightarrow\mu$。[提示：令 $\{F_{1n}\}$，$\{F_{2n}\}$，F 和 $\{G_n\}$ 分别是相应于 $\{\mu_{1n}\}$，$\{\mu_{2n}\}$，μ 和 $\{\lambda_n\}$ 的分布函数，并令 $X\subseteq[a, b]$是使 F 连续的点的集合。利用练习 12.9a 和定理 12.8。]

利用概率测度优超性的概念，我们有以 T^* 和 P 表述的马尔可夫过程单调性的如下特征。

练习 12.11 证明如下陈述是等价的：

a. $f\in B(S, \mathscr{S})$且 f 递增意味着 Tf 递增（单调性）；

b. λ，$\mu\in\Lambda(S, \mathscr{S})$且 $\mu\geqslant\lambda$ 意味着 $T^*\mu\geqslant T^*\lambda$；

c. s，$s'\in S$ 且 $s\geqslant s'$意味着 $P(s, \cdot)\geqslant P(s', \cdot)$。

（提示：利用定理 8.3。）

这个练习表明，当且仅当 T^* 保持概率测度之间的优超关系时，该马尔可夫过程是单调的。

若一概率测度序列 $\{\lambda_n\}$ 根据优超性排序，即若对所有 n 有 $\lambda_{n+1}\geqslant\lambda_n$ 或 $\lambda_{n+1}\leqslant\lambda_n$，则称 $\{\lambda_n\}$ 为单调的。下一个练习表明若 S 是闭的有界矩形 $[a, b]\subset\mathbf{R}^l$ 且 P 单调并有费勒性质，则序列 $\{T^{*n}\delta_a\}$ 和 $\{T^{*n}\delta_b\}$ 弱收敛于不变测度。

练习 12.12 令 $S=[a, b]\subset\mathbf{R}^l$。证明若 P 单调且有费勒性质，则序列 $\{T^{*n}\delta_a\}$ 和 $\{T^{*n}\delta_b\}$ 分别是单调增序列和单调减序列，且它们弱收敛于（可能不同的）不变测度。（提示：利用单调性证明每个序列弱收敛，然后利用费勒性质证明每个极限都是一个不变测度。）

练习 12.12 的假设——紧性、单调性和费勒性质——足以保证弱收敛于唯一的不变测度吗？下一个例子证明它们不能保证，仍然可能存在多重遍历集合。

练习 12.13 令 $S=[a, b]\subset\mathbf{R}$，并令 h：$S\to S$ 和 H：$S\to S$ 是图 12.4 所示的函数。考虑下面的转移函数：

$$P(s, A)=\frac{\mu(A\cap[h(s), H(s)])}{\mu([h(s), H(s)])}$$

其中 μ 表示 $\mathbf{R}$ 上的勒贝格测度。即对每个 $s\in S$，$P(s, \cdot)$ 是对应于区间 $[h(s), H(s)]$ 上一均匀密度的测度。

a. 证明 P 是连续的且具有费勒性质。

b. 证明图示的集合 E_1 和 E_2 是不同的遍历集合，且集合 F 是一瞬态集。

c. 证明序列 $\{T^{*n}\delta_a\}$ 和 $\{T^{*n}\delta_b\}$ 不具有相同的极限。

练习 12.13 表明为了保证不变测度的唯一性，我们必须在转移函数上添加足够的"混合"以控制图 12.4 所显示的那种行为，下面的假定 12.1 中正是这样做的。引理 12.11 证明若这个条件成立，则任何有界、可测、非递减函数的期望值以特别的方式有上界和下界。定理 12.12 利用这个结果证明不变测度 λ^* 唯一性的充分条件，以及对任何初始概率测度 λ_0，序列 $\{T^{*n}\lambda_0\}$ 弱收敛于 λ^*。

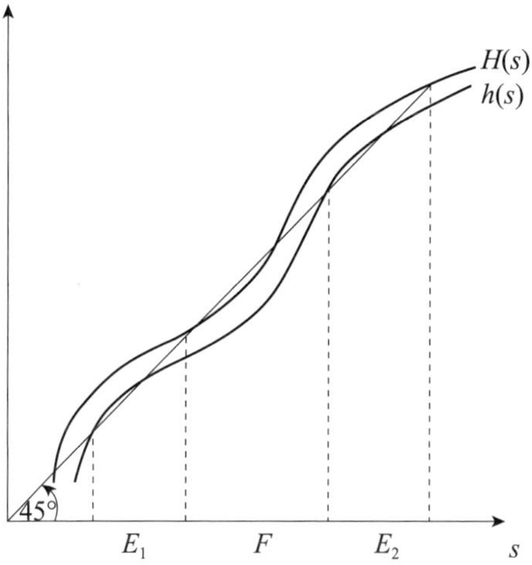

图 12.4

假定 12.1　存在 $c\in S$，$\varepsilon>0$ 和 $N\geqslant 1$ 满足 $P^N(a,[c,b])\geqslant\varepsilon$ 和 $P^N(b,[a,c])\geqslant\varepsilon$。

练习 12.14　证明若 P 是单调的且对 (c,ε,N) 满足假定 12.1，则对所有 $s\in S$，有：

$$P^N(s,[a,c])\geqslant\varepsilon \text{ 和 } P^N(s,[c,b])\geqslant\varepsilon$$

引理 12.11　令 $S=[a,b]\subset\mathbf{R}^l$。假定 P 是单调的且对 (c,ε,N) 满足假定 12.1。则对任何有界、可测、非递减函数 f 及所有 $s\in S$，有：

$$\varepsilon f(c)+(1-\varepsilon)f(a)\leqslant(T^Nf)(s)\leqslant\varepsilon f(c)+(1-\varepsilon)f(b) \quad (2)$$

证明　令 $A=[a,c]$，则由假定 12.1 和练习 12.14 知，对所有 $s\in S$，有 $P^N(s,A)\geqslant\varepsilon$。因而有：

$$(T^Nf)(s)=\int_A f(s')P^N(s,\mathrm{d}s')+\int_{A^c}f(s')P^N(s,\mathrm{d}s')$$

$$\leqslant f(c)P^N(s,\ A)+f(b)P^N(s,\ A^c)$$
$$\leqslant \varepsilon f(c)+(1-\varepsilon)f(b)$$

其中最后一行利用了 $f(c)\leqslant f(b)$ 和 $P^N(s,A)\geqslant\varepsilon$ 的事实。这就证明了式（2）中的第二个不等式，用类似的论证可证明第一个不等式。■

现在，我们已经准备好证明我们的最终结果。

定理 12.12 令 $S=[a,\ b]\subset\mathbf{R}^l$。若 P 是单调的、具有费勒性质且满足假定 12.1，则 P 具有唯一不变概率测度 λ^*，且对所有 $\lambda_0\in\Lambda(S,\mathscr{S})$，有 $T^{*n}\lambda_0\Rightarrow\lambda^*$。

证明 由练习 12.12 知，序列 $\{T^{*n}\delta_a\}$ 和 $\{T^{*n}\delta_b\}$ 弱收敛，且它们的极限 λ_a^* 和 λ_b^* 都是不变测度。由于对所有 $\lambda_0\in\Lambda(S,\ \mathscr{S})$，$\delta_a\leqslant\lambda_0\leqslant\delta_b$，且 T^* 是单调的，故对所有 $\lambda_0\in\Lambda(S,\mathscr{S})$，可推得：

$$T^{*n}\delta_a\leqslant T^{*n}\lambda_0\leqslant T^{*n}\delta_b,\quad n=1,\ 2,\ \cdots$$

若 $\lambda_a^*=\lambda_b^*$，则由练习 12.10 立即可得序列 $\{T^{*n}\lambda_0\}$ 也弱收敛于这个公共的极限测度，因而证明 $\lambda_a^*=\lambda_b^*$ 即可。

假设 P 满足上述假设，并令 $(c,\ \varepsilon,\ N)$ 是使假定 12.1 成立的值。由于序列 $\{T^{*n}\delta_a\}$ 弱收敛于 λ_a^*，故可推得对任何连续函数 f，有：

$$\langle f,\ \lambda_a^*\rangle=\lim_{n\to\infty}\langle f,\ T^{*n}\delta_a\rangle=\lim_{n\to\infty}\langle T^nf,\ \delta_a\rangle$$
$$=\lim_{n\to\infty}(T^nf)(a)=\lim_{n\to\infty}(T^{Nn}f)(a)$$

类似地，有：

$$\langle f,\lambda_b^*\rangle=\lim_{n\to\infty}(T^{Nn}f)(b)$$

接下来我们将证明若 f 非递减，则这两个极限相等。具体地，我们将用归纳法证明：

$$(T^{Nn}f)(b)-(T^{Nn}f)(a)\leqslant(1-\varepsilon)^n[f(b)-f(a)]\qquad(3)$$
$$n=0,\ 1,\ 2\cdots$$

显然式（3）对 $n=0$ 成立。假设它对 $n\geqslant0$ 成立，则有：

$$[T^{N(n+1)}f](b)-[T^{N(n+1)}f](a)$$
$$=[T^N(T^{Nn}f)](b)-[T^N(T^{Nn}f)](a)$$
$$\leqslant\varepsilon(T^{Nn}f)(c)+(1-\varepsilon)(T^{Nn}f)(b)-\varepsilon(T^{Nn}f)(c)$$
$$-(1-\varepsilon)(T^{Nn}f)(a)$$
$$=(1-\varepsilon)[(T^{Nn}f)(b)-(T^{Nn}f)(a)]$$
$$\leqslant(1-\varepsilon)^{n+1}[f(b)-f(a)]$$

其中第三行利用了引理 12.11。因而对任何连续、非递减函数 f 有 $\langle f,\lambda_a^*\rangle=\langle f,\ \lambda_b^*\rangle$，于是由练习 12.5b 可得 $\lambda_a^*=\lambda_b^*$。■

12.5　不变测度对参数的依赖性

迄今为止，我们一直设（S，$\mathscr{S}$）上的转移函数 P 为固定的。然而，在应用中，我们时常对系统行为如何依赖于各种参数感兴趣，对于作为随机动态规划的解出现的转移函数，这些参数可能是影响外生冲击，或决策者偏好或技术的参数。在本节，我们研究改变转移函数 P 的参数影响系统长期行为的方式。

令状态空间是 $S\subseteq\mathbf{R}^l$，且有波雷尔集 $\mathscr{S}$，并假定感兴趣的参数可以由在集合 $\Theta\subseteq\mathbf{R}^m$ 中取值的向量 θ 来描述。对每个 $\theta\in\Theta$，令 P_θ 是（S，$\mathscr{S}$）上一转移函数，并令 T_θ 和 T_θ^* 是对应于 P_θ 的算子。令 $C(S)$ 是 S 上的有界连续函数的空间，并令 $\Lambda(S, \mathscr{S})$ 是（S，$\mathscr{S}$）上概率测度的空间。于是我们有如下结果。

定理 12.13　假定：

a. S 是紧的；

b. 若 $\{(s_n, \theta_n)\}$ 是 $S\times\Theta$ 中收敛于 (s_0, θ_0) 的一个序列，则 $\Lambda(S, \mathscr{S})$中的序列 $\{P_{\theta_n}(s_n, \cdot)\}$ 弱收敛于 $P_{\theta_0}(s_0, \cdot)$；

c. 对每个 $\theta\in\Theta$，T_θ^* 具有唯一不动点 $\mu_\theta\in\Lambda(S, \mathscr{S})$。

若 $\{\theta_n\}$ 是 Θ 中收敛于 θ_0 的一个序列，则序列 $\{\mu_{\theta_n}\}$ 弱收敛于 μ_{θ_0}。

证明　令 $\{\theta_n\}$ 为 Θ 中收敛于 θ_0 的一个序列；令 $\{P_n, T_n, T_n^*, \mu_n\}$ 和 (P_0, T_0, T_0^*, μ_0) 是相应的转移函数、算子和不变概率测度。令假定 a～假定 c 成立，并令 $\hat{\Theta}\subseteq\Theta$ 是包含 $\{\theta_n\}$ 和 θ_0 的一个紧集。

对任何连续函数 f，假定 b 暗含

$$(T_\theta f)(s)=\int f(s')P_\theta(s, s')$$

关于 (s, θ) 是连续的，且假定 a 意味着它在紧集 $S\times\hat{\Theta}$ 上是一致连续的。

固定 $f\in C(S)$。由于 $\{\theta_n\}$ 和 θ_0 落于 $\hat{\Theta}$ 中，且 $\theta_n\to\theta_0$，由 $(T_\theta f)(s)$ 在 $S\times\hat{\Theta}$ 上的一致连续性可推得，对任意 $\varepsilon>0$，存在 $N\geqslant 1$ 满足，对所有 $s\in S$，所有 $n\geqslant N$，有：

$$|(T_n f)(s)-(T_0 f)(s)|<\varepsilon$$

即对所有 $n\geqslant N$，有：

$$\|T_n f-T_0 f\|<\varepsilon$$

所以 $T_n f$ 依上确界范数收敛于 $T_0 f$。

接下来，由于 S 是紧的，由赫利定理（定理 12.9）可得 $\{\mu_n\}$ 具有一弱收敛子序列，令 $\{\mu_{n_k}\}$ 是这样一个子序列，并令 $\hat{\mu}$ 是其极限，则对任何函数 $f \in C(S)$，有：

$$\begin{aligned} &|\langle f, \hat{\mu}\rangle - \langle T_0 f, \hat{\mu}\rangle| \qquad (1)\\ &\quad \leqslant |\langle f, \hat{\mu}\rangle - \langle f, \mu_{n_k}\rangle| + |\langle f, \mu_{n_k}\rangle - \langle T_0 f, \mu_{n_k}\rangle| \\ &\quad\quad + |\langle T_0 f, \mu_{n_k}\rangle - \langle T_0 f, \hat{\mu}\rangle| \end{aligned}$$

由于 f 和 $T_0 f$ 都是连续的且 $\{\mu_{n_k}\}$ 弱收敛于 $\hat{\mu}$，故当 $k\to\infty$时，式（1）中右边的第一项和第三项趋于零。对第二项，我们有：

$$\begin{aligned} |\langle f, \mu_{n_k}\rangle - \langle T_0 f, \mu_{n_k}\rangle| &= |\langle f, T_{n_k}^* \mu_{n_k}\rangle - \langle T_0 f, \mu_{n_k}\rangle| \\ &= |\langle T_{n_k} f, \mu_{n_k}\rangle - \langle T_0 f, \mu_{n_k}\rangle| \\ &\leqslant \| T_{n_k} f - T_0 f \| \end{aligned}$$

其中第一行利用了 μ_{n_k} 是 $T_{n_k}^*$ 的不动点的事实，而第二行利用了定理 8.3。由于 $\{T_{n_k} f\}$ 依上确界范数收敛于 $T_0 f$，这就证明了当 $k\to\infty$时式（1）中右边第二项也趋于零。由于 $f \in C(S)$ 是任意的，于是可得对所有 $f \in C(S)$，有：

$$\langle f, \hat{\mu}\rangle = \langle T_0 f, \hat{\mu}\rangle = \langle f, T_0^* \hat{\mu}\rangle$$

其中第二个等式利用定理 8.3。因而由定理 12.6 的推论 2 得 $\hat{\mu} = T_0^* \hat{\mu}$。由于 μ 是 T_0^* 在 $\Lambda(S, \mathscr{S})$ 中的唯一不动点，故可得 $\hat{\mu} = \mu$，即 $\{\mu_{n_k}\}$ 弱收敛于 μ_0。

由同样的论证可得 $\{\mu_n\}$ 的任意子序列都有弱收敛于 μ_0 的深一层子序列，因而 $\{\mu_n\}$ 弱收敛于 μ_0。■

12.6 松散结尾

在 9.2 节中，我们在关于外生冲击状态空间 $(Z, \mathscr{Z})$ 形式的两个备择假定下分析了随机动态规划，我们假定 Z 或者是一可数集，或者是一有限维欧几里得空间 $\mathbf{R}^k$ 的一个紧、凸子集。如我们在那里提到的，取 Z 为 $\mathbf{R}^k$ 全部或 $\mathbf{R}_+^k$ 通常是便利的。然而，由于这两个集合中任一个都不是紧的，故引理 9.5 的证明中给出的论证并不成立。

在本节，我们提供引理 9.5 的另一可选证明，它允许我们去掉 Z 是紧的这个假定，这个引理的证明利用了若 $(\mathbf{R}^k, \mathscr{B}^k)$ 上的转移函数 Q 具有费勒性质，则对收敛于 z 的任何序列 $\{z_n\}$，概率测度序列 $\{Q(z_n, \cdot)\}$

弱收敛于 $Q(z,\ \cdot)$ 这一事实。

引理 12.14　令 X 和 Z 分别是 $\mathbf{R}^l$ 和 $\mathbf{R}^k$ 的凸子集，且它们分别有波雷尔子集 $\mathscr{X}$ 和 $\mathscr{Z}$；令 Q 是 $(Z,\ \mathscr{Z})$ 上一转移函数，并假定 Q 具有费勒性质。则对任何有界连续函数 f：$X\times Z\to\mathbf{R}$ 及所有 $(y,\ z)\in X\times Z$，定义为

$$(Tf)(y,\ z)=\int f(y,\ z')Q(z,\ \mathrm{d}z')$$

的函数 Tf 也是有界和连续的。若 f 关于其前 l 个自变量递增（严格递增），则 Tf 也递增；若 f 关于其前 l 个自变量是凹的（严格凹），则 Tf 也是凹的。

证明　只要证明如下结论即可，即对任何有界连续函数 f，若 $(y_n,\ z_n)\to(y,\ z)$，则有：

$$\lim_{n\to\infty}\int\mid f(y,z')-f(y_n,z')\mid Q(z_n,d_z{}')=0 \tag{1}$$

证明的其余部分和引理 9.5 中提供的证明完全一样。

令 f 是 $X\times Z$ 上一有界连续函数，并令 $(y_n,\ z_n)\to(y,\ z)$。对每个 $\varepsilon>0$，定义：

$$A_n(\varepsilon)=\{z'\in Z:\ \mid f(y,z')-f(y_n,z')\mid>\varepsilon\},\ n=1,\ 2,\ \cdots$$

$$E_k(\varepsilon)=\bigcup_{n=k}^{\infty}A_n(\varepsilon),\ k=1,\ 2,\ \cdots$$

注意，对每个 $\varepsilon>0$，$\{E_k(\varepsilon)\}_{k=1}^{\infty}$ 是一嵌套递减集合序列。此外，由于 f 是连续的且 $y_n\to y$，所以对每个固定的 $z'\in Z$，（实数）序列 $\{f(y_n,\ z')\}$ 收敛于 $f(y,z')$。因而对每个 $\varepsilon>0$ 和 $z'\in Z$，对所有充分大的 n，有 $z'\notin A_n(\varepsilon)$。因此对所有 $\varepsilon>0$，有 $\bigcap_{k=1}^{\infty}E_k(\varepsilon)=\varnothing$。

现在固定 k 并考虑集合 $E_k(\varepsilon)$，$\varepsilon>0$。这些集合的边界由下式给出：

$$\partial[E_k(\varepsilon)]=\{z'\in Z:\ \mid f(y,z')-f(y_n,z')\mid\leqslant\varepsilon,\ n\geqslant k,\ \text{对某些 } n \text{ 取等号}\}$$

因而对固定的 k，边界因 ε 的不同而不同；所以它们当中最多有可数个在 $Q(z,\ \cdot)$ 下具有正测度。对每个 $k\geqslant1$，令 Δ_k 是可数集：

$$\Delta_k=\{\varepsilon>0:Q(z,\partial[E_k(\varepsilon)])>0\},\quad k=1,\ 2,\ \cdots$$

由于每个集合 Δ_k 都可数，所以它们的并集 $\Delta=\bigcup_{k=1}^{\infty}\Delta_k$ 也可数。

由于 $z_n\to z$ 且 Q 具有费勒性质，故可推得概率测度序列 $\{Q(z_n,\ \cdot)\}$ 弱收敛于 $Q(z,\ \cdot)$，于是由定理 12.3d 可推得，对任何不在 Δ 中的 $\varepsilon>0$ 及所有 $k\geqslant1$，有：

$$\lim_{n\to\infty}Q[z_n,E_k(\varepsilon)]=Q[z,E_k(\varepsilon)]$$

现在，我们计算式（1）如下。对任何 $n\geqslant1$，$\varepsilon>0$ 及所有 $k\leqslant n$，有：

$$\begin{aligned}
&\int_Z |f(y, z')-f(y_n, z')| Q(z_n, dz') \\
&\quad = \int_{A_n(\varepsilon)} |f(y, z')-f(y_n, z')| Q(z_n, dz') \\
&\qquad + \int_{A_n^c(\varepsilon)} |f(y, z')-f(y_n, z')| Q(z_n, dz') \\
&\quad \leqslant 2\|f\| Q[z_n, A_n(\varepsilon)]+\varepsilon \\
&\quad \leqslant 2\|f\| Q[z_n, E_k(\varepsilon)]+\varepsilon
\end{aligned}$$

现在选取任何不在 Δ 中的 $\varepsilon>0$ 及任何 $k\geqslant1$，取 $n\rightarrow\infty$时的极限，我们得到，对所有 $k\geqslant1$，所有 $\varepsilon\notin\Delta$，有：

$$\begin{aligned}
&\limsup_{n\rightarrow\infty}\int_Z |f(y, z')-f(y_n, z')| Q(z_n, dz') \\
&\quad \leqslant \lim_{n\rightarrow\infty} 2\|f\| Q[z_n, E_k(\varepsilon)]+\varepsilon \\
&\quad = 2\|f\| Q[z, E_k(\varepsilon)]+\varepsilon
\end{aligned}$$

然后，当 $k\rightarrow\infty$时取右边的极限，得出：

$$\begin{aligned}
&\limsup_{n\rightarrow\infty}\int_Z |f(y, z')-f(y_n, z')| Q(z_n, dz') \\
&\quad \leqslant 2\|f\| \lim_{k\rightarrow\infty} Q[z, E_k(\varepsilon)]+\varepsilon \\
&\quad = 0+\varepsilon
\end{aligned}$$

其中最后一行利用了定理 7.1 和 $\{E_k(\varepsilon)\}$ 是递减序列且 $\bigcap_{k=1}^{\infty}E_k(\varepsilon)=\varnothing$的事实。由于这对任何不在可数集 Δ 中的 $\varepsilon>0$ 都成立，故可得式（1）成立。■

12.7 文献注释

我们在 12.1 节～12.3 节中对弱收敛的讨论基于 Billingsley（1968，chap. 1 and app. Ⅱ），那是各种空间中弱收敛结果的一个优秀来源。Billingsley（1979，chap. 5）包含许多补充性材料，包括赫利定理的一个好的讨论。Feller（1971，chap. Ⅷ）包含对分布函数收敛性的一个良好讨论。

定理 12.12 的一维变化形式即 12.4 节中的单调性结果在 Razin and Yahav（1979）的定理 1 中证明，Hopenhayn and Prescott（1987）通过去掉转移函数具有费勒性质的假定而加强了这个结果。各种形式单调性的一个优秀讨论可见 Torres（1988）。

12.5 节中的分析紧随 Manuelli（1985）。

第13章 马尔可夫过程收敛结果的应用

本章由第 11 章和第 12 章中所回顾的马尔可夫过程收敛结果的应用所构成。这里讨论的某些经济学模型在第 10 章中介绍过，且我们利用那里证明的结果，而其他经济学模型则是新的。

13.1 离散空间（s，S）存货问题

在 5.14 节中讨论过的线性存货问题也可以用随机需求进行表述。令经理以存货 x 开始一个时期，他必须立即决定是否发出订单，若经理订货，他能以成本 $c_0+c_1(y-x)$ 使其存货达到任何水平 y。在做出这个决策后，对产品的总需求从一已知分布中抽取，称其为 z。于是，经理在其存货超过 z 时获得收益 pz，否则获得的收益为 p 与存货的乘积。在 5.14 节分析的基础上，猜测这个问题的解为形如（s，S）的策略是很自然的，其中 s 是应发出一订单的存货水平，而 S 是订单发出后总存货的最优规模。但是，这个猜测是错误的，除非在需求分布上设置更多的结构。

在本节，我们加入这种结构，我们研究类似于 5.15 节中研究的那个问题的一个整数变化形式，并检验达到最优地安排存货的有限状态马尔可夫链的动态性。在 13.2 节，我们考虑一种需求具有连续分布的情形。在那里我们简单地假定采取一个（s，S）策略——忽略它是否为最优的问题——并研究所导致的马尔可夫过程。

令产品需求 z 以概率 θ 取值 1，以概率 $1-\theta$ 取值 0。我们仅考虑整

数值存货：$x=0$，1，2，…，那么显然一个最优策略是 $s=0$，即对经理来说没有任何理由在存货用完之前订货，因为一个单位即可满足最大的可能需求。令 $v(x)$ 为当期存货是 x 且遵循最优订货策略时的预期现期贴现利润，则 v 必须满足函数方程：

$$v(x)=\theta[p+\beta v(x-1)]+(1-\theta)\beta v(x),\quad x=1,2,\cdots \tag{1}$$

且值 $v(0)$ 必须满足：

$$v(0)=\max_{y\in\{1,2,\cdots\}}[-c_0-c_1y+v(y)] \tag{2}$$

练习 13.1 a. 证明在对问题中参数的适当限制下，存在一个函数 v 满足式（1）和式（2），并且一个有限最优订货规模 S 满足式（2）。以 c_0，c_1，β，p 和 θ 的形式刻画 S。

给定 S 后，最优安排的存货是一个具有状态空间 $\{0，1，2，\cdots\}$ 的马尔可夫过程。

练习 13.1 b. 这个过程的转移矩阵是什么？遍历集合和瞬态集合是什么？存在循环移动子集吗？

c. 证明这个过程具有唯一的不变分布且系统从任何初始分布都收敛于它。以 S 的形式刻画这个不变分布。

13.2 连续状态（s，S）过程

在本节我们保留上面模型的其他特征，但假定需求在区间 $Z=[0,\bar{z}]$中取值。写出这个问题的函数方程很容易（试一试），但是正如你由 5.14 节可能猜到的那样，分析很难进行。在这里我们简单地假定遵循一个$(s，S)$策略并在给定的这个假定下集中于对存货动态性的刻画。

令 $\mathscr{Z}$ 表示 Z 的波雷尔集合，并令 μ 是$(Z，\mathscr{Z})$上的概率测度。假定需求序列 $\{z_t\}$ 是独立同分布的，且在每一期都有共同的分布 μ。假定 $s<\bar{z}$ 是很自然的（为什么?），而且我们确实这样假定。在这样的假定下，存货 $\{x_t\}$ 是具有状态空间 $X=[0，\infty)$ 的马尔可夫过程，特别地，有：

$$x_{t+1}=\begin{cases}\max\{x_t-z_t,0\}，若\ x_t>s\\ \max\{S-z_t,0\}，若\ x_t\leqslant s\end{cases} \tag{1}$$

练习 13.2 a. 对于 A 为一区间的情形写出对应于式（1）的转移概率 $P(x,A)$。证明这足以定义$(X，\mathscr{X})$上的一个转移函数。P 具有费勒性质吗？

和上一节一样，这个问题的遍历集合是[0，S]且瞬态集合是(S，∞)。由于这个过程的任何不变测度都集中于[0，S]上，首先研究由[0，S]及其波雷尔子集组成的较小的状态空间是很方便的，研究了本节的过程在这个状态空间中的收敛性后，我们可以用附带的论证来处理(S，∞)上的行为，这种简化方法是标准的。

对于这个过程，我们可以应用定理 11.12 证明存在唯一的不变测度 λ^*，并证明对[0，S]上的任何初始测度 λ，序列$\{T^{*n}\lambda\}$强收敛于 λ^*。我们证明上面两点的办法是通过练习 11.5a 中给出的充分条件来证明条件 M 的假设。

练习 13.2　b. 证明存在一整数 $N\geqslant1$ 及一个 $\varepsilon>0$，使得对所有 $x\in[0，S]$，有：

$$P^N(x,\{0\})\geqslant\varepsilon$$

13.3　单部门最优增长模型

再一次考虑 10.1 节中研究过的具有独立冲击的随机增长模型，对现在的目的来说，取产出而不是资本存量为状态变量并用 9.1 节介绍的随机动态规划的两个公式中的第二个是很方便的。于是，最优增长问题的函数方程是：

$$v(x)=\max_{0\leqslant y\leqslant x}\left[U(x-y)+\beta\int v[f(y)z]\mu(\mathrm{d}z)\right]\tag{1}$$

这样，x 是当期可得产出的数量（生产发生以后），y 是作为资本转移到下期用于生产的数量，而 $x-y$ 是消费量。下一期中，对技术的冲击 z 从分布 μ 中抽取，则在下一期可得到 $f(y)z$ 单位产出，这正是新的状态。

我们保持 5.1 节中关于偏好的假定（U1）～假定（U5）以及 10.1 节中关于冲击的假定（Z1）～假定（Z2），并加入下面的假定，它保证 μ 赋正概率于 $Z=[1,\bar{z}]$ 的所有非退化子区间，对于某个 $\alpha>0$ 及所有 $(a,b]\subset Z$：

$$\mu((a,b])\geqslant\alpha(b-a)\tag{Z3}$$

我们同样保持 5.1 节中关于生产函数 f 的假定（T1）～假定（T5），但有如下重要例外，我们修改（T2）以便即使没有资本也可生产正产出：$f(0)>0$。我们还假定 $\beta f'(0)>1$，这两个假定的原因不久将讲清。

如我们在 10.1 节中所做的，令 $\bar{x}>0$ 是满足 $\bar{x}=\bar{z}f(\bar{x})$ 的唯一值，并令 $X=[0,\bar{x}]$，且有波雷尔子集 $\mathscr{X}$。

练习 13.3 a. 证明存在唯一有界连续函数 v：$X\to\mathbf{R}$ 满足式（1），并证明 v 是严格递增及严格凹的。

b. 证明相应的策略函数 g：$X\to X$ 是单值、连续和严格递增的，且有 $g(0)=0$ 及对所有 $0<x\leqslant\bar{x}$，有 $0<g(x)<x$。证明定义为 $c(x)=x-g(x)$ 的消费函数 c：$X\to X$ 也是严格递增的。

c. 证明 v 是连续可微的，且有 $v'(x)=U'[x-g(x)]$。

利用 b 中消费函数的定义和 c 中的结果，我们可以结合式（1）的一阶条件及包络条件并得到：

$$U'[c(x)]=\beta\int U'(c[f(g(x))z])f'[g(x)]z\mu(\mathrm{d}z) \tag{2}$$

策略函数 g 定义 X 上的一个马尔可夫过程，对应于以下随机差分方程：

$$x_{t+1}=f[g(x_t)]z_{t+1}$$

由定理 8.9 知，函数 f，g 及概率测度 μ 共同定义了（X，$\mathscr{X}$）上的一个转移函数，称其为 P；此外，由于 f 和 g 是连续的，由练习 8.10 可推得 P 具有费勒性质。另外，由于 X 是紧的，由定理 12.10 可得 P 至少有一个不变测度。

本节其余部分包括应用定理 12.12 来证明这个不变测度——称其为 λ^* ——是唯一的，以及系统从任何初始条件均弱收敛于它：对所有 $\lambda_0\in\Lambda(X,\mathscr{X})$，$T^{*n}\lambda_0\Rightarrow\lambda^*$。我们由下列结果开始。

练习 13.3 d. 证明 P 是单调的。

鉴于 d，仅需证明假定 12.1 成立。令 z^* 是 μ 的均值，$z^*=\int z\mu(\mathrm{d}z)$，并定义 $x^*\in X$ 为满足 $\beta f'[g(x^*)]z^*=1$ 的唯一值。我们将证明假定 12.1 对区间 $X=[0,\bar{x}]$ 及点 x^* 成立。

对任何 $x\in X$ 和 $z\in Z$，定义序列 $\{\phi_n(x,z)\}$ 为：

$$\phi_0(x,z)=x$$

$$\phi_{n+1}(x,z)=f[g(\phi_n(x,z))]z,\qquad n=0,1,2,\cdots$$

即若 x 是第 0 期期初的量，随机冲击在每期取常数 $z_t=z$，且投资策略 g 在每期都被遵循，则 $\phi_n(x,z)$ 是第 n 期期初可得商品的量。注意，由于 f 和 g 是连续及严格递增的，所以函数 ϕ_n：$X\times Z\to X$，$n=1$，

2，…也是连续且严格递增的。

由（Z3）和每个函数 $\phi_n(x,\ \cdot)$ 关于 z 都严格递增的事实，我们推得，对所有 $0<\delta<\bar{z}-1$，$n=1$，2，…，所有 $x\in X$，有：

$$P^n(x,\ (\phi_n(x,\ \bar{z}-\delta),\ \phi_n(x,\ \bar{z})])\geqslant\alpha^n\delta^n \tag{3a}$$

$$P^n(x,\ (\phi_n(x,\ 1),\ \phi_n(x,\ 1+\delta)])\geqslant\alpha^n\delta^n \tag{3b}$$

证明的余下部分包括通过对 $x=0$ 的情形考虑式（3a）及对 $x=\bar{x}$ 的情形考虑式（3b）来证明假定 12.1。

考虑序列 $\{\phi_n(0,\ \bar{z})\}_{n=0}^{\infty}$。由于

$$\phi_0(0,\ \bar{z})=0<f(0)\bar{z}=f[g(0)]\bar{z}=\phi_1(0,\ \bar{z}) \tag{4}$$

所以，由 f 和 g 的单调性，用归纳法可推得这个序列是非递减的，由于它以 $\bar{x}$ 为上界，故它收敛于值 $\xi\in X$。由 f 和 g 的连续性得 $\xi=f[g(\xi)]\bar{z}$。因而有：

$$\begin{aligned}U'[c(\xi)]&=\beta\int U'[c(f[g(\xi)]z)]f'[g(\xi)]z\mu(\mathrm{d}z)\\&=\beta f'[g(\xi)]\int U'[c(\xi z/\bar{z})]z\mu(\mathrm{d}z)\\&>\beta f'[g(\xi)]U'[c(\xi)]\int z\mu(\mathrm{d}z)\\&=\beta f'[g(\xi)]U'[c(\xi)]z^*\end{aligned}$$

其中第一行来自一阶条件（2），第二行来自上面关于 ξ 的事实，第三行来自 U 的凹性及 $z/\bar{z}<1$ 的事实，而第四行来自 z^* 的定义。因而有 $1>\beta f'[g(\xi)]z^*$，这反过来又意味着 $\xi>x^*$。

接下来选取 $N\geqslant1$ 使 $\phi_N(0,\ \bar{z})>x^*$，以及 $\delta>0$ 使 $\phi_N(0,\ \bar{z}-\delta)>x^*$，则有 $x^*<\phi_N(0,z-\delta)<\phi_N(0,\bar{z})\leqslant\bar{x}$。因而有：

$$P^N(0,(x^*,\bar{x}])\geqslant P^N(0,(\phi_N(0,\bar{z}-\delta),\phi_N(0,\bar{z})])\geqslant\alpha^N\delta^N$$

这正是要证明的。

练习 13.3　e. 证明对某个 $N\geqslant1$ 及 $\delta>0$，有：

$$P^N(\bar{x},(0,x^*])\geqslant P^N(\bar{x},(\phi_N(\bar{x},1),\phi_N(\bar{x},1+\delta)])\geqslant\alpha^N\delta^N$$

限制 $f(0)>0$ 对这个结果显然是必要的，否则式（4）中的不等式不成立。若 $f(0)=0$，则单元素集合 $\{0\}$ 是 P 中的一个遍历集合。这样，即使能够证明——通过类似于上面的一个论证——在 X 中存在另一个遍历集合，不变测度也不是唯一的。处理这种情况［若你坚持假定 $f(0)=0$］的一个方法是找到能够证明对某个 ε 有 $f[g(\varepsilon)]\geqslant\varepsilon$ 的各种条件，然后你可以取状态空间为 $X=[\varepsilon,\ \bar{x}]$ 并应用与上面所用完全相同的论证。我们将其留作练习，但我们警告读者，这绝不是例行公事。

13.4 不确定性下的行业投资

回忆 10.4 节中考虑过的受制于随机需求冲击的剩余最大化行业模型，在这样一个行业中投资的长期平均行为可用类似于上节应用的那些方法来研究。行业问题的函数方程是：

$$v(x, z)=\max_{y\in X}\Big[F(x, z)-xc(y/x)+(1+r)^{-1}\int v(y, z')Q(z, \mathrm{d}z')\Big] \tag{1}$$

其中 $X=\mathbf{R}_{++}$ 且 $Z=[\underline{z}, \bar{z}]$ 是 $\mathbf{R}_{++}$ 中的一个紧区间。我们继续假定 F，c 和 Q 满足 10.4 节中所述的限制。

在 10.4 节我们假定 Q 是单调的且具有费勒性质，在这里我们还假定 Q 有如下性质，对某个 $N\geqslant 1$ 和 $\alpha>0$，及所有 $z\in Z$ 和所有 $\underline{z}\leqslant a\leqslant b\leqslant \bar{z}$，有：

$$Q^n(z, (a, b])\geqslant \alpha(b-a) \tag{2}$$

显然，式（2）意味着假定 12.1（12.4 节中）得到满足，其中 z^* 可以是区间 Z 内部的任何点。于是，由定理 12.10 和定理 12.12 知，Q 具有一不变测度，比如说 μ^*，且若 T^* 是对应于 Q 的马尔可夫算子，则对所有 $\mu\in\Lambda(Z, \mathscr{Z})$有 $T^{*n}\mu\Rightarrow\mu^*$。

在练习 10.4 的 d 和 e 中，我们证明了动态规划（1）的策略函数 $g(x, z)$是连续的且有两个性质：对每个 $z\in Z$，$g(\cdot, z)$ 关于 x 严格递增且有一个小于 1 的斜率；对每个固定的 $x\in X$，$g(x, \cdot)$ 关于 z 非递减。在这些条件下，存在唯一值 $0<\underline{x}$ 和 $0<\bar{x}$ 分别满足：

$$\underline{x}=g(\underline{x}, \underline{z}) \quad 和 \quad \bar{x}=g(\bar{x}, \bar{z})$$

显然，这些值也满足 $\underline{x}\leqslant\bar{x}$。令 $\hat{X}=[\underline{x}, \bar{x}]$。

在练习 10.4f，我们发现若 $Q(z, \cdot)$ 不依赖于 z（即若冲击是独立同分布的），则行业资本的最优时间路径是确定性的。在那种情形中有$\underline{x}=\bar{x}$ 且 $\hat{X}$ 由单个点组成：这个确定性差分方程的平稳点。在这里，我们考虑 Q 是任何单调转移函数的情形。

令 $\underline{s}=(\underline{x}, \underline{z})$ 及 $\bar{s}=(\bar{x}, \bar{z})$。我们首先研究在状态空间 $[\underline{s}, \bar{s}]=\hat{S}=$

$\hat{X} \times Z$ 上由 Q 和 g 定义的马尔可夫过程。令 $\hat{\mathscr{S}}$ 是 $\hat{S}$ 的波雷尔集。由定理 9.13 知，函数 g 和转移函数 Q 共同定义了 $(\hat{S}, \hat{\mathscr{S}})$ 上的一个转移函数 $\hat{P}$。

练习 13.4　a. 证明 P 是单调的且具有费勒性质。

由定理 12.10，根据练习 13.4 可立即推得 $\hat{P}$ 有一个不变测度。为了证明唯一性，我们需要证明假定 12.1 在集合 $\hat{S}$ 上成立。

练习 13.4　b. 证明存在点 $s^* \in \hat{S}$，整数 $N \geqslant 1$ 和数字 $\varepsilon > 0$ 满足：

$$\hat{P}^N(\underline{s}, [s^*, \bar{s}]) > \varepsilon \quad 和 \quad \hat{P}^N(\bar{s}, [\underline{s}, s^*]) > \varepsilon$$

由定理 12.12，这证明了 $(\hat{S}, \hat{\mathscr{S}})$ 上一不变测度 λ^* 的唯一性及对所有 $\lambda \in \Lambda(\hat{S}, \hat{\mathscr{S}})$，$T^{*n}\lambda$ 弱收敛于 λ^*。

现在，我们回到原始状态空间 $S = X \times Z$，其中 $X = \mathbf{R}_{++}$。策略函数 g 和转移函数 Q 定义了这个具有波雷尔集 $\mathscr{S}$ 的较大空间上的一个转移函数，称其为 P。令 T^* 为相应的马尔可夫算子。

练习 13.4　c. 证明对所有 $\lambda \in \Lambda(S, \mathscr{S})$ 有 $T^{*n}\lambda \Rightarrow \lambda^*$。

13.5　纯货币经济中的均衡

在许多有趣的经济学应用中，研究的目标是某一特征在总体中的频率分布，在这样一个模型的平稳状态中，频率分布不随时间而变化，所以在总体水平上没有任何不确定性。这样，价格和总体人均变量都不随时间而变化。然而，若在个人水平上存在随机冲击，则每个人都面临一个随机最优化问题，个人在总体中的位置从一期到另一期发生改变。在这个情形中，令人感兴趣的马尔可夫过程的不变测度描述每期的总体以及每个人随时间平均的经历。在本节，我们研究这种类型的一个经济，在其中，货币是唯一的安全性持有。

考虑一个有大量家庭的经济，每个家庭都由一个工人和一个购买者构成。在每一期，每个工人生产 y 单位消费品。然而，一个家庭不能消费它自己生产的东西，相反地，它必须将它生产的东西卖给其他家庭并从其他家庭购买它消费的东西，交易按下列方式进行。每对工人—购买者以一些初始持有的法定货币开始每一期，购买者用这些货币的全部或部分从其他家庭购买消费品。工人留在家中并生产 y 单位产出，他或她将产出卖给其他家庭以换取法定货币，消费发生在期末购买者返回时，未花费的货币加上商品销售收入决定每对工人—购买者次日开始时的现金余额。没有任何技术以执行信贷合同，因而没有任何家庭愿意提供信贷。

所有家庭都有完全相同的预期偏好，但在每期，每对工人—购买者都经历对其偏好的随机冲击，这些冲击在一实数直线上的闭区间中取值并由 $z \in Z[\underline{z}, \bar{z}]$ 表示，冲击在时间上及各家庭之间是独立的。令 $\mathscr{Z}$ 是 Z 的波雷尔集，并令$(Z, \mathscr{Z})$上的一概率测度 μ 描述冲击的分布。一对工人—购买者的偏好由下式给出：

$$\mathrm{E}\Big[\sum_{t=0}^{\infty} \beta^t U(c_t, z_t)\Big]$$

其中 $0<\beta<1$，且 U：$\mathbf{R}_+ \times Z \rightarrow \mathbf{R}$ 是有界的和连续可微的。此外，假定对每个固定的 $z \in Z$，$U(\cdot, z)$ 是严格递增和严格凹的，对每个固定的 $c \in \mathbf{R}_+$，$U_1(c, \cdot)$ 关于 z 严格递增。即在任一消费水平上，大的 z 值对应于大的边际效用。我们要求 μ 满足我们在 13.3 节中采用的同样假定，对某个 $\alpha>0$ 和所有 $(a, b] \subset Z$，有：

$$\mu((a, b]) \geqslant \alpha(b-a)$$

假定价格水平 p 不随时间变化，并考虑一典型家庭面临的决策问题。令 M 表示它期初的名义货币余额，并令 $m=\dfrac{M}{P}$ 表示它的实际余额，则它的决策问题可以写作：

$$v(m, z) = \max_{c, m' \geqslant 0}\Big[U(c, z) + \beta\int v(m', z')\mu(\mathrm{d}z')\Big] \tag{1}$$

$$\text{s. t.} \qquad m' + c - m - y \leqslant 0$$

$$c - m \leqslant 0$$

第一个约束是下期开始的实际余额加上当期消费不能超过当期实际余额加上销售物品的实际收入。（注意，物品购买和销售都有为 1 的实际价格。）第二个约束是购买者在消费品上的支出不能超过工人—购买者期初的现金余额，这个约束反映了这样的事实：在给定的交易描述下，这对工人—购买者不可能用销售当期物品所得的货币来购买当期物品。当期收入仅能用于未来的物品购买。

式（1）中的动态规划问题可用第 9 章中导出的技术进行研究，下一个练习证明关于式（1）的主要事实。

练习 13.5 a. 证明存在唯一的有界连续函数 v 满足式（1）。

b. 证明对每个 $z \in Z$，$v(\cdot, z)$ 是严格递增、严格凹的，且关于 m

连续可微。[提示：为了在现金优先（cash-in-advance）约束恰具约束力的点处证明可导性，证明左右导数相等。]

c. 证明存在一个描述期末实际余额的连续函数 $g(m, z)$。

为了研究工人—购买者的实际余额随时间的变化，我们必须更鲜明地刻画策略函数 g。由于 $c(m, z)=m+y-g(m, z)$，所以这个论证也将刻画最优消费策略。

练习 13.5　d. 证明对每个固定的 $z\in Z$，存在某个 $\phi(z)>0$ 满足在 $[0, \phi(z)]$ 上有 $g(\cdot, z)=y$，且在 $[\phi(z), \infty)$ 上 $g(\cdot, z)$ 严格递增。

e. 证明对每个固定的 $z\in Z$，$c(\cdot, z)$ 在 $[0, \infty)$ 严格递增，因而有：

$$m_1<m_2 \text{ 意味着 } 0\leqslant g(m_2, z)-g(m_1, z)<m_2-m_1$$

f. 证明存在 $\bar{m}>0$ 满足 $g(\bar{m}, \underline{z})=\bar{m}$。

g. 证明 $\phi(\bar{z})\geqslant y$，即在 $[0, y]$ 上 $g(\cdot, \bar{z})=y$。

h. 证明对每个 $m\geqslant 0$，$g(m, \cdot)$ 关于 z 弱递减。

这些练习证明策略函数 g 具有图 13.1 中显示的定性特征：如图所示，函数 $g(\cdot, z)$ 是有序的；每个都在一区间 $[0, \phi(z)]$ 上不变且在 $[\phi(z), \infty)$ 上以小于 1 的斜率严格递增；每个都与 45°线相交。

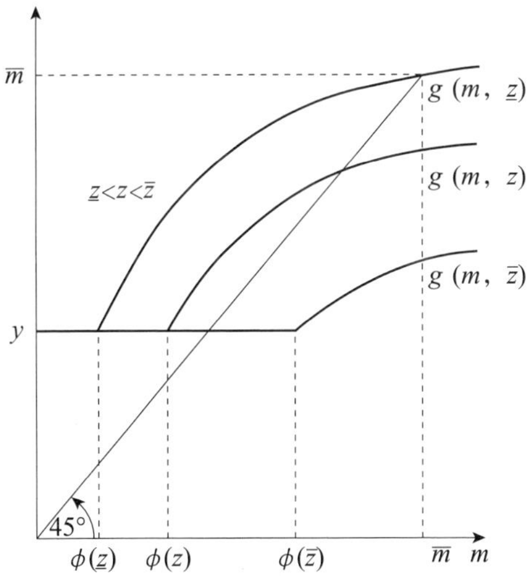

图 13.1

由定理 8.9，函数 g 和测度 μ 共同定义了（$\mathbf{R}_+$，$\mathscr{B}_+$）上的一个转移函数 P。显然，这个过程的遍历集合都包含在集合 $X=[y, \bar{m}]$ 中，

所以将 X 及其波雷尔子集 $\mathscr{X}$ 作为过程的状态空间是很方便的。

练习 13.5 i. 证明由 P 定义——由 g 和 μ 定义——的 $(X, \mathscr{X})$ 上的马尔可夫过程满足定理 12.12 的假设。

令 λ^* 表示$(X, \mathscr{X})$上的唯一平稳概率测度。

到此为止的分析论述了在价格 p 外生性固定且不随时间变化的情况下，单个家庭的消费和实际余额。接下来，我们将证明一个长期平稳均衡的均衡价格水平 p 被如何决定。令 M 为（外生性给定）人均名义货币余额供给，在这个经济的市场均衡中，在各家庭之间平均的人均实际现金余额需求必须等于人均余额供给 M/p。但在长期中，家庭间的平均人均需求由平稳概率测度 λ^* 给出，因而 p 必须满足：

$$\int m\lambda^*(\mathrm{d}m) = M/p \tag{2}$$

练习 13.5 j. 证明当且仅当 p 满足

$$\iint g(m, z)\mu(\mathrm{d}z)\lambda^*(\mathrm{d}m) = M/p$$

时，式（2）成立。其中 g 是工人—购买者的最优策略函数。

注意，若家庭间货币余额的初始分布不同于 λ^*，则价格水平在时间上将不是常数。为了研究这种情形下价格水平的变化，你将需要重新解答价格随时间变化情况下的家庭问题，这不是一个很容易做的练习。

13.6 具有线性效用的纯货币经济

当效用为线性时，上一节中的模型具有一个令人感兴趣的结构，且在这个情形中，价值函数和不变测度都可以明确地计算。令 $Z=[0, 1]$，并令 $U(c, z) = zc$。注意，由于 U 是无界的，故这个模型并不完全是上一个模型的特殊情形，因而我们必须从头开始进行分析。

现在，家庭的函数方程为：

$$v(m, z) = \max_{m'}\left[(m+y-m')z + \beta\int v(m', z')\mu(\mathrm{d}z)'\right] \tag{1}$$

$$\text{s.t.} \quad y \leqslant m' \leqslant m+y$$

练习 13.6 a. 证明对某个 $\zeta \in (0, 1)$ 及 $A>0$，有

$$v(m, z) = \begin{cases} \zeta m + A, & \text{若 } z < \zeta \\ zm + A, & \text{若 } z \geqslant \zeta \end{cases}$$

满足式（1），且

$$g(m,\ z)=\begin{cases} m+y, & \text{若 } z<\zeta \\ y, & \text{若 } z\geqslant\zeta \end{cases}$$

是相应的策略函数。用 μ 和 β 刻画 ζ 和 A。

令 $X=[y,+\infty)$，且有波雷尔子集 $\mathscr{X}$。策略函数 g 和测度 μ 定义了 $(X,\ \mathscr{X})$ 上的一个转移函数。

练习 13.6　b. 证明这个过程的遍历集合由 y 和其整数倍数组成。

鉴于 b，不变分布是离散概率分布 $\{\pi_i\}_{i=1}^{\infty}$，其中 $\pi_i=\Pr\{m=y_i\}$。

练习 13.6　c. 计算 π_i，$i=1,\ 2,\ \cdots$。

假定货币当局不是保持名义货币供给 M 不变，而是通过大量的转移支付以固定百分比增加或减少货币供给，这样可以得到这个或上一个模型的一个有趣变化。试一试。关于这些模型中均衡的效率能说些什么？若这些货币转移支付在时间的某一点上在各经济主体间一致，但在时间上是随机选择的，它们的结构将如何改变？

13.7　具有线性效用的纯信贷经济

若我们让 13.5 节和 13.6 节经济中的家庭参加债券交易，则它们可以享用完全不同的消费流。回忆每个家庭每一期收到一个禀赋 y。定义一单位资产是对这个禀赋流的一份所有权。于是一个家庭的期初状态由其当期偏好冲击 z 及资产持有 w 决定。当然，资产持有必须非负。令 $\mathbf{R}_+$ 上一概率测度 Ψ_t 表示家庭按第 t 期期初持有资产的分布，则平均持有必须满足：

$$\int w\Psi_t(\mathrm{d}w)=1,\ t=0,\ 1,\ 2,\ \cdots \tag{1}$$

这个一般性问题可以在 13.5 节或 13.6 节对偏好的假定下研究，我们将仅考虑后一情形。在此情形中，家庭 $(w,\ z)$ 希望最大化 $\mathrm{E}\left[\sum_{t=0}^{\infty}\beta^t z_t c_t\right]$，其中期望是对独立同分布的冲击 z_t 取的，冲击的概率测度 μ 满足在上两个问题中所做的假定。

假定以消费品表示的资产价格不随时间变化，并令 q 表示这个价格，则该问题的函数方程是：

$$v(w,\ z)=\max_{w'}\left\{[(y+q)w-qw']z+\beta\int v(w',\ z')\mu(\mathrm{d}z')\right\} \tag{2}$$

$$\text{s.t.}\quad 0\leqslant w'\leqslant(1+yq^{-1})w$$

练习 13.7 a. 明确求解式（2）。证明最优策略函数具有如下形式：

$$w' = g(w, z) = \begin{cases} 0 & ，若\ z \geqslant \zeta \\ (1+yq^{-1})w, & 若\ z < \zeta \end{cases} \tag{3}$$

用 μ，β 和 q 刻画值 ζ。

考虑由式（3）暗示的行为！在每一期，一部分 $\mu([\zeta, 1])$ 家庭卖掉其全部未来收入流并立即花费其收入。这样做，这些家庭实际上是永远离开了这个系统。由式（3）给出的策略函数 g 与 μ 一起定义了一个马尔可夫转移函数及一个相应算子 T^*，恰如它们在本章先前问题中所做的那样。然而，在这个情形中我们有如下结果。

练习 13.7 b. 令 Ψ_0 为满足式（1）的财富上的一个概率测度。证明序列 $\{T^{*t}\Psi_0\}$ 并不弱收敛于一个不变测度。

不过，我们可以证明下面的结果。注意，在这个经济的一个均衡中，式（1）必定成立。

练习 13.7 c. 证明对满足式（1）的任何初始概率测度 Ψ_0，存在一个具有不变资产价格 q 的均衡。在这个均衡中，具有固定截止点 ζ 的策略（3）在每个时点对家庭都是最优的，且对 $\Psi_t = T^{*t}\Psi_0$，$t = 1, 2, \cdots$，式（1）得到满足。用 β 和 μ 刻画均衡价格 q，证明它独立于 Ψ_0。

13.8 均衡搜寻经济

在这个问题中，我们检验另一个经济，在其中单个市场受特殊冲击影响而系统没有总体不确定性。它提供了一个搜寻失业模型，这和10.8节中的那个完全不同。

我们决定由空间上相互分离的市场或“岛”的连续统构成的经济中的一般均衡。每一个岛受序列相关生产力冲击的影响，但这些冲击在各岛之间不相关，不存在总体不确定性。在每一期的开始，一个固定总数的具有无限寿命的工人以某种方式分布在各岛之间。冲击在每个岛上实现，且每个岛的冲击对任意岛上的工人都是众所周知的。于是每个工人都决定是否留在当地并挣得一竞争性决定的当地工资（以必须立即消费的单一消费品的形式），或迁移到他自己选定的另一个岛。若他选择迁移，他当期的收入（消费）为零，但他在一个新岛上开始接下来的一期，我们把过渡期中的工人比例解释为经济中的失业率。我们的目的是决定平稳均衡失业率、工人在各岛上的分布和工资的分布。

对于多数分析，我们集中关注某单个岛，并将外部世界的各种机会取作已知参数。对于这个分析，考虑一个由一小岛和一穷一富两大个“大陆”构成的经济是很方便的。每个大陆上的工资率长期不变，且两个工资率相差这样一个量，即贫穷大陆上的工人在留在原地和放弃一期消费而迁移到富裕大陆上刚好无差异。将富裕大陆想象成当地生产力冲击足够低时工人将向其迁移的地方，而把贫穷大陆想象成当地生产力足够高时新工人由那里而来的地方。当我们完成由一个岛及两个大陆组成的经济的分析后，我们将回到由许多小岛组成的经济中决定均衡的问题。

在由一岛和两个大陆组成的经济中，外生因素是描述岛上生产力冲击的随机过程、岛上生产消费品的技术、工人的偏好和两个大陆的（不变）工资率。给定这些后，一个平稳竞争性均衡包括工人用来决定何时迁移的决策规则描述、作为其当前状态函数的岛上被雇用的劳动力规模及所付工资，以及岛上生产力冲击和劳动力规模的均衡联合分布。

外生冲击　在每一期，小岛都受到一生产力冲击 $z\in Z=[\underline{z},\bar{z}]$，冲击序列形成具有转移函数 Q: $Z\times\mathscr{Z}\to[0,1]$ 的一个马尔可夫过程，其中 Q 是单调的，具有费勒性质且满足我们在 13.4 节中所用的混合假定（2）。令 μ: $\mathscr{Z}\to[0,1]$ 是 Q 的唯一平稳概率测度。

技术　岛上的技术由一个函数 f: $\mathbf{R}_+\times Z\to\mathbf{R}_+$ 描述，其中 $f(x, z)$ 是当 x 为被雇用的劳动力规模且 z 是岛上当期生产力冲击时劳动的边际产出。函数 f 是连续的，且存在某个 $\bar{x}>0$ 使 f 具有下列性质：

（F1）　对每个 $z\in Z$，$f(\cdot, z)$：$[0,\bar{x}]\to\mathbf{R}_+$ 是严格递减的，且 $f(0, z)$ 有限并有 $f(\bar{x}, z)=0$。

（F2）　对每个 $x\in[0,\bar{x}]$，$f(x, \cdot)$：$Z\to\mathbf{R}_+$ 是严格递增的。

定义 $X=[0,\bar{x}]$。

偏好　工人并不重视闲暇，且其效用对消费是线性的：

$$u(c)=\mathrm{E}\Big[\sum_{t=0}^{\infty}\beta^t c_t\Big] \tag{1}$$

其中 $0<\beta<1$。

在每一期期初，小岛的状态完全由 $(x, z)\in X\times Z$ 描述，其中 x 是期初劳动力规模，而 z 是当期技术冲击的值。

竞争性均衡 一个平稳竞争性均衡由如下条件组成：

(E1) 一个函数 v：$X\times Z\to\mathbf{R}_+$ 描述了当期居住在岛上的工人的期望贴现工资流，它是当期状态的函数。

(E2) 一个函数 g：$X\times Z\to X$ 描述了期末岛上劳动力的规模，它是当期状态的函数。

(E3) 一个不变测度 λ：$\mathscr{X}\times\mathscr{Z}\to[0,1]$ 描述了在时间上的状态分布。

注意，v，g 和 λ 都将依赖于两个大陆上的工资率。

在每一期，每个工人可以在其当期居住地工作，也可以在迁移时经历一期失业。为了研究这种选择，令 v：$X\times Z\to\mathbf{R}_+$ 是描述当期居住在岛上工人工资流的期望现值，它作为岛的状态的函数。若工人选择留在岛上，$v(x, z)$ 等于当期工资加上从下期起的工资流贴现到当期的期望值；若工人选择离开，$v(x, z)$ 等于从下期起的工资流的现期贴现值。注意，在由式（1）给出的偏好下，贴现因子是 β。

我们始终假定岛上的工人被支付其边际产出，且在两个大陆上的工人赚取不变工资。令 w 是富裕大陆上的工资率，而 βw 是贫穷大陆上的工资率，这种设定保证不存在任何从贫穷大陆直接迁移到富裕大陆的激励：一期收入损失直接抵销了富裕大陆支付的较高工资。令 $\theta=wB/(1-\beta)$，所以 θ 既是当期在贫穷大陆上工人工资流的现值，又是在富裕大陆上潜在移民工资流的现值。（利润的分布并不影响工人的激励，因而将不设定，当然，它确实影响收入和消费的分布。）

为了导出 v 的函数方程，对固定的 $\theta\geqslant 0$，注意存在小岛的三种定性情形：可能有一些或全部当期工人离开；全部当期工人都留下来，但没有新工人到达；全部当期工人留下，此外还有新工人到达。在同一期，小岛绝不会有工人同时离开和到达。分别考虑这三种情形是很方便的。

情形 A 有一些或全部当期工人离开，没有新工人到达。假设对某个 (x, z)，有：

$$f(x, z)+\beta\int v(x, z')Q(z, \mathrm{d}z')<\theta \tag{2a}$$

这个不等式表明，若全部工人在状态 (x, z) 中都留在岛上，则每个工人都将有一个严格小于迁移到富裕大陆的现值的期望工资。因而至少有一些工人会选择离开。离开的工人通过搜寻赚取期望收益 θ。留下的工人收入不少于 θ，因为他们有离开的选择权，但也不会多于 θ，因为离开的工人有留下的选择权。因而有，若条件（2a）成立，则：

$$v(x, z)=\theta \tag{3a}$$

显然，在这个状态中，没有任何贫穷大陆上的工人具有迁移到小岛上的激励。

情形 B　所有当期工人留下来，没有其他工人到达。假设有：

$$\beta\int v(x, z')Q(z, \mathrm{d}z')\leqslant\theta\leqslant f(x, z)+\beta\int v(x, z')Q(z, \mathrm{d}z') \tag{2b}$$

条件（2b）表明，若所有当期工人都留下且没有其他工人到达，则每个当期工人的期望值超过迁移到富裕大陆的值，因而没有人选择离开。条件（2b）也表明，工人由贫穷大陆来到小岛的期望值小于他留在贫穷大陆的收入，因而无人选择到来。所以，当条件（2b）成立时，全部当期的劳动力都选择留下，但没有新工人选择到来。因此，当期就业是 x，且下期劳动力的初始值也是 x。因而有，若条件（2b）成立，则：

$$v(x, z)=f(x, z)+\beta\int v(x, z')Q(z, \mathrm{d}z') \tag{3b}$$

情形 C　所有当期工人留下，有些额外工人到来。假设有：

$$\theta<\beta\int v(x, z')Q(z, \mathrm{d}z') \tag{2c}$$

条件（2c）表明，若没有新工人到来，岛上工人自下期起的贴现工资流将超过 θ。因而在此状态中，贫穷大陆上的工人将迁移到小岛，到达小岛上的新工人的数量刚好足以使由明天起工资的预期现值（贴现到现在）降到 θ。这样，对于到来的工人及岛上当期工人，从下期开始工资流的期望现值是 θ。显然，在这种状态中，没有工人离开小岛。所以全部当期劳动力在这期被雇用，因而对于任何当期在岛上的工人有，若条件（2c）成立，则：

$$v(x, z)=f(x, z)+\theta \tag{3c}$$

合并条件（3b）和条件（3c），我们得到，若条件（2b）或条件（2c）成立，有：

$$v(x, z)=f(x, z)+\min\left\{\theta, \beta\int v(x, z')Q(z, \mathrm{d}z')\right\}$$

于是，合并这个方程与条件（3a）得出：

$$v(x, z)=\max\left\{\theta, \left[f(x, z)+\min\left\{\theta, \beta\int v(x, z')Q(z, \mathrm{d}z')\right\}\right]\right\} \tag{4}$$

练习 13.8　a. 证明对任何 $\theta>0$，存在唯一有界连续函数 v：$X\times$

$Z \to \mathbf{R}_+$ 满足式（4），并证明 v 以 $\max\{\theta,\ f(0,\ \bar{z})/(1-\beta)\}$ 为上界。证明 $v(x,\ z)$ 关于 x 非递增，关于 z 非递减。

接下来考虑下期岛上劳动力的情况，它是小岛当前状态的一个函数。给定满足式（4）的函数 v，条件（2a）～条件(2c)中的不等式将状态空间 $X \times Z$ 划分为三部分。定义 g：$X \times Z \to X$ 如下：

$$f[g(x,\ z),\ z]+\beta\int v[g(x,\ z),\ z']Q(z,\ \mathrm{d}z') \leqslant \theta \tag{5a}$$

且在 $g(x,\ z)>0$ 时取等号，　　若（2a）成立

$$g(x,\ z)=x, \quad \text{若（2b）成立} \tag{5b}$$

$$\beta\int v[g(x,\ z),\ z']Q(z,\ \mathrm{d}z')=\theta, \quad \text{若（2c）成立} \tag{5c}$$

练习 13.8　b. 证明 g 关于 x 及 z 非递减。证明对任何 $z \in Z$ 及所有 $x,\ x' \in X$，有：

$$|g(x,\ z)-g(x',\ z)| \leqslant |x-x'|$$

c. 证明 g 在 $X \times Z$ 上是连续的。

对固定的 $z \in Z$，$g(\cdot,\ z)$ 如图 13.2 所示。

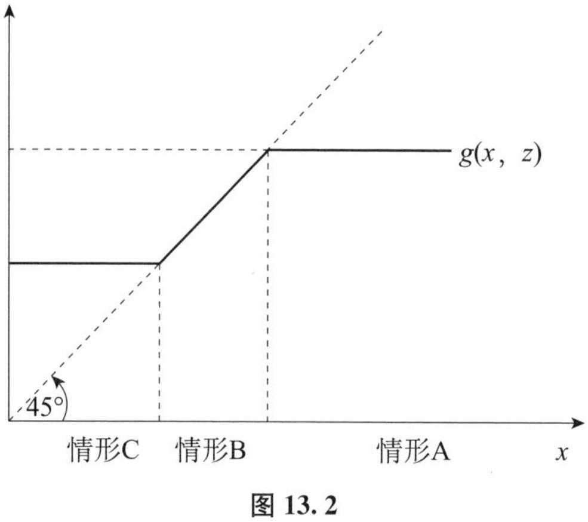

图 13.2

由定理 9.13 知，由条件（5a）～条件（5c）定义的函数 g 以及转移函数 Q 共同定义了 $(X \times Z,\ \mathscr{X} \times \mathscr{Z})$ 上一转移函数 P，它描述状态的运动规律。由练习 13.8c 及定理 9.14 知，P 具有费勒性质。若小岛当期在状态 $(x,\ z)$ 中，则下期它将有规模为 $x'=g(x,\ z)$ 的人口和由 $Q(z,\ \cdot)$ 给定的分布中随机抽取的生产力冲击 z'。

集合 $S=X \times Z$ 是紧的且 P 具有费勒性质，所以由定理 12.10 知，P 具有一个不变测度。但我们到此为止的假定留下这样的可能性悬而未

决，即由于 z 波动，岛上的收入预期没有足够的吸引力导致人口迁入或也不足以令人失望导致人口向外迁移。若存在一个使此为真的初始 x 值的区间，则存在一个相应的（x，z）的不变测度的多重性。于是，为了证明存在唯一的不变测度，我们必须保证对一相关范围中的 θ 值，总存在迁移的某种激励。

定义 w：$X\times Z \to \mathbf{R}_+$ 为：

$$w(x,\ z)=f(x,\ z)+\beta\int w(x,\ z')Q(z,\ \mathrm{d}z')$$

这样，若人口 x 保持不变（无移民）且当期生产力冲击是 z，则 $w(x,$ $z)$ 是岛上工人的预期贴现工资流。注意，对所有 $z\in Z$ 有：

$$w(\bar{x},z)=0$$

此外，我们假定，对所有 $x\in[0,\ \bar{x})$：

$$w(x,\ \underline{z})<\beta\int w(x,\ z')Q(\bar{z},\ \mathrm{d}z') \tag{6}$$

这个不等式表明，给定任何固定人口规模 $x\in[0,\ \bar{x})$，且没有迁移的可能性，在一个具有当期冲击 $\bar{z}$ 的岛上，从明天起开始工作总好过在一个具有当期冲击 $\underline{z}$ 的岛上从今天开始工作。注意，式（6）是对 f，Q 和 β 的联合限制，若 f 对其第二个自变量依赖太小，若 Q 显示太少的序列相关或 β 太接近零，则这个限制将被违反。

练习 13.8　d. 证明若式（6）成立，则对任何 $\theta>0$，P 有 $\mathscr{X}\times\mathscr{Z}$ 上唯一的不变测度 λ。[提示：证明若式（6）成立，则对所有充分大的 θ 及所有 $(x,\ z)\in X\times Z$，有：

$$v(x,\ z;\ \theta)=\theta \quad 和 \quad g(x,\ z,\ \theta)=0 \tag{7}$$

令 $\bar{\theta}$ 是使式（7）成立的最小的 θ。令 $\Theta=(0,\ \bar{\theta})$。证明对所有 $\theta\in\Theta$，$v(\cdot,\ \cdot;\ \theta)$ 使条件（2a）和条件（2c）在状态空间的某个区域上成立。]

存在其他各种条件可用来保证唯一性。例如，可能存在一些工人由于当前市场条件之外的其他原因加入或退出劳动力队伍。

练习 13.8　e. 修改模型使得在每期中岛上当期工人的一部分 γ 由于诸如健康等特殊原因而离开。证明在如此修改后的模型中，不变测度是唯一的。

在练习 13.8d 中我们已经获得了在由一岛和两个大陆组成的经济中，将参数 θ 取作已知时，平稳均衡的完整特征。现在，我们回到由岛的一个连续统构成的经济，这些小岛都和刚才研究过的岛具有相同的结构，且有在各岛之间独立的生产力冲击。为了决定这个系统中的均衡，我们把参数 θ 重新解释成移居到最佳可选岛上工人收入的现值。和在刚刚完成的分析中一样，单个工人将 θ 当作已知；对每个工人来说，θ 充当着竞争市场价格的角色。这样，函数方程（4）和该方程给出的马尔可夫过程继续适用，两者都以 θ 为条件。但现在我们希望内生地决定 θ，它作为使一个岛上平均劳动力与外生给定的每个岛上平均人口 N 相等的值。

令 λ_θ 表示在练习 13.8d 中得到的不变测度，这种记号强调它对 θ 的依赖性。我们寻找 θ 的值以使：

$$D(\theta) = \int x\lambda_\theta(\mathrm{d}x \times \mathrm{d}z) = N$$

为了证明满足这个方程的 θ 值的存在性，我们首先证明下列事实。

练习 13.8 f. 证明 $D(0) = \bar{x}$，并证明对某个充分大的 $\bar{\theta}$，$\theta \geqslant \bar{\theta}$ 意味着 $D(\theta) = 0$。

g. 通过证明定理 12.13 的假设来证明 D 是连续的。

通过证明 $D(\theta)$ 对 $\theta > 0$ 是严格递减的，我们可以证明存在至多一个 θ 的正均衡值。令 T_θ 是相应于 P_θ 的马尔可夫算子，并令 T_θ^* 是它的伴随。在练习 13.8c 中我们已经证明了，对 $\mathscr{X} \times \mathscr{Z}$ 上的任何初始测度 λ_0 有：

$$D(\theta) = \int x\lambda_\theta(\mathrm{d}x \times \mathrm{d}z) = \lim_{n \to \infty} \int x(T_\theta^{*n}\lambda_0)(\mathrm{d}x \times \mathrm{d}z)$$

（为什么？）于是由定理 8.3 可推得：

$$D(\theta) = \lim_{n \to \infty} \int (T_\theta^n x)\lambda_0(\mathrm{d}x \times \mathrm{d}z)$$

练习 13.8 h. 利用以策略函数 $g_\theta(x, z)$ 的形式描述的 T_θ 的定义来证明 $D(\theta)$ 非递增。如何加强这个论证以证明当 $\theta > 0$ 时 $D(\theta)$ 是严格递减的？

13.9 文献注释

Scarf（1959）的论述包含随机线性存货问题总有（s，S）形式解的这个猜测的反例。那篇文章还提供了关于冲击的概率测度 μ 足以保证（s，S）策略为最优的各种条件。Iglehart（1963）也提供了（s，S）策略为最优的充分条件。Caplin（1985）分析了比在 13.1 节的更一般的公式中由（s，S）策略产生的马尔可夫链。

13.2 节是按照 Arrow，Karlin and Scarf（1958）第 14 章的思路（其中，存货随机过程的特征是在给定参数 s 和 S 的情况下）推导出来的，同时提供了这种过程的不变分布的明确解的例子。

13.3 节中的随机增长模型取自 Brock and Mirman（1972），也可参见 10.13 节中的参考文献。这里所用的基于单调性的收敛性证明来自 Razin and Yahav（1979），Brock and Mirman（1972）提供了当 $f(0)=0$ 时也适用的论证。Majumdar and Radner（1983）研究了在更一般的环境中平稳均衡的存在性。

13.4 节中不确定性下的行业投资模型来自 Lucas and Prescott（1971），但这里基于单调性的收敛性论证是新的。Sargent（1980）研究了投资问题的一个一般均衡，其中总投资上的非负性约束是决定性的。

13.5 节中的纯货币经济模型取自 Lucas（1980），也可参见 Foley and Hellwig（1975）的更早的类似模型，这里的收敛性证明也是新的。13.6 节中的线性效用变化形式来自 Taub（1988a）。Taub（1988b）研究了一个类似于 13.7 节中所研究的信贷经济。

虽然 13.8 节中的搜寻经济模型基于 Lucas and Prescott（1974），但这里的分析相当不同。

第14章 大数定律

在第 11 章和第 12 章中，我们导出了以模型意味着相继时期中状态空间上概率测度序列的形式来刻画递归系统长期行为的方法，如第 13 章中的应用所表明的，这种类型的分析给出了由这种模型产生的结果的许多洞悉。然而，该分析并不形成系统化实证工作的基础。在本节，我们将分析向前推进一步，并表明递归模型可以如何用作实证研究的基础。

假设我们的兴趣在于一个特定模型是否与一组数据一致，其中数据是状态的某些可观测函数的简单时间序列。即数据是形如$\{f(s_n)\}$的序列，其中 s_n 是在第 n 期的状态，且 f：$S\to\mathbf{R}$ 是一个固定的实值函数。于是我们必须决定这种序列的什么性质由理论模型所暗示。为了研究这个问题，我们采纳在第 11 章和第 12 章中所用的相同框架。

令 $(S,\mathscr{S})$为一可测空间；令 $\Lambda(S,\mathscr{S})$是 $(S,\mathscr{S})$上概率测度的空间；令 P 是 $(S,\mathscr{S})$上的一个转移函数；令 T^* 是概率测度上相应于 P 的算子（参见 8.1 节）。给定任意初始概率测度 λ_0，用 $\lambda_{n+1}=T^*\lambda_n$，$n=0,1,\cdots$递归定义序列$\{\lambda_n\}$。在第 11 章和第 12 章中，我们导出了关于 $(S,\mathscr{S})$ 和 P 的各种条件，它们足以保证平均序列 $\{(1/N)\sum_{n=1}^{N}\lambda_n\}$ 或序列 $\{\lambda_n\}$ 到一不变概率测度——T^* 的一个不动点——的强收敛和弱收敛。这样，第 11 章和第 12 章论述了概率测度序列这一不可直接观测目标的收敛性。

假设序列$\{(1/N)\sum_{n=1}^{N}\lambda_n\}$对所有 λ_0 都弱收敛于唯一不变概率测度 λ^*，则对任何连续函数 f 和任何初始状态 s_0，取期望值 $\int f d\lambda^*$ 作为 f 观

测值长期平均行为的预测是很自然的，即作为当 $N\to\infty$ 时，$(1/N)\sum_{n=1}^{N}f(s_n)$ 的预测。在本章，我们导出使这个陈述更精确所需的语言并提供使所要求结论成立的各种条件。

首先，我们需要几个定义。令（Ω，$\mathscr{F}$，μ）为一概率空间并令 $\{f_n\}_{n=1}^{\infty}$ 和 f 都是（Ω，$\mathscr{F}$）上的随机变量（可测、实值函数）。回想若存在一个有 $\mu(A)=0$ 的集合 $A\in\mathscr{F}$ 对所有 $\omega\in A^c$ 满足：

$$\lim_{n\to\infty}f_n(\omega)=f(\omega)$$

则我们说 $\{f_n\}$ **几乎处处**（almost everywhere）收敛于 f。在概率性背景下，这也被称作**几乎必然**（almost surely）收敛。在本章中，我们也将利用这样一个序列的较弱的收敛性概念。若对所有 $\varepsilon>0$，有：

$$\lim_{n\to\infty}\mu(\{\omega\in\Omega:|f_n(\omega)-f(\omega)|>\varepsilon\})=0$$

我们称 $\{f_n\}$ **依概率**（in probability）收敛于 f，这个极限性质也称作**依测度**（in measure）收敛。注意两个定义都要求我们预先设定关于（Ω，$\mathscr{F}$）的一个固定概率测度 μ；令 E（·）表示关于这个固定测度的积分。若随机变量序列 $\{f_n\}$ 依概率满足：

$$\frac{1}{N}\sum_{n=1}^{N}[f_n-\mathrm{E}(f_n)]\to 0 \tag{1}$$

我们称 $\{f_n\}$ 满足一个**弱大数定律**（weak law of large numbers）。若式（1）中收敛是几乎处处的，我们称 $\{f_n\}$ 满足一个**强大数定律**（strong law of large numbers）。

我们在本章中的目标是证明马尔可夫过程的一个强定律。为了做到这一点，我们必须首先决定这样一个定律要如何陈述。令（S，$\mathscr{S}$），P 和 s_0 给定；令 $[S^\infty,\mathscr{S}^\infty,\mu^\infty(s_0,\cdot)]=(\Omega,\mathscr{F},\mu)$ 是 8.2 节中定义的有限序列的概率空间；对每个 $(s_1,s_2,\cdots)=\omega\in\Omega$，令 $\sigma_n(\omega)=s_n$ 表示 ω 的第 n 个分量。然后对任何函数 $f:S\to\mathbf{R}$，用 $\hat{f}_n(\omega)=f[\sigma_n(\omega)]=f(s_n)$，$n=1,2,\cdots$ 定义函数序列 $\hat{f}_n:\Omega\to\mathbf{R}$。现在假设（$S$，$\mathscr{S}$）和 P 使得 $\left\{(1/N)\sum_{n=1}^{N}\lambda_n\right\}$ 对所有 λ_0 都弱收敛于唯一不变概率测度 λ^*。从而特别地，若 λ_0 在点 s_0 上的概率为 1，则该序列收敛。因而有：

$$\begin{aligned}\lim_{N\to\infty}\frac{1}{N}\sum_{n=1}^{N}\mathrm{E}[\hat{f}_n(\omega)]&=\lim_{N\to\infty}\frac{1}{N}\sum_{n=1}^{N}\mathrm{E}\{f[\sigma_n(\omega)]\}\\&=\lim_{N\to\infty}\frac{1}{N}\sum_{n=1}^{N}\int f(s_n)\mathrm{d}\lambda_n\\&=\int f(s)\mathrm{d}\lambda^*\end{aligned} \tag{2}$$

其中 E(·) 表示关于 $\mu^{\infty}(s_0, \cdot)$ 的积分。由于 s_0 和 f 都是任意的，故式（2）对所有 $s_0 \in S$ 和 $f \in C(S)$ 都成立。因而，若一马尔可夫过程具有上面描述的弱收敛性质且对所有 $f \in C(S)$ 和所有 $s_0 \in S$，下式几乎处处成立：

$$\lim_{N\to\infty} \frac{1}{N}\sum_{n=1}^{N} f(s_n) - \int f \mathrm{d}\lambda^* = 0 \tag{3}$$

则我们称它满足一个强大数定律。在本章中我们证明，若 S 是一有限维欧几里得空间中的一个紧集，且转移函数 P 具有费勒性质，则式（3）成立。

在 14.1 节中我们导出一系列大数定律，首先论述不相关随机变量，其次论述有某种相关性的变量。在 14.2 节中，我们将后一结果应用于马尔可夫过程。本章中导出的一些论证相当冗长而困难，并且它们当中任何一个都不用于本书其他地方，因此，首次阅读时跳过本章并不导致连续性的损失。

14.1 定义及预备知识

在本节中，我们证明几个大数定律，并以一类相关随机变量的一个强大数定律告终。我们从一系列预备结果即引理 14.1～引理 14.3 开始，它们提供几乎处处收敛的各种备择充分条件。然后，在定理 14.4 中我们利用切比雪夫不等式证明不相关随机变量的一个弱大数定律，而在定理 14.5 中我们强化这个结果以获得一个强定律。最后，在定理 14.6 中我们提供一类相关随机变量的一个强定律，这是我们在下一节中用来证明马尔可夫过程的一个强定律的结果。

贯穿本节，我们取 $(\Omega, \mathscr{F}, \mu)$ 为一固定的概率空间，并令 E(·) 表示在 Ω 上关于测度 μ 的积分。即对 $(\Omega, \mathscr{F})$ 上任何随机变量 f，$\mathrm{E}(f) = \int f \mathrm{d}\mu$。我们还采纳一个在概率论中十分标准的速记符号，并用 μ（f 具有性质 X）表示 $\mu(\{\omega \in \Omega: f(\omega)$ 具有性质 $X\})$。

我们的第一个结果是对几乎处处收敛的一个备择刻画。

引理 14.1 $f_n \to f$ 几乎处处成立的充分必要条件是对所有 $\varepsilon > 0$，有：

$$\lim_{m\to\infty} \mu(|f_n - f| \leqslant \varepsilon, \text{对所有 } n \geqslant m) = 1 \tag{1}$$

证明　定义集合：

$$A=\{f_n(\omega)\to f(\omega)\}$$

$$A_m(\varepsilon)=\{|f_n-f|\leqslant\varepsilon，对所有 n\geqslant m\}，\varepsilon>0，m=1，2，\cdots$$

于是为了证明这个引理，证明当且仅当对所有 $\varepsilon>0$，$\lim_{m\to\infty}\mu[A_m(\varepsilon)]=1$ 时，有：

$$\mu(A)=1$$

即可。

首先，注意，对任何固定的 $\varepsilon>0$，$\{A_m(\varepsilon)\}$ 是一个嵌套递增集合序列。还要注意，若 $\omega\in A$，则对所有充分大的 m 有 $\omega\in A_m(\varepsilon)$，因而有 $A\subseteq\bigcup_{m=1}^{\infty}A_m(\varepsilon)$。假设 $\mu(A)=1$，于是利用定理 7.1，我们得到对所有 $\varepsilon>0$，有：

$$1\geqslant\lim_{m\to\infty}\mu[A_m(\varepsilon)]=\mu[\bigcup_{m=1}^{\infty}A_m(\varepsilon)]\geqslant\mu(A)=1$$

反之，假设对所有 $\varepsilon>0$，$\lim_{m\to\infty}\mu[A_m(\varepsilon)]=1$。令 $A(\varepsilon)=\bigcup_{m=1}^{\infty}A_m(\varepsilon)$。则定理 7.1 意味着对所有 $\varepsilon>0$，有：

$$\mu[A(\varepsilon)]=\mu[\bigcup_{m=1}^{\infty}A_m(\varepsilon)]=\lim_{m\to\infty}\mu[A_m(\varepsilon)]=1$$

令 $\{\varepsilon_k\}$ 是一个收敛于零的递减序列，于是 $\{A(\varepsilon_k)\}$ 是一个嵌套递减集合序列，且 $A=\bigcap_{k=1}^{\infty}A(\varepsilon_k)$。因而，再次应用定理 7.1，我们得到：

$$\mu(A)=\mu[\bigcap_{k=1}^{\infty}A(\varepsilon_k)]=\lim_{k\to\infty}\mu[A(\varepsilon_k)]=1\ \blacksquare$$

令 $\{A_n\}$ 是 $\mathscr{F}$ 中任何集合序列。然后，我们定义可测集合 $\limsup A_n$ 为：

$$\limsup A_n=\bigcap_{m=1}^{\infty}\bigcup_{n=m}^{\infty}A_n$$

这样，当且仅当 ω 包含在无限个集合 A_n 中时，它是 $\limsup A_n$ 的一个元素。用稍微不同的陈述，当且仅当序列 $\{A_n\}$ 中无限多个事件发生时，事件 $\limsup A_n$ 发生。在这种情形下，我们称事件 A_n **无限经常**（infinitely often，i. o.）地发生。

注意 $\{\bigcup_{n=m}^{\infty}A_n\}$ 是一个嵌套递减集合序列，因而有下式无限经常地成立：

$$\begin{aligned}\mu(A_n)&=\mu(\limsup A_n)=\mu(\bigcap_{m=1}^{\infty}\bigcup_{n=m}^{\infty}A_n)\\&=\lim_{m\to\infty}\mu(\bigcup_{n=m}^{\infty}A_n)\end{aligned}\tag{2}$$

其中最后一步利用定理 7.1。

下一个引理是式（2）和引理 14.1 相当直接的结果，它提供对几乎处处收敛的一个稍微不同的刻画。

引理 14.2 当且仅当对所有 $\varepsilon>0$，$\mu(|f_n-f|>\varepsilon \quad \text{i.o.})=0$ 时，$f_n\to f$ 几乎处处成立。

证明 对所有 $\varepsilon>0$，令 $A_n(\varepsilon)=\{|f_n-f|>\varepsilon\}$，$n=1, 2, \cdots$。则式（2）意味着对所有 $\varepsilon>0$，有：

$$\begin{aligned}\mu(|f_n-f|>\varepsilon \quad \text{i.o.})&=\mu[A_n(\varepsilon) \quad \text{i.o.}]\\&=\lim_{m\to\infty}\mu[\bigcup_{n=m}^{\infty}A_n(\varepsilon)]\end{aligned}$$

因而由引理 14.1 知，证明当且仅当对所有 $\varepsilon>0$，$\lim_{m\to\infty}\mu[\bigcup_{n=m}^{\infty}A_n(\varepsilon)]=0$ 时，式（1）成立即可，这个结论直接推自如下事实：

$$\{|f_n-f|\leqslant\varepsilon, n\geqslant m\}=\bigcap_{n=m}^{\infty}A_n^c(\varepsilon)=[\bigcup_{n=m}^{\infty}A_n(\varepsilon)]^c$$

$$m=1, 2, \cdots, \text{对所有 } \varepsilon>0 \blacksquare$$

下一个结果利用这个引理提供几乎处处收敛的一个充分条件。

引理 14.3 若对所有 $\varepsilon>0$，有：

$$\sum_{n=1}^{\infty}\mu(|f_n-f|>\varepsilon)<\infty$$

则 $f_n\to f$ 几乎处处成立。

证明 由引理 14.2，证明对 $\mathscr{F}$ 中任何集合序列 $\{A_n\}$ 有

$$\sum_{n=1}^{\infty}\mu(A_n)<\infty \text{ 意味着 } \mu(A_n \quad \text{i.o.})=0$$

即可。为了证明后者，注意对于 $\mathscr{F}$ 中任何集合序列 $\{A_n\}$，有

$$\mu(\bigcup_{n=m}^{\infty}A_n)\leqslant\sum_{n=m}^{\infty}\mu(A_n), m=1, 2, \cdots$$

此外，有：

$$\sum_{n=1}^{\infty}\mu(A_n)<\infty \text{ 意味着 } \lim_{m\to\infty}\sum_{n=m}^{\infty}\mu(A_n)=0$$

因而利用式（2），我们得到：

$$\mu(A_n \quad \text{i.o.})=\lim_{m\to\infty}\mu(\bigcup_{n=m}^{\infty}A_n)\leqslant\lim_{m\to\infty}\sum_{n=m}^{\infty}\mu(A_n)=0 \blacksquare$$

由引理 14.1 可立即推得几乎处处收敛意味着依概率收敛，故一个“强定律”确实强于一个“弱定律”。然而其逆不真。

练习 14.1 令 $(\Omega, \mathscr{F}, \mu)$ 为单位区间 $[0, 1)$，且有波雷尔子集和波雷尔测度。对每个 $n\geqslant1$ 和 $1\leqslant i\leqslant n$，定义：

$$f_{ni}(\omega)=\begin{cases}1, \text{若 } \omega\in[(i-1)/n, i/n]\\0, \text{其他}\end{cases}$$

考虑随机变量序列（f_{11}，f_{21}，f_{22}，f_{31}，f_{32}，f_{33}，…）。

a. 证明这个序列不收敛于 Ω 的任何点，因而不几乎处处收敛。

b. 证明这个序列依概率收敛于恒等于零的随机变量。

c. 找出几乎处处收敛的一个子序列。

练习 14.2　令（Ω，$\mathscr{F}$，μ）为一概率空间并令$\{f_n\}$和 f 为随机变量。

a. 令$\{\varepsilon_n\}$是一收敛于零的正数序列。证明若 $\sum_{n=1}^{\infty}\mu(|f_n-f|>\varepsilon_n)<+\infty$，则 $f_n\to f$ 几乎处处成立。（提示：利用引理 14.3 的证明。）

b. 证明若依概率 $f_n\to f$，则存在一子序列$\{f_{n_k}\}$几乎处处收敛于 f。[提示：令 $n_1>1$ 满足 $\mu(|f_{n_1}-f|>1)\leqslant 1/2$，然后用 $n_k>n_{k-1}$ 和 $\mu(|f_{n_k}-f|>1/k)\leqslant 1/2^k$ 定义序列$\{n_k\}$，并应用 a 中的结果。]

接下来我们转到三个大数定律。定理 14.4 和定理 14.5 分别是不相关随机变量的弱定律和强定律，提出它们是为了使定理 14.6 的证明背后的思想更加清楚。定理 14.6 是一类相关随机变量的一个强定律，它是我们在下一节中将要利用的结果。

定理 14.4 的证明利用如下事实，即对任何有 $\mathrm{E}(h^2)<\infty$ 的随机变量 h 及所有 $\varepsilon>0$，有：

$$\mathrm{E}(h^2)=\int_\Omega h^2\mathrm{d}\mu\geqslant\int_{|h|\geqslant\varepsilon}h^2\mathrm{d}\mu\geqslant\varepsilon^2\mu(|h|\geqslant\varepsilon)$$

由此可以推得，对所有 $\varepsilon>0$：

$$\mu(|h|\geqslant\varepsilon)\leqslant\mathrm{E}(h^2)/\varepsilon^2\qquad(3)$$

这个事实称作**切比雪夫不等式**（Chebyshev's inequality）。

我们还需要回忆不相关随机变量的定义。

定义　一个随机变量序列$\{f_k\}$若满足

$$\mathrm{E}(f_k^2)<\infty,\quad k=1,2,\cdots$$

$$\mathrm{E}(f_jf_k)=\mathrm{E}(f_j)\mathrm{E}(f_k),\quad f\neq k$$

则称它是**不相关的**（uncorrelated）。

对任何不相关随机变量序列，可立即推得：

$$\mathrm{E}\{[f_j-\mathrm{E}(f_j)][f_k-\mathrm{E}(f_k)]\}=0,\quad f\neq k\qquad(4)$$

利用式（3）和式（4），我们可以证明如下不相关随机变量的弱大数定律。

定理 14.4　令$\{f_k\}$是有如下性质的不相关随机变量序列，即对某个 $M<\infty$ 及所有 k，$\mathrm{E}\{[f_k-\mathrm{E}(f_k)^2]\}<M$。则依概率有：

$$\frac{1}{n}\sum_{k=1}^{n}[f_k-\mathrm{E}(f_k)]\to 0\qquad(5)$$

证明 令 $h_k=[f_k-\mathrm{E}(f_k)]$，$k=1, 2, \cdots$。则式（4）意味着对所有 $j\neq k$，有 $\mathrm{E}(h_jh_k)=0$。所以部分和满足：

$$\mathrm{E}\left[(\sum_{k=1}^{n}h_k)^2\right]=\sum_{k=1}^{n}\mathrm{E}(h_k^2)+\sum_{\substack{j,k=1\\j\neq k}}^{n}\mathrm{E}(h_jh_k)$$
$$\leqslant nM+0 \tag{6}$$

于是由切比雪夫不等式可推得，对所有 $\varepsilon>0$，有：

$$\mu\left(\left|\sum_{k=1}^{n}h_k\right|\geqslant n\varepsilon\right)\leqslant nM/n^2\varepsilon^2=M/n\varepsilon^2 \tag{7}$$

因而对所有 $\varepsilon>0$，有：

$$\lim_{n\to\infty}\mu\left(\left|\frac{1}{n}\sum_{k=1}^{n}h_k\right|\geqslant\varepsilon\right)\leqslant\lim_{n\to\infty}M/n\varepsilon^2=0$$

所以式（5）成立。■

我们下一个结果证明在同样的假设下，式（5）几乎处处成立。

定理 14.5 令 $\{f_k\}$ 是有如下性质的不相关随机变量序列：对所有 k 及某个 $M<\infty$，$\mathrm{E}\{[f_k-\mathrm{E}(f_k)]^2\}<M$。则式（5）几乎处处成立。

证明 令 $h_k=[f_k-\mathrm{E}(f_k)]$，$k=1, 2, \cdots$，并定义部分和 $g_n=\sum_{k=1}^{n}h_k$，$n=1, 2, \cdots$。我们希望证明 $g_n/n\to0$ 几乎处处成立。如式（7）中所证，对所有 $\varepsilon>0$，有：

$$\mu(|g_n|\geqslant n\varepsilon)\leqslant M/n\varepsilon^2 \tag{8}$$

我们想应用引理 14.3，但关于 n 对式（8）求和得出：

$$\sum_{n=1}^{\infty}\mu(|g_n|\geqslant n\varepsilon)\leqslant\frac{M}{\varepsilon^2}\sum_{n=1}^{\infty}\frac{1}{n}$$

且右边的序列并不收敛。相反，我们应用一种称作**子序列法**（method of subsequences）的方法。

考虑子序列 $n_k=k^2$，$k=1, 2, \cdots$。沿此子序列对式（8）求和，我们得到，对所有 $\varepsilon>0$，有：

$$\sum_{k=1}^{\infty}\mu(|g_{k^2}|>k^2\varepsilon)\leqslant\frac{M}{\varepsilon^2}\sum_{k=1}^{\infty}\frac{1}{k^2}<\infty$$

因而由引理 14.3 推得子序列 $\{g_{k^2}/k^2\}$ 几乎处处收敛于零。

证明的余下部分包括证明序列 $\{g_n/n\}$ 中每一项接近于序列 $\{g_{k^2}/k^2\}$ 中一邻近项。对所有 $k\geqslant1$ 及 $n=k^2+1, \cdots, (k+1)^2-1$ 定义：

$$D_{k,n}=|g_n-g_{k^2}|$$

于是对每个（k，n），有：

$$\mathrm{E}(D_{k,n}^2)=\mathrm{E}(|g_n-g_{k^2}|^2)=\mathrm{E}\left(\left|\sum_{i=k^2+1}^{n}h_i\right|^2\right)$$

$$\leqslant E\left(\sum_{i=k^2+1}^{(k+1)^2-1} h_i^2\right) + 0 \leqslant 2kM$$

其中我们再次利用了各个 h_i 不相关的事实。因而由切比雪夫不等式，对所有 $\varepsilon>0$，所有 k 和 n，有：

$$\mu(D_{k,n} \geqslant k^2\varepsilon) \leqslant 2kM/k^4\varepsilon^2 = 2M/k^3\varepsilon^2 \tag{9}$$

对每个 $k \geqslant 1$，令 $Z_k = \max_n D_{kn}$，其中最大化是遍及 $n \in \{k^2+1, \cdots, (k+1)^2-1\}$ 的。于是式（9）意味着，对所有 $\varepsilon>0$，所有 k：

$$\mu(Z_k \geqslant k^2\varepsilon) \leqslant 2M/k^3\varepsilon^2$$

因而，利用和上面同样的论证，我们得到：

$$\sum_{k=1}^{\infty} \mu\left(\frac{1}{k^2}Z_k \geqslant \varepsilon\right) \leqslant \frac{2M}{\varepsilon^2}\sum_{k=1}^{\infty}\frac{1}{k^3} < \infty$$

所以 $Z_k/k^2 \to 0$ 几乎处处成立。■

接下来我们证明，对于特定的一类相关随机变量，定理 14.5 的一个变化形式成立。注意，在定理 14.4 和定理 14.5 的证明中，一个主要步骤包含利用式（4）来证明式（6）中的交叉项都是零。对感兴趣的相关随机变量，我们简单地用一适当选取的条件均值代替式（4）中的无条件均值 $E(f_k)$。

定理 14.6　令（Ω，$\mathscr{F}$，μ）为一概率空间，令 $\{f_k, \mathscr{A}_k\}$ 为一随机变量序列和 σ 代数，且对 $k=0, 1, \cdots$ 满足：

a. $\mathscr{A}_k \subset \mathscr{A}_{k+1} \subset \mathscr{F}$；

b. f_k 是 $\mathscr{A}_k$ 可测的；

c. 对所有 k，对某个 $M<\infty$，有 $E\{[f_k - E(f_k \mid \mathscr{A}_{k-1})]^2\} < M$。

那么几乎处处有：

$$\lim_{n\to\infty}\frac{1}{n}\sum_{k=1}^{n}[f_k - E(f_k \mid \mathscr{A}_{k-1})] = 0$$

证明　定义随机变量：

$$\phi_k = E(f_k \mid \mathscr{A}_{k-1}), k=1, 2, \cdots$$

由定理 14.5 知，证明 $\{f_k - \phi_k\}$ 为一不相关随机变量序列即可，为了理解这一点，首先注意对所有 k，几乎处处有：

$$E(\phi_k \mid \mathscr{A}_{k-1}) = \phi_k = E(f_k \mid \mathscr{A}_{k-1})$$

因而对 $j<k$，几乎处处有：

$$\begin{aligned} E[(f_j-\phi_j)(f_k-\phi_k) \mid \mathscr{A}_{k-1}] &= (f_j-\phi_j)E[(f_k-\phi_k) \mid \mathscr{A}_{k-1}] \\ &= 0 \end{aligned}$$

因此对所有 $j \neq k$，有：

$$E[(f_j-\phi_j)(f_k-\phi_k)] = 0$$ ■

14.2 马尔可夫过程的强定律

在本节，我们对一类相当广泛的马尔可夫过程证明一个强大数定律。这个结果即定理 14.7 相当容易叙述和解释，但其证明相当复杂。所以，为了使论证的结构尽可能清楚，我们将按如下进行。首先我们叙述定理 14.7 并提供证明中的基本步骤，在此我们利用两个主要引理。然后我们再证明这两个引理，第一个即引理 14.8 是定理 14.6 的一个应用，第二个即引理 14.9 利用某些关于函数空间的事实且基于几个支持性论证。

令(S, ρ)为一度量空间，且有波雷尔集 $\mathscr{S}$；令 $C(S)$ 是 S 上有界连续函数的空间；令$\Lambda(S, \mathscr{S})$是$(S, \mathscr{S})$上概率测度的空间。令 P 是$(S, \mathscr{S})$上的一个转移函数；令 T，T^* 是相应的马尔可夫算子和伴随。贯穿本节，我们坚持下列各假定。

假定 14.1 S 是一有限维欧几里得空间 $\mathbf{R}^l$ 的一个紧子集。

假定 14.2 T 具有费勒性质，即 T：$C(S)\to C(S)$。

假定 14.3 存在唯一的概率测度 λ^* 使 $\{(1/N)\sum_{n=1}^{N} T^{*n}\lambda_0\}$ 对所有 $\lambda_0 \in \Lambda(S, \mathscr{S})$ 弱收敛于 λ^*。

令 $\Omega = S^\infty = S\times S\times\cdots$ 是状态空间的无限乘积，并令 $\mathscr{F} = \mathscr{S}^\infty = \mathscr{S}\times\mathscr{S}\times\cdots$ 是 8.2 节中的 σ 代数。如在那里证明的，对任何固定的 $s_0 \in S$，转移函数 P 导致（Ω，$\mathscr{F}$）上一概率测度，称其为 $\mu(s_0, \cdot)$。最后，对任何$(s_1, s_2\cdots)=\omega\in\Omega$，令 $\sigma_n(\omega)=s_n$ 表示 ω 的第 n 个分量。本节余下部分专门用于下面马尔可夫过程强大数定律的证明。

定理 14.7 令（S，$\mathscr{S}$），P，T 和 T^* 满足假定 14.1～假定 14.3，则对任何 $s_0\in S$ 和任何连续函数 f：$S\to\mathbf{R}$，有：

$$\lim_{N\to\infty}\frac{1}{N}\sum_{n=1}^{N} f[\sigma_n(\omega)] = \int f\mathrm{d}\lambda^*,\ \mu(s_0, \cdot)\text{ 几乎处处成立}$$

证明 固定 $s_0 \in S$ 和 $f \in C(S)$。对任何整数 N，M 及所有 $\omega\in\Omega$，有：

$$\begin{aligned}&\left|\frac{1}{N}\sum_{n=1}^{N} f[\sigma_n(\omega)] - \int f\mathrm{d}\lambda^*\right|\\ &\leqslant\left|\frac{1}{N}\sum_{n=1}^{N} f[\sigma_n(\omega)] - \frac{1}{N}\sum_{n=1}^{N}\left[\frac{1}{M}\sum_{m=1}^{M}(T^m f)[\sigma_n(\omega)]\right]\right|\end{aligned}$$

$$+\left|\frac{1}{N}\sum_{n=1}^{N}\left[\frac{1}{M}\sum_{m=1}^{M}(T^m f)[\sigma_n(\omega)]\right]-\int f\mathrm{d}\lambda^*\right|$$
$$\leqslant\frac{1}{M}\sum_{m=1}^{M}\left|\frac{1}{N}\sum_{n=1}^{N}f[\sigma_n(\omega)]-\frac{1}{N}\sum_{n=1}^{N}(T^m f)[\sigma_n(\omega)]\right|$$
$$+\left|\frac{1}{N}\sum_{n=1}^{N}\left[\frac{1}{M}\sum_{m=1}^{M}(T^m f)[\sigma_n(\omega)]\right]-\int f\mathrm{d}\lambda^*\right| \qquad (1)$$

为了证明此定理，证明当 $N\rightarrow\infty$ 时式（1）中两项中的每一项都收敛于零对于 $\mu(s_0,\cdot)$ 几乎处处成立即可，这需要两个完全独立的论证。

对于式（1）中的第一项，注意对任何 $1\leqslant m<N$ 及所有 $\omega\in\Omega$，有：

$$\left|\frac{1}{N}\sum_{n=1}^{N}f[\sigma_n(\omega)]-\frac{1}{N}\sum_{n=1}^{N}(T^m f)[\sigma_n(\omega)]\right|$$
$$=\frac{1}{N}\left|\sum_{n=1}^{N}f[\sigma_n(\omega)]-\sum_{n=m+1}^{m+N}(T^m f)[\sigma_{n-m}(\omega)]\right|$$
$$\leqslant\frac{1}{N}\left|\sum_{n=1}^{m}f[\sigma_n(\omega)]\right|+\frac{1}{N}\left|\sum_{n=N+1}^{N+m}(T^m f)[\sigma_{n-m}(\omega)]\right|$$
$$+\frac{1}{N}\left|\sum_{n=m+1}^{N}\{f[\sigma_n(\omega)]-(T^m f)[\sigma_{n-m}(\omega)]\}\right| \qquad (2)$$

式（2）中的前两项容易处理。由于 T 是一马尔可夫算子且 $f\in C(S)$，故对所有 $m\geqslant1$ 有 $\|T^m f\|\leqslant\|f\|<\infty$。因而对任何固定的 $m\geqslant1$，这些项中的每一项都以 $m\|f\|/N$ 为上界。■

对第三项的论证利用下面的引理，稍后将证明它。

引理 14.8　令 μ 为 $(\Omega,\mathscr{F})=(S^\infty,\mathscr{S}^\infty)$ 上的概率测度；对所有 n，所有 $\omega\in\Omega$，令 $\sigma_n(\omega)=s_n$；令 f 是 S 上一有界可测函数。于是对任意 $m\geqslant1$，有：

$$\lim_{N\to\infty}\frac{1}{N}\left|\sum_{n=m+1}^{N}[f(\sigma_n)-(T^m f)(\sigma_{n-m})]\right|=0,\quad \mu\text{ 几乎处处成立} \qquad (3)$$

引理 14.8 意味着，对任何固定的 $s_0\in S$ 和 $f\in C(S)$ 及对任何 $m\geqslant1$，存在满足 $\mu(s_0,A_m)=0$ 的一个集合 $A_m\in\mathscr{F}$ 具有如下性质：对任何 $\varepsilon>0$，存在 $N_m(\varepsilon)>m$ 满足，对所有 $N\geqslant N_m(\varepsilon)$，所有 $\omega\in A_m^c$，有

$$\frac{1}{N}\left|\sum_{n=m+1}^{N}[f(\sigma_n)-(T^m f)(\sigma_{n-m})]\right|\leqslant\varepsilon/4 \qquad (4)$$

接下来考虑式（1）中的第二项，为了处理这一项。我们利用下面的引理，它也在稍后证明。

引理 14.9　令假定 14.1～假定 14.3 成立，并令 $f\in C(S)$。则对任

何$\varepsilon>0$，存在$M(\varepsilon)\geqslant 1$满足，对所有$M\geqslant M(\varepsilon)$，所有$s\in S$，有：

$$\left|\frac{1}{M}\sum_{m=1}^{M}(T^m f)(s)-\int f\mathrm{d}\lambda^*\right|\leqslant \varepsilon/4$$

引理 14.9 表明，函数序列$\{(1/M)\sum_{m=1}^{M}(T^m f)\}$依上确界范数收敛于值为$\int f\mathrm{d}\lambda^*$的常数函数。由这个引理可立即推得，对所有$M\geqslant M(\varepsilon)$，所有$\omega\in\Omega$，所有$n\geqslant 1$，有：

$$\left|\frac{1}{M}\sum_{m=1}^{M}(T^m f)[\sigma_n(\omega)]-\int f\mathrm{d}\lambda^*\right|\leqslant \varepsilon/4 \tag{5}$$

给出引理 14.8 和引理 14.9 后，定理 14.7 的证明可按下列方式继续进行。回想$s_0\in S$和$f\in C(S)$都是固定的。首先，对$m=1, 2, \cdots$，选取有$\mu(s_0, A_m)=0$的集合$A_m\in\mathscr{F}$使式（4）成立，由引理 14.8 知这是可能的。令$A=\bigcup_{m=1}^{\infty}A_m$，并注意$\mu(s_0, A)=0$。其次，固定$\varepsilon>0$，并选取$M(\varepsilon)$使式（5）成立，由引理 14.9 知这是可能的。再次，对每个$m=1, \cdots, M(\varepsilon)$，选取$N_m(\varepsilon)$使式（4）成立，其中各个$A_m$是已经选取的，由引理 14.8 知这是可能的，且对所有m有$N_m(\varepsilon)>m$。最后，选取

$$N^*(\varepsilon)\geqslant\max\{N_1(\varepsilon), \cdots, N_{M(\varepsilon)}, 4M(\varepsilon)\|f\|/\varepsilon\}$$

并注意$N^*(\varepsilon)>M(\varepsilon)$。

接下来，将式（2）代入式（1），并设$M=M(\varepsilon)$以得到对所有$\omega\in\Omega$，所有$N>M(\varepsilon)$，有：

$$\begin{aligned}&\left|\frac{1}{N}\sum_{n=1}^{N}f[\sigma_n(\omega)]-\int f(s)\mathrm{d}\lambda^*\right|\\ \leqslant&\frac{1}{M(\varepsilon)}\sum_{m=1}^{M(\varepsilon)}\left\{\frac{2m\|f\|}{N}\right.\\ &\left.+\frac{1}{N}\left|\sum_{n=m+1}^{N}\{f[\sigma_n(\omega)]-(T^m f)[\sigma_{n-m}(\omega)]\}\right|\right\}\\ &+\left|\frac{1}{N}\sum_{n=1}^{N}\left[\frac{1}{M(\varepsilon)}\sum_{m=1}^{M(\varepsilon)}(T^m f)[\sigma_n(\omega)]\right]-\int f\mathrm{d}\lambda^*\right|\end{aligned}$$

由式（4）和式（5）可推得，对所有$\omega\in A^c$和所有$N\geqslant N^*(\varepsilon)$，这个公式的右端小于$\varepsilon$。由于$\varepsilon>0$，这就完成了证明。■

接下来还要证明引理 14.8 和引理 14.9。前者的证明是定理 14.6 的一个应用，定理 14.6 是我们在上一节已证明的相关随机变量的一个强大数定律。

引理 14.8 的证明 令μ是$(\Omega, \mathscr{F})$上的一个概率测度，并令f是

S 上一有界可测函数。于是对任何 $n\geqslant m+1$ 及所有 $\omega\in\Omega$，有：

$$\begin{aligned} & f(\sigma_n)-(T^m f)(\sigma_{n-m}) \\ &= \sum_{j=0}^{m-1}[(T^j f)(\sigma_{n-j})-(T^{j+1}f)(\sigma_{n-j-1})] \end{aligned}$$

因而对任何 $N\geqslant m+1$ 及所有 $\omega\in\Omega$，有：

$$\begin{aligned} & \frac{1}{N}\left|\sum_{n=m+1}^{N}[f(\sigma_n)-(T^m f)(\sigma_{n-m})]\right| \\ &= \frac{1}{N}\left|\sum_{n=m+1}^{N}\sum_{j=0}^{m-1}[(T^j f)(\sigma_{n-j})-(T^{j+1}f)(\sigma_{n-j-1})]\right| \\ &\leqslant \sum_{j=0}^{m-1}\left|\frac{1}{N}\sum_{n=m+1}^{N}[(T^j f)(\sigma_{n-j})-(T^{j+1}f)(\sigma_{n-j-1})]\right| \end{aligned}$$

我们将证明，当 $N\to\infty$时，右边 m 项中的每一项都收敛于零对于 μ 几乎处处成立.

固定 $0\leqslant j\leqslant m-1$，并定义函数 g_n^j，$n=0$，1，…为：

$$g_n^j=\begin{cases}0, & n=0,1,\cdots,m \\ (T^j f)(\sigma_{n-j}), & n=m+1,m+2,\cdots\end{cases}$$

令 $\hat{\mathscr{S}}^k$，$k=0$，1，… 为 8.2 节中定义的 Ω 的 σ 代数，并令

$$\mathscr{A}_n^j=\begin{cases}\hat{\mathscr{S}}^0, & n=0,1,\cdots,m-1 \\ \hat{\mathscr{S}}^{n-j}, & n=m,m+1,\cdots\end{cases}$$

则 $\mathscr{A}_n^j\subseteq\mathscr{A}_{n+1}^j\subseteq\mathscr{F}$，$n=0$，1，…，且每个函数 g_n^j 是 $\mathscr{A}_n^j$ 可测的。此外有：

$$(T^j f)(\sigma_{n-j})-(T^{j+1}f)(\sigma_{n-j-1})=g_n^j-\mathrm{E}(g_n^j\mid\mathscr{A}_{n-1}^j)$$
$$n=m+1,m+2,\cdots$$

因而对所有 $\omega\in\Omega$，有：

$$\begin{aligned} & \frac{1}{N}\left|\sum_{n=m+1}^{N}[(T^j f)(\sigma_{n-j})-(T^{j+1}f)(\sigma_{n-j-1})]\right| \\ &= \frac{1}{N}\left|\sum_{n=1}^{N}[g_n^j-\mathrm{E}(g_n^j\mid\mathscr{A}_{n-1}^j)]\right| \end{aligned}$$

因而为了证明式（3）成立，证明下式对于 μ 几乎处处成立即可：

$$\lim_{N\to\infty}\frac{1}{N}\left|\sum_{n=1}^{N}[g_n^j-\mathrm{E}(g_n^j\mid\mathscr{A}_{n-1}^j)]\right|=0 \tag{6}$$

由于 f 是有界的，故有：

$$\mathrm{E}\{[g_n^j-\mathrm{E}(g_n^j\mid\mathscr{A}_{n-1}^j)]^2\}\leqslant 4\|f\|^2,\quad n=1,2,\cdots$$

这样，序列 $\{g_n^j,\mathscr{A}_n^j\}_{n=1}^{\infty}$满足定理 14.6 的假设，因此式（6）成立。■

接下来我们将转向的引理 14.9 的证明不涉及概率理论，而是基于

若干关于赋范线性空间和关于对偶赋范线性空间的线性算子。（不熟悉对偶赋范线性空间的读者此时可以跳过并阅读 15.1 节中关于对偶空间的内容。）引理 14.10 的证明如下。

首先，我们不加证明地叙述一个标准的最小范数对偶性结果，即定理 14.10。其次，我们利用这个定理证明引理 14.11。这个引理及引理 14.12 将用在引理 14.13 的证明中，这是一个被称为范数遍历引理（Norms Ergodic Lemma）的结果的特例。再次，在定理 14.14 中，我们不加证明地叙述黎兹表示定理（Riesz Representation Theorem）的一个变体。最后，我们利用后两个结果证明引理 14.9。

令 X 是具有范数 $\|\cdot\|_X$ 的一个赋范线性空间，所有连续线性函数 μ：$X\to\mathbf{R}$ 的空间称作 X 的**对偶空间**（dual space）并表示为X^*。（一些赋范线性空间的对偶的例子可参见练习 15.2。）我们用符号 $\langle x, \mu\rangle$ 表示函数 μ 在点 $x\in X$ 的值。定义 X^* 上的范数 $\|\cdot\|_{X^*}$ 为：

$$\|\mu\|_{X^*}=\sup_{\substack{x\in X\\ \|x\|_X\leqslant 1}}\langle x,\mu\rangle$$

μ 是连续的假定意味着 $\|\mu\|_{X^*}$ 是有限的（定理 15.1）。

接下来，我们必须定义 X 上的线性算子并导出它们的某些性质。

定义　若对所有 x，$y\in X$ 和所有 α，$\beta\in\mathbf{R}$，一个赋范线性空间 X 到其自身的映射 T 满足 $T(\alpha x+\beta y)=\alpha Tx+\beta Ty$。则称 T 为 X 上的一个**线性算子**（linear operator）。

令 L 是线性算子 T：$X\to X$ 的空间，并定义 L 上的范数 $\|\cdot\|_L$ 为：

$$\|T\|_L=\sup_{\substack{x\in X\\ \|x\|_X\leqslant 1}}\|Tx\|_X$$

由 $\|\cdot\|_L$ 的定义，显然知对任何线性算子 T 及所有 $x\in X$，有：

$$\|Tx\|_X\leqslant\|T\|_L\cdot\|x\|_X$$

当没有引起混淆的可能时，我们将去掉各种范数的下标。

对任何 $T\in L$，定义 X 的子集 TX 为：

$$TX=\{y\in X\text{：}y=Tx\text{，对某个 }x\in X\}$$

这样，TX 是整个空间 X 在 T 之下的图像集。显然，TX 是 X 的一个子空间，即 TX 是包含在 X 中的一个线性空间。令 $\overline{TX}$ 表示这个集合在范数 $\|\cdot\|_X$ 下的闭包。

我们第一个预备结果的证明利用下面的对偶性定理。

定理 14.10（最小范数对偶性）　令 X 为一赋范线性空间；令 $x\in X$；令 M 为 X 的任何子空间。则对所有 $y\in M$，有：

$$\inf_{y \in M} \| x - y \| = \max_{\substack{\mu \in X^* \\ \|\mu\| \leqslant 1}} \langle x, \mu \rangle$$

$$\text{s.t.} \langle y, \mu \rangle = 0$$

且最大值对某个 $\mu^* \in X^*$ 成立。

证明参见 Luenberger（1969，pp. 136 - 137）。

引理 14.11　令 X 为一赋范线性空间；令 T：$X \to X$ 为一线性算子；令 $\{x_n\}$ 为 TX 中的一个序列；假设对某个 $x \in X$ 及所有 $\mu \in X^*$，有：

$$\lim_{n \to \infty} \langle x_n, \mu \rangle = \langle x, \mu \rangle \tag{7}$$

则有 $x \in \overline{TX}$。

证明　令 X，T，$\{x_n\}$ 和 x 满足所述假设。由于 T 是线性的，故 TX 是 X 的一子空间。因而定理 14.10 意味着存在 $\mu^* \in X^*$ 对所有 $y \in TX$，有：

$$d = \inf_{y \in TX} \| x - y \| = \langle x, \mu^* \rangle \text{和} \langle y, \mu^* \rangle = 0$$

所以，由于 $\{x_n\}$ 落于 TX 中，故对所有 n 有 $\langle x_n, \mu^* \rangle = 0$，于是由式（7）可推得 $d = \langle x, \mu^* \rangle = 0$，因而可得 $x \in \overline{TX}$。■

下一个结果利用下面的练习。

练习 14.3　令 X 为一赋范线性空间，并令 T：$X \to X$ 为一线性算子。

a. 定义算子 T^k：$X \to X$ 为 $T^0 x = x$ 及 $T^k x = T(T^{k-1} x)$，$k = 1, 2, \cdots$。证明每个算子 T^k 都是线性的，并证明若 $\| T \| \leqslant 1$，则 $\| T^k \| \leqslant 1$，$k = 1, 2, \cdots$。

b. 定义算子 H_n：$X \to X$ 为：

$$H_n x = \frac{1}{n} \sum_{k=1}^{n} T^{k-1} x, \quad n = 1, 2, \cdots \tag{8}$$

证明每个算子 H_n 都是线性的，并证明若 $\| T \| \leqslant 1$，则 $\| H_n \| \leqslant 1$，$n = 1, 2, \cdots$。

引理 14.12　令 X 为一赋范线性空间；令 T：$X \to X$ 为一个满足 $\| T \| = 1$ 的线性算子；由式（8）定义线性算子 H_n：$X \to X$，$n = 1, 2, \cdots$。令 I：$X \to X$ 为恒等映射。则对所有 $x \in \overline{(T - I)X}$，有：

$$\lim_{n \to \infty} \| H_n x \| = 0$$

证明　我们首先对 $x \in (T - I)X$ 证明结果。若 $x \in (T - I)X$，则对某个 $y \in X$ 有 $x = (T - I)y$。因而有：

$$\begin{aligned} H_n x &= H_n (T - I) y \\ &= \frac{1}{n} \sum_{k=1}^{n} T^{k-1} (T - I) y \end{aligned}$$

$$= \frac{1}{n}\left(\sum_{k=1}^{n} T^k y - \sum_{k=1}^{n} T^{k-1} y\right)$$
$$= \frac{1}{n}(T^n y - y)$$

因此有：

$$\begin{aligned}\lim_{n\to\infty} \| H_n x \|_X &= \lim_{n\to\infty} \frac{1}{n} \| T^n y - y \|_X \\ &\leqslant \lim_{n\to\infty} \frac{1}{n}(\| T^n y \|_X + \| y \|_X) \\ &\leqslant \lim_{n\to\infty} \frac{1}{n}(\| T^n \|_L \cdot \| y \|_X + \| y \|_X) \\ &\leqslant \lim_{n\to\infty} \frac{2}{n} \| y \|_X \\ &= 0\end{aligned}$$

其中第四行利用了练习 14.3a。

现在假设 $x \in \overline{(T-I)X}$，则对任何 $\varepsilon > 0$，存在 $x' \in (T-I)X$ 满足 $\| x - x' \| < \varepsilon$，以及 $y' \in X$ 满足 $x' = (T-I)y'$。于是有：

$$\begin{aligned}\| H_n x \|_X &\leqslant \| H_n x' \|_X + \| H_n(x - x') \|_X \\ &\leqslant \| H_n x' \|_X + \| H_n \|_L \cdot \| x - x' \|_X \\ &\leqslant \| H_n x' \|_X + \varepsilon\end{aligned}$$

其中最后一行利用练习 14.3b。由于 $\varepsilon > 0$ 且 $\| H_n x' \|_X \to 0$，这就完成了证明。■

我们下一个结果利用引理 14.11 和引理 14.12。

引理 14.13（范数遍历引理） 令 X 为一赋范线性空间；令 $T: X \to X$ 为一满足 $\| T \| = 1$ 的线性算子；令算子 H_n 由式（8）定义。假设 $\bar{x} \in X$ 是 T 的一个不动点，且 $x \in X$ 对所有 $\mu \in X^*$ 满足：

$$\lim_{n\to\infty} \langle H_n x, \mu \rangle = \langle \bar{x}, \mu \rangle \tag{9}$$

则有：

$$\lim_{n\to\infty} \| H_n x - \bar{x} \| = 0$$

证明 令 X，T 和 $\{H_n\}$ 如上所设，并令 $I: X \to X$ 为恒等映射，注意，对所有 n，有：

$$(H_n - I) = (T - I)\left(\frac{n-1}{n} I + \frac{n-2}{n} T + \cdots + \frac{1}{n} T^{n-2}\right)$$

（试做一下右边的乘法。）即对所有 $x \in X$ 和所有 n，有：

$$(H_n - I)x \in (T - I)X$$

令 $\bar{x}$ 为 T 的一个不动点，令 $x \in X$ 满足式（9），并令 $y_n=(H_n-I)x$，$n=1, 2, \cdots$。则对所有 n 和所有 $\mu \in X^*$，有：

$$\langle y_n, \mu \rangle = \langle (H_n - I)x, \mu \rangle = \langle H_n x, \mu \rangle - \langle x, \mu \rangle$$

取极限并利用式（9），我们得到：对所有 $\mu \in X^*$，有

$$\lim_{n\to\infty} \langle y_n, \mu \rangle = \langle \bar{x}, \mu \rangle - \langle x, \mu \rangle = \langle \bar{x} - x, \mu \rangle$$

由于对所有 n 有 $y_n \in (T-I)X$，故由引理 14.11 可推得 $(x-\bar{x}) \in \overline{(T-I)X}$。又由于 $\| T \| = 1$，故可得：

$$\begin{aligned} 0 &= \lim_{n\to\infty} \| H_n(x-\bar{x}) \| = \lim_{n\to\infty} \| H_n x - H_n \bar{x} \| \\ &= \lim_{n\to\infty} \| H_n x - \bar{x} \| \end{aligned}$$

其中第一个等式利用引理 14.12，而最后一个等式利用了如下事实，即由于 $\bar{x}$ 是 T 的一个不动点，故对所有 n，它也是 H_n 的一个不动点。■

令 $S \subset \mathbf{R}^l$ 为一有限维欧几里得空间的一个子集，且有波雷尔子集 $\mathscr{S}$，并令 $C(S)$ 为有界连续函数 f：$S \to \mathbf{R}$ 的空间。回忆（见练习 3.4e）具有上确界范数的 $C(S)$ 为一赋范线性空间。在定理 14.13 的应用中，$C(S)$ 是我们感兴趣的空间。令 P 为$(S, \mathscr{S})$上一转移函数，并令 T 是相应于 P 的马尔可夫算子。假定 T 具有费勒性质（假定 14.2）。

练习 14.4　证明在假定 14.2 下，T：$C(S) \to C(S)$ 是一个线性算子；证明 $\| T \|_L = 1$；证明任意常数函数都是 T 的一个不动点。

为了应用定理 14.13，我们还必须确定 $C(S)$ 的对偶空间。下一个结果说明，11.3 节中介绍的$(S, \mathscr{S})$上的符号测度空间 $\Phi(S, \mathscr{S})$是 $C(S)$ 的对偶空间。回想符号测度必定是有限的。

定理 14.14（黎兹表示定理）　令 $S \subset \mathbf{R}^l$ 为一紧集，且有波雷尔子集 $\mathscr{S}$；令 $C(S)$ 为有界连续函数 f：$S \to \mathbf{R}$ 的空间；令 $\Phi(S, \mathscr{S})$ 为 $(S, \mathscr{S})$ 上的符号测度空间。若 T：$C(S) \to \mathbf{R}$ 是 $C(S)$ 上一连续线性函数，则存在唯一符号测度 $\nu \in \Phi(S, \mathscr{S})$ 对所有 $f \in C(S)$ 满足 $Tf = \int f \mathrm{d}\nu$。

关于这个定理的一个证明，见 Royden（1968，Theorem 8，pp. 310－311）。

现在我们已准备好证明我们最后的结果。

引理 14.9 的证明　令 $(S, \mathscr{S})$，T 和 T^* 满足假定 14.1～假定 14.3，并令 $C(S)$ 是 S 上有界连续函数的空间。在假定 14.1 下，$C(S)$ 是一个赋范线性空间，且由定理 14.14 知，它的对偶是 $(S, \mathscr{S})$ 上符号测度的空间 $\Phi(S, \mathscr{S})$。在假定 14.1 和假定 14.2 下，由练习 14.4 可推

得 $T: C(S) \to C(S)$ 为一线性算子，且有 $\| T \| = 1$。由式（8）定义线性算子 $H_n: C(S)$，$n=1, 2, \cdots$。由假定 14.3 知，存在唯一概率测度 $\lambda^* \in \Lambda(S, \mathscr{S})$ 满足，对所有 $f \in C(S)$，所有 $\lambda \in \Lambda(S, \mathscr{S})$，有：

$$\lim_{n\to\infty}\int (H_n f)(s) d\lambda = \int f d\lambda^* \tag{10}$$

令 $\nu \in \Phi(S, \mathscr{S})$ 为 $(S, \mathscr{S})$ 上一符号测度，则存在概率测度 λ_1，$\lambda_2 \in \Lambda(S, \mathscr{S})$ 及常数 α_1，$\alpha_2 \in \mathbf{R}_+$ 对所有 $A \in \mathscr{S}$ 满足 $\nu(A) = \alpha_1\lambda_1(A) - \alpha_2\lambda_2(A)$。因而对所有 n 和所有 $f \in C(S)$，有：

$$\int H_n f d\nu = \alpha_1 \int H_n f d\lambda_1 - \alpha_2 \int H_n f d\lambda_2$$

于是由式（10）可推得对所有 $f \in C(S)$，有：

$$\begin{aligned}\lim_{n\to\infty}\int H_n f d\nu &= \alpha_1 \lim_{n\to\infty}\int H_n f d\lambda_1 - \alpha_2 \lim_{n\to\infty}\int H_n f d\lambda_2 \\ &= (\alpha_1 - \alpha_2)\int f d\lambda^*\end{aligned}$$

现在固定 $f \in C(S)$，并令 $\bar{f}$ 表示值为 $\int f d\lambda^*$ 的常数函数，则对所有 $\nu \in \Phi(S, \mathscr{S})$，有：

$$\begin{aligned}\lim_{n\to\infty}\langle H_n f, \nu\rangle &= (\alpha_1 - \alpha_2)\langle f, \lambda^*\rangle \\ &= (\alpha_1 - \alpha_2)\langle \bar{f}, \lambda^*\rangle \\ &= \langle \bar{f}, \nu\rangle\end{aligned}$$

由练习 14.4 知，任何常数函数 $\bar{f}$ 为 f 的一个不动点，因而引理 14.13 意味着：

$$\lim_{n\to\infty}\| H_n f - \bar{f} \| = 0$$

这个事实就完成了引理 14.9 以及——也许读者已经忘记了所有这些证明的主旨——定理 14.7 的证明。■

14.3 文献注释

本章中证明的强大数定律归功于 Breiman（1960），我们的证明完全遵循在其文章中所给出的证明。在 14.1 节中我们利用了 Chung（1974，chaps. 4 and 5）。我们在 14.2 节中的范数遍历引理的论述取自 Loève（1977，sect. 35）。

第四部分

竞争性均衡

第15章 帕累托最优和竞争性均衡

到此为止，我们一直关心研究种种确定性和随机性动态最优问题的各种方法。在这些问题中，单个决策者（一个消费者、公司或社会计划者）在一组约束（技术或市场机会或两者）下最大化一个目标函数（效用、利润或社会福利）。若决策者是一个消费者或公司，这个最优化问题的解有时就是直接令人感兴趣的目标。在其他情形中，我们的最终兴趣在于由两个或多个在一组设定市场中交易的这种经济主体所构成的经济系统的行为。在本章及随后三章中，我们检验分析这种系统的竞争性均衡的各种方法。有两种方法将被导出。

第一种利用福利经济学的两个基本定理。如我们在第2章中所提出并在下面将更正式证明的，在许多情形中，"看不见的手"保证帕累托最优分配集和竞争性均衡分配集完全一致。在这些情形中，我们可以把特定最优决策规范模型（从一个假设的"仁慈社会计划者"的视角）解释成均衡产出的实证模型。这种方法在本章和下一章中导出。

在竞争性均衡不是帕累托最优的情形中，需要一种完全不同的方法。这种方法在第17章和第18章中导出。它基于对单个经济主体最优化问题一阶条件的直接分析。

在本章余下部分，我们更详细地研究利用竞争性均衡与帕累托最优之间联系的方法。为了做到这一点，我们以稍微不同于我们在第2章所采用的方式导出它们的联系，在那里我们简单地检验某些一阶条件是否相匹配。那种方法在适当的凸性假定下可以变得十分严密。但我们并不研究它，因为在许多情形中帕累托最优和竞争性均衡分配是一致的，但这个事实却很难或不可能用一阶条件的比较来证明。幸运的是，还存在更强有力的方法。我们在本章中的任务就是描述这些方法并领会它们如何应用于我们感兴趣的动态问题。

总的计划可以用图说明。图 15.1 显示了一个消费者的无差异曲线，这个消费者的效用U（l，c）依赖于他的闲暇l及商品消费c。他被赋予一单位闲暇且可得到生产技术 $c=f(1-l)$，所以Y是可行二元组（l，c）的集合。显然，点（l^0，c^0）在Y上最大化U，因而是一个帕累托最优分配。它在由通过（l^0，c^0）的直线斜率给定的相对价格下也是一个竞争性均衡。理解这一点的一个方法是注意到一条无差异曲线在这一点和生产可能性边界相切，所以最优的一阶条件得到满足。然后注意与这些曲线共同相切的直线是一个均衡价格，所以（l^0，c^0）也满足均衡的一阶条件。若函数U和f是凹的和可微的，这个方法绝对是不错的。

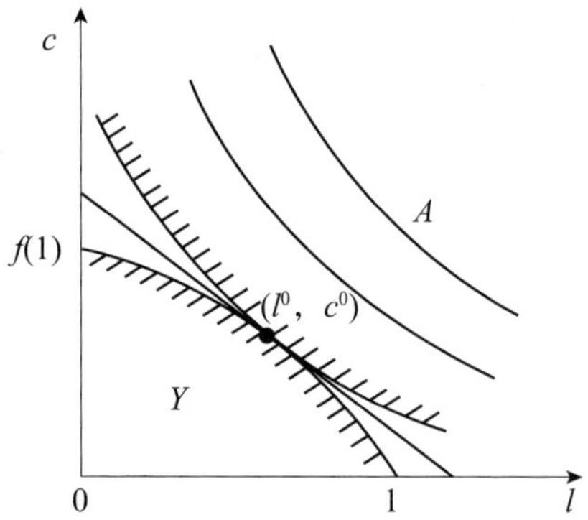

图 15.1

证明同一件事的一种稍微不同的方法如下。为了理解（l^0，c^0）是帕累托最优，简单地注意优于（l^0，c^0）的分配集合由集合A的内部组成，由于这些点中的任何一点都是不可行的——由于Y和A的内部并不相交——故（l^0，c^0）是一个帕累托最优。为了理解这也是在相对价格p下的一个竞争性均衡，参见图 15.2。

我们需要检验两个条件，第一个条件是分配（l^0，c^0）是否为消费者在其预算集B上的效用最大化，论证和上面一样：B和A的内部不相交。第二个条件是（l^0，c^0）是否是公司在给定价格及给定技术下的利润最大化，产生更高利润的分配简单地为集合D内部的那些分配。由于Y和D的内部不相交，任何一个都不可行。

注意后一种方法利用了集合A和集合Y都为凸的且有一共同点（l^0，c^0）及一条分隔这两个集合的直线的事实。由于A和Y的凸性等价

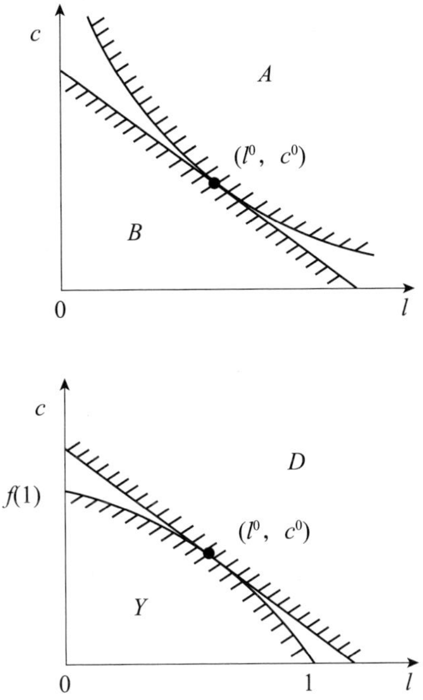

图 15.2

于 U 和 f 的凹性——在第一种方法中使用的假定——对于这个单人、两种商品的经济来说，在这两种着眼点的选择之间没有什么至关重要的区别（除了后者不要求可微性这一事实）。然而，基于凸性集合和分隔线（或平面，或超平面）的方法更加强有力，我们需要利用这些额外的能力，因为第 4 章和第 9 章中讨论的模型都涉及无限维商品空间。

没有单个的竞争性经济的理想化包括可能遇到的所有特殊模型，但本章中讨论的福利定理可以应用于如此广泛的模型，以至具有一个尽可能抽象的叙述是有帮助的。Arrow（1951）提出了这个主题的第一个现代论述。将消费者和公司选择的商品分配理想化为一个有限维欧几里得空间中的点。Debreu（1954）将此分析扩展到仅要求为赋范向量空间的商品空间上。由第 2 章中的简单例子也很清楚，为了研究具有无限时间跨度的模型或具有取无限多个值的随机冲击的模型，我们需要商品空间这个更宽泛的概念。

为了讨论商品空间为一任意赋范向量空间的经济的竞争性均衡，我们必须首先决定在这样一个经济中价格体系意味着什么。由于下面即将讲清楚的原因，最实用的方法是将价格体系取作商品空间上的连续线性函数。于是，对给定的商品空间，可能的价格体系的集合就是对偶空间，即所有连续线性函数的空间。这样，在 15.1 节中，我们首先讨论关于各种赋范向量空间与其对偶空间之间的关系的一些主要事实。我们还提出了哈恩-巴拿赫定理的一个陈述，这是图 15.1 表示的凸集的分离定理的无限维变化形式。

在 15.2 节，我们利用这些结果，并回顾 Debreu（1952）将商品空间取作任意赋范向量空间时对帕累托最优与竞争性均衡关系的论述，即福利经济学的两个基本定理。然后在 15.3 节，我们讨论并决定哪个特殊赋范向量空间适用于涉及时间及不确定性的应用中所包含的问题。最后，在 15.4 节，我们讨论一些条件，在这些条件下，这种经济的均衡价格体系可以表示为内积，因而可以给出一个自然的经济解释。

15.1 对偶空间

为了讨论竞争性均衡，我们需要决定价格体系意味着什么。若商品空间是一个有限维欧几里得空间 $\mathbf{R}^K$，做到此点的明显方法是取每种商品 $k=1,\cdots,K$ 的价格为一数字 $p_k\in\mathbf{R}$。于是一个价格体系是一个向量 $p=(p_1,\cdots,p_K)\in\mathbf{R}^K$，且任何商品点 x 的价值是内积$p\cdot x=\sum_k p_k x_k$。因而这个情形中的一个价格体系是从商品空间 $\mathbf{R}^K$ 到 $\mathbf{R}$ 的一个映射，而且由于对任何 α，$\beta\in\mathbf{R}$ 及任何 x，$y\in\mathbf{R}^K$ 有 $p\cdot(\alpha x+\beta y)=\alpha(p\cdot x)+\beta(p\cdot y)$，故映射是线性的。

任意赋范向量空间作为一个商品空间这个思想的推广由如下定义给出。

定义 一个赋范向量空间 $(S,\|\cdot\|_s)$ 上的**线性泛函**（linear functional）是满足下式的函数 ϕ：$S\to\mathbf{R}$，即对所有 x，$y\in S$，所有 α，$\beta\in\mathbf{R}$，有：

$$\phi(\alpha x+\beta y)=\alpha\phi(x)+\beta\phi(y)$$

若 $\|x_n-x\|_s\to 0$ 意味着 $|\phi(x_n)-\phi(x)|\to 0$，则线性泛函 ϕ 是**连续的**（continuous）。若存在一常数 M 对所有 $x\in S$ 满足 $|\phi(x)|\leqslant M\|x\|_s$，则它是**有界的**（bounded）。于是一个有界线性泛函 ϕ 的**范数**（norm）定义为：

$$\|\phi\|_d=\inf\{M\in\mathbf{R}_+:|\phi(x)|\leqslant M\|x\|_s,\text{对所有 } x\in S\}$$

$$= \sup_{\|x\|_S \leqslant 1} |\phi(x)| \qquad (1)$$

当不会引起混淆时，我们去掉范数的下标并指出 S 而非 $(S, \|\cdot\|_s)$ 为一赋范向量空间。

下面的定理提供了识别连续线性泛函的两种有用的方法。

定理 15.1　令 S 为一赋范向量空间，并令 ϕ 为 S 上一线性泛函。则：

a. 若 ϕ 在 S 中的任何点处都连续，则它在全部 S 上是连续的；

b. 当且仅当 ϕ 是有界的，它是连续的。

证明　a 假设 ϕ 在 $s \in S$ 是连续的，并令 $\{x_n\}$ 为 S 中收敛于 $x \in S$ 的一个序列。由 $s_n = s + x_n - x$，$n=1, 2, \cdots$ 定义序列 $\{s_n\}$，由 ϕ 的线性性质有：

$$\phi(x_n) = \phi(x) + \phi(s_n) - \phi(s),\ n = 1,\ 2,\ \cdots$$

所以，取极限并利用 ϕ 在 s 的连续性，我们得到：

$$\begin{aligned}\lim_{n\to\infty}\phi(x_n) &= \phi(x) + \lim_{n\to\infty}\phi(s_n) - \phi(s)\\ &= \phi(x)\end{aligned}$$

b 假设 ϕ 有界，且 $\|\phi\| = M$。于是对收敛于 θ 的任何序列 $\{x_n\}$，我们有：

$$\lim_{n\to\infty} |\phi(x_n)| \leqslant \lim_{n\to\infty} M\|x_n\| = 0$$

所以 ϕ 在 θ 处是连续的，因而由 a 知它在全部 S 上是连续的。

反之，假设 ϕ 是连续的，则存在某个 $0<M<\infty$ 使 $\|x\| \leqslant 1/M$ 意味着 $\phi(x) \leqslant 1$，于是对任何 $x \neq \theta$，有：

$$|\phi(x)| = |\phi(x/M\|x\|)|\, M\|x\| \leqslant M\|x\|$$

因而 $\|\phi\| \leqslant M$。■

对任何赋范向量空间 S，S 上所有连续线性泛函构成的空间 S^* 称作 S 的**对偶**（dual），S^* 上的加法和标量乘法以明显的方式定义，且由于对所有 ϕ，$\psi \in S^*$ 及所有 a，$b \in \mathbf{R}$，有：

$$a\phi + b\psi \in S^*$$

所以 S^* 是一个向量空间。加上式（1）中定义的范数，$(S^*, \|\cdot\|_d)$ 是一个赋范向量空间。即使 S 不是完备的，也不难证明 $(S^*, \|\cdot\|_d)$ 是完备的，即任一对偶空间都是一个巴拿赫空间。

练习 15.1　令 S 为一赋范向量空间，证明对偶空间 S^* 是完备的。

接下来我们转到赋范向量空间及其对偶的一些标准例子。

例 1　令 S 是有限维欧几里得空间 $\mathbf{R}^n$，且有范数 $\|x\| = (\sum_{i=1}^{n} |x_i|^2)^{1/2}$。显然，任何 $y \in \mathbf{R}^n$ 都由内积定义了一个 S 上的连续

线性泛函：

$$\phi(x)=y\cdot x=\sum_{i=1}^{n}y_i x_i$$

其逆也是真的。为了理解这一点，令 ϕ 为任何连续线性泛函。对 $i=1,\cdots,n$，令 $e_i=(0,\cdots,0,1,0,\cdots,0)$ 为以 1 为第 i 个元素而其他元素为零的向量。定义 $y\in\mathbf{R}^n$ 为：

$$y_i=\phi(e_i),\ i=1,\cdots,n$$

则 ϕ 的线性性质意味着对所有 $x\in\mathbf{R}^n$ 有 $\phi(x)=\sum_{i=1}^{n}y_i x_i=y\cdot x$，且我们说内积 $y\cdot x$ 表示 ϕ。在这个例子中存在 S^* 和 $\mathbf{R}^n$ 之间的一一对应，我们可称其为对偶空间。

例 2 对 $1\leqslant p<\infty$，空间 l_p 由依范数

$$\|x\|_p=\left(\sum_{i=1}^{\infty}|x_i|^p\right)^{1/p} \tag{2}$$

有界的所有序列 $x=(x_1,x_2,\cdots)$，$x_n\in\mathbf{R}$ 组成。当 $p=\infty$时，式 (2) 可解释为：

$$\|x\|_\infty=\sup_i|x_i|$$

且相应的空间称作 l_∞。对任何 $1<p<\infty$，定义共轭指数 $q=p/(p-1)$，使得 $1/p+1/q=1$；对 $p=1$，取 $q=\infty$。于是，利用类似于上面的论证，我们可以证明，对于 $1\leqslant p<\infty$，l_p 的对偶是 l_q，即任何 $y=(y_1,y_2,\cdots)\in l_q$ 通过内积

$$\phi(x)=y\cdot x=\sum_{i=1}^{\infty}y_i x_i$$

定义了 l_p 上一连续线性泛函；反之，l_p 上任何连续线性泛函都有这样一个表示。

练习 15.2 a. 证明 l_2 的对偶是 l_2。

b. 证明 l_1 的对偶是 l_∞。

我们最感兴趣的空间是 l_∞，它的对偶包含 l_1，正如下一个练习所表明的。

练习 15.3 证明任一 $y\in l_1$ 通过内积 $\phi(x)=y\cdot x=\sum_{i=1}^{\infty}y_i x_i$ 定义了 l_∞上的一连续线性泛函。

但 l_∞的对偶也包含不在 l_1 中的元素，在 15.3 节中我们提出这种函数的一个例子。

例 3 令 c_0 是 l_∞的子空间，它由所有收敛于零的序列组成：$c_0=\{(x_1,x_2,\cdots)\in l_\infty: x_n\to 0\}$。

练习 15.4　证明 c_0 是一个赋范向量空间，并证明 l_1 是 c_0 的对偶。

例 4　令 $(Z, \mathscr{Z}, \mu)$ 为一测度空间，且对 $1 \leqslant p < \infty$，考虑依范数

$$\| x \|_p = \left[\int | x(z) |^p \mathrm{d}\mu(z) \right]^{1/p} \tag{3}$$

有界的所有实值可测函数的空间。

二元组 $[(Z, \mathscr{Z}, \mu), \| \cdot \|_p]$ 作为一赋范向量空间并不完全行得通，因为 $\| x \|_p = 0$ 且 $x \neq \theta$ 是可能的。我们可按如下方式避开这个问题。

考虑 $(Z, \mathscr{Z}, \mu)$ 上依式(3)的范数有界的可测函数的集合，称此集合为 B_p。对任何 x，$x' \in B_p$，若 $x(z) = x'(z)$ 对于 μ 几乎处处成立，我们说函数 x **等价于**（equivalent）函数 x'。类似地，对任何 $x \in B_p$，我们定义包含 x 的**等价类**（equivalence class）为由使 $x = x'$ 对于 μ 几乎处处成立的所有函数 x' 所组成的 B_p 的子集。显然，等价关系是具有传递性的：若 x，x'，$x'' \in B_p$，且有 $x = x'$ 对于 μ 几乎处处成立和 $x' = x''$ 对于 μ 几乎处处成立，则有 $x = x''$ 对于 μ 几乎处处成立。传递性保证 B_p 中的每个函数只属于一个等价类，即等价关系定义 B_p 上的一个划分。此外，对于式(3) 中定义的范数，当且仅当 x 和 x' 都在同一等价类中时，$\| x - x' \| = 0$。

所以，对 $1 \leqslant p < \infty$，我们定义 $L_p(Z, \mathscr{Z}, \mu)$ 是具有式 (3) 中范数的可测函数的等价类空间。（若基础空间是具有勒贝格集和勒贝格测度的 $\mathbf{R}^1$，简单地写为 L_p 是很标准的。）空间 $L_\infty(Z, \mathscr{Z}, \mu)$ 类似于 l_∞ 的定义。它是依**本质上确界范数**（ess sup norm）有界的可测实值函数的所有等价类的空间。这个范数定义为：

$$\begin{aligned} \| x \|_\infty &= \operatorname{ess\,sup} | x(z) | \\ &= \inf_{y = x \ \mu\text{-a.e.}} \sup_z | y(z) | \end{aligned}$$

等价地，有：

$$\begin{aligned} \| x \|_\infty &= \inf_{A \subset Z, \mu(A) = 0} \sup_{z \in Z \setminus A} | x(z) | \\ &= \inf\{M: \mu\{z: | x(z) | > M\} = 0\} \end{aligned}$$

[虽然所有 $L_p(Z, \mathscr{Z}, \mu)$ 空间都以函数的等价类为其元素，我们还是遵循标准的用法并互换地使用 x 与包含 x 的等价类。]

由类似于对 l_p 空间的论证，我们可以证明，对 $1 \leqslant p < \infty$，$L_p(Z, \mathscr{Z}, \mu)$ 的对偶是 $L_q(Z, \mathscr{Z}, \mu)$，其中 $1/p + 1/q = 1$，即每个 $y \in L_q(Z, \mathscr{Z}, \mu)$ 通过内积

$$\phi(x) = \int y(z) x(z) \mathrm{d}\mu(z)$$

定义了 $L_p(Z, \mathscr{Z}, \mu)$ 上的一个连续线性泛函。反之，$L_p(Z, \mathscr{Z}, \mu)$ 上

的任何连续线性泛函都有这样一个表示。

在后边，我们感兴趣的空间是 $L_\infty(Z, \mathscr{Z}, \mu)$，其对偶如 l_∞ 的对偶一样更为复杂。$L_1(Z, \mathscr{Z}, \mu)$ 的任一元素都定义了 $L_\infty(Z, \mathscr{Z}, \mu)$ 上的一连续线性泛函，但其逆不真。

练习 15.5 a. 证明任何函数 $f \in L_1(Z, \mathscr{Z}, \mu)$ 通过内积

$$\phi(x) = \int f(z)x(z)\mathrm{d}\mu(z)$$

定义了 $L_\infty(Z, \mathscr{Z}, \mu)$ 上的一连续线性泛函。

b. 证明每个这种泛函也能由 $[Z, \mathscr{Z}]$ 上关于 μ 绝对连续的符号测度 ν 来表示。（提示：利用练习 7.21。）

$L_\infty(Z, \mathscr{Z}, \mu)$ 的对偶大于 $L_1(Z, \mathscr{Z}, \mu)$，这在 15.3 节中将作为一个例子证明。为了理解这一点，令 $Z=\{1, 2, \cdots\}$；令 $\mathscr{Z}$ 是由 Z 的所有子集组成的 σ 代数；令 μ 是对所有 $A\in\mathscr{Z}$ 都有 $\mu(A)>0$ 的任何概率测度。于是，$L_\infty(Z, \mathscr{Z}, \mu)$ 由所有有界函数 $f: Z\rightarrow \mathbf{R}$ 所组成，因而等价于 l_∞。在 15.3 节中，我们将更详细地讨论 l_p 和 $L_p(Z, \mathscr{Z}, \mu)$ 空间，并分别表明为什么 l_∞ 和 $L_\infty(Z, \mathscr{Z}, \mu)$ 对于证明第 4 章和第 9 章中讨论的模型的特定事实特别有帮助。

我们对线性泛函的兴趣起源于我们对帕累托最优分配与竞争性均衡之间的关系做更精确描述的兴趣。特别地，我们希望能阐明一些条件，在这些条件下，对于适当选取的价格，任何帕累托最优分配都能被证明为一个竞争性均衡。在图 15.1 所显示的例子中，证明这个命题相当于找到在点（l^0，c^0）与集合 A 和 Y 相切的一条价格线，在那里被阐明的主要数学思想是哈恩-巴拿赫定理，即对凸集的一个“分离定理”，这个定理以许多不同形式出现，下面是我们将利用的一个。

定理 15.2（哈恩-巴拿赫定理的几何形式） 令 S 为一赋范向量空间，并令 A，$B\subset S$ 都是凸集。假定

或者 B 有一个内点且 $A\cap \mathring{B}=\varnothing$

或者 S 是有限维的且 $A\cap B=\varnothing$

则存在 S 上不恒等于零的一个连续线性泛函及一个常数 c 对所有 $x\in A$ 及所有 $y\in B$ 满足：

$$\phi(y)\leqslant c\leqslant \phi(x)$$

证明相当长，因此我们省略证明过程。[Luenberger（1969）包含哈恩-巴拿赫定理的各种形式的一个很好论述。]

若 S 是无限维的，则 B 必有一个内点，对这一限制值得进行讨论。

由于该限制在有限维空间中不需要，故我们无法“看出”为什么在几何形式中需要该限制，下一个例子说明在无限维空间中需要这个限制。

令 S 是无限序列 $\{x_t\}$ 的空间，且有：

$$\| x \| = \sum_{t=0}^{\infty} \beta^t \mid x_t \mid < \infty$$

其中 $\beta \in (0, 1)$。令 B 是凸集：

$$B = \{x \in S: \mid x_t \mid \leqslant 1, t = 0, 1, 2, \cdots\}$$

明显地可感觉到点 $\theta = (0, 0, \cdots)$ 在集合 B 的中央，然而，如下一个练习所表明的，它不在 B 的内部。

练习 15.6　证明 θ 不在 B 的内部。

因而 $A = \{\theta\}$ 是不包含 B 的任何内点的凸集，但很明显 S 上对所有 $x \in B$ 满足 $\phi(x) \leqslant 0$ 的唯一连续线性泛函 ϕ 是零泛函。

15.2　第一和第二福利定理

在本节，我们首先对商品空间为一任意赋范向量空间的经济定义帕累托最优和竞争性均衡。然后，我们叙述并证明建立两者之间联系的福利经济学的两个基本定理。定理 15.3 是第一福利定理，即证明竞争性均衡是帕累托最优的著名的“看不见的手”的结果。定理 15.4 即第二福利定理利用哈恩-巴拿赫定理证明，任何帕累托最优对适当选取的价格都可证明为一个竞争性均衡。

令 S 为一向量空间，具有范数 $\| \cdot \|$。存在 I 个消费者，以 $i=1, \cdots, I$ 为标志。消费者 i 在一集合 $X_i \subseteq S$ 的商品点中进行选择，并按一效用函数 $u_i: X_i \rightarrow \mathbf{R}$ 对它们进行评价。有 J 个公司，以 $j=1, \cdots, J$ 作标志。公司 j 在一描述其技术可能性的集合 $Y_j \subseteq S$ 的点中进行选择，并按总利润对它们进行评价。注意，集合

$$Y = \sum\nolimits_j Y_j = \{\bar{y} \in S: \bar{y} = \sum\nolimits_j y_j, \text{对所有 } j, y_j \in Y_j\}$$

描述经济作为整体的技术可能性。

这个经济中公司和消费者之间的相互作用包括消费者提供生产要素并消费最终产品（分别为 x_i 的负和正分量），以及公司对生产要素的需求和最终产品的供给（分别为 y_j 的负和正分量）。总量由 $\sum_i x_i - \sum_j y_j = 0$ 所约束。（另一可选假定 $\sum_i x_i - \sum_j y_j \leqslant 0$ 假定了自由处置，但是当我们

需要时，我们还是更愿意将现在的假定构造到我们对技术的描述之中。）描述每个消费者的消费 x_i 和每个公司的生产 y_j 的一个（$I+J$）元组 $[(x_i),(y_j)]$ 是这个经济的一个**分配**（allocation）。一个分配若满足：对所有 i 有 $x_i \in X_i$，对所有 j 有 $y_j = Y_j$，且 $\sum_i x_i - \sum_j y_j = 0$，则称其为**可行**（feasible）的。

在从一欧几里得商品空间到这个更抽象的环境中，帕累托最优的概念不需要修改。

定义 一个分配 $[(x_i),(y_j)]$ 若是可行的，且若不存在其他可行分配 $[(x'_i),(y_j')]$ 满足对所有 i 有 $u_i(x_i') \geqslant u_i(x_i)$，对某个 i 有 $u_i(x_i') > u_i(x_i)$，则它是**帕累托最优的**（Pareto optimal）。

在本节，我们遵循 Debreu（1954）并定义一个价格体系是一个连续线性泛函 ϕ：$S \to \mathbf{R}$，因为这个定义允许我们应用哈恩-巴拿赫定理。这个定义所导致的经济解释的困难在 15.3 节和 15.4 节中论述。

定义 一个分配 $[(x_i^0),(y_j^0)]$ 以及一个连续线性泛函 ϕ：$S \to \mathbf{R}$ 若满足：

（E1） $[(x_i^0),(y_j^0)]$ 可行；

（E2） 对每个 i，$x \in X_i$ 和 $\phi(x) \leqslant \phi(x_i^0)$ 意味着 $u_i(x) \leqslant u_i(x_i^0)$；

（E3） 对每个 j，$y \in Y_j$ 意味着 $\phi(y) \leqslant \phi(y_j^0)$。

则它们为一**竞争性均衡**（competitive equilibrium）。

条件（E2）说明，对每个消费者 i，在给定价格体系 ϕ 下，分配 x_i^0 是效用最大化的。条件（E3）说明，在同样的价格下，对每个公司 j，分配 y_j^0 是利润最大化的。

注意，这个竞争性均衡的定义没有涉及各个经济主体的禀赋［除了间接通过条件 $\phi(x) \leqslant \phi(x_i^0)$ 所涉及的］，也没有描述公司若赚取利润，如何将其在各消费者之间分配。这个忽略似乎有点奇怪，但和我们的直接目的没有关系。在定理 15.3 中，我们以一竞争性均衡开始，所以我们知道消费者 i 消费的值 $\phi(x_i^0)$，知道他的消费值等价于知道他的收入值，而其收入的来源是不重要的。在定理 15.4 中，我们从一帕累托最优分配开始并寻找一个支持的价格体系，这些价格给每个经济主体的消费或生产赋予一个价值，且在分配如此估价下，显然有许多不同禀赋和所有权排列都符合同一个均衡。当然，若你关心的是证明给定禀赋下均衡的存在性，则上面的定义是无用的。

第一福利定理不要求技术上的额外假定，仅要求对消费者的一个非饱和条件。

定理 15.3（第一福利定理）　假设对每个 i 和每个 $x\in X_i$，存在 X_i 中一收敛于 x 的序列 $\{x_n\}$ 使 $u_i(x_n)>u_i(x)$，$n=1, 2, \cdots$。若$[(x_i^0), (y_j^0), \varnothing]$ 是一个竞争性均衡，则分配 $[(x_i^0), (y_j^0)]$ 是帕累托最优的。

证明　令 $[(x_i^0), (y_j^0), \phi]$ 是一个竞争性均衡。首先我们将证明，在所述条件下，有：

$$u_i(x)=u_i(x_i^0)\ \text{意味着}\ \phi(x)\geqslant\phi(x_i^0) \tag{1}$$

相反地，假定有：

$$u_i(x)=u_i(x_i^0)\ \text{和}\ \phi(x)<\phi(x_i^0)$$

令 $\{x_n\}$ 为 X_i 中收敛于 x 的一个序列，使得

$$u_i(x_n)>u_i(x)=u_i(x_i^0),\quad i=1, 2, \cdots$$

ϕ 的连续性意味着对所有充分大的 n，有 $\phi(x_n)<\phi(x_i^0)$，这与竞争性均衡的定义中的条件（E2）矛盾，因而式（1）成立。

接下来，假设存在一个可行分配 $[(x_i'),(y_j')]$ 使得 $u_i(x_i')\geqslant u_i(x_i^0)$ 对所有 i 成立，且对某个 i 取严格不等号。由于 $[(x_i'),(y_j')]$ 是可行的，故对所有 i 有 $x_i'\in X_i$，因而由条件（E2）有：

$$u_i(x_i')>u_i(x_i^0)\ \text{意味着}\ \phi(x_i')>\phi(x_i^0) \tag{2}$$

由于对每个 i 式（1）或者式（2）成立，且式（2）对某个 i 成立，若我们求和并利用 ϕ 为线性的事实，我们将得到：

$$\phi(\sum_i x_i')=\sum_i\phi(x_i')>\sum_i\phi(x_i^0)=\phi(\sum_i x_i^0)$$

两个分配都是可行的，所以可推得：

$$\begin{aligned}\sum_j\phi(y_j')&=\phi(\sum_j y_j')=\phi(\sum_i x_i')>\phi(\sum_i x_i^0)\\&=\phi(\sum_j y_j^0)=\sum_j\phi(y_j^0)\end{aligned}$$

这与条件（E3）矛盾。■

第二福利定理是第一福利定理的逆。如我们下面将看到的，它要求几个额外的假定，因为竞争性均衡是比帕累托最优更复杂的对象。它是一个分配以及一个价格体系，所以第二福利定理的形式为："给定一个帕累托最优分配，存在一个价格体系满足……"这就建立了在第一福利定理中所缺乏的对一适当价格体系存在性的证明。论证的这一部分利用哈恩-巴拿赫定理（定理 15.2）。为了将此结果应用于即将到来的经济学问题，我们需要保证相关集合（图 15.1 的 A 和 Y）的凸性，以及对于无限维商品空间内点的存在性。下列假定对这些目的而言足够了。

假定 15.1　对每个 i，X_i 是凸的。

假定 15.2 对每个 i，若 x，$x' \in X_i$，则 $u_i(x) > u_i(x')$，且若 $\theta \in (0, 1)$，则 $u_i[\theta x + (1-\theta)x'] > u_i(x')$。

假定 15.3 对每个 i，u_i：$X_i \to \mathbf{R}$ 是连续的。

假定 15.4 集合 $Y = \sum_j Y_j$ 是凸的。

假定 15.5 或者集合 $Y = \sum_j Y_j$ 有一个内点，或者 S 是有限维的。

定理 15.4（第二福利定理） 令假定 15.1～假定 15.5 得到满足，令 $[(x_i^0),(y_j^0)]$ 为一帕累托最优分配，并假定对某个 $h \in \{1, \cdots, I\}$，存在 $\hat{x}_h \in X_h$ 满足 $u_h(\hat{x}_h) > u_h(x_h^0)$。则存在 S 上一不恒等于零的连续线性泛函 ϕ：$S \to \mathbf{R}$ 满足：

$$\text{对每个 } i, x \in X_i \text{ 和 } u_i(x) \geqslant u_i(x_i^0) \text{ 意味着 } \phi(x) \geqslant \phi(x_i^0) \tag{3}$$

$$\text{对每个 } j, y \in Y_j \text{ 意味着 } \phi(y) \leqslant \phi(y_i^0) \tag{4}$$

证明 令 $[(x_i^0),(y_j^0)]$ 为一帕累托最优分配。定义集合：

$$A_i = \{x \in X_i: u_i(x) \geqslant u_i(x_i^0)\}, \ i = 1, \cdots, I$$

和

$$\mathring{A}_i = \{x_i \in X_i: u_i(x_i) > u_i(x_i^0)\}, \ i = 1, \cdots, I$$

由假定 15.2，它们都是凸的，并且很明显各个 A_i 都是非空的。

选择 h 使得 $\mathring{A}_h$ 非空，并定义：

$$A = \mathring{A}_h + \sum_{i \neq h} A_i$$

作为凸集合的和，A 也是凸的。由假定 15.4，Y 也是凸的，又由于 $[(x_i^0), (y_j^0)]$ 是帕累托最优，于是有 $A \cap Y = \varnothing$。此外，Y 满足假定 15.5，因此，哈恩-巴拿赫定理适用于 A 和 Y，也就是说，存在一个在 S 上不恒等于零的线性泛函 ϕ 和一个常数 c，满足：

$$x \in A \text{ 意味着 } \phi(x) \geqslant c$$

和

$$y \in Y \text{ 意味着 } \phi(y) \leqslant \tilde{c}$$

此外，由于 u_h 是连续的（假定 15.3），于是有：

$$x \in \bar{A} = \sum_i A_i \text{ 意味着 } \phi(x) \geqslant c$$

因此，对所有 $i' \neq i$，令 $x_i = x_i^0$，则式（3）中的结论对消费者 i 成立，由于 i 是任意的，由此知式（3）成立。类似地，通过对所有 $j' \neq j$，令 $y_{j'} = y_{j'}^0$ 得到的结论对公司 j 成立，又由于 j 也是任意的，由此知式（4）成立。■

虽然式（4）恰好是一个竞争性均衡定义中的利润最大化条件（E3），

但式（3）仅仅表明在价格 ϕ 下，x_i^0 是消费者在弱优于 x_i^0 的分配的集合 A_i 上的一个**成本最小化选择**（cost-minimizing choice），这要弱于条件（E2），（E2）要求 x_i^0 是在预算集 $\{x_i \in X_i: \phi(x_i) \leqslant \phi(x_i^0)\}$ 上的**效用最大化**（utility maximizing），下面的补充结果提供了缺少的环节。

评论　令定理 15.4 的假设成立；令 ϕ：$S \to \mathbf{R}$ 为一满足式（3）和式（4）的连续线性泛函；此外，还假设：

$$对每个 i，存在 x_i' \in X_i 使 \phi(x_i') < \phi(x_i^0)$$

则 $[(x_i^0),(y_j^0),\phi]$ 是一个竞争性均衡。

证明　证明条件（E2）成立即可。由假设知，对每个 i，存在 $x_i' \in X_i$ 使 $\phi(x_i') < \phi(x_i^0)$。现在假设：

$$x_i \in X_i \quad 和 \quad \phi(x_i) \leqslant \phi(x_i^0)$$

此外，对所有 $\theta \in (0, 1)$，令：

$$x_i^\theta = \theta x_i' + (1-\theta)x_i$$

由假定 15.1 知，对所有 $\theta \in (0, 1)$ 有 $x_i^\theta \in X_i$，且由 ϕ 的线性性质知，对所有 $\theta \in (0, 1)$，有：

$$\phi(x_i^\theta) = \theta\phi(x_i') + (1-\theta)\phi(x_i) < \phi(x_i^0)$$

因而通过与式（3）的对照可得，对所有 $\theta \in (0, 1)$，有 $u_i(x_i^\theta) < u_i(x_i^0)$。因此，由假定 15.3，有：$u_i(x_i) = \lim_{\theta \to 0} u_i(x_i^\theta) \leqslant u_i(x_i^0)$。■

图 15.3 表示了定理 15.4 成立但评论不成立的一种情形，消费者 A 的消费集是闭的凸集 X_A，而消费者 B 的消费集是全部正象限。消费者 A 的无差异曲线形成直角，而消费者 B 的无差异曲线是平滑且凸的，二者如图所示。点 E 的分配明显为帕累托最优，但不能被支持为一个竞争性均衡：使 E 成为消费者 B 的效用最大化的唯一价格比率是所示的比率 p，但在那个价格比率下，消费者 A 更偏好分配 E'。

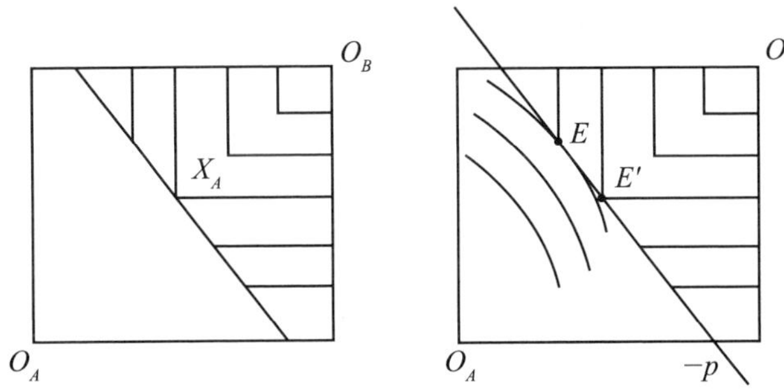

图 15.3

15.3 商品空间选择的问题

上节的两个福利定理证明了，若假定15.1～假定15.5得到满足，则竞争性均衡分配集与帕累托最优分配集完全一致。由于后者简单地就是以消费者效用加权和作为目标的适当约束的最优化问题的解，故这些最优化问题提供了研究竞争性均衡的一种非常便利的方法。在本节中，我们考虑以这种方式观察第4章和第9章研究的那类最优化问题时所出现的特殊问题。

具体地，我们考虑保证假定15.1～假定15.5成立和由定理15.4提供的连续线性泛函可以解释为通常意义上价格的集合时所涉及的问题。在某些情形中，这种解释要求细心地选取商品空间$(S, \|\cdot\|)$，经济学模型通常自身决定集合S，但一个适当范数的选取可能是更困难的。

有两个考虑在决策中起作用，第一个是所选范数决定了是否任何给定函数u_i都是连续的以及是否任何给定集合Y都有一个内点。S上范数的选择必须使假定15.3和假定15.5对偏好和感兴趣的技术都成立。第二个是范数的选取决定了S上连续线性泛函的类。若范数的选择能使任一连续线性泛函都有一个内积表示，这将是十分方便的，因为定理15.4保证通常意义上价格集合的存在。然而，如我们下面将看到的，这两个考虑有时是冲突的。

在本节余下部分，我们考虑三类具体模型：一个确定性的单期模型；一个确定性的无限期模型；一个随机的单期模型。其中第一个模型提供了依相当广泛范数中的任何一个，以上两个考虑都得到满足的一个例子。而后两个模型则表明这两个考虑如何变得互相冲突。在15.4节中，我们寻求去掉第二个考虑的结果。在那里我们考虑定理15.4适用，但它提供的连续线性泛函可能没有内积表示的情形。在这些情形中，我们表明，可以加入偏好和技术上的额外假定以保证具有内积表示的价格体系的存在性。

在没有不确定性的静态模型中，我们一般地取$S=\mathbf{R}^K$，$x=(x_1, \cdots, x_K)\in S$解释$K$种不同商品数量的一个列表。由于这个空间是有限维的，因此我们不必担心Y的内点的存在性。此外，你可以合理地想象这个空间上的所有范数——例如，$(\sum_k |x_k|^p)^{1/p}$，$p\geqslant 1$；$\sum_k \alpha_k |x_k|$，对所

有 k，$\alpha_k>0$；$\max_k|x_k|$；等等——都具有这样的特征，即 $\mathbf{R}^K$ 中的序列 $\{x_n\}$ 收敛于 x 的充分必要条件是 $\{x_{nk}\}$ 对 $k=1, \cdots, K$ 都收敛于 x_k。因而任何依这些范数之一连续的函数，依所有这些范数连续。最后，如我们在 15.1 节中所表明的，一有限维欧几里得空间上任一线性泛函都有一内积表示，$\phi(x)=p \cdot x$，反之亦然。

有限时期动态模型和有限状态随机模型具有完全相同的数学性质，因为商品空间仍然是有限维欧几里得空间。然而，无限期动态模型和无限状态随机模型提出一组新的数学问题，我们转向这两种模型。

在单部门最优增长模型中，一个分配是一无限序列 $x=(x_0, x_1, \cdots)$。如我们在 15.1 节中见到的，所有 l_p 空间都包含这种元素，所以，这个族似乎为商品空间提供了许多可能性。然而，处理任何 l_p 空间而不是 l_∞ 空间将导致严重的困难。第一，若 $1\leqslant p<\infty$，则仅当级数 $\sum_{t=0}^{\infty}|x_t|^p$ 收敛时有 $x\in l_p$，而这要求 $\lim_{t\to\infty}x_t=0$。虽然你在对零点的解释中有些灵活性，但这个条件显然是对可能考虑的动态类型的一个严格限制。下一个练习说明了第二个困难：任何一个 p 有限的 l_p 空间都不能在具有一内点的正象限中有一个生产集。在 l_p 空间中，仅 l_∞ 具有一个带有内点的正象限。

练习 15.7　a. 证明对 $1\leqslant p<\infty$，l_p 的正象限没有内点。

b. 证明 l_∞ 的正象限有非空的内部。

在 l_p 族内，仅当 l_∞ 被选作商品空间时定理 15.4 才可以应用。下一个例子表明，不在 l_1 中但在 l_∞ 上的泛函可以在满足假定 15.1～假定 15.5 的模型中出现。

考虑一个具有一种消费品的无限期经济，商品空间 S 是 l_∞，且 x_t 被解释为单一商品在时期 t 可用的单位数，生产集为：

$$Y=\{y\in S: 0\leqslant y_t\leqslant 1+1/t\}$$

消费集为：

$$X=\{x\in S: x_t\geqslant 0\}$$

而偏好 u：$S\to\mathbf{R}$ 定义为：

$$u(x)=\inf_t x_t \tag{1}$$

练习 15.8　证明此经济满足假定 15.1～假定 15.5。

在此经济中，一个帕累托最优分配是 $x_t^0=y_t^0=1+1/t$，$t=1, 2, \cdots$。于是，由定理 15.4 可知，存在 S 上不恒等于零的一个连续线性泛函 ϕ：$S\to\mathbf{R}$ 使 x^0，y^0 和 ϕ 共同满足：

$$x \in X \text{ 和 } u(x) \geqslant u(x^0) \text{ 意味着 } \phi(x) \geqslant \phi(x^0) \tag{2}$$

$$y \in Y \text{ 意味着 } \phi(y) \leqslant \phi(y^0) \tag{3}$$

假设现在的情形是，这个泛函对某个序列 $\{p_t\}$ 可以写作：

$$\phi(x) = \sum_{t=1}^{\infty} p_t x_t \tag{4}$$

若对任何 t 有 $p_t<0$，则式（3）将被违反，因为以 0 代替 y_t^0 将导致 Y 的一个更高利润元素。由于各个 p_t 不能都为零，故对某个 t 有 $p_t>0$。现在考虑序列 $\underset{\sim}{1} = (1, 1, 1, \cdots)$，显然 $\underset{\sim}{1} \in X$，且对式（1）的偏好，有 $u(\underset{\sim}{1}) = u(x^0)$，但若对任何 t 有 $p_t>0$，则有：

$$\phi(\underset{\sim}{1}) = \sum_{t=1}^{\infty} p_t < \sum_{t=1}^{\infty} p_t\left(1+\frac{1}{t}\right) = \phi(x^0)$$

所以式（2）被违反。这样，$\phi(x)$ 不能取式（4）中给出的形式；相反地，均衡值必须“置其所有权重为无穷。”

作为经济学家，我们不想谈论“无穷远处价格”，所以这种情形就提出了一个问题，其解决方法必须包括排除像式（1）中那样的偏好，那个偏好极其偏重于那些我们的经济直觉告诉我们实际消费者并不太看重的产出——在本例中为未来任意远的消费。但我们想以一种并不危及此理论广泛应用性的方式来做到这一点。

如练习 15.8 所表明的，依上确界范数的连续性不排除式（1）中的偏好。有 $1\leqslant p<\infty$ 的 l_p 空间不是这个问题的有用备择，因为它们中任何一个都不包含 Y 作为子集。具有

$$\| x \| = \sum_{t=1}^{\infty} \beta^t | x_t | < \infty \tag{5}$$

的序列 $\{x_t\}$ 的空间又会如何？其中 $\beta \in (0, 1)$。这个范数中的连续性排除式（1）中的偏好；此空间的范数本身就表达了遥远未来的消费不应该太看重的思想。

练习 15.9 证明若采用式（5）中的范数，式（1）中的偏好不是连续的。

但是这个方法也是不行的：如练习 15.6 表明的，此时正象限无内点，故假定 15.5 被违反。

这些例子说明了一个理论困境的某些东西。我们想为无限期问题选取一个商品空间以使我们能应用定理 15.4。为此我们要求生产集 Y 有内点，这意味着要使用 l_∞。但 l_∞ 上的一个线性泛函不一定有一个内积表示：它不一定落入 l_1 内。换句话说，它作为一个价格体系可能没有

经济学解释。下节中我们所用的方法是将 l_∞ 作为商品空间，但在偏好和技术上加入更强的假定。在这些更强的假定下，我们能够从定理 15.4 的泛函 ϕ 构造一个相关的但可能不同的泛函，这个泛函在 l_1 中且可充当一个均衡价格体系。

在随机模型中出现了完全相同的问题。令 $(Z, \mathscr{Z}, \mu)$ 为一概率空间，其中 $z\in Z$ 描述状态。若在每个状态中有 K 种商品，则一个分配就是一个 $\mathscr{Z}$ 可测函数 x：$Z\rightarrow\mathbf{R}^K$，其中 $x(z)$ 是当状态 $z\in Z$ 发生时对所供商品的相机需求 K 向量。因而我们希望集合 S 为所有这类函数的集合。于是，我们必须为 S 选取一个适当的范数并利用对偶空间的元素作为价格体系。

由于已经讨论过的原因，我们想取商品空间为具有 15.1 节中定义的本质上确界范数的本质有界函数的等价类空间 $L_\infty(Z, \mathscr{Z}, \mu)$。于是困难在于 $L_\infty(Z, \mathscr{Z}, \mu)$ 上的连续线性泛函并不都能表示为如下形式的一个内积：

$$\phi(x)=\int p(z)x(z)\mathrm{d}\mu(z)$$

其中 $p\in L_1(Z, \mathscr{Z}, \mu)$。为了理解这一点，注意上面的例子可以解释为不确定性单期模型，其中 $t\in\{0, 1, \cdots\}$ 表示状态，且 $\beta^t/(1-\beta)$ 为第 t 种状态发生的概率。利用 $L_\infty(Z, \mathscr{Z}, \mu)$ 作为商品空间和利用 l_∞ 时出现完全相同的一些困难，在下节我们表明这些困难可以得到处理的一种方法。

15.4　价格的内积表示

我们已经看到，若商品空间是 l_∞ 或 $L_\infty(Z, \mathscr{Z}, \mu)$，则由定理 15.4 断言了存在性的线性泛函 ϕ 不一定有一个内积表示。在本节，我们证明，在这些及类似情形中，我们可以通过在偏好和技术上加入额外要求来强化定理 15.4，以保证价格的存在性，即可以表示为一个内积的线性泛函的存在性。我们首先处理时期，然后处理不确定性，最后简要评述二者的结合。

考虑一个无限期经济。令赋范向量空间 $(X, \|\cdot\|_x)$ 为单期商品空间，对每期我们将其取作相同。令 $S=X\times X\times\cdots$ 为具有范数

$$\|x\|_s=\sup_t\|x_t\|_x<\infty$$

的序列 $x=(x_0, x_1, \cdots)$ 的空间，其中 $x_t \in X$。对任何 $x=(x_0, x_1, \cdots) \in S$，令 $x^T \in S$ 表示截尾序列 $x^T=(x_0, \cdots, x_T, \theta, \theta, \cdots)$，在引理 15.5 中，这些截尾被用来证明 S 上任意连续线性泛函 ϕ 可以分解成“行为良好”部分 ψ 和余下的置“权重于无穷远处”部分，这个引理表明给定 ϕ 后如何构造 ψ。然后在定理 15.6 中证明，在被适当限制的偏好和技术下，泛函 ψ 还是一个均衡价格体系。

引理 15.5 令 ϕ 为上面定义的赋范向量空间 $(S, \|\cdot\|_s)$ 上的一个连续线性泛函，则对所有 $x \in S$：

$$\psi(x)=\lim_{T\to\infty}\phi(x^T) \tag{1}$$

定义了 S 上一连续线性泛函，且 ψ 可写作，对所有 $x \in S$：

$$\psi(x)=\sum_{t=0}^{\infty}\psi_t(x_t) \tag{2}$$

其中每个 ψ_t 都是 X 上的一连续线性泛函。

证明 我们必须证明式（1）中极限对所有 $x \in S$ 存在，且证明如此定义的 ψ 是一个连续线性泛函。首先注意，由于 ϕ 是连续的，故由定理 15.1 可推得 $\|\phi\|<\infty$。

若 $x=\theta$，则显然 $\psi(\theta)=0$。假设 $x \neq \theta$。对每个 $t=0, 1, \cdots$，令 $\underset{\sim}{x_t}=(\theta, \cdots, \theta, x_t, \theta, \cdots)$；令

$$y_t=\begin{cases} x_t, & 若\ \phi(\underset{\sim}{x_t}) \geqslant 0 \\ -x_t, & 若\ \phi(\underset{\sim}{x_t})<0 \end{cases}$$

并令 $\underset{\sim}{y_t}=(\theta, \cdots, \theta, y_t, \theta, \cdots)$，则对所有 T，有：

$$\begin{aligned} \phi(x^T) &= \sum_{t=0}^{T}\phi(\underset{\sim}{x_t}) \leqslant \sum_{t=0}^{T}|\phi(\underset{\sim}{x_t})| = \sum_{t=0}^{T}\phi(\underset{\sim}{y_t}) \\ &= \phi(y^T) \\ &\leqslant \|\phi\|\,\|y^T\|_s = \|\phi\|\,\|x^T\|_s \\ &\leqslant \|\phi\|\,\|x\|_s \end{aligned}$$

即级数 $\sum_{t=0}^{T}|\phi(\underset{\sim}{x_t})|$ 以 $\|\phi\|\,\|x\|_s$ 为上界，且因而收敛。可以推得级数 $\sum_{t=0}^{T}\phi(\underset{\sim}{x_t})$ 也收敛，故 $\psi(x)$ 定义恰当。

显然 ψ 是线性的，且对所有 $x \in S$ 有 $\psi(x) \leqslant \|\phi\|\,\|x\|_s$，因而 $\|\psi\| \leqslant \|\phi\| < \infty$，所以 ψ 是有界的。于是由定理 15.1 可推得 ψ 是连续的。

最后，令 X^* 是 X 的对偶，并定义连续线性泛函 $\psi_t \in X^*$，$t=0, 1, \cdots$ 为：

$$\psi_t(x_t) = \phi(\underset{\sim}{x_t})$$

则由式（1）立即可得式（2）。■

若 X 是有限维欧几里得空间 $\mathbf{R}^K$，则如 15.1 节中所表明的，每个线性泛函 ψ_t 都有一个内积表示：对某个 $p_t = (p_{t1}, \cdots, p_{tK}) \in \mathbf{R}^K$ 有 $\psi_t(x_t) = p_t \cdot x_t$。因而，对于这种情形，线性泛函 ψ 可以写成一个内积：

$$\psi(x) = \sum_{t=0}^{\infty} \psi_t(x_t) = \sum_{i=0}^{\infty} p_t \cdot x_t = \sum_{t=0}^{\infty}\sum_{k=1}^{K} p_{tk} x_{tk} \tag{3}$$

接下来我们证明，在对偏好和技术的更强一点的假定下，定理 15.4 中给出的线性泛函 ϕ 定义——通过式（1）——一个作为竞争性均衡价格体系且不置任何“权重于无穷远处”的泛函 ψ。我们需要两个额外的假定，商品空间 S 和截尾序列的定义同上，注意各个 X_i 和 Y_j 都是 S 而非 X 的子集。

假定 15.6　对每个 i，$x \in X_i$ 意味着对所有充分大的 T 有 $x^T \in X_i$，对每个 j，$y \in Y_j$ 意味着对所有充分大的 T 有 $y^T \in Y_j$。

假定 15.7　对每个 i，若 x，$x' \in X_i$，且 $u_i(x) > u_i(x')$，则对所有充分大的 T 有 $u_i(x^T) > u_i(x')$。

假定 15.6 表明，若截尾在未来足够远处，则截尾可行序列对消费者和生产者都是可行的。假定 15.7 是对充分远的消费在一个非常弱的意义下关于“贴现”效果的偏好的一个连续性要求。

练习 15.10　令 $C \subseteq X$ 是一凸集且有 $\theta \in C$，并令 $X_i = C \times C \times \cdots$。

a. 证明 X_i 满足假定 15.1 和假定 15.6。

b. 令 U_i：$C \to \mathbf{R}$ 是满足假定 15.2 和假定 15.3 的一个有界函数，并令 $\beta \in (0, 1)$。证明定义为 $u_i(x) = \sum_{t=0}^{\infty} \beta^t U_i(x_t)$ 的 u_i：$X_i \to \mathbf{R}$ 满足假定 15.2、假定 15.3 和假定 15.7。

c. 令 $C = \mathbf{R}_+^n$，并令 W：$C \times \mathbf{R}_+ \to \mathbf{R}_+$ 是如 5.11 节中定义的总体函数。证明那里定义的算子 T_W 的不动点 u_W 满足假定 15.2、假定 15.3 和假定 15.7。

练习 15.11　令 $S = l_\infty$。

a. 证明偏好 $u(x) = \inf_t x_t$ 并不满足假定 15.7。

b. 令 $c_0 \subset l_\infty$ 是由所有收敛于零的序列组成的子空间，则假定 15.6 要求对每个 i，$x \in X_i$ 意味着序列 $\{x^T\}$ 的尾部落入 $X_i \cap c_0$ 中。证明当且仅当 $u_i(x) = \lim_{T \to \infty} u_i(x^T)$ 时，假定 15.7 成立。

我们下一个定理证明，在这两个额外假定下，若 $[(x_i^0), (y_i^0), \phi]$

是一个竞争性均衡，则 $[(x_i^0),(y_j^0),\psi]$ 也是一个竞争性均衡，其中 ψ 由式（1）定义。

定理 15.6 令 S 为上面定义的赋范向量空间；令假定 15.1～假定 15.7 成立；令 $[(x_i^0),(y_j^0),\phi]$ 为一可行分配和连续线性泛函，且满足：

$$\text{对每个 } i\text{，}x \in X_i \text{ 和 } u_i(x) \geqslant u_i(x_i^0) \text{ 意味着 } \phi(x) \geqslant \phi(x_i^0) \tag{4}$$

$$\text{对每个 } j, y \in Y_j \text{ 意味着 } \phi(y) \leqslant \phi(y_j^0) \tag{5}$$

且假设对每个 i，存在 $\hat{x}_i \in X_i$ 使得 $u_i(\hat{x}_i) > u_i(x_i^0)$。令 ψ 是由式（1）定义的连续线性泛函，则以 ψ 代替 ϕ 时式（4）和式（5）成立。

证明 我们首先证明：

$$\text{对每个 } i\text{，}x \in X_i \text{ 和 } u_i(x) \geqslant u_i(x_i^0) \text{ 意味着 } \psi(x) \geqslant \phi(x_i^0) \tag{6}$$

$$\text{对每个 } j\text{，}y \in Y_j \text{ 意味着 } \psi(y) \leqslant \phi(y_j^0) \tag{7}$$

固定 i，并假设 $x \in X_i$ 且有 $u_i(x) \geqslant u_i(x_i^0)$。由假设知，存在 $\hat{x}_i \in X_i$ 使 $u_i(\hat{x}_i) > u_i(x_i^0)$。对所有 $\theta \in (0,1)$，定义：

$$x^\theta = \theta \hat{x}_i + (1-\theta)_x$$

由假定 15.1 和假定 15.2 知，对所有 $\theta \in (0,1)$，有：

$$x^\theta \in X_i \text{和 } u_i(x^\theta) > u_i(x_i^0)$$

固定 $\theta \in (0,1)$，由假定 15.6 和假定 15.7 知，对所有充分大的 T，有：

$$x^{\theta T} \in X_i \text{ 和 } u_i(x^{\theta T}) > u_i(x_i^\theta)$$

于是由式（4）推得对所有充分大的 T，有：

$$\phi(x_i^0) \leqslant \phi(x^{\theta T}) = \theta \phi(\hat{x}_i^T) + (1-\theta)\phi(x^T)$$

如引理 15.5 中所表明的，当 $T \to \infty$ 时，右边的极限定义恰当。因而，取极限并利用 ψ 的定义，我们得到：

$$\phi(x_i^0) \leqslant \theta \psi(\hat{x}_i) + (1-\theta)\psi(x)$$

由于这对每个 $\theta \in (0,1)$ 都成立，故取 $\theta \to 0$ 时的极限我们得到 $\phi(x_i^0) \leqslant \psi(x)$，这就证明了式（6）。

令 $y \in Y_j$，则对所有充分大的 T，由假定 15.6 和式（5）可以推得 $y^T \in Y_j$ 和 $\psi(y^T) = \phi(y^T) \leqslant \phi(y_j^0)$。令 $T \to \infty$ 即证明了式（7）。

现在，由式（6）和式（7）可得：

$$\text{对所有 } i\text{，}\psi(x_i^0) \geqslant \phi(x_i^0)$$

$$\text{对所有 } j\text{，}\psi(y_j^0) \geqslant \phi(y_j^0)$$

对 i 和 j 求和并回忆 $x^0=\sum_i x_i^0=\sum_j y_j^0=y^0$，我们得到：

$$\psi(x^0)\geqslant\phi(x^0)=\phi(y^0)\geqslant\psi(y^0)=\psi(x^0)$$

所以 $\psi(x^0)=\phi(x^0)=\phi(y^0)=\psi(y^0)$。于是，由上面的不等式可得：

$$\text{对所有 } i,\ \psi(x_i^0)=\phi(x_i^0)$$

$$\text{对所有 } j,\ \psi(y_j^0)=\phi(y_j^0)$$

于是式（6）和式（7）分别意味着在式（4）和式（5）中 ϕ 可用 ψ 代替。■

在假定 15.1～假定 15.7 下，定理 15.4 和定理 15.6 一起暗示，对任何帕累托最优分配 $[(x_i^0),(y_j^0)]$，存在一个连续线性泛函 ψ 使式（4）和式（5）成立（用 ψ 代替 ϕ）且使 ψ 不置任何“权重于无穷远处”。即对所有 $x\in S$，$\psi(x)=\lim_{T\to\infty}\psi(x^T)$。此外，若 ψ 满足定理 15.4 后面附注的假设，则 $[(x_i),(y_j),\psi]$ 是一个竞争性均衡。若单期商品空间 x 简单地为 $\mathbf{R}^K$，则定理 15.4 和定理 15.6 给出使帕累托最优分配可被形如式（3）中给出的价格体系支持为竞争性均衡的条件。

类似的论证可用于涉及不确定性的模型中，我们首先考虑单期模型。令 $(Z,\mathscr{Z},\mu)$ 为一概率空间。为了易于说明，我们考虑一个单商品经济并取商品空间为 $L_\infty(Z,\mathscr{Z},\mu)$。和上面一样，我们分两步进行。首先，我们证明给定 $L_\infty(Z,\mathscr{Z},\mu)$ 上任何连续线性泛函 ϕ，我们可以构造一个作为 ϕ 的“行为良好”部分的连续线性泛函 ψ。然后，我们在偏好和技术上加入用以保证 ψ 也满足定理 15.4 的结论的额外假定。

和上面一样，我们处理截尾分配，在此情形中是对事件截尾。给定 $x\in L_\infty(Z,\mathscr{Z},\mu)$ 和 $A\in\mathscr{Z}$，定义 $x^A\in L_\infty(Z,\mathscr{Z},\mu)$ 为：

$$x^A(z)=\begin{cases}0, & \text{若 } z\in A\\ x(z), & \text{其他}\end{cases}$$

这样，x^A 简单地在集合 A 上将函数（分配）x 截成零。下面是引理 15.5 的类似结果。

引理 15.7 对 $L_\infty(Z,\mathscr{Z},\mu)$ 上的任何连续线性泛函 ϕ，存在 $\mathscr{Z}$ 中满足 $\lim_{n\to\infty}\mu(A_n)=0$ 的一嵌套递减集合序列 $A_1\supset A_2\supset\cdots$ 及一连续线性泛函 ψ 使得对所有 $x\in L_\infty(Z,\mathscr{Z},\mu)$，有：

$$\psi(x)=\lim_{n\to\infty}\phi(x^{A_n})$$

此外，存在一函数 $p\in L_1(Z,\mathscr{Z},\mu)$ 使得对所有 $x\in L_\infty(Z,\mathscr{Z},\mu)$，下式成立：

$$\psi(x)=\int p(z)x(z)\mathrm{d}\mu$$

我们省略证明，它可由 Yosida and Hewitt（1952）中的定理 1.22 和定理 1.24 直接推得。

为了应用这个结果，我们需要增加两个假定，即假定 15.6 和假定 15.7 的类似物。我们利用简洁记号 $A_n\downarrow 0$ 表示 $\{A_n\}$ 是 $\mathscr{Z}$ 中满足 $\lim_{n\to\infty}\mu(A_n)=0$ 的一嵌套递减集合序列。

假定 15.8 对每个 i，若有 $x\in X_i$ 及 $A_n\downarrow 0$，则对所有充分大的 n 有 $x^{A_n}\in X_i$；对每个 j，若有 $y\in Y_j$ 及 $A_n\downarrow 0$，则对所有充分大的 n 有 $y^{A_n}\in Y_j$。

假定 15.9 对每个 i，若 x，$x'\in X_i$，且有 $u_i(x)>u_i(x')$ 及 $A_n\downarrow 0$，则对所有充分大的 n 有 $u_i(x^{A_n})>u_i(x')$。

假定 15.8 要求给定截尾概率充分小时，条件截尾可行分配是可行的，假定 15.9 要求给定截尾概率充分小时，消费者对截尾的消费序列的评价几乎和对应的未截尾序列一样高。

练习 15.12 令 $X_i\subset L_\infty(Z,\mathscr{Z},\mu)$ 满足假定 15.1 和假定 15.8，令 μ_i 为 $(Z,\mathscr{Z})$ 上关于 μ 绝对连续的任何概率测度，并令 U_i：$\mathbf{R}\to\mathbf{R}$ 满足假定 15.2 和假定 15.3。证明若 u_i：$X_i\to\mathbf{R}$ 具有 $u_i(x)=\int U_i[x(z)]\mathrm{d}\mu_i(z)$ 的形式，则 u_i 满足假定 15.2、假定 15.3 和假定 15.9。

利用引理 15.7 和这两个额外假定，我们接下来有如下结果。

定理 15.8 令 $(Z,\mathscr{Z},\mu)$ 为一概率空间；令 S 为赋范向量空间 $L_\infty(Z,\mathscr{Z},\mu)$；令假定 15.1～假定 15.5 和假定 15.8～假定 15.9 成立；令 $[(x_i^0),(y_j^0),\phi]$ 是使式（4）和式（5）成立的一可行分配和一连续线性泛函；假设对每个 i，存在 $\hat{x}_i\in X_i$ 使 $u_i(\hat{x}_i)>u_i(x_i^0)$。令 ψ 是由引理 15.7 给出的连续线性泛函，则式（4）和式（5）在用 ψ 代替 ϕ 时成立。

证明完全类似于定理 15.6 的证明，我们不再重复它。还要注意，这个论证对任何有限多种商品都成立。

对于像第 9 章中那些结合了无限时期和不确定性的模型，必须把上面的论证结合起来。首先，注意到修改引理 15.5、假定 15.6、假定 15.7 以及定理 15.6 以考虑在每个时期都不同的商品空间是很简单的。令 $(X_t,\|\cdot\|_t)$，$t=0,1,\cdots$ 为一赋范向量空间的序列；由 $S=X_0\times X_1\times\cdots$ 和

$$\| x \|_s = \sup_t \| x_t \|_t \tag{8}$$

定义赋范向量空间 $(S, \| \cdot \|_s)$。如前定义截尾序列，则引理 15.5 仅需修改符号即能继续适用：对 S 上的任何连续线性泛函 ϕ，式（1）定义了 S 上一连续线性泛函 ψ，且 ψ 能写成如式（2）中那样，其中对每个 t，ψ_t 是 $(X_t, \| \cdot \|_t)$ 上一连续线性泛函。定理 15.6 也如前适用：在同样的假定下，若 $[(x_i^0), (y_j^0), \phi]$ 满足式（4）和式（5），则 $[(x_i^0), (y_j^0), \psi]$ 也满足式（4）和式（5），其中 ψ 由式（1）定义。

论证的余下部分包括引理 15.7 和定理 15.8 的应用，我们用单商品随机最优增长模型来说明这个应用。令 $(Z^t, \mathscr{Z}^t, \mu^t), t=0, 1, \cdots$ 为一概率空间序列；对每个 t，令 $X_t = L_\infty(Z^t, \mathscr{Z}^t, \mu^t)$；令 $S = X_0 \times X_1 \times \cdots$，且有式（8）中的范数。则对每个固定的 t，引理 15.7 适用。为了应用定理 15.8，我们必须假定，对每个 t，假定 15.8 和假定 15.9 的类似结论都成立。对任何 $x = (x_0, x_1, \cdots) \in S$，令 $x^{A_{tn}} = (x_0, \cdots, x_{t-1}, x_t^{A_{tn}}, x_{t+1}, \cdots) \in S$。利用 $A_{tn} \downarrow 0$ 表示 $\{A_{tn}\}_{n=1}^\infty$ 是 $\mathscr{Z}^t$ 中有 $\lim_{n\to\infty} \mu^t(A_{tn}) = 0$ 的一个嵌套递减集合序列。

假定 15.8′　对每个 i，t，若有 $x \in X_i$ 及 $A_{tn} \downarrow 0$，则对所有充分大的 n 有 $x^{A_{tn}} \in X_i$；对每个 j，t，若有 $y \in Y_j$ 及 $A_{tn} \downarrow 0$，则对所有充分大的 n 有 $y^{A_{tn}} \in Y_j$。

假定 15.9′　对每个 i，t，若有 x，$x' \in X_i$，$u_i(x) > u_i(x')$，且 $A_{tn} \downarrow 0$，则对所有充分大的 n 有 $u_i(x^{A_{tn}}) > u_i(x')$。

于是我们有如下结果。

定理 15.9　令 S 为上面定义的赋范向量空间；令假定 15.1～假定 15.7 和假定 15.8′～假定 15.9′成立，令 $[(x_i^0), (y_j^0), \phi]$ 为满足式（4）和式（5）的一个可行分配和一个连续线性泛函；假设对每个 i，存在 $\hat{x}_i \in X_i$ 使 $u_i(\hat{x}_i) > u_i(x_i^0)$。则存在 S 上的一个连续线性泛函 ν 使式（4）和式（5）在用 ν 代替 ϕ 时成立，且使 ν 能写成：

$$\text{对所有 } x \in S, \nu(x) = \sum_{t=0}^{\infty} \int_{Z^t} p_t(z^t) x_t(z^t) \mathrm{d}\mu^t(z^t) \tag{9}$$

其中对所有 t 有 $p_t \in L_1(Z^t, \mathscr{Z}^t, \mu^t)$。

证明　令 ψ 是由式(1) 定义的 S 上的连续线性泛函，并令 $\{\psi_t\}$ 是空间 $\{X_t\}$ 上使式（2）成立的连续线性泛函。如上面提到的，对引理 15.5 和定理 15.6 的较小改动即可保证 ψ 及 $\{\psi_t\}$ 被恰当定义，并保证用 ψ 代替 ϕ 时式（4）和式（5）成立。即：

对每个 i，$x \in X_i$ 和 $u_i(x) \geqslant u_i(x_i^0)$ 意味着

$$\psi(x)=\sum_{t=0}^{\infty}\psi_t(x_t)\geqslant\sum_{t=0}^{\infty}\psi_t(x_{it}^0)=\psi(x_i^0)\tag{10}$$

对每个 j，$y\in Y_j$ 意味着

$$\psi(y)=\sum_{t=0}^{\infty}\psi_t(y_t)\leqslant\sum_{t=0}^{\infty}\psi_t(y_{jt}^0)=\psi(y_j^0)\tag{11}$$

对每个 ψ_t，由引理 15.7 可得，存在 $A_{tn}\downarrow 0$ 和一个连续线性泛函 ν_t，对所有 $x_t\in X_t$ 满足：

$$\nu_t(x_t)=\lim_{n\to\infty}\psi_t(x_t^{A_{tn}})\tag{12}$$

对所有 $x\in S$，定义 S 上的连续线性泛函 ν 为：

$$\nu(x)=\sum_{t=0}^{\infty}\nu_t(x_t)$$

接下来我们将证明：

对每个 i，$x\in X_i$ 和 $u_i(x)\geqslant u_i(x_i^0)$ 意味着

$$\nu(x)=\sum_{t=0}^{\infty}\nu_t(x_t)\geqslant\sum_{t=0}^{\infty}\psi_t(x_{it}^0)=\psi(x_i^0)\tag{13}$$

对每个 j，$y\in Y_j$ 意味着

$$\nu(y)=\sum_{t=0}^{\infty}\nu_t(y_t)\leqslant\sum_{t=0}^{\infty}\psi_t(y_{jt}^0)=\psi(y_j^0)\tag{14}$$

固定 i，并假设 $x\in X_i$，且有 $u_i(x)\geqslant u_i(x_i^0)$。由假设知，存在 $\hat{x}_i\in X_i$ 使得 $u_i(\hat{x}_i)>u_i(x_i^0)$。对所有 $\theta\in(0,1)$，定义：

$$x_\theta=\theta\hat{x}_i+(1-\theta)x$$

由假定 15.1 和假定 15.2 知，对所有 $\theta\in(0,1)$，有：

$$x^\theta\in X_i \text{ 和 } u_i(x^\theta)>u_i(x_i^0)$$

固定 $\theta\in(0,1)$，则由假定 15.6 和假定 15.7 知，对某个充分大的 $\hat{T}(\theta)$ 及所有 $T\geqslant\hat{T}(\theta)$，有：

$$x^{\theta T}\in X_i \text{ 和 } u_i(x^{\theta T})>u_i(x_i^0)$$

对每个 ψ_t，令 $A_{tn}\downarrow 0$ 是式（12）中定义 ν_t 时所用的序列。对任何函数 $x\in S$，令 $x^{Tn}\in S$ 表示对 $t=0, 1, \cdots, T$ 在集合 A_{tn} 上将第 T 个之后的所有元素都截为零的函数，即：

$$x^{Tn}=(x_0^{A_{0n}}, x_1^{A_{1n}}, \cdots, x_T^{A_{Tn}}, 0, 0, \cdots)$$

固定 $T\geqslant\hat{T}(\theta)$，则重复应用假定 15.8′和假定 15.9′可推得，对某个充分大的 $N(T)$ 及所有 $n\geqslant N(T)$，有：

$$x^{\theta Tn}\in X_i \text{和 } u_i(x^{\theta Tn})>u_i(x_i^0)$$

因而由式（10）及各个 ν_t 的定义可得，对所有 $n\geqslant N(T)$，有：

$$\sum_{t=0}^{\infty}\psi_t(x_{it}^0)\leqslant\sum_{t=0}^{T}\psi_t(x_t^{\theta A_{Tn}})=\sum_{t=0}^{T}\nu_t(x_t^{\theta A_{Tn}})$$

由于当 $n\to\infty$ 时右边收敛，故可推得，对所有 $T\geqslant\hat{T}(\theta)$，有：

$$\sum_{t=0}^{\infty}\psi_t(x_{it}^0)\leqslant\sum_{t=0}^{T}\nu_t(x_t^{\theta})$$

然后，由于当 $T\to\infty$ 时右边收敛，故可得，对所有 $\theta\in(0,1)$，有：

$$\sum_{t=0}^{\infty}\psi_t(x_{it}^0)\leqslant\sum_{t=0}^{\infty}\nu_t(x_t^{\theta})$$

这样，由各个 ν_t 的线性性质可得，对所有 $\theta\in(0,1)$，有：

$$\sum_{t=0}^{\infty}\psi_t(x_{it}^0)\leqslant\theta\sum_{t=0}^{\infty}\nu_t(\hat{x}_t)+(1-\theta)\sum_{t=0}^{\infty}\nu_t(x_t)$$

取 $\theta\to 0$ 时的极限，则我们得到：

$$\psi(x_i^0)=\sum_{t=0}^{\infty}\psi_t(x_{it}^0)\leqslant\sum_{t=0}^{\infty}\nu_t(x_t)=\nu(x)$$

这就证明了式（13）。

接下来，令 $y\in Y_j$。则由假定 15.6，存在某个 $\hat{T}$ 对所有 $T\geqslant\hat{T}$ 有 $y^T\in Y_j$。固定 $T\geqslant\hat{T}$，则由假定 15.8′，存在某个 $N(T)$ 对所有 $n\geqslant N(T)$ 有 $y^{Tn}\in Y_j$。于是，由式（11）和各个 ν_t 的定义可得，对所有 $n\geqslant N(T)$，有：

$$\sum_{t=0}^{\infty}\psi_t(y_{jt}^0)\geqslant\sum_{t=0}^{T}\psi_t(y_t^{A_{Tn}})=\sum_{t=0}^{T}\nu_t(y_t^{A_{Tn}})$$

取 $n\to\infty$ 的极限，然后取 $T\to\infty$ 的极限即可证明式（14）。

由式（13）和式（14）可以证明：

$$\psi(x_i^0)=\nu(x_i^0)$$
$$\psi(y_j^0)=\nu(y_j^0)$$

论证完全类似于定理 15.6 的证明中所用的论证。于是，由这些等式再加上式（13）和式（14）即可推得式（4）和式（5）在以 ν 代替 ϕ 时成立。

最后，由引理 15.7 知，每个 ν_t 可用一函数 $p_t\in L_1(Z^t,\mathscr{Z}^t,\mu^t)$ 来表示，因而 ν 可以如式（9）中那样写出。■

15.5　文献注释

在 Luenberger（1969，chap. 5）的研究中，包含一个关于对偶空间的优秀讨论，包括许多最普通的例子，也包括哈恩-巴拿赫定理。

15.2 节中回顾的两个基本福利定理始于 Arrow（1951），在其中，两个定理的创理论性（set-theoretic）公式是首次给出的，凸集的分离定理也是首次被用来证明第二定理。定理 15.3、定理 15.4 和评论都出现在那篇文章中，除了对 $\mathbf{R}^n$ 的限制外基本和这里一样。这些结果到任意赋范空间作为商品空间的扩展在 Debreu（1954）的研究中首先进行，我们的论述与其非常接近，主要的不同在于我们假定了一个连续效用函数而不是对每个消费者排序的偏好。

Jones（1986）包含一组例子阐明在无限维商品空间中可能出现的问题，这些例子很好地说明了特定范数（或更一般地，特定拓扑）在什么地方会产生困难。如 15.3 节中的例子表明的，许多潜在有趣的商品空间缺少内点。某些最近的研究致力于导出新的论证——不涉及哈恩-巴拿赫定理的论证——以证明支持价格的存在性，可见 Mas-Colell（1986a，1986b）和 Back（1988）。

对于商品空间 l_∞，Bewley（1972）首次研究了由 l_1 中价格支持的竞争性均衡的存在性。在他的论述中，偏好在麦基（Mackey）拓扑中连续的假定起了假定 15.6 和假定 15.7 的作用。那篇论文的附录包含期望效用具有这种连续性质的一个证明。15.4 节中的论述接近于 Prescott and Lucas（1972）中的论述。Brown and Lewis（1981）表明，偏好的麦基连续性等价于假定 15.6 和假定 15.7，也等价于以不同方式处理“尾部”的类似假定。

第16章　均衡理论的应用

第15章中回顾的理论的一个直接结果是，特定规划问题的解可以解释为具有相同偏好和相同禀赋的大量消费者以及具有相同的规模报酬不变技术的大量公司所组成经济的竞争性均衡。在这样一个经济中的各个变量被想象为人均量。由于消费者都有完全相同的偏好，故求解社会计划者问题等价于找出对称的帕累托最优分配。第一福利定理保证所有对称的竞争性均衡都是帕累托最优，因而也都是规划问题的解。第二福利定理保证所有对称的帕累托最优，从而规划问题的所有解在适当价格下都可支持为竞争性均衡。16.1节～16.4节中的模型说明了这类论证可被应用的各种方法。

在16.5节和16.6节中，我们考虑将竞争性均衡表示为内积的问题。在16.5节中，我们考虑一个比假定15.6和假定15.7中更一般的截尾形式。这个一般化加强了在某些应用中有用的定理15.6。在16.6节中我们给出一个警告性例子，它突出了定理15.6应用性的限制。

在16.7节中我们表明，具有许多异质消费者的增长模型的帕累托最优分配可用动态规划方法得到。我们还表明，第15章中的理论可用于刻画这种情形中的均衡价格，正像它可用在具有完全相同消费者的经济中那样。

16.1　确定性下单部门增长模型

考虑我们在5.1节和6.1节中研究的确定性单部门增长模型。存在一种既可消费又可用作资本的产品，还存在一种非生产品，它在每期都有固定的供给且用作一种生产要素。在这里我们把后一资源解释为土地。在每期，代表性家庭消费商品，而代表性公司利用土地和资本生产商品，因而这个经济中的一个分配包括：

a. 代表性消费者的消费序列 $x=\{x_t\}_{t=0}^{\infty}$，其中 $x_t\in\mathbf{R}_+$ 是第 t 期中商品的消费；

b. 代表性公司的生产序列 $y=\{y_t\}_{t=0}^{\infty}$，其中 $y_t\in\mathbf{R}_+$ 是第 t 期中消费品的供给。

如果公司的技术是有界的，则将注意力限于有界序列是适当的，这正是我们在这里要考虑的情形。于是我们可以取商品空间是 l_∞。

代表性消费者的消费量是 l_∞ 的正象限 $X=l_\infty^+$，他在这个集合上的偏好由

$$u(x)=\sum_{t=0}^{\infty}\beta^t U(x_t)$$

给出，其中 U：$\mathbf{R}_+\to\mathbf{R}$。假定 U 是有界、连续、严格递增和严格凹的，且 $\beta\in(0,1)$。

每个公司都有一单位土地和 $\hat{k}>0$ 单位资本的初始禀赋，两者都解释为整个经济的人均存量。每个公司还都可使用同样的规模报酬不变生产函数 F：$\mathbf{R}_+^2\to\mathbf{R}_+$。由于土地供给是人均一单位，故可方便地定义 f：$\mathbf{R}_+\to\mathbf{R}_+$ 为 $f(k)=F(k,1)+(1-\delta)k$，其中 $\delta\in(0,1]$ 是折旧率。如上面提到的，我们假定 f 是有界的。于是生产集 Y 由

$$Y=\{y\in l_\infty^+\text{：存在 }k\in l_\infty^+\text{ 使 }k_0=\hat{k}\text{，及对所有 }t\text{，有 }k_{t+1}+y_t\leqslant f(k_t)\}$$

给定。假定 f 是连续、严格递增和严格凹的，且有 $f(0)=0$；注意由于 f 是有界的，故对某个 $\bar{k}>0$ 有 $f(\bar{k})=\bar{k}$。

在这种记号下，5.1 节中研究的最大化问题是：选取 $x\in X\cap Y$ 以最大化 $u(x)$。显然解是对称的帕累托最优分配，我们希望证明它也可支持为一个竞争性均衡。

练习 16.1 a. 证明在上面所述的对 β，U 和 f 的限制下，这个经济确切地只有一个对称的帕累托最优分配。（提示：利用练习 5.1 的结果。）关于对称的竞争性均衡分配的数量，第一福利定理暗示着什么？

b. 证明在上述对 β，U 和 f 的限制下，u，X 和 Y 满足假定 15.1～假定 15.5。确切地弄清楚每个限制如何被使用。关于一个对称的竞争性均衡的存在性，第二福利定理暗示着什么？

c. 证明在所述限制下，假定 15.6 和假定 15.7 也得到满足。关于可由 $p\in l_1$ 表示的均衡价格的存在性，定理 15.6 暗示着什么？

令（x^0，y^0）为这个经济的唯一对称帕累托最优分配，并令 $p\in l_1$ 表示一个支持其为一竞争性均衡的连续线性泛函，则消费者的预算约束可以写作 $p\cdot x\leqslant p\cdot x^0$。（注意，由于 $p\cdot x^0=p\cdot y^0$ 是公司收益流的值，故预算约束的右边可以解释为消费者在代表性公司的利润中持有的价值。）另外，一期实际利率序列 $r=\{r_t\}_{t=0}^{\infty}$ 可以定义为：

$$1/(1+r_t)=p_{t+1}/p_t,\quad t=0,1,\cdots$$

预算约束可以写作：

$$x_0+\sum_{t=1}^{\infty}\left(\prod_{s=0}^{t-1}\frac{1}{1+r_s}\right)x_t\leqslant x_0^0+\sum_{t=1}^{\infty}\left(\prod_{s=0}^{t-1}\frac{1}{1+r_s}\right)x_t^0$$

练习 16.1　d. 假定 U 和 f 是连续可微的，并令（x^0，y^0，p）和 r 如上设定。用边际替代率及边际转换率的形式表述均衡实际利率序列 $\{r_t\}$。证明序列 r 是唯一决定的，进而证明均衡中的相对价格是唯一决定的。

分配和价格（x^0，y^0，p）可以解释为在第 0 期开始的市场竞争性均衡，在此市场上，注有日期的商品的所有权被相互交换。另外，假设各经济主体在一系列现货市场中进行交易，且假设每个经济主体关于未来的现货价格都有理性预期（完美预见）。我们接下来要证明，分配（x^0，y^0）也是后一市场结构下的一个竞争性均衡。这里的分析针对一特别简单的现货市场结构，而对许多其他的市场结构进行分析也是可能的。

回忆在第 0 期中，每个公司被赋予一单位土地和 $\hat{k}$ 单位资本，且每个家庭都拥有一个公司。若（x^0，y^0）是在各现货市场上进行序列交易下的均衡分配，则所有公司必须有相等的资本—土地比率，且每个家庭还必须在任一随后每期中拥有一个公司。在这种情形下，任何一期 t 中系统的状态就由整个经济的资本—土地比率 k_t 完全描述，且所有现货价格都是这个状态变量的函数。

假设在每一期都有对下期消费品的所有权和对公司股份的现货市场，所有这些都用当期消费品的单位定价。于是，一个竞争性均衡包括描述未来消费所有权及公司股份的价格、描述每个公司的投资和每个家庭的消费与储蓄的函数，所有这些都是经济的当前状态的函数。正式地，一个均衡包括函数（g，q，ψ，h，Ω，ω），其中：

$g(k)$　　全经济状态变量的运行规律；

$q(k)$　　状态为 k 时，一单位下期消费品所有权的价格；

$\psi(k, z)$　状态为 k 时，一个拥有一单位土地和 z 单位资本的公司在支付当期股息前以当期消费品计的市场价值；

$h(k, z)$　状态为 k 时，一个拥有一单位土地和 z 单位资本的公司所进行的投资；

$\Omega(k, a)$　状态为 k 时，初始资产为 a 的家庭最大化的目标函数值；

$\omega(k, a)$　状态为 k 时，初始资产为 a 的家庭储蓄。

在均衡中，代表性家庭有资产 $a=\psi(k, k)$，而代表性公司有 $z=k$ 单位资本，但为了决定均衡价格，能够评价对均衡行为个别偏离的后果是很必要的。

在每期，公司以价格 1 卖给家庭消费品，将这些销售收入支付给家庭作为股息，并保留所有未出售产出作为投资。公司取价格函数 g 和 ψ，以及整个经济运动规律 g 和整个经济资本存量当期值 k 作为已知，因而公司面临的决策问题如下：给定 k 和 z，选取要积累的资本量（和因而要出售的消费品数量）以最大化当期股东的收益。正式地，它的问题可用函数方程来描述：

$$\psi(k, z) = \max_{0 \leqslant z' \leqslant f(z)} \{f(z) - z' + q(k)\psi[g(k), z']\} \tag{1}$$

代表性家庭拥有资产且在每期都做一个消费—储蓄决策。（由于不存在不确定性，所有资产必须支付同样的一期收益率。）像公司一样，家庭取函数 g，q 和 ψ 作为已知。这样，家庭面临的决策问题如下：给定当期状态 k 和它的资产持有 a（以当期消费品的单位度量），选取当期消费水平和下期将持有的资产量。正式地，它的问题可用函数方程来描述：

$$\Omega(k, a) = \max_{0 \leqslant a' \leqslant a/q(k)} \{U[a - q(k)a'] + \beta\Omega[g(k), a']\} \tag{2}$$

这些考虑激发了如下**递归竞争性均衡**（recursive competitive equilibrium）的定义，即将其定义为满足下列条件的函数集合（g，q，ψ，h，Ω，ω）：

（R1）　ψ 满足函数方程（1），且 h 是相应的最优策略函数；

（R2）　Ω 满足函数方程（2），且 ω 是相应的最优策略函数；

（R3）　对所有 $k > 0$，条件 $h(k, k) = g(k)$；

（R4）　对所有 $k > 0$，条件 $\omega[k, \psi(k, k)] = \psi[g(k), g(k)]$。

条件（R1）和条件（R2）表示公司和家庭的最大化行为。条件（R3）表明导致公司投资决策的函数 h 与运动规律 g 一致。条件（R4）表明，在状态 k 下，一个以某代表性公司价值 $\psi(k, k)$ 为其期初资产的家庭，将选取同一公司在下一期的价值 $\psi[g(k), g(k)]$ 为其下一期的资产。因此，股票市场将出清，根据瓦尔拉斯定律，消费品市场也同样出清。为了理解这一点，注意家庭简单地消费掉它所拥有的公司支付给它的红利。正式地，式（1）意味着 $q(k)=\{\psi(k,\ k)-[f(k)-g(k)]\}/\psi[g(k),\ g(k)]$，这样，式(2)中的消费就是 $c=a-q(k)a'=\psi(k,\ k)-q(k)\psi[g(k),\ g(k)]=f(k)-g(k)$。

为了证明分配（x^0，y^0）是序列交易结构的一个均衡，我们按下式进行。令 g 是如下动态规划问题的策略函数：

$$v(k)=\max_{0\leqslant k'\leqslant f(k)}\{U[f(k)-k']+\beta v(k')\} \tag{3}$$

并对所有 $k>0$ 定义 $c(k)=f(k)-g(k)$。考虑到两个福利定理及这个经济的性质，猜测这个规划问题的最优策略函数 g 也是递归竞争性均衡中整个经济的资本运动规律是很自然的，我们在本节余下部分继续这个思想。

函数方程（2）的一阶和包络条件意味着，一期消费品的所有权的均衡价格必须为：

$$q(k)=\beta f'(k)U'(c[g(k)])/U'[c(k)] \tag{4}$$

练习 16.1　e. 证明给定由式（3）和式（4）定义的函数 g 和 q，存在唯一的有界连续函数 ψ 满足函数方程（1），且相应的最优策略函数 h 是一个单值连续函数。证明存在唯一的有界连续函数 Ω 满足函数方程（2），且相应的最优策略函数 ω 是一个单值连续函数。

f. 证明若所有公司利用决策规则 h 且所有家庭利用决策规则 w，则递归竞争性均衡定义中的条件（R3）和（R4）成立。

g. 解释为什么这个练习的 e 和 f 证明了（x^0，y^0）是具有序列交易的经济中的均衡分配。

这样，具有一系列现货市场的递归经济的均衡就完全等同于在第 0 期举行的一个总市场中交易无穷序列的相应经济的均衡，递归公式暗含了一个非常不同的市场解释，然而，这似乎是一个更接近于日常经验的解释。

16.2　随机增长的多部门模型

在 10.1 节～10.3 节以及在 13.1 节中又一次研究的不确定性下，最优增长模型的解也能给出一个市场解释。这里我们利用 10.3 节的更一般方案，需要时再将其具体化。

回忆在每期有 l 种资本品和 M 种消费品，令测度空间（Z，$\mathscr{Z}$）、转移函数 Q、初始状态 $\hat{z}\in Z$、积空间（Z^t，$\mathscr{Z}^t$）、概率测度 μ^t、集合 $X\subseteq\mathbf{R}_+^l$、对应 Φ：$X\times Z\to\mathbf{R}_+^M\times X$ 以及函数 u 如 10.3 节中所述，并令它们满足那里所述的各个假定。令

$$S^M=\{c=\{c_t\}_{t=0}^{\infty}:\text{对每个 } t,\ c_t:Z^t\to\mathbf{R}^M \text{ 是一个 } \mathscr{Z}^t \text{ 可测本质有界函数，且有 } \|c\|=\sup_t\{\text{ess sup}\|c_t\|\}<\infty\}$$

赋范向量空间 S^M 是商品空间。这个经济中代表性消费者的消费集 C 是 S^M 的正象限，且 10.3 节中描述的 u：$C\to\mathbf{R}$ 表示消费者的偏好。用类似于定义 S^M 的方法定义 S^l。给定初始资本存量 $\hat{x}\in\mathbf{R}_+^l$，这个经济的生产集 $Y\subset S^M$ 定义为：

$$Y=\{c\in S^M:\text{存在一个序列 } x=\{x_t\}_{t=0}^{\infty}\in S_+^l \text{ 满足 } x_0=\hat{x},\ \text{且对所有 } t \text{ 和所有 } z^t,\text{ 有 } (c_t,\ x_{t+1})\in\Phi(x_t,\ z_t)\}$$

练习 16.2 a. 证明（C，u，Y）满足假定 15.1～假定 15.7 和假定 15.8′～假定 15.9′。

b. 令 $\gamma^*\in C$ 如 10.3 节中定义。证明存在一个连续线性泛函 ν 使（γ^*，γ^*，ν）是一个竞争性均衡，且使 ν 可以表示为，对所有 $c\in S^M$，有：

$$\nu(c)=\sum_{t=0}^{\infty}\left\{\int_{Z^t}\left[\sum_{m=1}^{M}p_{tm}(z^t)c_{tm}(z^t)\right]\mathrm{d}\mu^t(z^t)\right\}$$

证明了这些事实后，导出任意债券的价格并不困难。我们利用 16.1 节中介绍的均衡的递归公式，允许代表性消费者通过买或卖我们希望计算价格的债券而离开均衡分配。由于消费者已处在一完全市场均衡中，故他永远不会选择行使这种权利，这个事实使我们可以构造债券价格的公式。

首先，我们考虑一期债券。为了简单，我们将注意力集中于单一消费品 $M=1$，债券的价格和收益将都用这种商品来表示。（另一可选方法是我们可以选 M 种消费品之一作为被索取的商品，就如在普通商品期货市场中一样。）令 f：$Z\to\mathbf{R}_+$ 为一有界可测函数，任何这种函数都定义一种一期债券，其中 $f(z')$ 解释为下期状态为 z' 时每单位债券的收益。令 $q(x,\ z)$ 是在状态（x，z）时购买一单位这种债券的价格。

令 g 是 10.3 节中最优增长模型的策略函数，并令 c 是相应的消费函数：

$$c(x,\ z)=\underset{c\in\mathbf{R}_+}{\operatorname{argmax}}\,U(c),\ \text{s.t.}\,[c,\ g(x,\ z)]\in\Phi(x,\ z)$$

令 $w(A,\ x,\ z)$ 是当期状态为 $(x,\ z)$ 时，无论状态 $(x,\ z)$ 何时发生都以终生年金形式拥有 $c(x,\ z)$ 单位消费所有权、A 单位当期消费品所有权的一个消费者的最大化现期贴现效用。他可以把这个所有权分成他的当期消费的一个增量 δ（可能是负的）和在价格 $q(x,\ z)$ 下对 b 单位债券的购买。为了保证在一个紧集上最大化，我们给消费者一个 $-\infty<B<0$ 的信贷限额，这个约束在均衡中并不具有约束力。则 w 必须满足：

$$w(A,\ x,\ z)=\max_{\delta,b}\Big\{U[c(x,\ z)+\delta]+\beta\int w[bf(z'),\ g(x,\ z),\ z']Q(z,\ \mathrm{d}z')\Big\}\tag{1}$$

$$\begin{aligned}\text{s.t.}\ &\delta+q(x,\ z)b=A\\ &c(x,\ z)+\delta\geqslant 0\\ &b\geqslant B\end{aligned}$$

练习 16.2　c. 证明存在唯一的有界连续函数 w 满足式（1）。

d. 假定 U 是可微的。证明若对某个固定的 $(\hat{x},\ \hat{z})\in X\times Z$ 有 $c(\hat{x},\ \hat{z})>0$，则 $w(\cdot,\ \hat{x},\ \hat{z})$ 关于其第一个自变量是可微的，且 $w_1(0,\ \hat{x},\ \hat{z})=U'[c(\hat{x},\ \hat{z})]$。

在这个问题的其余部分我们保持 U 是可微的这个假定。

式（1）的一阶条件是：

$$U'[c(x,\ z)+A-q(x,\ z)b]q(x,\ z)=\beta\int w_1[bf(z'),\ g(x,\ z),\ z']f(z')Q(z,\ \mathrm{d}z')$$

且在均衡中一定有 $A=b=0$。利用这个事实并合并一阶条件和包络条件，我们得到：

$$U'[c(x,\ z)]q(x,\ z)=\beta\int U'(c[g(x,\ z),\ z'])f(z')Q(z,\ \mathrm{d}z')\tag{2}$$

由于函数 c 和 g 已被求解，故式（2）刻画函数 $q(x,\ z)$，作为当期状态的一个函数，它表示了具有收益 $f(\cdot)$ 的债券的价格。这个公式可以很容易地特殊化到特别情形。

练习 16.2　e. 一单位一期确定性消费的所有权的价格是什么？若事件 $E\in\mathscr{Z}$ 发生则支付一单位，否则支付零的债券的价格是什么？

f. 彩票（纯赌博）也可用式（2）定价。假设 z 由两个独立马尔可夫过程的分量组成，即 $z=(x_1, x_2)\in Z_1\times Z_2=Z$，即存在转移函数 Q_i：$Z_i\times\mathscr{Z}_i\to[0, 1]$，$i=1, 2$ 使得：

$$Q[(z_1, z_2), A_1\times A_2]=Q_1(z_1, A_1)Q_2(z_2, A_2)$$

假设 f 仅依赖于 z_1 且技术仅依赖于 z_2 [以使 $c(x, z)$ 和 $g(x, z)$ 不随 z_1 变化]。债券 f 的价格是什么？

产生有限或无限收益序列的债券也可以这种方式定价。例如，考虑一种每期股息支付 $f(x, z)$ 都是状态的函数的资产，则它在支付股息后的价格 $q(x, z)$ 也是当期状态的函数。

练习 16.2 g. 利用类似于上面的推理证明：

$$\begin{aligned} &U'[c(x, z)]q(x, z) \\ &\quad=\beta\int U'(c[g(x, z), z'])\{f[g(x, z), z'] \\ &\qquad+q[g(x, z), z']\}Q(z, dz') \end{aligned} \tag{3}$$

h. 若 f_1，…，f_n 是价格为 q_1，…，q_n 的债券，债券 $f=\sum_i f_i$ 的价格是什么？

练习 16.2 的 h 部分是著名的莫迪利亚尼-米勒定理的一个变化形式。为了理解这一点，将 f_1，…，f_n 简单地解释为公司各种债权人或股东的收益：f_1 为债券持有者的收益，f_2 为应付账款的收益，f_3 为优先股股东的收益，f_4 为普通股股东的收益，等等。则 f 是公司的全部收益流，而那个定理表明公司价值并不依赖于其资本结构，即不依赖于其收益在各种债权人或股东之间分配的方式。

若我们令 $c_t=c(x_t, z_t)$，$q_t=q(x_t, z_t)$，等等，我们可以把式（3）简单地写为：

$$U'(c_t)q_t=\beta E_t[U'(c_{t+1})(f_{t+1}+q_{t+1})] \tag{3'}$$

其中 $E_t(\cdot)$表示以（x_t，z_t）为条件的期望。若 $U'(c_t)=U'(c_{t+1})$，$\beta=1$ 及 $f_{t+1}=0$，则这个公式可简化为：

$$q_t=E_t(q_{t+1})$$

具有这个性质的随机过程 $\{q_t\}$ 称作**鞅**（martingale），且这个条件时常称作股票价格的鞅性。这三个条件何时被用来推导这个很可能成立的性质呢？对于像普通股股票这样交易活跃的证券，价格变化很大，而典型家庭的消费是相对平稳的。即 c_t 近似为常数，所以 $U'(c_t)$ 也近似不变。若时间以天或周来度量，则 $\beta\approx 1$ 并不是很差的近似。最后，股息支付要预先公开宣布，所以 $f_{t+1}\neq 0$ 的那天可以识别并从数据中排除。正是这个特征的应用使得鞅性在其中得到最强的经验证实。

即使 $\{q_t\}$ 本身不是一个鞅，式（3′）也总是暗示某个时间序列的鞅性。具体地，定义

$$w_{t+1} = \beta U'(c_{t+1})(f_{t+1} + q_{t+1}) - U'(c_t)q_t, \quad t = 0, 1, \cdots$$

并令 $W_t = \sum_{s=1}^{t} w_s$，则 $\{W_t\}_{t=1}^{\infty}$ 是一个鞅。

16.3　持续增长的经济

16.1 节和 16.2 节中所用的商品空间仅仅包含资本和消费品的有界路径。因而，按现状看，这些模型不能用于研究人均消费无界增长的经济。在这个问题中，我们研究一种容许无界增长的建模方法。

考虑 16.1 节中的确定性经济，并带有柯布-道格拉斯技术和外生性技术变化：

$$k_{t+1} + y_t \leqslant \gamma^t k_t^{\alpha} \tag{1}$$

其中 $\gamma > 1$ 而 $0 < \alpha < 1$。给定 $k_0 > 0$，一条可行路径是：

$$k_{t+1} = y_t = \frac{1}{2}\gamma^t k_t^{\alpha}, \quad t = 0, 1, 2, \cdots$$

对这条路径，$y = \{y_t\}_{t=0}^{\infty}$ 和 $k = \{k_t\}_{t=0}^{\infty}$ 都不位于 l_{∞} 中。

在此情形中，一个有用的商品空间是具有一致有界增长率的序列的空间。对任何 $\theta \geqslant 1$，定义赋范线性空间：

$$S_{\theta}\{x = \{x_t\}_{t=0}^{\infty} : \| x \|_{\theta} = \sup_t | \theta^{-t} x_t | < \infty\}$$

还定义 $Y = \{y = \{y_t\}$ ：对某个 $\{k_t\} = k \geqslant 0$，式(1) 成立$\}$。

练习 16.3　a. 对什么样的 θ 值，Y 为 S_{θ} 的一个子集？

b. 对这些 θ 值中的哪一个，当作为 S_{θ} 的子集观察时 Y 具有一个内点？

在随后的内容中，我们令 θ 表示使 $Y \subset S_{\theta}$ 且 Y 在范数 $\| \cdot \|_{\theta}$ 下具有非空内部的唯一值。

关于新的范数 $\| \cdot \|_{\theta}$，我们需要重新检验定义在 S_{θ} 的适当子集 X 上的函数 $u(x) = \sum_{t=0}^{\infty} \beta^t U(x_t)$ 的连续性。

练习 16.3　c. 证明若 $X = S_{\theta}^{+}$ 且 U：$\mathbf{R}_{+} \to \mathbf{R}$ 是连续有界的，则 u 依范数 $\| \cdot \|_{\theta}$ 是连续的。

通常，当消费无界增长时最便于处理的当期效用函数都在 $\mathbf{R}_{+}$ 无上

界。例如，不变相对风险厌恶函数 $U(x)=(x^{1-\sigma}-1)/(1-\sigma)$ 在 $\mathbf{R}_{++}$ 上，当 $\sigma\leqslant 1$ 时无上界，当 $\sigma\geqslant 1$ 时无下界。

练习 16.3　d. 令消费集合 X 对某个 $a>0$ 定义为：

$$X=\{x\in S_\theta:\inf_t|\theta^{-t}x_t|\geqslant a\}$$

证明若 U 是不变相对风险厌恶且有 $\beta\theta^{1-\sigma}<1$，则 u 在 X 上有界且连续。

X 的这种选择，即从设计排除原点这一方面来看是不自然的。但幸运的是，消费的下界不具有约束力。

这个增长问题的空间 S_θ 及其子集 X 和 Y 的设定显然特定于被选作技术和偏好的函数形式。现在，我们已准备好应用定理 15.3 和定理 15.4。但在所有这些特征下，我们再也不需要它们!

练习 16.3　e. 对于此问题中设定的单部门增长模型，直接证明：(i) 若 (x, y, p) 是一个竞争性均衡，则 $x=y$ 和 (x, y) 是一个帕累托最优分配；(ii) 若 x 是一个帕累托最优分配，则存在 p 使得 (x, x, p) 是一个竞争性均衡。

16.4　不确定性下的行业投资

在这个问题中，我们再次考虑 10.4 节中描述的行业投资模型。在那里我们证明了最大化整个行业（消费者加生产者）剩余期望贴现值问题的唯一解的存在性，并导出了剩余最大化分配的一些定性性质，以及提出这个分配可以作为行业理性预期均衡的一个模型。在这个问题中，我们更正式地导出剩余最大化分配和行业均衡分配之间的联系。

为了做到这一点，首先，我们定义一个适当的商品空间并描述这个行业中公司的生产集。其次，我们定义剩余最大化分配和行业均衡。再次，我们利用直接论证来表明一个行业均衡分配是剩余最大化分配，且任何剩余最大化分配都可证实为一个行业均衡。最后，我们概括另一种可用的方法，在其中构造一个假想的消费者以使这个部分均衡问题可以看作一个一般均衡模型，且可以运用定理 15.3 和定理 15.4。

令集合 Z，转移函数 Q，及函数 D，U 和 c 如 10.4 节中的定义。由于技术表明规模报酬不变，故假定行业中存在单一代表性公司并没有进一步的一般性损失。令公司的初始资本存量 k_0 和初始需求冲击 z_0 都给定。

令 $(Z^t, \mathscr{Z}^t, \mu^t)$，$t=1, 2, \cdots$ 如 8.2 节中的定义，给定初始状态 z_0，且对每个 t 令 $l_\infty(Z^t, \mathscr{Z}^t, \mu^t)$ 表示依本质上确界范数有界的可测函数的等价类空间。我们取序列 $(q, I) = \{(q_t, I_t)\}_{t=0}^\infty$ 的空间作为这个问题的商品空间 L，其中对所有 t，q_t 和 $I_t \in L_\infty(Z^t, \mathscr{Z}^t, \mu^t)$，且依如下范数有界：

$$\| (q, I) \| = \sup_t\{\operatorname*{ess\,sup}_{z^t} | q_t(z^t) | + \operatorname*{ess\,sup}_{z^t} | I_t(z^t) | \}$$

商品空间中点 (q, I) 的解释是，q_t 和 I_t 分别表示生产和投资在第 t 期的水平，两者都表示为冲击历史 z^t 的函数。

这个行业中单个公司的生产集 Y 落于 L_+ 中，即 L 的非负象限。三个额外的要求定义 Y：在每一期 t 中期初资本存量至少和上期结转的折旧存量一样大（故总投资是非负的）；在每一期 t 中生产不大于公司的期初资本存量；在每一期中的总投资足以覆盖对资本存量的净追加。给定在第 0 期的期初资本存量 $k_0 \geqslant 0$。对 $t=0, 1, \cdots$，我们利用 $k_{t+1} \in L_\infty(Z^t, \mathscr{Z}^t, \mu^t)$ 来表示公司在第 $t+1$ 期的期初资本存量，它作为直到第 t 期的冲击历史的函数。有了这些记号，生产集 Y 可定义如下：

$$\begin{aligned} Y = \{(q, I) \in L_+：&\text{存在 } k = \{k_{t+1}\}_{t=0}^\infty \text{ 满足：} \\ & k_{t+1} \in L_\infty(Z^t, \mathscr{Z}^t, \mu^t), t=0, 1, \cdots; \\ & k_1 \geqslant (1-\delta)k_0;\ q_0 \leqslant k_0;\ I_0 = k_0 c(k_1/k_0); \\ & k_{t+1}(z^t) \geqslant (1-\delta)k_t(z^{t-1}), t=1, 2, \cdots; \\ & q_t(z^t) \leqslant k_t(z^{t-1}), t=1, 2, \cdots; \\ & I_t(z^t) = k_t(z^{t-1})c[k_{t+1}(z^t)/k_t(z^{t-1})], \\ & \quad t=1, 2, \cdots\} \end{aligned} \tag{1}$$

我们定义**行业均衡**（industry equilibrium）为一个分配 (q, I) 以及一个对所有 t 都有 $p_t \in L_1^+(Z^t, \mathscr{Z}^t, \mu^t)$ 的价格序列 $p = \{p_t\}_{t=0}^\infty$，它们满足：

(I1) $(q, I) \in Y$；

(I2) 对所有 t 和所有 z^t，$p_t = D(q_t, z_t)$；

(I3) 对所有 $(q', I') \in Y$，
$$\mathrm{E}\{\sum_{t=0}^\infty (1+r)^{-t}[p_t q_t - I_t]\} \geqslant \mathrm{E}\{\sum_{t=0}^\infty (1+r)^{-t}[p_t q'_t - I'_t]\}$$

即一个均衡分配必须是可行的，它在均衡价格下必须使市场出清［记住 $D(q, z) = U_1(q, z) = \partial U(q, z)/\partial q$ 是市场反需求函数］，且它在均衡价格处必须最大化预期利润贴现值。

如我们在 10.4 节中所做的那样，我们定义**剩余最大化分配**（surplus-maximizing allocation）为满足条件（I1）及如下条件的一个分配：

(I4) 对所有（q'，I'）$\in Y$，$$\mathrm{E}\{\sum_{t=0}^{\infty}(1+r)^{-t}[U(q_t,z_t)-I_t]\}$$
$$\geqslant E\{\sum_{t=0}^{\infty}(1+r)^{-t}[U(q'_t,z_t)]-I'_t\}$$

即一个剩余最大化分配必须可行且必须在所有可行分配上最大化总剩余（消费者剩余加生产者剩余）。

练习 16.4 a. 对行业中存在 J 个完全相同公司的情形，重新表述剩余最大化分配和行业均衡分配的定义。

在 10.4 节，我们表明存在唯一的剩余最大化分配。在这里，我们想证明，在由条件（I2）给定的价格下，这个分配也是唯一的行业均衡。做到这一点的方法之一是用特定于这个特别问题的方法证明类似于定理 15.3 和定理 15.4 的结果，为了这个目的我们首先证明如下结果。

练习 16.4 b. 证明若（q，I，p）是一个行业均衡，则（q，I）是一个剩余最大化分配。［提示：利用 U 的凹性暗含对所有（q_t，q'_t，z_t），有下列事实，即

$$U(q'_t,\ z_t)\leqslant U(q_t,\ z_t)+U_1(q_t,\ z_t)(q'_t-q_t)$$

证明条件（I2）和条件（I3）意味着条件（I4）。］

结合 10.4 节的结果，练习 16.4b 暗示最多存在一个行业均衡。为了证明确实存在一个行业均衡，我们利用这个事实及下一个结果。

练习 16.4 c. 证明若（q，I）是一个剩余最大化分配且 p 由条件（I2）定义，则（q，I，p）是一个行业均衡。［提示：令（q，I）为一个剩余最大化分配，并对任何（q'，I'）$\in Y$ 定义 f：$[0,\ 1]\to \mathbf{R}$ 为：

$$f(\theta)=\mathrm{E}\left\{\sum_{t=0}^{\infty}(1+r)^{-t}U\{[(1-\theta)q_t+\theta q'_t,\ z_t]\right.$$
$$\left.-[(1-\theta)I_t+\theta I'_t]\}\right\}$$

由于 Y 是凹的，故 f 定义恰当；又由于（q，I）是最优的，故 $\theta=0$ 在区间 $[0,\ 1]$ 上最大化 f。利用最优的一阶条件即可完成论证。］

对这个问题来说，练习 16.4c 中的结果类似于定理 15.4，然而，它的证明却容易得多：由于条件（I2）提供了支持价格的备择，故不需要运用哈恩-巴拿赫定理。注意，在可微、严格凹的偏好下，我们本可以在 16.1 节～16.3 节中采用同样的方法。另外，如下面所表明的，我们

可以应用定理 15.3 和定理 15.4 来提出问题。

思路是设想一个假想的消费者，他的边际条件和条件（I2）相同。令 $X=L_+$ 为这个消费者的消费集，定义他在 X 上的偏好为：

$$u(q, I) = \mathrm{E}\left\{\sum_{t=0}^{\infty}(1+r)^{-t}\{U[q_t(z^t), z_t] - I_t(z^t)\}\right\}$$

其中期望遍及给定 z_0 时的各个 z_t。

练习 16.4　d. 证明数对（X，u）满足假定 15.1～假定 15.3。证明式（1）中定义的 Y 满足假定 15.4 和假定 15.5。

对于由（X，u，Y）定义的经济，如上定义的剩余最大化分配显然是帕累托最优的。

练习 16.4　e. 应用定理 15.3～定理 15.6 证明这个练习中 b 和 c 部分的结果。

16.5　截尾：一个推广

在这个问题中，我们证明定理 15.6 的一个推广，它在零元素 θ 不是某些或全部消费者的消费集中的元素时是有用的。回想定理 15.6 的主要思想是在假定 15.6 和假定 15.7 下，若 x 在 X_i 中，则对所有充分大的 T，截尾分配 $x^T=(x_1, x_2, \cdots, x_T, 0, 0, \cdots)$ 也在 X_i 中且导致几乎同样大小的效用。对于在零点无恰当定义的一期效用函数，这种方法失效，但通过截尾到不为零的某个点可以获得一个类似的结果。

为了简化，取 l_∞ 为商品空间。令 ϕ 为 l_∞ 上的一个连续线性泛函，并令 ψ：$l_\infty \to \mathbf{R}$ 定义为：

$$\psi(x) = \lim_{T\to\infty}\phi(x^T) \tag{1}$$

如引理 15.5 的第一部分所证明的，极限存在。下面的结果起到引理 15.5 第二部分的作用。

练习 16.5　a. 证明对任何 x，$a\in l_\infty$，有：

$$\lim_{T\to\infty}\phi(x_1, \cdots, x_T, a_{T+1}, a_{T+2}, \cdots) - \psi(x) = \phi(a) - \psi(a) \tag{2}$$

这个结果背后的思想是，式（2）的两边都表达了线性泛函 ϕ 赋予点 $a\in l_\infty$ 的“权重于无穷远处”。

取代假定 15.6 和假定 15.7，我们需要如下假定。

假定 16.1　存在一个分配 $[(a_i), (b_i)]$ 满足：

a. 对每个 i，若 $x_i \in X_i$，则对所有充分大的 T，有 $x_i^T = (x_{i1}, \cdots, x_{iT}, a_{i,T+1}, a_{i,T+2}, \cdots) \in X_i$；

b. 对每个 j，若 $y_j \in Y_j$，则对所有充分大的 T，有 $y_j^T = (y_{j1}, \cdots, y_{jT}, b_{j,T+1}, b_{j,T+2}, \cdots) \in Y_j$；

c. $\sum_i a_i = \sum_j b_j$；

d. 对每个 i，若 $x_i, \hat{x}_i \in X_i$ 且 $u(x_i) > u(\hat{x}_i)$，则对所有充分大的 T，有 $u(x_{i1}, \cdots, x_{iT}, a_{i,T+1}, a_{i,T+2}, \cdots) > u(\hat{x}_i)$。

注意，分配 $[(a_i), (b_j)]$ 不必是可行的。然而，把 a_i 想象为经济主体 i 的给养分配是有帮助的。

令假定 15.1～假定 15.5 和假定 16.1 成立，令 $[(x_i^0), (y_j^0), \phi]$ 是满足如下条件的一个可行分配及连续线性泛函：

$$\text{对每个 } i, x \in X_i \text{ 和 } u_i(x) \geqslant u_i(x_i^0) \text{ 意味着 } \phi(x) \geqslant \phi(x_i^0) \tag{3}$$

$$\text{对每个 } j, y \in Y_j \text{ 意味着 } \phi(y) \leqslant \phi(y_j^0) \tag{4}$$

并假设对每个 i 存在 $\hat{x}_i \in X_i$ 使得 $u_i(\hat{x}_i) > u(x_i^0)$。令 ψ 是由式（1）定义的连续线性泛函。

练习 16.5 b. 证明对每个 i，$x \in X_i$ 和 $u(x) \geqslant u(x_i^0)$ 意味着

$$\psi(x) + [\phi(a_i) - \psi(a_i)] \geqslant \phi(x_i^0)$$

并证明对每个 j，$y \in Y_j$ 意味着

$$\psi(y) + [\phi(b_j) - \psi(b_j)] \leqslant \phi(y_i^0)$$

c. 证明

$$\phi(\sum_i x_i^0) - \psi(\sum_i x_i^0) = \phi(\sum_i a_i) - \psi(\sum_i a_i)$$

$$\phi(\sum_j y_j^0) - \psi(\sum_j y_j^0) = \phi(\sum_j b_j) - \psi(\sum_j b_j)$$

d. 证明

$$\phi(x_i^0) = \psi(x_i^0) + [\phi(a_i) - \psi(a_i)]$$

$$\phi(y_j^0) = \psi(y_j^0) + [\phi(b_j) - \psi(b_j)]$$

e. 证明用 ψ 代替 ϕ 时式（3）和式（4）成立。

16.6 一个特别的例子

下面的例子表明定理 15.4 及随后的评论和定理 15.6 关于支持价格并不说明什么。这个例子由一个家庭的纯交换经济构成，所以唯一的帕

累托最优分配是家庭消费掉全部禀赋。这样，唯一有趣的问题涉及支持这种分配为竞争性均衡的价格的存在性和定性特征。

商品空间为 l_∞，且家庭的消费集是 $X=l_\infty^+$，即 l_∞ 的正象限。家庭的偏好由定义为

$$u(x)=\sum_{t=1}^{\infty}\frac{1}{2^t}[1-\exp(-x_t 2^t)]$$

的效用函数 u：$X\to\mathbf{R}$ 表示。注意 u 是有界、连续、严格递增和严格凹的，且对所有 t，有：

$$\frac{\partial u(x)}{\partial x_t}=\exp(-x_t 2^t)>0,\quad \frac{\partial^2 u(x)}{\partial x_t^2}=-2^t\exp(-x_t 2^t)<0$$

总生产可能性集合是：

$$Y=\{y\in l_\infty：对所有\ t，y_t\leqslant 2^{-t}\}$$

注意生产集包括整个负象限。显然，这个经济的唯一帕累托最优分配由 $x^*=y^*=(\frac{1}{2},\frac{1}{4},\frac{1}{8},\cdots)$ 给出。于是，问题是这个分配能否被支持为一个竞争性均衡，若可以，支持价格是什么。

下面的结果很容易证明。

练习 16.6　a. 证明假定 15.1～假定 15.7 得到满足。

由此立即可推得定理 15.4 和假定 15.6 成立。这样，由定理 15.4 知存在 l_∞ 上不恒等于零的一个连续线性泛函满足：

$$x\in X\ 和\ u(x)\geqslant u(x^*)\ 意味着\ \phi(x)\geqslant\phi(x^*)\tag{1}$$

$$y\in Y\ 意味着\ \phi(y)\leqslant\phi(y^*)\tag{2}$$

对任何 $x\in l_\infty$，令 x^T 表示截尾序列 $x^T=(x_1,\cdots,x^T,0,0,\cdots)$，引理 15.5 意味着对所有 $x\in l_\infty$，由

$$\psi(x)=\lim_{T\to\infty}\phi(x^T)\tag{3}$$

定义的 ψ：$l_\infty\to\mathbf{R}$ 也是一个连续线性泛函，且定理 15.6 意味着用 ψ 代替 ϕ 时式（1）和式（2）成立。最后，由于 X 是 l_∞ 的整个正象限，故定理 15.4 后的评论暗含若 $\phi(x^*)\neq 0$，则 (x^*,y^*,ϕ) 是一个竞争性均衡。在本节的余下部分我们更详细地刻画满足式（1）和式（2）的连续线性泛函 ϕ 和 ψ，并判断是否其中一个构成竞争性均衡价格。

竞争性均衡的一个明显候选项是取 ϕ 为对应于价格向量 $p=(p_0,p_1,p_2,\cdots)$ 的连续线性泛函，其中每个价格 p_t 与第 t 期中消费的边际效用成比例。由于对所有 t，有：

$$\left.\frac{\partial u(x)}{\partial x_t}\right|_{x=x^*}=\exp(-x_t^* 2^t)=\exp(-1)$$

故对某个 $c>0$，任何形如 $p=(c, c, c, \cdots)$ 的价格向量似乎都是支持 x^* 为一竞争性均衡的自然候选项。

练习 16.6 b. 证明这种形式的价格向量 p 并不定义 l_∞ 上的一个连续线性泛函。[提示：利用定理 15.1。]

c. 令 ϕ 为满足式（1）和式（2）的任何连续线性泛函，并令 ψ 为由式（3）定义的连续线性泛函。证明对所有 $x \in l_\infty$ 有 $\psi(x)=0$。

d. 假设为这个例子取商品空间为 l_1。证明在此情形中，生产集 Y 有空的内部。证明 (x^*, y^*, p) 为一个竞争性均衡，其中 $p \in l_\infty$ 是任何形如 $p=(c, c, \cdots)$ 的价格向量，其中 $c>0$。

16.7 具有众多消费者的经济

虽然第 15 章定理的多数动态应用——包括本章到此为止的所有应用——都是处理单一消费者的经济，但这些定理也可以处理具有不同偏好的任何有限数目的经济主体。在本章中，我们论述一个具有许多经济主体的相当一般的确定性递归系统，这是 5.13 节研究的两消费者交换经济的一个推广。

商品空间是 S^l，即满足

$$\| c \| = \sup_t \| c_t \|_E < \infty$$

的序列 $c=\{c_t\}_{t=0}^{\infty}$ 的集合，其中对所有 t，$c_t \in \mathbf{R}^l$，且 $\| \cdot \|_E$ 是 $\mathbf{R}^l$ 上的欧几里得范数。

存在 $i=1, \cdots, I$ 个消费者，每一个具有消费集 $C=S^l_+$。消费者 i 有由总体函数 W_i：$\mathbf{R}^l_+ \times \mathbf{R}_+ \to \mathbf{R}_+$ 导出的偏好，假定这个函数满足 5.11 节的条件（W1）～条件（W5）。在练习 5.11d 中，我们证明了任何这种总体函数定义一个效用函数 u_i：$C \to \mathbf{R}_+$，即那里定义的算子 T_{W_i} 的唯一不动点。我们还证明了 u_i 依上确界范数有界、连续，并且是递增和凹的，且对所有 $c \in C$ 满足：

$$| u_i(c) - u_i(c^n) | \leqslant \beta^n \| u_i \|$$

其中 $c^n = (c_0, c_1, \cdots c_n, 0, 0, \cdots)$ 及 $\| u_i \| = \sup_{c \in C} | u_i(c) |$。因此 C 和 u_i 满足假定 15.1 ～ 假定 15.3 和假定 15.6 ～ 假定 15.7。

接下来我们构造生产集 $Y \subset S^l_+$，构造的方法保证产生的技术是递归的。假定系统在任何一期的状态由资本品向量 $\kappa \in \mathbf{R}^p_+$ 来刻画。这一期的生产导致一个当期消费品向量 $\gamma \in \mathbf{R}^l$ 及一个下期期初资本存量向量 $y \in \mathbf{R}^p$。这样，在任何一期中的可行生产由一个对应 Φ：$\mathbf{R}^p \to \mathbf{R}^l \times \mathbf{R}^p$ 刻画，这个对应有如下限制：

(T1) Φ 是连续的；

(T2) 对每个 κ，$\Phi(\kappa)$ 是紧的和凸的；

(T3) $(\gamma, y) \in \Phi(\kappa)$ 和 $0 \leqslant (\gamma', y') \leqslant (\gamma, y)$ 意味着 $(\gamma', y') \in \Phi(\kappa)$；

(T4) $\kappa' \leqslant \kappa$ 意味着 $\Phi(\kappa') \subseteq \Phi(\kappa)$；

(T5) $(\gamma, y) \in \Phi(\kappa)$，$(\gamma', y') \in \Phi(\kappa')$ 和 $\theta \in [0, 1]$ 意味着 $[\theta\gamma + (1-\theta)\gamma', \theta y + (1-\theta)y'] \in \Phi[\theta\kappa + (1-\theta)\kappa']$

(T6) 集合 $M = \{\kappa \in \mathbf{R}^p: (0, \kappa) \in \Phi(\kappa)\}$ 具有非空的内部；

(T7) 若 κ 是 M 的一个内点，则对某个 $\gamma \gg 0$ 有 $(\gamma, \kappa) \in \Phi(\kappa)$。

假定（T1）～假定（T3）限制给定 κ 时的当期生产可能性，而假定（T4）～假定（T5）限制 Φ 随 κ 变化的方式。如我们即将看到的，假定（T6）和假定（T7）保证生产集在第 15 章的意义上具有非空的内部。

我们利用生产对应 Φ 定义对给定初始资本向量 $\hat{k}$ 的生产集 Y，这和我们在 16.1 节和 16.2 节中所做的完全一样：

$$Y(\hat{k}) = \{c \in S_+^l: \text{存在 } k \in S_+^p \text{ 且有 } k_0 = \hat{k}, \text{ 并}\\ \text{满足} (c_t, k_{t+1}) \in \Phi(k_t), \ t = 0, 1, 2, \cdots\}$$

这样，$Y(\hat{k})$ 是在给定初始资本存量 $\hat{k}$ 时可行的消费序列的集合。

练习 16.7　a. 证明对任何 $\hat{k} \in \mathbf{R}_+^p$，$Y(\hat{k})$ 是闭的、凸的且满足假定 15.6。证明若 $\hat{k}$ 是假定（T6）中定义的集合 M 的一个内点，则 $Y(\hat{k})$ 具有一个内点。

若偏好满足假定（W1）～假定（W5），技术满足假定（T1）～假定（T7），且 $\hat{k}$ 是 M 的一个内点，则由 C，u_1，…，u_I 和 $Y(\hat{k})$ 定义的经济满足假定 15.1～假定 15.7。因而此情形正如定理 15.6 中那样，第一福利定理和第二福利定理（定理 15.3 和定理 15.4）适用。这个问题的余下部分关心这个经济的帕累托最优分配的构造，以使它与经济竞争性均衡分配相一致。

如我们在第 15 章中所做的那样，我们将利用记号 $[(c_i), y]$ 来表示一个分配。若对所有 i 有 $c_i \in C$，$y \in Y(\hat{k})$ 及 $\sum_i c_i = y$，则称这个分配自 $\hat{k}$ 起可行。我们从定义此经济的**效用可能性集合**（utility possibility set）开始：

$$U(\hat{k})=\{z\in \mathbf{R}_+^I\text{：对某个自 }\hat{k}\text{ 起可行的分配 }[(c_i),\ y]\text{ 及所有 }i,\ \text{有 }z_i=\mu_i(c_i)\} \tag{1}$$

接下来，令 Δ^I 表示 $\mathbf{R}^I$ 中的单位单形，并定义 U 的**支撑函数**（support function）v：$\mathbf{R}^p\times\Delta^I\to\mathbf{R}_+$ 为：

$$v(\boldsymbol{\kappa},\ \theta)=\sup_{z\in U(\boldsymbol{\kappa})}\sum_{i=1}^{I}\theta_i z_i$$

由 U 的定义，我们还可以写出：

$$v(\boldsymbol{\kappa},\ \theta)=\sup_{c_1,\cdots,c_I}\sum_{i=1}^{I}\theta_i u_i(c_i) \tag{2}$$
$$\text{s. t. 对所有 } i,\ c_i\geqslant 0$$
$$\sum\nolimits_i c_i\in Y(\boldsymbol{\kappa})$$

练习 16.7 b. 证明当且仅当一个分配达到式（2）中的上确界时是帕累托最优的。

接下来，我们构造支撑函数 v 的一个函数方程并利用第 4 章的方法来分析它。消费者 i 自分配 c_i 得到的效用是他从序列第一项 c_{i0} 及从剩余项（c_{i1}，c_{i2}，…）中获取的效用，以总体函数 W_i 的形式来评价，他自 c_i 得到的效用是：

$$u_i(c_i)=W_i[c_{i0},\ u_i(c_{i1},\ c_{i2},\ \cdots)]$$

自下期起可行的 I 元效用向量 $u_i(c_{i1},\ c_{i2},\ \cdots)$，$i=1,\ 2,\ \cdots I$ 都是集合 $U(k_1)$ 中的点 z'，其中 k_1 是下期资本存量的向量，因而式（2）可以重写为：

$$v(\boldsymbol{\kappa},\ \theta)=\sup_{\gamma,z',\boldsymbol{\kappa}'}\sum_{i=1}^{I}\theta_i W_i(\gamma_i,\ z'_i) \tag{3}$$
$$\text{s. t.}\quad z'\in U(\boldsymbol{\kappa}')$$
$$(\sum\nolimits_i\gamma_i,\ \boldsymbol{\kappa}')\in\Phi(\boldsymbol{\kappa})$$

由于 U 由式（1）定义，故式（3）是未知函数 v 的一个函数方程，而 z' 必须落入 $U(\boldsymbol{\kappa}')$ 中的约束其实是关于 z' 及支撑函数 $v(\boldsymbol{\kappa}',\ \cdot)$ 的一个陈述。

练习 16.7 c. 证明对任何 $\kappa\in\mathbf{R}_+^p$，$z\in U(\boldsymbol{\kappa})$ 的充分必要条件是对所有 $\theta\in\Delta^I$ 有 $v(\boldsymbol{\kappa},\ \theta)\geqslant\theta\cdot z$。

考虑到这个练习，式（3）可以重写作：

$$v(\boldsymbol{\kappa},\ \theta)=\sup_{\gamma,z',\boldsymbol{\kappa}'}\sum_{i=1}^{I}\theta_i W_i(\gamma_i,\ z'_i) \tag{4}$$
$$\text{s. t. 对所有 }\theta'\in\Delta^I,\ v(\boldsymbol{\kappa}',\ \theta')\geqslant\theta'\cdot z'$$

$$\left(\sum_i \gamma_i, \ \kappa'\right) \in \Phi(\kappa)$$

令 F 是有界连续函数 f：$\mathbf{R}_+^p \times \Delta^I \to \mathbf{R}_+$ 的空间，令 T 是 F 上由式（4）中约束最优化问题定义的算子，即式（4）表明 $v = Tv$。

练习 16.7　d. 证明对每个 $(\kappa, \theta) \in \mathbf{R}_+^p \times \Delta^I$，$T$ 对任何函数 $f \in F$ 的应用都达到在一紧、凸集上一连续函数的最大化。

e. 证明 T：$F \to F$。

f. 证明 T 是以 $\beta = \max_i \beta_i$ 为模的一个压缩，其中 β_i 是 5.11 节条件（W3）中假定的关于 W_i 的斜率的边界。

f 部分的证明是布莱克韦尔充分条件（定理 3.3）的一个应用。证明 T 单调是很平常的，而证明它具有贴现性质 $T(f+a) \leqslant Tf + \beta a$ 却不简单，所以我们提供一个扩展提示。给定 $f \in F$ 和 $(\kappa, \theta) \in \mathbf{R}_+^p \times \Delta^I$，选取 $a > 0$，令 $(\gamma^a, z^a, \kappa^a)$ 在 (κ, θ) 达到 $T(f+a)$。定义集合 U，U^a 和 B 如下：

$$U = \{ z' \in \mathbf{R}_+^I \text{：对所有 } \theta' \in \Delta^I, \ f(\kappa^a, \theta') \geqslant \theta' \cdot z' \}$$

$$U^a = \{ z' \in \mathbf{R}_+^I \text{：对所有 } \theta' \in \Delta^I, \ f(\kappa^a, \theta') + a \geqslant \theta' \cdot z' \}$$

$$B = \{ z' \in \mathbf{R}_+^I \text{：对某个 } z'' \in U, \ z' \leqslant z'' + a\underset{\sim}{1} \}$$

其中 $\underset{\sim}{1}$ 是 I 元向量（1，1，…，1）。写出 $I=2$ 情形中的集合 U 和 U^a，然后证明 $U^a = B$。

证明了 f 部分中的结果后，式（4）的唯一解的存在性是立即可得的。

练习 16.7　g. 证明式（4）的策略对应是上半连续及凸值的。

我们怎么知道由最优策略对应产生的资源分配求解了式（2）中最初所述的最大化问题呢？这是最优化问题的一个原理，这个问题不是 4.1 节中所论述问题的一个特殊情况，但它可以用同样的方法表述，请试一试！

16.8　文献注释

16.1 节和 16.2 节中的增长模型在第 5 章和第 10 章中介绍过，请看那里所引用的参考文献。Prescott and Mehra（1980）在随机模型中以递归的观点论述了均衡。

随机增长模型的均衡解释形成了关于实际经济周期理论的大量文献

的一个基础，请参见 Kydland and Prescott（1982），Long and Plosser（1983）的原始文章，McCallum（1989）包含这些文献的一个有帮助的全面评述。

16.2 节中关于资产定价的结果来自大量文献的一些抽样，这里所用的一般框架来自 Lucas and Brock（1982），莫迪利亚尼-米勒定理在他们 1958 年的文献中首次提出，Hirshleifer（1966）利用这里所用的相机需求框架提出了第一个证明，Samuelson（1965）的研究包含对一均衡价格序列鞅性的首次理论推导，一个开创性和高度成功的实证应用参见 Fama（1965）。

16.3 节基于 Mehra and Prescott（1985），关于持续增长的进一步结果见 Jones and Manuelli（1987）及 Rebelo（1987）。

16.4 节基于 Lucas and Prescott（1971）。

16.5 节中的论证在 Prescott and Rios-Rull（1988）中导出，在那里它被用于一个搜寻模型。

16.6 节中的例子来自 Gilles，Marshall and Sonstelie（1987），类似的例子在 Mas-Colell（1975）和 Jones（1984）的研究中也可找到。

16.7 节中研究的具有许多消费者的经济改编自 Lucas and Stokey（1984），沿这种方法的更近的发展见 Dana and Le Van（1988）。递归构造效用可能性集合的思想在非合作博弈中也是有用的，见 Abreu，Pearce and Stacchetti（1986）。

第17章　不动点论证

在前面各章中，我们利用递归方法研究了三类经济学模型。首先，我们分析了单个经济主体面临的决策问题：关于消费和储蓄的决策，关于工作搜寻的，关于证券组合决定的，等等。在这些情形中，我们利用了在第 4 章和第 9 章中导出的技术来研究经济主体最大化的期望效用和相应的最优决策规划的各种性质。其次，我们还研究了由许多经济主体构成的系统，其中暗含着取作整体的系统满足一个最优化问题。这一类例子包括增长的方式、行业投资和存货积累。在这些情形中，我们利用了在第 4 章和第 9 章中导出的技术来刻画帕累托最优分配，我们还利用第 15 章的两个福利定理来证明它们恰恰也是竞争性均衡分配。最后，我们考虑了由许多经济主体构成的模型，在其中各个经济主体达到最大化，但作为整体的系统却没有实现最大化。第 13 章中提出的纯货币经济和搜寻经济属于这一类。在这些情形中，我们利用了第 4 章和第 9 章中导出的技术来研究个别经济主体的行为，但我们通过直接考虑均衡条件证明了一个竞争性均衡的存在性且刻画了其特征。

在本章，我们继续对最后一类模型的研究，即各个经济主体达到最大化，但作为整体——由于某种扭曲、外部性或缺乏市场——却没有达到最大化的系统。虽然这一类包括广泛而有趣的模型，但它们是不能用任何单一方法来分析的模型。在两个基本福利定理不适用和竞争性均衡不能通过研究“社会计划者问题”来刻画的情形中，没有广泛适用的方法来研究均衡。相反，当阐述和分析方面的技巧可用时，每次只能研究一个特别模型的特殊结构。

然而，有一些基本的数学结果即不动点定理在许多不同内容中都是有帮助的。第一个即压缩映射定理在前边各章中已被反复使用。第二个即布劳威尔不动点定理在有限维应用中是有用的。第三个即绍德尔不动点定理是布劳威尔定理的无限维变化形式。第四个即一个或多个不动点的存在性有时可通过证明感兴趣的算子是单调的得到证明。

在本章中，我们提出这些不动点结果并用例子表明它们可以用来证明递归模型中均衡的存在性。为了这个目的，我们在 17.1 节中首先介绍一个简单的世代交迭模型。在 17.2 节～17.5 节中，我们依次讨论四个不动点结果并把它们的每一个应用于这个模型。在 17.6 节中，我们考虑世代交迭模型具有不同信息结构的一种变化形式，并把我们四个不动点结果的每一个应用于它。

本章研究的模型的一个重要特征是其唯一的状态变量是外生的，具有诸如有形资本等内生状态变量的模型提出了一些不同的技术问题，将在第 18 章中讨论。

17.1　世代交迭模型

考虑一个具有不变人口的无限生命经济。每个人存活两期，当其年轻时工作而当其年老时消费。他的冯·诺伊曼-摩根斯坦效用函数为 $U(l, c) = -H(l)+V(c)$，其中 l 是当他年轻时的劳动供给，而 c 是他年老时的消费。有单一的不可存储消费品，这是用劳动作为唯一投入所生产的。服从一个一阶马尔可夫过程的外生随机变量 x 影响技术。具体地，若使用 l 单位劳动，产出 y 由 $y=xl$ 给出，所以技术在每期都显示规模报酬不变。最后，具有固定供给 M 的法定货币是唯一的价值储存。在每一期，年轻人生产商品并把它们卖给老年人以换取名义货币，这个市场是完全竞争的。

这个经济是竞争性的，但它并不满足第 15 章中使竞争性均衡分配与帕累托最优分配相一致的条件。(为什么?) 不过，我们可以对这个经济定义一个平稳竞争性均衡，然后用直接的方法研究这种均衡的存在性、唯一性和其他性质。

在此经济中，技术冲击 x 是唯一的状态变量。令 x 是一个闭的有界区间 $[a, b] = X \subset \mathbf{R}_{++}$ 的一个元素；令 $\mathscr{X}$ 是 X 的波雷尔子集；令 π：$X \times \mathscr{X} \to [0, 1]$ 为一个转移函数。定义在其中货币受到重视的一个平衡竞争性均衡是一个价格函数 p：$X \to \mathbf{R}_+$ 和一个劳动供给函数 n：$X \to \mathbf{R}_+$，

它们满足对所有 $x\in X$，有：

$$n(x)\in \underset{l}{\operatorname{argmax}}\left\{-H(l)+\int V\left[\frac{xlp(x)}{p(x')}\right]\pi(x,\ \mathrm{d}x')\right\} \tag{1}$$

$$xn(x)=M/p(x) \tag{2}$$

第一个条件是，在给定的价格函数 p 和当期状态 x 下，一个年轻人的最优劳动供给是 $n(x)$。他提供的劳动生产出 $xn(x)$ 单位产出，他卖掉这些产出得到 $xn(x)p(x)$ 单位货币。在他的老年阶段，他用其所有的货币余额购买商品，但由于下一期商品价格是随机的，故其消费 $xn(x)p(x)/p(x')$ 也是随机的。第二个条件是，对商品的供给和需求在任意状态下都是相等的，进而根据瓦尔拉斯定律对货币的供给和需求在任意状态下都是相等的。

为了分析这个系统，我们需要在函数 H 和 V 上加入限制。下面的假定虽然比必要的假定更强，却是非常便利的。

假定 17.1　H：$[0,\ L)\to\mathbf{R}_+$ 是二次连续可微、严格递增和严格凸的，且有：

$$H'(0)=0 \quad \text{或} \quad \lim_{l\to L}H'(l)=+\infty$$

V：$\mathbf{R}_+\to\mathbf{R}_+$ 是二次连续可微、严格递增和严格凹的。

（注意，劳动供给假定是以零为下界和以 $L<+\infty$ 为上界的。）

练习 17.1　证明在假定 17.1 下，给定任何一致有界且其值远离零的可测价格函数 p：$X\to\mathbf{R}_+$ 及任何 $x\in X$，消费者问题（1）的唯一解 $n(x)$ 满足一阶条件：

$$H'[n(x)]=\int\frac{xp(x)}{p(x')}V'\left[\frac{xn(x)p(x)}{p(x')}\right]\pi(x,\ \mathrm{d}x')$$

证明此解总是严格为正：对所有 x，$n(x)>0$。

用 $n(x)$ 乘以这个一阶条件并代入式（2）消掉 $p(x)$ 和 $p(x')$，我们得到，对所有 $x\in X$：

$$n(x)H'[n(x)]=\int x'n(x')V'[x'n(x')]\pi(x,\ \mathrm{d}x') \tag{3}$$

给定任何满足式（3）的严格正的可测函数 n，对于价格函数 $p(x)=M/xn(x)$，二元组（n，p）是一个平稳竞争性均衡。因而关于一个平稳均衡存在性和唯一性的问题本质上就是关于满足式（3）的一个严格正函数 n 的存在性和唯一性问题。

由 $\zeta(l)=lH'(l)$ 定义 ζ：$[0,\ L]\to\mathbf{R}_+$，并由 $\phi(y)=yV'(y)$ 定义 ϕ：$\mathbf{R}_+\to\mathbf{R}_+$，以使式(3)可以写作：

$$\zeta[n(x)] = \int \phi[x'n(x')]\pi(x, \mathrm{d}x') \tag{4}$$

方程（4）是未知函数 $n(x)$ 的单一方程。在某些方面，它看起来要比我们在第 4 章和第 9 章中研究的函数方程更简单，因为它并不包括一个最大化算子。然而，它并不是我们早先检验过的方程的一个特殊情形，所以我们在本章中关心的是适合分析它及同样一般类型的其他方程的各种方法。

通过首先考虑无序列相关的冲击这一特殊情况开始分析是有启发的。在此情形中，式（4）的右边并不依赖于 x，所以解简单地是满足下式的一个数字 $n>0$：

$$\zeta(n) = \int \phi(x'n)\pi(\mathrm{d}x') \tag{5}$$

于是，我们有下面的结果。（为了便于识别我们用作说明的这些高度具体的结果，我们将它们称作命题。）

命题 1　令 $X=[a, b]\subset\mathbf{R}_{++}$，并有波雷尔子集 $\mathscr{X}$，并令 π 为 $(X, \mathscr{X})$ 上的一概率测度。令 H 和 V 满足假定 17.1，并按我们上面所做的那样定义 ζ 和 ϕ。则式（5）具有唯一解 $n>0$。

证明　在假定 17.1 下，函数 ζ 是一次连续可微的，且有 $\zeta'(l)=H'(l)+lH''(l)$。因而 ζ 是严格递增的，且有：

$$\zeta(0)=0;\ \zeta'(0)=0;\ 对所有\ l\in(0, L),\ \zeta(l)>0$$

$$\lim_{l\to L}\zeta(l)=+\infty$$

此外，ζ 的弹性大于 1，对所有 $l\in[0, L)$，有：

$$\frac{l\zeta'(l)}{\zeta(l)} = \frac{H'(l)+lH''(l)}{H'(l)} \geqslant 1 \tag{6}$$

且仅在 $l=0$ 取等号。

函数 ϕ 是一次连续可微的，且有 $\phi'(y)=V'(y)+yV''(y)$，因而 ϕ 可以递增或者递减，但在零点严格递增，$\phi'(0)=V'(0)>0$。此外，它的弹性小于 1，对所有 $y\geqslant0$，有：

$$\frac{y\phi'(y)}{\phi(y)} = \frac{V'(y)+yV''(y)}{V'(y)} \leqslant 1 \tag{7}$$

且仅在 $y=0$ 取等号。

有两种情形要考虑，这显示在图 17.1 中，其中 $\zeta(l)$ 和 $\mathrm{E}[\phi(x'l)] = \int\phi(x'l)\pi(\mathrm{d}x')$ 被绘成了 l 的函数。注意它们的导数分别是 $\zeta'(l)$ 和 $\mathrm{E}[x'\phi'(x'l)]$。若 $\phi(0)>0$，则在 $l=0$ 处我们有 $\zeta(0)=0<\mathrm{E}[\phi(0)]=$

$\phi(0)$，如图 17.1 的上图所显示的。若 $\phi(0)=0$，则在 $l=0$ 处我们有 $\zeta(0)=0=\mathrm{E}[\phi(0)]=\phi(0)$。然而，由于 $0<\phi'(0)$，故可推得 $\zeta'(0)=0<\mathrm{E}[x'\phi'(0)]$，所以 $\zeta(l)<\mathrm{E}[\phi(x'l)]$ 在 $l=0$ 的邻域中，如图 17.1 的下图所显示的。由于两个函数都是连续的，且由于 $\lim_{l\to L}\zeta(l)=+\infty$ 和 $\mathrm{E}[\phi(x'L)]<+\infty$，故在任一情形中解 $m>0$ 的存在性立即可推得。

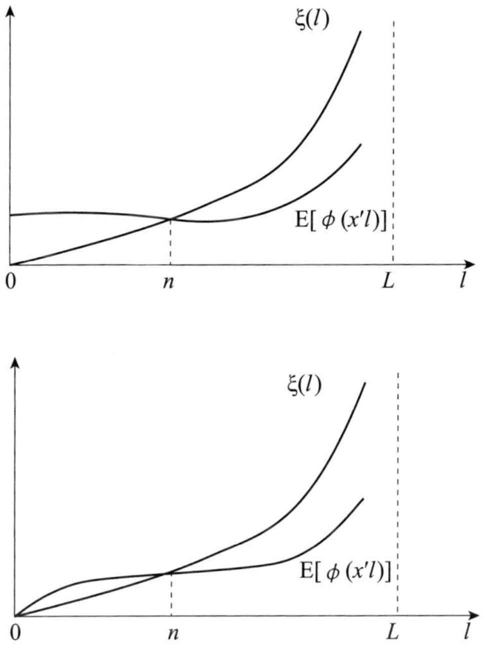

图 17.1

为了证明唯一性，首先注意对任意 $l>0$ 和所有 $x\in X$，有：

$$\phi(xl)>0,\ \int\frac{\phi(x'l)}{\mathrm{E}[\phi(xl)]}\pi(\mathrm{d}x')=1$$

因而由式（6）和式（7）可得，对所有 $l>0$，有：

$$\frac{l\zeta(l)}{\zeta(l)}>1>\int\frac{x'l\phi'(x'l)}{\phi(x'l)}\,\frac{\phi(x'l)}{\mathrm{E}[\phi(xl)]}\pi(\mathrm{d}x')$$

其中第二个不等式利用了右边的积分是小于 1 的项的凸组合这样一个事实。假定 $n>0$ 满足式（5），则 $\zeta(n)=\mathrm{E}[\phi(xn)]$，若我们用这个事实消去上面不等式中的项时，我们得到：

$$\zeta'(n)>\mathrm{E}[x'\phi'(x'n)]$$

所以，在任何交点，$\zeta(l)$ 曲线都从下穿过 $\mathrm{E}[\phi(xl)]$ 曲线。因此两条曲线仅相交一次，如图所显示的，且仅存在一个严格正解。■

于是，对于独立的冲击，式（4）的解的存在性和唯一性由关于偏好的相当标准的假定以一个简单的方法得出。为了研究冲击为序列相关的情形，将式（4）放入一个稍微不同的形式是很方便的。

在假定 17.1 下，函数 ζ 是连续、严格递增和映成的，因而逆函数 ζ^{-1}：$R_{+}\to[0, L)$ 是定义恰当、连续、严格递增和映成的。所以一个有界、连续、严格正函数 n^{*}：$X\to[0, L)$ 满足式（4）的充分必要条件是由 $f^{*}(x)=\zeta[n^{*}(x)]$ 定义的有界、连续、严格正函数 f^{*}：$X\to\mathbf{R}_{++}$ 对所有 $x\in X$ 满足：

$$f^{*}(x)=\int\phi[x'\zeta^{-1}(f^{*}(x'))]\pi(x, \mathrm{d}x') \tag{8}$$

为了研究式（8）的解的存在性，我们定义函数 f：$X\to\mathbf{R}_{++}$ 的算子 T 为：

$$(Tf)(x)=\int\phi[x'\zeta^{-1}(f(x'))]\pi(x, \mathrm{d}x') \tag{9}$$

一个函数 f^{*} 满足式（8）的充分必要条件是它为 T 的一个不动点。因而寻找世代交迭模型均衡的问题就被转化为寻找严格正函数 f^{*} 的问题，该函数是式（9）中定义的算子 T 的不动点。在下面的几节中，我们寻求四种不同的相互补充的策略。

随后在 17.2 节中的第一种策略是寻找保证算子 T 为一压缩映射的充分条件，要求的条件是关于偏好的限制比在假定 17.1 中所述的那些更强。

第二种策略是构造有限的状态空间，即令状态空间为 $X=\{x_1, \cdots, x_m\}$，且有由 $\pi_{ij}=\Pr\{x_j \mid x_i\}$ 描述的转移，并令 n_j 表示在状态 x_j 中的劳动供给。于是，式（9）中定义的算子将向量 $f=(f_1, \cdots, f_m)$ 变成向量 $Tf=(T_1f, \cdots, T_mf)$。在此情形中，式（9）取如下形式：

$$T_if=\sum_{j=1}^{m}\phi[x_j\zeta^{-1}(f_j)]\pi_{ij}, i=1, \cdots, m \tag{10}$$

且方程 $f=Tf$ 简单地是 m 个未知数 m 个方程的一个方程组。即算子 T 将 $\mathbf{R}^{m}$ 的一个子集映射到它自身。这种算子的不动点的基本存在性定理是布劳威尔定理。我们在 17.3 节中回顾这个结果并将它应用于式（10）。

在状态变量全部是外生的系统中，如在此例中，这个策略是有吸引力的。限制于一个有限状态空间没有什么损失，因为任何有界空间都可以按你所希望的准确逼近。然而，在具有内生状态变量的系统中，限制于一个有限状态空间是非常棘手的。作为研究这种系统的一个预备步骤，在 X 为一有界区间时，我们希望拥有关于式（9）中定义的算子 T 的不动点存在性的充分条件。

当 X 为一有界区间时，算子 T 将有界连续函数空间 $C(X)$ 映射到它自身，这类算子的不动点的基本存在性结果是绍德尔定理，我们在 17.4 节中回顾这个结果并将其应用到我们的模型。

在 17.5 节中，我们提出当式（9）中算子 T 单调时适用的一个不动点定理，我们还表明单调性导致定位不动点的一个建设性方法，以及一个证明唯一性的在计算上有用的方法。

在 17.6 节中，我们论述一个世代交迭模型，该模型类似于上面介绍的那个模型，只是经济受到货币及实际干扰，且经济主体仅拥有关于这些冲击的同期实现的部分信息。我们表明，先前几节的方法对这类情形是适用的。

17.2　压缩映射定理的应用

在本节中，我们表明压缩映射定理可以如何用来证明上面描述的世代交迭模型中均衡的存在性和唯一性。我们首先证明两个预备性引理。第一个引理给出像上一节式（9）中定义的算子为压缩的充分条件。第二个引理给出包含对数的密切相关的算子为压缩的充分条件。我们通过把后者应用于我们的世代交迭模型来结束本节。

令 (X, ρ) 是有波雷尔集 $\mathscr{X}$ 的一个度量空间，并令 π 是 $(X, \mathscr{X})$ 上的一个转移函数。令 $D \subset \mathbf{R}$；令 $F \subset C(X)$ 是具有上确界范数的有界连续函数 f：$X \to D$ 的空间；令 G：$X \times X \times D \to D$ 为一（单值）函数。我们将表明压缩映射定理可以如何用来寻找 F 上如下定义的算子 T 的不动点，对所有 $x \in X$，有：

$$(Tf)(x) = \int G[x, x', f(x')]\pi(x, \mathrm{d}x') \tag{1}$$

显然，上一节的式（9）是式（1）在 $G(x, x', y) = \phi[x'\zeta^{-1}(y)]$ 时的特殊情形。

下面的练习证明使 T：$F \to F$ 及 F 为一完备度量空间的条件。

练习 17.2　令 $(X, \mathscr{X})$，ρ，π，D，F 和 G 设定如上。

a. 假定 D 是凸的，G 是连续的，π 具有费勒性质，证明式（1）中定义的算子 T 将 F 映射到它自身。

b. 假定 D 是闭的，证明具有上确界范数的 F 为一完备度量空间。

利用这个结果，我们可以证明下面的引理。

引理 17.1 令练习 17.2a、17.2b 中的假设成立。此外，假定对每个 $(x, x') \in X\times X$，G 在 D 上是连续可微的，并假定存在 $0\leqslant\beta<1$ 使得对所有 $(x, x', y)\in X\times X\times D$，有：

$$|G_3(x, x', y)|\leqslant\beta \tag{2}$$

令 T 是 F 上由式 (1) 定义的算子，则 T 有唯一不动点 $f^*\in F$ 且对所有 $f_0\in F$，有：

$$\|T^n f_0-f^*\|\leqslant\beta^n\|f_0-f^*\|$$

证明 如练习 17.2 所表明的，T: $F\to F$ 和 F 是一个完备度量空间，因而证明 T 是模为 β 的一个压缩即可。

固定 f，$g\in F$，则对任何 $(x, x')\in X\times X$，将均值定理应用于 G 意味着对某个 $\theta\in[0, 1]$ 有：

$$\begin{aligned}&G[x, x', f(x')]-G[x, x', g(x')]\\&=G_3[x, x', \theta f(x')+(1-\theta)g(x')][f(x')-g(x')]\end{aligned}$$

由此事实及式 (2) 可推得对所有 $x\in X$，有：

$$\begin{aligned}|(Tf)(x)-(Tg)(x)|&\leqslant\int|G[x, x', f(x')]\\&\qquad-G[x, x', g(x')]|\pi(x, \mathrm{d}x')\\&\leqslant\beta\int|f(x')-g(x')|\pi(x, \mathrm{d}x')\\&\leqslant\beta\|f-g\|\end{aligned}$$

因而有：

$$\|Tf-Tg\|\leqslant\beta\|f-g\|$$

由于 f 和 g 是 F 的任意元素，故可推得 T 是模为 β 的一个压缩。■

仅当 G 关于其第三个自变量的导数的绝对值一致小于 1 时，引理 17.1 才适用。不幸的是，容易证明在假定 17.1 下，上一节中的世代交迭模型不一定满足式 (2)。

练习 17.3 令 $X=[a, b]\subset\mathbf{R}_{++}$，令 $D=\mathbf{R}_+$，并令 H 和 V 满足假定 17.1。如我们之前所做的那样定义 ζ 和 ϕ，并令 $G(x, x', y)=\phi[x'\zeta^{-1}(y)]$。证明式 (2) 并不成立。

但是回想假定 17.1 的确意味着 ϕ 的弹性小于 1，而 ζ 的弹性大于 1，这个事实暗示可以利用对数作为另一可选方法。

在式 (1) 的两边都取对数，我们得到 f^* 是 T 的一个不动点的充分必要条件是对所有 $x\in X$，有：

$$\ln[f^*(x)] = \ln\left\{\int G[x, x', f^*(x')]\pi(x, \mathrm{d}x')\right\}$$

显然，为了做到这一点我们必须要求 f^* 和 G 只取严格正值，即我们必须要求 $D\subset\mathbf{R}_{++}$。在此情形中，我们可以定义：

$$\hat{D}=\ln(D)=\{\hat{d}\in\mathbf{R}\text{：对某个 } d\in D\text{，}\hat{d}=\ln(d)\}$$

令 $\hat{F}\subset C(X)$ 为具有上确界范数的连续函数 f：$X\to\hat{D}$ 的集合，然后令 $g(x)=\ln[f(x)]$，我们考虑 $\hat{F}$ 上对所有 $x\in X$ 定义的算子 $\hat{T}$：

$$(\hat{T}g)(x) = \ln\left\{\int G[x, x', e^{g(x')}]\pi(x, \mathrm{d}x')\right\} \tag{3}$$

显然，当且仅当 $g^*=\ln(f^*)$ 是 $\hat{T}$ 的一个不动点时，f^* 是式（1）中定义的算子 T 的一个不动点。注意若 D 是闭的和凸的，则 $\hat{D}$ 也是闭的和凸的。下面的练习是练习 17.2 的一个类似。

练习 17.4　令练习 17.2a、17.2b 的假设成立，此外假定 $D\subset\mathbf{R}_{++}$，并令 $\hat{D}$ 和 $\hat{F}$ 定义如上。

a. 证明式（3）中定义的算子 $\hat{T}$ 将 $\hat{F}$ 映射到它自身。

b. 证明 $\hat{F}$ 是一个完备度量空间。

于是我们有引理 17.1 的如下类似结果。

引理 17.2　令练习 17.2a、17.2b 的假设成立，且有 $D\subset\mathbf{R}_{++}$。此外，假定对每个 $(x, x')\in X\times X$，G 在 D 上是连续可微的，并假定存在某个 $0\leqslant\beta<1$ 使得对所有 $(x, x', y)\in X\times X\times D$，有：

$$\left|\frac{yG_3(x, x', y)}{G(x, x', y)}\right|\leqslant\beta \tag{4}$$

如我们上面所做的那样定义 $\hat{D}$ 和 $\hat{F}$，并令 $\hat{T}$ 是 $\hat{F}$ 上由式（3）定义的算子。则 $\hat{T}$ 具有唯一不动点 $g^*\in\hat{F}$，且对所有 $g_0\in\hat{F}$，有：

$$\|\hat{T}^n g_0-g^*\|\leqslant\beta^n\|g_0-g^*\|$$

证明　如练习 17.4 所表明的，$\hat{T}$：$\hat{F}\to\hat{F}$ 和 $\hat{F}$ 是一个完备度量空间，因而证明 $\hat{T}$ 是一个以 β 为模的压缩即可。

固定 g，$h\in\hat{F}$，并定义 w：$X\times X\to\mathbf{R}$ 为：

$$w(x, x') = \frac{G[x, x', e^{h(x')}]}{\int G[x, u, e^{h(u)}]\pi(x, \mathrm{d}u)}$$

显然对所有 x，$x'\in X$ 有 $w(x, x')>0$ 和 $\int w(x, x')\pi(x, \mathrm{d}x') = 1$，所以对所有 $x\in X$，有：

$$(\hat{T}g)(x)-(\hat{T}h)(x)$$

$$
\begin{aligned}
&= \ln\left\{\int G[x,\ x',\ e^{g(x')}]\pi(x,\ dx')\right\} \\
&\quad - \ln\left\{\int G[x,\ x',\ e^{h(x')}]\pi(x,\ dx')\right\} \\
&= \ln\left\{\frac{\int G[x,\ x',\ e^{g(x')}]\pi(x,\ dx')}{\int G[x,\ u,\ e^{h(u)}]\pi(x,\ du)}\right\} \\
&= \ln\left\{\int w(x,\ x')\frac{G[x,\ x',\ e^{g(x')}]}{G[x,\ x',\ e^{h(x')}]}\pi(x,\ dx')\right\} \\
&\leqslant \sup_{x,x'}\left\{\ln\left\{\frac{G[x,\ x',\ e^{g(x')}]}{G[x,\ x',\ e^{h(x')}]}\right\}\right\} \\
&= \sup_{x,x'}\{\ln\{G[x,\ x',\ e^{g(x')}]\} - \ln\{G[x,\ x',\ e^{h(x')}]\}\} \\
&\leqslant \beta \sup_{x'}[g(x') - h(x')] \\
&\leqslant \beta \| g-h \|
\end{aligned}
$$

其中倒数第二行包含将均值定理应用于函数 $\gamma(x,\ x',\ y)=\ln[G(x,\ x',\ e^y)]$ 及使用假设（4）。转换 g 和 h 的角色并重复这个分析即可证明：

$$\| \hat{T}g-\hat{T}h \| \leqslant \beta \| g-h \|$$

由于 g 和 h 是 $\hat{F}$ 的任意元素，故可推得 $\hat{T}$ 是一个模为 β 的压缩。■

注意式（1）和式（3）中的算子通过下式相联系，对所有 $x\in X$ 及所有 $f\in F$，有：

$$\hat{T}[\ln(f)](x) = \ln(Tf)(x)$$

固定 $f_0\in F$，并定义序列 $\{f_n\}$ 为 $f_n=Tf_{n-1}$，$n=1,\ 2,\ \cdots$。引理 17.1 提供了对所有 n 满足

$$\| f_{n+1}-f_n \| = \| Tf_n-Tf_{n-1} \| \leqslant \beta \| f_n-f_{n-1} \|$$

的值 $0\leqslant\beta<1$ 存在性的充分条件，其中 β 可以独立于 f_0 来选取。另外，引理 17.2 提供了对所有 n 满足

$$\| \ln(f_{n+1})-\ln(f_n) \| \leqslant \beta \| \ln(f_n)-\ln(f_{n-1}) \|$$

的值 $0\leqslant\beta<1$ 的存在性的充分条件，其中 β 可以独立于 f_0 来选取。两个引理考虑同一序列，它们之间的不同是利用不同的度量。

引理 17.2 可用来证明具有严格正劳动供给的世代交迭模型的均衡的存在性和唯一性。证明中的一个主要步骤涉及远离原点的有界闭凸集 D 的构造，证明还要求关于偏好的一个额外限制。

假定 17.2 对某个 $0\leqslant\beta<1$ 及所有 $y\in\mathbf{R}_+$，有：

$$1-\beta \leqslant -yV''(y)/V'(y)\leqslant 1+\beta \tag{5}$$

命题 2　令 $X=[a,b]\subset \mathbf{R}_{++}$，且有波雷尔子集 $\mathscr{X}$；令 π 是（X，$\mathscr{X}$）上的一个转移函数；假定 π 具有费勒性质。令 H 和 V 满足假定 17.1 和假定 17.2，并如我们在 17.1 节中所做的那样定义 ζ 和 ϕ。则存在唯一的有界、连续、严格正函数 $f^*: X\to\mathbf{R}_{++}$ 对所有 $x\in X$ 满足：

$$f^*(x)=\int\phi[x'\zeta^{-1}(f^*(x'))]\pi(x,\mathrm{d}x') \tag{6}$$

证明　证明将是引理 17.2 的一个应用。首先我们必须构造一个适当的集合 D。由于 $\zeta'(0)=0$ 且当 $l>0$ 时有 $\zeta'(l)>0$，故可推得 ζ^{-1} 在 $\mathbf{R}_{++}$ 上是连续可微的，且有 $\lim_{y\to 0}\zeta^{-1'}(y)=+\infty$，这正如图 17.2 所显示的。对 $k=1, 2, \cdots$，定义序列 $\{\varepsilon_k\}$ 为：

$$\varepsilon_k=\min\{\varepsilon>0: \zeta^{-1}(\varepsilon)=k\varepsilon\}$$

由于 ζ^{-1} 是连续、严格递增且以 L 为上界的，故这个序列是定义恰当且严格递减的，如图 17.2 所示。此外，序列 $\{k\varepsilon_k\}$ 也是递减的。

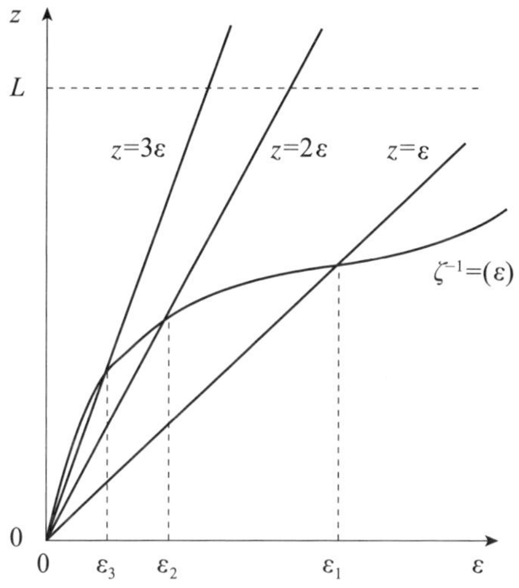

图 17.2

回忆 $X=[a,b]$，其中 $a>0$。定义 $C=aV'(bL)$ 并注意 $C>0$。选取任何 $K>1/C$。由于 ζ^{-1} 递增而 V' 递减，故可推得对所有 $x'\in X$ 及所有 $y\geqslant\varepsilon_K$，有：

$$\begin{aligned}\phi[x'\zeta^{-1}(y)]&=x'\zeta^{-1}(y)\ V'[x'\zeta^{-1}(y)] \\ &\geqslant a\zeta^{-1}(\varepsilon_K)V'(bL) \\ &=K\varepsilon_K C \\ &>\varepsilon_K\end{aligned} \tag{7}$$

定义闭的凸集合 $D=[\varepsilon_K, +\infty)\subset\mathbf{R}_{++}$，并如我们前面所做的那样定义 $\hat{D}$ 和 $\hat{F}$。

定义函数 $G(x, x', y)=\phi[x'\zeta^{-1}(y)]$，则当且仅当 $\ln(f^*)$ 是式（3）中定义的算子 $\hat{T}$ 的一个不动点时 f^* 满足式（6）。我们将利用引理 17.2 来证明算子 $\hat{T}$ 的不动点的存在性和唯一性。

由式（7）立即可得 $G: X\times X\times D\to D$；显然练习 17.4 的假设成立；由假定 17.1 立即可推得 $G(x, x', \cdot)$ 在 y 中是连续可微的。仍需要证明的是 G 满足式（4）。

回想由命题 1 的证明知，对所有 $l\in[0, L)$ 有 $l\zeta'(l)/\zeta(l)\geqslant 1$。由此事实可立即推得对所有 $y\in D$，$y\zeta^{-1'}(y)/\zeta^{-1}(y)\leqslant 1$。此外，假定 17.2 意味着对所有 $y\in\mathbf{R}_+$，$|y\phi'(y)/\phi(y)|\leqslant\beta$。因而由 G 的定义立即推得对任何 x，$x'\in X$ 及所有 $y\in D$，有：

$$\left|\frac{yG_3(x, x', y)}{G(x, x', y)}\right|=\left|\frac{x'\zeta^{-1}(y)\ \phi'[x'\zeta^{-1}(y)]}{\phi[x'\zeta^{-1}(y)]}\right|\left|\frac{y\zeta^{-1'}(y)}{\zeta^{-1}(y)}\right|$$
$$\leqslant\beta$$

即 G 满足式（4）。

因而引理 17.2 适用，且式（3）中定义的算子 $\hat{T}$ 具有唯一不动点 $g^*\in\hat{F}$。此外，由于任何 $K>1/C$ 都可以用来定义集合 D，故解是唯一的。因此，$f^*=e^{g^*}$ 是式（6）的唯一有界、连续、严格正解。■

注意，假定 17.2 等价于要求对某个 $\varepsilon>0$，相对风险厌恶指数 $-yV''/V'$ 对所有 $y\in\mathbf{R}_+$ 以 ε 为下界且以 $2-\varepsilon$ 为上界。由于 V 的严格单调性和严格凹性意味着 $0<-yV''(y)/V'(y)$，故假定 17.1 保证相对风险厌恶指数是严格正的。在序列无关冲击情形中证明解的存在性和唯一性时需要这个限制。式（5）中第一个不等式是对这个限制的略微加强，因为它要求远离零点的有界性是一致的。式（5）中第二个不等式在 V 的曲率上增加了一个上界，它是全新的，在序列无关冲击的情形中不要求任何这样的东西。证明命题 2 需要假定 17.2 中更强限制的原因是，压缩映射定理不仅暗示不动点 f^* 的存在性和唯一性，而且它也暗示序列 $\hat{T}^n[\ln(f_0)]$ 对任何 f_0 以一致几何速度收敛于 $\ln(f^*)$。这个收敛性不仅要求图 17.1 中的两条曲线确切地相交一次，也要求在图 17.3 中箭头所表示的调整过程下其交点是稳定的，而且要求以对数表示的收敛速度是一致的。在下面两节中，我们将看到，若我们对存在性问题采取不同的数学方法，这些相对风险厌恶程度上的更强限制可以免除。

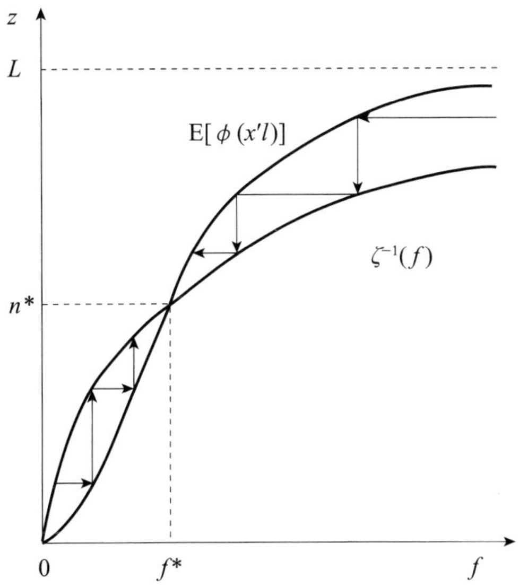

图 17.3

17.3　布劳威尔不动点定理

用图解（见图 17.4）可以很容易地使自己确认任何将单位区间映射到自身的连续函数必定和 45°线相交至少一次，即任何这种函数具有至少一个不动点。布劳威尔不动点定理将此结论扩展到一有限维空间的任意闭的有界凸子集上。

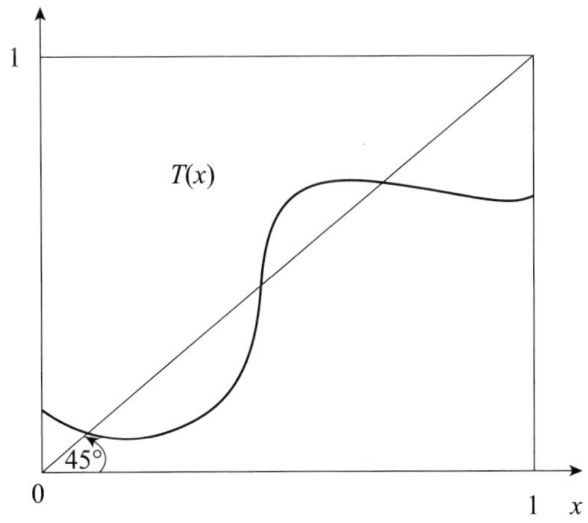

图 17.4

定理 17.3（布劳威尔不动点定理）　令 F 为一有限维赋范向量空间的一个非空的闭的有界凸子集。若 T 是 F 到自身的一个连续映射，则 T 在 F 中有一不动点。

我们省略证明，并且直接转向这个结果对前一节中所讨论类型的函数方程的应用。

令 $X=\{x_1, \cdots, x_m\}$ 为一有限集，并令 $\Pi=[\pi_{ij}]$ 为一 $m\times m$ 随机矩阵。令 $D\subset\mathbf{R}$ 为一非空的闭的有界凸集；令 $F=D\times\cdots\times D=D^m$。令 G：$X\times X\times D\to D$，并假定 G 关于其第三个自变量是连续的。定义 F 上的算子 T 为：

$$(T_i f)(x)=\sum_{j=1}^{m}G(x_i, x_j, f_j)\pi_{ij}, \quad i=1, \cdots, m$$

其中 $f=(f_1, \cdots, f_m)\in F$。为了应用布劳威尔定理。简单地注意到 $F\subset\mathbf{R}^m$ 是非空、闭、有界和凸的，T：$F\to F$，以及 T 是一个压缩映射。

在上一节中我们已经看到，在应用压缩映射定理时，利用对数变换有时是有用的。容易证明，若应用布劳威尔定理，这种变换是没有帮助的。为了理解这一点，假定 $D\subset\mathbf{R}_{++}$；令 $\hat{D}=\ln(D)$，并定义 $\hat{F}=\hat{D}^m$。令 $g(x)=\ln[f(x)]$，并考虑 $\hat{F}$ 上定义的算子 $\hat{T}$：

$$(\hat{T}_j g)(x)=\ln\Big[\sum_{j=1}^{m}G(x_i, x_j, e^{g_j})\pi_{ij}\Big], \quad i=1, \cdots, m$$

注意，当且仅当 F 和 T 满足布劳威尔定理的假设时，$\hat{F}$ 和 $\hat{T}$ 才满足这些条件。

若我们假定状态数量是有限的，则我们可以将布劳威尔定理应用于我们的世代交迭模型。证明中的一个主要步骤是构造一个适当集合 F。由直接分析我们知道，可能存在一个在其中劳动供给恒等于零的均衡。由于我们的目的是证明在其中劳动供给严格为正的均衡的存在性，故我们利用命题 2 的证明中所用的论证来约束劳动供给远离零。注意，为了应用布劳威尔定理，我们还需要约束上述 F。

命题 3　令 $X=\{x_1, \cdots, x_m\}$ 是 $\mathbf{R}_{++}$ 中一有限集，并令 $\Pi=[\pi_{ij}]$ 为一 $m\times m$ 随机矩阵。令 H 和 V 满足假定 17.1，并如我们在 17.1 节中所做的那样定义 ζ 和 ϕ。则存在一个严格正向量 $f^*=(f_1^*, \cdots, f_m^*)\in\mathbf{R}_{++}^m$ 满足：

$$f_i^*=\sum_{j=1}^{m}\phi[x_j\zeta^{-1}(f_j^*)]\pi_{ij}, \quad i=1, \cdots, m \tag{1}$$

证明　定义 $\mathbf{R}_{+}^m$ 上的算子 T 为：

$$T_i f = \sum_{j=1}^{m} \phi[x_j \zeta^{-1}(f_j)]\pi_{ij}, i = 1, \cdots, m \tag{2}$$

我们将通过应用布劳威尔定理于 T 来证明所要求的结果。

为了做到这一点，首先我们必须选取一个适当的集合 $F \subset \mathbf{R}_+^m$。不失一般性地，假定 $x_1 < x_2 < \cdots < x_m$，定义 $C = x_1 V'(x_m L)$，如我们在命题 2 的证明中所做的那样定义序列 $\{\varepsilon_k\}$，并选取任何 $K > 1/C$。则如在命题 2 的证明中所表明的，对所有 x_j 及所有 $y \geqslant \varepsilon_K$，有：

$$\phi\ [x_j \zeta^{-1}(y)] > \varepsilon_K$$

接下来，令 $z = x_1 \zeta^{-1}(\varepsilon_k)$ 及 $Z = x_m L$，并定义 $B = \max_{y \in [z, Z]} \phi(y)$。由于 ζ^{-1} 是单调的，故可推得，对所有 x_j 及所有 $y \geqslant \varepsilon_K$，有：

$$\phi[x_j \zeta^{-1}(y)] \leqslant B$$

定义 $F = [\varepsilon_K, B]^m$，显然 F 是非空、闭、有界和凸的，且式（2）中定义的算子 T 将集合 F 映射到它自身。

最后，在假定 17.1 下，函数 ϕ 和 ζ^{-1} 都是连续的。因而 T 是连续的，且由布劳威尔定理推得所要求的结果。■

对于这类不具有内生状态变量的问题，将状态空间限制为有限的并不是不合理的。然而，在带有内生状态变量的模型中，这个限制很少能站住脚，且它通常带来的复杂性比它消除的更多。在这些情形中需要一个布劳威尔定理的无限维类似结论，这在绍德尔不动点定理中提供。

17.4　绍德尔不动点定理

我们通常对寻找将有界连续函数空间 $C(X)$ 映射到它自身的算子 T 的不动点感兴趣。若集合 X 为一有限集，则空间 $C(X)$ 是有限维的，且如上一节中表明的，布劳威尔定理提供一种证明至少一个 T 的不动点存在性的方法。但若 X 不是一个有限集，则布劳威尔定理不能使用。在本节中我们讨论绍德尔不动点定理，它是布劳威尔定理到无限维空间的扩展。为了简化，我们简单地叙述适用于有界连续函数空间的绍德尔定理的一种变体。

令 X 为 $\boldsymbol{R}^l$ 的一个有界子集，并令 $C(X)$ 是 X 上具有上确界范数的有界连续（实值）函数空间。

定义　$C(X)$ 的一个子集 F 是**等度连续的**（equicontinuous），若对任意 $\varepsilon > 0$，存在 $\delta > 0$ 使得：

$$|x-y|<\delta \text{ 意味着对所有 } f\in F \text{ 有 } |f(x)-f(y)|<\varepsilon$$

即若 F 中每个函数是一致连续的，且对 F 中所有函数的连续性是一致的，则族 F 是等度连续的。于是我们有如下结果，对此我们只叙述而不证明。

定理 17.4（绍德尔不动点定理）　令 X 为 $\mathbf{R}^l$ 的一个有界子集，并令 $C(X)$ 是 X 上具有上确界范数的有界连续函数的空间。令 $F\subset C(X)$ 是非空、闭、有界和凸的。若映射 T：$F\to F$ 是连续的且族 $T(F)$ 是等度连续的，则 T 在 F 中有一不动点。

下面的练习说明了绍德尔定理可以如何使用。

练习 17.5　a. 考虑微分方程及边界条件：

$$\frac{\mathrm{d}x(t)}{\mathrm{d}t}=f[x(t)],\ t\in[0,\ 1];\ x(0)=c$$

证明若 f 是连续的，则这个方程在 $[0,\ 1]$ 上有一个解。

b. 在 $[0,\ 1]$ 上寻找如下方程的两个解：

$$\frac{\mathrm{d}x(t)}{\mathrm{d}t}=[x(t)]^{1/2},\ t\in[0,\ 1];\ x(0)=0$$

c. 这个方程违反了练习 3.8 的哪个（些）条件？

将绍德尔定理应用于我们的世代交迭模型之前，我们需要再证明一个预备性结果。引理 17.5 给出了通过利用一个转移函数定义其为条件期望的函数族的等度连续性的充分条件，这个引理要求关于转移函数的如下连续性假定。

假定 17.3　令 X 是 $\mathbf{R}^l$ 的一个有界波雷尔集，且有波雷尔子集 $\mathcal{X}$，并令 π 是 $(X,\ \mathcal{X})$ 上的一个转移函数。对任一 $\varepsilon>0$，存在 $\delta>0$ 使得对所有 x，$\hat{x}\in X$ 有：

$$|x-\hat{x}|<\delta \text{ 意味着 } \|\pi(x,\cdot)-\pi(\hat{x},\cdot)\|_{TV}<\varepsilon$$

其中 $\|\cdot\|_{TV}$表示总变差范数。

假定 17.3 可以看作是费勒性质的一个二重强化。回忆，若对任何收敛于点 x_0 的序列 $\{x_n\}$，概率测度序列 $\{\pi(x_n,\ \cdot)\}$ 弱收敛于概率测度 $\pi(x_0,\ \cdot)$，则 π 具有费勒性质。假定 17.3 通过要求序列 $\{\pi(x_n,\ \cdot)\}$ 依范数（强）而不是弱收敛于 $\pi(x_0,\ \cdot)$，且要求收敛速度是一致的而强化了这个条件。

在假定 17.3 下，我们有如下结果。

引理 17.5　令 $(X,\ \mathcal{X})$ 和 π 满足假定 17.3，令 $D\subset\mathbf{R}$ 是非空、闭、有界和凸的，并令 $F\subset C(X)$ 是有界连续函数 f：$X\to D$ 的集合。令

G：$X\times X\times D\to D$为一连续函数，并假定G关于其第一个自变量是一致连续的。对所有$x\in X$及$f\in F$定义F上的算子T为：

$$(Tf)(x)=\int G[x,\ x',\ f(x')]\pi(x,\ \mathrm{d}x') \tag{1}$$

则连续函数族$T(F)$是有界的且等度连续的。

证明　令$B>0$为区间D的界。显然，它也是F和$T(F)$中函数的界。为了理解族$T(F)$是等度连续的。注意对任何$f\in F$和任何x，$\hat{x}\in X$有：

$$\begin{aligned}
&|\ (Tf)(x)-(Tf)(\hat{x})\ |\\
&\leqslant\left|\int\{G[x,\ x',\ f(x')]-G[\hat{x},\ x',\ f(x')]\}\pi(x,\ \mathrm{d}x')\right|\\
&+\left|\int G[\hat{x},\ x',\ f(x')]\pi(x,\ \mathrm{d}x')-\int G[\hat{x},\ x',\ f(x')]\pi(\hat{x},\ \mathrm{d}x')\right|\\
&\leqslant\int|\ G[x,\ x',\ f(x')]-G[\hat{x},\ x',\ f(x')]\ |\ \pi(x,\ \mathrm{d}x')\\
&\quad+B\,\|\,\pi(x,\ \cdot)-\pi(\hat{x},\ \cdot)\,\|_{\mathrm{TV}}
\end{aligned} \tag{2}$$

选取任何$\varepsilon>0$。由于G关于其第一个自变量是一致连续的，故存在$\delta_1>0$使：

$\|x-\hat{x}\|<\delta_1$ 意味着对所有$x'\in X$及所有$y\in D$，有

$|\ G(x,\ x',\ y)-G(\hat{x},\ x',\ y)\ |<\varepsilon/2$

又由于π满足假定 17.3，故存在$\delta_2>0$使：

$\|x-\hat{x}\|<\delta_2$ 意味着 $\|\pi(x,\cdot)-\pi(\hat{x},\cdot)\|_{\mathrm{TV}}<\varepsilon/2B$

因而由式（2）可推得：

$\|x-\hat{x}\|<\min\{\delta_1,\ \delta_2\}$意味着对所有$f\in F$，有

$|(Tf)(x)-(Tf)(\hat{x})|<\varepsilon$

所以族$T(F)$是等度连续的。■

证明了引理 17.5 后，为了将绍德尔定理应用于式（1），证明T作为一个算子是连续的即可。一般地，证明这一点可能要求G上的一个额外限制。

练习 17.6　令$(X,\ \mathcal{X})$，π，D，F和G满足引理 17.5 的假设，此外假定G关于其第三个自变量是一致连续的。证明如式（1）中所定义的T是一连续算子。

为了结束本节，我们把绍德尔定理应用于我们的世代交迭模型，注意，证明非常类似于基于布劳威尔定理的证明。

命题 4　令$(X,\ \mathcal{X})$和π满足假定 17.3，且$X=[a,\ b]\subset\mathbf{R}_{++}$。令

H 和 V 满足假定 17.1，并如我们在 17.1 节中所做的那样定义 ζ 和 ϕ。则存在一个连续、严格正函数 $f^*: X \to \mathbf{R}_{++}$，对所有 $x \in X$ 满足：

$$f^*(x) = \int \phi[x'\zeta^{-1}(f^*(x'))]\pi(x, \mathrm{d}x')$$

证明 对所有 $x \in X$ 定义算子 T 为：

$$(Tf)(x) = \int \phi[x'\zeta^{-1}(f(x'))]\pi(x, \mathrm{d}x') \tag{3}$$

我们将通过把绍德尔定理应用于 T 来证明所要求的结果。

为了做到这一点，首先我们必须选择一个适当的集合 $F \subset C(X)$。如我们在命题 2 的证明中所做的那样定义序列 $\{\varepsilon_k\}$，定义 $C = aV'(bL)$，并选取任何 $K > 1/C$。则如那里所表明的，对所有 $x' \in X$ 及所有 $y \geqslant \varepsilon_K$，有：

$$\phi[x'\zeta^{-1}(y)] > \varepsilon_K \tag{4}$$

令 $z = a\zeta^{-1}(\varepsilon_K)$ 及 $Z = bL$，并定义 $B = \max_{y \in [z, Z]} \phi(y)$。由于 ζ^{-1} 是单调的，故可推得对所有 $x' \in X$ 及所有 $y \geqslant \varepsilon_K$，有：

$$\phi\ [x'\zeta^{-1}(y)] \leqslant B \tag{5}$$

令 $F \subset C(X)$ 是连续函数 $f: X \to [\varepsilon_K, B]$ 的空间。显然，F 是非空、闭、有界和凸的。

接下来我们必须证明 T 将 F 映射到它自身。由于对每个 $x \in X$，$\pi(x, \cdot)$ 是一个概率测度，故由式（4）和式（5）可立即推得 Tf 在 $[\varepsilon_K, B]$ 中取值。此外，由于 π 具有费勒性质，且 ϕ，ζ^{-1} 和 f 都是连续的，故可推得 Tf 是连续的。因此 $T: F \to F$。

接下来我们必须证明 $T(F)$ 为一等度连续族。由引理 17.5，这个结论来自族 F 是有界的、式（3）中被积函数并不依赖于 x 及 π 满足假定 17.3 的事实。

最后，我们必须证明 T 作为一个算子是连续的。考虑 T 中收敛（依上确界范数）于 f 的一个序列 $\{f_i\}$，对任一 $\gamma > 0$，存在 $N(\gamma) \geqslant 1$ 使得对所有 $x' \in X$ 及所有 $i \geqslant N(\gamma)$，有：

$$|f_i(x') - f(x')| < \gamma$$

同时，由于 ζ^{-1} 是连续的，故它在紧集 $[\varepsilon_K, B]$ 上是一致连续的。因而，对任意 $\delta > 0$，存在 $\gamma(\delta) > 0$ 使得：

$$|y_i - y| < \gamma(\delta) \text{ 意味着 } |\zeta^{-1}(y_i) - \zeta^{-1}(y)| < \delta$$

此外，由于 ϕ 是连续的，故它在紧集 $[z, Z]$ 上是一致连续的。因而，对任意 $\nu > 0$，对所有 $x' \in X$，存在 $\delta(\nu) > 0$ 使得：

$$|\xi_1-\xi|<\delta(\nu)\text{意味着}|x'\xi_i-x'\xi|<b\delta(\nu)$$
$$|\phi(x'\xi_i)-\phi(x'\xi)|<\nu$$

同时利用这三个条件，我们可以得到对任意 $\nu>0$，存在 $M(\nu)=N[\gamma(\delta(\nu))]$ 使得对所有 $x'\in X$ 及所有 $i\geqslant M(\nu)$，有：

$$|\phi[x'\zeta^{-1}(f_i(x'))]-\phi[x'\zeta^{-1}(f(x'))]|<\nu$$

因而，对所有 $x\in X$ 和所有 $i\geqslant M(v)$，有：

$$\begin{aligned}&|(Tf_i)(x)-(Tf)(x)|\\&\leqslant\int|\phi[x'\zeta^{-1}(f_i(x'))]-\phi[x'\zeta^{-1}(f(x'))]|\pi(x,\mathrm{d}x')\\&<\nu\end{aligned}$$

即 $\{Tf_i\}$ 依上确界范数收敛于 Tf。因而 T 作为一个算子是连续的，且由绍德尔定理可推得 T 在 F 中有一不动点。■

应用绍德尔定理于形如式（1）中算子的主要步骤是：选取一个非空的闭的有界凸集 $F\subset C(X)$ 满足 T 将 F 映射到自身；保证 $T(F)$ 是等度连续的；保证 T 作为一个算子是连续的。注意这些步骤中的第一步和第三步在布劳威尔定理的应用中都有确切的类似，因为 T 作为算子的连续性和布劳威尔定理中要求的 T 的连续性发挥同样的作用。第二步——证明 $T(F)$ 是一等度连续族——在有限情形中没有相应步骤，因为若 X 为一有限集，这个假定将普遍地得到满足。绍德尔定理的这个特例恰好就是布劳威尔定理。

比较应用压缩映射定理的命题 2 和命题 4 的假定与结论是有启发性的。前者要求关于偏好的更强的假定，但作为回报，它证明了唯一性和存在性。有趣的是，命题 2 并不要求关于转移函数 π 的任何限制，因为压缩映射定理并不涉及等度连续性。相比之下，在绍德尔定理的应用中一般来说似乎要求假定 17.3 或类似的假定。

出于和布劳威尔定理的内容中所讨论的同样原因，若应用绍德尔定理，对数变换没有什么帮助。然而，如下面的练习所表明的，在许多给定内容中，可能有多于一种的方法来应用绍德尔定理。

练习 17.7　我们的世代交迭模型的一个均衡也可以刻画为对所有 $x\in X$满足下式的一个函数 n^*：$X\rightarrow[0,L)$：

$$n^*(x)=\zeta^{-1}\left[\int\phi(x'n^*(x'))\pi(x,\mathrm{d}x')\right]$$

（为什么？）证明由这个方程右边定义的算子有一不动点。

17.5 单调算子的不动点

若一算子 $T: F\to F$ 是一压缩映射，则对任何初始点 $f_0\in F$，序列 $\{T^n f_0\}_{n=1}^{\infty}$ 的极限都是 T 的唯一不动点。基于压缩映射定理的论证证明唯一性以及存在性，且在它们提供了关于确定不动点的位置的可计算算法这个意义上，它们是具有建设性的。此外，算法还以一几何速度收敛。若一个算子 T 满足布劳威尔或绍德尔定理的假设但不是一个压缩，则仅存在性能被证明：可能存在 T 的几个不动点，且对任意 $f_0\in F$，序列 $\{T^n f_0\}$ 不一定收敛。

在本节中，我们考虑满足类似于布劳威尔或绍德尔定理的假设且具有某种单调性质的算子。我们证明这种算子的存在性和唯一性结果以及一个可计算算法都可得到。然后我们将这个结果应用于上几节中讨论的世代交迭模型。

我们以下面的预备性引理开始，它证明了若对某个 $f_0\in F$，序列 $\{T^n f_0\}$ 逐点收敛，则极限函数是 T 的一个不动点。这个结果所要求的假设弱于绍德尔定理所要求的那些——F 不需要是有界的或凸的——因为引理仅在存在一逐点收敛的序列 $\{T^n f_0\}$ 时适用。

引理 17.6 令 $X\subset \mathbf{R}^l$ 为一有界集；令 $C(X)$ 是 X 上具有上确界范数的有界连续函数的空间；令 $F\subset C(X)$ 是闭的。假定算子 $T: F\to F$ 是连续的，且 $T(F)$ 为一个等度连续族。此外，假设对某个 $f_0\in F$，函数序列 $\{T^n f_0\}$ 逐点收敛。则极限函数 $f=\lim_{n\to\infty} T^n f_0$ 在 F 中，而且是 T 的一个不动点。

证明 令 $f_0\in F$，并假设 $T^n f_0$ 逐点收敛于 f。我们将证明 $T^n f_0$ 一致收敛于 f（依上确界范数），于是所要求的结果将来自 F 是闭的和 T 是一连续算子的事实。

首先，注意 $f_n\in T(F)\subseteq F$，$n=1, 2, \cdots$，且对所有 $x, x'\in X$ 有：

$$|f(x')-f(x)|\leqslant|f(x')-f_n(x')|+|f_n(x')-f_n(x)|+|f_n(x)-f(x)|,\ n=1, 2, \cdots \quad (1)$$

固定 $\varepsilon>0$，并选取 $\delta>0$ 使：

$$\|x'-x\|<\delta \text{ 意味着 } |f_n(x')-f_n(x)|<\varepsilon,\ n=1, 2, \cdots \quad (2)$$

由于 $\{f_n\}\subset T(F)$ 且 $T(F)$ 是一等度连续族，这是可能的。现在，固

定 x，$x'\in X$，由于 f_n 逐点收敛于 f，故对任何 $\Delta>0$，存在可能依赖于 x 和 x' 的 $N\geqslant 1$ 使得对所有 $n\geqslant N$，有：

$$|f(x')-f_n(x')|<\Delta/2 \tag{3a}$$

$$|f_n(x)-f(x)|<\Delta/2 \tag{3b}$$

然后将式（2）和式（3）代入式（1），我们得到：

$$\|x'-x\|<\delta \text{ 意味着 } |f(x')-f(x)|<\varepsilon+\Delta$$

由于 $\Delta>0$ 是任意的，故可推得：

$$\|x'-x\|<\delta \text{ 意味着 } |f(x')-f(x)|<\varepsilon \tag{4}$$

又由于 δ 的选取独立于 x 和 x'，故式（4）对所有 x，$x'\in X$ 都成立。因此 f 是一致连续的。

为了理解 f_n 一致收敛于 f，选取任何 $\varepsilon>0$。然后选取 $\delta>0$ 使式（2）成立，并选择一有限集 $A=\{x_1, x_2, \cdots, x_I\}\subset X$ 使得对所有 $x\in X$，有：

$$\min_{x_i\in A}\|x-x_i\|<\delta \tag{5}$$

由于 X 是有界的，故这是可能的。然后选取可能依赖于 A 的选择的 $M\geqslant 1$，使得对所有 $x_i\in A$ 及所有 $n\geqslant M$，有：

$$|f(x_i)-f_n(x_i)|<\varepsilon \tag{6}$$

由于 A 为一有限集且 f_n 逐点收敛于 f，故这是可能的。接下来，注意对所有 $x\in X$ 及所有 $x_i\in A$，有：

$$\begin{aligned}|f(x)-f_n(x)|&\leqslant|f(x)-f(x_i)|+|f(x_i)-f_n(x_i)|\\&\quad+|f_n(x_i)-f_n(x)|,\ n=1, 2, \cdots\end{aligned} \tag{7}$$

固定 $x\in X$ 并令 $x_{i^*}\in A$ 是达到式（5）中最小值的元素，则由式（2）和式（4）可推得：

$$|f_n(x)-f_n(x_{i^*})|<\varepsilon,\ n=1, 2, \cdots \tag{8a}$$

$$|f(x_{i^*})-f(x)|<\varepsilon \tag{8b}$$

所以，在式（7）中设 $i=i^*$ 并代入式（6）和式（8），我们得到对所有 $n\geqslant M$，有：

$$|f(x)-f_n(x)|<3\varepsilon \tag{9}$$

由于 A 和 M 的选取独立于 x，故式（9）对所有 $x\in X$ 成立，即对所有 $n\geqslant M$，$\|f-f_n\|<3\varepsilon$。由于 $\varepsilon>0$ 是任意的，故可推得 f_n 一致收敛于 f；然后由 F 是闭的，可得 $f\in F$。

最后，为了理解 f 是 T 的一个不动点，注意：

$$f=\lim_{n\to\infty}T^{n+1}f_0=\lim_{n\to\infty}Tf_n=T(\lim_{n\to\infty}f_n)=Tf$$

其中第三个等式利用了 T 是一连续算子的事实。■

引理 17.6 证明了如果函数序列 $\{T^n f_0\}$ 逐点收敛，则极限函数 f 是 T 的一个不动点。这样，这个引理仅在我们能够验明使序列 $\{T^n f_0\}$ 收敛的条件时才有用。在本节余下部分，我们证明算子 T 的单调性在这方面是有帮助的。

令 $X\subset \mathbf{R}^l$ 为一有界集合，令 F 是 X 上一实值函数集合，并令 T 为使 F 映射到它自身的一个算子。若：

$$f,\ g\in F \text{ 和 } f\geqslant g \text{ 意味着 } Tf\geqslant Tg$$

我们称 T 是单调的，其中 $f\geqslant g$ 意味着对所有 $x\in X$，$f(x)\geqslant g(x)$。在下一个定理中，这个性质连同引理 17.6 的假设一起被用来证明某些算子有不动点。

定理 17.7 令 $X\subset \mathbf{R}^l$ 为一有界集合；令 $C(X)$ 是 X 上具有上确界范数的有界连续函数的空间；令 $F\subset C(X)$ 是闭的和有界的。假定算子 T：$F\to F$ 是连续且单调的，并假定 $T(F)$ 为一等度连续族。假设存在 $f_0\in F$ 使得 $f_0\leqslant Tf_0$ 或者 $f_0\geqslant Tf_0$，则极限 $f=\lim T^n f_0$ 存在，f 在 F 中且 f 是 T 的一个不动点。

证明 由引理 17.6 知，证明函数序列 $\{T^n f_0\}$ 逐点收敛即可。假设 $f_0\leqslant Tf_0$，则由归纳法可推得序列 $\{T^n f_0\}$ 弱递增。由于集合 F 是闭的且有界的，故还可推得极限函数 $f=\lim T^n f_0$ 存在。若 $f_0\geqslant Tf_0$，一个类似的论证适用。■

下面的推论说明定理 17.7 可以如何使用。它表明若 T 是单调的，且若 f_0 和 g_0 是 F 的最小和最大元素，则 T 的任意不动点 h 满足：

$$\lim T^n f_0 = f\leqslant h\leqslant g=\lim T^n g_0$$

推论 令 X，F 和 T 满足定理 17.7 的假设。若对所有 $h_0\in F$ 有 $f_0\leqslant h_0$，则对 F 中 T 的所有不动点 h 有 $\lim T^n f_0=f\leqslant h$。对于反向不等式，一个类似的结论成立。

证明 假设对所有 $h_0\in F$ 有 $f_0\leqslant h_0$，则有 $f_0\leqslant Tf_0$，且定理 17.7 意味着 $f=\lim T^n f_0\in F$ 存在并且是 T 的一个不动点。假设 h 是 T 的一个不动点。由于 $f_0\leqslant h$ 及 T 是单调的，故可推得 $Tf_0\leqslant Th=h$。因而由归纳法可得 $T^n f_0\leqslant h$，$n=1, 2, \cdots$，取极限我们得到 $f\leqslant h$。对于反向的不等式，一个类似的论证成立。■

这个推论提供了对不动点的多重性的一种有用的检验。若 f 和 g 是把 T 分别应用于 F 的最小元素和最大元素而获得的不动点，且若证明

有 $f=g$，则这个函数即为 T 的唯一不动点。

现在考虑将定理 17.7 及其推论应用于上几节所讨论的那类函数方程时所需要的假定。像之前一样令 $X\subset\mathbf{R}^l$ 为一有界集合，令 π 是 $(X,\mathscr{X})$ 上一转移函数，并令 π 满足假定 17.3。令 $D=[a,b]\subset\mathbf{R}$ 是一非空的闭的有界区间，并令 $F\subset C(X)$ 是函数 $f\colon X\to D$ 的族。令 $G\colon X\times X\times D\to D$ 为一连续函数，并假定 G 关于其第一个和最后一个自变量是一致连续的。考虑 F 上对所有 $x\in X$ 如下定义的算子 T：

$$(Tf)(x)=\int G[x,x',f(x')]\pi(x,\mathrm{d}x')$$

在所述条件下，F 是闭的和有界的，T 把 F 映射到它自身，$T(F)$ 是等度连续的（由引理 17.5），且 T 是一个连续算子（由练习 17.6）。此外，对所有 $x\in X$ 定义函数 $f_0(x)=a$ 及 $g_0(x)=b$，它们对所有 $h_0\in F$ 满足 $f_0\leqslant h_0\leqslant g_0$。因而，为了应用定理 17.7，证明 T 是单调的即可。显然，若 G 关于其第三个自变量弱递增，则 T 是单调的。

我们通过把定理 17.7 及其推论应用于先前讨论的世代交迭模型来结束本节。下面关于偏好的额外假定是必要的。

假定 17.4　对所有 $y\in\mathbf{R}_+$，$-yV''(y)/V'(y)\leqslant 1$。

比较假定 17.2 和假定 17.4 是有启发性的。注意 V 的单调性和凹性（假定 17.1）意味着对所有 $y\in\mathbf{R}_+$，有：

$$0<-yV''(y)/V'(y)$$

且假定 17.2 可以重新表述为如下要求，即对某个 $\varepsilon>0$ 及所有 $y\in\mathbf{R}_+$，有：

$$\varepsilon<-yV''(y)/V'(y)\leqslant 2-\varepsilon$$

因此，假定 17.4 包括去掉关于下界的一致性要求，但大大强化了上界。在此特殊例子中，关于偏好的为保证单调性所需的额外假定几乎强于应用压缩映射定理所需的假定。

命题 5　令 $(X,\mathscr{X})$ 和 π 满足假定 17.3，且 $X=[a,b]\subset\mathbf{R}_{++}$。令 H 和 V 满足假定 17.1 和假定 17.4，并如我们在 17.1 节中所做的那样定义 ζ 和 ϕ，则 $C(X)$ 上定义为

$$(Tf)(x)=\int\phi[x'\zeta^{-1}(f(x'))]\pi(x,\mathrm{d}x')$$

的算子 T 至少有一个不动点。

此外，如我们在命题 4 的证明中所做的那样定义 $\{\varepsilon_k\}$，K 和 B，并对所有 $x\in X$ 定义常数函数 $f_0(x)=\varepsilon_K$ 和 $g_0(x)=B$，则序列

$\{T^n f_0\}$ 和 $\{T^n g_0\}$ 都收敛于 T 的不动点，且若有：

$$\lim T^n f_0 = f = g = \lim T^n g_0$$

则这个函数是 T 的唯一不动点。

证明 令 $F \subset C(X)$ 如命题 4 的证明中那样设定。显然，F 是闭的和有界的，T：$F \rightarrow F$ 是连续的且 $T(F)$ 是等度连续的。回忆 ζ^{-1} 是严格递增的，并注意到假定 17.4 意味着 ϕ 是非递减的。因此算子 T 是单调的，且所要求的结论由定理 17.7 及其推论可立即推得。■

单调性的其他（更有趣）应用在第 18 章中讨论。

17.6 部分观察的冲击

为了结束本章，我们将说明前几节中导出的方法可以如何应用于同期冲击仅可部分观察的模型。我们考虑的例子是在 Lucas（1972）中研究的“岛屿”模型，它结合了实际和货币冲击。首先，我们证明这个系统的竞争性均衡对应于一个有界连续函数空间上某个算子的不动点，然后我们表明先前几节中描述的四个不动点定理——压缩映射定理、布劳威尔定理、绍德尔定理和单调性定理——可以如何应用于这个算子。

我们从对一个经济的描述开始，这是对本章前几节中所用的世代交迭实例的一种修改。和之前一样，每个人生存两期，年轻时工作并出售他生产的产品以换取货币，并把这些货币余额储存到下一期，年老时他利用其所有货币余额购买商品以消费。和之前一样，关于劳动—消费数对的偏好具有 $U(l, c) = -H(l) + V(c)$ 的形式。

和先前的例子相比，在生产技术上不存在随机冲击。在每期，劳动可在一对一基础上用于生产产出：$y = l$。然而，在此经济中存在两个不确定性来源，它们在之前的模型中并不存在。

不确定性的第一个来源是实际的，它产生于经济由两个不同“岛屿”组成且在它们之间没有可能的交易这样一个事实。每期中年轻一代的数量被随机地赋予两岛之一，且 $\theta/2$ 部分被赋予一个岛而 $1-\theta/2$ 被赋予另一个。老年一代的数量随机地重新分配于两岛，且按使两个市场中货币总量相等的方式每岛各分配一半。

不确定性的第二个来源是名义的，它产生于每期中政府通过对老年人持有的货币支付利息（或课税）而向系统注入（或从中撤回）货币的事实。特别地，xm 是年轻时积累了货币余额 m 的老年人的转移后货币余额。

这样，任何一期中对系统的名义和实际冲击可由外生决定的二元组 (x, θ) 完全描述。令 $X\times\Theta$ 表示状态空间。我们假设二元组 (x_t, θ_t) 在时间上是独立同分布的，且假定在每期，冲击的名义和实际分量独立地取自 X 和 Θ 上的分布函数 Ψ 和 G。我们利用对冲击的如下假定。

假定 17.5　$x\in X=[\underline{x}, \bar{x}]$，其中 $0<\underline{x}<\bar{x}<\infty$，且 $\theta\in\Theta=[\underline{\theta}, \bar{\theta}]$，其中 $0<\underline{\theta}<\bar{\theta}<2$。分布函数 Ψ 和 G 分别有连续密度 ψ 和 g。

假定同期冲击 (x, θ) 不能被年轻一代的任何成员直接观察，但可在一期滞后被观察到。于是第 t 期的转移前货币供给——称为 $M_t=M_0\Pi_{s=1}^{t-1}x_s$——对所有人都是已知的。第 t 期中商品的货币价格将依赖于当期状态 (x_t, θ_t)，但也将依赖——以中性的方式——于转移前完全观察到的货币存量 M_t。这样，在这个经济的任何平稳均衡中，任何一期 t 中的价格水平将由 $P_t=M_tp(x_t, \theta_t)$ 给出，其中 $p(x, \theta)$ 是一个（实际而非名义）价格函数。

如在前面分析的模型中那样，我们定义这个经济的一个平稳均衡为一个价格函数 p：$X\times\Theta\to\mathbf{R}_+$ 和一个劳动供给函数 n：$X\times\Theta\to[0, L]$。对此经济来说，均衡条件是：

$$n(x, \theta)\in\operatorname*{argmax}_{l\in[0,L)}\left\{-H(l)+\mathop{\mathrm{E}}_{\tilde{x},\tilde{\theta}}\left\{\mathop{\mathrm{E}}_{x',\theta'}\left\{V\left[\frac{x'lp(\tilde{x}, \tilde{\theta})}{\tilde{x}p(x', \theta')}\right]\middle|\, p(\tilde{x}, \tilde{\theta})=P(x, \theta)\right\}\right\}\right\} \tag{1}$$

$$n(x, \theta)p(x, \theta)=x/\theta,\ (x, \theta)\in X\times\Theta \tag{2}$$

条件 (1) 表明，在已知他能得到的信息情况下，一个年轻人在状态 (x, θ) 中的最优劳动供给是 $n(x, \theta)$。这些信息是什么呢？经济主体不能观察当期状态 (x, θ)，但他确实能观察到以当期状态定价的价格函数 p 的值，所以他知道当期状态是在价格等于 $p(x, \theta)$ 的子集 $X\times\Theta$中。这样，从他的角度来看，当期状态是一个随机变量 $(\tilde{x}, \tilde{\theta})$，他知道其分布但不知其当期实现。由于状态是独立同分布的，故下期状态 (x', θ') 也是一个具有已知分布的随机变量。已知这个信息后，他的最优劳动供给 $n(x, \theta)$ 最大化其条件期望终生效用。

他的选择包括生产 $n(x, \theta)$ 单位产出，他在已知价格 $p(\tilde{x}, \tilde{\theta})M_t$ 下出售它们，并获得了 $n(x, \theta)p(\tilde{x}, \tilde{\theta})M_t$ 的总收入。因而在接下来一期中，他有随机的转移后货币余额 $x'n(x, \theta)p(\tilde{x}, \tilde{\theta})M_t$，他用它们在随机价格 $p(x', \theta')M_{t+1}=p(x', \theta')M_t\tilde{x}$ 下购买商品。因此，他年老时的随机商品消费是 $x'n(x, \theta)p(\tilde{x}, \tilde{\theta})/\tilde{x}p(x', \theta')$。

条件(2) 是市场出清条件，对于有 θ 部分年轻人的市场，它使每个年轻人对其提供的劳动所要求支付的实际余额等于老年人所持有的年轻人的人均余额。

注意，产生同样价格水平的任何两个状态（x，θ）和（$\hat{x}$，$\hat{\theta}$）对年轻人来说都是不可区分的。因而条件（1）中劳动供给的效用最大化值的集合在两种状态中是相同的。假设 H 和 V 满足假定 17.1，所以条件（1）关于 l 是严格凹的，且最大化值是唯一的。于是有：

$$p(x,\theta)=p(\hat{x},\hat{\theta})\text{ 意味着 } n(x,\theta)=n(\hat{x},\hat{\theta})$$

且市场出清条件(2)对任何这种状态二元组都意味着 $x/\theta=\hat{x}/\hat{\theta}$，这个等式意味着任何均衡必有形式 $p(x,\theta)=\rho(x/\theta)$ 和 $n(x,\theta)=\eta(x/\theta)$。若有一个这种形式的解使 ρ 为单调的，则价格揭示比率为 x/θ。这样，我们证明了一个均衡存在性的策略如下所示。我们将寻找上面这种形式的函数(ρ，η)，当条件(1)中条件信息取值为比率 x/θ 时，它满足条件(1)和条件(2)。若能够找到这样一个二元组且若 ρ 是单调的，则(ρ，η)描述一个均衡。

定义 $z=x/\theta$；在假定 17.5 下，$z\in Z=[\underline{z},\bar{z}]=[\underline{x}/\bar{\theta},\bar{x}/\underline{\theta}]$，其中 $0<\underline{z}<\bar{z}<\infty$。于是，$z$ 的分布函数——称它为 Π——被给定为：

$$\Pi(z)=\Pr\{x/\theta\leqslant z\}=\int_{\underline{\theta}}^{\bar{\theta}}\int_{\underline{x}}^{z\theta}g(\theta)\psi(x)\mathrm{d}x\mathrm{d}\theta$$
$$=\int_{\underline{\theta}}^{\bar{\theta}}g(\theta)\Psi(z\theta)\mathrm{d}\theta$$

且 Π 具有一连续密度：

$$\pi(z)=\Pi'(z)=\int_{\underline{\theta}}^{\bar{\theta}}g(\theta)\theta\psi(z\theta)\mathrm{d}\theta$$

下面的练习表明，对任何 $z\in Z$，我们也可以推导已知 z 时 θ 的条件分布函数 $G(\cdot\mid z)$。

练习 17.8 a. 推导条件分布函数 $G(\cdot\mid z)$：$\Theta\to[0,1]$，$z\in Z$。证明对每个 $z\in\mathrm{int}Z$，$G(\cdot\mid z)$ 具有一连续密度 $g(\cdot\mid z)$。

b. 证明若 $z_n\to z$，则 $G(\cdot\mid z_n)$ 弱收敛于 $G(\cdot\mid z)$。

我们可以利用分布函数 Π 和 $G(\cdot\mid z)$ 来重写条件（1）。用 η 代替 n，用 ρ 代替 p，用 z 代替 x/θ，我们可以把条件（1）写作：

$$\eta(z)=\underset{l\in[0,L)}{\operatorname{argmax}}\Big\{-H(l)+\int_{\Theta}\int_{Z}\int_{\Theta}V\left[\frac{\theta'z'l\rho(z)}{\tilde{\theta}z\rho(z')}\right]$$
$$\times G(\mathrm{d}\theta'\mid z')\pi(\mathrm{d}z')G(\mathrm{d}\tilde{\theta}\mid z)\Big\}$$

在假定 17.1 下，这个最大化问题的解是内部的，因而必满足一阶条件：

$$\eta(z)H'[\eta(z)] = \int_{\Theta}\int_{Z}\int_{\Theta} \frac{\theta'}{\tilde{\theta}}\eta(z')V'\left[\frac{\theta'}{\tilde{\theta}}\eta(z')\right]G(d\theta' \mid z')\pi(dz')G(d\tilde{\theta} \mid z) \tag{3}$$

其中条件（2）被用来消掉 ρ。

如我们在前几节中所做的，定义 $\zeta(l)=lH'(l)$ 及 $\phi(y)=yV'(y)$，并回忆在假定 17.1 下，ζ 是可逆的。于是利用条件（3）定义 $C(Z)$ 上的一个算子 T 为：

$$(Tf)(z) = \int_{\Theta}\int_{Z}\int_{\Theta}\phi\left[\frac{\theta'}{\tilde{\theta}}\zeta^{-1}(f(z'))\right]G(d\theta' \mid z')\pi(dz')G(d\tilde{\theta} \mid z) \tag{4}$$

显然，当且仅当 $f(z)=\zeta[\eta(z)]$ 为 T 的一不动点时 η 满足条件（3）。若相应于 $\eta=\zeta^{-1}[f]$ 的价格函数 ρ 是单调的，则一个不动点 f 对应于一个均衡。这样，寻找均衡的问题就简化为寻找式（4）中 T 的不动点，然后证明对应的价格函数可逆的问题。

寻找 T 的不动点的一种方法是如我们在命题 2 中所做的那样应用压缩映射定理。注意，这里所需的关于偏好的限制和那里所用的完全一样。

命题 6　令 H 和 V 满足假定 17.1 和假定 17.2；令 X，Θ，Ψ 和 G 满足假定 17.5；令 $Z=[\underline{x}/\bar{\theta}, \bar{x}/\underline{\theta}]$；如我们在练习 17.8 中所做的那样定义 Π 和 $G(\cdot \mid z)$，则式（4）中定义的算子 T 在 $C(Z)$ 中具有唯一不动点。

这个结果的证明类似于命题 2 的证明，但它并不完全是引理 17.2 的一个应用，因为这个经济的信息结构更为复杂，主要的步骤是：

1）找出一个闭的凸集合 $D\subset\mathbf{R}_{++}$ 使式（4）中定义的算子 T 将有界连续函数 f：$Z\to D$ 的空间 F 映射到它自身，如我们在命题 2 的证明中所做的那样定义 $\hat{D}$，$\hat{F}$ 和 $\hat{T}$。

2）如我们在引理 17.2 的证明中所做的那样应用均值定理来证明 $\hat{T}$ 是一个模为 β 的压缩。

我们将细节留作一个练习。

练习 17.9　完成命题 6 的证明。

命题 6 中所采取方法的一个备择是应用布劳威尔或绍德尔定理。这种备择方法允许我们省却假定 17.2，但同时也意味着我们得不到关于所要求形式的均衡唯一性的信息。然而，在这里绍德尔定理的应用比

17.5 节中更困难，因为——如下面的练习所表明的——假定 17.5 并不暗含假定 17.3 的类似结论成立。

练习 17.10 令 X，Θ，Ψ 和 G 满足假定 17.5，并令 Z，Π 和 $G(\cdot \mid z)$ 如练习 17.8 中那样设定。用例子证明若 $z_n \to z$，$\{G(\cdot \mid z_n)\}$ 依总变差范数可能不收敛于 $G(\cdot \mid z)$。

但假定 17.3 简单地就是一种达到目的的方法。对于手中的问题，存在证明等度连续性的另一种论证方式。为了说明它，我们考虑 x 和 θ 都服从均匀分布的特殊情形。

假定 17.6 G 和 Ψ 都是均匀分布。

命题 7 令 H 和 V 满足假定 17.1，并令 X，Θ，Ψ 和 G 满足假定 17.5 和假定 17.6，则 T 在 $C(Z)$ 中有一不动点。

这个结果的证明利用绍德尔定理，所以论证中的步骤类似于命题 4 的证明中的那些：

1）选取一个非空的闭的有界凸集 $D \subset \mathbf{R}_{++}$，并令 $F \subset C(Z)$ 是连续函数 f：$Z \to D$ 的空间。

2）证明 T：$F \to F$。

3）证明 T 是一个连续算子。

4）证明族 $T(F)$ 是等度连续的。

练习 17.11 完成第 1 步～第 3 步。

注意，假定 17.6 并没有简化这三步中的任何一步：在假定 17.5 下，它们可以很容易就能完成。$T(F)$ 是等度连续的证明（步骤 4）更困难，我们较为详细地写出证明过程。

首先，我们需要证明下面的预备性结果。

练习 17.12 令 X，Θ，Ψ 和 G 满足假定 17.5 和假定 17.6。证明 $G(\cdot \mid z)$是 $[a(z), b(z)]$ 上的均匀分布，其中：

$$a(z) = \max\{\underline{x}/z, \underline{\theta}\} \text{ 和 } b(z) = \min\{\bar{x}/z, \bar{\theta}\} \tag{5}$$

接下来，注意对任何 $f \in F$，我们可以定义函数 ϕ_f：$\Theta \to D$ 为：

$$\phi_f(\tilde{\theta}) = \int_Z \int_\Theta \phi\left(\frac{\theta'}{\tilde{\theta}} \zeta^{-1}[f(z')]\right) G(\mathrm{d}\theta' \mid z') \pi(\mathrm{d}z')$$

于是由式（4）和练习 17.12 立即可推得：

$$(Tf)(z) = \frac{1}{b(z) - a(z)} \int_{a(z)}^{b(z)} \phi_f(\hat{\theta}) \mathrm{d}\hat{\theta}, \text{若 } z \in (\underline{z}, \bar{z}) \tag{6a}$$

$$(Tf)(\underline{z}) = \phi_f(\bar{\theta}) \text{ 和 } (Tf)(\bar{z}) = \phi_f(\underline{\theta}) \tag{6b}$$

为了证明 $T(F)$是一个等度连续族，我们将证明对每个 $f \in F$，Tf

是分段连续可微的，并证明在这些导数上存在一个——关于 $T(F)$ 中所有函数一致的——界限。这样，每个函数 Tf 都是利普希茨的，且存在一个利普希茨常数对 $T(F)$ 中所有函数一致成立。下面的练习对所有 $f\in F$ 证明 ϕ_f 的导数上的一个一致界限，它在这一点上将是有帮助的。

练习 17.13　证明存在 $0<B<\infty$ 使得对所有 $\theta\in\Theta$ 及所有 $f\in F$，有：

$$|\phi'_f(\theta)|<B$$

接下来定义集合 $\hat{Z}=Z-\{\underline{x}/\bar{\theta},\ \bar{x}/\underline{\theta},\ \underline{x}/\underline{\theta},\ \bar{x}/\bar{\theta}\}$，由式（6a）可得对任何 $f\in F$，Tf 在 $\bar{Z}$ 上是可微的，且对所有 $z\in Z$ 有：

$$(Tf)'(z)=\frac{\{\phi_f[b(z)]-(Tf)(z)\}b'(z)-\{\phi_f[a(z)]-(Tf)(z)\}a'(z)}{b(z)-a(z)} \tag{7}$$

证明的余下部分由证明这个导数在 Z 的三个子区间的每一个区间上满足一个利普希茨条件所构成。若 $\underline{x}/\bar{\theta}<\bar{x}/\bar{\theta}$，如图 17.5 所示，这三个区间是：

$$I_1=(\underline{x}/\bar{\theta},\ \underline{x}/\underline{\theta}),\ I_2=(\underline{x}/\underline{\theta},\ \bar{x}/\bar{\theta}),\ I_3=(\bar{x}/\bar{\theta},\ \bar{x}/\underline{\theta})$$

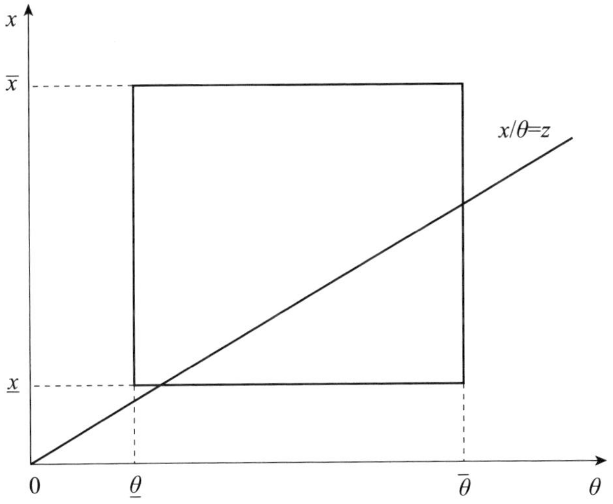

图 17.5

若 $\underline{x}/\underline{\theta}>\bar{x}/\bar{\theta}$，反转 $\underline{x}/\underline{\theta}$ 和 $\bar{x}/\bar{\theta}$ 的角色，而若 $\underline{x}/\underline{\theta}=\bar{x}/\bar{\theta}$，仅存在两个区间。

首先，考虑当 z 趋近端点值 $\underline{z}=\underline{x}/\bar{\theta}$ 时导数的极限值。注意在此邻域中 $b(z)=\bar{\theta}$，且当 $z\to\underline{x}/\bar{\theta}$ 时 $a(z)\to\bar{\theta}$，因而当 $z\to\underline{x}/\bar{\theta}$ 时式（7）中的分母趋于零。此外，当 $z\to\underline{x}/\bar{\theta}$ 时，$\phi_f[a(z)]\to\phi_f(\bar{\theta})$ 且 $(Tf)(z)\to\phi_f(\bar{\theta})$，因

而式（7）中的分子也趋于零。这样，应用洛必达法则，我们得到：

$$\lim_{z\to \underline{x}/\bar{\theta}}(Tf)'(z)=\lim_{z\to \underline{x}/\bar{\theta}}\{\phi'_f[a(z)]a'(z)-(Tf)'(z)\}$$

所以有：

$$|(Tf)'(\underline{x}/\bar{\theta})|=|\phi'_f[a(\underline{x}/\bar{\theta})]a'(\underline{x}/\bar{\theta})|/2\leqslant B\bar{\theta}^2/2\underline{x}$$

其中 B 是在练习 17.13 中证明的界限，因而当 $z\to\underline{x}/\bar{\theta}$ 时，$(Tf)'(z)$ 是有界的，当 $z\to\bar{x}/\underline{\theta}$ 时，一个完全类似的论证成立。

接下来，考虑 z 自下趋于$\underline{x}/\underline{\theta}$ 的情形，即 $z\uparrow\underline{x}/\underline{z}$。当我们利用$a(z)$ 和 $b(z)$的左导数时，(Tf)在 $z=\underline{x}/\underline{\theta}$ 的左导数由式(6a)给出。其中所用的两个导数是：

$$\lim_{z\uparrow \underline{x}/\underline{\theta}}a'(z)=\lim_{z\uparrow \underline{x}/\underline{\theta}}(-\underline{x}/z^2)=-\underline{\theta}^2/\underline{x}$$

$$\lim_{z\uparrow \underline{x}|\underline{\theta}}b'(z)=0$$

因而（Tf）在 $z=\underline{x}/\underline{\theta}$ 的左导数是：

$$(Tf)'(z)=\frac{\{\theta_f[a(z)]-(Tf)(z)\}a'(z)}{b(z)-a(z)}$$

这是有界的。

当 z 自上趋于$\underline{x}/\underline{\theta}$ 及当它自上和自下趋于 $\bar{x}/\bar{\theta}$ 时，类似的论证成立。因而 Tf 满足利普希茨条件，且对所有 $f\in F$ 有一个一致的利普希茨常数。可推得 $T(F)$ 是等度连续的，这就完成了命题 7 的证明。

若 Z 是一个有限集合，命题 7 利用布劳威尔定理的类似命题也能被提出，证明仅包含步骤 1～步骤 3，且在其他方面和命题 7 的证明是一样的。

最后，考虑单调性的问题。如在上个模型中所见的，若假定 17.4 也成立，则 T 是单调的，证明类似于命题 5 的证明，我们不再重复它。然而，如前边提到的，证明 T 单调所需的假定几乎和保证 $\hat{T}$ 为一压缩所需的假定同样强，且在某些方面要更强。

到此为止，我们已考虑了证明函数方程（3）的一个解 η 的存在性的各种论证方式。然而，证明一个竞争性均衡的存在性还需要另一个步骤。

如本节前面提到的，满足式（3）的一个函数 η 仅当对应的价格函数$\rho(z)=z/\eta(z)$ 严格递增时才对应于此经济模型的一个均衡，我们关于存在性论证的任何一个都不能保证这一点。我们最后的结果证明，若除了命题 6 或命题 7 的假设外，偏好还满足假定 17.4，则对应于式（3）的任何解 η 的价格函数 ρ 是单调的。虽然发现终究还需要假定 17.4 是令人失望的，但对这种特别模型单调性的研究提供了在已证明存在性后类似于式（3）的方程能用来刻画解的这种方法的一个好的说明。

命题 8　令 H 和 V 满足假定 17.1 和假定 17.4，并令 X，Θ，Ψ 和 G 满足假定 17.5。令 η 是式（3）的一个解，并令 $\rho(z)=z/\eta(z)$，则 ρ 是严格递增的。

为了证明这个结果，如下定义函数 ξ：$\Theta\rightarrow D$ 和 J：$(\underline{z}, \bar{z})\rightarrow D$ 是有帮助的：

$$\xi(\theta)=\int_Z\int_\Theta \phi\left[\frac{\theta'}{\theta}\eta(z')\right]G(\mathrm{d}\theta' \mid z')\pi(\mathrm{d}z')$$

$$J(z)=\frac{1}{b(z)-a(z)}\int_{a(z)}^{b(z)}\xi(\theta)\mathrm{d}\theta$$

其中 $a(z)$ 和 $b(z)$ 如式（5）中所定义的。式（3）可用函数 J 重新表述为，对所有 $z\in Z$，有：

$$\eta(z)H'[\eta(z)]=J(z)$$

我们把证明的剩余部分留作一个练习。

练习 17.14　a. 证明当且仅当 $z\eta'(z)/\eta(z)<1$ 时 ρ 是严格递增的。

b. 证明若 $zJ'(z)/J(z)<1$，则 $z\eta'(z)/\eta(z)<1$。

c. 证明假定 17.1 和假定 17.4 一起意味着：

$$0\leqslant\frac{y\phi'(y)}{\phi(y)}\leqslant 1$$

因而有：

$$-1\leqslant\frac{\theta\xi'(\theta)}{\xi(\theta)}\leqslant 0$$

[提示：回忆在引理 17.2 的证明中所用的函数 w。]

d. 证明

$$-1\leqslant\frac{\theta\xi'(\theta)}{\xi(\theta)}\leqslant 0 \text{ 意味着 } \frac{zJ'(z)}{J(z)}\leqslant 1$$

[提示：利用 c 部分暗含 $\theta\xi(\theta)$ 关于 θ 递增的事实。]

这样，为了证明式（3）的一个解为一个均衡，我们终究还需要加上假定 17.4。由于假定 17.2 即应用压缩映射定理所需的限制是那个假设的一个非常适度的强化，故命题 7 最后没有什么实际上的重要性。注意，我们得到这样的结论是因为我们曾假定经济主体关于比率 x/θ 的信息的唯一来源是他们对价格 $\rho(x/\theta)$ 的观察。换言之，如果我们想象每个经济主体被简单地给出关于 x/θ 的当期信息，则函数方程（3）的任何解都可以解释为一个均衡。

17.7 文献注释

布劳威尔定理在一个非货币世代交迭模型中的应用见 Labadie (1984)，它非常类似于 17.3 节中的应用。17.6 节中的模型改编自 Lucas (1972)。

有几种完全不同的方法来证明布劳威尔定理，基于单形的证明可在 Burger (1963, Appendix) 或 Border (1985, chap. 6) 的研究中找到。一个非常直观但利用一些拓扑的证明在 Milnor (1965, pp. 13 - 15) 的研究中给出。Hutson and Pym (1980) 提供了对绍德尔定理的一个讨论和证明，以及对单调算子的一个精密论述。Istratescu (1981, chap. 5) 的研究也包含绍德尔定理的一个证明及一些推广。Zeidler (1986) 对不动点定理（第一卷）和单调算子（第二卷）进行了一个详细的论述。

贯穿本章，我们将注意力限制于递归竞争性均衡，若我们一直论述两个福利定理于其中成立的经济，则这种限制将是无关痛痒的。这种系统的竞争性均衡分配集合恰好就是社会计划者问题的解集，所以 4.1 节和 9.1 节中证明单一经济主体决策问题递归与序列公式之间等价性的结果仍然适用。然而，对于福利定理失效的系统，这种等价性不一定成立。我们在本章中研究的货币经济及下一章将研究的征税经济都属于这一类。对于这类经济，按序列方式定义竞争性均衡——甚至在一较大状态空间中递归定义它——可能导致一个较大的均衡集合。关于在更广泛定义下可能的某种均衡行为的例子，见 Cass and Shell (1983), Kehoe and Levine (1985) 及 Muller and Woodford (1988) 等人的研究。

第18章　带有扭曲的系统中的均衡

在第17章中，我们介绍了几个不动点论证，并表明它们可以如何用来证明在经济作为整体并不解决一个最优化问题这种情形中均衡的存在性。如在那里提到的，这些论证用于竞争性均衡分配的情形而不是帕累托最优，因而不能通过分析相关的帕累托问题来研究。

在本章我们并不介绍任何新的不动点定理，而是进一步说明第17章的定理可以如何应用。回想在第17章研究的两个具体经济中，唯一的状态变量是外生冲击。在本章中，我们表明类似的论证可以如何用于具有内生状态变量的模型中。特别地，我们考虑一个增长模型，在其中反常的税收破坏了帕累托最优与竞争性均衡分配之间的联系。(第17章中考虑的经济是世代交迭模型，下面将要考虑的这些模型具有相同的无限生存的经济主体，但对我们的目的来说这不是关键的区别。内生状态变量的存在性才使得本章的论证复杂化。)

回忆(参见5.1节和16.1节)对于无税收的最优增长模型，动态规划技术可以用来直接刻画竞争性均衡。由于竞争性均衡分配是帕累托最优的，故这个经济暗含地解决最大化代表性消费者效用的问题。这样，在这种情形中刻画竞争性均衡的一个简单方法是明确求解这个最大化问题。

在存在税收、外部性或其他扭曲的情况下，这类方法失效。此外，不存在任何单一的分析方法适用于所有扭曲的经济。相反地，存在大量方法，其中任何一种在某一具体应用中可能有用也可能无用。在接下来的三节中，我们说明三种可能有用的可选论证方式并讨论每一种的优点和缺点。

在 18.1 节中，我们详细描述全章始终要用的带有扭曲税收的增长模型，且我们表明，对于某类税收来说，扭曲（征税的）经济的竞争性均衡解决一完全假设的“拟经济”（pseudo-economy）的计划问题。在这种情形中，可以使用第 4 章的各种方法，即使税收原因导致了帕累托最优和竞争性均衡分配之间的偏差。

不幸的是，18.1 节的间接拟经济方法只有非常有限的应用性。在 18.2 节和 18.3 节中，我们考察两种证明在征税经济中竞争性均衡存在性的其他方法，它们在拟经济方法不再适用时是有帮助的。这两种方法都基于对代表性消费者的动态最优化问题一阶条件的直接分析，第一种是利用压缩映射定理的局部分析，第二种是利用绍德尔不动点定理和定理 17.7 单调性结果的全局分析。

18.1 一种间接方法

假定存在许多消费者，所有消费者都有由当期效用函数 U 和贴现因子 β 描述的完全相同的偏好。令 f 表示生产函数（折旧后资本的总函数），则最优计划经济的函数方程是：

$$v(k)=\max_{y}\{U[f(k)-y]+\beta v(y)\} \tag{1}$$

令 g 是对应于函数方程（1）的最优策略函数。若所有消费者只要在人均资本存量等于 k 时都采用人均储蓄 $g(k)$、消费 $f(k)-g(k)$ 的策略，则代表性消费者的总贴现效用达到最大化。即 g 描述了一个帕累托最优分配，其中所有消费者被赋予相等的权重。

如 16.1 节表明的，这个分配也描述了所有消费者具有相等初始资本的经济的竞争性均衡。即若所有消费者有相等的资本禀赋，则在唯一竞争性均衡中，只要人均资本存量为 k，每个消费者都储蓄 $g(k)$ 和消费 $f(k)-g(k)$。

为了直接地理解这种联系，注意在此经济中每个经济主体都可看成求解一个动态规划问题。具体地，考虑一个经济主体所面临的问题，他预期经济中所有其他经济主体都将利用由函数 g 所描述的储蓄规划。还假设这个特定的经济主体始于初始资本持有 x，而经济中其他所有经济主体始于初始资本持有 k。这个经济主体必须选取其当期消费 c 和期末资产 y，使它们的和小于其工资收入 $f(k)-kf'(k)$ 与其资产收入

$xf'(k)$之和。因而其效用的最大的现期贴现值由满足如下函数方程的价值函数 $V(x, k; g)$ 所描述：

$$V(x, k; g)=\max_{y}\{U[f(k)+(x-k)f'(k)-y] + \beta V[y, g(k); g]\} \tag{2}$$

称这个问题的策略函数为 $G(x, k; g)$，其中的记号强调个人的价值，及行动依赖于状态（x，k）和他预期其他人行为的方式 g。

如上面所提到的，对这个经济而言，帕累托最优和竞争性均衡分配是一致的。此外，若所有经济主体在社会福利函数中得到相等的权重，或在竞争性经济中若所有经济主体始于相同的资本禀赋，则所有经济主体在随后任一期中也有相等的消费和相等的资本持有。所以，给定满足式（1）的唯一价值函数 v 和相应的策略函数 g，则对任何 k 来说，满足式（2）的唯一价值函数 $V(\cdot, \cdot; g)$和相应的策略函数 $G(\cdot, \cdot; g)$ 也满足 $V(k, k; g)=v(k)$ 和 $G(k, k; g)=g(k)$。

练习 18.1　证明：

$$V(k, k; g)=v(k) \text{ 和 } G(k, k; g)=g(k)$$

在本节余下部分及随后各节中，我们考虑对这个模型的修改，这由引入统一税率的税收及相应的政府支出方案得到。首先，考虑在资本收入上存在统一税率 $\theta\in(0, 1)$ 的情形，这种收入以一次补贴的形式返还给消费者。[这里收入一词的用法相当令人误解，由于 $f(k)$ 包括未折旧资本，故对于一期资本出租利润和期末未折旧资本剩余而征税。实际上，后者要大得多，所以把我们这里所用的税收考虑成财产税可能更精确。] 于是，消费者包括一次补贴的税后收入是 $f(k)+(1-\theta)(x-k)f'(k)$，且其函数方程是：

$$W(x, k; g) = \max_{y}\{U[f(k) + (1-\theta)(x-k)f'(k) - y] + \beta W[y, g(k); g]\} \tag{3}$$

显然，函数 $V(\cdot, \cdot; g)$ 并不满足式（3），因而后者的消费者策略函数不是 $G(\cdot, \cdot; g)$，即使我们限制注意力于 $x=k$ 的情形也是如此。即来自最优增长模型的储蓄函数 g 并不描述征税经济中的竞争性均衡储蓄。

相反，征税经济的均衡是经济作为总体的一个总量储蓄函数 h，以及对同样的 k 满足 $H(k, k; h)=h(k)$ 的个人的一个最优策略函数 $H(\cdot, \cdot; h)$。即在均衡中，代表性经济主体按其他任何人的方式去做必定是最优的。为了构造一个均衡，我们猜测代表性消费者的储蓄函数是一个连续函数——称它为 h。于是此经济中典型经济主体所面临的最优化问题由式（3）给出，但要用 h 代替 g。于是这个问题的一阶和包络条件是：

$$U'[f(k)+(1-\theta)(x-k)f'(k)-H(x,k;h)] \\ =\beta W_1[H(x,k;h),h(k);h] \tag{4}$$

$$W_1(x,k;h) \\ =(1-\theta)f'(k)U'[f(k)+(1-\theta)(x-k)f'(k) \\ -H(x,k;h)] \tag{5}$$

定义 $\phi(k)=W_1(k,k;h)$。在均衡中，有 $x=k$ 和 $H(k,k;h)=h(k)$，所以条件(4)和条件(5)意味着：

$$U'[f(k)-h(k)]=\beta\phi[h(k)] \tag{6}$$

$$\phi(k)=(1-\theta)f'(k)U'[f(k)-h(k)] \tag{7}$$

这两个方程构成了关于未知函数 h 和 ϕ 的一对函数方程。若能得到一个解，函数 $W(\cdot,\cdot;h)$ 和 $H(\cdot,\cdot;h)$ 可用式（3）得到。

在 18.2 节和 18.3 节，我们考虑直接由式（6）和式（7）获取解（h，ϕ）的两种不同方法。我们称这样的方法为**直接方法**（direct method）。然而，对于这里所研究的特别的财政政策，式（6）和式（7）可以解释为一假想计划问题的一阶条件和包络条件。在此情形中，简单地利用这个事实导出刻画均衡的一种很容易的**间接方法**（indirect method）。

考虑具有如上所述偏好和技术，但无征税且贴现率为 $\hat{\beta}=(1-\theta)\beta$ 的经济。对此经济来说，竞争性均衡满足动态规划问题：

$$w(k)=\max_y\{U[f(k)-y]+\hat{\beta}w(y)\} \tag{8}$$

在标准的假定下，存在唯一的函数 w 满足式（8），且 w 和相应的最优策略函数 $\hat{h}$ 都由如下一阶条件和包络条件完全刻画：

$$U'[f(k)-\hat{h}(k)]=\hat{\beta}w'[\hat{h}(k)] \tag{9}$$

$$w'(k)=f'(k)U'[f(k)-\hat{h}(k)] \tag{10}$$

现在将式(6)和式(7)与式(9)和式(10)相比较。显然，函数对 $\phi(k)=(1-\theta)w'(k)$ 和 $h(k)=\hat{h}(k)$ 满足式(6)和式(7)。由于函数 w 和 $\hat{h}$ 很容易用第 4 章的方法得到，因此这种间接方法是获取式(6)和式(7)的解的一个简单途径。

从上面的分析也能清楚看出，除非征税收入返还给消费者，否则这种方法行不通。若它们是不退税的，则没有简单地处理一阶条件的其他可选方法，这些方法是接下来两节的主题。

练习 18.2　考虑一个增长模型，其对资本收入的税率为 θ，征税所得收入作为一次补贴返还给消费者，对所有收入的税率为 α，不考虑征税所得收入。证明因征税所扭曲的经济如生产函数为 $F(k)=(1-\alpha)f(k)$ 且贴现因子为 $\hat{\beta}=\beta(1-\theta-\alpha)/(1-\alpha)$ 的无扭曲经济那样运行。

18.2　基于一阶条件的局部方法

在上一节描述的间接方法失效的情形中，需要一个对一阶条件的直接处理。在本节中，我们寻找一个这种方法，即一个与 6.4 节中提出的欧拉方程局部分析密切相关的方法。在 18.3 节中，我们采用一种不同的方式，即涉及全局分析的方法。我们考虑 18.1 节中研究的确定性单部门模型的征税问题，而在本节和下一节中我们假定征税收入并不返还给消费者。

假设不考虑对资本征税所得的收入，则定义税后收入函数 $\psi(k)=f(k)-\theta kf'(k)$ 是合适的，于是上节中均衡条件（6）和（7）的类似条件是：

$$U'[\psi(k)-g(k)]=\beta\phi[g(k)] \tag{1}$$

$$\phi(k)=(1-\theta)f'(k)U'[\psi(k)-g(k)] \tag{2}$$

这些方程和早先一对方程的不同只在于私人部门可支配收入是 $\psi(k)$ 而非 $f(k)$。这个经济的竞争性均衡由储蓄函数 g 及满足条件(1)和条件(2) 的资本的边际价值函数 ϕ 所描述。我们在如下对偏好、技术和税收的限制下继续进行。

假定 18.1

a. $\beta\in(0,1)$；

b. U：$\mathbf{R}_+\to\mathbf{R}$ 是二次连续可微、严格递增和严格凹的；

c. $\theta\in(0,1)$；

d. f：$\mathbf{R}_+\to\mathbf{R}_+$ 是二次连续可微、严格递增和严格凹的，且有 $f(0)>0$ 及 $\lim_{k\to 0}f'(k)>1/\beta(1-\theta)$；

e. 对某个 $\bar{k}>0$，$\psi(k)-k=f(k)-\theta kf'(k)-k$ 在$(0,\bar{k})$上严格正而在$(\bar{k},\infty)$上严格负。

假定 18.1 的 d 部分用来保证资本存量在长期中不收敛于零，而 e

部分用来保证它在长期中保持有界，值 $\bar{k}$ 是税后收入中最大的可维持资本存量，且 e 部分保证维持任何较少的正资本存量并同时拥有正消费是可能的。我们在区间 $K=[0, \bar{k}]$ 上寻找解 g 和 ϕ。

对 $x \in K$，$y \in [0, \psi(x)]$ 和 $z \in [0, \psi(y)]$，定义函数：

$$F(x, y, z) = U'[\psi(x) - y] - \beta(1-\theta) f'(y) U'[\psi(y) - z] \quad (3)$$

其中右边是在条件（1）和条件（2）中通过用 y 代替 $g(x)$、用 z 代替 $g^2(x) = g[g(x)]$，并在方程中消掉 ϕ 获得的。以 F 来描述，一个竞争性均衡是对所有 $k \in K$ 满足下式的函数 g：

$$F[k, g(k), g^2(k)] = 0 \quad (4)$$

具有由条件（1）或条件（2）定义的 ϕ。这样，方程（4）是未知函数 g 的一个单一方程。[注意，F 也可看成定义一个二阶差分方程 $F(k_t, k_{t+1}, k_{t+2})=0$，这可用第 6 章的方法进行研究。]

我们第一个结果描述未知函数 g 的平稳点。

命题 1 若 g 是满足方程（4）的一个连续函数，则 g 确切地有一个平稳点，即如下定义的值 k^*：

$$1 = \beta(1-\theta) f'(k^*) \quad (5)$$

证明 令 $g: K \to K$ 为满足方程（4）的一个连续函数；则布劳威尔不动点定理（定理 17.3）暗示 g 有至少一个平稳点。为了理解平稳点是唯一的，假设 g 在 k^* 处有平稳点，则有：

$$\begin{aligned} 0 &= F[k^*, g(k^*), g^2(k^*)] \\ &= F(k^*, k^*, k^*) \\ &= U'[\psi(k^*) - k^*] - \beta(1-\theta) f'(k^*) U'[\psi(k^*) - k^*] \end{aligned}$$

所以 k^* 必须满足式（5）。假定 18.1 的 d 部分暗示存在唯一值 k^* 具有这个性质。■

由于我们将对方程（4）的解的搜寻限制于连续函数，故我们可以——不会造成进一步的一般性损失——将注意力限制于在 k^* 处有一平稳点的函数上。

用由式（5）定义的 k^* 定义多项式函数：

$$P(\lambda) = F_1^* + F_2^* \lambda + F_3^* \lambda^2$$

其中 $F_i^* = F_i(k^*, k^*, k^*)$，$i=1, 2, 3$。以 U 和 f 来表示，这些导数是：

$$F_1^* = U''(c^*)[\beta^{-1} - \theta k^* f''(k^*)] \quad (6a)$$

$$F_2^* = -U''(c^*)[1 + \beta^{-1} - \theta k^* f''(k^*)] - \beta(1-\theta) f''(k^*) U'(c^*) \quad (6b)$$

$$F_3^* = U''(c^*) \quad (6c)$$

其中 $c^*=\psi(k^*)-k^*$ 是平稳消费。由式(6)很容易证明 $P(0)<0$，$P(1)>0$ 和 $\lim_{\lambda\to\infty}P(\lambda)<0$。因而 P 有两个实根，一个在 0 和 1 之间，而另一个大于 1，称较小的根为 λ^*。很容易证明 $P(F_1^*/F_3^*)>0$，所以 $\lambda^*<F_1^*/F_3^*$。

接下来注意，由于 $F_2^*>0$，故由隐函数定理可推得存在一开矩形 $I\times I$ 包含（k^*，k^*）以及一连续可微函数 H：$I\times I\to\mathbf{R}_+$ 对所有（x，z）$\in I\times I$ 满足：

$$F[x,\ H(x,\ z),\ z]=0 \tag{7}$$

令 $C(I)$ 为具有上确界范数的有界连续函数 h：$I\to\mathbf{R}$ 的空间，对所有 $k\in I$ 定义 $C(I)$ 上的算子 T 为：

$$(Th)(k)=H[k,\ h^2(k)] \tag{8}$$

显然，不动点 T 是方程（4）在 I 上的解。

本节余下部分组织如下。首先我们证明，对某个集合 $I'\subseteq I$ 和某个集合 $D\subseteq C(I')$，算子 T 将 D 映射到它自身，这就是命题 2。然后在命题 3 中，我们证明 T 是 D 上一个压缩映射，因而具有唯一的不动点。在命题 4 中我们提出这个不动点的一个更鲜明的特征。

对任何 $\varepsilon>0$，定义区间 $I_\varepsilon=[k^*-\varepsilon,\ k^*+\varepsilon]$。然后，对任何 $\lambda\in(0,\ 1)$，定义 $D_\lambda(I_\varepsilon)$ 是 I_ε 上在 k^* 处具有平稳点且满足具有常数 λ 的利普希茨条件的连续函数集合：

$$D_\lambda(I_\varepsilon)=\{h\in C(I_\varepsilon):h(k^*)=k^*,\text{且对所有 }k,\ k'\in I_\varepsilon,\text{ 有 }|h(k)-h(k')|\leqslant\lambda|k-k'|\}$$

注意，由于 $h(k^*)=k^*$ 及 $0<\lambda<1$，故可推得，对所有 $h\in D_\lambda(I_\varepsilon)$，有 h：$I_\varepsilon\to I_\varepsilon$。于是我们有如下结果。

命题 2　令 β, U, θ 和 f 满足假定 18.1，并令 F，k^*，λ^*，I 和 H 定义如上。对任何 $\lambda\in(\lambda^*,\ 1)$，存在某个 $\varepsilon>0$ 使得 $I_\varepsilon\subset I$ 及 T：$D_\lambda(I_\varepsilon)\to D_\lambda(I_\varepsilon)$，其中 T 是式（8）中定义的算子。

证明　选取 $\lambda\in(\lambda^*,\ 1)$。首先注意到对任何 $\varepsilon>0$ 的选择，H 的连续性直接意味着 Th 对所有 $h\in D_\lambda(I_\varepsilon)$ 是连续的。此外，由于 $F(k^*,k^*,k^*)=0$，故对所有 $h\in D_\lambda(I_\varepsilon)$，也可直接得到 $(Th)(k^*)=k^*$。所以，证明对 ε 的一个适当选择所要求的利普希茨条件成立即可。

由于 $\lambda\in(\lambda^*,\ 1)$，故可推得：

$$P(\lambda)=F_1^*+F_2^*\lambda+F_3^*\lambda^2>0$$

然后，由于 H 在（k^*，k^*）处的导数是 $H_1^*=-F_1^*/F_2^*>0$ 和

$H_2^* = -F_3^*/F_2^* > 0$，故还可以推得：

$$H_1^* + H_2^* \lambda^2 = -\frac{1}{F_2^*}(F_1^* + F_3^* \lambda^2) < \lambda$$

因而存在某个 $m_1 > H_1^*$ 和 $m_2 > H_2^*$ 使 $m_1 + m_2\lambda^2 < \lambda$。然后，由于 H_1 和 H_2 在 I 上都是连续的，故存在某个 $\varepsilon > 0$，使 $I_\varepsilon \subset I$ 及对所有 $(x, z) \in I_\varepsilon \times I_\varepsilon$，有：

$$0 < H_1(x, z) \leqslant m_1 \text{ 和 } 0 < H_2(x, z) \leqslant m_2$$

选取任何 $h \in D_\lambda(I_\varepsilon)$，则对任何 k，$k' \in I_\varepsilon$ 有：

$$\begin{aligned} |(Th)(k) - (Th)(k')| &= |H[k, h^2(k)] - H[k', h^2(k')]| \\ &\leqslant m_1 |k - k'| + m_2 |h^2(k) - h^2(k')| \\ &\leqslant m_1 |k - k'| + m_2\lambda |h(k) - h(k')| \\ &\leqslant (m_1 + m_2\lambda^2) |k - k'| \\ &\leqslant \lambda |k - k'| \end{aligned}$$

其中第三行利用了 $h \in D_\lambda(I_\varepsilon)$ 的事实。因此，Th 满足所要求的利普希茨条件，这正是要证明的。■

命题 2 表明对任何 $\lambda \in (\lambda^*, 1)$，存在一个包含 k^* 的区间 I_ε 使得 $T: D_\lambda(I_\varepsilon) \to D_\lambda(I_\varepsilon)$。我们下一项任务是证明对某个这种二元组 (λ, I_ε)，T 在 $D_\lambda(I_\varepsilon)$ 中有一个不动点。在第 17 章中我们提出存在（至少）三种完成此任务的可能论证：绍德尔不动点定理（定理 17.4）、单调性结果（定理 17.7）和压缩映射定理（定理 3.2）。

首先考虑绍德尔定理的应用。注意 I_ε 是一有界集，且 $D_\lambda(I_\varepsilon) \subset C(I_\varepsilon)$ 是非空、闭、有界和凸的。此外，$D_\lambda(I_\varepsilon)$ 本身是一等度连续族。根据命题 2，需要证明的仅剩 T 作为一个算子是连续的。这个证明并不困难，我们将其留作一个练习。

练习 18.3　令假定 18.1 成立，并令 $\lambda \in (\lambda^*, 1)$。如我们在命题 2 的证明中所做的那样定义 $I_\varepsilon > 0$ 以使 $T: D_\lambda(I_\varepsilon) \to D_\lambda(I_\varepsilon)$。证明算子 T 是连续的。

接下来考虑定理 17.7 的应用。由于 T 是连续的，故证明 T 是单调的且存在某个 $h_0 \in D_\lambda(I_\varepsilon)$ 使得 $h_0 \leqslant Th_0$ 或者 $h_0 \geqslant Th_0$ 即可。这也是很简单的，且我们将其留作一个练习。

练习 18.4　a. 令假定 18.1 成立，并令 $\lambda \in (\lambda^*, 1)$。如我们在命题 2 的证明中所做的那样定义 $I_\varepsilon > 0$ 以使 $T: D_\lambda(I_\varepsilon) \to D_\lambda(I_\varepsilon)$。证明算子 T 是单调的。

b. 证明函数 $\lim T^n \underline{h}$ 和 $\lim T^n \bar{h}$ 都是 T 的不动点，其中对所有 $k \in$

I_ε，$\underline{h}(k)=k^*-\varepsilon$ 且 $\bar{h}(k)=k^*+\varepsilon$。

最后，我们有下面的结果，它表明对 λ 和 I_ε 的一适当选择，T 是 $D_\lambda(I_\varepsilon)$ 上的一个压缩映射。

命题 3　令 β，U，θ 和 f 满足假定 18.1，并令 F，k^*，λ^*，I 和 H 定义如前。对任何 $\lambda\in(\lambda^*, 1)$，存在 $\varepsilon>0$ 使得 T 为 $D_\lambda(I_\varepsilon)$ 上的一个压缩。

证明　固定 $\lambda\in(\lambda^*, 1)$，并如我们在命题 2 的证明中所做的那样定义 m_1 和 m_2。然后，注意由于 $\lambda^*<F_1^*/F_3^*$ 及 $H_2^*=-F_3^*/F_2^*$，故可推得：

$$H_2^*(1+\lambda^*)<-(F_1^*+F_3^*)/F_2^*<1$$

其中第二个不等式利用式（6）中的表达式。因而我们可以选取 $\delta<1$ 及 $\hat{m}_2>H_2^*$ 使 $\hat{m}_2(1+\lambda^*)<\delta$。令 $M_2=\min\{m_2, \hat{m}_2\}$ 并选取 $\varepsilon>0$ 使 $I_\varepsilon\subseteq I$，且使对所有 $(x, z)\in I_\varepsilon\times I_\varepsilon$，有：

$$H_1(x,z)<m_1 \text{ 和 } H_2(x,z)<M_2$$

由于 H_2 是连续的，故这个选取是可能的。我们将证明 T 是 $D_\lambda(I_\varepsilon)$ 上模为 δ 的一个压缩。

如在命题 2 的证明中表明的，T：$D_\lambda(I_\varepsilon)\to D_\lambda(I_\varepsilon)$。为了证明 T 是以 δ 为模的压缩，选取任何 h，$\hat{h}\in D_\lambda(I_\varepsilon)$，则对所有 $k\in I_\varepsilon$，有：

$$\begin{aligned}
&|(Th)(k)-(T\hat{h})(k)|\\
&=|H[k, h^2(k)]-H[k, \hat{h}^2(k)]|\\
&\leqslant M_2|h^2(k)-\hat{h}^2(k)|\\
&\leqslant M_2\{|h[h(k)]-\hat{h}[h(k)]|+|\hat{h}[h(k)]-\hat{h}[\hat{h}(k)]|\}\\
&\leqslant M_2\{\|h-\hat{h}\|+\lambda|h(k)-\hat{h}(k)|\}\\
&\leqslant M_2(1+\lambda)\|h-\hat{h}\|\\
&\leqslant \delta\|h-\hat{h}\|
\end{aligned}$$

由于 h 和 $\hat{h}$ 是任意的，故可推得所要求的结果。■

由于具有上确界范数的 $D_\lambda(I_\varepsilon)$ 是一完备度量空间，故命题 3 和压缩映射定理一起意味着 T 在 $D_\lambda(I_\varepsilon)$ 中唯一不动点的存在性。这个函数——称其为 g——是函数方程（4）在区间 I_ε 上的一个解。它是以 k^* 为一平稳点且满足具有常数 $\lambda\in(\lambda^*, 1)$ 的利普希茨条件的函数类中的唯一解。

注意，除了证明一个均衡储蓄函数 g 的存在性外，命题 2 和命题 3 还暗示了 k^* 的局部稳定性。由于 T 的不动点满足 $g(k^*)=k^*$ 及对所有 k，$k'\in I_\varepsilon$ 有 $|g(k)-g(k')|\leqslant\lambda|k-k'|$，故对满足 $k_0\in I_\varepsilon$ 的

$k_{t+1}=g(k_t)$的所有解，有 $\lim_{t\to\infty}k_t=k^*$。

下一个结果提供了均衡储蓄和消费函数的一个更鲜明的特征，其证明基于压缩映射定理的推论 1。

命题 4 令假定 18.1 成立，令（λ，I_ε）是使 T 为 $D_\lambda(I_\varepsilon)$ 上一个压缩的任何二元组，并令 g 是 T 在 $D_\lambda(I_\varepsilon)$ 中的唯一不动点。则 g 在 I_ε 上是严格递增的。

证明 假设 T 是 $D_\lambda(I_\varepsilon)$上的一个压缩。令 $D'_\lambda(I_\varepsilon)$是 $D_\lambda(I_\varepsilon)$的包含非递减函数 h 的子集，显然 $D'_\lambda(I_\varepsilon)$是闭的。令 $D''_\lambda(I_\varepsilon)$是 $D'_\lambda(I_\varepsilon)$的包括严格递增函数 h 的子集。由压缩映射定理(定理 3.2)的推论 1 知，需证明$T[D'_\lambda(I_\varepsilon)]\subseteq D''_\lambda(I_\varepsilon)$。即证明若 h 是非递减的，则 Th 是严格递增的即可。

为了理解这一点，注意由式（7）和式（8）可推得 Th 对所有 $k\in I_\varepsilon$ 满足：

$$F[k,(Th)(k),h^2(k)]=0$$

此外，由式（3）可推得 F 关于其第一个和第三个自变量严格递减而关于其第二个自变量严格递增。现在假设 h 是非递减的，并选取 k，$k'\in I_\varepsilon$ 且 $k'>k$，则可立即推得 $(Th)(k')>(Th)(k)$。■

在下一节中，我们寻找处理式（4）的另一可选方式，它利用了以稍微不同的方式定义的一个算子。

18.3 基于一阶条件的全局方法

上一节的方法采用局部论证来证明平稳点 k^* 的一个邻域中均衡储蓄函数 g 的存在性。在本节中，我们在稍微更强一点的假定下证明，均衡的存在性可以通过应用绍德尔定理于一不同算子得到证明。我们还证明新算子是单调的，所以可得到一种寻找不动点的简单算法。我们首先在上节所用的确定性内容中进行分析，然后简要讨论到随机模型的扩展。

回忆在资本上有统一税率 θ 的单部门增长模型的均衡条件是：

$$U'[\psi(k)-g(k)]=\beta(1-\theta)f'[g(k)]U'\{\psi[g(k)]-g[g(k)]\} \quad (1)$$

其中我们如之前那样定义税后收入函数 $\psi=f-\theta kf'$。我们假定贯穿本节的偏好、技术及税率 θ 满足假定 18.1，此外还有如下性质。

假定 18.2　$f'(0)=A<\infty$及 $\lim_{c\to 0}U'(c)=\infty$。

像之前那样我们取 $K=[0,\bar{k}]$，其中 $\bar{k}$ 是假定 18.1e 中定义的最大的可维持资本存量。注意命题 1 仍然适用，因为均衡条件（1）没有改变。如我们在命题 1 中所做的那样定义 k^*。和之前一样，我们将注意力限制于由连续函数所刻画的均衡上，因而我们可以——不会造成进一步的一般性损失——限制注意力于在 k^* 有一平稳点的函数上。实际上，我们将把注意力限制于甚至更小的函数集合上。由于绍德尔定理关于唯一性什么也没说，所以处理一个大空间没有特别的好处。相反，利用一个较小的空间可以强化均衡的特征。

令 $C(K)$ 是连续函数 h：$K\to\mathbf{R}$ 的集合，然后定义 $C(K)$ 的如下子集：

$$F=\{h\in C(K):h\text{ 满足式}(2)\sim\text{式}(6)\}$$

其中有：

$$\text{对所有 }k\in K,\ 0\leqslant h(k)\leqslant\psi(k)\tag{2}$$

$$h\text{ 和 }\psi-h\text{ 是非递减的}\tag{3}$$

$$\text{对所有 }k<k^*,\ h(k)\geqslant k\tag{4}$$

$$h(k^*)=k^*\tag{5}$$

$$\text{对所有 }k>k^*,\ h(k)\leqslant k\tag{6}$$

由式（2）～式（6）暗含的对 h 的限制描绘在图 18.1 中。由于$\psi(k)=f(k)-\theta kf'(k)$，故可推得对所有 $k\in K$，有：

$$\begin{aligned}\psi'(k)&=(1-\theta)f'(k)-\theta kf''(k)\\&>(1-\theta)f'(k)\end{aligned}$$

所以 ψ 是严格递增的。此外，由于 $\beta(1-\theta)f'(k^*)=1$，且 f 是严格凹的，故可得对 $k\leqslant k^*$ 有 $\psi'(k)>1/\beta>1$。最后，由于 $\psi(0)=f(0)>0$ 且由于 ψ 在$[0,k^*]$上的导数大于 1，故可推得 $\psi(k^*)>k^*$。因此，函数 $\psi(k)$和 $\psi(k)-[\psi(k^*)-k^*]$如图 18.1 所示。式(2)和式(4)～式(6)中的约束意味着任何函数$h\in F$必须落于区域 A、区域 B 和区域 C 中。此外，由于 $\psi-h$ 必定是非递减的，故 h 的斜率以 ψ 的斜率为上界。这个事实又暗示 h 不能落于区域C。这样，F 中的函数必须都落于区域 A 和区域 B 中，且斜率以零为下界，以 ψ 的斜率为上界。

我们的第一个目标是利用绍德尔定理来证明存在 F 中的函数 g 满足均衡条件（1)。注意集合 K 是有界的，并注意函数族 F 是非空的、闭的、有界的和凸的。我们可以利用均衡条件（1）来定义 F 上的如下算子 T：

$$\begin{aligned}&U'[\psi(k)-(Th)(k)]\\&\quad=\beta(1-\theta)f'[(Th)(k)]U'\{\psi[(Th)(k)]-h[(Th)(k)]\}\end{aligned}\tag{7}$$

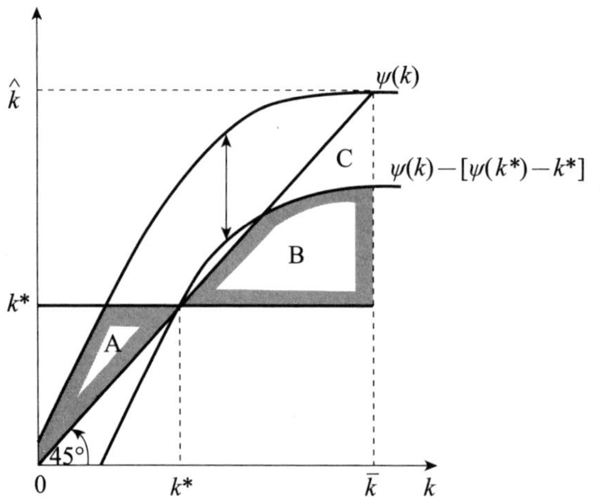

图 18.1

练习 18.5 证明 T 定义恰当，且 T：$F \rightarrow F$。（提示：利用图 18.2。）

为了应用绍德尔定理，我们仅需证明 T 是连续的且 $T(F)$ 为一等度连续族。为了做到这一点，我们首先证明 F 自身为一等度连续族。这个结果意味着 $T(F)$ 为一等度连续族，且在证明 T 是一连续算子中也是有用的。

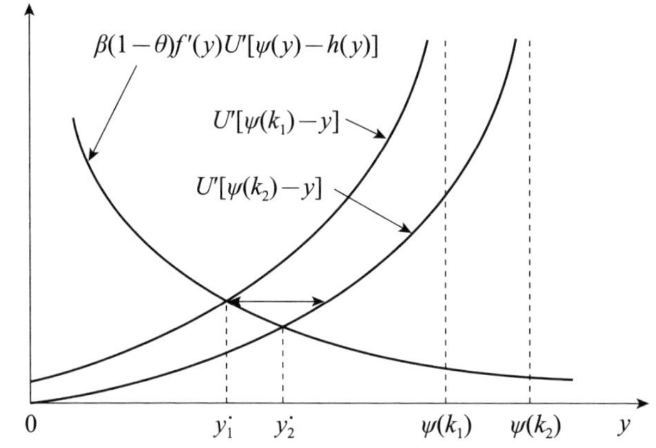

图 18.2

命题 5 F 是一等度连续族。

证明 对所有 $h \in F$ 及满足 $k' > k$ 的所有 k，$k' \in K$，式（3）意味着：

$$0 \leqslant h(k') - h(k) \leqslant \psi(k') - \psi(k)$$

函数 ψ 在紧区间 K 上是连续可微的，所以由均值定理有：

$$|\psi(k')-\psi(k)|\leqslant A|k'-k|$$

其中 $A<\infty$ 如在假定 18.2 中的设定。合并这两个事实即给出所要求的结果。■

证明了命题 5 后，算子 T 的连续性也是很简单的。

练习 18.6　证明 T 是连续的。[提示：首先证明若 $\{g_n\}$ 和 g 都在 F 中且 g_n 依上确界范数收敛于 g，则 Tg_n 逐点收敛于 Tg。然后利用 K 是紧的及 F 是等度连续的事实来证明所要求的结果。]

命题 5 和练习 18.6 完成了绍德尔定理假设的证明，这样我们就已证明了 T 在 F 中有一不动点。

实际上，关于算子 T 可以说更多。

练习 18.7　证明 T 是单调的，即若 h，$\hat{h}\in F$ 且 $\hat{h}\geqslant h$，则 $T\hat{h}\geqslant Th$。（提示：修改图 18.2。）

T 的单调性在此内容中特别有用，因为 F 既有一最小元素又有一最大元素。具体地，图 18.1 表明，函数

$$\underline{h}(k)=\begin{cases}k, & \text{若 } k\leqslant k^* \\ k^*, & \text{若 } k>k^*\end{cases}$$

和

$$\bar{h}(k)=\begin{cases}\min\{\psi(k),\ k^*\}, & \text{若 } k\leqslant k^* \\ \min\{k,\ \psi(k)-[\psi(k^*)-k^*]\}, & \text{若 } k>k^*\end{cases}$$

分别是 F 的最小和最大元素。这样，练习 18.7 和定理 17.7 一起暗示 $\lim T^n\underline{h}$ 和 $\lim T^n\bar{h}$ 都是 T 的不动点。此外，定理 17.7 的推论暗示若两个极限一致，则共同极限 g 是 T 的唯一不动点。

最后，我们简要讨论上面的分析可以如何修改以包括外生冲击。具体地，假定外生冲击影响生产技术。令 $\boldsymbol{\Xi}=\{\xi_1,\cdots,\xi_J\}$ 为一有限集合，并令 $\Pi=[\pi_{ij}]$ 为一 $J\times J$ 转移矩阵。于是生产技术由一函数 f：$\mathbf{R}_+\times\boldsymbol{\Xi}\to\mathbf{R}_+$ 来描述。假定 18.1 的 d 和 e 以及假定 18.2 中的技术限制可以按明显方式修改以对每个 ξ_j 都成立，然后定义 $\bar{k}=\max\{\bar{k}_1,\cdots,\bar{k}_J\}$，其中 $\bar{k}_j$ 是当冲击取值 ξ_j 时得自税后收入的最大可维持资本存量，这定义在假定 18.1e 的修改中。令 $K=[0,\bar{k}]$。

我们保持上面模型的其他特征。特别地，我们保持唯一税收是对资本收入的税率为 θ 的统一税率税的假定，并假定不考虑税收收入。令 $\psi(k,\xi_j)=f(k,\xi_j)-\theta kf'(k,\xi_j)$ 是描述税后收入的函数。

由完全类似于 18.1 节中所用的论证，我们得到这个经济的一个均衡由满足下式的函数 g：$K\times\boldsymbol{\Xi}\to K$ 所描述：

$$U'[\psi(k,\ \xi_i)-g(k,\ \xi_i)]$$
$$=\beta(1-\theta)\sum_{j=1}^{J}\pi_{ij}f'[g(k,\ \xi_i)]U'\{\psi[g(k,\ \xi_i)]$$
$$-g[g(k,\ \xi_i),\ \xi_j]\} \tag{8}$$

式（8）是式（1）的类似，它被修改以包括随机冲击。现在考虑证明满足式（8）的一个函数 g 的存在性的问题。

令 C（$K\times\boldsymbol{\Xi}$）为 $K\times\boldsymbol{\Xi}$ 上有界连续函数的空间，并考虑式（2）～式（6）用来定义确定性情形中 F 的条件。假设式（2）和式（3）的类似物为对每个 $\xi_j\in J$ 都成立的条件是合理的。然而，似乎没有任何理由来假设类似式（4）～式（6）的内容在随机情形中成立，至少在缺少对转移矩阵 Π 和技术 f 的进一步限制时如此。这样，对于随机情形，我们取 $F\subset C(K\times\boldsymbol{\Xi})$为满足式（2）和式（3）的类似条件的函数 h：$K\times\boldsymbol{\Xi}\to K$ 的集合。注意 $K\times\boldsymbol{\Xi}$ 是 $\mathbf{R}^2$ 的一个有界子集，并注意 F 是非空的、闭的、有界的和凸的。

接下来，用下式定义类似于式（7）中所定义的算子 T：

$$U'[\psi(k,\ \xi_i)-(Th)(k,\ \xi_i)]$$
$$=\beta(1-\theta)\sum_{j=1}^{J}\pi_{ij}f'[(Th)(k,\ \xi_i)]\times U'\{\psi[(Th)(k,\ \xi_i)]$$
$$-h[(Th)(k,\ \xi_i),\ \xi_j]\} \tag{9}$$

于是下面的练习类似于练习 18.5。

练习 18.8 证明式（9）中的算子 T 定义恰当，且 T：$F\to F$。

于是 F 为一等度连续族的证明完全类似于命题 6 的证明，且 T 为连续的证明类似于练习 18.6 的证明。然后 T 在 F 中有一不动点得自绍德尔定理。此外，T 为单调的证明完全类似于练习 18.7 的证明，且 F 的最小元素和最大元素可如练习 18.7 一样构造。

练习 18.9 若 $\boldsymbol{\Xi}$ 是一闭的有界区间，上面的假定或论证或两者必须如何修改？

18.4 文献注释

18.1 节中所述拟经济方法的更详细描述见 R. Becker（1985）。

Lucas and Stokey（1987）利用类似于 18.3 节中的那些论证研究没有资本的模型中的货币政策，在其中货币持有是由适用于一类消费品的现金优先约束所激发的。Coleman（1987）利用一个类似的方法研究在一具有现金优先约束的货币模型中的资本积累。Bizer and Judd（1989）利用这类论证研究具有资本收入税及投资减免税额的一个模型中的资本积累，其中税率为随机的。

Blume（1982）和 Duffie et al.（1988）的研究包含本节所讨论的模型平稳均衡存在性的结果。

符号索引

$x \in X$	元素
$A \subseteq B$，$A \subset B$	子集，严格子集
$A \supseteq B$，$A \supset B$	超集，严格超集
$\cap$，$\cup$	交，并
$\varnothing$	空集
$A \setminus B$	差，仅当 $A \supseteq B$ 时有定义
A^c	补
$\mathring{A}$，$\overline{A}$	内，闭合
∂A	界
χ_A	指标函数
$X \times Y$	笛卡尔积
$\mathbf{R}$，$\overline{\mathbf{R}}$	实数，广义实数
$\mathbf{R}^l$	l 维欧几里得空间
$\mathbf{R}^l_+$，$\mathbf{R}^l_{++}$	非负向量构成的 $\mathbf{R}^l$ 的子空间，严格正向量构成的 $\mathbf{R}^l$ 的子空间
(a, b)，$[a, b]$	开区间，闭区间
$(a, b]$，$[a, b)$	半开区间
$\mathscr{B}$，$\mathscr{B}^l$	$\mathbf{R}$，$\mathbf{R}^l$ 的波雷尔子集
$\mathscr{B}_X$	X 的波雷尔子集，对 $X \in \mathscr{B}^l$ 有定义
$\rho(x, y)$	距离
$\|x\|$	范数
$C(X)$	X 上的有界连续函数空间
f^+，f^-	函数 f 的正部分和负部分
$\{x_i\}_{i=1}^n$	有限序列
$\{x_i\}_{i=1}^\infty$	无限序列
$x_i \to x$	收敛
$x_i \uparrow x$	由下收敛

$x_i \downarrow x$	由上收敛
$(X, \mathscr{X})$	可测空间
$M(X, \mathscr{X})$	$(X, \mathscr{X})$ 的可测实值函数空间
$M^+(X, \mathscr{X})$	含有非负函数的 $M(X, \mathscr{X})$ 的子集
$B(X, \mathscr{X})$	$(X, \mathscr{X})$ 的有界可测实值函数空间
$(X, \mathscr{X}, \mu)$	测度空间
$L(X, \mathscr{X}, \mu)$	$(X, \mathscr{X})$ 的 μ 可积函数空间
$\Lambda(X, \mathscr{X})$	$(X, \mathscr{X})$ 的概率测度空间
μ-a. e.	集合 A 中 $\mu(A)=0$的例外
$\mu \perp \lambda$	相互奇异
$\mu \ll \lambda$	关于……绝对连续
$\lambda_n \rightarrow \lambda$	依总变差范数收敛
$\lambda_n \Rightarrow \lambda$	弱收敛
$\mathscr{A} \times \mathscr{B}$	σ 代数积

参考文献

Abreu, Dilip, David Pearce, and Ennio Stacchetti. 1986. Optimal cartel equilibria with imperfect monitoring. Journal of Economic Theory 39: 251 - 269.

Aghion, Philippe, Patrick Bolton, and Bruno Jullien. 1988. Learning through price experimentation by a monopolist facing unknown demand. Unpublished manuscript. Massachusetts Institute of Technology, Cambridge, Mass.

Albrecht, James W., and Bo Axell. 1984. An equilibrium model of search unemployment. Journal of Political Economy 92: 824 - 840.

Araujo, Aloisio, and Jose A. Scheinkman. 1977. Smoothness, comparative dynamics, and the turnpike property. Econometrica 45: 601 - 620.

Arrow, Kenneth J. 1951. An extension of the basic theorems of classical welfare economics. In Proceedings of the Second Berkeley Symposium on Mathematical Statistics and Probability, ed. J. Neyman. Berkeley: University of California Press, pp. 507 - 532. Reprinted in Arrow (1983) 2: 13 - 45.

——1953. Le rôle des valeurs boursieres pour la répartition la meilleure des risques. Econometrie. Paris: Centre National de la Recherche Scientifique, pp. 41 - 48. Translated as "The role of securities in the optimal allocation of risk bearing." Review of Economic Studies 31 (1963 - 64): 91 - 96. Reprinted in Arrow (1983) 2: 46 - 57.

——1983. Collected Papers of Kenneth J. Arrow. Vol. 2, General Equilibrium. Cambridge, Mass.: Harvard University Press.

Arrow, Kenneth J., Samuel Karlin, and Herbert Scarf. 1958. Studies in the Mathematical Theory of Inventory and Production. Stanford, Calif: Stanford University Press.

Arrow, Kenneth J., and Mordecai Kurz. 1970. Public Investment, the Rate of Return, and Optimal Fiscal Policy. Baltimore: Johns Hopkins University Press.

Back, Kerry. 1988. Structure of consumption sets and existence of equilibria in infinite-dimensional spaces. Journal of Mathematical Economics 17: 89 – 99.

Bartle, Robert G. 1966. The Elements of Integration . New York: Wiley.

Beals, Richard, and Tjalling C. Koopmans. 1969. Maximizing stationary utility in a constant technology. SIAM Journal of Applied Mathematics 17: 1009 – 15.

Becker, Gary S. 1962. Investment in human capital: a theoretical analysis. Journal of Political Economy 70: 9 – 49.

Becker, Robert A. 1985. Capital income taxation and perfect foresight. Journal of Public Economics 26: 147 – 167.

Behnke, Heinrich, et al. (eds.) . 1974. Fundamentals of Mathematics, vol. 3. Cambridge, Mass. : MIT Press.

Bellman, Richard. 1957. Dynamic Programming. Princeton, N. J. : Princeton University Press.

Ben-Porath, Yoram. 1967. The production of human capital and the life cycle of earnings. Journal of Political Economy 75: 352 – 365.

Benveniste, Lawrence M. , and José A. Scheinkman. 1979. On the differentiability of the value function in dynamic models of economics. Econometrica 47: 727 – 732.

Berge, Claude. 1963. Topological Spaces. New York: Macmillan.

Bertsekas, Dmitri P. 1976. Dynamic Programming and Stochastic Control. New York: Academic Press.

Bertsekas, Dmitri P. , and Steven E. Shreve. 1978. Stochastic Optimal Control. New York: Academic Press.

Bewley, Truman F. 1972. Existence of equilibria in economies with infinitely many commodities. Journal of Economic Theory 4: 514 – 540.

Billingsley, Patrick. 1968. Convergence of Probability Measures. New York: Wiley.

——1979. Probability and Measure. New York: Wiley.

Bizer, David, and Kenneth L. Judd. 1989. Taxation and uncertainty. American Economic Review 79: 331 - 336.

Blackwell, David. 1965. Discounted dynamic programming. Annals of Mathematical Statistics 36: 226 - 235.

Blume, Lawrence. 1982. New techniques for the study of stochastic equilibrium processes. Journal of Mathematical Economics 9: 61 - 70.

Blume, Lawrence, David Easlsey, and Maureen O'Hara. 1982. Characterization of optimal plans for stochastic dynamic programs. Journal of Economic Theory 28: 221 - 234.

Boldrin, Michele, and Luigi Montrucchio. 1984. The emergence of dynamic complexities in models of optimization over time: the role of impatience. Unpublished manuscript. University of Rochester, Rochester, N. Y.

——1986. On the indeterminacy of capital accumulation paths. Journal of Economic Theory 40: 26 - 39.

Border, Kim C. 1985. Fixed-Point Theorems with Applications to Economics and Game Theory. Cambridge: Cambridge University Press.

Boyer, Marcel. 1975. An optimal growth model with stationary nonadditive utilities. Canadian Journal of Economics 8: 216 - 237.

Breeden, Douglas T. 1979. An intertemporal asset pricing model with stochastic consumption and investment opportunities. Journal of Financial Economics 7: 265 - 296.

Breiman, Leo. 1960. The strong law of large numbers for a class of Markov chains. Annals of Mathematical Statistics 31: 801 - 803.

——1968. Probability. Reading, Mass: Addison-Wesley.

Brock, William A. 1973. Some results on the uniqueness of steady states in multi-sector models of economic growth when future utilities are discounted. International Economic Review 14: 535 - 559.

——1982. Asset prices in a production economy. In The Economics of Information and Uncertainty, ed. John J. McCall. Chicago: University of Chicago press, pp. 1 - 43.

Brock, William A., and Edwin Burmeister. 1976. Regular economies and conditions for uniqueness of steady states in optimal multi-sector economic models. International Economic Review 17: 105 - 120.

Brock, William A., and Leonard J. Mirman. 1972. Optimal economic growth and uncertainty: the discounted case. Journal of Economic Theory 4: 479 - 513.

——1973. Optimal economic growth and uncertainty: the no discounting case. International Economic Review 14: 497 - 513.

Brock, William A., Michael Rothschild, and Joseph E. Stiglitz. 1989. Stochastic capital theory. In Joan Robinson and Modern Economic Theory, ed. George R. Feiwel. New York: New York University Press, pp. 591 - 622.

Brock, William A., and José A. Scheinkman. 1976. Global asymptotic stability of optimal control systems with applications to the theory of economic growth. Journal of Economic Theory 12: 164 - 190.

Brown, Donald J., and Lucinda M. Lewis. 1981. Myopic economic agents. Econometrica 49: 359 - 368.

Burger. Ewald. 1963. Introduction to the Theory of Games. Trans. John E. Freund. Englewood Cliffs, N. J.: Prentice-Hall.

Burmeister, Edwin. 1980. Capital Theory and Dynamics. Cambridge: Cambridge University Press.

Burmeister, Edwin, and A. Rodney Dobell. 1970. Mathematical Theories of Economic Growth. New York: Macmillan.

Caplin, Andrew S. 1985. The variability of aggregate demand with (S, s) inventory policies. Econometrica 53: 1395 - 1409.

Cass, David. 1965. Optimum growth in an aggregative model of capital accumulation. Review of Economic Studies 32: 233 - 240.

Cass, David, and Karl Shell. 1976. The structure and stability of competitive dynamical systems. Journal of Economic Theory 12: 31 - 70.

——1983. Do sunspots matter? Journal of Political Economy 91: 193 - 227.

Chung, Kai Lai. 1967. Markov Chains, Second Edition. New York: Springer-Verlag.

——1974. A Course in Probability Theory, Second Edition. New York: Academic Press.

Clarke, Frank H., Masako N. Darrough, and John M Heineke. 1982. Optimal Pricing policy in the presence of experience effects. Journal of Business 53: 51 - 67.

Coddington, Earl A., and Norman Levinson. 1955. Theory of Ordinary Differential Equations. New York: McGraw-Hill.

Coleman, Wilbur John II. 1987. Money, interest, and capital. Doctoral dissertation, University of Chicago, Chicago, 111.

Cox, John C., Jonathon E. Ingersoll, and Stephen A. Ross. 1985. An intertemporal general equilibrium model of asset prices. Econometrica 53: 363 - 384.

Dana, Rose-Anne, and Cuong Le Van. 1988. On the structure of Paretooptima in an infinite horizon economy where agents have recursive preferences. Unpublished manuscript. University of Paris VI, Paris.

Danthine, Jean-Pierre. 1977. Martingale, market efficiency and commodity prices. European Economic Review 10: 1 - 17.

Danthine, Jean-Pierre, and John B. Donaldson. 1981. Stochastic properties of fast vs. slow growing economies. Econometrica 49: 1007 - 1033.

Debreu, Gerard. 1954. Valuation equilibrium and Pareto optimum. Proceedings of the National Academy of Sciences 40: 588 - 592. Reprinted in Debreu (1983), pp. 98 - 104.

——1959. The Theory of Value. New Haven, Conn.: Yale University Press.

——1983. Mathematical Economics: Twenty Papers of Gerard Debreu. Cambridge: Cambridge University Press.

Denardo, Eric V. 1967. Contraction mappings in the theory underlying dynamic programming. SIAM Review 9: 165 - 177.

Donaldson, John B., and Rajnish Mehra. 1983. Stochastic growth with correlated production shocks. Journal of Economic Theory 29: 282 - 312.

Doob, J. L. 1953. Stochastic Processes. New York: Wiley.

Duffie, Darrell, John Geanakoplos, Andreu Mas-Colell, and Andrew McLennan. 1988. Stationary Markov equilibria. Unpublished manuscript. Stanford University, Stanford, Calif.

Dynkin, E. B. 1965. Markov Processes, vol. 1. Berlin: Springer-Verlag.

Dynkin, E. B., and A. A. Yushkevich. 1979. Controlled Markov Processes. New York: Springer-Verlag.

Easley, David, and Daniel F. Spulber, 1981. Stochastic equilibrium and optimality with rolling plans. International Economic Review 22: 79 - 103.

Eisner, Robert, and Robert Strotz. 1963. Determinants of business investment. Commission on Money and Credit. Impacts of Monetary Policy. Englewood Cliffs, N. J. : Prentice-Hall.

Ekeland, Ivar, and José A. Scheinkman. 1986. Transversality conditions for some infinite horizon discrete time optimization problems. Mathematics of Operations Research 11: 216 - 229.

Epstein, Larry G. 1987. A simple dynamic general equilibrium model. Journal of Economic Theory 41: 68 - 95.

Fama, Eugene F. 1965. The behavior of stock market prices. Journal of Business 38: 34 - 105.

Feller, William. 1971. An Introduction to Probability Theory and Its Applications, vol. 2, Second Edition. New York: Wiley.

Foley, Duncan, and Martin Hellwig. 1975. Asset management with trading uncertainty, Review of Economic Studies 42: 327 - 396.

Futia, Carl A. 1982. Invariant distributions and the limiting behavior of Markovian economic models. Econometrica 50: 377 - 408.

Gihman, I. I. , and A. V. Skorohod. 1974. The Theory of Stochastic Processes I. Trans. Samuel Kotz. New York: Springer-Verlag.

——1979. Controlled Stochastic Processes. Trans. Samuel Kotz. New York: Springer-Verlag.

Gilles, Christian, John M. Marshall, and Jon Sonstelie. 1987. An infinity of Arrow exceptional cases. Unpublished manuscript. University of California, Santa Barbara, Calif.

Gould, John P. 1968. Adjustment costs in the theory of investment of the firm. Review of Economic Studies 35: 47 - 55.

Green, Edward J. 1976. An introduction to Markov processes. Unpublished manuscript. Carnegie-Mellon University, Pittsburgh, Penn.

Hall, Robert E. 1978. Stochastic implications of the life cycle-permanent income hypothesis: theory and evidence. Journal of Political Economy 86: 971 - 988.

Halmos, Paul R. 1974. Measure Theory. New York: Springer-Verlag.

Hansen, Lars P. 1985. Results on existence, convergence, and stability for the quadratic control problem. Unpublished manuscript. University of Chicago, Chicago, 111.

Hansen, Lars P. , and Kenneth J. Singleton. 1983. Stochastic consumption, risk aversion, and the temporal behavior of asset returns. Journal of Political Economy 91: 249 - 265.

Harris, Milton. 1987. Dynamic Economic Analysis. New York: Oxford University Press.

Hildenhrand, Werner. 1974. Core and Equilibria of a Large Economy. Princeton, N. J. : Princeton University Press.

Hirshleifer, Jack. 1966. Investment decision under uncertainty: applications of the state-preference approach. Quarterly Journal of Economics 80: 252 - 277.

Hopenhayn, Hugo A. , and Edward C. Prescott. 1987. Invariant distributions for monotone Markov processes. Federal Reserve Bank of Minneapolis Working Paper No. 299, Minneapolis, Minn.

Hotelling, Harold. 1931. The economics of exhaustible resources. Journal of Political Economy 39: 137 - 175.

Hutson, V. , and J. S. Pym. 1980. Applications of Functional Analysis and Operator Theory. London: Academic Press.

Iglehart, Donald S. 1963. Optimality of (s, S) policies in the infinite horizon dynamic inventory problem. Management Science 9: 257 - 267.

Istratescu, Vasile I. 1981, Fixed Point Theory: An Introduction. Dordrecht-Boston: D. Reidel Publishing Corp.

Iwai, Katsuhito. 1972. Optimal economic growth and stationary ordinal utility. Journal of Economic Theory 5: 121 - 151.

Jones, Larry E. 1984. A competitive model of commodity differentiation. Econometrica 52: 507 - 530.

——1986. Special problems arising in the study of economies with infinitely many commodities. In Models of Economic Dynamics, ed. Hugo F. Sonnenschein. Berlin: Springer-Verlag, pp. 184 - 205.

Jones, Larry E. , and Rodolfo E. Manuelli. 1987. A model of optimal equilibrium growth. Unpublished manuscript. Northwestern University, Evanston, I11.

Jorgenson, Dale W. 1963. Capital theory and investment behavior.

American Economic Review 53: 247 - 259.

Jovanovic, Boyan. 1979. Job matching and the theory of turnover. Journal of Political Economy 87: 972 - 990.

Kamien, Morton I. , and Nancy L. Schwartz. 1981. Dynamic Optimization. New York: North Holland.

Karlin, Samuel. 1955. The structure of dynamic programming models. Naval Research Logistics Quarterly 2: 285 - 294.

Kehoe, Timothy J. , and David K. Levine. 1985. Comparative statics and perfect foresight. Econometrica 53: 433 - 454.

Kemeny, John G. , and J. Laurie Snell. 1960. Finite Markov Chains. Princeton, N. J. : D. Van Nostrand.

Kemeny, John G. , J. Laurie Snell, and Anthony W. Knapp. 1976. Denumerable Markov Chains, Second Edition. New York: Springer-Verlag.

Kolmogorov, A. N. , and S. V. Fomin. 1970. Introductory Real Analysis. Trans. Richard A. Silverman. Englewood Cliffs, N. J. : Prentice-Hall.

Koopmans, Tjalling C. 1960. Stationary ordinal utility and impatience. Econometrica 28: 287 - 309.

——1965. On the concept of optimal growth. The Econometric Approach to Development Planning. Chicago: Rand McNally.

Koopmans, Tjalling C. , Peter A. Diamond, and Richard E. Williamson. 1964. Stationary utility and time perspective. Econometrica 32: 82 - 100.

Kurz, Mordecai. 1968. The general instability of a class of competitive growth processes. Review of Economic Studies 35: 155 - 174.

Kydland, Finn, and Edward C. Prescott. 1982. Time to build and aggregate fluctuations. Econometrica 50: 1345 - 1370.

Labadie, Pamela. 1984. A test of risk premia behavior in an overlapping generations model Unpublished manuscript. Columbia University, New York.

Lang, Serge. 1983. Real Analysis, Second Edition. Reading, Mass: Addison-Wesley.

LeRoy, Stephen F. 1973. Risk aversion and the martingale property of stock prices. International Economic Review 14: 436 - 446.

Levhari, David, and Nissan Liviatan. 1972. On stability in the saddle-point sense. Journal of Economic Theory 4: 88 - 93.

Lippman, Steven A. , and John J. McCall. 1976a. The economics of job search a survey: part I . Economic Inquiry 14: 155 - 189.

——1976b. The economics of job search: a survey. Economic Inquiry14: 347 - 368.

Loève, Michel. 1977. Probability Theory I and II, Fourth Edition. New York: Springer-Verlag.

Long, John B. , Jr. , and Charles I Plosser. 1983. Real business cycles. Journal of Political Economy 91: 39 - 69.

Lucas, Robert E. , Jr. 1967a. Optimal investment policy and the flexible accelerator. International Economic Review 8: 78 - 85.

——1976b. Adjustment costs and the theory of supply. Journal of Political Economy 75: 321 - 334.

——1972. Expectations and the neutrality of money. Journal of Economic Theory 4: 103 - 124.

——1978. Asset prices in an exchange economy. Econometrica 46: 1429 - 1445.

——1980. Equilibrium in a pure currency economy. Economic Inquiry 18: 203 - 220.

——1988. On the mechanics of economic development. Journal of Monetary Economics 22: 3 - 42.

Lucas, Robert E. , Jr. , and Edward C. Prescott. 1971. Investment under uncertainty. Econometrica 39: 659 - 681.

——1974. Equilibrium search and unemployment. Journal of Economic Theory 7: 188 - 209.

Lucas, Robert E. , Jr. , and Nancy L. Stokey. 1984. Optimal growth with many consumers. Journal of Economic Theory 32: 139 - 171.

——1987. Money and interest in a cash-in-advance economy. Econometrica 55: 491 - 513.

Luenberger, David G. 1969. Optimization by Vector Space Methods. New York: Wiley.

Majumdar, Mukul, and Roy Radner. 1983. Stationary optimal policies with discounting in a stochastic activity analysis model. Econometrica 51: 1821-1837.

Manuelli, Rodolfo E. 1985. A note on the behavior of the solutions to dynamic stochastic models. Unpublished manuscript. Stanford University, Stanford, Calif.

Manuelli, Rodolfo E., and Thomas J. Sargent. 1987. Exercises in Dynamic Macroeconomic Theory. Cambridge, Mass.: Harvard University Press.

Mas-Colell, Andreu. 1975. A model of equilibrium with differentiated commodities. Journal of Mathematical Economics 2: 263 - 295.

——1986a. The price equilibrium existence problem in topological vector lattices. Econometrica 54: 1039 - 1053.

——1986b. Valuation equilibrium and Pareto optimum revisited. In Contributions to Mathematical Economics, ed. Werner Hildenbrand, and Andreu Mas-Colell. Amsterdam: North-Holland, pp. 317 - 331.

McCall, John J. 1970. Economics of information and job search. Quarterly Journal of Economics 84: 113 - 126.

McCallum, Bennett T. 1989. Real business cycle models. In Modern Business Cycle Theory, ed. Robert J. Barro. Cambridge, Mass.: Harvard University Press, pp. 16 - 50.

McKenzie, Lionel W. 1987. Turnpike theory. In The New Palgrave: A Dictionary of Economics, Vol. 4, ed. John Eatwell, Murray Milgate, and Peter Newman. New York: Stockton press, pp. 712 - 720.

Mehra, Rajnish, and Edward C. Prescott. 1985. The equity premium: a puzzle. Journal of Monetary Economics 15: 145 - 162.

Milnor, John W. 1965. Topology from the Differentiable Viewpoint. Charlottesville: University Press of Virginia.

Mirman, Leonard J., and Itzhak Zilcha. 1975. On optimal growth under uncertainty, Journal of Economic Theory 11: 329 - 339.

Modigliani, Franco, and Merton H. Miller. 1958. The cost of capital, corporation finance and the theory of investment. American Economic Review 48: 261 - 297.

Mortensen, Dale T. 1970. A theory of wage and employment dynamics. In Edmund S. Phelps et al. Microeconomic Foundations of Employment and Inflation Theory. New York: Norton, pp. 167 - 211.

——1973. Generalized costs of adjustment and dynamic factor demand theory. Econometrica 41: 657 - 665.

Muller, Walter J., and Michael Woodford. 1988. Determinacy of equilibrium in stationary economies. Journal of Economic Theory 46: 255 - 290.

Muth, John F. 1961. Rational expectations and the theory of price movements. Econometrica 29: 315 - 335.

Neveu, Jacques. 1965. Mathematical Foundations of the Calculus of Probability. Trans. Amiel Feinstein. San Francisco: Holden-Day.

Onicescu, Octav. 1969. Calcolo delle Probabilitá ed Applicazioni. Rome: Veschi Editori.

Peleg, Bezalel, and Harl E. Ryder. 1972. On optimal consumption plans in a multi-sector economy. Review of Economic Studies 39: 159 - 170.

Pontryagin, L. S. 1962. Ordinary Differential Equations. Trans. Leonas Kacinskas and Walter B. Counts. Reading, Mass.: Addison-Wesley.

Pontryagin, L. S., et al. 1962. The Mathematical Theory of Optimal Processes. Trans. K. N. Trirogoff; ed. L. W. Neustadt. New York: Wiley Interscience.

Prescott, Edward C. 1975. Notes on dynamic programming with unbounded loss. Unpublished manuscript. Carnegie-Mellon University, Pittsburgh, Penn.

Prescott, Edward C., and Robert E. Lucas, Jr. 1972. Price systems in infinite dimensional space. International Economic Review 13: 416 - 422.

Prescott, Edward C., and Rajnish Mehra. 1980. Recursive competitive equilibrium: the case of homogeneous households. Econometrica 48: 1365 - 1379.

Prescott, Edward C., and José V. Rios-Rull. 1988. Classical competitive analysis in a growth economy with search. Federal Reserve Bank of Minneapolis Working Paper 329, Minneapolis, Minn.

Radner, Roy. 1961. Paths of economic growth that are optimal with regard only to final states. Review of Economic Studies 28: 98 - 104.

——1972. Existence of equilibrium of plans, prices, and price expectations in a sequence of markets. Econometrica 40: 289 - 303.

Ramsey, Frank P. 1928. A mathematical theory of saving. Economic Journal 38: 543 - 559.

Razin, Assaf, and Joseph A. Yahav. 1979. On stochastic models of economic growth. International Economic Review 20: 599 - 604.

Rebelo, Sergio. 1987. Long run policy analysis and long run growth. Unpublished manuscript. University of Rochester, Rochester, N. Y.

Rockafellar, R. Tyrrell. 1970. Convex Analysis. Princeton, N. J.: Princeton University Press.

——1976. Saddle points of Hamiltonian systems in convex Lagrange problems having a nonzero discount rate. Journal of Economic Theory 12: 71 - 113.

Rosen, Sherwin. 1976. A theory of life earnings. Journal of Political Economy 84: 545 - 567.

Rosenblatt, Murray. 1971. Markov Processes: Structure and Asymptotic Behavior. New York: Springer-Verlag.

Royden, H. L. 1968. Real Analysis. New York: Macmillan.

Samuelson, Paul A. 1965. Proof that properly anticipated prices fluctuate randomly. Industrial Management Review 6: 41 - 49.

Sargent, Thomas J. 1979. Macroeconomic Theory. New York: Academic Press.

——1980. "Tobin's q" and the rate of investment in general equilibrium. Carnegie-Rochester Conference Series on Public Policy 12: 107 - 154.

——1987. Dynamic Macroeconomic Theory. Cambridge, Mass.: Harvard University Press.

Scarf, Herbert E. 1959. The optimality of (S, s) policies in the dynamic inventory problem. In Mathematical methods in the Social Sciences, ed. K. J. Arrow, S. Karlin, and P. Suppes. Stanford, Calif.: Stanford University Press.

Scheinkman, José A. 1973. On optimal steady states of n-sector growth models when utility is discounted. Doctoral dissertation, University of Rochester, Rochester, N. Y.

——1976. On optimal steady states of n-sector growth models

when utility is discounted. Journal of Economic Theory 12：11 - 30.

Scheinkman, José A. , and Jack Schechtman. 1983. A simple competitive model with production and storage. Review of Economic Studies 50：427 - 441.

Shiryayev, A. N. 1984. Probability. Trans. R. P. Boas. New York：Springer-Verlag.

Solow, Robert M. 1956. A contribution to the theory of economic growth. Quarterly Journal of Economics 70：65 - 94.

Song, Byung Ho. 1986. Dynamic programming with constant-returns-to-scale return functions. Unpublished manuscript. University of Chicago, Chicago, I11.

Stigler, George J. 1961. The economics of information. Journal of Political Economy 69：213 - 225.

Stokey, Nancy L. 1986. The dynamics of industrywide learning. In Equilibrium Analysis：Essays in Honor of Kenneth J. Arrow, vol. 2, ed. Walter P. Heller, Ross M. Starr, and David Starrett. Cambridge：Cambridge University Press, pp. 81 - 104.

Strauch, Ralph E. 1966. Negative dynamic programming. Annals of Mathematical Statistics 37：871 - 890.

Sutherland, W. R. S. 1970. On optimal development in a multi-sectorial economy. Review of Economic Studies 37：585 - 589.

Swan, Trevor W. 1956. Economic growth and capital accumulation. Economic Record 32：334 - 361.

Taub, Bart. 1988a. Efficiency in a pure currency economy with inflation. Economic Inquiry 26：567 - 583.

——1988b. The equivalence of optimal lending and monetary equilibria under asymmetric information. Unpublished manuscript. Virginia Polytechnic Institute, Blacksburg, Va.

Torres, Ricard. 1988. Stochastic dominance ordering in metric spaces. Unpublished manuscript. Northwestern University, Evanston, I11.

Treadway, Arthur B. 1969. On rational entrepreneurial behavior and the demand for investment. Review of Economic Studies 36：227 - 239.

Tweedie, Richard L. 1975. Sufficient conditions for ergodicity and recurrence of Markov chains in a general state space. Stochastic Processes and Their Applications 3：385 - 403.

Uzawa, Hirofumi. 1964. Optimal growth in a two-sector model of capital accumulation. Review of Economic Studies 31: 1 - 25.

——1965. Optimum technical change in an aggregative model of economic growth. International Economic Review 6: 18 - 31.

——1968. Time preference, the consumption function, and optimum asset holdings. In Value, Capital, and Growth: Papers in Honour of Sir John Hicks, ed. J. N. Wolfe, Chicago: Aldine.

Weitzman, Martin. 1973. Duality theory for infinite horizon convex model. Management Science 19: 783 - 789.

Yosida, Kosaku, and Edwin Hewitt. 1952. Finitely additive measures. Transactions of the American Mathematical Society 72: 46 - 66.

Zeidler, Eberhard. 1986. Nonlinear Functional Analysis and Its Applications. New York: Springer-Verlag.

图书在版编目（CIP）数据

经济动态的递归方法/（）南希·L. 斯托基，（美）小罗伯特·E. 卢卡斯著；王明舰译. —北京：中国人民大学出版社，2019.5
（诺贝尔经济学奖获得者丛书）
ISBN 978-7-300-26684-8

Ⅰ.①经… Ⅱ.①南… ②小… ③王… Ⅲ.①经济数学-动态系统-递归论 Ⅳ.①F224.0

中国版本图书馆 CIP 数据核字（2019）第 027337 号

"十三五"国家重点出版物出版规划项目
诺贝尔经济学奖获得者丛书
经济动态的递归方法
南希·L. 斯托基
小罗伯特·E. 卢卡斯 著
爱德华·C. 普雷斯科特 协助
王明舰 译
王永宏 校
秦宛顺 主审
Jingji Dongtai de Digui Fangfa

出版发行	中国人民大学出版社		
社　址	北京中关村大街 31 号	邮政编码	100080
电　话	010－62511242（总编室）		010－62511770（质管部）
	010－82501766（邮购部）		010－62514148（门市部）
	010－62515195（发行公司）		010－62515275（盗版举报）
网　址	http://www.crup.com.cn		
经　销	新华书店		
印　刷	涿州市星河印刷有限公司		
规　格	160mm×235mm 16 开本	版　次	2019 年 5 月第 1 版
印　张	29.25 插页 2	印　次	2019 年 5 月第 1 次印刷
字　数	475 000	定　价	102.00 元